*Ursprungsgeschichte des Bewusstseins*

# 의식의 기원사

*Ursprungsgeschichte des Bewusstseins*

# 의식의 기원사

에리히 노이만 지음 | 이 유 경 옮김

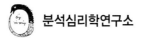 분석심리학연구소

지나온 삼천 년에 대해 알려고 하지 않는 사람은 어둠 속에서
아무것도 경험하지 않은 채 매일을 살아갈 것이다.

괴테(Goethe)

# 차 례

집단무의식의 투사로 나타난 신화 – 의식 발달의 원형적 단계들 – 발달사의 측면 – 의식의 창조적 의미 – 초개인적 그리고 개인적 요인들 – 인류역사적 그리고 개체발생적 사건으로 나타나는 의식의 발달 – 방법론에 관하여 – 개인적 그리고 문화적 치유의 관점

# 제 1 부
## 의식 발달의 신화적 단계들

──────── A. 창조신화 ────────

시초의 우주적, 인류역사적 그리고 개체발생사적 상징인 우로보로스 – 기원의 상징성 : 완전한 원, 배아, 대립들을 품고 있는 것, 영원히 휴식하고 있는 것 – 원의 두 가지 의미 : 자궁과 부모 – 모성적 우로보로스와 자아-배아 : 선한 모성 – 근원적 통일성으로 향하는 경향의 우로보로스 – 근친상간 – 서로 통합된 원상적 부모 – 부성적으로 강조된 우로보로스 : 자기생산적으로 생성된 존재의 시작 : 우로보로스 단계에서의 전(前)세계적 앎 – 육체적 체제의 상징성 – 음식-우로보로스 : 시초에 관해 신화적으로 드러난 물질대사 상징 – 우로보로스 단계에서 나타나는 자기만족, 우로보로스로부터의 분리 : 자아와 세계 및 무의식과의 대화를 위한 기초로서의 중심화 – 개인의 전(全)인격화의 실현으로 나타나는 우로보로스

——— B. 영웅신화 ———

# 제 2 부
## 인격 발달의 심리적 단계들

─────────── A. 근원적 통일성 ───────────

──────────── B. 체제의 분리 ────────────

무의식의 거부에서 나타나는 자아 체제의 강화 − 자아 활동성에서 이루어지는 무의식의 공격 성향의 위임 − 무의식과 자아의 적극적 대화와 개별성의 생성

### 원형의 분할

무의식의 내용과 정서적 요소 − 의식의 보호로서의 자아를 통한 원형의 개념적 경험 − 의식의 행위로서 원형들에 대한 대립적 경험 − 의식의 체제화의 체험으로서 무의식의 형상화

### 정서적 요소들의 철거와 합리화

의식의 이해 작업에 의한 상징의 변화 − 탈정서화의 결과로서 세계와 무의식의 경험가능성 − 뇌간에서 대뇌피질 인간으로서의 발전에 따른 정서적 요소의 철폐 − 종(種)의 본능 반응에 저항하는 개인의 의식 반응 − 탈정서화와 객관성

### 이차적 인격화

초개인적인 것의 감소 − 초개인적 내용의 인격화 − 내사에 의한 정신과 객관세계의 분리 − 자아 발달의 남성적 강조

### 쾌−불쾌 요소의 변환

의식과 무의식 간의 리비도의 움직임 − 의식과 무의식 간의 쾌감의 갈등 − 쾌감의 갈등 체험으로서 고통과 죄책감

### 개인 인격의 심급의 형성

자아 단계로서의 원형적 단계 − 심급의 형성, 중심화, 개인 인격의 통일성 − 그림자 형성 − 아니마

### 자아의 종합적 기능

세계상 − 문화규범의 형성 − 개인 인격의 통합

# 부 록

●

옮긴이 서문

　내가 E. 노이만의 〈의식의 기원사〉를 처음 접하게 된 것은 약 22년 전(前) 대학원 석사 시절이었다. 당시에 석사학위 논문을 준비하면서 C.G. 융의 영문판 전집과 더불어 섭렵한 일련의 분석심리학 관련 서적들 중 하나였다. 독일어 원본이 아닌, 영어 번역본이었지만 한눈에 분석심리학의 기초에 관한 중요한 서적임을 알 수 있었다. 노이만의 〈의식의 기원사〉를 읽은 덕분에 자아의식의 영역은 상대적으로 후천적으로 형성되는 것이라는 관점을 일찍부터 갖게 되었다. 이 관점은 나에게는 일종의 코페르니쿠스적이라고 할 만큼 신선한 충격이었다. 그로부터 자아의식의 활동 이면에 언제나 집단무의식의 활동을 고려하는 내면의 지도가 그려졌다. 이를 계기로 융의 20권 전집 중 제 5권 〈변환의 상징(1911)〉을 놀라움과 경탄으로 읽어낼 수 있었다. 결국 이 두 책은 융 심리학을 본격적으로 공부하도록 인도해준 안내서들이다. 독자들은 융의 〈변환의 상징〉을 먼저 읽고, 노이만의 〈의식의 기원사〉를 읽어도 좋을 것이다. 물론 〈의식의 기원사〉 외에 계속해서 그의 다른 저서들을 찾아서 읽는 즐거움도 무척이나 클 것이다.

　〈의식의 기원사〉는 분석심리학을 공부하는 사람들이 반드시 읽어야 할 도서 목록에 포함되어 있다. 그럼에도 나는 스위스 취리히 융 연구소에서 본격적으로 분석심리학을 배우는 시기 동안에는 사실상 노이만의 책을 다시 숙독하지 못했다. 이미 한번 읽어서 대략 어떤 내용이라는 것을 알고 있었기 때문이기도 하고, 워낙 방대한 책이라 다시 읽는다는 것이 쉽지 않기도 했다. 그리고 융학파 정신분석가들 사이에서 있었던 노이만에 대한 비판적 의견도 이에 함께 작용하였다. 노이만의 여러 저술들에 대한 비판들 중에 〈의식의 기원사〉는 이론적 전개를 위하여 너무 도식적으로 짜 맞추었다는 지적이 있었다. 어떤 구체적 비판의 내용을 담은 텍스트나 논문을 읽은 적은 없으나, 나를 가르치시던 선생님들께서 공공연히 언급하셨던 것이라 어느새 그런 분위기에 젖어 있었다.

내가 국내에서 정신분석가로서 활동한지 15년이 넘었다. 그동안 분석심리학 강의를 해오면서, 자연스럽게 하나의 태도로 굳어지게 된 부분을 인식하게 되었다. 분석심리학 강좌에서 핵심적 내용인 개인의 전(全)인격화(Individuation)를 다루려 할 때, 혹은 그와 관련하여 한 개인의 인격 발달을 묘사하노라면 저절로 노이만처럼 자아의식을 기원사적으로 설명하게 된다는 점이었다. 한번은 이런 설명 방식이 그의 저술에서 영향을 받았기 때문인가 하고 자문해본 적이 있었다. 그러나 그의 관점에 영향을 받아서 그렇다기보다는, 경험적으로 집단무의식의 원형에 관한 이해는 자아의식의 분화 발전에 관한 묘사가 이루어져야 가장 효율적이라는 답이 저절로 나온다. 실제로 나는 노이만의 책을 참고하거나, 내용적으로 노이만이 서술하고 있는 자아의식의 발달사를 가르치지는 않는다. 상식적으로 분석심리학적 이해를 언제나 자아 콤플렉스의 형성이나 집단무의식의 원형들의 형성에 관한 내용에서 시작하기를 선호한다. 노이만의 〈의식의 기원사〉를 번역하기로 마음을 먹었던 것도 나의 분석심리학적 설명 방식에 대한 일종의 객관적 근거로서 제시하고 싶었기 때문이다.

그밖에 또 다른 관점에서 나는 〈의식의 기원사〉에 주목하지 않을 수 없는 입장에 있었다. 나의 박사학위 논문을 단행본으로 출판한 〈원형과 신화(2004)〉와도 관련이 있기 때문이다. 집단무의식의 원형들을 고려하면, 신화와 같은 자발적 정신의 산물들은 당연히 인간의 삶의 전형을 드러내고 있다는 사실을 확인하게 된다. 말하자면 신화는 인간이 어떻게 살아야 하는지를 가르치고 있는 것이다. 나의 박사논문은 이런 관점에서 신화의 형성 과정과 신화의 내용을 해석하는 작업을 다룬 것이다. 그러한 작업은 자연히 신화를 자아의식의 발달사와 관련지어 살펴보는 것이 되었는데, 여기서 다시 한 번 노이만과 같은 입장에 이르렀다. 노이만은 〈의식의 기원사〉에서 자아와 의식의 발달사를 계통발생적으로 그리고 개체발생적으로 살펴보면서 그것을 신화적으로 제시하고 있다. 이러한 서술 방식은 노이만의 고유한 서술 방식이라기보다는 사실 융의 관점에서 비롯된 것이다. 융이 구체적으로 신화적 발달사를 고려하거나 언급하지는 않았지만, 〈변환의 상징〉에서 어느 정도 창조신화에서 영웅신화로 발전해나가는 정신의 변환의 내용들을 다루고 있다. 〈변환의 상징〉은 융이 집단무의식의 원형들에 관한 내용들을 아직 구상하지 못한 초기의 저작이므로, 상대적으로 정신의 변환 과정을 전부 신화의 주제로 설명한 것은 아니다. 그럼에도 불구하고 융이 신화에서 인간 삶의 전형에 관한 것이나, 신화적 주제의 변환을 처음으로 살펴본 것이다. 박사논문도 바로 신화에서 자아의식의 시작과 과정 그리고 실현해야 할 궁극 목적이 제시되어야 한다는 사실에 기초한 것이었다. 이러한 작업이 결과적으로 〈의식의 기원사〉와 같은 서술 방식에 이르게 하였다.

여기서 한 가지 지적한다면, 노이만은 〈의식의 기원사〉에서 자아와 의식의 발달 단계를 신화적으로 창조신화, 영웅신화, 변환신화 단계로 나타내고 있다. 그러나 나는 〈원형과 신화〉에서 자아의식의 발달 단계를 창조신화, 영웅신화, 신성혼신화로 제안하였다. 이에 관하여 서문에서 간단히 논의될 내용이 아니지만, 분석심리학적으로 볼 때 변환신화는 영웅신화의 다음 단계의 신화에 대한 표현이 되기는 어렵다고 생각한다. 창조신화에서 보이는 신화소들의 우주적 특성이 영웅신화에서 인간적 모습으로 드러나게 되는 것도, 리비도의 변환에 따른 것이다. 모든 신화에서 변환을 다루고 있지, 특정의 신화적 단계에 국한하여 변환이라는 주제를 다루고 있는 것이 아니다. 융이 〈변환의 상징〉이라는 제목으로 표현하고 있듯이, 창조신화든 영웅신화든 모두 리비도의 변환을 다루고 있는 것이다. 이런 의미에서 변환신화라는 표현은 오해의 소지가 있게 된다. 더욱이 노이만은 변환신화의 예를 오시리스화(Osirifizierung)로 나타내었고, 이를 위하여 오시리스 신화를 해석하는 작업을 하였다. 이 점에서도 오시리스화가 부성상과의 동일시에 의한 자기실현, 즉 개인의 전(全)인격화를 제시하였는데, 부성상과의 동일시가 자기실현의 완성을 의미하는 것으로 보는 것은 문제가 있다. 분명히 융이 〈자아와 무의식의 관계(1923)〉에서 부성상과의 동일시에서 벗어나야 자아의식의 전(全)인격적 실현이 가능함을 밝히고 있는 점을 간과한 것이다. 이런 점에서 나는 창조신화, 영웅신화 다음에 신성혼신화를 제안하게 되었다. 융이 중세의 연금술 연구를 통하여 제안하고 싶었던 신화적 귀결은, 개인의 전(全)인격화가 드러나 있는 신화로서 대극의 합일을 강조하는 신성혼 주제의 신화이기 때문이다. 이점에서 나는 한편으로는 〈의식의 기원사〉와 맥을 같이 하는 면이 있지만, 또 다른 한편으로는 다른 관점을 가지고 있다는 점을 분명히 하고 싶다.

비록 노이만의 논의에 대한 토론의 여지가 있다고 하더라도, 〈의식의 기원사〉가 갖는 중요성이나 의의는 결코 훼손되지 않아야 할 것이다. 노이만이 〈의식의 기원사〉에서 했던 작업은 융도 서문에서 밝혔듯이, 융이 결코 우리들에게 제시하지 못한 자아와 의식의 발달과 원형들에 관한 총체적 그림을 보여준 것이다. 융의 분석심리학을 잘 소화하였다고 하여 노이만과 같이 기술해낼 수 있는 것이 아니다. 철학과 의학 등에 닦여진 학문적 기초와 인간에 대한 탁월한 이해의 깊이에서 나온 결과이다. 〈의식의 기원사〉에서 다루어진 내용은 궁극적으로 두 가지로 제시될 것이다. 기본적으로 의식과 자아의 발전을 원형적 단계들로 기술하여 계통발생적으로 그리고 개체발생적으로 전개해나가는 과정을 살펴볼 수 있을 것이다. 궁극적으로 그러한 발전사는 한편으로는 개인의 전(全)인격화 과정을 나타내고, 또 다른 한편으로는 대중집단 속에서 살고 있는 한 개인의 삶의 노정에 관한 것으로 드러나게 된다. 전자는 신화적으로 다루지만, 사실 후자의 관점은 전혀 신화적으로 다루어지지 않는 것이다. 노이만은 그 두 가지가 서로 다른 길임을 밝히고 신화적 길을 잃어버린 현대인의 정신적 삶을 묘사하고 있다. 이것으로 이러한 현대인의 삶의 좌표에서 어떻게 살아야 하는지를 묻고 있는 것이다. 이점이 〈의식의 기원사〉에서 가장 주목해야 할 부분이다.

실제의 나의 번역 작업에서 보충적으로 밝히고 싶은 것이 있다. 나는 개인적으로 몇 년 전부터 분석심리학을 공부하는 사람들에게 영어판 〈의식의 기원사〉를 읽도록 권하기도 하면서, 함께 읽어보자고 영어판의 번역 과제를 나누어주었던 적이 있었다. 나는 은근히 누구인가 번역을 해준다면 손쉽게 다시 한 번 〈의식의 기원사〉를 전체적으로 읽고 싶었던 욕심이 있었다. 그러나 그것은 여러 이유에서 성공하지 못했다. 그 후에 한국 융 연구원에서도 세미나 시간에 〈의식의 기원사〉를 연구원생들과 함께 읽을 기회가 있어 다시 기회가 왔구나 하였으나, 이것도 제대로 이루어지지 않았다. 영어 번역본 자체가 만연체 문장이므로, 과제들이 용어의 일치나 이해 없이 마구 번역되어져 전혀 감을 잡을 수 없게 된 것도 그렇고, 방대한 책을 단 몇 주 만에 읽는다는 것도 무리였다. 결국 다른 사람의 번역을 이용해 좀 손쉽게 전체를 탐독하려던 나의 바람은 소용없게 되어버렸다. 결국 그 모든 욕심어린 시행착오들이 나로 하여금 정직하게 독일어 원본으로 되돌아가게 만들었다. 영어 번역본은 독일어 원본을 일부 편집하거나 생략하고, 그림을 넣어서 책의 분량을 훨씬 줄여서 만들어진 것이다. 독일어 원본은 그림은 하나도 없고 깨알 같은 글씨로 본문만 430페이지이다. 분명 노이만이 반복을 거듭하면서 설명을 하고 있어서 독자를 혼란스럽게 할 내용들이 많이 있다. 그럼에도 그 반복 속에 조금씩 새로운 요소들이 추가되면서, 중요한 부분을 다시 강조하기 때문에 결코 그냥 생략해서는 안 될 것들이다. 그래서 나는 국내에 노이만의 독일어 원본이 번역 소개될 수 있다면 좋겠다고 생각하였다. 그렇지만 누구인가 독문 서적을 잘 번역하시는 분이 있다면 기꺼이 넘겨주고 싶었다. 사백 페이지 이상의 본문 번역은 나의 인내를 시험하는 작업이었다.

실제의 본문 번역에서 미리 이해를 구하고자 하는 것은 다음과 같은 것들이다: 예를 들면 독일어 Mutter는 어머니라고 번역을 하지만, 많은 경우에 모성이라고 번역을 하기도 하였다. 개인의 어머니를 의미할 때는 어머니라고 번역하지만, 보편적 의미의 어머니일 때 모성으로 번역을 하였다. 독자는 이를 이상하게 여기겠지만, 의미전달을 위해서도 그렇고, 내용의 묘사에서 실제의 개인적 의미의 어머니와는 다른 원형적 내용의 강조를 위하여 그렇게 번역되었음을 밝힌다. 같은 방식으로 독일어 Vater를 아버지와 부성으로 그때마다 달리 번역되었다. 독일어 원본에는 참고문헌을 따로 제시하지 않고 주석에 소개된 문헌들로 대신하고 있다는 사실도 밝히는 바이다. 가능한 원문에 충실하게 의미전달을 하는데 주안점을 두었으며, 신화 속 여러 인물들에 대한 친절한 보충 설명은 하지 않았다. 문맥 안에서 어떤 인물상인지 대략 이해될 수 있을 것이다. 개인적으로 종종 옮긴이들의 부언 설명들이 그리 바람직하지 않다는 경험을 하기 때문에 자제하였다. 그밖에 발견되는 오류들은 순전히 옮긴이의 부족함 때문이다. 워낙 내용이 방대하여, 반복적으로 설명되는 구절들을 읽는 것이 지루하고 고단하겠지

만, 독자는 분석심리학에 대한 보다 깊이 있는 이해를 위해서는 이를 기꺼이 감수해야
할 것이다.

2010년 5월 당산동 분석심리학연구소에서

李 裕 瓊

●

## 융의 서문

저자의 요구가 있기도 했지만, 그의 저술 작업이 정말 축하를 해주어야 할 귀중한 것이어서 짧은 서문이지만 기꺼이 수락하였다; 나도 제 2의 생을 선사받았다면, 뿔뿔이 흩어진 나의 생산물들, 즉 ≪연속성 없는 시작들≫을 모두 한데 모으고, 분류하고 전체가 되도록 하는 작업을 착수했을 것이다. 내가 이 책의 원고를 읽었을 때, 이러한 선구자적 작업이 얼마나 불리한 것이었나가 분명해졌다. 독자들은 잘 모르는 영역의 설명 때문에 불쾌하게 여기기도 하고, 유비(類比) 때문에 미혹될 것이며, 계속해서 해결의 실마리(Ariadnefaden)를 놓치거나, 새로운 인상과 가능성으로 압박당하기도 하면서 – 더 나쁜 것은 – 나중에서야 비로소 사전지식이 있어야 했다는 것을 알게 될 것이다. 그렇게 완전히 불완전한 개관을 하고 있더라도, 차세대는 어떤 면에서든 유리한 점이 있다; 최소한 어떤 본질적인 것에 접근하게 되고, 그리고 그 언저리에 있는 표시들을 알아차리게 될 것이다. 무엇보다도 새로 발견한 대륙을 근본적으로 연구하려면 적어도 사전지식이 있어야 한다는 것을 받아들이게 한다. 선구자는 전체 영역의 확대를 자신의 삶의 마지막에 이르러서 겨우 전체적으로 조망하고자 했다. 그러나 차세대의 주자는 따로 놓여 있는 것을 함께 파악하여 문제 뭉치를 풀어내어, 전체 영역을 함께 엮어서 묘사하게 된 것이다. 이런 어렵지만 수행할 가치가 있는 과제를 이 책의 저자가 성공적으로 해결했다. 선구자가 결코 성공할 수 없었고, 결코 그렇게 할 수 없을 것으로 여겼는데, 저자는 그 모든 것을 함께 정리하였고, 다행스럽게도 그 전체를 창조해서 제시하고 있는 것이다. 이미 언급했듯이, 내가 처음 뜻밖에 새로운 대륙에 이르게 된 바로 그 지점에서 저자는 작업을 했는데, 이것은 우로보로스로서, 모권 상징성이다. 이는 내가 연금술의 심리학에 관한 최근 작업에서 그 의미를 밝힌 바 있는 상징을 이해할 수 있게 적용한 것이다. 이런 근거에서 보면 그가 한편으로는 의식이 최초로 생성하게 되는 발달사를 구성하고, 다른 한편으로 그 발달에 대한 현상학 일반으로서 신화를 표현하는데 성공적으로 수행했다고 하겠다. 이로써 저자는 이런 영역에 수행된 것에서 가장 중요한 의미가 무엇인지에 대한 결론과 통찰에 도달한 것이다.

저자가 자연스러운 방식으로 무의식의 심리학에서 근거를 제공하게 된 점이 심리학자인 나로서는 가장 가치있는 것으로 여겨진다. 그는 발달심리학적 기초에서 콤플렉스 심리학에 대한 친숙한 개념을 세우고, 그것을 넘어 경험적으로 개념이 형성되게 하여 삶의 공간을 찾아내고, 거기에 초감각적 건축물을 세우기에 이르렀다. 잘 배열한 체계를 하나 세운다는 것은 저자의 성격과 주관적 전제에 기초할 전체 가설이라는 점을 결코 배제할 수 없으므로, 자연히 객관적 근거와 상관없이 지지를 받아야 할 것이다. 심리학에서는 바로 이런 요소들이 가장 중요하다. ≪개인적 오차≫는 관점의 기술에 따르는 것이다. 상대적으로 유효한 진실은 많은 목소리의 조응을 요구한다.

나는 저자의 그 엄청난 노고에 축하를 보낸다. 그리고 저자에게 이런 짧은 글이지만 진심으로 감사를 전한다.

1949년 3월<br>
C.G. Jung

● 

들어가는 말

　의식의 발달에 관한 원형적 단계들을 증명하는 시도는 모두 심층심리학에 기초를 두고 있다. 이런 시도가 때로는 보충이나 가능적 설명 방식으로 한계를 넘어선다 하더라도 근본적으로 융의 분석심리학을 적용한 것이 될 것이다.

　의식의 발달을 자연적 그리고 인간적 환경이라는 외적 요인과 관련지어 살펴보는 것도 필요하겠지만, 우리의 노력은 이런 방법론과 달리 의식 발달을 규정하는 내면적 정신, 말하자면 원형적 요인을 증명하려는데 있다.

　집단무의식을 구성하는 요소를 융(Jung)은 원형(Archetypen) 혹은 원상(Urbilder)이라고 불렀다. 그것들은 본능들의 심상적 형식들이다. 무의식적인 것은 의식에 심상으로 알리기 때문에, 꿈에서처럼 의식에 대한 반응과 작업을 심상으로 활동하고 있다.

　　이런 환상–상상들은 의심의 여지없이 신화적 유형에 가장 유사한 유비를 한다. 그래서 그것들은 인간 심혼의 *집단적인*(그래서 개인적이지 않은) 구조적 요소에 상응하며, 인간 신체의 형태학적 요소와 마찬가지로 *유전된다.*[1]

심혼의 원형적 구조요소는 심적 기관(Organ)이다. 그것이 어떻게 기능하느냐에 따라 개인의 건강이 좌우되는데 그것이 손상되면 치유가 되지 않는다.

그것들이 신체기관 혹은 기능체계처럼 방치되거나 잘못 취급된다면, 그것들은 분명히
신경증적 장애, 심지어는 정신증적 장애의 원인이 된다.[2]

여기서는 어떻게 일련의 원형들이 신화의 본질적 구성요소를 형성하고 있으며, 원형들의 법칙에 따라 의식의 발전이 단계별로 드러난다는 사실을 보여주려는 것이다. 개체발생적 발달에서 보면 한 개인의 자아의식은 인류의 내부에서 의식의 발전을 규정해왔던 동일한 원형적 단계들을 통과해야 한다. 각 개인은 자신의 삶에서 인류가 앞서 살아간 그 자취를 고스란히 더듬어가게 되어 있는 것이다. 그래서 우리는 신화에서 원형적 상들과 관련된 침전물을 찾아보려는 것이다. 정상적으로 원형적 단계들은 장애 없이 처음부터 끝까지 겪도록 되어 있으며, 의식의 발전도 신체가 성숙해가는 신체적 발달처럼 그 자체 독립적으로 뒤따라 일어나게 된다. 심적 구조의 기관인 원형들은 신체기관과 마찬가지로 자동적으로 작동한다. 비유하자면 신체구성에 생물학적-호르몬적 구성성분처럼 인격의 성숙을 규정한다. 원형의 영원성이라는 의미 외에도 역사적 측면도 같은 권리가 있다고 하겠다. 자아의식의 발전은 일련의 《영원한 심상들》을 처음부터 끝까지 관통하면서 이루어진다. 이렇게 처음부터 끝까지 관통하면서 변화하는 자아는 언제나 원형과의 새로운 관계를 경험하게 된다. 자아의 심상과 영원성으로 표현되는 지속성은 전(前)과 후(後)라는 시간성에서 전개가 된다. 그리고 그것은 단계로 체득되는 것이다. 심상의 지각가능성, 이해가능성 그리고 해석가능성은 자아의식의 발전과 더불어 변화하게 된다. 말하자면 그것은 계통발생적, 그리고 개체발생적 역사의 흐름에서 드러난다; 이로써 영원한 심상의 상대성과, 발전해가는 자아의식과의 관계가 전면에 드러난다.

의식 발달의 단계를 규정하는 원형들은 원형적 실재성에서 비롯된 하나의 단면만을 제시한 것이다. 그러나 발달사적 관점에서 광범위하게 보면 심층심리학적 이론과 실

1) Jung-Kerényi, Einführung in das Wesen der Mythologie, S. 110
2) Jung-Kerényi, 같은 책, S. 112

제적 수행에서 방향을 잡아주는 어떤 지침이 집단무의식의 상징성 안에서 드러나게 되었다. 의식 발달의 원형적 단계에 관한 증거는 한 개인의 인격 발달에 대한 것 뿐 아니라, 예를 들어 종교사, 인류학, 민족심리학과 같은 영역에서 더 나은 심리학적 방향 잡기를 할 수 있게 한다. 심리학적-발달사적 편입이 있으므로 더 깊이 있는 이해를 가능하게 하는 것이다.

놀랍게도 특수 학문은 심층심리학, 특히 융 심리학을 통하여 폭을 넓히는 것을 허용하지 않는다. 그러나 이런 학문에서 심리적 출발점이 점점 더 뚜렷하게 전면에 드러나며, 마침내는 모든 문화적 종교적 현상의 원초적 근원인 인간 심혼이 부각되기 시작한다. 이로 인하여 동시대적 심층심리학과 대화를 하지 않을 수 없게 된 것이다.

신화에 대한 우리의 묘사는, 거듭 강조하자면, 특수학문적, 고고학적, 종교학적 혹은 인류학적 노력에 기초하고 있는 것이 아니라, 오히려 현대인의 심혼적 배경에 관심을 둔 정신치료자의 실제적 작업에 기초하고 있다: 이런 작업의 출발점과 대상은 살아 있는 인간의 심층과 연관된 것이었다. 우선은 연역적이자 체계적 묘사를 시도할 것이다. 이것이 논지의 현실적이자 정신치료적 의미를 말소시키게 만들 것이다. 그러나 정신의 심층적인 것에 대한 믿음을 가진 사람은 이런 작업에서 관계의 중요성과 적용가능성을 이미 알아차릴 수 있을 것이다. 현대인의 경험적 재료를 가지고 자세히 그려내는 일은 나중에 제시되어야 할 것이다.

분석심리학의 ≪비교하는 방법(vergleichende Methode)≫은 잘 알려져 있듯이 개인에게서 출현하는 상징과 집단적 재료에 종교사, 원시심리학 등에서 비롯된 상응하는 산물들을 첨부하여, ≪문맥(Kontext)≫을 형성하게 함으로써 해석에 도달하는 것이다. 이런 방법은 또한 발달사적 관점으로 보충하게 되는데, 이는 의식의 발달에 관한 자료와, 의식이 무의식과의 관계에 이르게 되는 단계에서 드러내는 자료를 살펴보는 것이 된다. 그래서 우리의 작업은 기본이 되는 융의 초기 저작 〈리비도의 변환과 상징(Wandlungen und Symbole der Libido)〉에 연결된다. 프로이트의 정신분석학에서 보이는 발달사적 관점이 리비도에 관하여 너무 편협하고, 구체적이고 그리고 개인적인 발달 이론을 다루었다면, 분석심리학에서는 더 이상 그런 식으로 다루지 않았다.

집단적 인간의 기초가 어떤 초개인적 실재성으로 등장한다는 것은 우리가 가진 관점의 상대성을 통찰하게 만든다. 인간 심혼의 끝없는 다양성이 표현되어 형식과 표상들을 채우고 인류의 내부에 심혼적 구조가 살아있음을 제시해온 문화, 가치, 삶의 방향과 세계의 이해로 풍성하게 되는데, 이것들은 보편적으로 유효한 방향잡기를 하려는 모든 노력의 결과가 처음부터 의심스럽게 드러난다. 심지어 서양이 주도해온 방향감이 그러한 여럿 중에 하나일 뿐이라는 인식을 갖고 있다면 반드시 새로운 이해가 이루어져야만 하는 것이다. 창조적 발달로서의 의식의 발달은 본질적으로 서양인들에 의해 수행되어 왔다. 자아의식의 창조적 발달이란 수천 년 동안 꾸준히 무의식의 내용이 의식체계의 진보적 발달에 동화되어 버렸다는 것을 의미한다. 고대에서부터 현대에 이르기까지 언제나 새롭게 형성된 문화적 규범이 앞선 것을 해체해 왔음에도 서양에서는 매번의 문화적 규범을 하나하나 통합시켜서 문화사적 연속성에 이르게 해왔다. 현대적 의식의 구조는 이런 통합에 기초하고 있으므로, 각 시기의 자아는 교육에 의하여 자신의 문화의 가치규범에 이르기 위하여, 과거로부터 전승된 문화의 본질적 부분들을 자신의 발달에서 작업해야만 하는 것이다.

의식의 창조적 특징은 서양 문화규범의 중심 내용이다. 서양의 문화와 일부 동아시아에서 지난 만 년 동안 엄청난 추진력으로 의식의 진보적 발전을 해왔다. 이런 발전에서 드러나는 집단의 규범은 개인의 발전에 대한 증명할 만한 단계적 발전을 신화의 투사에서 전형적으로 제시하고 있다. 오로지 이런 발전 내에서 개인의 창조적 출발이 집단적인 것에서 넘겨져서 각 개인의 발전을 위한 전형이 되는 것이다. 이런 의미에서 창조적 자아의식이 발전하게 되었거나, 발전이 이루어지는 곳이면 어디든 의식의 발달에 관한 원형적 단계가 주도적으로 드러난다. 고정된 문화, 예를 들어 인간 문화의 초기적 특징을 유지하고 있는 원시인들의 문화에서는 인간 심리학의 초기 단계가 지배적이어서, 한 개인에게서의 개인적이면서 창조적 경향이 공동체에 의하여 전혀 동화되지 않을 정도가 된다. 그래서 창조적이면서 의식이 강한 개인은 공동체에서 반사회적으로 되어버린다.[3]

---

3) M. Mead, Sex and Temperament in Three Primitive Societies

의식의 창조성은 종교적, 정치적 전체성의 요구에 의해 위태롭게 될 수 있다. 각 규범의 권위주의적 고정은 의식을 빈약하게 만들기 때문이다. 그러나 그러한 고정은 단지 일시적으로 가능할 뿐이다. 이해의 작업을 하고 있는 자아의식은 서양인들에게는 아주 중요하게 간주되어 계속 지지되었다. 학문의 계속적 발전과 무의식적 힘에 의해 더욱 가시적이 된 위협은 오히려 서양의 의식으로 하여금 내적, 외적으로 계속 투쟁하고 확장하도록 강요했다. 개인은 이런 창조적 의식 작업의 담지자이고, 그래서 미래에 있을 서양의 발전을 위한 결정적 요인이다. 이같은 근본적 사실은 여러 개인들이 서로 협력하고, 특정의 정신적 민주정부 내에서 서로 의존하고 있다는 것과는 아무 관계가 없다.

분석심리학에 기초해 의식에 대한 원형적 발달 단계를 증명하기 위해서 초개인적 정신요소와 개인적 정신요소의 구분부터 시작해야 한다. 개인적 요소는 개별 개인 인격에 속하고, 다른 개인과 공유하지 않으며, 의식적이든 무의식적이든 완전 독립적인 것이다. 그에 반하여 초개인적 정신요소는 집단적이지만 인간 공동체의 외적 집단적 조건이 아니라, 내면의 구조적 요소로서 개인성을 초월하고 넘어서는 것이다. 말하자면 초개인적이라는 것은 개인적인 것과는 독립적인 작용요인이다. 개인적이라는 것은 집단에서든, 개인에서든 발전상 더 늦은 산물이기 때문이다.

모든 역사적 고찰, 그리고 모든 발전사적 관점은 이런 의미에서 역사적이고, 그래서 초개인적인 것을 바탕으로 시작해야 한다. 인류 역사와 마찬가지로 개인사에서도 처음에는 초개인적 요소가 우세하고, 발전이 진행되면서 비로소 개인 영역이 드러나고 차츰 그 자체로 독자적 개인이 되는 것이다. 우리 시대의 개별화된 의식적 인간이란 나중에 생겨난 인간이며, 그 구조는 개별적 인간 이전의 초기 단계에 기초하여 형성되어온 것이다. 개별적 의식은 이런 개별적 인간 이전의 초기 단계에서 계속 분리시켜온 것이다.

이런 초기 단계에 일어나는 의식의 발달은 인류의 발달의 집단적 사건이면서 동시에 개별 인격의 발달을 나타내는 개별적 사건이기도 하다. 이런 점에서 개체발생적 발전은 계통발생적 발전의 변화된 반복이다.

두 가지 심혼적 현상들은 집단과 개인이 함께함으로써 생기는 것이다. 집단의 초기 역사는 심혼적 원상들에 의하여 제의(Ritual)와 신화에서 결정적으로 드러나게 된다. 원상은 작용하는 힘이므로 외부에 투사되어 신, 혼령, 악령 등으로 드러나서 숭배의 대상이 된다. 다른 한편으로 개별 인간에게는 인간집단의 상징이 등장하는데, 개인의 심혼적 발달은 인류의 집단적 역사를 규정하는 바로 그 심혼적 원상들에 의해 관리된다.

우리는 신화적 단계들의 전체 규범과 그것의 순서적 배열, 그것들의 관계와 상징성을 다룰 것이므로, 어떤 특정의 한 문화영역에서 모든 단계들을 모두 발견하지는 못할 것이다.[4] 그래서 다양한 문화영역과 신화들에서 필요한 자료를 취하는 것이 허용되어야 하고, 또한 그렇게 해나갈 것이다.

발달사적으로 볼 때 인간 발달에서 모든 동물 종(種)의 발달 단계가 고스란히 반복되고 있다고 주장하지 않는 것처럼, 우리의 연구에서도 의식의 발달의 모든 단계가 각 신화에서 등장한다고 주장하지 않는다. 그러나 우리의 연구는 어떤 일정한 법칙에 따른 순서에 의해서 발달 단계가 배열되며, 그렇게 하여 심혼적 발전이 규정된다고 주장하게 될 것이다. 마찬가지로 원형적, 즉 집단무의식적으로 결정된 이런 단계들은 인간의 신화에서 발견된다. 인류의 집단적 발달사와 의식의 개별적 발달사를 함께 살펴봄으로써, 비로소 전체로 드러나는 심혼적 발달을 이해할 수 있게 되고, 또한 개별자에게서 드러나는 개별적 인격 발달도 이해가 가능하게 될 것이다.

각 개별 인간의 삶에서 결정적인 역할을 하는 초개인적인 것과 개인적인 것과의 관계는 인류 역사에 미리 형성되어 있다. 그러나 집단에 의해 각인되는 것은 결코 역사적 사실들, 즉 일회적 혹은 거듭 반복되는 사건들의 유전으로 이해되어서는 안 된다; 지금까지 물려받은 특성의 유전에 대한 학문적 증명은 성공적으로 이루어지지 않았다. 따라서 분석심리학은 처음부터 정신의 본질적 요소이자 기관으로서 인류 역사를

---

4) 개별적 문화 및 신화영역의 원형적 단계를 관행적으로 조사하는 시도는 흥미로울 것이다. 어느 특정의 단계를 빼거나 강조하는 것은 본질적으로 상응하는 문화로 심리학적 귀납을 하는 것이기 때문이다. 의심할 여지없이 나중에는 그런 유의 연구 또한 제시될 것이다.

형성하고 있는 선천적 비개인적 주(主)특성(Dominanten), 즉 원형을 통해서 규정되는 것으로 보고 있다.

　예를 들어, 거세의 주제는 시조에 해당하는 아버지 혹은 수많은 인류의 남성 조상들이 아주 초기부터 끝없이 반복했던 거세 위협이 유전되어 이루어진 결과가 아니다. 학문은 그러한 물려받은 특성의 유전을 받아들여야만 한다는 이론을 확정할 아무런 근거도 갖고 있지 않다. 더구나 인류의 근원적 역사가 19세기 가부장적인 시민사회적 가족과 비슷한 것으로 이해할 수 있다고 믿으며 거세 위협, 부친 살해, 부모의 성교장면 목격과 같은 개인적 역사적 사건으로 환원하는 것은 오히려 학문적 접근을 불가능하게 만드는 것이 된다.[5]

　이 책의 과제는 이러저러한 콤플렉스들의 상징적 요소들을 다루고 있다. 말하자면 그의 다양하게 변화된 작용 방식이 인류 역사와 개인사를 형성하는 이해 형식, 심혼적 범주들, 심혼적 구조의 기본이 되는 심상을 나타내고 있음을 다루려는 것이다.[6]

　의식의 원형적 계기적 발달은 초개인적 소여성에 따른 것이다. 우리는 인류 역사와 개인사를 지배하는 심혼적 구조가 그런 계기적 발달 속에서 역동적인 자기전개를 해 왔다는 것을 알아차리게 된다. 원형적으로 미리 형식을 갖추고 있음(Vorgeformt-heit)에 의해서 방향을 잡기 때문에, 또한 발전에서 이탈된 것과 그의 상징성과 증상도 함께 이해해야 한다.

　제 1부의 주안점은 의식 발달의 신화적 단계에 대한 묘사이다. 이는 신화적 자료의 전개와 의식 발달에서의 상징의 관계들과 층위의 순서에 기초하여 설명하게 될 것이다. 우선은 이런 배경 이전에 정상 발달과, 건강한 심혼 및 병든 심혼의 현상들을 파악할 수 있게 해야 할 것이다. 이런 현상에서 늘 집단의 문제가 인간 현존의 근본 문제로 떠오르게 되므로, 결국 집단의 문제로서 이해하게 될 것이다.

　의식의 발달 단계들과 그것의 원형적 관계를 밝히는 외에 우리의 연구의 궁극 목적은 집단적인 동시에 개인적 치유라는 의도를 실현하는 것이다. 개인의 정신 현상들을 그에 속하는 초개인적 상징과 단계들과 연결하는 것은 개별 의식의 계속적 발달과 인격의 종합(Synthese)을 위하여 매우 중요한 의미를 가진다.[7]

　자아의식과 상징으로 드러나는 인류와 문화적 층들과의 만남은 근원적으로 ≪형성하고 있는(bildend)≫이라는 단어의 의미와 연관된다. 의식은 심상을 갖게 되고, 그것으로 도야를 하여 자신의 시야를 넓히고 새로운 차이, 즉 새로운 문제이자 또한 새로운 해결책을 배열하게 되는 것이다. 단지 개인적이기만 하던 자료들이 초개인적이자 집단적 인간의 관점과 연결되어 새롭게 발견되고 생동감 있게 변하기 시작함으로써, 개인적으로 축소되고 경직된 병든 현대인의 인격에 새로운 통찰과 삶의 가능성이 자라나게 한다.

우리의 목적이 단지 자아를 무의식과, 개인적인 것을 초개인적인 것과의 실제적으로 연결하는 것에만 있는 것은 아니다. 또한 우리는 심혼적인 것을 개인적인 것으로 잘못 해석을 하고 있는데, 이는 현대인의 자아의식이 자신의 고유한 역할과 의미를 그렇게 잘못 해석하게 되는 무의식적 법칙성이 있음을 이해해야만 한다. 초개인적인 것을 개인적인 것으로 환원하여 잘못된 해석을 시도한다는 지적을 하는 것도 근본적으로 의미가 있다. 그리고 그것이 현대인의 자기 의식화의 순환에서 새롭게 의식화하려는 과정에서 발생하게 된 점을 밝히게 된다면 우리의 과제는 제대로 실현된 것이다. 개인적인 것이 초개인적인 것에서 발전하였고, 그로부터 두드러지게 되지만, 의식과 자아의 결정적 역할은 언제나 초개인적인 것에 뿌리를 두고 있다는 것을 인식하게 되면, 초개인적 요소에 그 무게와 의미를 다시 싣게 되어서, 건강한 집단의 삶과 개인의 삶이 가능해진다.

---

5) 주해 80을 참고하라.

6) 이런 의미에서 우리는 ≪남성적≫, 그리고 ≪여성적≫이라는 용어를 사용할 것인데, 이는 전혀 개인적인 성적 특성과 관련이 없고, 상징적 표현일 뿐이다. 만약 단계, 문화 혹은 개인 인격에서 여성적 혹은 남성적 주도권이 두드러짐을 이야기한다면, 그것은 자연히 심리학적 표명이므로, 생물학적으로나 사회적인 것으로 환원해서는 안 되는 것이다. ≪남성적≫, 그리고 ≪여성적≫이라는 상징은 원형적 초개인적이다. 그것은 매우 다양한 문화권 안에서 어리석게도 개인에게 투사되었는데, 그렇다면 그 개인은 그런 특성의 담지자로서 간주된다. 실제로 각 개인은 심리학적으로 볼 때 혼합적이다. 또한 상징은 한 개인에서 유래한 것이 아니고, 그 개인성을 넘어서는 것이다. 오히려 그것은 개인심리학의 적용에 속하는 것으로 보아야 한다. 문화 속에서 개별 인간은 상징적인 대립 원칙인 여성적 혹은 남성적인 측면 중에 어느 하나를 동일시함으로써 억압당하고 만다.

7) 집단무의식의 정서적 요소가 전적으로 치유하는 작용이 있지만, 다만 여기서는 상징의 내용적–물질적 요소만을 강조할 것이다. 그리고 제 2부: 개인 인격의 발달의 심리적 단계와 비교하라.

여기서 제 2부에서 ≪이차적 인격화의 법칙≫으로 토론하게 될 심리적 현상을 지적해야만 하겠다. 일차적 ≪초개인적≫이고, 그리고 근원적이자 초개인적으로 등장한 내용이 의식의 발달과 자아의 발달이 있는 동안 ≪개인적≫으로 이해되어 버리는 것이 논의될 것이다. 일차적 초개인적 내용이 이차적 인격화가 된 것은 어떤 의미에서는 발달상 필수 불가결한 것이었으나, 그것이 바로 현대의 서양인에게 엄청난 크기로 닥친 위험이 되었다. 예를 들어 근원적으로 인류의 초개인적 신들로서 나타나던 내용이 마침내는 인간 정신의 내용이 되어버린 사실은 인간적 인격 구조의 설립에 필수 불가결한 것이었다. 그렇다고 이 과정이 모두 정신 건강을 해치는 것은 아니다. 정신이 원래대로 누미노스한 세계, 즉 초개인적, 초월적 인격의 사건으로 파악된다면 그렇게 될 이유가 없다. 대부분은 그러기보다는 초개인적 내용을 단지 개인화된 심리학의 자료에 환원함으로써, 개인의 끔찍한 심혼적 빈곤감과 삶의 빈곤감에 이를 뿐 아니라, - 여전히 사적인 것으로 남는다 - 또한 인류를 황폐하게 만드는 상태, 소위 무의식적으로 집단정신 속에 정체되어 있는 상태에 이르게 된다.

심리학이 개인정신의 심층을 탐구하여 집단정신의 층에 이르려 한다면, 심리학이야말로 인류를 황폐하게 만드는 대중적 현상에 대해 대처하기 위해 자라난 집단치료와 문화치료로 발전하려는 과제를 눈앞에 두고 있는 것이다. 모든 심층심리학의 가장 중요한 미래적 목표 중의 하나는 인간집단에 치료적 적용을 하는 것이다. 그것은 집단의 삶, 집단의 장애를 심층심리학적 관점에서 교정하고 방지해보는 집단치료가 될 것이다.[8]

자아와 무의식, 그리고 개인과 초개인과의 관계에서는 개인의 운명 뿐 아니라 인류의 운명도 결정된다. 이러한 서로 간의 투쟁(혹은 대화)을 지켜보는 자리가 바로 의식이다. 우리의 작업에서 신화의 본질적 부분은 인류 속에서 일어나는 의식의 발전을 드러내는 무의식적 자기현시로 파악될 것이다. 의식과 무의식의 투쟁(혹은 대화), 그리고 이 작업에서 의식의 변환과 자기해방 그리고 인간적 인격의 탄생이 있다는 것이 제1부에서 주로 다루는 내용이 될 것이다.[9]

**8)** 저자의 〈*심층심리학과 새로운 윤리(Tiefenpsychologie und neue Ethik)*〉, Rascher, Zürich 1949 를 참고하라.

**9)** 〈*의식의 기원사*〉는 여성 발달의 신화적 및 심리적 단계를 다룬 〈*여성의 심리학(Psychologie des Weiblichen)*〉을 살펴 볼 수 있게 할 것이다. 이는 남성의 의식의 심리학과 차이를 나타낸 것이다.

계속해서 〈*아동기의 신화학(Mythologie der Kindheit)*〉이 연결될 수 있는데, 이 책에는 아동기에서 계통발생적 단계적 발달의 개체발생적 사실을 제시하려는 것이다. 계속해서 〈*창조적 인간의 심리학(Psychologie des schöpferischen Menschen)*〉은 정상 발달이 단계적 발달에 이르는데 있어서 변화된 관계로 나타나는 다양한 양상을 다룬 것이다. 마지막으로 〈*신경증의 신화학(Mythologie der Neurosen)*〉은 의식 발달의 원형적 단계와 관련지어 잘못된 발달을 다루고 있다.

# 제 1 부

## 의식 발달의 신화적 단계들

자연은 자연을 향유한다
자연은 자연을 정복한다
자연은 자연을 지배한다

오스타네스(Ostanes)

# A
## 창조신화

≪자연은 자연을 향유한다≫

# I
## 우로보로스

≪중심이 초래한 것은
분명히
마지막까지 있을 것이고
처음부터 있었던 것이다.≫
*괴테(Goethe)*

의식 발달의 신화적 단계는 무의식에 자아(das Ich)가 포함되어 있는 관계로부터 시작한다. 그것은 자아가 자신의 고유한 위치를 자각하고 영웅적으로 등장하게 되는 것 뿐 아니라, 또한 자신의 고유한 활동에 의하여 일어난 변환으로 자신의 경험을 넓히고 상대화할 수 있는 상황에까지 이르게 되는 모든 것을 의미한다.

신화의 첫 번째 순환(Kreis)은 창조신화이다. 이 시기에는 정신적인 것의 신화적 투사가 우주기원적으로 등장하여 창조신화가 된다. 세계와 무의식적인 것이 우세하게 되어, 신화의 대상들이 형성된다. 자아와 인간은 비로소 생겨나려는 상태, 이제 막 탄생하려는 상태에 있다. 자아와 인간이 겪는 것과 자립하는 것이 창조신화의 시기를 형성하는 것이다.

세계부모(Welteltern)와의 분리의 단계에서 드디어 인류의 자아의식의 핵이 드러나게 된다. 창조신화의 영역에 있는 핵은 두 번째 순환에 대한 준비를 한다. 두 번째 순환은 자아, 의식 그리고 인간 세계의 가치를 드러내게 된다. 이는 자아 자신의 고유한 의식성에 이르게 되는 영웅신화의 시기이다.

최초에는 완전함, 전체성이 있다. 이런 최초의 근원적 완전함은 언제나 우회적으로 표현해야 된다. 그것은 표현의 본질상 신화적으로 표현할 수밖에 없다. 왜냐하면 자아가 자신의 대상을 의식의 내용처럼 개념적으로 파악하려 할 때, 묘사하는 주체인 자아 앞에 놓여 있는 묘사되어져야 할 시초의 것 모두가 헤아릴 수 없는 크기로 드러나 있기 때문이다.

이런 이유에서 최초에는 언제나 상징이 있게 된다. 그 상징은 다의성을 가장 많이 가진다. 즉 무규정성, 규정할 수 없음이 가장 두드러진다.

최초는 두 개의 ≪장소≫가 드러난다. 인류(인간집단)에게는 인류 역사의 근원적 시작으로서, 그리고 개인에게는 유아기의 근원적 시작으로서 나타난다. 인류 역사의 근원적 시작에 관한 자기묘사는 제의와 신화의 표현에서 확인할 수 있다. 유아기의 근원적 시작도 이와 마찬가지로 무의식의 심연에서 이미 개별화되어버린 자아에게 제시하는 심상으로 드러나게 된다.

이런 최초의 상태는 신화적으로 우주적인 것에 투사되고, 세계의 시작, 즉 창조신화로 나타난다. 이런 시작의 표현은 신화적으로 외적인 것, 즉 세계로서 시작해야만 한다. 왜냐하면 여기서 세계와 정신은 여전히 하나이기 때문이다. 여전히 반성하지 않는, 즉 자기의식적이지 않은 자아가 자기 자신과 관계하고 이를 반성하고 있다. 정신적인 것은 세계에 개방적이고, 또한 세계와 동일시하므로 세계에서 떼어낼 수 없다. 그것은 세계로서 인식되고 세계로 드러나며, 자신의 존재가 되어가는 것도 세계가 되는 것으로 경험하므로, 자신의 심상들을 성좌가 있는 천상으로, 그리고 세계를 창조하는 신들로 경험하는 것이다.

*카시러(E. Cassirer)*[10]는 모든 민족과 종교에서 표현된 창조는 빛의 창조로 드러난다고 묘사하고 증명하였다. 그러니까 의식의 출현은 무의식의 어두움에 대조가 되는 빛으로서 등장하여, 창조신화의 특징적 ≪대상≫이 된다. 계속해서 *카시러*는 신화적 의식의 여러 단계 중에서 비로소 주관적 실제성의 발견, 즉 자아의 형성 및 개인의 형성이 있다고 제시하였다. 세계의 신화적 시작은, 빛이 되려는 것이다. 이로 인하여 세계가 되려는 것도 비로소 그 모습을 드러낼 수 있게 된다.

그러나 시초는 빛의 탄생 전이므로 여전히 어스름한 여명 상태에 있음을 의미하는데, 이는 상징으로 채워져 있다.

무의식의 표현 형식은 의식의 표현 형식과 다르다. 표현을 시도하지 않으며, 구체적인 논리적 설명이나 논리적 대화에서처럼 그 대상을 확정하거나 분류하지도, 분명하게 밝히려고도 하지 않는다. 무의식의 방법은 그와는 다른 것이다. 설명, 이해, 그리고 해석이 필요한 것 주변으로 저절로 상징이 모이게 된다. 의식화의 행위는 다양한 면에서 나온, 알려지지 않은 것을 대략적으로 그리고 묘사하고 있는 상징을 그 대상 주변으로 집중이 되도록 모으는 것에서 이루어진다. 각 상징은 이해되어야 할 것의 또 다른 본질적 부분을 폭로하고, 그래서 또 다른 의미의 측면을 밝히는 것이다. 의문시된 중심의 주변에 모인 상징, 소속되는 상징들 군집의 규범(Kanon)이 드러나야 비로소 그 상징이 의미하려는 것에 대한 통찰이 가능해진다. 모든 시기의 신화가 우리에게 말해주는 시초에 관한 상징적 사실은, 오늘날 발달된 현대적 의식이 하지 않는 방식으로 문제와 수수께끼를 극복하려는, 소위 초기 유아기적 인간 의식의 시도로 나타난다. 이는 인식적 비판을 포기하여 우리의 의식이 대립적 입장을 취하지 않는 태도로서, 학문적으로도 나타낼 수도 없는 시초에 대한 의문을 가지고 고심할 때야 비로소 그 답을 가질 자격이 생기는 것과 같다. 그러나 심혼은 의식의 자기비판을 통하여 어쩔 수 없이 이러한 질문을 하게 된다. 그것은 언제나 새로운 의식에 관한 본질적 질문으로 주어지게 된다.

시초에 대한 질문은 ≪어디로부터(Woher)≫라는 질문이다. 이는 근원에 대한, 그리고 운명에 대한 질문으로, 어디에 근거하여 우주론, 즉 창조에 관한 신화가 생겨나는가를 묻는 것이다. 이는 언제나 새롭고도 다른 대답을 하도록 한다. 그러나 세계가 어디에서 비롯되는가라는 기원에 관한 질문은 언제나 인간이 어디에서 비롯되는가와 같은 것이고, 또한 의식과 자아가 어디에서 비롯되는 것인가와 같은 질문이다. 이것은 결국 ≪내가 어디에서 비롯되는가≫라는 운명적 질문으로, 자기의 의식화가 되려는 문지방에 이르게 될 때 모든 인간의 본질에서 비롯되는 질문이다.

이 질문에 대한 신화적 대답은 심혼의 깊이, 즉 무의식에서 올라온 모든 대답이 그러하듯 상징적이다. 상징의 비유성은 다음과 같다: 우리는 그것을 이건 이렇고, 저건 저렇다고 말하는 의식의 논리적—수학적 대답으로 잘못 이해한다. 동일성을 나타내는

10) E. Cassirer, Philosophie der symbolischen Formen, Bd. II

문장(A=A)과 그에 기초한 의식의 논리는 심혼과 무의식에 전혀 유효하지 않다. 심혼은 마치 꿈처럼 이것과 저것을 마구 섞어서 짜 맞추고 엮어놓는다. 그래서 상징은 유비지만, 어쩌면 하나의 방정식에 비유된다. 이것이 의미를 풍부하게 하지만 확정될 수는 없게 한다. 부분적으로 모순에 찬 유비들의 관계로 엮어서 상징 집합을 이루어 알려지지 않은 어떤 것을 형성하게 되는데, 그것이 의식에게는 더 이해하기 어렵고 의식하기 힘든 것이 되고 만다.

시초의 완전함을 나타내는 상징적 측면은 원으로 표현된다. 이것에 구, 알, 둥근 것(Rotundum), 즉 연금술의 원이 함께한다. 그것은 최초에 있었던 플라톤의 원(Runde)[11]이기도 하다.

> 그 때문에 데미우르그는 세계를 구와 같이 만들고, 그것의 형상을 가장 완전하면서도 자기 자신과 같게 하였다.[12]

원, 구, 그리고 둥근 것으로서 표현되는 시초는 시작도 끝도 없는, 그 자체 완결된 것을 의미한다; 세계 이전의 완전함으로 있는 그것은 어떤 경과가 시작되기 전(前)의 영원한 것이다. 이런 둥근 것에서는 이전, 이후라는 시간성, 그리고 아래, 위라는 공간성도 없다. 이전까지는 빛, 즉 의식이 포함되어져 있지 않았고, 빛 즉 의식의 생성과 더불어 모든 것이 등장한다; 여기에는 아직 모습을 드러내지 않은 신성(神性)이 지배적인데, 그것의 상징이 원이다.

둥근 것은 알, 철학적 세계-알(卵), 시작과 배아의 자리이다. 도처에서 인류가 가르치고 있듯이, 바로 거기에서 세계가 생겨난다.[13] 그것은 대립을 그 자체 포함하고 있는, 완전한 것인데 대립들이 서로 나누어지지 않았고, 아직 세계가 시작되지 않아서 시작으로서 완전함이고, 대립들이 다시 통합에 이르렀고, 세계가 다시 고요하게 된 끝으로서 완전함이다.

대립을 포함하고 있는 시초는 중국의 태극, 흰 것과 검은 것, 낮과 밤, 하늘과 땅, 남성적인 것과 여성적인 것을 그 자체 모두 가지고 있는 원이다. 이에 대하여 노자는 다음과 같이 언급하고 있다.

형태는 없으나 완전한 어떤 것이 있다.

하늘과 땅이 생기기 전에 있었는데,

고요와 같고, 비어 있음과 같다.

독자적이고 변하지 않으며,

원환 안에서 소요하고 있어서 전혀 방해받지 않으므로,

사람들은 그것을 세계의 어머니로 여기고 있다.[14]

이런 대극 쌍의 각각은 상징집단의 핵인데, 우리는 이것을 어떻게 표현하기가 어렵다. 다만 몇 개의 예를 들 수 있을 것이다.

원은 호리병으로서 원상의 부모를 담고 있다.[15] 이집트, 뉴질랜드, 그리스, 아프리카, 인도에서는 원상의 부모가 하늘과 땅으로서 서로 함께 거주하고 있는 형태로 있거나, 서로 나란히 원 속에 하나로 있으며, 시간 · 공간 없이 통합되어 있다. 그것들이 서로 나뉘지 않아서 그렇게 있지만, 곧 그런 근원적 통합 상태에서 이원성이 생성된다. 대립의 내용은 위대한 자웅동체의 여성성과 남성성이며, 이것은 모든 양극을 자체 내에서 함께 갖고 있는 시초의 창조적인 것, 인도의 푸루샤(Purusha)이다.

최초에 이 세계는 인간의 모습을 하고 있는 아트만으로 이루어져 있었다. 그는 주변을

---

11) C.G. Jung, Integration of the Personality
12) Plato, Timaios
13) Frobenius, Vom Kulturreich des Festlandes
   S´atapatha Brahmana 6, 1, 1, 8
   K.F. Geldner, Vedismus und Brahmanismus, S. 92f., in: Bertholet, Religionsgeschichtliches Lesebuch, Heft 9
14) 역경(易經), Das Buch der Wandlungen (Aus dem Chinesischen verdeutscht und erläutert von Richard Wilhelm), Bd. I, S. VIII
   Laotse: Vom Sinn und Leben (R. 빌헬름이 번역하고 주해를 가한 것), S. 89
   R. Wilhelm, Chinesische Lebensweisheit, S. 15
15) Frobenius, Vom Kulturreich des Festlandes

둘러보았고, 그는 자신 외에 다른 어떤 것도 볼 수 없었다. 그때 그가 처음으로 소리쳤다: '나로구나...' 그는 여성과 남성이 서로 껴안고 있는 상태였다. 그는 자신을 둘로 나누어지게 하였다. 그래서 여신과 남신이 생겨났다.[16]

여기서 신성에 대해 말하고 있는 것은 *플라톤*의 원상적 인간(Urmensch)에 해당하는 것이고, 또한 시초에 있던 자웅동체적 원에 해당하는 것이다.

그것은 대립을 모두 포함하고 있는 완전한 것이고, 그 자체 자급자족적이기 때문에 완전하다. 스스로 자족함, 자기만족감 및 다른 사람과의 관계에서 독립적임은 그 자체 완결되어 있는 영원성의 표시이다. 그래서 *플라톤*은 다음과 같이 표현하고 있다.

그래서 원환의 형상적 급변으로 스스로 돌고 있고, 자신에 내재하고 있는 뛰어남으로 하나이면서, 그 자체 제한된 크기의 우주를 세우게 되었다. 그것은 자기 자신과의 교제로 자족감을 갖고 있어서, 다른 것은 전혀 필요로 하지 않으며, 자기 자신만으로도 만족스럽고 즐거운 존재이다.[17]

자신 속에서 휴식하고 있는 것(das in sich Ruchende)의 완전성은 자신 속에서 순회하고 있는 것(das in sich Kreisenden)의 완전성에 모순되지 않는다. 절대적인 것은 휴식하는 존재이고, 항상적-영원한 존재이다. 그것은 변화도 없고, 그래서 형태도 없는 것으로, 근원적 장소이자 창조적인 것의 배아가 있는 자리일 수 있다. 그것은 자신 속에서 순회하며 살아있는 존재로서 둥근 형상의 뱀, 자기 꼬리를 물고 있는 시초의 원상적 용(Ur-Drache), 자신 속에서 스스로를 낳는 우로보로스(Οὐρόβορος)[18]이다. 그에 관하여 이집트적 상징[19]으로 다음과 같이 묘사하고 있다.

용은 스스로 자신을 파괴하고, 자신과 결혼하고, 자신을 수태한다(Draco intefecit se ipsum, maritat se ipsum, impraegnat ipsum).[20]

스스로 자신을 죽이고, 자신과 결혼하고, 자신을 수태하는 그는 남성이고 여성이며,

생산하면서 수태하고, 삼켜버리면서 낳고, 능동적이면서 수동적이고, 위이면서 동시에 아래인 존재이다.

우로보로스의 가장 오래된 표현은 니푸르(Nippur)[21]에서 발견된 오목한 접시에서 볼 수 있다. 그것은 천상의 뱀으로 바빌론[22]에서도 보이는데, 만다이즘 교도(이라크 남부의 그노시스파 그리스도)들은 그 근원을 페니키아적인 것으로 알고 있다. 그것은 도처에서 보이는 εν τὸ πᾶν(모든 것은 하나다)[23]의 원형이다. 레비아탄(Leviathan), 아이온(Aion), 오케아노스(Okeanos), '나는 알파요 오메가이다'라고 자신에 대해 말하는 존재로서 표현된다. 그것은 고대의 크네프(Kneph-생명의 호흡으로 번역될 수 있다-역주)이고, ≪원상적 뱀(Urschlange)≫이며, 또한 ≪세계 이전의 가장 오래된 신의 형상이다.≫[24] 이 우로보로스는 요한의 계시록이나 그노시스학파[25], 제파통합적 로마[26]에서도 증명되는 것이다. 심지어 나바오 인디언들의 모래그림들[27], 지오토(Giotto)[28], 연금술[29], 또한 집시들의 부적[30]에서도 볼 수 있다.

우리 앞에 원의 형상으로 등장하는 상징적 사고는, 오늘날의 의식으로서는 도대체 파악할 수 없을 정도의 역설로 이해하게 되는 그런 내용에 해당하는 것이다. 만약 시

16) Brihadâranyaka Upanishad
Deußen, Sechzig Upanishads des Veda (산스크리트를 번역하고 주해를 가한 것)
17) Plato, Timaios
18) 계속해서 ≪우로보로스≫로 표기할 것이다.
19) G. Goldschmidt, Älchemie der Agypter, Ciba-Zeitschrift 1938, Nr. 57, Der Ursprung der Alchemie
20) C.G. Jung, Einige Bemerkungen zu den Visionen des Zosimos, Eranos-Jahrbuch 1937
21) Abbildung Eranos-Archiv, Ascona
22) H. Leisegang, Das Mysterium der Schlange, Eranos-Jahrbuch 1939
23) ≪Das All ist Eins.≫
24) H. Kees, Der Götterglaube im alten Ägypten
25) Pistis Sophia, ed. Carl Schmidt
26) K. Kerényi, Die Göttin Natur, Eranos-Jahrbuch 1946
27) Abbildung Eranos-Archiv, Ascona
28) Abbildung Eranos-Archiv, Ascona
29) Abbildungen in: C.G. Jung, Psychologie und Alchemie, Paracelsica와 비교하라.
30) Abbildung in Ciba-Zeitschrift Nr. 31, Heil-Aberglaube der Zigeuner

초를 ≪모든 것(All)≫이거나 혹은 ≪무(無, Nichts)≫로 나타내고, 이와 관련지어 전체성, 통일성, 미분화점, 무분별성, 대극들이 포함되어 있지 않은 것으로 나타낸다면, 그래서 우리가 더 가까이서 살펴보고 그것을 파악하려 애쓰지 않는다면, 이 모든 ≪개념들≫은 기본 상징에서 유래한, 그저 추상화되어버린 심상들이라 할 수 있다. 끝없는 통일성과 심상화되지 않는 전체성에 관하여 의식의 철학적 이해 및 정리를 하기 이전에, 심상과 상징은 그의 통일성이 드러나고, 한눈에 그 통일성으로서 파악될 수 있음을 잘 보여주고 있다.

여기에다 좀 더 보태면: 인류가 신화적으로 ≪시초≫를 이해하려 시도할 때 동원하는 모든 상징들은 오늘날에도 여전히 살아있다. 그것들은 예술과 종교에서 뿐 아니라, 개인의 꿈과 환상에서 여전히 살아있는 사건으로 자리잡고 있다. 인류가 존재하는 동안에는, 원, 구, 그리고 원환에 해당하는 완전한 것이, 즉 스스로 자족한 존재로서의 근원적 신성이 사라지지 않을 것이다. 그것은 마치 대립물들을 사라지게 하는 자기(Selbst)가 원의 형상으로, 즉 만달라(Mandala)로 드러나는 것과 같다.[31]

이러하나 원과 그 원 속에 있는 존재, 즉 우로보로스 속에 있는 존재는 아동 및 초기 인류의 상태에 관한, 즉 인류의 초기 유아기에 관한 상징적 자기표현이다. 이런 상징의 유효성과 실제성은 집단성에 기초하고 있다. 그것은 인류의 발전 단계에 상응하며, 각 인간의 심혼적 구조 속에 내재되어 있다. 그것은 자아 형성 이전에 정신적 존재의 단계로서 이미 포함된 초개인적 실제로서 작용한다. 그 밖에 그것은 각 아동의 유아기, 자아 이전 시기인 암흑기에 인류의 옛날 흔적을 다시 한 번 밟는 것이 되지만, 매번 새롭게 경험되는 실제성이다.

태아기적이면서 아직 영역을 펼치지 못한 자아의식의 배아는 완전함을 의미하는 원속에서 자고 깨어난다. 이때에는 상징으로 나타나는 정신적 단계의 자기표현은 그리 중요하지 않고, 혹은 나중의 자아가 이러한 단계 전(前)의 상태를 과거로서 묘사하는지의 여부도 그리 중요하지 않다. 왜냐하면 태아기 상태에 있는 자아는 심혼적으로 보면 전혀 개인의 고유한 경험을 하는 상태가 아니기 때문에, - 경험하는 의식은 아직 배아로서 단잠을 자고 있어서 - 나중의 자아는 상징적으로만 파악 가능한 이런 비규정적 초기적 상태를 ≪탄생 전(前) 시기≫로 묘사한다. 그것은 실제로 낙원에 현존한 시기에 해당하며, 심혼은 여기에 전(前)세계적 장소로 지정한다. 이는 바로 자아의 탄생 이전의 시기, 무의식적 보호장치의 시기, 태내의 대양에서 헤엄치고 있는 시기를 의미한다.

시초의 시기, 완전성의 시기, 대립이 생기기 전(前)은 아직 의식이 없는 시기로 위대한 세계의 시간을 그 자체로 묘사하는 것이다. 이를 중국철학은 무극(無克)이라고 하며, 그 상징은 텅 빈 원이다[32]. 여기서 모든 것은 ≪지금 그리고 언제나≫ 드러나는 영원한 현존재이다; 태양, 달, 그리고 시간의 상징으로서의 별이 있으나, 덧없음은 아직 존재하지 않아서 낮과 밤, 어제와 내일, 생성과 소멸, 즉 삶의 경과 및 탄생과 죽음은 이 세계에 등장하지 않는다. 역사 이전의 현존재는 시간성이 아니라 영원성, 인류가 탄생하기 전(前)의 시기, 그리고 탄생이나 생산 이전의 영원성을 나타낸다. 인간의 탄생 전(前), 자아의 탄생 전(前)은 시간성이 없고 영원성이 있듯이, 마찬가지로 탄생 전(前)은 공간성은 없고 무한성이 있다.

어디서라는 근원적 질문, 즉 근원에 관한 질문이면서 시초에 관한 질문에는, 하나의 대답이 있다. 그리고 그 질문에는 그 자체 두 가지의 의미가 있다. 그 하나의 대답은: 원이다. 그리고 두 가지 의미는 자궁(모태, Schoß)과 부모이다.

이런 문제와 그 상징의 이해는 모든 심리학에서 결정적인 것이고, 특히 아동심리학에서 필수적인 내용이 된다. 우로보로스는 모든 것을 포함하고 있는 둥근 것, 즉 근원적 모태나 자궁으로서 등장하지만, 또한 남성-여성적 대립의 통합으로서, 끊임없이 서로 함께 공존하여 연결되어 있는 부성과 모성인 원상적 부모로서 등장한다. 어디서라는 근원에 대한 질문이 원상적 부모의 문제와 연결된다는 것은 당연한 것처럼 보인다. 그러나 여기서는 단지 근원의 상징만 문제삼을 뿐, 성(性)이나 ≪성기 이론(Genitaltheorie)≫을 문제삼는 것이 아니다. 신화적으로 표명하고 있는 문제는 처음부터 인류에게 생명, 정신, 그리고 심혼의 기원에 대한 결정적인 질문을 하는 것이다.

---

**31)** 융과 그의 제자들이 했던 정상인과 환자들의 만달라에 관한 연구를 참고하라.
**32)** Laotse, Vom Sinn und Leben, S. 90

이로써 초기의 인간이 ≪생명 철학자≫라는 의미는 아니다; 이런 종류의 질문들은 자신의 의식에는 전적으로 낯선 것이다. 그러나 신화는 집단무의식의 산물이고, 그래서 원시심리학에 정통한 사람은 인간의 심층이 인간의 무의식적 질문에 대답을 해왔고, 또한 언제나 그 대답을 새롭게 해왔다는 점에서 무의식적 지혜에 감탄을 할 수밖에 없다. 삶의 배경에 관한 것, 그리고 그것을 다루는 무의식적 학문은 제의나 신화에 드러나 있다. 그것은 바로 자아의식이 그것을 의식해서 물어보는 것이 아닌데, 이는 생생히 살아있는 질문이 되어 인간의 심혼과 정신을 무엇이라고 명명하는지에 답하게 한다.

많은 원시민족들이 탄생과 성교와의 상관관계를 알지 못한다. 원시인들은 성교를 아주 이른 나이에 시작하지만, 아기의 생산과 전혀 관계없는 것으로 알고 있으므로, 결국 아기의 탄생과 성교는 전혀 관계가 없다는 결론에 이르렀다.

그러나 ≪어디에서 비롯되는가≫라는 의문은 그 답을 구하게 하는 것이다: 그 답은 모태 혹은 자궁이다. 모두가 각자의 새로운 탄생은 모태 혹은 자궁에서 비롯된다는 인간의 근원적 경험이 있기 때문이다. 그래서 신화학에서 ≪원≫은 자궁이라 불리지만, 이런 근원적 장소는 결코 구체적으로 받아들여져서는 안 될 것이다. 그것은 모든 신화가 늘 표명하듯이, 자궁은 하나의 심상이며, 여성의 자궁은 단지 사람이 태어난 장소라고 하는, 단지 근원적 상징의 한 측면만을 이야기하는 것이다. 그 근원적 상징은 많은 것의 상징으로, 어떤 특정의 정해진 내용이거나 신체의 한 부분일 수 없고, 오히려 복수성, 하나의 세계, 혹은 많은 내용이 그 자체 숨겨져 있는 어떤 세계의 영역이어서, 수많은 본질적 거처를 갖는 것이다. ≪어머니들≫은 한 개인의 어머니가 아니다.

심연, 낭떠러지, 계곡, 근간, 바다, 바다 밑 바닥, 샘, 호수, 연못, 또한 대지, 지하계 동굴, 집과 도시 등은 이런 원형을 나타내는 부분들이다. 작은 것을 품고 있고, 에워싸고, 감추고, 보호하고, 보유하고 기르는 것, 모든 둘러싸는 것, 그러한 거대함은 근원적 모성적 영역에 속하는 것이다.[33] 프로이트가 모든 구멍들을 여성적인 것으로 인식하였는데, 이는 그것을 상징적으로 파악했다면 제대로 인식한 것이다. 그러나 그가 그것을 ≪여성의 생식기≫로 해석한다면, 여성의 생식기가 근원적 모성의 원형에 대한 아주 일부만 의미하기 때문에 제대로 이해하지 못한 것이 되고 만다.

이러한 모성적 우로보로스에 반하여 남성적 의식성은 태아기적으로 느끼게 된다. 나(das Ich)는 이러한 근원적 상징에 반해 전적으로 포함되어 있다고 경험되기 때문이다. 그것은 그 근원적 상징에 반해 작고, 나중에 생성된, 무력한 것이다. 플레로마적 (pleromatische) 삶의 시기, 즉 자아가 태아기적 핵으로 원환 속에서 헤엄치는 시기이므로 단지 우로보로스만 존재할 뿐이다. 이 시기는 아직 인류가 존재하지 않고 오로지 신(神)만, 혹은 세계만 존재한다. 자연스럽게 인간성을 가진 자아의식을 생성시키는 첫 시기는 우로보로스가 지배적인 상태로서 둥근 천정을 이루듯 덮고 있다. 자아는 더 이상 태아 상태가 아니라, 이미 고유한 현존재가 되었지만, 여전히 둥근 원환 속에 살고 있고, 거기서 전혀 벗어나지 못하고 있다. 이런 초기 상태는 자아의식의 아동기 단계에 해당하며, 우로보로스의 모성적 특성이 두드러지게 드러난다.

세계는 모든 것을 에워싸는 것으로 경험되며, 그 속에서 인간은 단지 일시적으로, 그러나 반복적으로, 그리고 순간적으로만 겨우 자기 자신을 경험한다. 아동기적 자아가 그렇듯, 이 시기를 고스란히 반복하면서 미약하게 발달하지만, 쉽게 피곤해하고, 단지 어느 순간 섬처럼 무의식의 희미한 빛에서 등장했다가 다시 그 속에 잠겨버린다. 그렇게 초기의 인간은 세계를 경험한다. 자그마하고, 약하고 그리고 자주 잠을 자야 하는, 말하자면 대부분 무의식적이어서, 초기의 인간은 마치 동물들처럼 본능적인 것에서 헤엄치고 있다.

요람에 있는 아기처럼 초기의 인간은 위대한 모성적 자연에 의하여 감싸여 있고, 지지받고, 보호받는데, 좋든 나쁘든 상관없이 그런 모성적 자연에 인도되어 있다. 그 자신은 아무 것도 아니며, 모든 것은 세계이다. 세계는 그를 보호하고 기르는 중이며, 인간은 아직 미흡하지만 조금씩 욕구를 갖고, 행하는 중이다. 무위(無爲), 무의식에서 유지하는 것, 전혀 창조적이지 않은 어스름한 세계에 현존하는 것, 거대한 양육자가 그에게 한없이 자유롭게 그가 필요한 모든 것을 제공하는 상태, 바로 이것이 ≪지복한≫

---

33) C.G. Jung, Die psychologischen Aspekte des Mutterarchetypus, Eranos-Jahrbuch 1938

초기적 상태이다. 모성적인 것에 관한 모든 긍정적인 것은 바로 이 단계에서 두드러진다. 이 상태에 있는 자아는 여전히 태아기적이고, 전혀 개별적 특성을 갖지 못한다. 여기서 모성세계의 우로보로스는 생명과 심혼이 하나로 통일되어 있다. 우로보로스는 음식과 쾌감을 주고, 보호하고 따뜻하게 감싸주고, 위로하고 자비를 베푼다. 그것은 모든 고통받고 있는 것의 은신처, 모든 구하고 있는 것의 도달점이다. 언제나 모성은 채우는 자, 공급하는 자이자 돕는 자이기 때문이다. 선하고 위대한 어머니의 생생한 심상은 어떠한 어려움 속에서 인류의 안식처가 되었고, 미래에도 계속 그렇게 남아있을 것이다. 전체성 속에 포함된 상태는 책임이나 노력 없이, 의식과 세계의 분열 없이 낙원과 같으며, 성인적 삶의 시기에는 결코 자신의 근원적 지복한 활기를 실현할 수 없게 되기 때문이다.

태모(太母, die Große Mutter)의 긍정적 측면은 우선 본질적으로 우로보로스가 유지되어 있는 시기로서 드러난다. 더 발전된 단계에서 비로소 ≪선한 모성≫으로 다시 등장할 것이다. 만약 더 이상 태아기적 자아가 아니라, 성인적 자아가 세계적인 것을 채워서 성숙한 개인성이 되어 그녀를 마주치면, 그녀는 아주 다르고 새로운 소피아(Sophia), ≪지복한≫ 모성으로서, 혹은 순수한 창조성의 충만함으로 표현되는 그녀의 풍요를 나누어주면서 ≪살아있는 모든 것의 모성≫으로서 모습을 드러낸다.

전적으로 보유하는 존재라는 이런 초기적 상태는 인류의 역사적 초기 상태를 의미하는 것은 아니다. 루소(Rousseau)는 이런 심혼적 시기를 역사적 과거로 보아서 야생의 ≪자연적 상태≫라고 투사하였다. 여기서는 바로 전체 심상으로서 그 모습이 드러난 인류의 심혼적 단계의 심상을 다루는 것이다. 세계가 최초의 인간으로 하여금 언제나 현실성을 갖도록 강요하는 것이므로, 최초의 인간은 점차 실제적 세계에 의식적으로 발을 들여놓게 된다. 오늘날에도 우리는 원시인들에게서 중력의 법칙, 심혼적인 것의 타성, 무의식성에 머물려는 것이 인간의 본질적 특성이라는 사실을 쉽게 확인할 수 있다. 그러나 이렇게만 말하면 잘못 알고 있는 것이 될 것이다. 그것은 아주 자명한 것처럼 의식에서 비롯된 것으로 보기 때문이다. 무의식의 고정성은 아래에서 끌어당기고 있는 특성의 무게감으로, 무의식에 머물고자 해서가 아니라, 그렇게 되기 때문에 그렇게 머물게 되는 것이다. 그의 상대적 힘으로서 의식이 되려고 하는 것이 있다. 심지어 인간의 내부에서 이런 방향으로 강요하는 본능이 있다: 그래서 무의식에 머무를 필요가 없으며, 오히려 이전부터 이미 무의식적이었던 인간은 세계 속, 무의식에서 어렴풋하게 깨어난 근원적 상태를 주목하는 것이다. 이는 마치 물고기가 자신을 감싸는 바다에 있듯이 그렇게 무한정적인 것에 잠겨 있는 것이다. 의식이 되려는 발전은 자연 안에서는 전혀 일어날 사건이 아니다. 의식은 인간 종의 아주 특별한 특징에 해당한다. 그래서 우리 자신을 호모 사피엔스(homo sapiens)라고 표시하는 것이다. 이런 특수의 인간적인 것과 보편적 자연적인 것과의 상호 대화는 인간적 의식 발전의 역사를 형성한다.

유아적 자아의식은 매우 취약하여 고유한 현존을 위해 엄청난 노력을 해야 한다. 어렴풋하게 깨어 있는 것과 잠자는 것이 축복스러운 쾌감으로 느껴지기는 하겠지만, 그것은 아직 자신의 고유한 특성이나, 어떤 것도 발견하지 않은 상태이다. 우로보로스는 거대하고 소용돌이치는 생명의 바퀴로서 지배적으로 작용하므로, 아직 개별적 존재가 아닌 모든 것이 대립들의 통일성 속에 포함되어 있는 것 같지만, 그것은 일시적인 것일 뿐, 시간이 경과하면 사라지는 것이다.

인간은 여전히 자연과 대립적이지 않으며, 나(das Ich)도 여전히 무의식과 대립하면서 자기 자신을 정립하지 않고 있다. 고유한 존재가 되는 것은 극복해야만 하는, 지치도록 힘들고 뼈아프게 하는 이례적 경험인 것이다. 이런 의미에서 우로보로스적 근친상간이 언급될 수 있다. 여기서 ≪근친상간(Inzest)≫은 당연히 상징적인 것이지 구체적-성애적인 것으로 이해되어서는 안 될 것이다. 근친상간의 주제가 등장하면 언제나, 영웅들에게서 그에 합당한 형식의 완성을 의미하는 성스러운 짝짓기, 즉 신성혼(hieros gamos)의 전형을 문제삼고 있다고 보아야 한다.

우로보로스-근친상간은 모성으로 진입하는 하나의 형태로서, 이는 보다 더 뒤에 있을 근친상간과는 달리 모성과의 통합을 나타낸다. 이때의 우로보로스적 근친상간의 합일은 능동적인 것이 아니지만, 스스로 용해되고 흡수되려고 하는 것이다; 이것은 수동적 떼어내기이고, 플레로마에 침잠하기, 쾌감으로 이루어진 바다에 잠기는 것이고, 기꺼이 죽음을 맞이하는 것에 해당한다. 태모는 언제나 어린애 같은 작은 것을 그 자체로 품어서 다시 끝없는 용해인 우로보로스적 근친상간, 모성과의 합일을 의미하는 죽음을 내세우게 된다. 동굴, 대지, 무덤, 석관, 관은 이런 재결합 제의의 상징들이며, 이 제의는 석기시대의 고분의 태아기적 자세로 매장한 것부터 현대적인 납골단지에 이른다.

중독이나 갈망의 여러 형태들은 이러한 귀환(歸還), 자기용해의 우로보로스적 근친 상간을 의미한다. 이는 성자들의 신비적 일체감(unio mystica)에서 술꾼이 취하여 무의식적으로 되려 하는 것과 독일의 낭만주의에서 죽음을 갈망하는 것까지 다양하게 드러난다. 우리가 우로보로스적 근친상간으로 나타낸 근친상간은 개인적 자기과업이자 귀환이다. 그것은 초기 유아기적 자아의 근친상간적 형태로서 여전히 모성 곁에 머물고 있어서 자기 자신에 이르지 못한 것이거나, 또한 신경증 환자의 병든 자아의 근친상간적 형태일 수도 있고, 자아가 자기 자신으로 충족한 후에 모성으로 다시 되돌아가려는 보다 후기적 지친 자아일 수도 있다.

유아적이자 태아기적 자아는 우로보로스적 근친상간에 잠겨들게 됨으로써, 해체와 죽음에 이르는 위험이 있음에도 불구하고, 그와 같은 심연의 우로보로스를 경험하는 것이다. 거대한 원환으로의 귀환은 전적으로 수동적으로 생기는 유아기적 신뢰를 갖게 한다. 유아기적 자아의식은 늘 다시 자신의 죽음인 침잠 후에 새롭게 태어난 존재로서, 새롭게 성장한 존재를 경험하는 것이기 때문이다. 그것은 자아가 해체되어 버리고 전혀 의식을 자신이 가질 수 없는 순간에도 심연의 근원적-모성적인 것에서 전적으로 보호받는다는 것을 아는 것이다. 인류의 의식은 이런 근원적 심연의 자녀로서 갖는 권리가 있음을 알고 있다: 인류의 의식은 인류 역사에서 무의식적인, 이런 자궁(모태)에서 탄생하는 후차적 존재이기 때문이다. 또한 개별의 의식은 실질적 삶에서 아동기 성장 과정에서 무의식으로부터 생성되는 것을 경험하고 있으며, 그리고 매일 밤 의식의 잠으로 빠져드는 것은 무의식의 심연으로 태양과 더불어 죽었다가 다시 아침에 태어나 낮을 밝히는 것으로 경험하고 있기 때문이다.

우로보로스, 즉 거대한 원은 자궁 뿐 아니라, 또한 ≪원상적 부모≫이기도 하다. 원상적 부성은 원상적 모성과 함께 우로보로스적 통일체로 결합되어져 있다. 그들은 서로 분리되지 않는다. 여기에는 여전히 근원적 법칙이 지배적이고, 거기에는 상부와 하부, 아버지와 어머니, 천상과 대지, 신과 세계가 서로 함께 반영되어 어떤 것도 따로 분리되어 있지 않다. 대립들의 결합이야말로 첫 시작인 현존재의 상태를 나타내고 있으며, 이는 신화적으로 서로 결합된 원상의 부모의 상징으로 등장하게 된다!

그래서 기원을 나타내는 원상적 부모는 ≪어디서≫라는 질문에 대한 대답에 해당하는 것이고, 모든 세계와 영원한 삶에 관한 근원적 상징이기도 하다. 그것들은 모든 것을 생성케 하는 완전함이고, 스스로 생겨나고, 스스로 수태하고, 혼자서 생산하고, 죽었다가 다시 살아나는, 영원한 현존재인 것이다. 그들의 통일체적 단일성은, 대립적인 것과는 완전히 상관없는 피안의 신적 현존이다. 그것은 무한정의 충족이자 동시에 무(無)를 의미하는 형태 없는 카발라의 에인 쏘프(Ejn Ssof)이다. 심혼의 이런 초기적 상징의 막강한 힘은 대립성을 넘어서 있다. 그렇다고 하나로 합일되어 있다는, 미분화된 상태가 그 자체 있다는 사실만을 나타내려는 것이 아니다. 또한 새로운 시작을 알리는 것, 그래서 그것이 구르는 바퀴, 첫 움직임, 원환으로 상승하는 움직임과 발전을 나타내는[34] 나선의 창조성은 우로보로스 안에서 그 자체 상징화하여 드러난다.[35]

이런 첫 움직임, 즉 생산을 나타내는 창조적 요소는 우로보로스의 부성적 측면에 자연스러운 방식으로 귀속된다. 이는 시기적으로 어떤 것이 되려는 시작이므로, 모성적 우로보로스의 측면으로서는 전혀 파악되지 않는 것이다.

이집트적 신학에서는 이를 다음과 같이 다룬다:

자족하게 된 헬리오폴리스의 아툼(Atum)이여, 그는 쾌락을 얻기 위해 자신의 남근을 손에 쥐었다.
한 쌍의 오누이가 슈(Shu)와 테프네트(Tefnet)를 낳았다.[36]

다른 곳에서는:

---

34) H. Schoch-Bodmer, Die Spirale als Symbol und als Strukturelement des Lebenden, Schweizerische Zeitschrift fur Psychologie und ihre Anwendungen, Nr. 3/4, Bd. IV, 1945
35) H. Leisegang, Das Mysterium der Schlange, Eranos-Jahrbuch 1939
36) Pyramiden-Texte § 1248, herausgegeben Sethe

나는 나의 손으로 성교를 하였다. 나는 나의 그림자와 합치게 되었고, 그렇게 하여 내
자신의 입에서 무엇인가를 뿜어내게 되었다. 나는 슈와 테프네트를 토해내게 되었
다.[37]

이는 상징적으로 창조적 시작을 하는 어려움을 나타내는 표현이기도 하다. 그것은 우
리가 근원적 생산 혹은 자신에서 비롯된 신으로 나타내고 있는 것을 의미한다. 우리의
추상적 개념으로 살펴본다면, 기원을 나타내는 힘을 표상하는 심상은 그렇게 어렴풋
이 드러날 뿐이다. 우로보로스의 생산은 임신을 시키는 자와 수태하는 자가 하나인 곳
에서 이루어진다. 그래서 파트너가 없거나, 이원성 없이 씨앗 속 자신에서 비롯된다는
존재의 심상으로 표현한다.

　이런 종류의 심상을 ≪외설스러운≫ 것으로 본다면, 그것은 아주 근본적으로 잘못
이해하고 있음에서 비롯된 것이다. 그 시기의 실제적 삶은 성적으로 후기의 문화보다
는 훨씬 더 적합하게 조정된 상태, 즉 더 순수한 상태이다; 그래서 성적 상징이 제의나
의례에서 다루어지는데, 이는 신화나 심상에서처럼, 종교의식적이고 초개인적임을 의
미한다. 말하자면 창조적인 것의 상징을 다루고 있는 것이지, 개인적 성기를 다루는
것이 아니다. 개인적 오해가 이런 종교의식적 내용을 ≪외설스럽게≫ 만드는 것이다.
유대교와 마찬가지로 기독교도 – 심지어 프로이트에 이르기까지 – 이러한 오해를 불
러일으키는데 아주 중요한 역할을 해왔다. 이교도적 가치에 대한 탈종교화는 일신교
주의와 의식적 윤리를 쟁취하기 위해서는 필수적이었고 또한 역사적으로 보면 진보적
인 것이었다. 그러나 그것은 고대의 기원적 세계에 대해 완전히 왜곡으로 이끄는 것이
된다. 이차적 인격화와 더불어 이교주의에 대한 싸움이 진행되면서 초개인적인 것이
개인적인 것으로 축소되어 버렸다.[38] 이제 신성에서 남색이, 제식은 매음이 되어버린
것이다. 초개인적인 것을 이해할 수 있게 다시 개방된 시대에는 탈종교화된 과정을 되
돌릴 수 있어야 할 것이다.

　나중의 창조의 상징들은 앞서 언급한 것이 얼마나 조직적으로 잘 드러나는지를 보
여주고 있다. 그렇다고 여기에 억압이 끼어들었다고는 볼 수 없다. 표현하고 있는 주
체는 처음부터 성적인 것을 의미했던 것이 아니라, 오히려 상징적으로 나타낸 것이었

다. 그러나 초기의 인류는 자신에게 있었던 일을 언어적으로 표현하는 데는 엄청난 수고가 있어야 했으므로, 그렇게 상징적으로 표현해온 것이다.

자기 자신을 수태시키는 근원적 신(神)의 상은 이집트와 인도에서 새로운 변형을 하게 된다. 그들은 똑같이 ≪심령화(Spiritualisierung)≫의 방향으로 나아간다. 이 심령화는 처음에 있었던 창조적 존재를 파악해보려는 노력과 동일시된다.

그것은 모든 결과를 만들어내는 심장이다. 그렇게 됨으로써 심장의 생각을 반복하는 (표현하는) 혀이다... 그것은 태어나게 될 신들의 원인이 되는 모든 것이다. 아툼 (Atum)과 그의 에네아드(Ennead)를 의미한다. 모든 신성한 발언은 그 자체 심상의 생각에서 그리고 혀의 언어에서 드러난다.

혹은:

모든 신들과 그들이 카(Ka)를 창조하는 창조주 데미우르그는 그의 심장과 혀에 거주한다.[39]

그리고 마침내 가장 추상적이고, 심령화된 상징체계에 이르게 되는데, 거기에 신성이 ≪생명의 숨결≫로 머무는 것이다:

그는 나를 자신의 입에서 생산한 것도 아니고, 자신의 주먹에서 수태한 것이 아니라, 그는 자신의 코에서 나를 풍겨내었다.[40]

**37)** Apophisbuch, G. Roeder, Urkunden zur Religion des alten Ägypten, S. 108 (zit. Roeder, Urkunden)
**38)** 제 2부와 비교하라.
**39)** A. Moret, The Nile and the Egyptian Civilization (zit. A. Moret, The Nile)
　　H. Kees, Ägypten, S. 11, Bertholet, Religionsgeschichtliches Lesebuch, Heft 10 (zit. Kees, Rlg.–Heft 10)
**40)** Kees, Götterglaube

심상에서 개념으로의 이행은 창조적인 것의 이와 같은 구체적 묘사에 있어서 드러나는데, 상형문자적으로 ≪생각≫은 ≪심장≫과 같이, ≪말(언어)≫은 ≪혀≫와 같이 쓰이고 있다는 사실을 안다면 아주 분명해질 것이다. 이집트 신화와 창조적인 것에 대한 묘사를 하고 있는 곳에서 보면 ≪창조적인 말(언어)≫이 수천 년이 지난 후 성서의 창세기에서 보이는 것 뿐 아니라, 로고스(Logos)에 의한 가르침으로 드러나는 표현들이 그 시작임을 나타낸다. 이런 표현들은 ≪자기 자신에서 비롯되는 것≫ 혹은 스스로 ≪자신을 표현하고 있는 신성≫이라는 근원적 상을 완전히 상실해 버리지 않고 있는 것이다.

당연히 세계가 생성되는 창조적인 것의 원리는 인간의 창조적 본성에서 기인하는 것이다. 그래서 인간이 – 우리가 오늘날에도 여전히 심상적 언어로 말하고 있듯이 – 자기 자신에서, 자신의 심연에서 자신의 내용을 창조적으로 끌어올려서 ≪표명하게 되는데≫, 신들도 그렇게 한다. 비쉬누(Vishnu)는 수퇘지로서 창조적으로 바다의 심연에서 대지를 끌어올렸고, 신(神)은 심장에서 세계를 생각하고 창조적 언어로 그것을 나타냈다. 그래서 말(언어)은 그 자체 잠겨버린, 즉 자신의 심연 속에 침잠했던 것의 이야기, 더 고매한 산물, 표명인 것이다. 내면으로 방향잡음, 즉 내향화에 대해서도 같은 것을 언급하는 것이 될 것이다. 인도에서 ≪타파스(Tapas)≫는 내적 가열이자 ≪알 품기≫이며, 모든 창조는 바로 그와 같은 창조적 요소의 도움으로 이루어지기 때문이다. 내향화라는 자기수태는 정신이 자기 자신을 생산하는 근원적 경험으로, 인도의 텍스트에서는 다음과 같이 표현된다:

프라야파티(Prajapati), 그대는 기도와 금식을 한다. 그는 자신의 자식을 생산하려 하기 때문이다. 그래서 그는 자신을 스스로 수태케 하였다.[41]

혹은 이집트 텍스트에서는:

나의 이름은 스스로를 생산하는 신(神), 원상적 신들의 원상이다.[42]

창조적 방식으로 드러나는 ≪가열≫의 원칙에 대해서도:

이러한 우주는 처음에는 아무것도 아니었다, 하늘도, 대지도 공기도 아니었다. 그것은 무(無)로 존재하였기 때문에 자신의 생각은 오로지 존재가 되려는 것에만 맞추어졌다. 그래서 그것은 그 스스로 내적으로 가열되었다.

이처럼 우주적 가열과 요소의 탄생에 관한 긴긴 나열식 서술 뒤에, 다음과 같이 계속된다:

그는 대지에서 기초를 발견했다. 대지에서 굳건한 기초를 발견하자, 그는 자신을 번식시키려고 마음먹었다. 그래서 그는 자신을 가열하여 임신하게 되었다.[43]

그렇게 우로보로스의 모성적인 것은 수태시키는 자 없이 수태하며, 마찬가지로 우로보로스의 부성적인 것은 모성적인 것 없이 생산한다. 그들은 서로 교체되며 서로에 귀속되기도 한다. 근원에 관한 질문은 살아있는 것을 움직이게 하는 것은 무엇인가라는 근원적 의문이 된다. 이 의문에 대해서 창조신화가 답을 하는 것이다. 그 신화에서 창조는 완전히 표현될 수 없는 것이지만, 상징으로 성적인 것으로 비유해서, 소위 무엇이라 설명할 수 없는 것을 심상으로 파악하려고 노력하는 것이라고 말하고 있다.

　그것은 모두 창조적 언어, 창조적 호흡, 숨결 – 즉 창조적 정신인 것이다. 그러나 이러한 정신이자 개념, 혹은 ≪영감≫을 불어넣는 입김은 생산하는 바람–연기–증기–아니무스에 관한 그림의 추상화일 뿐이다. 창조적으로 생산하고 있는 존재의 상징으로서 태양의 남근들은 바람의 근원이다. 이집트 마법사의 파피루스에서는 정신질환을

---

41) S'atapatha Brahmana 11, 1, 67, Geldner, Rlg.-Heft 9
42) Apophisbuch, Roeder, Urkunden
43) Taittiriya Brahmana 2, 9₁₀, Geldner, Rlg.-Heft 9, S. 90

않고 있는 현대인의 환영에서 보는 것과[44] 같은 것을 다루고 있다. 이런 바람은 성령인 비둘기로서 처녀 수태하는 마리아(Maria)의 옷 아래로 파고든다. 그것은 신(神)-부성으로부터 바람으로 그녀에게 이른 것이다. 그것은 원시인들을 수태케 하는 새이자 조상령이고 바람으로서, 거북이, 암독수리 등과 같이 여성들을 수태케 한다.[45]

수태자로서의 동물이나 신성, 혹은 동물로서의 신성, 신성으로서의 동물 등은 어디서든 창조적 영감과 나란히 하는 수태의 수수께끼에 해당하는 것이다. 인류는 어디에서 생명이 비롯되는지 묻게 되는데, 이때 인류의 생명과 영혼은 살아있는 영혼, 힘, 정령, 움직임, 숨결, 그리고 생명력을 가져오는 마나(Mana)로서 모두 하나로 녹아들어 표현된다. 이렇게 최초에 존재하는 하나(일자, 一者)는 원상적 부모의 우로보로스적 통일성으로 보유된 것이고, 창조적인 것이다. 원상적 부모의 우로보로스적 통일성에서 바람이 휘몰아오듯이 불고, 생겨나고, 낳고, 움직이고, 숨 쉬고 말하는 것이다.

자아는 우로보로스를 무의식의 공포스럽게 다가오는 어두움으로서 경험하게 되는 것과 동시에, 또한 인류가 결코 단순히 두려움과 어렴풋하게 깨어 있는 상태로 경험하는 것이 아니라, 전(前)의식적 현존의 초기 단계와 연결되어 있음을 알게 된다. 의식적 자아에게는 빛과 의식이, 어둠과 무의식성이 서로 같은 것에 속하는 때이므로, 인류는 이를 어떤 다른 세계의 앎, 그래서 소위 보다 더 깊이 있는 ≪세계 밖의≫ 앎(Wissen)으로 알고 있다. 신화적으로 이런 깨달음의 상태는 대부분 태어나기 전과 사후에 주어진 지혜로 투사되어 있다.

티벳의 〈죽음의 서(書)〉에서, 바르도 테오돌(Bardo Theodol)은 사자(死者)를 가르치고 있다. 그 가르침의 요지는 사자(死者)가 삶과 죽음을 넘어서 있는 위대한 백색의 빛과 하나가 되어야 한다는 것이다.

> 당신의 고유한 의식은 빛나고, 텅 비어 있으며 위대한 빛의 몸체와 떨어질 수 없는 것이다. 그것은 탄생과 죽음이 없으므로, 오로지 변치않는 빛이다 – 바로 부다 아미타브하(Buddha Amitabha)이다.[46]

이 앎은 후(後)의식적이고, 세계 밖(혹은 세계를 초월한)의 것이며, 죽음 후에 이르는 완전함의 알고 있음(Wissensein)이다. 또한 마찬가지로 전(前)의식적이고, 세계가 있기 전(前)이자 태어나기 전(前) 상태의 알고 있음이기도 하다. 그것은 유대인 미드라쉬(Midrasch)가 태어나기 전 어머니의 자궁 속에서의 앎에 대해서 말할 때, 그의 머리 위에 세계의 끝을 볼 수 있게 비추는[47] 하나의 빛이 타고 있었다고 묘사하는 것과 같은 것이다. 시초가 있기 전에 있는 존재는 전(前)지혜(선험적으로 주어진 지혜)와 관련되어 있음을 의미한다. 여전히 존재하고 있는 것은 형태가 없는 것의 지혜, 지혜의 원천인 바다에 속하는 한 부분인 것이다. 이런 원천인 바다는 시초의 상징으로 – 우로보로스가 대양을 둘러싼 거대한 뱀인 것처럼 – 창조성 뿐 아니라, 지혜의 원천이기도 하다. 그래서 초기의 지혜를 가져오는 자는 바빌로니아의 오아네스(Oanes)처럼, 절반이 물고기인 존재로서 바다에서 등장하고, 계시로서 인간에게 지혜를 가져오는 것이다.

근원적 지혜는 세계가 있기 전, 즉 자아 이전의, 의식이 생성되기 전의 것이다. 그래서 신화적으로 탄생 이전의 것이라고 하는 것이다. 동시에 그 존재는 사후에도, 탄생 전에도 있으며, 언제나 우로보로스 내에 있는 것이다. 삶과 죽음의 연결고리는 그 자체 함께 연결되어 있다. 그것은 재탄생의 고리인데, *바르도 테오돌*의 가르침을 받은 사자(死者)는 사후의 상태에서 가장 고귀한 인식에 이르지 못하면 다시 태어나게 된다. 이것도 죽음 후(後)의 가르침이자 동시에 탄생 전(前)의 가르침인 것이다.

선(先)지식(선험적 앎)에 관한 신화적 가르침은 주로 모든 인식이 ≪기억≫이라고 설명한다. 이 세상에서 인간의 과제는 의식이 있기 전(前)의 앎이 무엇이었는지를 의식으로 다시 기억해내는 것이다. 이런 의미에서 차딕(Zaddik)에 대해 18세기 말 유대인의 신비주의 운동인 하시디즘(Chassidismus)이 ≪완성을 의미하는 올바른 존재≫로 간주하는 것이다.

---

44) C.G. Jung, Seelenprobleme der Gegenwart, S. 162
45) R. Briffault, The Mothers, Bd. Ⅱ
46) Das Tibetanische Totenbuch, herausgegeben von W.Y. Evans-Wentz, 융의 주해가 있음.
47) A. Wünsche, Kleine Midraschim Ⅲ, Anhang

차딕(Zaddik)은 탄생과 더불어 잃어버린 것을 찾아서 인간에게 다시 되돌려준다.[48]

이상의 것은 플라톤의 탄생 전(前)에 가졌던 이념(Idee)의 관조와 다시 기억하기에 대한 철학적 가르침과 같은 개념이다. 아직 완전한 존재 속에 있는 자가 갖고 있는 근원적 앎은 아동심리학에서 두드러진다. 이런 이유로 많은 원시민족들에서 아동들이 특별한 존경을 받는 것이다. 아동에게 엄청난 크기의 심상들 및 집단무의식의 원형은 살아있는 실재(實在)이고, 항상 가까이 있는 것이다. 그의 말과 반응, 질문과 대답, 꿈과 심상들은 ≪탄생 전(前)의≫ 존재에서 비롯된 앎을 표현하고 있는 것이다. 그것은 개인적으로 획득된 것이 아니라 초개인적인 경험이고, ≪저쪽≫으로부터 얻어낸 소유물이다. 그러므로 그러한 앎은 마땅히 선조의 앎이 되고, 아동은 다시 태어난 조상으로 간주된다.

유전론은 아동이 그 자신 안에 생물학적으로 조상으로부터 물려받은 것을 갖고 있음을, 그것도 상당한 정도로 ≪있다≫는 것을 증명하는데, 이것은 심리학적으로도 옳다. 그러므로 융은 초개인적인 것, 즉 집단무의식의 원형과 본능을 ≪우리의 내부에 있는 선조들의 경험≫으로[49] 정의하였다. 따라서 아동은 전(前)개인적 본질에서, 더 나아가 집단무의식에 의해 결정되므로, 실제적으로 선조의 경험을 간직한 담지자이다.

초기 의식의 세계는, 미약하게 발달된 자아로 이루어지며, 무의식의 특성이 주로 지배적이어서, 우리가 묘사하려고 노력하는 신화적 단계의 상징적 표현과 더불어, 심혼적 마술적 신체 이미지에 상응하는 상징들의 여러 단계적 연속도 있게 된다. 그래서 특정의 상징 그룹들은 신체의 특정 부위에 귀속된다. 심지어 오늘날에도, 배, 가슴, 그리고 머리에 관한 원시적 신체 도식이, 통상적으로 심리학에 적용된다. 배는 본능세계, 가슴을 가진 심장은 감정의 영역, 뇌를 가진 머리는 정신의 영역을 의미한다. 현대 심리학과 언어는 오늘날까지도 이와 같은 근원적 신체 도식에 영향을 받고 있는 것이다. 이런 도식은 인도 심리학에서 가장 발달하였다: 쿤달리니 요가에서 상승하는 의식은 여러 신체-심혼 중심점을 깨우고 활성화시킨다. 이때 횡격막은 대지의 표면에 상응하는 것이다. 그리고 이 영역을 넘어서 발달하는 것은 ≪떠오르는 태양≫, 즉 무의식과 그와 연루된 것을 물리치기 시작한 의식의 상태에 속한다.

인간 형태의 심상으로 세상이 창조되는, 최초의 인간의 원형이라 할 수 있는 신체 도식은 모든 것이 함께하는 기본 상징으로, 신체의 각 영역을 세계의 부분으로 배열하게 된다. 이러한 배열은 멕시코, 이집트, 카발라, 인도 등 모든 곳에서 발견된다. 단지 신(神)만이 아니라 세계도 인간 형상 안에서 창조된다. 세계와 신들을 신체 도식에 관련시키는 것은 세계의 중심 혹은 ≪심장≫에 인간을 자리잡게 하는 ≪인간중심의 세계상≫이다. 이를 가장 초기적 구체적 형식으로 나타낸다면, 그것은 마나로 가득한 자기신체 감정인데, 흔히들 ≪자기애적(narzisstisch)≫으로 오해하는 것이다.

원래 신체에 속한 모든 것이라고 할 수 있는, 마나로 가득한 근원적 상태는 마술적 영향에 대한 원시인의 두려움을 나타낸다. 머리카락에서 대변까지 신체의 모든 부분은 신체 전체를 대변하고 있어서, 영향을 받을 수 있다는 사실에 기초하고 있다. 또한 신체에서 나온 모든 것들이 창조적이라는 점에서, 창조신화의 상징성은 마나가 가득한 초기의 신체에서 비롯된 것이다. 정액 뿐 아니라, 소변, 침, 땀, 대변, 똥, 숨결, 말 그리고 방귀 등은 모두 창조적 활동을 수행하는 것들이다. 이런 모든 것에서 세계가 생겨나고, 외부로 나오게 되는 모든 것들은 ≪탄생≫인 것이다.

무의식이 심하게 강조된 상태에 있는 원시인과 아이들의 경우, 본능에 기초한 식물성의 삶 때문에 복부 영역이 강조된다. 이 세계에서 ≪심장≫은 가장 상위의 중심이고, 오늘날 우리가 생각하는 데 쓰는 머리를 나타낸다. 그리스인들에게는 횡격막이, 인도인과 히브리인에게는 심장이 의식의 자리였다. 이들의 경우 생각은 정서적이고, 정동과 열정에 관계하는 것이었다. 정서적 요소가[50] 아직 분리되지 않았다. 생각이 마음을 사로잡는 열정이 될 때에만 그것이 자아의식에 이르게 되어 감지되는 것이다; 이념의 원형적 접근만이 의식을 자극한다. 그러나 심장은 또한 윤리적 결정의 자리이

---

**48)** S.A. Horodetzki, Thorat Rabbi Nachman (hebr.), S. 188
**49)** C.G. Jung, Seelenprobleme der Gegenwart
**50)** 제 2부와 비교하라.

다; 그것은 인격의 중심을 상징한다. 그래서 이집트의 사자(死者)에 대한 심판에서 심장의 무게를 달았다. 심장은 유대인의 신비교에서도 같은 역할을 한다.[51] 심지어 오늘날에도 우리는 그것을 윤리에 관한 기관으로 여겨 여전히 ≪선한 심장≫을 가지고 있는 사람이라고 말한다. 심장보다 더 아래에는 충동과 본능의 영역이 자리한다. 간과 콩팥은 심혼적 삶에 아주 중요한, 복부의 중심이다. 인간은 ≪심장과 신장≫에 맞추어져야 하고, 의식과 무의식도 그에 맞추어져야 한다. 전조의 중심으로 간을 주시하는데, 이에 대해 프로메테우스의 형벌이 잘 알려져 있다. 그는 불을 훔칠 만큼 신적 자만에 해당하는 의식의 확장 때문에 제우스(Zeus)가 보낸 독수리에 의해 간이 갈기갈기 찢기는, 즉 양심의 가책이라는 벌을 받았다. 모든 복부의 중심들은 성욕을 지배하는 정동의 중심이지만, 사실 더 높은 질서의 중심이다. 소화관, 즉 장(腸)의 심적 수준은 더 깊숙한 영역에 관여한다. 식욕, 허기는 인간의 가장 기초가 되는 심혼적 본능적 측면이므로, 복부 심리학은 원시인과 어린아이에게 결정적 역할을 한다. 허기나 갈증 등과 심혼의 상태가 관련되어 있을수록, 의식과 자아의 발달이 덜 이루어진 것을 나타낸다. 태아기 자아에게 음식물 섭취의 측면은 유일하다고 할 만큼 중요하다. 이러한 측면은 유아기 자아에게도 또한 중요하다. 유아기 자아에게는 모성적 우로보로스가 먹여주고 충족시켜주는 존재에 해당하므로 이 영역이 가장 두드러지게 강조된다.

우로보로스를 ≪자신의 꼬리를 삼키는 자≫라고 하듯이, 소화기관의 상징이 이 시기 전체를 지배한다. 바호펜(Bachofen)에 의해 묘사되었듯이, 우로보로스와 초기 모권사회를 나타내는 늪의 단계는 한 존재가 모든 다른 것을 게걸스럽게 삼키는 세계이다. 식인풍습은 이런 사실의 징후를 나타낸다. 이 단계는 성적인 것이 아직 작용하지 않으므로, 성의 대립적 긴장이 전혀 드러나지 않으면서, 보다 강한 자 즉 잡아먹는 자와, 보다 약한 자 즉 잡아먹히는 자만 있다. 이러한 동물의 세계에서는 – 발정기는 상대적으로 약하기 때문에 – 허기에 관한 복부 심리학이 두드러진다. 허기와 음식물 섭취는 인류의 첫 번째 자극원이다.

창조신화는 처음부터 초개인적이자, 전(前)생식기적 음식물 상징을 주로 등장시키고 있다. 왜냐하면 그것이 근원적 집단적 상징의 층에서 비롯되었기 때문이다. 인간의 현존을 위해 존재가 되려는 영역이 주로 소화기관의 기능에 집중해 모여 있다. 먹는 것=받아들이는 것, 출산=내보내는 것, 유일한 내용물인 음식, 식물적 동물적 삶의 기본 형태인 영양공급을 받는 존재가 주 원동력이다. 사는 것=힘을 갖는 것=먹는 것, 즉 어떤 사태를 자기 것으로 만드는 가장 초기의 형식은 가장 오래된 피라미드 원문에도 나타난다. 거기에서 부활하는 사자(死者)에 대해 다음과 같이 말한다:

> 하늘은 구름이 가득하고, 별은 비처럼 내린다(?); 산맥이 움직이고, 대지의 신의 소들은 몸을 떤다. ··언제 그들이 그를 보는지, 그가 어떻게 나타나는지, 그리고 어떻게 자신의 아버지들에 의해 살아나고, 자신의 어머니에 의해 먹히는 신으로서 혼이 불어넣어지는지... 그는 바로 그것이다. 사람들에게 먹히고, 신들에 의해 살아나는... 두개골을 붙잡는 자... 그는 자신을 위해 그것들을 꿰어내어 낚는다. 눈부시게 빛나는 머리는 그것들을 돌보고 그것들을 자신에게로 내몬다(?) 등등.
>
> 큰 것들은 그의 아침을 위한 것, 그보다 작은 것들은 그의 저녁 만찬을 위한 것, 그리고 아주 작은 것들은 그의 밤참을 위한 것이다.
>
> 그는 가다가 마주치게 되는 바로 그 자를 먹어치운다.
>
> 그는 신들의 심장을 떼어냈다. 그는 붉은 왕관을 먹어치웠고 녹색의 왕관을 삼켜버렸다. 그는 현자의 허파를 먹는다; 그는 그 심장과 그들의 마법으로 살아나서 만족해한다; 그는 붉은 왕관을 쓴 자들을 삼키고... 죽는 것을 기뻐한다(?). 그는 번창하고 그들의 마법은 그의 몸 안에 있다, 그리고 그의 영광은 그에게서 떼어낼 수 없게 된다. 그는 모든 신들의 모성을 삼켜버렸다...[52]

우리는 인도에서도 이에 상응하는 상징적 표현을 발견하게 된다. 창조에 관한 언급에서,[53] 첫 번째 신성은 대양으로 추락하였고, 그리고 ≪허기와 갈증≫은 근원적 물의

---

51) E. Bischoff, Die Elemente der Kabbalah
52) Pyramiden-Texte, Spruch 273-274, A. Erman, Literatur der Ägypter
53) Aitareya Upanishad 2ı, Deußen, Upanishads, S. 16

부정적 폭력적 힘에 내맡기게 한다. 그에 대해 다음과 같이 말한다.

> 그는 숙고하였다: 거기에는 이제 세계들과 세계의 아이들이 있다; 나는 이제 그들을 위
> 해 음식을 마련하련다! 그래서 그는 물을 따뜻하게 만들었다; 그것이 따뜻하게 숙성되
> 자, 그것들에서 하나의 형상이 탄생하였다. 그렇게 생겨난 형상은 바로 음식물이었다.

음식은 파악되어야 할 ≪세계의 내용≫이 된다. 그래서 들숨인 아파나(Apana)로 그
것을 붙들게 되는데, 이때 ≪그가 그것을 삼켰다≫라고 한다. 또 다른 구절에서 허기
는 죽음으로 상징화하였다. 우리가 우로보로스의 삼키는 측면에서 알고 있듯이, 그는
먹어치우는 자이고 삼키는 자이다.

오늘날까지도 언어는 이러한 요소의 심상에서 벗어나지 않는다. 삼키기, 먹어치우
기, 허기, 죽음, 그리고 입이 모두 여기에 속한다. 우리도 원시인들이 했던 것처럼 여
전히 집어삼키려는 죽음과 전쟁, 먹어치우는 질병으로 표현한다. ≪삼켜지는 것과 먹
히는 것≫은 지옥과 사탄에 관한 중세의 모든 회화에서 묘사되었을 뿐 아니라, 우리도
어떤 사람이 그의 일이나 운동 또는 아이디어에 의해 ≪잡아먹혔다≫고 말하는데, 이
는 심상적으로 작은 것이 부정적인 큰 것에 의해 삼켜지는 것을 의미한다.

이처럼 우주발생을 우로보로스에 귀속시키고 있는 수준에서는, 세계는 즉 세계의
내용은 섭취되어져야 할 것으로 여겨 바로 음식이 된다. 그래서 브라흐마(Brahma)에
관해 다음과 같이 말하고 있다.

> 음식으로부터 모든 창조물이 생산된다,
> 땅에 거주하는 모든 창조물은 바로 그런 것들이며,
> 음식에 의해 생명을 얻는다.
> 마침내 그들은 음식물 안에서 사라지고
> 음식은 존재 가운데 가장 오래된 것,
> 그러므로 그것을 만병통치약이라고 부른다.
> 모든 음식이 한 사람에게 주어진다.

그는 음식으로서 브라흐마를 숭배하는 자이다.

음식은 존재 가운데에서 가장 오래된 것,

그러므로 그것을 만병통치약이라고 부른다.

존재들은 음식에서 생겨나고,

그들은 음식에 의해 계속 성장하며,

존재는 음식에 의해, 음식은 존재에 의해 길러진다.

그러므로 그것은 음식이라 불린다.[54]

복부 단계에 있는 우로보로스, 음식-우로보로스에 대해 표현한 것이다. 그래서 브라흐마가 음식물이라고 하는 것이다.[55]

브라흐마는 타파스를 통해서 퍼진다.

브라흐마에서 음식이 나온다.

음식에서 – 숨결, 영혼, 진실, 세계,

그리고 이 작업에서, 영원성이 생겨난다.[56]

마이트라야나-우파니샤드(Maitrâjana-Upanishad)에도[57] 세계와 신의 관계를 음식과 음식을 먹는 자의 관계로서 나타내는 상징적 표현이 있다. 세계를 부양하는 존재로 한 때 찬미받았던 신성은 세계가 신의 제물처럼 음식으로 봉양되기 때문에, 이제는 세계를 삼키는 존재가 되어버린다.

원시심리학과 신화에서 음식-우로보로스가 우주적 크기로 모습을 드러낸 것처럼,

---

54) Taittiriya Upanishad 2₂, Deußen, Upanishads, S. 228
55) Taittiriya Upanishad 3₂, Deußen, Upanishads, S. 236
56) Mundaka Upanishad 1, 1₈, Deußen, Upanishads, S. 547
57) Maitrâjana Upanishad 6, 9₁, ff., Deußen, Upanishads, S. 335

주체인 신과 객체인 세계와의 관계 및 그 반대의 관계를 밝히기 위하여, 상대적으로 보다 후기적 인도철학적 사색에서도 음식-우로보로스의 상징성이 다루어진 것이다.

이러한 것과 관련지어 음식의 형태로 신(神)에게 바쳐지고, 그 신에 의해 ≪먹히는≫ ≪제물≫을 언급해야 한다. 섭취하는 행위는 내면으로 받아들이는 내면화이고, 동시에 장악하는 행위는 힘의 강화를 의미한다.

그래서 인도에서 세계는 ≪신들의 음식≫이다. 도이센(Deußen)이 설명했듯이, 초기의 리그베다에서 보면, 세계는 프라야파티(Prajapati)에 의해 창조되었는데, 그는 생명이면서 동시에 죽음 또는 허기이다. 세계는 그의 제물로서 먹히기 위해 창조되었다. 그래서 그 제물은 그 자신이므로, 자신을 제물로 바친다. 이로써 말(馬)이 제물이 되는 것을 해석한 셈이다.[58] 이때의 말은 우주를 상징하며, 다른 문화에서는 소가 같은 의미를 가진다.

그것은 다음과 같이 묘사된다:

> 그가 무엇을 창조하든 그 모두를 삼켜버리기로 결정하였다. 그가 모든 것을 삼켜버리기 때문에, 그가 무한한 존재(Aditi)로 불린다. 그렇게 그는 우주를 삼키는 자가 되었고, 우주는 그에게 음식으로 제공되었다. 그래서 또한 무한한 존재의 본성을 이해하는 자가 되었다.[59]

위의 마지막 문장에서 드러나듯이, 더 후기에 - 제대로 해석을 하였는데 - 어떤 식으로 그 옛날의 상징을 심령화해 왔는지 드러난다. 세계를 극복하고 세계를 장악하는 형태로서 세계를 먹고, 소화하고, 흡수한 것으로 나타내어서, ≪내적으로≫ 받아들이는 것이다. ≪아디티(Aditi)의 본성을 이해하는 것≫으로 부르는 것은 스스로 창조한 세계를 ≪먹는≫ 창조주의 무한한 존재를 지칭하는 것이다. 따라서 원시적 수준에서 의식화는 먹는 것으로 이루어진다. 우리가 의식에 의해 무의식 내용을 ≪동화하는≫ 것에 대해 이야기할 때, 우리는 먹고 소화하는 상징에 내포된 의미 이상의 것을 이야기하지 않는다.

인도와 이집트 신화에 음식 상징에 관한 요소적 도식이 원형적으로 드러나 있기 때문에 엄청나게 많은 예들이 있다. 전 세계적으로 음료, 과일, 허브 등이 생명과 영원성의 매개체로 나타나며, 제의의 ≪성수≫와 생명의 ≪빵≫ 및 성체에 이르기까지, 현재에도 여전히 먹는 것과 음식에 대한 예식의 형태들 모두가 인간의 고대적 표현 양식인 것이다. 우리가 ≪정신적-심혼적≫이라 부르는 것은 생명, 영원성, 그리고 죽음과 같은 내용이나, 신화와 제의에서는 물질의 형태를 취하여 물, 빵, 과일 등으로 나타나는데, 이러한 물질화는 원시적 정신성에 상응하는 것이다. 원시적 정신성에서는 내적인 것이 모두 외부로 투사된다. 실제적으로 외적인 것이 모두 상징적으로 경험되는 것이다. 즉 우리가 정신적, 심혼적으로 귀속시키려는 내용으로 ≪가득 채우게≫ 되는 것이다. 이 ≪물질적 외부객체≫는 ≪섭취된다≫, 즉 먹힌다. 의식화의 행위는 음식의 섭취에 관한 요소적 구조로 ≪살리게 된≫ 것이다. 실제적으로 먹는다는 제의적 행동은 인간에게 알려진 내적 수용과 의식화의 첫 번째 형태이다. 이러한 전체적 상징의 순환을 넘어서서 어머니-아이 관계로 드러나는 모성적 우로보로스가 등장한다. 여기에서는 욕구는 허기이고 만족은 포만감을 나타낸다.

신체와 ≪자가성애적-자기애적≫ 신체 느낌은 - 잠시 후에 우리가 이러한 관점에 대하여 검토하려고 하는데 - 우로보로스적으로, 그 자체 폐쇄적으로 제한되어져 있다. 이러한 전(前)생식기의 자기-해방은 성적 수음이 아니고 음식물 섭취에 의한 포만감이다. 여기서 받는다는 것은 곧 ≪먹는다≫이지, ≪수태되는 것≫이 아니다; 밖으로 내놓는다는 것은 배설한다, 토한다, 오줌 눈다 - 더 후기에는 말한다 - 는 것이지, 낳거나 생산한다는 것을 뜻하는 것이 아니다. 우로보로스의 수음적 창조 단계는 성기적으로 강조되는데, 이는 창조로서 이중성으로 나뉘어진 원상적 부모의 성적인 창조 단계에 앞선 것이다. 이런 두 가지 이전에 이미 음식-우로보로스의 창조 단계가 있는 것이다.

이상의 모든 ≪신체 행위들≫은 동시에 심혼적-정신적 경과를 자체적으로 완결하

---

58) Brihadâranyaka 1₁, 1, Deußen, Upanishads, S. 382
59) Brihadâranyaka 1₂, 5, Deußen, Upanishads, S. 384

는 것을 상징한다. 식인의 제의와 장례객의 식사, 피라미드 텍스트에 나와있는 신들의
식사, 영적 교섭의 비밀(communion mysteries) 등은 정신적 행위를 나타낸다.

먹은 음식을 내용으로 받아들이고 내적으로 수용함으로써 변화, 변환이 일어난다.
음식을 섭취함으로써 신체 세포의 통일성의 변환이 일어난다는 것은, 인간의 가장 기
본요소적 동물적 성적 변환의 체험이다. 피곤해하고, 허기져 죽어가고, 허약한 상태에
서 보다 더 기민하고, 강하고, 기뻐하고, 만족스러운 상태로 되듯이, 혹은 목마름에서
다시 생기를 되찾을 수 있으며, 심지어는 음료를 통해서 변환이 이루어지게 되는데,
이것은 인간이 생존하는 한 기본적으로 경험하는 것이고, 그렇게 경험해야만 하는 것
이다.

이러한 상징성의 출현은 《구강 영역으로의 퇴행》, 즉 우리가 극복해야 할 유아
적-도착적 성애적 쾌락 영역을 의미하는 것이 아니라, 무의식에 의해 긍정적으로 강
조된 우로보로스 상징성으로 되돌아가는 것을 의미한다. 먹음으로써 수태하게 된다는
것은 성적인 행위를 모른다거나, 어떤 《설명되지 않는 대체물》로 대리자를 내세운
다는 것이 아니며, 《결합하기》보다 《전적으로 수용하기》를 의미하는 것이다. 수
태는 앞에서 언급했듯이, 바람에 의한 것과는 다르게, 먹음으로써 일어난다; 먹는다는
데에는 섭취, 내적으로 받아들이기가 주로 강조되는데 반하여, 바람에 의한 수태는 동
요케 하고 수태시키는 주체의 비가시성이 강조된다.[60]

따라서, 모성의 양육적 우로보로스 단계에서, 젖가슴이 언제나 강조되고 있는데, 이
는 예를 들면, 신화적으로 수많은 젖가슴을 가진 태모에 관한 심상들에서, 또는 자신
의 젖가슴을 눌러 짜는 수많은 여신상들에서 볼 수 있다. 여기에서 양육하는 태모는
산모이기보다는 생식자에 더 가깝다. 젖가슴과 젖의 분비는 생식적인 요소들로서, 또
한 남근적으로 표현될 수 있다. 왜냐하면 젖은 상징적으로 볼 때 수태시키고 있는 것
으로 이해될 수 있기 때문이다. 젖을 주는 어머니의 가장 보편적인 상징은 소인데, 이
는 생식적이자 창조적이라 할 수 있다. 바로 이 점 때문에 부성적 특성도 가지고 있다.
여기에 속하는 것으로 등장하는 아이는 성(性)에 관계없이 수태되어서 수용된 여성적
인 것이다. 모성적 우로보로스는 여전히 자웅동체적이고, 아이처럼 성적 분화 이전의
상태이다. 모성은 또한 양육하고 생식하고, 아이는 섭취하고 공급받고 배설하고 생산

한다. 양자 모두에게 음식물의 유출은 대극적 긴장 없이, 그리고 성적인 것과 전혀 상관없이 있는 생명의 상징이다.

그러나 어머니의 젖가슴과 그의 남근적 특성의 강조는 이미 이행을 준비하고 있는 것이다. 근원적 상태는 우로보로스 안에 전적으로 포함되어 있는 상태이다. 모성의 젖가슴에 남근적 특성이 출현한다면, 또는 모성이 남근을 갖고 있다면, 그것은 유아적 주체가 스스로 분화하기 시작하는 것을 나타낸다. 능동적이자 수동적 노력들이 서로 간에 점차 뚜렷하게 드러나면서, 대립물들이 모습을 드러내게 된다. 먹기-수태, 배설-낳기는 통합적으로 이루어졌던 음식물의 경향에서 개별의 행위로 떨어져 나오게 되어서, 자아는 자신을 우로보로스와 대립하면서 전면에 나서게 된다. 이것으로 우로보로스 내에서의 지복한 존재감, 완전성, 자기폐쇄적 자족감의 종말을 맞이했음을 의미한다. 자아가 배아로서 우로보로스의 자궁에서 헤엄치고 있는 한, 여전히 그러한 완전성, 즉 낙원에 해당하는 완전성에 참여하고 있다. 이러한 자족적 특성은 자궁(모태)에서의 생활이 지배적이라는 의미이며, 무의식적 현존이므로 존재의 고통을 겪지 않는다는 것과 관계한다. 여기서는 모든 것이 그 자체로 공급된다. 최소한의 개별적 반응도, 심지어는 본능적인 반응조차도 할 필요가 없으므로, 조절하는 자아의식도 있어야 할 필요가 없다. 고유한 개체의 존재와 그를 둘러싼 세계, 여기에서는 모성의 신체는 신비적 참여의 상태로 존재하게 된다. 이런 신비적 참여의 상태는 주변 세계와의 관계에서 결코 얻어질 수 없는 것들이다. 기쁨이나 고통의 반응도 차단된, 자아-없음의 상태는 당연히 더 나중에 생기는 자아의식에 의해 가장 만족을 가져다주는 자족의 형태, 즉 그 자신 속에서 자족하는 상태의 경험이 된다. 플라톤은 우로보로스의 완전함에 포함되어 있는 세계의 형성에 대하여 다음과 같은 말로 묘사하고 있다:

---

60) 정신분석적 해석에서 그 하나는 리비도-기관의 야만인적 구강 단계로서, 또 다른 하나는 항문기로 보았다.[60a] 이로써 정신치료 과정에서 인간은 심하게 손상된다. 이런 방식으로 상징 생산을 이해한다는 것은 오해를 하는 것이고, 평가절하하는 것에 해당하는 것이 된다.

60a) K. Abraham, Entwicklungsgeschichte der Libido, E. Jones, Psychoanalyse der christlichen Religion

눈으로 보아야 할 어떤 것도 바깥 세계에 있지 않았으므로, 그것은 눈을 가질 필요도 없었다. 마찬가지로, 귀로 들어야 할 어떤 것도 바깥 세계에 있지 않았으므로, 그것은 귀를 가질 필요도 없었다. 숨 쉬어야 할 공기가 주변에 있는 것도 아니었고; 마찬가지로 음식을 공급받고 그것이 다 소화되면 내보내야 할 기관이 있을 필요도 없었다. 자기 이외에는 밖에 어떤 것도 존재하지 않았으므로 어떤 것도 밖으로 나갈 것이 없었고, 밖에서 안으로 들어올 것도 없었다. 그러한 기술적인 형성 덕분에 그것은 자신의 음식의 원천으로 향하도록 옮기게 하였고 그래서 겪거나 행위하는 모든 것이 그 자신 안에서 또한 그 자신을 통하여 실현되었다. 왜냐하면 그것의 고안자는 그것이 다른 어떤 것에 의존하여 존재하는 것보다는 그 자체로 자족하는 것이 훨씬 더 낫다고 생각했기 때문이다.[61]

여기서 다시 한 번 음식물 단계에 있는 자기생식의 우로보로스적 순환적 운행을 마주치게 된다. 우로보로스가 꼬리를 입에 ≪물게 됨≫으로써 자기 자신을 수태하는 것처럼, 여기서는 ≪자신에게 음식을 공급하기 위해 스스로 해체하기≫인데, 이는 하나의 상징으로, 언제나 세계의 독자성과 자족성의 상징으로 등장한다. 그 자체 자족적 우로보로스에 관한 근원적 심상은 연금술의 소인(少人, Homunkulus)의 배경적 심상이며, 또한 이는 원, 즉 연금술사의 증류시험관, 요소들의 순환에 의해 얻어지는 것이고, 심지어는 물리학의 영속적인 움직임(perpetuum mobile)의 바탕이기도 하다.

여기서 다루고 있는 자주성(Autarkie), 자족성의 문제는 우리가 탐구하고자 하는 모든 단계들에서 살펴보게 될 것이다. 왜냐하면 그것이 인류 발달에 있어서 본질적 방향, 즉 자기(Selbst)의 형상적 실현과 밀접하게 관련되어 있기 때문이다. 앞에서 우리는 우로보로스적 자주성의 세 단계를 살펴보았다. 첫 번째 단계는, 아직 태어나지 않은 상태에 있는 낙원적 완전함을 나타내는 플레로마적 단계이다. 세상에서 비(非)자주적 자아가 겪는 고통과 대비가 되는, 그럼에도 나중에 의식이 될 자아의 배아기 상태이다. 두 번째 단계는, 음식물의 우로보로스의 단계인데, 이는 ≪자신에게 음식을 공급하기 위해 스스로 해체하는≫ 폐쇄적 순환이다. 세 번째 단계는, 생식기적-수음 단계로 ≪자신의 손에서 생식하는≫ 아툼(Atum)의 단계이다. 이러한 모든 심상들은 자기-부화처럼, 타파스를 통해 자가수태적으로 자주성의 보다 후기적 정신적 형태로 되는데, 이들은 자신 안에서 하나로 통합된 창조적인 것의 심상이다.

우로보로스적 자주성은 지배적인 원형으로 교체되더라도 자가성애와 자기애의 개념으로 환원되어서는 안 된다. 이 두 개념은 우로보로스의 주도에 의해 발달의 단계가 부자연스럽게 길게 지속되었을 때에만 타당한 개념이다. 그러나 그럴 때조차도 긍정적인 측면이 고려되어야만 한다. 자주성은 적응과 마찬가지로 삶에 있어서 가장 필수적인 목표이고, 발달의 목적이다. 자기-발달, 자기-분화, 자기-형상화는 리비도의 합법적 방향이라고 할 수 있는데, 객체를 향한 리비도의 외향적 적용이 있는 것처럼, 그리고 주체를 향한 내향적 적용이 있는 것이다. 자가성애주의, 자폐성, 자기애와 같은 개념들이 암시하는 부정적 평가는 병리적인 경우에만, 즉 자연적 기본적 태도로부터 이탈이 일어났을 경우에 한해서만 맞는 말이다: 자아, 의식, 인격 및 개인성의 발달은 바로 우로보로스-상징 속에 포함되어 있는 자주성의 요소에 열렬히 참여하는 것으로 이루어진다. 따라서 많은 경우에 우로보로스적 상징은, 예를 들어 만달라처럼 특히 형상화하고 지속해가는 특성이 그 자체 강조되면, 자아가 객체의 적응을 위한 방향으로 가기보다는 자기(Selbst)를 향하여 발전해갈 때 출현한다.

우로보로스로부터 떨어져 나오는 것, 세상으로 들어가는 것, 그리고 세계를 지배하는 대립적 원리와의 대화는 인간적 그리고 개인적 발달을 위한 본질적 과제이다. 외부 세계 및 내면 세계의 객체들과의 대화, 인류의 외부 세계와 내면 세계에서의 집단적 적응과 질서잡기는 여러 시기에 다양한 강도로 각 개인의 삶을 관장한다. 외향적인 사람은 외부의 객체, 사람들, 사물들, 환경들에 주력하고, 내향적인 사람은 객체의 내부, 콤플렉스, 원형들에 주력한다. 둘 다 공통적으로 객체와 관계하고 있다. 다만 하나는 내면의 객체이고, 다른 하나는 외부의 객체인 것이다. 내향적인 사람이 심혼적 배경에 주로 관계하여 발전하는 것도 그 객체가 외부의 사회적, 경제적, 혹은 물리적 힘이 아

---

61) Plato, Timaios

니라, 심혼적 힘이라면 객체와 연결되어 있다는 의미를 갖는다.

그러나 이러한 발달의 방향과 나란히, 동등한 권리를 갖는 또 하나의 방향은 《자기(Selbst)에 관계된》, 즉 중심화되는 것인데, 이것은 인격의 전개와 개별 인격의 실현을 꾀하는 것이다. 이러한 발달은 외부와 똑같이 내부로부터 그 내용을 끌어내는 것이므로, 그것은 외향화와 똑같이 내향화에 의해서도 공급된다. 그러나 그 중심은 객체나 객체들과의 대화에 있는 것이 아니므로, 내적 혹은 외적 객체로서가 아니라, 자기-형상화에 있다. 즉, 인격의 구조물을 세우고 해체하는 데에는, 그것이 삶의 대화의 핵이자 중심이므로, 자신의 고유한 전체성을 위하여 질료로서 내부와 외부세계의 객체들을 사용한다. 이 전체성은 그 자체 목표이고, 자주적이다. 이 전체성은 어떤 실용적인 가치와도 무관하다. 외부의 집단적인 것, 혹은 내부의 힘을 위하여 그런 것이다.

그럼에도 불구하고 그것이 문화를 위해 결정적 중요성을 지닌 창조적인 원리와 관계가 있다는 것을 좀 더 뒤에서 보여주게 될 것이다.

인생의 후반부에 작용하는 자기(Selbst)-형상화를 융은 《개인의 전(全)인격화(Individuation)》라고 불렀다.[62] 이것은 인생의 전반부 뿐 아니라 아동기에도 결정적으로 작용하는 발달의 선(先)형식이다. 의식과 자아의 형성은 상당부분 자기-형상화의 표시로 이어진다. 자아의 확정성, 즉 무의식과 세상의 분열적인 성향에 맞서서 항상적으로 있으려는 자아의 능력은 매우 초기부터 발달하게 되며, 의식의 확장을 지향하려는 경향을 갖게 되므로, 의식의 확장은 자기-형상화의 중요한 선결요건이 된다. 비록 인생의 전반부에 자아와 의식은 주로 외부 환경의 적응에 몰두하게 되고, 자기-형상화로 향하는 방향이 주춤거리는 것처럼 보이지만, 이미 어린 시절부터 성숙이 되어감에 따라 드러날 자기실현을 위한 경향이 시작된다. 그래서 이때부터 자기-형상화를 위한 첫 고투가 미리 정해져 있다. 이른바 자기애적, 자폐적, 자가성애적, 자기중심적, 그리고 우리가 보았던 것과 같이 우로보로스의 인간중심적 단계는 아동의 자주적이면서 천진난만한 자기와의 관계성에서 명백하게 나타나는데, 이는 더 후에 뒤따르는 자기-발달의 본질적인 전(前)단계에 해당한다.

개인의 자아 발달이 시작되기 이전, 시작 단계에 있는 바로 그 우로보로스적 상징성은 자아의 발달이 자기의 발달에 의하여, 즉 개인의 전(全)인격화에 의해 분리될 때,

그 지점에서 다시 등장한다. 세계의 대극적 원리가 더 이상 지배적이지 않는 곳이면 어디든, 세계를 삼키는 존재나, 그 세계에 의하여 삼켜지는 존재가 중요하지 않게 되는 지점이면, 우로보로스의 상징은 만달라로서 다시 나타날 것이다. 이는 주로 성인심리학의 현상에 해당한다.

삶의 목표는 이제 세계로부터 독립하게 하는 것, 모습을 드러내는 것, 자립적으로 되는 것이다. 우로보로스의 자주적 특성은 계속적 발전을 위한 하나의 새로운 방향을 가리켜주는 긍정적인 것으로 나타난다. 신경증 환자들에게 우로보로스적 근친상간과 그의 플레로마적 고착은 출발점에서 벗어날 수 없고, 그리고 세상으로 태어나기를 거부하고 있는 것인 반면, 성숙한 인간에게서 만달라적 우로보로스 상징은 ≪만족스럽다≫고 하는 그 세계에서 벗어나 마침내 자기 자신에게 이르게 되는 것을 나타낸다. 그는 이제 막 자라나는 자아와 더불어 속해 있었던 바로 그 세계에서 빠져나오는 새로운 과정에 있게 된다.

그러므로 원시인이나 아동의 무의식 세계의 중심에서 자리잡고 있는[63] 우로보로스의 완전함의 형태는, 또한 인생의 후반부의 중심 상징이 되고, 우리가 자기-형상화 경향 혹은 중심화(Zentroversion)라고 부르는 발달 방향의 핵심적 형태가 된다. 원의 형상으로 나타나는 만달라 상징은 시작 지점과 마찬가지로 끝나는 지점에도 등장한다. 시작 지점에서 그것은 낙원의 형태를 신화적으로 취하고, 마지막 지점에서는 천국의 예루살렘의 형태를 취한다. 중심을 가진 원의 완전한 형상은 그 중심에서 네 부분들이 갈라져 나오고, 그 안에서 대극이 정렬되는데, 이것도 발달사적으로 볼 때 가장 초기의 상징이고, 또한 가장 마지막의 상징이다. 초기적인 것으로 그것은 석기시대의 성역에서 발견된다; 그것은 네 강의 근원지가 있는 낙원이기도 하다. 그리고 가나안 신화에서 그것은 위대한 신(神) 엘(El)이 앉아있던 중심점이다. ≪그곳은 강의 근원지이자 두 바다의 근원인 중앙지대이다.≫[64]

62) C.G. Jung, Psychologie und Alchemie, S. 30
63) 이에 대해 초기 아동들의 그림에서 원이 갖는 역할을 참고하라.
64) W.F. Albright, Archeology and the Religion of Israel, S. 72 (zit, Albright, Archeology)

우로보로스는 모든 시대와 문화에서 그 자취를 볼 수 있으며, 개인의 심혼적 발달에서 가장 마지막에 등장하는 상징이다. 이는 심혼의 원 모양의 특성으로서, 삶에서 다시 획득된 전체성과 완전함의 상징이다. 그것은 신화적 시작점, 즉 기원의 장소일 뿐만 아니라, 변용, 깨달음, 완성의 장소이다.

위와 같이 우로보로스의 위대한 원(Große Runde)은 인간의 삶 전반에 걸쳐 있는 것으로, 초기 아동기에는 주로 감싸고 있다가, 나중에 변형된 형태로 되어 다시 받아들이는 식으로 작용한다. 그러나 개인적 삶 안에서 우주적 합일의 플레로마는 종교적인 체험으로 구하게 되고, 그렇게 하여 다시 발견된다. 신비교에서는 자기의 꼬리를 물고 있는 우로보로스의 형상이 ≪신성의 바다(Meer der Gottheit)≫로 등장하는데, 거기에 때때로 우로보로스적 근친상간에 해당하는 자아의 해체, 황홀경적 자아 상실을 문제삼기도 한다. 그러나 거기에서 죽음과 같은 황홀경적 자아 해체보다는 ≪죽었다가 살아나기(Stirb und Werde)≫의 재탄생의 원리가 전면에 드러난다. 이로써 죽음보다는 재탄생의 특성이 우세할 때에는, 퇴행이 아닌 창조적인 과정에 있다고 할 수 있다. 그에 대한 우로보로스적 단계와의 관련성은 뒤에서 다시 충분히 논의될 것이다. 창조적 과정과 병리적 과정을 서로 분명하게 구분을 한다는 것은 심층심리학에 있어서 더 중요한 의미를 가진다 할 것이다.

우로보로스는 창조적 과정과 병리적 과정 모두의 출발점이 될 수도 있다. 종교적 현상에서 뿐만 아니라 창조적인 현상에서도, 삶 전반에 걸친 원의 형상은 새로워진 바다와 더 높아진 삶의 근원이 된다. 그러나 그와 같은 형상은 자꾸 붙잡고, 끌어당기는 영향력을 발휘하므로, 신경증 환자들의 발전적 탄생을 방해하게 된다. 이렇게 되면 우로보로스의 근원적 형상이 이미 의미를 상실하고, 보다 발달된 자아의 경우에서 보이는, 즉 그 다음 단계에 이르렀다는, 우로보로스가 자아보다 우세한 단계, 혹은 ≪태모(die Große Mutter)≫의 단계에 이르렀다는 의미가 될 것이다.

# II
## 태모(Die Große Mutter)
## 혹은
## 우로보로스의 지배 하에 있는 자아

　자아가 우로보로스와의 동일시에서 벗어나기 시작하면, 자궁의 태아 상태에서 가졌던 근원적 연결 관계가 중단되기 시작하면서, 자아는 세상에 대하여 새로운 태도를 취하기 시작한다. 세상을 보는 개인의 관점은 그의 발달 단계마다 점차로 달라지게 된다. 이러한 변화는 원형 및 상징들, 신들, 신화들이 바뀌는 것에 해당하며, 이들은 모두 그것의 표현이면서 동시에 이런 변환의 도구이다. 우로보로스로부터 빠져나오는 것은 태어남을 의미하고, 현실 성인이 되는 것이고, 더 낮은 세계로, 위험과 불쾌함이 가득한 세계로 하강함을 뜻한다. 형성되고 있는 자아는 쾌와 불쾌의 특성들을 감지하게 되는데, 그러한 쾌와 불쾌의 감각에 의하여 자신의 경험을 하게 된다. 그 때문에 자아에게 세계는 양가적이 된다. 자연의 무의식적인 삶은 우로보로스의 삶이므로, 잔혹한 파괴의 의미없음과 연결되며, 또한 가장 최고의 의미인 충만한 본능적인 창조와 그 자체 연결된다. 유기체의 의미있는 통일성은 그 유기체를 먹어치우는 암(癌)도 자연임을 의미한다. 바로 이것이 우로보로스 내에 있는 존재의 통일성이기도 하다. 마치 늪처럼, 생명을 낳기도 하고 또 다시 죽이기도 하는 그 자체의 폐쇄성에서 끝없는 순환이 이어진다. 성인이 된 인류의 자아의 경험에서 본다면, 이 세계는 모성신과 운명의 여신이 지배하는 세계, *바호펜*이 말하는 모권적 세계이다. 집어삼키는 악한 모성과 사랑을 아끼지 않는 선한 모성은 이 심혼적 단계를 지배하고 있는 우로보로스적 위대한 모성적 신성의 두 측면이다.

원형의 양가성, 즉 이중성이 두드러지게 됨은 또한 자아가 자신을 이끌어가는 원형들에 대하여 양가적인 태도를 갖게 만든다. 무의식의 우세적 형상, 즉 삼키거나 파괴하는 측면은 그렇게 하여 자신을 드러내는데, 그것은 주로 악한 모성의 형상으로 보여질 것이다. 죽음, 저주, 기아, 홍수, 본능적 충동을 제공하는 피의 여주인이거나 혹은 파멸로 유혹하는 달콤함의 여주인으로 알려진다. 그러나 선한 모성으로서 그녀는 세계를 풍요로움으로 선사하고 삶을 행복하게 만들어주는 자, 자연의 양육하는 대지이며, 생산력 있는 자궁의 풍요로운 뿔이다. 그것은 본능과 연결되어 있는 속에서 경험된 깊이와 세상의 아름다움이며, 매일 구원과 부활, 재생과 재탄생을 보증하고 채워주는 창조적 근원지의 자산이자 은총이다.

이러한 모든 것들에 마주하여 자아는 의식이 있지만, 여전히 개인성은 작고 무력한 상태에 있다. 개별적 존재는 스스로 해낼 저항력이 없고 왜소한 것으로 경험하고 억제되어 있고 구제할 길 없는 것으로 간주되며, 태초의 광대한 바다를 표류하는 하나의 작은 섬으로 느낀다. 이 단계에서는 의식은 아직 무의식의 침범하는 힘 때문에, 단단한 발판을 이룩하는데 성공하지 못하고 있다. 이제 막 생기기 시작하는 자아에게는 모든 것이 끝없는 심연에 잠긴 듯 놓여 있다. 자아는 무시무시한 존재로 여겨지는 심연, 세계의 심연에서 거듭 위세를 떨치는 근원적 소용돌이에 의해 방향감도 없고, 물러나지도 못하고, 저항도 못하고 이리저리 내몰리고 만다.

세상 및 무의식의 어두운 막강한 힘들에 노출되어 있어서 초기의 인류가 삶에 대하여 가졌던 감정은 필연적으로 지속적인 위험 의식이었다. 원시인에게 세계는 심적 공간이므로 삶은 막연함과 불확실성으로 가득찬 것이었다. 그래서 외부세계라고 부르는 것은 질병과 죽음, 기아, 홍수와 가뭄, 지진 등으로 이루어져 있다고 여기게 된다. 그리고 그것의 악마적 우세함은 우리가 내면 세계라 부르는 것과 합쳐져서 끝없이 상승하는 것으로 경험된다. 원시인들에게는 법칙성으로 전혀 완화시켜줄 수 없는, 갑작스러운 전횡과 같은 비합리성이 지배하는 세계로 여겨지므로 그 무시무시한 특성이 죽은 자의 영혼, 악마와 신, 마녀와 마술사들에 의하여 더욱 강조된다; 이러한 모든 본질성에서 눈에 보이지 않는 영향력이 나오게 되므로, 공포, 정서적 분출, 흥분의 도가니, 심혼적 집단전염성, 봄기운 같은 충동적 발작, 살해충동, 환영, 꿈, 환각 등에서 이런 영향력 있는 존재의 실제성이 나타난다. 오늘날 고도의 발달된 의식을 지닌 서구의 인간조차도 세상에 대한 공포 및 원초적 공포가 여전히 크게 차지하고 있음을 알아야 한다. 이런 점에서 원시인들의 세상에 대한 공포 및 현존적 위험 의식을 충분히 이해할 수 있다.

아동들은 그같은 세계에 대한 전혀 확정할 수 없음을 경험한다. 이때에는 의식으로 스스로 방향을 잡거나, 세계를 전혀 인식할 수 없으므로, 모든 사건들을 하나씩 침입해 들어오는 새로운 것으로 대면하면서, 세상과 사람들이 만드는 일시적인 분위기에 끌려가게 되는 것이다. 아동의 내부에 존재하는 초기 인류의 공포는 내부에 의해서 변화되기도 하고, 투사에 의해 외부에서 비롯된 것으로 여겨지기도 한다. 우리는 그것을 역동적이고 물활론적인 세계상에서 알게 된다. 이러한 공포는 아주 작고 연약한 자아의식이 무시무시한 세계와 마주하여 드러내는 초기 인류적 삶의 상황에 대한 표현이다. 객체의 세계와 무의식의 세계의 우세성은 이미 내포되어 있고, 그렇게 경험되어야할 것이다. 이러한 이유에서 공포는 아동기 심리에서 정상적인 현상이다. 의식의 힘이 점차 증가함에 따라서 다른 한편으로 의식의 발전을 위한 초개인적 동기를 형성하기도 한다. 자아의 성장과 의식의 발전에서 불가결한 요소들인 문화, 종교, 예술, 과학은 이러한 공포를 표현하려 하거나 극복하려는 경향에서 생겨난 것이다. 그러므로 그 공포를 주변의 개인적 요소들로 환원하려 하고 그러한 방식으로 공포를 없애려고 애쓰는 것은 상당히 잘못된 것이다.

아동기적 자아의 방향감 없음은 종(種)의 역사든 개체의 역사든 쾌와 불쾌의 요소들이 서로 간에 구분없이 함께 섞여서 경험이 되거나, 혹은 경험의 대상이 양자의 혼합으로 채색된다. 대립물들의 서로 분리되지 않음과, 그로 인해 생겨나는 모든 대상에 대한 자아의 양가감정은 두려움과 무능감의 느낌을 갖게 하는 것이 된다. 세계는 우로보로스적이며, 이 우로보로스적인 것은 세계로서 경험이 될 수도, 혹은 무의식으로 경험이 될 수도, 혹은 외부의 환경으로, 혹은 고유한 신체 영역으로 경험될 수도 있다.

유아기적 자아 단계 및 의식 단계에서 보이는 우로보로스의 지배는 *바흐펜*에 의해 모권사회로 묘사되었던 시기이지만, 모든 상징들은 그에 상응하는 심리적 단계와 관련지어서 오늘날에도 여전히 나타난다. 여기서 ≪단계≫라 함은 역사적인 시기를 의미하는 것이 아니고, 구조적인 심층의 층을 가리킨다는 점을 다시 한 번 강조해야겠다. 개인의 발달과 또한 집단의 발달에서, 이 층들은 하나 위에 또 하나가 있다는 식의 순차적 배열이 아니라, 마치 지구의 지질학적 층위에서 보이듯이 제일 먼저 생겼던 층이 가장 위로 밀려 올라갈 수도 있고, 가장 나중에 생긴 층이 맨 밑으로 내려가 있을 수 있는 것이다.

우리는 추후에 남성적인 발달과 여성적인 발달의 차이점에 대하여 살펴볼 것이다. 그러나 모순적으로 여겨질지 모르지만, 우선 기본 원리로서 한 가지를 전제할 수 있다; 여성의 의식은 무의식에 대립하여 남성적인 특성을 가지고 있다. 의식—빛—낮과 무의식—어두움—밤의 편성은 실제의 성(性)과 무관한 것이다. 정신—본성—긴장은 남성과 여성에게 있어서 각각 다르게 기초하고 있기 때문에 위의 내용이 크게 달라지지 않는다. 자아의식은 그런 식으로 여성에게 남성적 특성을 갖고 있고, 남성에게 무의식적인 것은 여성적 특성을 갖는다.[65]

바호펜의 모권사회는 자아의식이 아직 발달이 안 된 단계에 있어서 여전히 자연과 세계에 묶여 있는 상태에 속한다. 자연히 지구의 지배력은 이러한 우로보로스적 원리에 속하고, 그의 성장은 상징성으로 드러나고 있다.

> 대지가 여성을 모방하고 있는 것이 아니고, 여성이 대지를 모방하는 것이다. 고대인들은 결혼을 농업과 관련된 일로 여겼다; 결혼에 관한 모든 용어들은 농업으로부터 빌려 온 것들이었다.[66]

라고 하면서 바호펜은 계속해서 플라톤의 말을 다음과 같이 인용하고 있다.

> 임신과 출산에 관하여 말하자면, 여성이 대지의 선례가 된 것이 아니고, 대지가 여성에게 선례를 보여준 것이다.[67]

위의 문장들에서도 보면 초개인적인 것이 먼저 있게 되고, 그에 따라 개인적인 것이 유도된다는 사실을 확인할 수 있다. 심지어는 결혼 및 이성 간의 성적 대립 원리의 질서조차도 모권사회의 대지적 원리로부터 파생된 것이다.

이 단계에서 음식 상징과 그에 귀속된 기관들은 결정적인 의미를 갖는다. 여기에 ≪모성 신성의 지배≫와 그에 관한 신화가 다산과 성장에 밀접하게 관련되는데, 특히 농업과 밀접하게 관련되어 있으며, 또한 음식물의 영역, 즉 물질과 신체 영역과 밀접하게 관련된다.

모성적 우로보로스의 단계는 음식을 제공하는 어머니와 아동이 유지하고 있는 관계로서 각인되어 있다. 그러나 동시에 그것은 인류가 대지와 자연에 가장 많이 의존하고 있었던 인류역사적 단계의 한 측면이기도 하다. 이 두 가지 측면과 모두 연결되는 것은 무의식의 우세가 존재의 단계를 규정하게 되는, 즉 무의식에 대한 자아와 의식의 의존성이다. 일련의 아동-인간-자아-의식이 일련의 모성-대지-자연-무의식에 대해 가진 의존성은, 개인적 뿐 아니라 초개인적인 것과의 관계도 보여주는데, 이는 하나가 다른 하나에 의지하고 있음을 나타낸다.

이러한 발달 단계는 모성신과 신성한 어린이의 심상으로 주로 다루어진다. 아동의 본성인 궁핍 및 무력한 상태와 모성의 보호하는 측면이 강조된다. 모성 신성은 염소로 등장하여 크레타(Kreta)의 소년 제우스를 기르면서 그를 삼키려는 부성으로부터 보호하였다; 어머니 이시스는 소년 호루스가 전갈에 찔렸을 때 그를 다시 살려냈다. 마리아는 신적인 아기 예수(Jesus)를 보호하여 헤로드로부터 도망가게 했고, 레토(Leto)가 자신의 신성한 아이들을 적대적 여신의 분노로부터 보호할 수 있게 숨겼던 것도 같은 것이다. 어린이는 태모에 동반되는 신(神)이다. 어린이이거나 카비레(Kabire)로서, 그녀의 옆에 있거나 바로 아래에 있으면서, 그녀를 따르고 그녀의 창조

---

65) 융이 말한 것은 여성의 자아는 여성적이며, 그 무의식은 남성적 특성을 갖는다는 것인데, 이에는 전혀 이의가 없다. 영웅의 투쟁에서 여성은 남성적 의식으로 싸우게 되는데, 분석심리학적 용어로 그것을 ≪아니무스≫라 부른다. 투쟁의 특징이 여성에게는 전혀 유일하거나 결정적인 것이 아니다. 여기에서 보이는 ≪모권적 의식≫의 문제는 ≪여성의 심리≫에서 묘사될 것이다.
66) J.J. Bachofen, Mutterrecht und Urreligion, S. 122
67) Plato, Menexenos

물(산물)이 된다. 청년신에게 있어서도 여전히 태모는 그의 운명이다. 이때의 어린이는 어머니에 속하고, 의존하고 있는 부분적 존재라는 본성적 특성 외에 무엇이 더 있겠는가!

이러한 관계가 가장 생생하게 표현되고 있는 곳은, 어머니를 바다, 호수 혹은 강과 같은 것으로 나타내는 물이다. 어린이는 그 물에 잠겨 있어 헤엄치고 있는 물고기로 그려지는데, 이는 모두 《전(前)인간 시기》의 상징이다. [68]

이시스의 아들인 어린 호루스(Horus), 히아킨토스(Hyakinthos), 에리흐트호니오스(Erichthonios), 디오니소스(Dionysos), 멜카르트(Melkart), 이노(Ino)의 아들 및 다른 수많은 아들신(神)들은 모두 전능한 모성신의 지배 아래에 있는 사랑받는 어린이들이다. 여기서 모성신은 여전히 선한 생모이고, 보호자이며, 젊은 어머니, 마돈나(Madonna)이다. 어린이가 모성적 우로보로스에 원래적 상태로 포함되어 있어서 방해받지 않는 상호 행복한 관계가 여전히 유효하기 때문에, 아직은 거기에 아무런 갈등이 없다. 마돈나는 성인의 자아가 이 유아기적 단계와 연결하고 있음에 관한 심상이다. 유아기적 자아는 이 단계에서 아직 중심화되지 못한 자아이자 의식에 해당하며, 여전히 모성적 우로보로스, 아직 형상화 안 된 플레로마적 특성으로 경험한다.

그럼에도 불구하고 이 어린이의 운명은 죽임을 당하는 더 후기의 청년-연인과 같은 것이다. 그의 희생, 죽음, 그리고 부활은 어린이를 희생제물로 삼는 초기 인류의 종교적 제의의 핵심 내용이다. 태어나고 죽는 것, 이 어린이가 죽어서 다시 태어나는 것, 이는 생명체의 성장에 관한 주기적 삶에 귀속된다. 염소, 소, 개, 돼지, 비둘기, 꿀벌[69]과 같은 동물 형태로 태모에 의해 양육되었던 크레타의 어린 제우스는 매년 죽기 위하여 태어난다. 그러나 이런 소년은 이미 빛으로 알려져 있었으므로, 단순히 반복하는 식물의 성장 그 이상의 것이다:

후세에 기록된 것이지만 그 원시성으로 보아 아주 근원적으로 보이는 신화가 가르치기를, 그 어린이는 매년 태어났다고 한다. 그 신화는 빛에 관해 언급하고 있다. 《제우스의 탄생을 알리는 피가 흘렀을 때》 작은 동굴로부터 빛이 매년 비추어 나왔다는 내용이 함께한다. [70]

그러나 희생되어 죽어가는 어린이의 운명은 청년-연인처럼 비극적인 것은 아니다. 죽음인 모성, 즉 로마인들이 말하는 모성의 집(mater larum)으로 돌아감으로써, 그는 안전함과 친밀감에 이르는 것이다. 태모에게 안기는 것은 그것이 죽음이든 삶이든 유아적 현존재를 감싸주는 것을 의미한다.[71]

의식이 자기-의식으로 바뀌기 시작할 단계, 즉 스스로를 자아로서, 개인으로서, 그리고 개별자로서 인식하고 구분하기 시작하는 단계에는, 모성적 우로보로스의 우세함이 자아에게 마치 어둡고 비극적인 액운으로 되어버린다. 덧없음과 죽음, 무력감과 고립감의 감정은 우로보로스에 포함되어 있던 존재의 근원적 상태와는 전적으로 대립되는 것으로, 이는 오히려 우로보로스적인 것이 자아에 그 모습을 드러낸 상태의 심상을 표현하는 것이다. 초기에는, 유약한 자아의식에게는 깨어있음이 피곤함에 해당하고,

**68)** A. Moret, Les Mystères d' Isis
The Cambridge Ancient History, Vol. of Plates I, p. 197
**69)** M.P. Nilsson, Religion der Griechen, Chantepie de la Saussaye, Lehrbuch der Religionsgeschichte, II., S. 319 (zit. Nilsson, Griechen)
**70)** Nilsson, Griechen, II., S. 319
**71)** 융과 케레니(Kerényi)의 〈신화학 입문(*Einführung in das Wesen der Mythologie*)〉는 우리가 여기서 시도하고 있는 중요한 문제를 보충해줄 것이다. 그러나 우리가 다루고 있는 것과 관련지어 몇 개의 비판적 관점이 있을 수밖에 없다. *케레니*가 코레-데메테르(Kore-Demeter) 신화를 작업한 부분은 여성심리학에 매우 중요한 의미가 있다. 이에 대해서 우리는 단계적 발달에서 벗어나기로 다루었고, 거기서 언급하게 될 것이다. 우리가 다루는 관점은 원형들을 발달사의 관점에서 보는 것이므로 이는 《전기적》으로 다루게 되는데, 이는 *케레니*가 전혀 주목하지 않는[71a] 부분이다. 당연히 각 원형은 시간성이 없는 것으로 마치 신성처럼 영원한 것이다. 그렇기 때문에 결코 신적 어린이에서 신적 젊은이가 《되지》 않으므로, 그 둘은 서로 관련 없이 그냥 나란히 있는 것으로 묘사된다. 그럼에도 신들이 되는 것, 신들의 운명을 갖는 것은 다분히 《전기》이다. 이러한 영원한 존재의 변화는 여러 다른 특성 중의 하나로서 우리의 시도에 따른 설명이 있어야 할 것이다. 아동기는 우리의 시도에 있어서 단지 우로보로스에서 소년으로 이행하는 의미로 밝힐 뿐이다. 그래서 그것을 《고유한 존재》로서 다루지 않는다. 이런 의미에서 《신성한 어린이》에 관한 *융과 케레니*의 작업은 우리가 하는 작업을 가장 풍부하게 만든다.
어린이-원형에서 본다면 자기(Selbst)에서 의식의 떼어내기는 아직 고려점이 아니다. 이때는 근원적 신성의 우로보로스 안에 둘러싸여져 있는 상태로서, 그것을 도처에서 확인할 수 있다. 융이 《어린이의 양성성》이라고 하거나, 《어린이를 시작하는 존재이자 마지막 존재》라고 이야기하는 것도 바로 이런 점을 가리킨다. 《어린이를 무적의 존재》로 표현하는 것은 우로보로스, 즉 무적의 상태인 신성의 《근원적 상태》를 나타낸 것이다. 그와 더불어 손상당하지 않는-새로운 존재가 갖는 무적의 특성을 드러내는 것이기도 하다. 그 새로운 존재는 어린이로서 빛과 의식성을 나타낸다. 이 둘은 신성한 어린이의 《영원성》에 속한다.
그러나 어린이의 《버려짐》의 현상과 더불어 운명적 역사가 시작된다. 이것이 바로 아동의 벗어나기, 구분하기, 다르게 되기가 되는데, 이것은 근원적 부모와의 운명적 대극의 시작이 된다. 이 대극은 아동의 전기적 발전 과정을 의미하며 동시에 인류의 정신적 발달 과정을 의미하는 것이다.
**71a)** Jung-Kerényi, S. 110

잠은 지복함에 해당한다. 그래서 그 시기가 지나도 우로보로스적 근친상간 상태에 머물러 자신을 포기하면서까지 행복하려 하고, ≪위대한 원≫으로 회귀하려 한다. 그렇지만 이제는, 고유한 현존재가 될 것에 대한 요구가 점점 심해지고, 압박하게 됨에 따라 점점 회귀는 더 어려워지고 거부감을 동반하게 된다. 이제 모성적 우로보로스는 어두움과 밤이 되고, 낮과 의식의 깨어있음과는 대립적 위치에 있게 된다. 죽음의 문제는 주된 삶의 감정이 된다. 그래서 *바흐펜*은 대지에서 태어난 자이고 모성으로부터 태어난 자임을 아는 모성 태생의 존재를 ≪본성적으로 슬픈 존재≫라고 묘사하였다. 왜냐하면 덧없음과 죽음의 필연성은 우로보로스의 한 측면이기 때문이며, 동시에 또 다른 그 자신의 탄생과 삶을 의미하기 때문이다. 세계의 바퀴, 쉼 없는 시간의 베틀, 운명의 세 여신, 탄생과 죽음의 끊임없는 순환 속에 들어 있는 윤회의 수레바퀴 등, 이 모든 상징들은 소년기 자아의 삶을 지배하는 슬픔을 표현한 것이다.

이 세 번째 단계에서, 배아였던 자아는 이미 어느 정도의 자기정립에 이르게 된다. 배아적이자 유아기적 단계는 끝이 나고, 소년은 이제 우로보로스에 대해 더 이상 단순한 어린 아이로서 있지 않지만, 여전히 그것의 위력에서 벗어난 상태는 아니다.

자아가 대상들과 관계하면서 계속적으로 형상화를 해나가는 것은 자아의 발달을 의미한다. 인간의 형상으로 형상화되지 못하던 모성적 우로보로스는 자아와의 관계에서 태모라는 모습으로 그려짐으로써 구체화에 이른 것이다.

태모의 우로보로스적 특성은 남녀 양성의 형태로 나타나는데, 예를 들어 사이프러스(Zypern)와 카르타고(Karthago)에서[72] 수염 달린 여신으로 숭배를 받는다. 이처럼 어디서나 태모의 양성적 모습을 볼 수 있다. 수염이나 음경을 가진 여인은 아직 남성과 여성 간의 구분이 이루어지지 않은 우로보로스적 특성을 나타낸다. 나중에 가서야 이러한 혼합적 형태가 성적으로 구분되는 형상이 된다. 혼합적이고 양가적 특성은 가장 초기 단계의 특성을 나타내며, 이로부터 차츰 대립들의 분화가 이루어진다.

유아기 의식은 자기가 생성되었던 모체와 연결 및 종속되어 있음을 끊임없이 경험하고 있지만, 점점 독립적인 체제가 된다; 의식은 자기-의식에 이른다. 말하자면 반성하고 자기 자신을 인식하는 자아가 의식의 중심으로 떠오르게 된다. 자아가 중심화되기 이전에도 의식과 같은 것이 있기는 하다. 이는 자아의식이 등장하기 이전인 젖먹이의 의식 행위에서 관찰할 수가 있다. 그렇지만 자아가 무의식과 대립하면서 스스로 다른 어떤 것으로 구분이 될 때라야만, 비로소 배아기적 단계가 극복되는 것이다. 그때에서야 비로소 자립적이고 자신의 고유함으로 설 수 있는 자아가 형성된다. 우리는 의식-무의식의 관계에서 드러나는 의식의 초기 단계가 반영되어져 있는 것을 모성신과 그녀의 연인인 아들 관계에 관한 신화에서 발견한다. 극동아시아 문화의 아티스 (Attis), 아도니스(Adonis), 탐무즈(Tammuz), 오시리스(Osiris) 형상들은[73] 모성에서 태어났다는 사실 이상의 것이 있다; 오히려 모성에 의한 탄생은 묻혀버리고 만다. 이들은 모두 모성의 연인이어서 모성에 의하여 사랑받았다가, 죽임을 당하고, 묻히고, 애도되었다가 재탄생에 이른다. 아들-연인의 형상은 배아와 어린이의 다음 단계에 해당한다. 자기 자신을 무의식으로부터 구분해내는 첫 행위는 모성과 다른, 남성적 존재임을 알리는 것이나, 초기에는 가장 가까이 있는 모성적 무의식의 동반자가 되어버린다. 그래서 그는 모성의 아들이자 연인이다. 아직 그는 이런 모성이자 여성에 넘어서지 못하고 있어서, 죽어가듯이 굴복하게 되고, 거기로 다시 되돌아가서는 삼켜지기도한다. 모성이자 연인은 무시무시한 죽음의 여신으로 변한다. 모성은 여전히 아들을 손아귀에 쥐고 있으면서 생사를 관장하는데, 또한 그의 재탄생도 그녀의 막강한 힘으로이루어지는 것이다. 그는 죽어서 다시 부활하는 신으로서 대지의 풍요와 식물성의 현존재에 연결되어 있어서, 그의 현존재가 갖는 고유한 독립성이 의문시될 정도로 대지적 모성의 측면이 갖는 우세함이 두드러진다. 여기서 남성적인 것은 모성적-여성적인것에 비하면 균형을 이룰 수 없는 정도의 부성적 성향을 갖추고 있다. 오히려 그것은아직은 어리고 젊어서, 이제 겨우 탄생지에서 벗어나서, 의존적으로 매달리는 유아적관계에서 벗어나 독자적으로 발전하려고 하는 시초에 불과할 뿐이다.

이러한 관계들에 관하여 *바호펜*은 다음과 같이 요약하여 표현하고 있다:

**72)** J. Przyluski, Ursprünge und Entwicklung des Kultes der Muttergöttin, Eranos-Jahrbuch 1938 (zit. Przyluski, Ursprünge)
**73)** J. Frazer, Der Goldene Zweig (한 권으로 된 판본)

모성은 아들보다 더 먼저 존재하는 것이다. 여성성이 정점에 있고, 힘에 해당하는 남성적 형상은 그 후에 두 번째로 등장하게 된다. 여성은 주어진 것(das Gegebene)이고, 그에 반해 남성은 되어가는 존재이다. 처음부터 대지는 모성적 토대가 되는 물질이다. 그녀의 자궁에서 가시적 창조가 시작된다. 그리고 나서야 비로소 여기에서 둘로 나뉘어져 성별이 드러난다; 그 가시적 창조에서 비로소 남성적인 형태가 드러나는 것이다. 이처럼 남성과 여성은 동시에 나타나는 것이 아니며, 순서도 서로 다른 것이다. 여성은 이미 주어진 것이고, 남성은 그녀에게서부터 나와서 나중에 형성된 것이다. 남성은 가시적이긴 하지만 늘 변화하고 있는 창조의 일부이다; 남성은 오직 사멸적 형태로만 현존재에 이른다. 여성은 처음부터 이미 존재하고 있어서, 주어진 것이고 불변적이다; 남성은 되어야 하면서도, 끊임없이 파멸하게 되는 존재이다. 물리적 삶의 영역에서는 남성적인 원리가 두 번째 위치하며, 여성적 원리에 종속된다. 바로 여기에 여인 정치의 전형과 정당화가 기반을 두고 있는 것이다. 여기에 사멸적 부성과 불멸적 모성과의 결합에 관한 아주 오래된 관념의 뿌리가 있다. 불멸적 모성이 항상 같은 것이라면, 남성의 측면은 계속되는 세대들로 이어진다. 같은 원상의 모성은 언제나 매번의 새로운 남성과 짝을 이룬다.

가시적 창조는 모성인 대지의 아이이며, 그것은 생산자의 개념에 부합되게 형상화된다. 아도니스(Adonis)는 해마다 쇠퇴했다가 다시 생성되는 외부세계의 심상으로 파파스(Papas)라고 하는데, 이는 그 자신을 낳은 자라는 의미이다. 데메테르(Demeter)의 아들 플루투스(Plutus)도 언제나 스스로를 새롭게 가시적으로 창조된 산물이고, 페니아(Penia)의 남편으로서 아들들의 아버지이며 생산자이다. 그는 대지의 자궁으로부터 분출된 풍요함이면서, 동시에 그 풍요의 수여자가 된다; 대상이면서 동시에 활발하게 작용하는 생식력이며, 창조자인 동시에 창조물이고, 원인이자 동시에 그 결과이다. 그러나 지상에서 남성적 힘은 최초로 그 모습을 아들의 형태로 드러낸다. 아들로부터 우리는 아버지를 미루어 짐작하게 된다. 아들에서 남성적 힘의 현존과 그 특성이 비로소 가시적으로 된다. 여기에 모성의 원리에 종속되어 있는 남성적 원리가 근거한다. 남성은 창조물로 나타나지, 창조자로 나타나지 않는다. 결과이지 원인이 아니다. 모성에 대해서는 그 반대가 사실이다. 모성은 창조물 이전에 이미 존재하였으며, 원인인 것이고, 최초의 생명 부여자로서, 결과가 아닌 것이다. 모성은 창조물로부터가 아니라 그 자체로 인식된다. 한마디로, 여성은 먼저 모성으로 존재하며, 남성은 먼저 아들로 존재한다.[74]

그래서 남성은 놀라운 자연의 변형에 의하여, 여성에서 생성된다. 이것은 모든 남자아이의 탄생에서 반복된다. 아들에서 모성은 부성으로 변형되는 것이다. 그래서 숫염소는 아프로디테(Aphrodite)의 속성일 뿐이다. 즉 그녀에게 종속되어 그녀에 봉사하도록 되어 있는 것이다. 플루타르크가 인용한 에라토스테네스(Eratosthenes)의 시(詩) 에리고네(Erigone)에 나오는 엔토리아의 딸의 아들들도 비슷한 의미를 가지고 있다. 남성이 여성의 자궁에서 태어날 때, 모성은 그 새로운 출현에 스스로도 놀란다. 왜냐하면 어머니는 아들의 형성에서 자신의 모성성에 힘입어 생긴 그 수태의 힘의 형상화를 인식하게 된다. 어머니는 그렇게 형성된 것을 기쁨으로 지켜보게 된다. 남성은 그녀가 가장 아끼는 존재가 되고, 염소는 그녀를 태울 동물이 되고, 남근은 언제나 그녀가 가지고 다닐 것이 된다. 키벨레(Kybele)는 어머니로서 아티스(Attis)를, 다이아나(Diana)는 비르비우스(Virbius)를, 아프로디테는 파에톤(Phaeton)을 전용한다. 질료적, 여성적, 자연 원리가 우선적으로 위치를 차지한다; 그것은 남성적인 원리를 이차적이자, 되는 것, 사멸적 형태로 드러나는 것, 그래서 늘 변화하는 것으로 소유하는데, 이는 마치 데메테르가 시스타(Cista)를 자신의 무릎에 앉힌 것과 같다.[75]

모성에 의하여 사랑을 받도록 선택된 소년들은 모성을 수태시키므로 풍요의 신들이지만, 사실 그들은 오직 태모의 남근적 동반자일 뿐이다. 그들은 여왕벌을 수태시켜야

---

**74)** J.J. Bachofen, Urreligion und antike Symbole (Reclam Ausg., Ⅲ Bde.), ed. Bernoulli, Bd. Ⅱ, S. 357/8 (zit. Bachofen, Reclam)
**75)** Bachofen, Reclam Bd. Ⅱ, S. 359

하는 자신의 의무를 다 하고 나면 바로 죽임을 당하는 수컷들이다.

이와 같은 이유로 모성신의 동반자인 소년신(神)들은 항상 난쟁이의 형태로 나타난다. 태모의 영역인 사이프러스(Cypern), 이집트, 페니키아(Phönizien) 지역에서 숭배받는 난쟁이들(Pygmäen)은 제우스의 아들들인 디오스쿠렌(Dioskuren), 카비렌(Kabiren), 닥틸렌(Daktylen), 또한 하르포크라테스(Harpokrates)에 이르기까지 모두 남근적 특성을 갖는다. 여기서 동반하는 뱀은 일반적인 누미노스적인 특성을 제외시켜 보면, 다산적 남근의 상징이다. 바로 이런 이유에서 태모가 그토록 자주 뱀과 연결이 되는 것이다. 크레타-미케네 문화나 그것의 그리스 분파에서 뿐만 아니라, 이집트, 페니키아, 바빌론, 그리고 구약의 에덴동산에서도 뱀은 여성의 동반자이다.

우르(Ur)와 우룩(Uruk)의 가장 하부의 유적 층에서 뱀 머리를 한 모성신이 마찬가지로 뱀 머리를 한 아들을 데리고 있는 원시적 묘사가 숭배제의에 사용되었음이 발견되었다.[76] 가장 오래된 모성신에 대한 우로보로스적 형태는 대지, 심연과 지하세계의 여주인으로서 뱀이다. 바로 이 이유에서 모성신에게 아직 떨어지지 않은 어린이도 그녀처럼 뱀이다. 둘은 변환 과정에서 인간화되지만, 뱀의 머리만은 그대로 유지된다. 그 다음의 발달의 경로는 서로 갈라진다. 충분히 인간화된 최종 형상은 어린이를 데리고 있는 인간 형상의 마돈나이다. 이런 형상 이전에는 커다란 뱀을 가진 어린이의 형상이거나, 인간 어머니가 어린이와 남근으로서의 뱀을 동반자로 삼고 있는 형상으로 나타난다.

원환의 뱀으로서의 우로보로스는 예를 들면, 바빌로니아의 여신 티아마트(Tiamat)이 그렇듯이 혼돈(Chaos)인 뱀이기도 하다. 마찬가지로 대양으로서 ≪대륙을 자신의 파도의 띠로 감싼≫ 레비아탄(Leviathan)[77]은, 나중에는 스스로 갈라지거나 혹은 갈라지게 된다.

태모가 인간적인 형상을 취할 때에, 우로보로스의 남성적 부분이 뱀처럼 생긴 남근이자 악마로서 그녀 곁에 등장하는데, 이는 우로보로스가 최초에 가졌던 양성적 본성의 잔여물이다.

특징적으로 남근적 소년은, 식물성의 신들이고, 대지의 수태자일 뿐 아니라, 또한 대지로부터 자라난 것, 즉 식물이기도 하다. 그들은 바로 수태시키는 자들이기 때문에 대지를 풍요롭게 한다. 그러면서도 그들은 성숙에 이르는 순간 죽임을 당하고, 잘려나가고, 수확된다. 밀 이삭을 갖고 있는, 즉 밀의 아들을 데리고 있는 태모는 하나의 원형이다. 그 위력은 엘레우시스 비밀제의, 기독교의 마돈나에서 나타난다. 그리고 밀로된 아들의 몸을 먹는 밀 성체의식에까지 이른다. 태모에 속해 있는 소년은 태모에 의하여 애도되고, 다시 태어나기 위하여 죽음에 이르러야만 하는 봄의 신들이다.

모성신의 연인들은 모두 공통적으로 지니고 있는 어떠한 모습이 있다: 그들은 모두 소년들이지만, 자기애적 특성이 가장 주되게 드러나듯이 아름답고 사랑스럽다. 그들은 연약한 꽃들로서, 신화적으로 아네모네, 나르시스, 히아신스, 바이올렛 등으로 상징화되었다. 그들은 모두 뚜렷한 남성적-부성적 정신 상태에서 보면 차라리 소녀와 같은 꽃들이다. 이 청년들에 대하여 지적할 수 있는 두드러진 특징은 하나같이 자신들의 신체적 아름다움에 빠져 있다는 것이다. 게다가 그들은 신화 속의 영웅적 인물들과는 대조적으로, 힘과 개별의 특징도 결여되어 있고, 어떠한 개인성이나 동작성도 갖고 있지 않다. 그들은 모든 의미에서든 자기애적 자기중심적 태도가 두드러지며, 호감을 갖게 만드는 소년들이다. 자기애적 자기중심적 태도는 나르시스 신화가 가장 잘 묘사하고 있듯이, 자신의 신체에 연관짓는 것이다. 특히 이 소년 단계는 신체의 화신이자 자기애적 인격으로서, 남근의 자기애적 특징이 강조된다.

남근숭배나 남근과 관련된 성적 망아 축제 또한 전 세계적으로 태모에게 바치는 전형적인 것이다. 풍요를 위한 축제와 봄의 제의는 소년인 남근에 대한 것이고, 그의 넘치는 성욕을 축성하는 것이다. 혹은 반대로 말해서 소년신의 남근과 성욕이 태모에게 봉헌되는 것이다. 처음부터 태모는 소년이 아니라 그가 지닌 남근과 관계하기 때문이다.[78] 나중에 이차적 인격화가 이루어질 때는 무시무시한 거세제의와 함께했던 처음

---

76) Kaiser Wilhelm II., Studien zur Gorgo

77) H. Gunkel, Schöpfung und Chaos, S. 46

78) 이와 같은 다산축제 중 우리에게 알려져 있는 가장 오래된 것은 코굴(Cogul)의 석기시대의 그림[78a]에서 나타나는 것이다. 거기에는 남근적 소년을 아홉 명의 여인들이 둘러싸고 춤추고 있다. 여기서 숫자 9는 우연적인 것이 아니라, 다산적 특성을 강조하려는 것이다.

78a) Hoernes-Menghin, Urgeschichte der bildenden Kunst in Europa, Abb. S. 154 und S. 678

의 근원적 풍요제의는 사랑의 주제로 대체가 된다. 그리고 나서 공동 사회를 위하여 대지의 다산을 보장해주었던 우주적, 비개인적, 초개인적인 종교제의의 자리에 인간과 관련된 신화들이 등장한다. 비로소 인간과 더불어 사는 신(神)과 여신들의 모험담에 관한 이야기가 전달된다. 그 흐름은 결국 후대의 개인심리학에 상응하는 소설이나 단편소설로 끝을 맺게 된다.

소년이 남근으로서 중심적 역할을 하는 성적 망아 축제와 그에 뒤따르는 제의적 거세와 죽임 사이에 있는 치명적 긴장은 태모의 지배 아래에 있는 소년-자아의 상황을 원형적으로 잘 나타낸다. 비록 이러한 원형적 상황이 문화적인 것이기는 하지만, 그것은 또한 발달사적으로 자아의 심리학적 역사로서 이해될 수 있다. 아들-연인과 태모와의 관계는 원형적으로 작용하는 상황이다. 그것을 극복하는 것은 오늘날에도 자아의식이 발달하기 위해서는 꼭 필요한 선결조건이다.

꽃의 특성을 가진 소년들은 태모의 힘에 저항하고 극복할 수 있을 정도로 충분히 강하지 못하다. 아직 그들은 사랑하는 존재라기보다는 사랑을 받는 존재이다. 여신들은 욕구를 채우려는 존재로서 자기 자신을 위하여 소년들을 선택하고, 그들로 하여금 성적이게 한다. 소년들의 활동성은 결코 그 범위를 넘어서지 못한다. 그들은 언제나 희생물이고, 시들어갈 때까지 사랑을 받는 존재이다. 이 단계에서의 소년은 아직 남성성도, 의식성도, 보다 높은 정신적 자아도 가지지 못한다. 그는 자기애적으로 오직 자신의 남성적인 신체와 그것이 나타내는 것, 즉 남근과 동일시되어 있다. 모성신은 그를 남근으로서 사랑하는 것일 뿐이며, 그녀 자신의 다산을 위하여 거세를 하여 남근을 장악한다. 소년 자신은 남근과 동일시되어 있어서, 그의 운명은 남근의 운명이다.

자아가 취약하고 개인성이 없는 소년들은 오로지 집단적인 운명에 처해 있을 뿐, 전혀 고유한 운명을 가지지 못한다. 그들은 아직 개인이 아니기 때문에 개인적 운명을 갖지 못한다. 그들은 오로지 제의를 위한 현존재일 뿐이다. 또한 모성신도 개인성에 관계하는 것이 아니라, 원형적 형상인 소년에 관계하는 것이다.

태모를 통해 재탄생된다는 것, 즉 그녀의 치유하는 긍정적인 측면조차도, 이러한 의미에서 ≪상관없는≫ 것이고, 나(Ich)-자기(Selbst)처럼, 개인 인격이 아닌 채 다시 태어나서 죽고, 또 다시 태어났다는 것을 인식하지 못한다. 여기서의 재탄생은 일반적

≪삶≫이 그렇듯 우주적인 사건이고, 익명성이고 보편적인 것이다. 대지인 모성이나 태모의 입장에서 보면, 모든 식물성은 모두 그와 같은 것들이다. 새로 태어난 모든 생물체들은 모두가 사랑하는 자녀들이며, 매번의 봄이나 매번의 탄생에서 그것들은 모성이 하나이듯, 하나뿐인 사랑하는 자녀인 것이다. 그러나 이것이 뜻하는 것은, 그녀에게 단지 다시 태어난 것이고, 그렇게 생겨나 사랑받는 대상은 언제나 그냥 사랑을 받는 자일 뿐이다. 그리고 여신이 종교의식에서 매번 왕과 결합하고, 아버지, 아들, 손자, 혹은 제의를 진행하는 사제와도 결합하지만, 그녀에게는 이 모든 인물은 다 똑같은 한 남자일 뿐이다. 그녀의 성적 결합은 오직 한 가지, 누구이든 상관없이 남근을 가진 자에게서 남근만을 취하는 것으로 나타난다. 마찬가지로 그녀는 여사제(女司祭)로서, 신성한 매춘녀로서, 다수의 자궁으로서 관계를 맺지만, 그녀는 언제나 한결같이 그녀 자신, 즉 유일한 여신이다.

태모는 어떤 의미에서 동정녀이다. 나중의 부권사회에서 그녀가 순결의 상징으로 잘못 이해되어져 왔다. 그녀는 수태하고 출산하는 처녀이다. 즉 남성과 관계를 하지 않고 수태와 출산을 한다. 말하자면 전혀 남성에게 의존하지 않는다.[79] 산스크리트(Sanskrit)에서는 ≪독립적인 여성≫은 매춘부와 동의어이다. 이와 같이 남성과 관계하지 않는 여성은 보편적 여성적 전형일 뿐만 아니라, 고대의 신성의 전형이다. 아마존이 자립성으로 표현되듯이, 남성과 관계하지 않으며, 그 자체 대지의 다산력을 표상하면서 동시에 그것을 책임지고 있는 여성이다. 그녀는 태어날 모든 것들과, 이미 태어난 것들의 어머니이다; 그러나 남성에 대해 잠깐 동안 욕정의 발작을 하는데, 이는 그 남성이 남근을 가진 자이므로 오로지 남근을 차지려고 관계하기 위한 것이다. 모든 남근숭배 의식은 여성적인 것에 의하여 어디에서나 언제든 치러졌는데, 그것은 늘 같

**79)** F.G. Wickes, Mysteries of Women

은 것을 표방한다: 다산하게 하는 자의 익명적 힘, 즉 남근의 자립성이다. 인간적인 것, 개인적인 것은 전혀 고려될 필요없는, 단지 그것을 가지고 있는 자, 즉 남근으로서는 언제나 같은 것이기 때문에 변치않는 것, 즉 교체할 수 없는 것을 위해 있는, 쉽게 사멸하고 교체 가능한, 소위 그런 내용의 담지자이다.

따라서 다산의 여신은 모성이자 동정녀이다. 그녀는 누구에게도 속하지 않으나, 동시에 모든 남자에게 자신을 제공할 준비가 되어 있는 창녀이다. 그녀는 자신이 그러한 것처럼, 다산에 봉헌하려는 사람이라면 누구든 허락한다. 바로 그는 그녀의 자궁에 봉사하는데, 그녀는 신성하고 위대한 다산의 대표자이다. ≪신부의 면사포≫는 이러한 의미로, 케듀샤(Keduscha), 즉 매춘부의 상징으로 이해되어야 한다. 그녀는 ≪알려지지 않은≫, 즉 익명성이다. 여기서 베일이 벗겨진다는 것은 벌거벗는다는 것을 의미하는데, 그러나 이것은 익명성의 또 다른 형태일 뿐이다. 언제나 여신은 초개인적인 것이고, 영향을 미치는 것이고, 실재하는 존재이다.

이런 여신의 담지자도 개별자적 여인일 수 있으나, 이는 본질적이지 않다. 왜냐하면 그녀는 신성하면서도 창녀로서, 즉 성적으로 그의 깊은 층을 건드릴 수 있는 여신이다. 요니(Yoni)와 링감(Lingam), 즉 여성적인 것과 남성적인 것은 초개인적으로 마주치는 것들이므로 – 그래서 신성하다 – 개인적인 것은 제거되어 의미를 갖지 않는다.

봄의 소년들은 태모에 속한다. 그들은 그녀의 아들이고 그녀의 산물이기 때문에, 그녀에게 속하고 그녀의 자산이다. 그 때문에 사제는 위대한 모성신의 선택된 고용인이자, 거세된 자들이다. 그들은 그녀에게 가장 중요한 물건인 남근을 바친 자들이다. 그러므로 거세의 현상은 소년-연인과 태모의 단계와 관련되어 있다. 여기에서 처음으로 실제로 생식기관과 관련된 의미가 드러난다. 거세의 위협은 태모와 함께 모습을 드러내며, 그것은 치명적이다. 태모에게는 사랑하는 일, 죽는 일, 거세당하는 일은 모두 같은 것이다. 사제들은 나중에 가서야 죽을 운명에서 피할 수 있게 되는데, 그것은 모두 그들이 그녀를 위하여 거세하고 죽는 운명을 기꺼이 수행하였기 때문이다.[80]

청소년기 자아 단계의 본질적 특징은 여성적인 것이 태모의 측면으로 드러나므로 부정적 매력을 가진 것으로 경험된다는 점이다. 특별히 두 성향이 공통적으로 아주 두

드러진다: 그 하나는 모성신의 피를 좋아하는 잔혹한 본성과, 또 다른 하나는 마법과 마녀성이다.

이집트에서부터 인도까지, 그리스와 소아시아를 넘어 검은 아프리카에 이르기까지, 태모는 숭배되는 한편, 언제나 사냥과 전쟁의 여신으로 간주되었다. 그 제의는 피로 얼룩져 있으며, 그 향연은 성적 망아적이다. 이러한 모든 양상은 근본적으로 상호 연관이 되어 있다. 위대한 대지인 모성의 심오한 ≪피의 분위기≫가 보이는 무시무시함은 그녀의 소년-연인의 거세를 이해할 수 있게 해준다.[81]

대지의 자궁은 수태하려 하고, 그렇게 되어야만 하므로, 피의 제물과 시체들은 그녀가 가장 좋아하는 음식이다. 이것은 끔찍한 측면으로, 대지의 특성들 가운데 죽음에 관한 것이다. 아주 초기에 다산의식은 희생제물에서의 갈가리 찢기와 관련되는데, 그 조각들을 아주 귀중한 자산으로 여기고 서로 나누었고, 대지에 바쳐서 그녀의 다산성을 돋보이게 하였다. 다산을 위하여 인간을 희생제물로 바치는 이러한 제의들은 전 세계 어느 곳에서나 보편적으로 퍼져 있으며, 아메리카, 지중해 동부, 아시아, 북부 유럽 등에서 각자 독자적으로 행해졌다. 어느 곳에서나 피를 흘리고, 자기 자신에게 가하는 채찍질, 거세 및 인간 공양을 함으로써 다산의식에서 피는 중요한 역할을 하였다. 죽음 없이는 삶도 있을 수 없다는 위대한 대지의 법칙은 일찍부터 수용되어 있었다. 그

---

**80)** 오해를 막기 위하여 우리가 거세에 대해 언급하게 되는 곳이면 어디든, 거세가 의미하는 상징은 결코 개인적인 것이 아니다. 말하자면 구체적으로 남성 성기와 관련지어서 개인의 유아기에 획득하게 된 거세 콤플렉스에서 비롯된 위협에 의한 것이 아니다.

아들-연인의 단계이자 태모와의 관계가 남근적으로 강조된 것인데, 소년의 활력은 상징적으로 남근적으로 표현되고, 다산축제는 바로 그의 세계를 지배한다. 이 때문에 소년이 겪는 위협이나 파멸은 제의적으로 관련된 거세의 상징으로 나타난다. 거세의 상징성은 남근적 소년 시기에 관한 용어에서 비롯된다고 할 때 보편적으로 이해할 수 있게 된다. 거세의 상징성은 전(前)남근기=신생아기, 더 후기의 후(後)남근기=남성적 및 영웅적 단계에도 나타난다. 그래서 더 후기 단계의 눈멀게 하기도 상징적 거세에 해당한다. 부정적 거세 상징은 자아와 의식에 대립적인 무의식의 적대적 활동성의 전형적 형태이다. 이것은 무의식에 대해 의식의 적극적 희생을 나타내는 긍정적 희생의 상징과 깊은 관계가 있다. 거세나 희생 이 두 상징은 능동적이자 수동적, 긍정적이자 부정적일 수 있는 헌신의 원형으로 연결된다. 자기(Selbst)에 대한 자아의 관계는 다양한 발달 단계에서 지배적으로 나타난다.

**81)** 이런 견해는 고대 전체에 지배적이다. 그것은 유대의 미드라쉬에서, 그리고 인도에서도 나타나는데, 이것은 더 후기의 문화의 단계에까지 이른다.[81a]

**81a)** R. Briffault, The Mothers, Bd. Ⅱ, S. 444 (vgl. die Belegstellen dort)

래서 생명의 강화는 제의적 죽음의 대가를 치르고 얻는다는 내용이 되는데, 이는 그 이전부터 제의를 통해 표현되어 있었다. 그러나 ≪대가를 치르고 얻는다(erkauft)≫라는 단어는 사실 잘못 이해한 후대에 의해 합리화된 표현이다. 살육과 희생, 절단과 피의 공양은 대지의 다산을 약속하는 것이다. 우리가 이런 이유로 그러한 것들을 잔인하다고 부른다면 이런 내용의 제의들을 잘못 이해하고 있는 것이다. 초기의 문화들과 그에 속하는 희생제물에 대해서 이러저러한 것들이 서로 연관되어 있다는 것은 당연하고도 자명한 것이었다.

여성, 피와 다산성의 연결 이면에 있는 근원적 현상은 임신 동안에 월경의 흐름이 멈추는 것에 따른 사실성에 기초하고 있다. 이런 사실들에서 배아가 생성되는 것으로 이해하고 있다. 피와 다산 사이에 존재하는 연관성의 핵심을 직관적으로 알아챈 것이다. 피는 다산과 생명을 야기하는데, 이는 피의 방출이 생명의 상실과 죽음을 의미하는 것과 같은 것이다. 따라서 피의 방출은 원래 그런 의미에서 신성한 행위이고 그것이 야생동물의 피든, 가축의 피든, 사람의 피든 상관없이 흘리게 된다. 대지는 다산을 위해 피를 마셔야만 하고, 그래서 대지의 힘이 강력하게 되려면 헌혈을 함으로써 힘을 끌어내게 하는 것이다. 그러나 피의 구역에서의 주인은 바로 여성이다. 그녀가 생명이 생성될 수 있게 하는 피의 마법을 가지고 있다. 그러므로 같은 여신이 때로는 다산의 여주인이면서, 또한 전쟁과 사냥의 여주인이기도 하다.

위대한 모성신의 양가적인 특성은 인도의 경우를 제외하고 보면, 이집트에서 가장 분명하게 볼 수 있다. 거기에서 위대한 여신은 나이트(Neith), 하토르(Hathor), 바스테트(Bastet) 혹은 무트(Mut)라고 불리는데, 양육하고, 직물을 생산하고, 삶을 제공하고 유지하게 하는 여신일 뿐만 아니라, 야성, 피에 굶주림, 파괴의 여신이기도 하다.

나이트는 천상의 소이며, 최초의 출산을 하는 여성이다.

태양을 낳으신 어머니, 태양을 낳기보다는 낳게 된 것이다.[82]

*에르만(Erman)*이 분명하게 지적한 것을 살펴보면:

고대에 특별히 바로 그런 점으로 그녀는 여성들에 의하여 추앙되었다.[82]

나이트가 전쟁의 여신이고 전쟁터에서 공격을 하는 주동자라는 점이다. 이와 같은 나이트가 이시스의 아들 호루스와의 논쟁으로 재판관으로 불려나왔을 때, 위협적으로 말하기를:

나는 분노하게 되었고, 그래서 하늘은 대지로 떨어진다.[83]

마찬가지로 하토르는 암소이고 우유를 제공하는 자인 어머니이다. 그녀 역시 태양의 어머니로, 특별히 여성들에게 추앙되었으며, 사랑과 운명의 여신이다. 춤추기, 노래하기, 딸랑거리는 타악기, 딸랑거리는 목걸이, 손으로 북치는 소리 등은 그녀의 축제에 속하는 것들인데, 그녀의 자극하는 특성 및 성적 망아적 본성을 증명해주고 있다. 그녀는 전쟁의 여신으로, 피를 부르고 - 성적 망아적이며 - 광란의 유혹자이다.

그렇게 진실로 네가 나를 위해 살아서, 나는 인간을 장악하게 된다. 그것은 나의 심장을 살아나게 하는 것이다.[84]

위와 같이 말하였던 그녀는 인간을 처벌하도록 보내졌다. 그녀가 너무나 피에 취해 있었으므로, 신들은 하토르에 의해 인류가 전멸하는 것을 막기 위하여 상당한 양의 붉은 맥주를 준비하여 그녀가 그것을 피로 알고 마시게 했다.

그러자 그녀는 그것을 마셨다. 그것은 그녀의 입맛에 잘 맞았고, 한껏 취하여 집에 돌

---

**82)** A. Erman, Die Religion der Ägypter, S. 33 (zit. Erman, Religion)
**83)** Erman, Religion, S. 77
**84)** Roeder, Urkunden, S. 143

아갔고, 그래서 인간을 알아채지 못했다.

그녀는 친절한 고양이-여신인 바스테트(Bastet)와 동일시되지만, 무서운 형태일 때에는 사자-여신인 젝스메트(Sechmet)가 된다. 그래서 *키스(Kees)*가 주장하듯이,[85] 북부 이집트 전역에서 암사자 숭배제의가 유행했던 것은 《놀랄 만한》 것이 아니다. 암사자는 위대한 여성적 신성의 찢어버리는 특성에 대한 가장 아름답고도, 가장 잘 어울리는 심상이다.

젝스메트도 역시 전쟁의 여신이자 불을 분출하는 존재다. 친절한 바스테트는 춤, 음악, 타악기들로 받들어 모셔지는데, 그녀는 바구니 안에 고양이이지만, 그 손에는 사자의 머리를 쥐고 있다.

끔찍한 머리가 그녀에게 귀속된다는 것을 보여주려는 것이다.[86]

이와 관련해 황야에서 이집트로 되돌아오도록 명령을 받은 사자(Löwe)-여신인 테프네트(Tefnet)의 전설에 대하여 언급할 수 있을 것이다. 지혜의 신인 토트(Thot)는 이 과업을 넘겨받는다. 토트가 그녀에게 격노로 인해 떠나감으로써 이집트인들이 얼마나 슬퍼했는지 알리며 비난하자, 그녀는 《마치 폭우같이》 울기 시작하였다. 그러나 갑자기 그녀의 울음은 격노로 변하였고, 마침내는 사자로 변하였다.

그녀의 갈기는 불길로 타올랐고, 그녀의 등은 피의 색으로 물들고, 그녀의 안색은 해처럼 이글거리고, 그녀의 눈은 불처럼 빛났다.[87]

또한 선사시대부터 숭배해온,[88] 거대한 존재 토에리스(Toeris)는 직립해 서 있는 임신한 괴물이자 악어의 등과 사자의 발과 인간의 손을 가진 하마로서, 앞서 언급한 대립적 특성을 모두 가지고 있다. 그녀는 한편으로 아이를 낳는 여인들의 보호자, 양육하는 어머니들의 보호자이지만, 그녀의 형상은 무서운 모성임을 분명히 드러낸다. 나중에 곰자리에 편입되듯이, 그녀의 모성적 특성은 잘 알려져 있다.

여성적인 것에 대한 터부는 아주 초기부터 시작하여 가부장적인 문화와 종교에 이르게 된다. 남성들로 하여금 여성적인 것을 모두 누미노스적인 것으로 간주하여 멀리하도록 했는데, 이때 피는 결정적 역할을 하였다. 월경의 피, 처녀성 잃음, 출산은 남성들에게는 여성이 이런 영역에 어떤 근원적인 연결을 가지고 있음을 증명하는 것으로 여겼다. 그러나 그 이면은 태모가 어떤 것을 저지르는 존재임을 알고 있기 때문에 멀리하는 것이다. 삶과 죽음을 관장하는 대지적 여성 지배자가 피를 요구하고 학살을 지시한다는 것을 알고 있는 것이다.

우리는 선사시대 때부터 신적인 왕이 백성들에게 더 이상 다산을 보장하지 못하게 되었을 때에 스스로 죽음을 택하거나 또는 죽임을 당하여야 한다는 것을 알고 있다. 이러한 제의와 종교의식은 모두 *프레이저(Frazer)*에 의하여[89] 그 의미가 전파 정도에 따라 다양하게 드러남을 알게 되었다. 그것들은 모두 태모에게 바쳐지는 것이고, 태모의 다산을 위하여 행해지는 것이다. 오늘날 아프리카에서는 여전히 신성한 왕이 기우사(祈雨師), 비, 식물, 이 세 가지가 하나로 합쳐진 존재라고 한다면,[90] 그는 아득한 옛날부터 태모의 아들-연인이었던 것이다. *프레이저*는 다음과 같이 말한다:

> 아주 오래된 시대에 아도니스(Adonis)가 때때로 살아있는 사람으로 구체화되었는데, 그는 끔찍한 죽음을 당한 신(神)의 자격으로 죽는다는 가정에는 어떤 근거가 있다.[91]

이것은 좀 축소된 표현이다. 고대에는 대부분 인간이 신(神), 왕, 사제의 희생제물로서 간주되어, 항상 대지의 다산을 위하여 바쳐졌다는 사실을 가리키고 있다.

---

85) Kees, Götterglaube
86) Erman, Religion, S. 34
87) Erman, Religion, S. 67
88) Erman, Literatur
89) J. Frazer, Der Goldene Zweig
90) C.G. Seligman, Egypt and Negro Africa, S. 33
91) J. Frazer, Der Goldene Zweig

원래 도처에서 남성의 수태시키는 자는 희생제물이 되었다. 왜냐하면 수태는 오로지 생명이 포함되어 있는 피의 봉헌을 통해서만 가능했기 때문이다. 여성적 대지는 남성적인 것의 피 혹은 종자에 의한 수태를 요구한다.

　　바로 여기에서 우리는 여성적 신성이 가지는 의미를 엿볼 수 있다. 여성적인 존재의 야성적-정서적 격정이 남성과 의식에 대해 그런 식으로 무섭게 대하는 것이다. 여성적 거침없음이 갖는 위협적 측면은 부권적 시대에는 억압되고, 오해되고, 축소가 되었지만, 초기에는 여전히 생생히 살아있는 경험이다. 모든 남성의 심층에는 청소년의 발달사에 귀속되는 공포가 그대로 남아있으며, 의식이 이 살아있는 층의 실제성을 억압하여 무의식적으로 간주하려 하면 언제나 독소처럼 작용한다.

　　그러나 신화가 우리에게 말해주고 있듯이 여성적인 것의 정서적 야생성과 피의 갈망은 더 상위의 자연의 법칙, 즉 다산성에 종속되어 있다. 성적 망아적 특성은 다산의 축제인 성적 교합의 축제에 있어 하나의 역할을 하고 있다. 그뿐 아니라 여성들은 그들끼리도 역시 성적 망아적 제의를 거행한다. 이러한 제의들은 더 후대의 비밀제의에서 비로소 우리에게 알려지게 되었다. 의식의 중심이 되는 부분은 대체로 신-동물이나 동물-신을 성적 망아적 상태에서 찢기인데, 피가 흐르는 조각들은 삼켜지게 되고, 그들의 죽음과 찢김은 여성적인 것의 수태를 가져오고, 결과적으로 그 모두는 대지를 위해 바쳐진다.

　　죽음과, 절단 또는 거세는 남근적 소년신(神)들의 운명이다. 그 두 가지는 신화적으로 그리고 제의적으로 모두 분명하게 볼 수 있으며, 또 이 둘은 태모의 제의에서 피의 망아적 축제와 관련된다. 여기에다 매해를 대표한 왕의 시체를 찢어서 그 부분들을 묻어주는 것도 아주 오래된 다산 주문(呪術)의 하나이다. 신(神)의 갈가리 찢기 및 잘게 토막 내기와 그 부분들을 통하여 대지의 다산화가 이루어짐을 신화적으로 보여주는 것이다. 그러나 그 갈가리 찢긴 부분들을 다시 취하게 되는 통일성으로 인식한다면 그 근원적 의미가 드러나게 될 것이다. 제의의 또 다른 한 면은, 다산을 보증하는 남근을 보존하고 그것을 영원히 썩지 않게 하는 것이다. 이것은 거세를 대신할 수 있게 되는데, 이 두 가지는 결국 상징적으로 하나인 셈이다.

　　무서운 대지인 모성 원형의 배경에는 죽음의 경험이 전제되어 있다. 거기에는 대지가 죽음으로서의 생산했던 것을 거두어들이고, 스스로 수태하기 위해서 그들을 조각내고 해체한다. 이러한 경험은 무서운 모성신의 제의에 포함되어 있는데, 그녀는 대지에 투사되어 인류의 아주 오래된, 그리고 긴 세월 동안 행해졌던 다산제의의 잔재로서 살을 먹는 자가 되었으며, 마침내는 석관(石棺)이 되었다.

거세, 죽음, 그리고 갈가리 찢기는 이런 영역에서 모두 동일한 것이다. 그것들은 식물성의 사멸, 수확, 나무를 벌목하는 것 등에 귀속된다. 거세와 나무를 넘어뜨리는 것은, 신화에서 긴밀하게 연관되어 있듯이 상징적으로 동일한 것이다. 이 둘은 프리지아의 키벨레, 시리아(Syrien)의 아스타르테(Astarte), 에페소스의 아르테미스(Artemis)와 관련된 아티스 신화에서 그리고 오시리스 순환을 다루는 바타(Bata) 민담에서 발견된다. 예를 들면, 아티스가 소나무 아래에서 스스로를 거세하고, 그 자신이 소나무로 변하고, 소나무에 매달리고, 그리고 소나무로서 베어 넘어진다는 사실은, 서로 나란히 등장하는 그의 다양한 모습들이므로 여기서 더 이상 설명할 필요가 없다.

마찬가지로 성직자들이 머리카락을 희생하는 것도 거세의 상징이다. 반대로 생각해보면, 머리숱이 풍성하게 자라는 것은 강화된 남성성을 상징하는 것과 같다. 이집트의 비밀제의의 사제가 머리카락을 밀었던 것에서부터 가톨릭 성직자와 불교 승려의 민머리에 이르기까지, 남성의 머리카락 희생은 고대 성직자의 표시였다. 신(神)에 대한 이해가 서로 현저히 다르면서도, 머리카락 희생은 항상 성적 절제와 금욕, 즉 상징적인 자기-거세와 관련되어 있다. 태모의 세력 범위에서 머리를 미는 것은 공식적으로 이런 역할을 하는 것이므로, 이는 아도니스를 애도하는 제의가 아니다. 거듭 강조하지만, 나무를 넘어뜨리는 것, 곡식을 거두는 것, 식물성의 소멸, 머리를 자르는 것, 그리고 거세는 모두 동일한 것이다. 여성에게서 이와 동일한 것은 자신의 순결을 바치는 것이다. 인간은 자신을 내어줌으로써 태모의 소유가 되고, 마침내는 태모로 변환된다. 가데스(Gades, 현대의 Cadiz)의 사제들도, 이시스의 사제들처럼, ≪머리를 밀은 자들≫이고, 이발사들은 우리에게 알려지지 않은 기능이긴 하지만, 아스타르테의 수행원에 속한다.[92]

92) R. Pietschmann, Geschichte Phöniziens

시리아, 크레타, 에페소스 등에서 태모의 거세된 사제들이 여성의 옷을 입었고, 오늘날까지 가톨릭의 성직자들이 그것을 유지하고 있는데, 이들은 희생을 넘어서 태모와의 동일시를 완수하는 것이다. 남성들은 태모에게 바쳐질 뿐만 아니라, 그녀의 대리자가 되고, 여성이 되어, 그녀의 옷을 입는다. 이때 남성들은 거세를 하거나 혹은 남성 매춘에 의해 태모에게 바쳐지는데, 같은 것의 변형일 뿐 그 차이는 없다. 거세된 남자는 사제지만 또한 신성한 매춘부이다. 그들은 케듀스코트(Keduschot)처럼, 케듀스킴(Keduschim)으로서 신성한 여성 매춘부, 여신의 대리자이다. 그들의 성적 망아적 특성은 다산성의 특성보다 더 우위에 있게 된다. 이러한 거세된 사제들이 시리아와 소아시아, 그리고 심지어는 메소포타미아 지역에서도 청동기시대의 종교제의에서 주도적 역할을 하였는데,[93] 이처럼 태모의 영향권이라면 어디든 똑같은 전제가 작용하였음을 발견하게 된다.

죽음, 거세, 그리고 갈가리 찢김은 소년-연인을 위협하는 위험들임에는 틀림없다. 그러나 이것이 그들과 태모와의 관계를 특징적으로 적절하게 나타낸 것이 아니다. 태모가 단지 끔찍하게 무서운 죽음의 여신이기만 했다면, 그녀의 그같은 위대한 형상을 더욱 무섭게 만들 수 있었을 것이다. 하지만 그렇게만 본다면, 동시에 그녀가 끝없이 욕구하게 만드는 존재라는 점을 간과한 것이 된다. 그녀는 매혹시키는 존재, 끌어당기는 존재, 유혹하는 존재, 충족시키는 존재, 압도하는 존재이자 마법을 거는 존재이기 때문이다. 성애적인 것에 매혹됨, 열광, 무의식적으로 됨, 죽음과 같은 망아 상태가 함께하고 있다.

우로보로스적 근친상간이 소멸되는 동안은 성기적이기보다는 전체적 특성을 갖고 있는 반면에, 청소년기 단계에서의 근친상간은 성적인 것이 되어, 온통 생식기에만 국한되고, 그것에만 관계한다. 태모는 자궁이 되고 소년-연인은 오로지 남근이 됨으로써, 이때의 사건은 성적인 차원으로 제한된다.

남근과 남근숭배는 청소년 단계의 성적 특성에 귀속된다. 그래서 이 단계의 죽음은 남근을 죽이는 것으로, 즉 거세로 나타난다. 디오니소스 제의는 말할 것도 없고, 아도니스, 아티스 그리고 탐무즈 제의가 가진 성적 망아적 특성은 모두 이와 같은 성적 범주에 속하게 된다. 태모에 의해 사랑을 받는 소년-연인은 성애의 망아적 특성을 경험하며, 이런 망아적 상태에서 자아의 해체, 도약, 죽음이 있게 된다. 이런 이유에서 오르가즘과 죽음은 이 단계에서 오르가즘과 거세와 같은 내용인 것이다.

소년신에게는 이제 막 발달되기 시작한 자아로 인해, 성의 긍정적 측면과 부정적 측면이 함께하게 된다. 만약 그가 취한 상태에서 자아의 구속 상태를 포기하고 태모 자아-이전의 현존이던 자궁 상태로 즉, 태모로 되돌아가게 되면, 초기 단계의 지복하던 우로보로스-근친상간이 아니라, 더 후기 단계에 속하는, 소위 죽음에 이르는 성애적-근친상간을 하는 것이 된다. 이에 해당하는 문장은 다음과 같다: 성교 뒤에 동물은 모두 슬프다(post coitum omne animal triste). 여기에서 성교란 자아의 상실, 여성에 의하여 압도당하는 것을 의미하며, 이는 청소년의 전형적, 아니 원형적 사춘기 경험이다. 왜냐하면 성적인 것은 남근과 자궁으로 압도하는 초개인적 크기를 갖고 있어서, 자아는 소멸하고 스스로 해체하며, 비아(非我)의 우세와 매혹에 굴복한다. 모성은 여전히 위대하며, 무의식인 근원지는 너무도 가깝다. 그래서 자아의 확립은 운집한 피의 파동에 저항해서 이루기 어려운 것이다.[94]

무서운 모성은 정신을 잃게 만드는, 유혹하고 혼을 앗아가는 존재이다. 어떤 소년일지라도 그녀에게 저항하지 못한다. 그는 그녀에게 남근으로서 바쳐진다. 이것이 강제로 일어날 수도 있고, 미쳐버린 청년이 스스로 거세하여 위협하는 태모에게 희생제물로 바칠 수도 있다.

광기(Wahnsinn)는 개인성을 갈가리 찢어서 없애는 것이다. 이는 다산제의에서 몸을 갈가리 찢는 것과 같은 것으로, 상징적으로 신체의 해체는 개인 인격의 무효화를 의미한다.

인격의 해체나 개인적인 자아의식의 해체는 태모신의 영역에서 일어나는 것이다. 그래서 광기는 모성신이나 그의 대리자에 의해 사로잡혔을 때에 언제든 일어날 수 있는 증상이다. 청소년은 죽음이 임박하게 되면서도, 그래서 욕망의 성취가 죽음 및 거

---

93) W.F. Albright, Frome Stone Age to Christianity (zit. Albright, Stone Age)
94) 사춘기의 입문제의는 특징적인 방식으로 언제나 이런 관점에서 설정된다. 남성들은 남성에 의해서 강화되고, 태모의 위세를 떨어뜨린다. 이 단계에서 여성 심리를 위한 망아적 축제의 또 다른 의미를 다루지는 않겠다.

세와 관련이 있다고 하더라도 욕망을 버리지 못하는데, 이는 모두 여성적인 것의 마력과 공포스러운 힘이 발휘된 것이기 때문이다. 그러므로 태모는 마법으로 남성을 동물로 변형시키는 마녀이다. 그녀는 야생동물의 주인으로 남성을 희생시키고 갈가리 찢는다. 실제로 남성은 태모에게 동물로서 제공된다. 왜냐하면 태모는 본능의 동물적 세계를 다스리기도 하지만, 또한 그것들이 그녀와 그녀의 다산을 위하여 봉사하기 때문이다. 그래서 태모의 남성적 동반자, 즉 그녀의 사제와 희생물이 동물의 형상임을 설명해주고 있다. 예를 들면, 위대한 여신들의 숭배자인 남성들은 그녀의 이름으로 매춘을 하는 켈라빔(Kelabim), 즉 개라고 불렸고, 여성의 옷을 입고 있었다. [95] [96]

태모에게는 소년의 신이 행복, 영광, 다산을 의미하는 것이었지만, 그녀는 소년신에게 영원히 충실하게 머물지 못하므로 그에게 불행을 가져다준다. 길가메쉬(Gilgamesh)는 《길가메쉬의 아름다움에 반해 고결한 이쉬타르가 눈을 치켜뜰 때》, 그 이쉬타르의 유혹에 대하여 다음과 같이 대답하고 있다:

> 오, 여주인이시여, 당신의 풍요가 그리 달갑지 않소!
> 나에게는 나의 옷으로 충분하고;
> 나에게는 나의 식사와 음식으로 충분하오!
> 나도 신적인 식사를 하고 있소,
>
> 나도 왕의 포도주를 마신다오!...
> 당신은 전혀 물러날 줄 모르는 바람과 폭풍 같은 뒷문을 닮았소,
> 영웅들이 분쇄되는 궁전 같소,
> 그의 보호막을 찢어버리는 코끼리 같소,
> 그의 운반자를 굴복시키는 탄탄한 대로 같소,
> 그의 운반자를 괴롭히는 가죽부대 같소,
> 돌 성벽을 지탱하지 못하는 석회암 같소,
> 적진에서 훔쳐낸 흰 부조물 같소,
> 그의 소유주를 압박하는 신발 같소!

제 1 부 ● 의식 발달의 신화적 단계들

당신은 남편들 중 누구를 영원히 사랑하겠소?

당신의 양치기들 중 누구를 사로잡으려 하는 것이오?

좋소, 나는 당신의 연인들을 모두 세어 보겠소.

전체 숫자를 합산해 보겠소!


탐무즈, 그 당신의 젊은 연인에 대하여

당신은 해마다 애도하도록 만들었소.

당신은 난잡한 양치기를 사랑으로 쟁취하면서

당신은 그를 때리고, 날개를 부러뜨렸소.

그는 작은 숲에서 ≪내 날개≫하고 울부짖고 있소.


당신은 힘이 왕성한 사자를 사랑하였소: 그러나

당신은 그를 잡으려고 일곱 개의 함정을 팠더군요.

그리고 나서 당신은 싸움을 좋아하는 종마(種馬)도 사랑하였소,

당신은 그를 위해 채찍, 박차, 채찍질을 준비했소,

당신은 그에게 사냥을 위해 일곱 마일을 달리도록 명령했소,

당신은 그에게 마구 더럽혀진 물을 마시라고 명령했소,

그의 어머니 실리리(Silili) 보고 탄식하도록 만들었소.


당신은 양치기를 사랑하더군요.

그는 당신의 잿더미를 언제나 배회하는 수호자이지요.

95) W.F. Albright, Frome Stone Age to Christianity, Jüdische Encyclopädia: Kedesha

96) 다른 연구에 따르면[96a] 종족을 켈레프(Kelev) 개와 관련시키는 것이 아니라, 그것을 사제라고 칭한다. 그렇다고
이사야(Jesajah)서(書) 66:7에서 다루고 있는 개의 희생에서 그 개가 사제임을 의미하는 것은 아니다.

96a) A. Jeremias, Das Alte Testament im Lichte des Alten Orients (zit. Jeremias, A.T.A.O.)
F. Jeremias, Semitische Völker in Vorderasien in: Chantepie de la Saussaye, Lehrbuch der
Religionsgeschichte, Bd. I

매일 작은 암염소가 당신에게 바쳐지더군요:

당신은 그를 늑대로 변하게 하여 쓰러뜨렸소.

그는 양치기 소년에 의해 사냥되지요.

그러면 그의 개는 그의 넓적다리를 물어뜯었소.


당신은 당신의 아버지인 정원사 이슐라누(Ischullanu)를 좋아하더군요.

그는 당신에게 언제나 꽃다발을 가져왔지요,

매일 당신의 식탁을 장식하더군요;

당신은 그를 향하여 눈을 치켜뜨고 유혹하면서

《오, 이슐라누여, 우리는 당신의 능력을 탐닉해요!》


............................................................................................


이슐라누는 당신에게 말했지요;

《당신이 나에게 바라는 것은 무엇인가?

나의 어머니가 아직 빵을 굽지 않았기에, 나는 아직 식사를 못했소,

내가 무례와 저주를 음식으로 여기고 먹어야 한다고 하시는군요!》 –

당신은 그러한 그의 말을 들었소;

당신은 그를 넘어뜨리고, 마치 한 마리의 박쥐로 변하게 했소.

이제는 나를 사랑한다고 하면서 그들에게 하듯이 나에게도 그렇게 하려는군요!<sup>97)</sup>

강한 남성적 자아의식일수록 언제나 해체하고-거세하고, 타락시키고-마법을 걸며, 죽게 하고-미치게 하는 태모의 특성을 더 의식하게 된다.

태모 혹은 무서운 모성과 그의 아들-연인의 원형이 가진 주요한 특징들을 잘 설명하기 위해 우리는 위대한 오시리스와 이시스 신화를 예로 들어보고자 한다. 이 신화는 부권적 형식임에도 모권체제에서 부권체제로의 이행의 행적이 그대로 남아있으며, 이야기를 변형시키고 재구성하고 수정했음에도 불구하고, 여전히 원래적 관점을 파악할

수 있다. 이 신화는 세계의 문헌상 가장 오래된 민담이자, 바타(Bata)의 민담으로 보존되어왔다. 또한 신화에서 민담으로 이행되어 가면서 저절로 이차적 인물화가 일어났음에도 불구하고, 이 민담에는 원래의 의미를 드러내주는 관계들과 상징들이 잘 드러나 있다.

이시스-오시리스 신화에서, 이시스, 네프티스(Nephthys), 세트(Set) 그리고 오시리스는 두 명의 형제와 두 명의 자매로서 사위성(Vierheit)을 이루고 있다. 이미 자궁 안에서, 이시스와 오시리스는 서로 결합하고 있는 것으로 묘사되고, 신화의 마지막 단계에서 이시스는 부부애와 모성애의 긍정적인 상징으로 나타나 있다. 그러나 이시스는 누이-아내로서의 특성 외에도, 오시리스와의 관계에서 마법적이고 모성적인 특성을 보유하고 있다. 오시리스가 그의 적이자 형제인 세트에 의해서 죽음에 이르고, 심지어 갈가리 찢기게 되었을 때 누이-아내인 이시스는 그를 부활하게 함으로써 그녀의 오라버니-남편의 모성이기도 하다는 것을 보여주고 있다. 더 후기의 신화에서는 이시스는 태모로서의 특징을 대부분 버리고 아내로서의 특징을 넘겨받는다. 그럼에도 이시스는 죽은 남편을 찾아나서고, 애도하고, 발견하고, 확인하고 그리고 재탄생하게 한다. 이런 그녀는 여전히 젊은 연인의 모습을 한 위대한 여신이고, 그에 대한 전형적 제의는 죽음, 애도, 찾기, 발견, 재탄생이라는 순서로 이루어져 있다.

≪선한≫ 이시스의 본질적 기능은 모권적인 지배를 포기하는 것이지만, 그와 같은 모권적 지배는 원래 이집트의 근원적 모권사회에서 아주 잘 인식되는 특징이었다. 이시스의 이러한 자기포기와 그리고 부권체제로 이행을 하는 데 있어서 전형적으로 그녀의 아들인 호루스(Horus)가 적법성을 획득하기 위해 투쟁하는 것이다. A. 모레(Moret)가 자궁체제(Uterin-System)라고[98] 표현했던 체제에서 아들들은 언제나 모성의 아들이었던 반면, 이시스는 호루스를 위하여 오시리스와의 부자관계를 인정받으

---

**97)** Gilgamesh, Tafel 6, A. Ungnad, Die Religion der Babylonier und Assyrer, S. 80f.
**98)** Moret, The Nile

려고, 그리하여 부권사회의 부자관계를 인정받도록 투쟁하였다. 이것으로 이집트 왕의 혈통의 기반을 이루게 되었고, 그래서 이집트의 왕들은 모두 자신들을 ≪호루스의 아들≫이라고 칭하고 있다. 오시리스는 이렇게 말한다:

> 그는 바로 두 영토를 정의로서 세운 자이고, 그는 부성의 자리에 아들을 남긴 사람이다. [99]

여기에는 아내이자 모성인 이시스의 좋은 특성을 거짓으로 간주하고 있음으로써, 전체적으로 맞지 않는 여러 특징들이 공공연히 포함되어 있음을 볼 수 있다. 호루스는 아버지 오시리스를 위해 아버지의 살해자 세트와의 투쟁을 위임받는데, 이때 이시스는 이 싸움에 임하는 호루스를 격려한다. 그러나 세트가 이시스의 창에 찔렸을 때, 그는 이시스에게 동정을 구하며 다음과 같이 말한다:

> 너(호루스)는 어머니의 형제와 적대적이 되려는가. 이시스의 심장은 그에 대해 동정을 느끼게 되어, 그녀는 창에게 소리쳤다: 〈풀어주어라 풀어줘! 알지 않는가, 그는 내 어머니의 형제다.〉 그러자 창이 그를 풀어주었다. 그러자 호루스 왕이 그의 어머니를 향하여 북부 이집트의 표범처럼 격노하였다. 이 날로부터 그녀는 호루스에서 도망쳤고, 호루스는 선동자 세트를 대항할 싸움을 결정했다. 이때 호루스는 이시스의 머리를 잘라버렸다. 그러나 토트는 그의 마법으로 그녀에게 다시 머리를 얹어주었는데, 이는 이제 ≪최초의 암소≫[100]라고 한다.

특징적인 것은 세트가 그의 누이인 이시스를 비난하면서, 그래도 자신이 그녀와 같은 어머니의 형제이며, 따라서 그녀가 자기 외의 ≪낯선 남자≫를 사랑해서는 안 된다고 하는 점이다.[101] 그 낯선 남자는 오시리스일텐데, 여기서 오시리스는 이시스의 형제로서가 아니라 남편으로 여겨지고 있거나, 혹은 *에르만(Erman)*이 주장하듯이, 그 낯선 남자는 유일한 아들인 호루스가 될 수도 있다. 다시 말하면, 세트의 관점은 전적으로 모권적인 것이다. 이는 아들이 떠나가면, 삼촌(남자형제)이 가정의 우두머리가 되었던 족외결혼(族外結婚)의 시대에서 비롯된 것이다. 모권적 관점과 반대되는 부권적 관점은, 호루스의 유산에 관한 논쟁에서 어떤 신(神)이 다음과 같은 문장으로 표방하였다:

어머니가 낳은 아들이 있는데도 그 어머니의 형제가 직책을 물려받아야 하는가?

세트의 탄원은 그에 대해 반대하는 것으로 이루어져 있다:

큰 형제인 내가 이렇게 있는데도, 저 어린 나의 형제에게 직무를 물려주려고 하는가?[102]

*바호펜*에 의해 알려져 있듯이, 이시스가 남편-아내 관계보다 형제-자매 관계를 더 우선시하고, 그 관계로 되돌아가려고 후퇴하고 있음이 드러난다. 이시스는 세트가 자신의 남편인 오시리스를 살해하고 조각조각 내었음에도 불구하고, 같은 어머니에게서 난 형제로서 보호하려는 것이다. 호루스는 아버지의 원수를 갚는 자로서, 어머니를 살해하는 자가 된다. 나중에 좀 더 자세히 다루겠지만, 이시스와 관련하여 〈오레스티 *(Orestie)*〉의 문제가 드러난다. 오레스트도 모성에 속하는 것에 대항하여 부성에 속하는 아들로서 싸운다. 이로써 이시스의 본질적 기능은 모권체제에서 부권체제로 옮겨가기에 있다.

  이시스가 가진 모성적 무서움에 대해 좀 더 이야기하자면, 세트와 대적해 있는 호루스의 싸움에서 이시스는 이상하게도 창을 우선 아들 호루스에 겨냥한다는 것이다. 그런 다음 이 잘못된 행동을 다시 바로잡는다. 이시스의 이런 무서운 측면은 다른 주변

---

99) Moret, The Nile
100) Kees, Rlg.-Heft 10, S. 35
101) Erman, Religion, S. 80
102) Erman, Religion, S. 77

적 성향에서도 두드러지는데, 이는 이시스-오시리스 사건에는 속하지 않는 것이나, 이 또한 아주 특징적인 것이다. 이시스는 비블로스(Byblos)의 암메(Amme)의 여왕, 즉 ≪여왕 아스타르테(Astarte)≫에서 오시리스를 찾으러 갔다. 거기서 그녀는 여왕의 아이를 불 위에 놓고 단련시키려 하였고, 비록 그것을 성공하지 못했지만, 그 아이를 불멸의 존재로 만들려고 하였던 것이다. 이시스가 오시리스 관 위에 쓰러졌을 때 여왕의 어린 아들은 너무 심하게 흐느껴 울어서 죽었고, 큰 아들은 이시스와 함께 이집트로 왔다. 그러나 그 소년도 이시스의 모습으로 인해 너무도 놀라 경악했다. 이시스는 죽은 오시리스의 얼굴에 울면서 키스를 하고 엄청난 분노에 차서 무시무시한 눈길로 쳐다보았으므로, 무서워서 죽은 것이다.[103] 그러한 특징은 아무 것도 아닌 것처럼 옆으로 비켜져 있지만 실상은 마녀적인 것이어서 비블로스의 여주인인 아스타르테의 아이들이 파멸된 것이다. 여기서의 아스타르테는 이시스와 동일시되어 있다. 선한 이집트 이시스는 ≪모범적≫ 호루스의 어머니로서, 비블로스에서 그녀의 아이들, 아스타르테의 아이를 죽이는 무서운 모성으로서 함께하고 있다.

아스타르테와 아나트(Anat), 즉 아스타르테의 이중성은 필레(Phylä, 고대 그리스 부족국의 하나)의 성전에서 이시스로 묘사되어 있다.[104] 이로써 이 두 여신이 서로 관계가 있음이 분명하다. 모권사회적 이시스는 그녀의 형제 세트에 연계되지만, 이것도 아스타르테-아나트 형상에 상응하는 것이다. 아나트 또한 세트에 대한 호루스의 정당화의 싸움에서 ≪변상≫을 해준다.[105] 이시스가 부권사회적 발달에서 좋은 부인이자 모성으로 완전하게 형상화되면서, 그녀의 무서운 모성적 측면은 모성의 형제인 세트에 깨끗이 넘겨버리게 된 것이다.

눈에 띄는 또 다른 사실은 호루스가 네 아들을 어머니 이시스와의 관계에서 얻는다는 것이다. 이러한 사실은 태모의 영역 어느 곳에서나 똑같이 되풀이된다. 태모는 남성의 세대교체에도 언제나 한 가지 모습을 유지한다.

무서운 이시스의 특징은 또한 자신의 도움으로 다시 살아난 오시리스가 거세당하고 마는 것에서도 드러나고 있다. 오시리스의 남성 성기는 결코 다시 발견되지 않았고, 물고기에 의해 삼켜졌다. 갈가리 찢기와 마찬가지로 거세는 더 이상 이시스에 의해 수행된 것이 아니고 남성인 세트로 넘겨진다. 그러나 그 결과는 동일하다.

계속해서 이시스가 호루스, 즉 그리스의 하르포크라테스(Harpocrates)를 죽은 오시리스에 의해 생산한다는 사실은 주목할 만하다. 무엇보다도 이런 아들-신이 오시리스의 죽음 후에 생산되어야 한다는 것이 수수께끼 같은 특징이다. 이런 상징성은 바타(Bata) 민담으로 다시 되돌아가게 하는데, 거기서는 쓰러진 바타 나무의 파편에 의해 아내가 임신이 된다. 이는 태모의 수태가 남성적인 것의 죽음을 전제하고 있고, 대지의 모성은 오로지 죽음, 몰락, 거세, 그리고 희생에 의해서만 열매를 맺을 수 있다는 점으로 이해될 수 있을 것이다.

죽은 오시리스에 의해 생겨난 호루스, 즉 그녀의 아이는 한편으로는 다리가 약한 것으로 묘사되고, 다른 한편으로는 남근적으로 묘사된다: 그는 자신의 손가락을 입에 대고 있는데, 이는 손가락을 빠는 것으로 파악된다. 특히 그는 꽃의 가장자리에 자리잡고 있으며, 그의 특징은 커다란 곱슬머리이고, 그 외에도 그는 풍요의 뿔과 항아리를 지니고 있다. 그는 아주 젊은 태양에 해당하고, 동시에 분명 남근적 의미를 갖는다. 남근과 손가락 그리고 곱슬머리가 그 증거이다. 동시에, 그는 여성적인 것과 밀접한 관계가 있고, 진정한 의미에서 총아(귀염둥이)이다. 그는 입, 항아리, 풍요의 뿔 속에 손가락을 넣고 있으며, 드물게는 그가 노인으로 묘사되기도 하고 광주리를 들고 있기도 한다. 이런 하르포크라테스는 우로보로스 내에 있는 존재의 신생아 형태를 표상한다. 그는 빨기를 하는 어린이로서, 모성에 사로잡혀 있다. 그의 아버지는 바람의 영이고, 죽은 오시리스이고, 따라서 우로보로스의 모권적 단계에 속한다. 그래서 개인적인 아버지는 없고 오직 위대한 이시스만 있다.

오시리스의 갈가리 찢기기와 남근의 상실은 후에 세트에게 전가되는데, 이는 풍요제의의 가장 오랜 부분이다. 이시스는 없어진 남근을 나무로 대체해서 죽은 오시리스에 의해 임신을 하는 것으로 보충한다. 오시리스의 찢겨진 조각들은 들판에 뿌려져 한

---

**103)** Erman, Religion, S. 85
**104)** Erman, Religion, S. 150
**105)** Erman, Religion, S. 177

해의 풍요를 보증하는데, 이때에는 남근이 빠져 있다. 이런 내용은 모두 제의로 재구성되어 있다. 오시리스는 거세되어져 있고, 그의 남근은 방부 처리되어 다산성을 위한 다음의 부활축제까지 보존된다. 그 남근에 의해 이시스는 그녀의 자손, 호루스, 즉 그녀의 아이를 수태한다. 그래서 이 호루스 뿐 아니라 태양으로서의 호루스에게는 오시리스의 부성적 특성보다 이시스의 모성적 특성이 더 부각된다.

비블로스 여왕이 소머리를 하고 있는 하토르와 동일시되는데, 이시스가 호루스와 오시리스를 배신함으로써 소의 머리를 가지게 되는 사실을 고려한다면 그 심상의 의미가 더 잘 드러난다. 〈죽음의 서(書)〉에는 무서운 이시스를 상기시키는 장면이 포함되어 있다. 그곳에는 ≪이시스가 호루스의 살점을 떼내는 도살용 칼≫과[106] ≪이시스의 자르는 도구≫에 대한 언급이 있다. 호루스에 대한 언급에서, 그가 ≪어머니의 물 홍수≫를[107] 근절했다고 하는데, 이때에도 오로지 이시스의 삼키는 특성이 강조되어 있다.

같은 양상이 하토르에게서도 발견된다. 그녀는 하마와 암소로 나타난다. 하마는 원래 세트에게 속하는데, 오시리스 신화에서 그가 어떻게 오시리스-호루스 파에 속하게 되었는지 언급하고 있다. 또한 임신한 하마의 모습을 하고 있는 무시무시한 태모를 극복하는 것, 그리고 선한 어머니, 즉 암소로 변환된 것을 다루고 있다.

아버지 오시리스의 아들로서의 호루스가 세트의 누이인 무서운 이시스의 머리를 자를 때, 비로소 모성의 끔찍스러운 측면이 근절되고 변환되었다. 이제 그녀는 토트, 즉 지혜의 신으로부터 선한 모성의 상징인 암소의 머리를 얻게 되어서 그녀는 하토르가 된다. 이 이시스-하토르는 선한 모성, 부권체제 시대의 착한 아내가 된다. 그녀의 힘은 오시리스의 상속인이며 아들인 호루스에게 전수되고, 그를 통해서 부권사회적 이집트 왕들에게 양도되었다. 그녀의 무서운 측면은 무의식으로 억압된다.

이런 억압의 증거는 이집트의 다른 신화적 인물에서 발견된다. 죽은 자에 대한 오시리스 심판에서 사자(死者)의 심장을 다는 저울 옆에 ≪삼키는 자≫ 혹은 ≪시체를 먹어치우는 자≫인 아만(Aman) 또는 암-미트(Am-mit)라는 괴물이 앉아있다. 그 시험을 통과하지 못한 사자(死者)를 이 ≪암컷의 괴물≫[108]이 먹어치운다. 이 괴물은 아주 특징적 형상을 하고 있다.

그녀의 전면은 악어이고, 그녀의 뒷면은 하마이고, 그녀의 중간 부위는 사자이다.[109]

토에리스(Toeris)[110] 역시 하마, 악어, 사자가 그 자체로 연결되어 있다. 여기서는 오직 사자-여신인 작스메트(Sachmet)가 특별히 강조된다. 사자는 삼키는 자이자 먹어 치우는 자로서 죽음의 세계와 지하계의 무서운 모성이다. 그러나 그녀의 그런 특성은 더 이상 원래의 위대한 모습으로 드러나지 않는다. 그녀는 ≪억압되어≫ 심판의 저울 옆에 지키는 괴물로서 쭈그리고 앉아있다. 에르만(Erman)이 말한 것처럼, 그녀는 더 이상 ≪사람들의 환상을 자극할 대상이≫ 아니다.[111]

이런 사실을 더 확증시켜 주는 것을 〈죽음의 서(書)〉에서 발견할 수 있다. 여기서 사자(死者)의 신(神)인 아맘(Amam)은 말하길:

그는 삼나무가 자라지 못하게 하고, 아카시아 나무도 번성하지 못하게 만든다.[112]

만일 삼나무와 아카시아가 상징적으로 부활하는 불사의 존재인 오시리스와 연결되어 있다는 것을 고려한다면, 무서운 어머니에 대해 위의 말보다 더 잘 기술할 수는 없을 것이다. 그런 나무들은 오시리스의 삶이나 지속성의 원리를 잘 나타내기 때문이다.

이시스의 무서운 측면은 두 형제에 관한 바타 민담에서도 증명된다. 이 민담은 일반적으로 이시스-오시리스 신화와 연관이 있는 것으로 알려져 있으며, 또한 비블로스에서 최근에 발굴된 자료에 의해 입증되었다.[113]

---

106) E.A.W. Budge, The Book of the Dead, Chapt. 153b (zit. Budge, Book)
107) Budge, Book, Chapt. 138
108) E.A.W. Budge, British Museum, Guide to the 1st, 2nd and 3rd Egyptian Rooms, S. 70
109) Budge, Book, S. 33
110) Budge, Book, S. 135
111) Erman, Religion, S. 229
112) Budge, Book, S. 461
113) Ch. Virolleaud, I. Ishtar-Isis-Astarte; II. Anat-Astarte, Eranos-Jahrbuch 1938

이제 오시리스 신화와 바타 민담이 서로 관련되어 있다는 주제들을 간략하게 언급해 보자. 이시스가 찾고 있던 죽은 오시리스는 리바논의 비블로스에서 발견되었는데, 그는 나무줄기 안에 갇혀 있었다. 그는 그런 모습으로 그곳에서 이집트로 옮겨졌다. 오시리스의 주요 상징은 데드(Ded) 기둥, 즉 나무 기둥 상징이다. 이는 나무가 없는 이집트에서 눈에 띄기에 충분한 것이다. 비블로스에도 역시 린넨 천에 싸여 기름으로 축성된 나무는 ≪이시스의 나무≫로 경배된다.[114] 리바논에서 이집트로 수입된 나무는 이집트 문화의 기초가 되는 전제조건이고, 특별히 죽음의 제의를 위해서 의미상 매우 중요하다. 비블로스 여왕에게 바치는 이집트인들의 공물은 시기적으로 B.C. 2800까지 거슬러 올라간다. 의심의 여지가 없이 이집트와 시리아의 문화중심지 간의 긴밀한 관계는 훨씬 더 이전으로 거슬러갈 것이다.

소년-연인의 상징으로서 남근적 나무 기둥의 숭배물은 수많은 신화들에서 알려져 있다. 나무를 넘어뜨리는 제의적 행위가 대지의 어머니에게서 태어난 존재의 죽음이 제의적 행위로서 드러나는 곡물-아들의 수확보다 더 강력하게 표현되어져 있다. 나무의 형태로 드러나는 대지의 아들의 강력한 힘은 그의 희생을 더 의미 있고 인상적이게 만들었다. 나무에 매달려 죽음을 당하는 아들-사제-연인은, 이미 논의했듯이, 그의 거세 및 죽음에 이르는데, 이는 바로 나무의 쓰러짐과 같은 것이다.[115] 그 반대 과정은 대관식과 제드(Zed)제의에서 오시리스-제드 기둥을 일으켜 세우기인데, 이는 이집트 왕의 힘을 새롭게 하기를 상징한다는 사실로 확증된다.

바타형제 민담은 비블로스 근처에 있는 삼나무 계곡이 그 배경이 된다. 여주인공은 바타의 손위 형의 부인으로 바타를 유혹하려 한다. 여기에 늙은 요셉(Joseph) 주제가 삽입된다. 바타는 거부하게 되고, 부인은 그녀의 남편에게 죄를 뒤집어 씌워 그로 하여금 그의 동생을 죽이게 만든다. 이에 바타는 자신의 결백의 표시로 자신을 거세한다. 거기에 아주 민담적인 되풀이가 이어진다. 신들은 거세된 바타에게 아름다운 여인을 반려자로 제공한다. 바타는 그녀에게 바다 앞에서 무엇에 주의해야 할지를 다음과 같이 이야기한다:

바다가 너를 데려가지 않도록 멀리 떨어져라. 나는 너를 그로부터 구할 수 없다. 왜냐

하면 나도 너와 같은 여성이기 때문이다.[116]

바다에 대한 이러한 경고는 대단히 흥미롭다. 우리는 오시리스의 남근이 물고기에 의해 삼켜졌음과, 그 물고기는 이집트인들이 신성하다고 간주하여 먹지 않는 것임을 상기하자.[117] 고대 우가리트(Ugarit, 시리아의 라스 샴라Ras Shamra) 발굴 작업에서 드러난 것은, 바다에서 탄생한 아프로디테처럼 아스타르테도 바다의 여신이라는 점이다. 유대인의 전설에서는 그렇게 말해 오듯이, 그것은 근원적 ≪심연의 바다≫이고, 바다는 무서운 어머니의 지배 영역이다. 예를 들어 아이를 잡아먹는 릴리트(Lilith),

---

**114)** Erman, Religion, S. 85
**115)** Märchen von den zwei Brüdern, Erman, Literatur, S. 197f.
**116)** J. Frazer, Der Goldene Zweig
**117)** 거부감에 관한 단어 표기는 물고기의 표시였다. 그러나 키스(Kees)[117a]는 그에 대해 다음과 같이 확신하였다: ≪이러 한 문화적 비순수성의 총체적 개념에 해당하는 문자그림은 고대 국가에서 여러 번 빈니(Bynni) 물고기를 나타낸다. 그 중에서 특히 바르부스 빈니(Barbus-Bynni)는 고대의 인시류(Lepidotus)에 해당하는 것이다. 또한 어떤 물고기 종류든 종종 성스러운 것으로 간주되었다.≫
이와 관련되어 더 초기의 물고기 숭배제의에서 여러 차례 여성적 신성을 다루고 있으나, 아주 예외적으로 남성적 신성을 다루기도 한다. 물고기 형상들은 여성적인 하트호르의 관을 쓰고 있는 것으로 나타난다.
옥시린코스(Oxyrhynchos) 물고기를 혐오하거나 신성시하였다. 그것은 오시리스의 남근을 삼킨 것으로, 또한 오시리스의 상처에서 생겨난 것으로 여겨졌다. 스트라보(Strabo)[117b]는 인시류나 옥시린코스 물고기 모두 이집트인들에게서 숭배되었다고 한다. 키스(Kees)가 언급했듯이, 파윰(Fajum)에 있는 어업조합에 관한 로마시대의 문서는 이런 주장의 정당성을 보여주고 있다.
아비도스(Abydos)에 있는 오시리스의 물고기 형상은 물고기를 품고 있는 물과 같이 여성-모성이라는 기본적 의미를 나타낸다. 물의 생기나 수태케 하는 힘은 여기서 물고기로서 남근적으로 등장한다. 물고기는 남근이며 또한 아이이다. 모성적 우로보로스는 호수이자 바다로서, ≪물고기들의 집≫으로 묘사되어 있는 시리아적 여신의 상이 있다.[117c] 그리스-뵈오티아의 태모 욜코스(Jolchos)의 아르테미스.[117d] 천상, 대지 그리고 물의 세 영역의 지배자인 동물의 신은 남성의 상의를 입고 있는데, 그 상의는 거대한 물고기를 나타내고 있어서 물의 영역을 특징짓고 있다.
선한 모성은 아이들-태아들을 품고 있는 물이다. 그녀는 물고기 모성으로서 위대한 생동력이다. 그 물고기는 그녀의 아이들이고, 수태시키는 남성이거나 생동감 넘치는 개별자이다. 마찬가지로 그녀는 무서운 모성으로서 집어삼키는 바다인 죽음의 물이다. 또한 심연의 범람하는 홍수이며, 심연의 물이다.
**117a)** Kees, Götterglaube
**117b)** Strabo XVII, 818, Kees, Götterglaube
**117c)** A. Moret, Les Mystères d' Isis
**117d)** The Cambridge Ancient History, Vol. of Plates I, plate 196 a

아담이 복종하기를 거부한, 남성의 적이 물러난 곳은 바다의 입구라 불리는 곳이다.[118] 바타의 아내는 파도에 의해 휩쓸려갈 위험에 있다. 다시 말해서 그녀의 부정적 아스타르테적 특성에 의해 압도될 위험에 있다. 아스타르테는 아타르가티스(Atargatis)로서, 원래 물고기의 형태를 가졌다. 또한 아스타르테는 데르케토(Derketo)로서 물고기나 바다요정의 특성이 있으며, 많은 신화에서 그녀에게 속하는 바다로 침몰하게 만든다.

바타 민담에서 바타에 의해 위협받는 존재는, 그에 대항하여 여성이 되려고 거세한 존재라기보다는 오히려 남성임을 거부하는 것으로 드러난다. 바타의 부인은 이집트 왕의 아내가 되고, 《삼나무 꽃 위에 심장을 올려놓아》 바타와 동일시되는 삼나무를 잘라버리게 한다. 그러나 죽은 바타는 그의 형제에 의해서 부활하게 되고, 황소로서 이집트로 간다. 그는 한 번 더 살해되고, 그의 피로부터 무화과나무가 자라나게 되는데, 그것도 역시 마찬가지로 아내의 사주로 쓰러진다. 그러나 이때에 바타는 나무 조각으로서 아내의 입으로 들어가 그녀를 임신시킨다. 이렇게 해서, 그는 무서운 모성에 의해 그 자신의 아들로서 다시 태어나고, 에티오피아 왕의 아들이 되고, 마침내는 이집트의 왕이 된다. 그가 이제 부권적으로 지배력을 발휘하려 할 때, 그는 아내이자 어머니인 자신의 부인을 죽이고 그의 형을 왕세자로 삼는다.

여기서 형제 모티브와 스스로를 생산하는 주제를 다루지 않겠다. 이 민담은 더 후기 단계에서 있는 용과의 싸움과 남성적인 것과의 분쟁에 속하는 것이기도 하다. 여기서 우리는 다만 오시리스 신화와 좋은 아내이자 어머니로서 드러나는 이시스의 형상 뒤에 숨어 있는 무서운 모성상과의 연관성을 지적할 뿐이다.

바타는 비블로스가 속하는 문화영역에서 보이는 태모의 아들–연인이다. 요셉의 주제, 나무 베어 넘기기 주제, 자기거세의 주제, 황소와 같은 동물 형상의 희생, 식물성으로서 나무를 자라게 만드는 풍요의 원리가 된 희생의 피, 그리고 나서 다시 베어 넘기게 되는 이런 현상 모두는 이제 우리에게 잘 알려져 있다. 도처에서 여성적 형상은 《무서운》 것이다. 다시 말해서 그녀는 유혹하려 하고, 거세를 요구한다. 그래서 자기거세, 황소의 죽음, 나무의 베어 넘김으로 표현된다. 그녀는 무서운 존재일 뿐 아니라, 또한 그녀는 유혹되고 베어 넘겨져 희생되어버린 바타를 아들로서 다시 낳기 위하여 나무 조각을 받아들이는 존재, 풍요롭게 하는 존재, 모성신이다.

바타처럼 오시리스는 나무와 황소의 형상을 갖고 있다. 베어 넘어진 나무는 오시리스의 표시이다. 신화는 삼나무가 비블로스에서 이집트로 실제적으로 옮겨졌다는 사실 뿐 아니라, 오시리스가 나무의 형태로 비블로스에서 이시스에 의해서 발견되었고, 거기서 이집트로 데려온 것 모두를 연결시킨다. 전체 신화에서 오시리스는 아도니스, 아티스, 탐무즈 계열의 형상적 특징을 가지고 있는 식물성의 신과 관련된다. 또한 그에 대한 숭배는 죽었다가 다시 부활하는 신성에 대한 것이다.[119]

앞서 살펴보았듯이 모성적 우로보로스의 지배력의 이행은 바로 이시스의 형상에서 이루어진다. 바타 민담에서 나타난 비블로스의 여신인 무서운 아스타르테 형상이 이시스에 의하여 교체된다. 이시스는 좋은 모성신이 되고, 그 옆에 세트의 부성적 형상을 내세운다. 세트는 모성의 남성 원리로서, 쌍둥이 형제로서 살해의 과제를 넘겨받는다. 반면 아티스 전설에서는 남성-여성적 우로보로스적 모성신이 부정적인 남성적 측면으로서 수돼지로 등장하여 아티스를 죽음에 이르게 한다. 이 형상은 오시리스 신화에서 독립적으로 존재하면서, 오시리스의 적일 뿐 아니라, 또한 이시스의 적이 되기도 한다.

이집트적 바타 민담에는 태모의 야성적이고 무서운 특성이 여성적인 것의 일반적 특성으로 묘사되어 있다. 이집트 왕의 모권적 지배력이 이집트 왕의 부권적 태양-호루스의 강조로 이행될 때 이시스는 좋은 모성 원형과 융합되고 부권적 가족의 모성이 되었다. 그녀의 형제와 남편의 부활로 그녀의 마술적인 본질은 뒤로 물러나게 된다.

이러한 모든 관계들은 최근 라스 샴라(Ras Shamra) 발굴에 의해 소개된 가나안 신화에서 확인될 수 있다. 여기서는 다만 우로보로스와 태모의 상징적 순환에 속하는 특징만 언급할 것이다.

---

**118)** Bin Gorion, Sagen der Juden, I, Die Urzeit, S. 325 (Sohar Zitat)

G. Scholem, Ein Kapitel aus dem Sohar, S. 77

J. Scheftelowitz, Alt-palästinensischer Bauernglaube

**119)** 뒤에서 논의할 변환신화에서는 다르게 다루게 될 것이다.

알브라이트(*Albright*)[120]는 가나안 지역 주변에 사는 민족들의 종교와 비교하여 가나안의 종교가 상대적으로 원시적이고 원초적으로 남아있음을 밝혔다. 예를 들어 그는 신들의 친인척 관계와, 심지어 그들의 성이 바뀐다는 것을 제시하였고, 더 나아가 대립적인 것을 한꺼번에 가져오는 가나안 신화학의 경향을 언급하였다. 예를 들어 파괴자이자 생명을 주거나 변신을 하게 하는 여신인 아나트(Anat)처럼, 하나의 신이 죽음과 파괴의 신(神)이면서 동시에 생명과 치유의 신이기도 하다는 것이다. 바로 이 지역에서는 반대되는 것들이 함께하는 우로보로스적 동시발생, 즉 긍정적이고 부정적인 특징, 여성적이고 남성적인 속성이 나란히 나타남을 의미한다.

아스케라(Aschera), 아나트, 아스타레트, 이 세 여신들은 명확하지는 않지만 우로보로스적 태모 원형을 두드러지게 나타내는 형상들이다. 아스케라는 영웅 바알(Baal)의 적이고, 그의 죽음을 야기한 황야의 괴물들의 어머니이며, 동시에 바알의 누이인 아나트의 적이다. 그러나 또한 여기서 이시스처럼 모성의 연인, 누이, 파괴자, 조력자 등은 모두 함께 속하는 측면들이다. 원형은 한 여신의 확립된 형상으로 표현되지만, 결코 서로 뚜렷하게 구분하지 않는다.

아나트 또한 그녀의 죽은 형제-남편을 다시 살리고 나쁜 형제 모트-세트(Mot-Set)를 제압한다. 알브라이트는 아스타레트의 이름을 양의 사육자로 번역하였는데, 이것으로 모성의 양인 라헬(Rahel)의 근원적 형상임을 인식할 수 있다. 그러나 동시에 아스타레트와 아나트는 처녀이고 민족을 낳은 여인이다.

> 수태는 하였으나 낳지 않는 위대한 여신, 즉 다시 말해서 그녀의 처녀성을 잃어본 적 없이 영구적으로 다산하는 여신, 그러므로 그들은 모성신이고 성스러운 매춘부이다.

그것에 덧붙여서 아스케라와 같이 그들은 모두 섹스와 전쟁의 여신이고, 그들의 잔혹한 야만성은 하토르의 야만성과 인도의 칼리(Kali)와 맞먹는다. 말을 타고 질주하며 창을 휘두르는 벌거벗은 여신에 관한 후대의 그림은 바알 서사시에 생생하게 묘사되어 있다.

인간 종족을 학살한 후이므로, 피가 너무 깊이 고여서 그녀의 무릎을 넘어, 심지어 그녀의 목까지 차오를 정도였다.

계속해서:

그녀의 발아래는 인간의 머리들이었고, 그녀의 위로는 인간의 손들이 메뚜기처럼 날았다. 감각적 즐거움을 위해 그녀는 머리들을 매달아 장식했고 손들을 그녀의 허리띠에 부착했다. 학살에 대한 즐거움은 가학적인 언어로 잘 묘사된다: 그녀의 간은 웃음으로 부풀어 오르고 그녀의 심장은 기쁨으로 채워졌다. 아나트의 간은 환희로 가득 찼다.

이 유형의 여신들이 모두 그렇듯이 피는 대지를 위한 이슬이고 비이다. 대지는 열매를 맺기 위해 피를 마셔야 한다. 아스타레트에서 우리는 또한 바다의 여주인이자 삼키는 바다인 여신의 원상을 발견할 수 있다. 그녀는 바다에서 태어난 아프로디테보다 더 초기의 야만적인 형태이다. 한 이집트 민담에서는[121] 바다에 의해서 전멸할 위기에 처한 신들이 숭배로써 진정시키기 위해 시리아의 아스타레트를 이집트로 데리고 왔다고 한다.

가나안 신화에서는 출생과 죽음이 함께 연결되어 있을 뿐만 아니라, 또한 우로보로스의 자웅동체적인 원래의 형체가 아스타르(Astar) 혹은 아타르(Attar)인 남성적 샛별과 메소포타미아의 이쉬타르(Ishtar)의 여성적 저녁별 사이의 관계로 나타난다.[122] 신성에서 남녀 양성을 지닌 것은 원시적인 특징이듯이, 마찬가지로 여신에게 또한 처녀성과 다산성이 공존하고, 남신에게 생산성과 거세가 공존하는 것이다. 여성의 남성적 성향도 남성의 여성적 특질과 나란히 공존한다. 만약 여신이 한 손에는 여성적 상

120) Albright, Archeology
121) Erman, Literatur
122) Albright, Stone Age

징인 백합(Lilie)을, 다른 손에는 남성적 상징인 뱀을 쥐고 있다면, 그것은 거세된 남자는 같은 형상으로서 남자 매춘부, 무희, 성직자라는 사실에 상응하는 것이다.[123] 그러므로 가나안에서 우리는 위대한 모성신의 우로보로스적인 심상과 아직 독립적으로 되지 못한 남성적인 것의 부자유스러움에 따르는 법칙의 모든 특성들을 발견한다.

크레타−미케네 문화영역 또한 태모의 전형적인 영토이다: 여기에 나타나는 상징적, 제의적 특징의 그룹들이 이집트, 가나안, 페니키아, 바빌로니아, 아시리아에서 그리고 전방 아시아 문화에서 뿐만 아니라 히타이트 및 인도에서도 나타난다. 에게 지역은 한 편으로는 이집트와 리브야(Libya)의 중간지대를, 다른 한편으로는 그리스와 소아시아와의 중간지대를 이루고 있다. 우리에게 에게 문화의 영향이 역사적으로 어떻게 진행되었는지는 아무런 의미가 없다. 왜냐하면 우리의 연구에서는 원형적 형상의 순수성이 역사적 순위보다 훨씬 더 중요하기 때문이다.

자료들이 아직 완전히 해독되지는 않았지만 크레타−미케네 종교의 형상적 표현에 주로 의존해서 증명하려는데, 여기에는 상징들의 비교 해석이 가능하고 태모 원형을 시각화하도록 제시하고 있기 때문이다. 크레타−에게 문화는 원래 여사제들에 의해 동굴에서 숭배되었으므로, 태모와 자연 여신의 형상이 지배적이다. 그녀는 산들과 동물들의 여주인이었다. 뱀들과 지하세계 동물들은 그녀에게 성스러우며, 새들은 그녀의 현존성을 상징하였다. 특별히 비둘기는 그녀에게 배속되었는데, 그것은 여전히 그리스의 아프로디테로서, 비둘기 여신으로, 성령인 비둘기와 함께하는 마리아로 남아있다. 종교적 의식에서 입는 모피 옷에서 드러나듯이, 그녀의 제의는 거의 석기시대까지 소급된다. 그녀가 갖는 태모의 특징은 가슴을 드러내고 있는 여신의 옷, 그녀의 여사제들의 옷, 그리고 일반적 여인의 옷으로 표현된다. 또한 다양하게 우리에게 제공된 동물의 어미들의 현시에서도 드러난다. 새끼소와 함께 있는 암소, 새끼염소와 함께 있는 암염소의 신화적 의미는 분명하게 그리스로부터 크레타를 거쳐 우리에게 전승되어 온 신화와 연관이 있다는 것을 보여준다.[124] 소년기 제우스는 대지의 어머니 가이아(Gaia)를 대신해 등장한 암염소, 암소, 암캐, 암퇘지의 존재들이 키운 크레타의 어린 제우스라는 것을 이미 앞에서 언급했다.[125]

크레타의 다산제의의 중심에는 다산성을 위한 남성적 도구이면서 희생물인 황소가 자리잡고 있다. 황소는 사냥과 축제 행사에서 중심적인 것이다. 그의 피는 제물로 바쳐진 희생물의 피이다. 그의 머리와 뿔은 크레타 신전의 전형적인 상징물로서 희생제물의 도구인 쌍날도끼(Labrys)[126] 옆에 자리잡는다. 이 황소는 그리스 신화의 오이로파(Europa)처럼 크레타 섬에서 통치권을 지닌 태모의 아들–연인이자 소년신을 상징한다. 오이로파는 제우스가 그녀를 훔치려 변신했던 크레타 섬 황소의 배우자이다.

아스트로노이아(Astronoia), 즉 아스타르테–아프로디테로부터 도망치기 위해서 에쉬문(Eshmun)이 쌍날도끼를 가지고 스스로 거세했던 것처럼, 티탄들(Titanen)은 자그레우스(Zagreus)–디오니소스를 쌍날도끼로 죽였다.[127] 쌍날도끼는 나중에 디오니소스로 대체된 황소의 신성한 거세와 희생의 도구가 된다. 제의적 거세에 대한 석기시대적 형태는 소아시아 반도의 갈리아 족이 돌칼로 그들 자신을 거세하였으며, 마찬가지로 이집트의 세트(Set)도 또한 오시리스의 갈가리 찢기와 살해에서 돌칼을 사용했던 것으로 묘사되어 있다. 후기에 희생, 거세, 갈가리 찢기는 더 이상 인간에게는 행해지지 않고 단지 동물 제물에게만 행해졌다. 수퇘지, 황소, 숫염소는 디오니소스와 자그레우스, 오시리스, 탐무즈 등의 신들을 대표한다. 황소의 절두는 나중에 생식기의 희생을 의미하고, 마찬가지로 그의 뿔이 남근 상징으로 부각된다. 이집트에서 신성한 오시리스–압피스(Apis) 황소의 머리는 시식하지 않고 나일강으로 던져졌다. 이것은 오시리스 신화에서 오시리스가 갈가리 찢겼을 때 남근이 나일강으로 사라진 것에 대한 것이다. 생식기와 머리의 연관은 의식의 발달에 관한 개별 신화적 단계에서 중요한 의미를 가진다.[128] 그들은 각기 대표하고, 서로 교체되기도 한다. 이때 황소의 머리가 인간의 남근을 상징한다는 점은 논의의 여지가 없이 확실하다. 현대인의 꿈에서도 황

---

123) Albright, Stone Age, S. 178
124) 암소–송아지 상징은 이집트에 제일 먼저 나타난다. 이집트에서는 이시스에서 비롯된 12 행정구역을 송아지를 데리고 있는 암소로 나타내었다.
125) Nilsson, Griechen
126) D. Mereschkowskij, Das Geheimnis des Westens, S. 484 u. 321 (zit. Mereschkowskij, Geheimnis)
127) G. Glotz, The Aegean Civilization, S. 75
128) 188쪽을 참고하라.

소가 원형적, 상징적으로 성욕의 상징으로, 즉 남근-다산성의 상징으로 나타난다는 것을 안다면, 그러한 대체는 좀 더 잘 이해될 수 있을 것이다.

크레타 섬에서도 역시 원래 태모와 아들-연인 사이를 나타내는 다산제의가 행해졌고, 제의는 아들의 희생과 더불어 끝내게 되었으나, 나중에 소를 희생하는 것으로 대체되었다. 이는 이미 앞에서 여러 번 언급했다. 그에 대한 각 개별적 특성은 태모 형상의 원형적인 지배라는 전체 그림의 틀에 맞춰졌을 때에 비로소 의미를 가진다. 크레타의 태모 여신, 즉 그리스의 데메테르는[129] 지하세계의 여주인이자, 또한 대지의 심연과 죽음의 여주인으로서 도처에서 묘사되어 있다. 플루*타르크*에 의해서 데메트리오들(Demetrioi)로 명명되던 사자(死者)들은 여기서 그녀의 자산이다. 대지인 자궁은 죽음의 자궁이지만, 동시에 모든 생명이 생겨나는, 다산성을 보증하며 생산하는 자궁이다.

크레타 섬의 제우스와 함께 탐무즈, 아티스, 아도니스, 에스문 등이 같다는 것은 *테오도르(Theodor)*의 인식에 의해서도 지지되었다. *테오도르*는 다음과 같이 표현한다.

> 크레타 사람들은 제우스가 왕자였으며, 야생 수퇘지에 의해서 갈가리 찢겨졌고 땅에 매장되었다고 한다.[130]

수퇘지는 파멸하고 희생되는 아들-연인의 전형적인 상징이고, 그 수퇘지 죽임은 태모에 의한 아들의 희생을 나타내는 신화적인 표상이다. 에트루리아(etruskisch) 청동부조에는 고르고(Gorgo)처럼 두 팔로 사자의 목을 죄며 다리를 넓게 벌리고 있는, 제의적으로 음부노출의 태도를 취한[131] 태모의 고태적 형태가 묘사되어 있다. 같은 곳에서 또한 크레타인들의 묘사에서도 수퇘지 사냥을 발견할 수 있다.

수퇘지 죽임은 우리가 알고 있듯이 태모의 아들-연인의 살해에 관한 가장 오래된 상징이다. 여기에서 다산성의 여신은 이시스이자, 후기의 엘레우시스의 데메테르인 암퇘지이다. 암퇘지인 여신이 암소로 대체된다. 예를 들어 하토르-이시스는 돼지 형상을 하고서 이시스의 자리에 등장하는데, 이는 돼지 형상을 한 세트와 관련이 되지만, 또한 수퇘지는 황소로 대체된다.

추수끝내기와 나무 베어 넘기기는 다산제의에서 죽임, 갈가리 찢기, 거세와 동등하다. 크레타 제의에서 나뭇가지와 과일 부러뜨리기는 망아적이자 성스러운 춤이나 애도와 더불어 중요한 위치를 차지하는 것으로 보인다.[132] 더 후기의 아도니스 축제의 가장 중요한 부분은 사제들이 여성의 옷을 입는 것으로 나타난다. 그밖에 크레타 섬은 매 팔년 주기로 한 번씩 ≪위대한 해≫에 왕의 교체제의를 치르게 되는데, 이는 저절로 이집트 왕인 세트(Set)-교체제의와 나란히 놓이게 된다.

왕권의 교체는 원래 계절의 왕과 새해의 왕의 희생에 대한 후기의 대체물로 해석될 수 있는 것처럼, 크레타 섬에서도 계절 왕의 거세와 매해 올리던 인간 제물을 황소 희생으로 대체해 교체축제가 되었다. 이런 과정에서 왕의 힘이 제의적으로 회복된다. 그리스의 전설에 의하면 원래 크레타 섬의 황소-왕인 미노타우르스(Minotaur)에 바쳐진 사람은, 7명의 청년과 아가씨들로 구성되었다고 하는데, 우리는 미노타우르스의 어머니인 여왕 파시페(Pasiphae)가 황소를 사랑했던 것을 같은 방식으로 설명할 수 있을 것이다.

이집트, 아프리카, 아시아 심지어 스칸디나비아에 이르기까지 인간 제물을 통하여 왕의 힘을 계속 유지하려 했음을 볼 수 있다.[133] 이집트에서처럼 크레타 섬에서도 왕권과 그의 귀족들의 세력이 커지면서 부권제도가 모성신의 종교적 지배력을 제거하게 된다. 이 과정에서 처음에는 왕권의 유지를 위해 매년 투쟁하여 통치 기간을 연장해야만 했으나, 나중에는 계속 왕권을 유지하기 위하여, 대체물을 사용하여 희생제의를 치루었다. 자기대체 제의, 재생제의를 통하여 왕의 계속적 존립을 제의적으로 공고히 하여 왕권을 확보하였다.

크레타-미케네 지역의 모성신 숭배는 전방 아시아, 리브야, 이집트와 연관되어 있

129) Ch. Picard, Die Groβe Mutter von Kreta bis Eleusis, Eranos-Jahrbuch 1938
130) A.B. Cook, Zeus, nach Mereschkowskij, Geheimnis, S. 157
131) W. Hausenstein, Die Bildnerei der Etrusker, Abb. 2 und 3
132) The Cambridge Ancient History, Vol. Plates I, Abb. 200b
133) J. Frazer, Der Goldene Zweig

음이 분명하다. 그리고 그리스 신화 및 전설과 역사의 연관은 이제 완전히 새로운 관점에서 드러난다. 여기서 신화의 역사적 정확성이 드러난다. 역사에 대한 의혹은 에게 문화가 알려지지 않은 시대에 기초하고 있기 때문이다. 다시 말하지만 *바호펜*은 에게 문명의 유물들이 발굴되기도 전에, 신화를 통해 크레타 문화의 내용과 전파에 의한 관련성을 알아차린 유일한 사람이었다.

신화는 황소, 즉 크레타의 제우스, 도도니아의 제우스, 디오니소스가 귀속되는 오이로파(Europa)에서 크레타 왕조를 끌어낸다. 이에 미노스(Minos), 라다만티스(Rhadamanthys), 사르페돈(Sarpedon) 등이 함께한다. 오이로파의 남자형제는 카드모스(Kadmos)인데, 그리스에서 그의 역사를 추적하게 될 것이다. 이 둘은 아게노르(Agenor), 페니키아에서 유래한다. 페니키아적 부성은 리브야(Libya), 에파포스(Epaphos)로서, 신성한 소를 부모와 조상으로 갖고 있다. 그리고 이오(Io), 즉 미케네의 흰 달을 의미하는 소는 이집트의 이시스가 변환한 것으로 알려져 있다.

리브야, 이집트, 페니키아, 크레타, 미케네, 그리스 사이의 역사적인 연관은 계보학으로서 보증된다. 같은 방법으로 상징적, 신화적 행렬도 알아볼 수 있다: 흰 달의 암소는 미케네의 이오(Io), 이집트의 이시스, 크레타의 오이로파(Europa)이고, 이들에 속한 황소들은 크레타 제우스-디오니소스의 소, 이집트의 신성한 소, 그리고 미노타우루스이다.

카드모스는 오이로파의 남자형제이고 페니키아에서 테베를 건설하기 위해서 온 자로서 같은 의미의 중요성을 지닌다. *헤로도토스*는 카드모스에 대해 이집트의 오시리스-디오니소스 신비제의를 피타고라스에 전달했다고 묘사했다. 말하자면 *헤로도토스*는 후대의 그리스 제전과 그들의 피타고라스적-오르페우스 선두 주자를 페니키아에서 이집트로 거슬러 올라가서 찾았던 것이다. 또한 그는 도도나의 제우스를, 즉 남근적 헤르메스(Hermes)와 사모스 군도의 전(前)그리스, 즉 펠라스기아적(pelasgisch) 카비렌 제의를 이집트의 오시리스와 리브야의 암몬과 연결짓는다. 그 전에는 이러한 연결들이 학문 영역에서는 부정되었으나, 오늘날에는 이집트와 리브야에서 뻗어나온 문화적 영속성이 가나안-페니키아와 크레타를 거쳐서 그리스로 이어진다는 것이 풍부한 사실적 자료들에 의해 증명되고 있다.

테베의 설립자 카드모스는 아테네(Athene)와 동맹을 맺었지만, 아프로디테와 그녀의 남편 아레스(Ares)와는 극도로 양가적 관계에 있다. 그는 아레스의 아들인, 지하의 아레스 용을 죽이지만 아레스와 아프로디테의 딸인 하모니와 결혼을 한다. 초승달 무늬를 가진 소는 카드모스를 크레타인들이 설립한 델피 신전에서 이끌어 테베가 지어질 장소로 인도한다. 그가 그곳에서 소를 희생시키는데, 이때의 소는 고대의 어머니이고 전(前)그리스 시대의 달 여신이다. 그녀는 카드모스의 삶과 그의 아이들의 삶을 지배하고, 그의 조력자 아테네보다 더 강력하다는 것을 보여준다.[134]

그것은 오래된 암소 여신이고, 그의 딸들에게 끔찍한 힘을 행세하도록 하는 아프로디테이다. 그것은 모성신의 근원적 힘에 대한 위대한 신화적 상으로 드러나는데, 그것은 주로 카드모스의 딸들에게 발휘되었던 것이다. 그의 딸 중에 한명은 세멜레(Semele)인데, 디오니소스의 어머니이고, 신을 낳는 여신이며, 제우스의 번개로 죽게 되지만, 변환하여 신의 사랑을 받는 사멸적 존재가 된다. 둘째 딸은 이노(Ino)이다. 미친 상태에서 그녀는 아들 멜카르트(Melkart)와 함께 바다로 뛰어들었다. 멜카르트는 상실되고, 참수되고, 애도되고, 망아적 제의에서 숭배되는 신(神), 즉 아들-연인의 영역에 속한다. 셋째 딸은 펜테우스(Pentheus)의 어머니인 아가우에(Agaue)이다. 그녀 역시 망아적 제의 중에 광적인 상태에서 아들을 죽여서 갈가리 찢고, 승리감에 취해서 피범벅이 된 그의 머리를 쓰고 다니는 무서운 어머니이다; 아들 펜테우스 자신은 디오니소스 자그레우스, 즉 다시 부활하려고 갈가리 찢긴 신이 된다. 넷째 딸은 젊은 사냥꾼 악테온(Aktaeon)의 어머니 아우토노에(Autonoe)이다. 아들 악테온은 벌거벗은 처녀 아르테미스를 전혀 의도 없이 보다가 공포에 사로잡혀서 동물로 변하여 그녀에게서 도망을 쳤으나, 결국은 사슴의 형상으로 변하게 된 그를 사냥개들이 갈가리 찢어 죽여버린다. 여기서 처녀 아르테미스는 숲의 여신으로, 에페소스와 뵈오티아

---

**134)** 계통학적 해석에 대한 본질적인 보충은 P. 필립슨[134a]의 《Genealogie als mythische Form》의 논문이 제공하고 있다.
**134a)** P. Philippson, Untersuchungen über den griechischen Mythos

(Böotien)의 아르테미스와 마찬가지로 태모이자 무서운 모성신의 전(前)그리스적 형태이다.

이상이 카드모스의 딸들이다: 그들 모두에서 우리는 태모, 즉 무서운 아프로디테가 지배적임을 볼 수 있다. 카드모스의 유일한 아들은 폴리도로스(Polydoros)이고 그의 손자는 라이오스(Lajos)이고 그의 증손자는 외디푸스(Ödipus)이다. 심지어 증손자에게도 모성-아들 관계의 운명이 재앙으로 닥친 것이다. 외디푸스에서 비로소 태모와 아들-연인 사이에 놓인 운명적인 연대가 끝나게 된다.

오이로파와 카드모스는 이오(Io)-리브야(Libya)에서 비롯되어 페니키아를 거쳐서 그리스에 이르는 신화적 전설의 지류를 형성하고 있다. 이오-리브야에서 비롯된 또 다른 지류는 다나오스(Danaos)와 아르고스(Argos)에 이른다. 그리스에서 크레타 문화가 두드러졌던 지역인 아르고스에는 리키아의 아폴로(Apollo)의 종교의식이 행해졌던 다나오스(Danaos)와 관련된 전설이 알려져 있다. 헤로도토스[135]에 따르면 그의 딸들은, 그리스 태모인 데메테르의 향연, 즉 테스모포리아(Thesmophoria) 축제를 이집트로부터 그리스로 가져왔다고 한다. 이 테스모포리아 축제와 그 신비제의들은 위대한 대지의 모성의 자궁을 표상하는 대지의 구덩이를 중심 테마로 하는 다산제의였다. 이 대지의 자궁에 희생물을 던져넣게 되는데, 그것은 남근이고 솔방울들이며(이들은 디오니소스 제의에서 남근적 상징으로 등장한다), 나무-아들의 남근, 새끼돼지, 다산성을 보증하는 대지의 모성의 아이들이다. 이 구덩이에는 태모의 변함없는 동료인 뱀들이 몰려들게 되고, 뱀들은 항상 그녀의 고르고(Gorgo) 자궁과 연관된다. 새끼돼지들의 잔여물들은 오랜 다산제의에 맞추어 다시 거두어들여서, 그 조각들은 풍요를 가져올 것으로 여겨져 들판 위에 뿌려졌다.

바흐펜은 다나오스의 딸들이 신랑을 반드시 죽이도록 되어 있었기 때문에, 자유분방한 처녀-어머니의 영역에 속한다는 사실을 자세히 보여주었다. 히페르므네스트라(Hypermnestra)는 그 공동의 약속을 지키지 않아서 그녀의 남편을 죽이지 않은 유일한 딸이다. 그녀로부터 신화적으로 남녀의 애정관계는 각자의 고유한 결정에 따르기 시작한다. 바로 이런 점에 의해서 그녀는 태모의 부정적인 힘을 물리치고, 인간의 남성적 문화를 확립하는 페르세우스(Perseus)와 헤라클레스(Herakles) 같은 영웅의 손자를 둔 모성의 기원이 된다. 페르세우스와 헤라클레스는 둘 다 아버지가 신이면서, 아테네가 도와주는 영웅 유형에 속한다. 페르세우스 신화는 테세우스(Theseus)가 나중에 크레타와 미노타우르스에서 그랬던 것처럼, 리브야의 고르고(Gorgo)에서 모성 지배의 상징을 극복하는 영웅신화이다.

여기서 이오(Io)의 후손에 관련시켜 신화적 영역에서 보이는 모권세계와 부권세계의 충돌을 영웅의 역사로 국한시키지 않을 뿐 아니라, 또한 그리스의 신화를 가족사로서 개인화하지 않으련다. 의심할 여지없이 오늘날의 역사와 종교에 관한 학문이 대부분 민족사적 연관성으로 환원시키고 있다. 그러나 인간 의식의 발달을 염두에 두는 심리학적 입장에서는, 새로운 신화학적 단계에 의해서 태모와 아들-연인 단계의 교체는 우연한 역사적인 발생이 아니라 필수 불가결한 심리학적인 사건으로 간주한다. 새로운 신화적 단계가 특정한 종족이나 민족 그룹에 귀속된다는 것은 현재의 시점에서는 통찰될 수 없다. 그리스-인도 게르만 문화영역에서 모성 원형의 극복이 있으며, 또한 헤브라이-셈 문화영역에서 보이는 급진적 모성 원형의 극복도 적지 않게 보이는 것이다.

모성 원형의 정복 단계는 영웅신화에 속하는 것인데, 이에 대해서는 나중에 설명할 것이다. 여기서는 우선 태모와 아들-연인에 관한 그녀의 지배 단계를 더 살펴보도록 하겠다.

크레타-에게 지역과 그리스 사이의 신화적이고 역사적인 연관은 그리스 신화의 다른 형상적 묘사에서 분명하게 드러난다. 무서운 여신인 헤카테(Hekate)는 인간을 삼키는 엠푸사(Empusa)의 어머니이자, 젊은이의 피를 빨아먹고 그들의 살을 먹어치우는 라미아들(Lamien)의 어머니이다. 그러나 헤카테는 우로보로스의 세 가지 형상, 즉 천상, 대지, 지하세계의 여주인으로, 마법적-파괴적 측면에서 그리스 요녀 키르케(Circe)와 메데아(Medea)의 스승이다. 죽음에 이르도록 사로잡거나 동물로 바꾸는 마

---

135) Herodot, Buch Ⅱ

법은 그녀에게는 당연한 것이고, 심지어 달의 여주인으로 행세하여 미치게 하는 것도 그녀에 속하는 특성이다. 태모를 위한 제의와 신비제의는 엘레우시스에서 평화롭게 여성성을 칭송하기도 하지만, 또한 디오니소스 제전에서처럼 그녀의 피조물들인 염소와 황소를 망아적 상태에서 갈가리 찢고, 피문은 조각을 먹음으로써 성스러운 풍요에 이르게 한다. 이는 오시리스에서 비롯해서 디오니소스 자그레우스와 오르페우스 (Orpheus), 마찬가지로 펜테우스와 악테온에 이른다. 오르페우스적 잠언은 다음과 같다.

희생물은 반드시 갈가리 찢겨져서 먹혀야 한다.[136]

이 여신은 동물의 여주인이고, 크레타와 소아시아에서 소를 잡는 자(Tauropolos)로 등장하고, 뱀, 새, 사자를 목 졸라 죽이는 자이다. 또한 마녀로서 남자들을 노예로 삼는다.

대지와 죽음인 모성숭배는 종종 습한 지역과 연계된다는 사실이 *바호펜*에 의해서 잘 알려지게 되었다. 그에 따르면, 그 컴컴한 습지에 사는 용은 우로보로스적으로 휩쓰는데, 낳기도 하는 동시에 그것을 다시 삼키는 존재의 상징이다. 전쟁, 채찍질, 피의 제사, 사냥은 그러한 활동의 완화된 형태들이다. 이러한 태모의 형상은 선사시대에서만 발견되는 것은 아니다. 그것은 더 후대의 그리스의 엘레우시스 신비제의에까지 이른다. *에우리피데스*는 데메테르를 딸랑이, 팀파니, 심벌즈, 피리를 사용하고 사자가 끄는 전차를 타고 있는 무시무시한 여신으로 묘사하고 있다. 그녀는 그러한 이중적 의미로 아시아적 아르테미스와 키벨레, 또한 이집트 여신들에 아주 밀접하게 관련되어 있다. 아르테미스는 스파르타의 오르티아(Orthia)에게 인간 제물들과 소년들의 태형을 요구했으며, 또한 소아시아의 아르테미스도 인간 제물을 요구했으며, 알파의 (alphäische) 아르테미스는 얼굴에 진흙을 바르고 한밤에 춤을 추는 여인들에 의해 숭배되었다.

어떤 《비(非)그리스적》 여신들도 《아시아적─감각적》 관습으로 숭배되는 것이 아니다. 오히려 이러한 것들은 모두 태모숭배와 관련되어 있는, 심연의 층에서 나온

제의들이다. 그녀는 사랑의 여신이고, 대지, 가축과 인간과 파종 씨앗의 풍요와 다산을 관할하는 여신이다. 그녀는 또한 모든 출산을 관장하고, 동시에 운명, 지혜, 죽음과 관련된, 지하계의 여신이다. 도처에서 그녀의 제의는 감각을 혼란하게 하고, 망아적이다. 그녀는 황소, 사자로서 그들의 화관을 쓰고 모든 남성을 군림하는 동물의 여주인이다.

수많은 삽화에서 여신들의 성기, 즉 근원적 자궁이 음부노출처럼 제의적으로 드러나 있다.[137] 인도와 가나에서 같은 것을 확인할 수 있으며, 이집트의 이시스, 그리스의 데메테르와 바우보(Baubo)로 드러나 있다. ≪대지 위에서 잠을 자고 사랑에 빠져 사는≫ 벌거벗은 여신은 태모의 초기 단계의 형태이고, 그 이전 단계는 신석기시대 인간의 무시무시한 괴물적 여성성이 우상시되었다. 그러한 그녀의 속성에 고도로 다산성이 강조된 돼지가 부합하고, 그리고 거기에 혹은 광주리에 풍요의 뿔 같은 여성성의 상징이 부각된다. 엘레우시스의 가장 정점의 신비제의에서는 여신들이 다리를 넓게 벌리고 동물 위에 올라타 앉아있다.[138] [139]

태모의 원시적인 형상인 돼지는 대지의 다산성을 상징할 뿐 아니라, 또한 천상에 투사되어 우주적 형상이 된 것이 아주 초기 단계에서도 발견된다.

---

136) Mereschkowskij, Geheimnis, S. 514
137) Ch. Picard, Die Ephesia von Anatolien, Eranos-Jahrbuch 1938 (vgl. dazu Pietschmann, Geschichte Phöniziens, S. 228
138) Ch. Picard, Die Große Mutter von Kreta bis Eleusis, Eranos-Jahrbuch 1938
139) 아주 그럴싸하게 보이는 것은 쥐가 페니키아인, 또한 가나안 지역, 그밖에 유대인들 주변의 이교도들에 의해 숭배된 것이다. 왜냐하면 그것의 자연적인 강한 생식력 때문이다. 이는 또한 돼지와도 공유하는 다산성의 동물로서, 신성한 것으로 알려져 있다. 프레이저(Frazer) 는 이사야(Jesajah)서(書)에서 유대인들이 비밀스럽게 이교도의 숭배 제의를 끌어들였으므로, 돼지와 쥐들이 숭배되었다고 한다.[139a] 여기서 공공연히 태모신들의 숭배제의가 가나안 지역의 사람들의 제의와 함께했던 것이다. 이에 대해서 카르타고(Karthago) 여신 숭배에서 오른쪽과 왼쪽 손에 쥐들을 표시한 것은,[139b] 그것들이 태모임을 보여준다. 쥐의 부정적 상징의 측면은 태모와 마찬가지로 역병을 옮기는 것으로 알려져 있다. 이는 일리아스, 헤로도토스의 역사, 구약 등에서 묘사되어 있다.
139a) Jes. 66₁₇
139b) Jeremias, A.T.A.O.

암퇘지가 아이들을 잡아먹는 방식으로 별-아이들이 그녀의 입속으로 들어가는 것을 보여준다. 암퇘지로서 천상의 여인에 관한 이교도적 상은 아비도스(Abydos)에 있는 오시리스 신전의 세토스(Sethos) 1세의 가묘에서 발견되는데, 언어학적으로 볼 때 아주 초기의 텍스트로 여겨진다.[140]

누트(Nut), 코레 코스무(Kore Kosmu)처럼[141] 이시스는 《하얀 암퇘지》로 등장하고,[142] 가장 나이가 많은 신(神) 세트, 즉 남자형제는 돼지머리라고 할 수 있는 머리를 갖고 있다.[143] 트로이에서 *쉴리만(Schlieman)*은 별 모양으로 장식된 돼지의 형상과,[144] 또한 돼지로서 표상한 천상의 여인을 발견하였다. 그리고 모성신으로 암퇘지를 숭배하는 수많은 단서들을 발견했다.

그리스와 라틴 문화에서 돼지로서 표시하고 있는 것과 또한 아주 초기의 코우리(Cowry) 조개껍질의 표시에서도 돼지를 표시하는 것으로 보아,[145] 돼지를 여성 생식기와 연결시키는 것은 가장 원시적이고 가장 오래된 것이라고 하겠다. 돼지 등 위에 다리를 넓게 벌려 성기를 노출시킨 채 앉아있는 이시스의 형상은 크레타를 넘어 전방 아시아를 경유하여 그리스에 이르기까지 광범위하게 이어진다. 돼지가 미노스 혹은 제우스-디오니소스를 젖 먹여 기르던 곳인 크레타에 대해서 *파르넬(Farnell)*은 다음과 같이 말한다.

크레타인은 이 동물을 신성하게 여겨서 그 살을 먹지 않는다: 프레소스(Praesos)인은 암퇘지를 희생의 첫 번째 제물로 삼아, 그것으로 비밀제의를 거행하였다.[146]

*루시안(Lucian)*의 시대에 히에라폴리스(Hierapolis)의 시리아인의 경우 돼지가 신성한 존재냐 아니냐를 논의한 사실이 있는데, 이는 잘못 이해된 문화적 타락의 표시에 해당한다. 아마도 아도니스 제의에 속하는 것으로 보이는 비블로스의 엄마돼지 부조상은[147] 그의 신성함을 나타낼 뿐 아니라, 또한 돼지고기를 먹지 않는다는 것을 의미하는데, 이는 아도니스의 죽음의 축일에 돼지를 희생하는 페니키아의 풍습에 의해서도 증명된다. *프레이저는*[148] 아티스, 아도니스, 오시리스의 정체성을 자세히 밝히고

돼지와의 동일성을 증명했다. 돼지고기의 시식이 금지되고, 돼지가 불결한 것으로 설명되는 곳에서, 오히려 돼지의 원래의 신성한 특징을 확인하게 한다. 상징성으로 드러난 다산성 및 성(性)과 돼지와의 연관성은 우리 시대의 표현에서도 성적인 것을 부정적으로 ≪돼지 같은 것들≫이라고 하듯이 잘 드러난다.

케레니는[149] 대지의 ≪자궁의 동물≫인 돼지와 데메테르와 엘레우시스와의 관계에 관하여 언급하였다.[150] 엘레우시스가 주화를 만들도록 하였을 때, 돼지를 비밀제의의 상징으로 선택한 것도 상기해야 할 중요한 단서이다.[151]

아르고스의 성대한 아프로디테 축제는, 여성은 남성으로, 남성은 여성으로, 즉 베일을 쓴 여성으로서 분장하고, 그와 더불어 돼지 희생을 한 후에 히스테리아(Hysteria)라고 불렀다. 이런 아프로디테 축제에 관하여 스미스(Smith)는 다음과 같이 언급한다:

> 이러한 기념제들의 축제에서 아프로디테의 여사제들은 자신들을 광분의 야성적인 상태로 만들었다; 그래서 히스테리아(Hysteria)란 용어는 그러한 망아적 주신제와 결부되어 정서적인 혼란의 상태와 동일시된다... 히스테리아란 말은 아프로디시아(Aphrodisia)라는 의미인데, 이는 여신의 축제에서 동의어이다.[152]

---

140) Kees, Götterglaube, S. 42
140) Kees, Götterglaube, S. 42
141) Kees, Götterglaube, S. 6
142) Metternich Stele, Roeder, Urkunden, S. 90
143) H.R. Hall-Budge, Introductory Guide to the Egyptian Collections in the British Museum (zit. Hall-Budge, Guide)
144) G.E. Smith, The Evolution of the Dragon (zit. Smith, Evolution)
145) Smith, Evolution, S. 216
146) L.R. Farnell, Cults of the Greek States, Vol. I
147) E. Renan, Mission de Phenice, Tafel 31, Pietschmann, Geschichte Phöniziens
148) J. Frazer, Der Goldene Zweig
149) Kerényi, s.o. Anmerkung 71, S. 460f.
  케레니는 그리스 신화를 넘어서는 더 이상 다루지 않음으로써 현상적으로 원형적 특징을 충분히 강조하지 않는다.
150) Jung-Kerényi, 같은 쪽을 참고하라.
151) Smith, Evolution, S. 153
152) J. Hastings, Encyclopaedia of Religion and Ethics, Art. Aphrodisia from W.I. Woodhouse

또한 여기서 아프로디테를 태모로서의 원래적 형상에, ≪성적 흥분 항진 상태 (Aphrodisia mania)≫의 내용도 보태야겠다.

이로써 태모의 원형을 성애나 히스테리아와 연결시킬 수 있을 것이다. 또한 남성과 여성이 서로 교체하는 남녀 양성의 축제는 우로보로스의 상징에 속하는 것으로 히브리스티카(Hybristica)라 불렀음을 강조할 수 있겠다. 부권제적인 희랍주의적 관점에서 우로보로스적 혼합 상태의 거부는 특징적 방식으로 부당한 부성의 간섭, 즉 히브리스(Hybris)로 나타내고 있다.

그래서 돼지는 낳고 수태하는 자궁인 여성의 상징이다. 돼지는 자궁의 동물로서 대지에 속하며, 테스모포리아 축제에서 보면 대지의 구덩이에서 새끼돼지-어린이 희생은 그녀의 다산을 위해 받아들여진다.

삼켜버리는 심연의 상징에는 두려움을 유발하는 자궁, 즉 고르고와 메두사 (Medusa)의 누미노스한 머리들, 수염과 남근을 가진 여성이 속하며, 또한 거미도 무섭게 집어삼키는 여성으로서 여기에 속한다. 열린 자궁은 특히 남근 상징과 연관되어, 우로보로스한 모성의 삼켜버리는 상징이 된다. 수퇘지의 이빨을 가진 메두사의 입은 이러한 특징을 가장 두드러지게 나타내고 있다. 내민 혀는 여성의 남근과의 관계를 폭로하고 있는 것이다. 물어뜯는, 즉 거세하는 자궁은 지옥의 입구로서 나타나고, 메두사의 머리의 뱀들, 성기의 털과 같은 것들도 전혀 개인적인 것이 아니다. 오히려 그것은 우로보로스한 모성인 자궁의 깨물고 위협하는 남근적 두려움의 요소이다. 거미는 이러한 상징의 그룹에 분류된다. 거미는 성교 후에 수컷을 삼켜버릴 뿐 아니라, 남성들을 포획하려고 그물을 펼친 여성성의 상징이기도 하다.

이런 모성의 위험한 특성은 생명의 실을 잣는 원상의 어머니(Urmütter)가 의도하는 대로 이끌리게 되는 직조의 특성으로 강조된다. 운명의 실을 잣는 위대한 여신들인 노르넨(Nornen)은 세계를 실로 자아 생겨나게 하고, 그렇게 태어난 피조물들은 ≪얽혀 있는(verstrickt)≫ 것이다. 그래서 이 그룹은 마침내 마야(Maja)의 베일에, 즉 그녀의 위험한 특성에, 끌려가고 만다. 이에 대해 남성, 여성 할 것 없이 모두가 그것을 ≪본질적이지 않은 가상≫이거나, 위험한 공허라고 하거나, 판도라(Pandora)의 상자라고 비난하는 것이다.

이런 태모의 해로운 특징이 우세한 지역이자, 동시에 그녀의 긍정적이고 창조적인 면이 나란히 나타나는 곳, 말하자면 남근적-남성성으로서, 그녀의 파괴적인 면이 수태하고-생산하는 자궁과 함께 나타나는 곳에는 언제나 우로보로스가 여전히 형상의 배후에서 작용하고 있다. 이러한 모든 경우에 자아의 청소년기 단계는 극복하지 못했을 뿐만 아니라, 아직 무의식에 대항하여 자립할 정도에는 이르지 못했다.

우리는 태모와 소년-연인의 관계를 여러 시기들로 나눌 수 있다.

아주 초기에는, 모성이나 우로보로스적 힘의 심한 강제력에 굴복되어 전적으로 운명에 복종하는 특징이 두드러진다. 이 단계에서 고통과 슬픔은 익명으로 남는다. 그들은 죽어가는 꽃으로 그려지는, 식물성의 젊은 신(神)들이고, 희생되는 아동의 단계와 같다. 이 단계에서 자연 본성의 희망과 경건함, 인간의 희망 등은 전혀 언급하지 않은 채 살게 된다. 여기서 그는 모든 자연이 그렇듯 고유한 활동이나 공로 없이 태모의 은혜 가득한 충만과 권능에 힘입어 다시 태어난다. 여기서 그리스의 비극, 특히 외디푸스에서 보듯이, 우로보로스한 모성과 전능한 운명의 압도하는 힘에 대하여 대항할 수 없는 무력감이 두드러진다. 남성과 의식은 아직 독립적인 것을 갖지 못한다. 여기서 우로보로스적 근친상간은 모권적 소년의 근친상간을 통하여 해결된다. 자아의 해체라고 할 수 있는 죽음의 황홀한 성적 근친상간은 태모로 상징화된 힘에 대해 아직 충분히 저항하지 못하는 청소년기 자아의 징후이다.

투쟁을 하는 자들(Widerstrebenden)이 다음 단계로의 이행을 가져온다. 그들이 갖는 태모에 대한 공포는 첫 번째 징후로 스스로의 강화를 위한 중심화, 자기-형상화, 성장하는 자아의 확립을 가져온다. 소년-아들의 공포는 탈출과 저항의 다양한 형태를 시도하게 한다. 태모의 위세 아래에 있는 첫 번째 도주의 표현은, 여러 번 반복했지만, 아티스, 에스문(Esmun), 바타(Bata)에서 보듯이 자기거세와 자살이다. 여기에서 사랑하지 않으려는 반항의 태도는 그와 같은 부정적 전조에도 불구하고 무서운 모성이 원하는 것, 즉 남근을 바치는 것으로 인도되고 만다. 태모가 보이는 사랑의 요구에서 벗어나려는 젊은이들은 광기와 공포 상태에 이른다. 이 도망치는 젊은이들은 자기거세 행위를 보이던 태모 종교의식의 중심적 상징인 남근에 대한 지속적인 고착을 나타내고 있으나, 이미 부정이 시작된 의식과 저항하고 있는 자아를 그녀에게 바치는 것이다.

이처럼 중심화의 표현으로서 태모로부터 등을 돌리는 것이 나르시스(Narziss), 펜테우스 그리고 히폴리토스(Hippolytos)의 형상에서 분명하게 드러난다. 이 셋 모두는 위대한 여신들의 광포한 사랑의 불꽃에 저항하지만, 그녀나 그녀의 대리자에 의해 처벌당한다. 사랑을 거부하고 자기 자신의 환영에 운명적으로 매혹된 나르시스의 경우에는 오로지 자기 자신에게만 관심을 가짐으로써, 요구하고 삼키려는 대상의 사랑으로부터 멀리한다. 그러나 자기 몸의 강조와 자신에 대한 사랑을 전면에 내세우는 것만으로는 충분하지 않은 것이다. 자기 자신을 의식해가는 자아와 의식의 경향성은 자신을 거울에서 보는 자기의식과 자기반성의 경향성인데, 이는 이 단계에서 반드시 필요한 본질적 특징이다. 인간의 의식은 그 자체의 의식화인데, 이를 위한 자기-형상화와 자기-인식의 발전이 결정적으로 여기에서 시작된다. 인간의 의식은 개인의 소년기 및 사춘기 단계에서처럼 인류의 소년기 및 사춘기에서도 같은 특징으로 드러난다. 이 시기의 현상은 인류에게 부과된 인식의 필수 단계이다. 이 단계에 머문다는 것은 치명적인 상태에 이르는 것이다. 여기서 자기애적이라기보다는, 발전사적으로 태모에 대한 고착에서 벗어나기 위한 방지가 필수적이고, 그에 대한 상징이 중심화로서 드러나는 것이다.

나르시스를 사랑한 님프들은 아프로디테적 힘의 의인화된 형태들이다. 이들을 거부하는 것은 태모에 대한 저항과 같은 것이다. 나중에 다른 곳에서 우리는 의식의 발달을 위해 원형들의 분리가 얼마나 중요한지를 살펴볼 것이다. 그리스 신화들에서 우리는 개별적으로 이런 분리들이 어떻게 진행되는지를 잘 볼 수 있다. 태모의 무서운 측면은 거의 전반적으로 작용하는데, 아프로디테의 사랑스럽고 유혹적인 면 뒤에 그 희미한 흔적을 겨우 찾아볼 수 있다. 아프로디테 자신은 초개인적인 힘을 지닌 모습으로 나타나지 않고 일부는 요정, 인어, 숲의 요정, 나무의 정령의 모습으로, 다른 곳에서는 어머니, 계모, 또는 헬레나(Helena)나 페드라(Phädra) 같은 애인으로 등장한다.

보충적으로 설명하자면 이런 과정이 종교의 발달사에서 언제나 주목할 만큼 충분히 추적되었다고 말할 수는 없다. 우리의 관점은 바로 원형과 그것의 의식에 대한 관련성에서 비롯된 것이다. 역사적으로 예를 들면 원형의 부분적 측면인 요정들은 모성 원형이 역사적으로 숭배되기 전이나 후에도 나타날 수 있다고 하겠다. 역사적으로 요정에 대한 제의가 태모 제의로 밝힐 수 있다면, 구조적으로 그들은 원형의 부분적 측면으로 남아있는 것이며, 그 원형으로부터 심리적으로 분리되어 있음을 나타내는 것이다. 집단무의식에서 모든 원형들은 동시적이면서 서로 나란히 존재한다. 의식의 발달과 더불어 비로소 집단무의식 안에서 등급의 위계가 이루어지게 된다.[153]

자신의 환영에 반한 나르시스 또한 바로 태모인 아프로디테의 희생물이다. 그는 그녀의 죽음의 법칙에 굴복한다. 그의 자아 체제는 태모가 주도하는 사랑, 본능적인 힘인 무서운 충동적 강제력에 의해 침입당하고 해체된다. 죽음으로 이끄는 유혹에 자신의 상(像)을 지키려 하는 것은 그녀를 더욱 교활하게 만드는 것이다.

펜테우스도 해방하려는 영웅적 행동을 성공적으로 이룩하지 못했지만 저항하는 자의 계열에 속한다. 심지어 그의 저항은 바코스(Bakchos) 디오니소스에 해당하는 것이지만, 그의 운명과 죄가 보여주듯이, 그의 진정한 적은 바로 태모의 무서운 형상이다. 디오니소스가 태모의 망아적 제의의 범위에 속한다거나, 아들-연인들인 오시리스, 아도니스, 탐무즈에 속한다는 것은 잘 알려져 있다. 디오니소스의 어머니인 세멜레의 형상에 대한 문제점과 의미의 전도를 여기서 다루지는 않겠다. *바흐펜*은 디오니소스를 태모에 귀속시켰는데, 현대의 연구는 이를 증명하고 있다.

> 디오니소스는 곡식 담는 통에 담겨져 있는 젖먹이 혹은 동자로서 델피 신전에서 숭배
> 되었다. 그 숭배는 대지의 어머니인 달의 여신 세멜레(Semele)와 함께하는 대지의 제
> 의이다. 디오니소스는 트라키아(Thrakien) 출신으로 소아시아에서 정착했으며, 그곳
> 의 마그나-마테르(Magna-Mater) 숭배제의와 병합되었다. 그래서 거기에 제의가 잘
> 보존되어졌다… 그것은 그리스 이전의 종교인 원상의 숭배제의인 것이다.[154]

영웅적이고 이성을 뽐내는 펜테우스 왕은 자신의 어머니와 디오니소스의 가까운 친척

---

**153)** 제 2부와 비교하라.
**154)** C.A. Bernoulli, in Bachofen, Reclam Ⅱ, S. 274

에게도 망아적 제의를 멀리하도록 강제하지만, 그 자신이 디오니소스의 망아적 광란에 압도당하고 만다. 펜테우스는 모든 태모의 희생자들의 운명을 겪었고 그는 미치게 되었고, 여인의 복장을 하고 망아적 제의에 나타났다. 그곳에서 그의 어머니는 그를 미쳐 날뛰는 사자로 간주하고 갈가리 찢어 조각내어 버린다. 그리고 그녀는 피가 흐르는 그의 머리를 승리의 표시로 집에 가지고 가는데, 이는 원래 시체의 산산조각 내기에 뒤따르는 거세의 행동의 잔재이다. 이렇게 어머니는 그의 의식성을 허락하지 않고, 마침내는 태모의 형상에 이르고, 아들은 자아의 저항에도 불구하고 그녀의 아들-연인이 되고 만다. 광기, 여장하기, 동물로 변하기, 갈가리 조각내기, 거세는 모두 원형적 숙명으로 완수된다; 펜테우스는 소나무에 몸을 숨김으로써 디오니소스 아티스가 되고, 그의 어머니는 마그나-마테르(Magna-Mater)가 된다.

히폴리토스의 형상은 펜테우스나 나르시스와 나란히 놓을 수 있다. 그는 아르테미스(Artemis)에 대한 사랑, 자기 자신에 대한 순결성과 사랑 때문에, 자신의 계모인 페드라의 사랑을 경멸하고, 아프로디테를 경멸한다. 그는 아버지의 요구에 따른 포세이돈(Poseidon)의 동원으로 자신의 말들에 의해 죽음으로 내몰린다.

히폴리토스가 아마존 여왕인 자신의 어머니에 대한 사랑과 아리아드네의 자매인 계모 사이에 놓여 있으면서, 아르테미스에 대해서는 우호적이지만, 페드라에게는 저항하는 것을 보게 되는데, 새삼 그 갈등을 다루지는 않겠다. 다만 주제에 필요한 만큼만 히폴리토스 신화의 분석을 간략하게 시도할 것이다. *에우리피데스(Euripides)*의 극(劇)에서는 이미 이차적 인격화가 이루어져 있어서, 대부분의 신화는 개인 인격으로 구체화가 되어 개인적인 운명이 되어버렸다. 그럼에도 아직도 그 근원으로 돌아가 해석해 볼 수 있을 정도의 사실들이 드러나 있다.

멸시당한 아프로디테와 멸시당한 계모 페드라는 동류이다. 그들은 사랑하는 아들을 유혹하고, 아들은 이를 저항하기 때문에 죽이려는 태모들이다. 히폴리토스는 처녀 아르테미스와 연결되지만, 아르테미스는 원래적 의미의 처녀-모성이 아니고, 아테네와 같이 그의 ≪여자 친구≫, 즉 여성적 정신의 형상에 해당한다.

히폴리토스 자신은 태모에 저항하는 결정적 단계에 있고, 자주성과 독립성을 쟁취하려는 젊은이로서 이제 막 시작하려는 자신을 의식화한다. 이런 특성은 태모의 유혹

및 그녀의 남근적이고 망아적 성적 특성을 거절한 사실로 보면 분명해진다. 그의 순결성은 성교의 거절보다 훨씬 더 큰 의미가 있다. 이는 ≪저급한≫ 남근적 남성성에 반하는 ≪상급의≫ 남성성이라고 부르는 자기 의식화의 의미를 갖기 때문이다. 주관적인 단계에서 보면, *바호펜*이 대지적(chthonisch)이라 부른데 반해, ≪태양성(solar)≫이라고 한 남성성의 의식화인 것이다. 보다 상급의 남성성은 빛, 태양, 눈, 그리고 의식성에 속하는 것이다.

히폴리토스의 아르테미스에 대한 사랑과 자연의 순결성에 대한 사랑은, ≪도덕적 우월감≫과 ≪자기숭배≫로서[155] 자신의 아버지에 의해 부정적으로 특징지어진다. 히폴리토스는 소년동맹에 소속되어 있다. 소년동맹의 특성은 모두가 함께 속하는 통일성이다. 이는 남성 우정을 통한 남성성의 강화와 남성적 의식의 발달을 위한 것이고 또한 정신적 여성적 누이의 대두가 있게 된다. 이때의 동성애는 나중에 고찰할 것이다. 그러나 히폴리토스에서 보이는 소년의 반항적 태도는 비극적 파멸로 이끌게 된다. 개인적으로 본다면, 이것은 아프로디테가 복수를 하는 것이었다. 계모의 비방을 아버지 테세우스가 믿고서 아들 히폴리토스를 저주하게 된다. 자동적으로 포세이돈은 테세우스에게 약속한 소망을 들어주어야만 했기 때문에, 히폴리토스를 죽여야만 했다. 이처럼 의미도 없고, 우리의 감정에 호소해 보더라도 전혀 비극적이지 않은 아프로디테의 음모론에 관한 이야기는, 심리학적으로 해석될 때 완전히 다른 내용이 된다.

외디푸스가 그의 어머니와의 영웅적 근친상간에 대한 태도만큼이나 히폴리토스는 어머니에 대한 저항적 위치를 내세울 수 없었다. 사랑의 광기 같은 태모의 힘, 즉 아프로디테의 힘은 그의 의식적 저항과 자아의 저항보다 더 강하다. 그는 자신의 말들에 의해서 질질 끌려다녔다. 다시 말하자면 오히려 그는 자신이 정복한 것으로 여겼던 충동적 세계에 굴복한 형태가 되어버린 것이다. 말들, 특히 암말들은 아프로디테의 의지를 완수하여 그를 죽음에 이르게 한다. 태모가 신화 속에서 어떤 식으로 그녀의 복수

---

155) Euripides, Hippolytos V, 1064 und 1080, Griech. Trag. I, übersetzt Wilamowitz-Moellendorff

를 실행하는지 안다면, 그 복수의 적합한 배경을 이해할 수 있을 것이다. 아티스, 에스문, 바타에서 보듯이 자기훼손과 자살, 나르시스에서 보듯이 자기 자신에만 관계함으로써 파멸시키는 것, 악테온(Aktäon)과 다른 많은 젊은이들처럼 동물로 변하여 갈기갈기 찢겨지는 것, 등은 모두 같은 것에 속한다. 그리고 아이손(Aithon)이 걱정으로 타버려 병들게 되는 것과 다프니스(Daphnis)는 아프로디테가 보낸 소녀를 사랑하지 않았기 때문에 영원히 멈출 수 없는 그리움으로 결국 죽게 되는 것, 히폴리토스의 죽음과 광기, 사랑, 징벌로서 질질 끌려다니게 된 것들은 모두가 태모의 복수, 심연의 힘이 결국 자신만만한 자아를 능가하는 것을 다루고 있다.

비록 기술적으로는 간접적이라 할지라도 포세이돈 역시 사랑스러움 뒤에 위대하고도 무서운 모성, 아프로디테의 손 안에 있는 도구이다. 히폴리토스의 말들을 미치게 만들어서 주인을 질질 끌고 가게 만드는 무시무시한 황소는 포세이돈이 바다에서 보낸 것이었다. 여기서 다시 한 번 태모의 동반자로서 대지와 심해의 지배자가 갖는 남근적 형상과 마주친다. 아프로디테는 히폴리토스가 자신의 성장하고 있는 자아의식으로 그녀를 ≪경멸하고≫, ≪천계의 신들 중에서 가장 천하다≫고 선언했기 때문에 복수를 도모한다.[156] 이미 이러한 전개는 길가메쉬가 이쉬타르에 대해 퍼붓는 불평에서도 볼 수 있었다. 그러나 부정적인 영웅상인 히폴리토스와는 대조적으로, 길가메쉬는 훨씬 더 강력하게 발달된 남성성을 가진 진정한 영웅이다. 히폴리토스가 의식으로는 그녀에게 반항하고 부정했더라도 무의식적으로 연결되어 있었던 것에 반하여, 길가메쉬는 그의 친구 엔기두(Engidu)의 지지에 힘입어 태모로부터 완벽하게 분리된 영웅의 삶을 살게 된다.

한 개인으로서 자신의 고유한 의식에 이르게 되는 소년은, 그렇게 개인이 되는 한, 개인적 운명을 맞이하기 시작한다. 그리고 태모는 소년을 죽게 할 만큼 아주 치명적이고 불성실한 모성이 된다. 그녀는 언제나 자신을 사랑하여 기꺼이 몰락할 또 다른 소년을 선택한다. 이런 식으로 그녀는 ≪매춘부≫가 된다. 이 신성한 매춘부는 다산성을 가져오는 자, 바로 태모인 것이다. 그러나 그녀는 소년을 위해서 부정적 여성성, 변덕스러운 매춘부가 되었다. 여기서부터 여성성의 가치가 부정적으로 전도되기 시작한다. 이런 부정적 전환은 서양 종교의 부권체제에서 극단적으로 나아가게 만들었다. 자기 의식화의 전진과 남성성의 강화로 인하여 태모의 심상은 뒤로 물러나게 되고, 의식 내에서는 오로지 선한 모성의 형상만이 포함시키게 된다. 부권체제에서는 모성상이 완전히 둘로 나뉘어져 그녀의 끔찍한 측면은 무의식 속으로 편입된다.[157]

태모 형상의 분리와 관련시켜 더 발전되면, 이제 태모는 죽이지 않는 모습이 되어, 적대적인 동물들, 예를 들어 수퇘지나 곰 같은 끔찍한 동물들 옆에 탄식하는 선한 모성의 형상으로 자리를 잡는다. *바호펜*은 바로 그 곰이 모성 상징이라는 것을 증명했다.[158] 그는 곰과 키벨레와의 동일성을 강조했다. 오늘날 우리가 알고 있듯이 모성 상징으로서의 곰은 유럽과 마찬가지로 아시아와 아메리카에서도 증명될 수 있는 인류의 원형적 자산에 속한다는 것이다.[159] *바호펜*은 곰이 나중에 사자로 대체되는 것은 모성숭배 제의가 부성숭배와 관계한다는 사실로 다루었다.[160] *빈클러(Winckler)*도[161] 그 순환을 점성학적으로 ≪큰곰자리≫에서 태양신의 하강이 있고, 그 태양신이 ≪수퇘지≫로 나타나는 것으로 설명하였다. 천체의 상들은 심혼적 상의 투사이기 때문에 우리는 여기 신화학에서도 똑같은 연계 관계를 찾을 수 있다. 그러므로 더 나중의 작업들에서 태모의 상은 동물로서 부정적으로 그려지고, 인간의 형상을 가지는 부분은 긍정적으로 그려진다.

아티스는 크레타의 제우스와 마찬가지로 수퇘지에 의해서 죽임을 당하는데, 이는 거세 모티브의 변형이다. 아티스 제의에서 돼지고기 섭취의 금지는 태모의 돼지 형상

---

**156)** Euripides, 전게서, V. 13
**157)** 의식적이고 선한 모성과 무의식적이고 악한 모성으로 위대한 모성을 분리하는 것이 신경증 심리학의 기본 현상이다. 신경증 환자의 의식에는 모성과의 ≪좋은 관계≫가 내포되어 있다. 그러나 이런 사랑의 후추가 든 과자집에는 무섭게 집어삼키는 마녀가 숨어 있는 것이다. 그 마녀는 아이에게 상금으로 수동적 무책임성과 자아 없는 현존재를 보증하게 된다. 분석은 상대적 형상, 즉 형상은 두려움을 일으키고, 금지와 위협과 징계를 하면서 성애를 금지시키는 무서운 모성을 폭로하게 된다. 이때 무서운 모성의 상은 수음으로 이끌거나, 상징적인 성교불능증, 자기거세, 자살 등으로 몰고 간다. 무서운 모성의 이러한 상이 무의식적으로 머물러 있거나 투사되는지 여부는 두 경우에 보면 성교의 표상을 통하여 여성적인 것과 연결하거나, 거세불안 상태에 있게 되는 것으로 드러나게 된다.
**158)** J.J. Bachofen, Der Bär
**159)** K. Breysig, Urgeschichte der Menschheit, I, Die Völker ewiger Urzeit
**160)** L. Frobenius, Kulturgeschichte Afrikas
**161)** H. Winckler, Himmels- und Weltbild der Babylonier

과 관련되어 있다. 질투에 찬 부성신이 보낸 수퇘지를 아버지로서 해석하는 것은 보다 후기에 생긴 묘사이다. 죽어가는 소년신(神)의 단계에서 아버지는 어떠한 역할도 없다. 사실 소년신은 그 사실을 모르지만 여기서의 아버지는 또 다른 형상으로 등장한 그 자신이다. 부성적 생산자는 아직 아들에게 대상화되지 못한다. 모성적 우로보로스의 지배는 여전히 태모의 무서운 형상에 따르는 것으로, 나중에 부성으로 주어지는 《남성적》특징들이 여기서는 태모의 우로보로스적 본성의 일부로 특징지어진다. 그라엔(Grajen)의 이빨, 및 운명의 여신과 마녀들이 가지고 있는, 이미 언급된 남성적 특성들이 여기서 다시 명명되어야 하겠다. 이는 수염과 남근처럼 그녀들의 자웅동체적인 본성들을 의미하는데, 그녀는 새끼를 낳는 자로서는 암퇘지이고, 죽이는 자로서는 수퇘지이다.

태모신화의 영역에서 남성 살인자의 등장은 아주 발전적 진보의 표현이다. 자립성의 일부분은 바로 소년 아들의 형상을 의미한다. 당분간은 수퇘지가 우로보로스에 속하지만, 결국에 그것이 소년 형상의 일부분이 된다. 신화에서 그것은 자기거세로 드러나는 자기파괴와의 등가물이다. 죽이는 남성은 아직 부성적 특징을 갖지 않고, 단지 자기희생으로 자기 자신에게 저항하는 파괴적 성향의 상징이 된다. 이런 분열은 적대적인 쌍둥이 형제의 모티브, 자기분열의 원형적 모티브로 드러나게 된다. *프레이저(Frazer)와 제레미아스(Jeremias)는*[162] 영웅과 영웅을 죽이는 동물이 자주 서로 동일시된다는 사실에 대한 어떠한 상응하는 설명도 하지 않고 풍부한 자료를 제시했다.

서로 적대적인 쌍둥이 형제의 모티브는 태모의 상징 영역에 속한다. 그것은 남성이 그 자신을 나누어 파괴적으로 죽이려는 요소와 긍정적으로 생산하려는 요소로 서로 떼어놓음으로써 자기의식에 이르는 것으로 드러난다.

투쟁자들은 자아와 의식을 무의식, 태모로부터 분리해내기 시작한다. 그러나 아직은 원상의 부모와의 분리와 영웅의 승리에 찬 투쟁으로까지 밀고 나아갈 정도로 자아의 강화가 충분히 이루어지지 않았다. 우리가 강조해왔듯이 이런 중심화는 처음에는 부정적으로 공포와 도주, 거부, 저항이라는 외형으로 나타난다. 그러나 자아의 이런 부정성은 영웅에게서 그러했던 것처럼, 아직은 그 대상인 태모에 대항하는 것이 아니라, 자아 자신에 대하여 적용함으로써 자기파괴, 자기훼손, 자살로서 나타난다.

나르시스에서 자아는 자기 자신을 비추는 반성을 함으로써 무의식의 힘으로부터 자유롭게 되려 하나, 몰락을 가져오는 자기애에 이르고 만다. 나르시스의 익사에 의한 자살과 같은 죽음은 의식, 즉 자아의 침몰인데, 이런 죽음은 현대에도 *바이닝거(Weininger)*와 *자이델(Seidel)*에 의해 자살하는 젊은이의 형상이 부각되어 있다. *자이델의 책 〈비운의 의식(Bewusstsein als Verhängnis)〉과*, 바이닝거의 여성을 혐오하는 정신적 수행도, 태모와 관련된 소년-연인의 두드러진 특징을 갖고 있다. 그들은 태모의 형상에 죽음에 이르도록 매혹되었고, 또한 저항하는 투쟁자들이지만, 그런 저항에도 소용없이 그녀의 원형적인 운명을 완수하게 된다.

저항하는 소년-연인의 원형적 상황은 현대의 신경증 환자들의 자살 심리학에서 중요한 역할을 할 뿐 아니라, 또한 원형적으로 투쟁자들을 대표하게 되는 사춘기의 심리학에서도 쉽게 확인할 수 있다. 등장하는 부정성과 자기부정, 세계의 아픔 그리고 이 시기에 거듭되는 자살 경향은 모두 여기에 속하고, 마찬가지로 매혹은 - 홀리게 하고 위험에 빠뜨리게 하는 - 여성으로부터 비롯된다. 이 시기의 입문의식이 표시하고 있듯이, 영웅의 성공적인 싸움이 사춘기를 마무리하게 된다. 사춘기에 자살로 끝내는 젊은이들은 한없이 침몰하면서 저항을 하는 자들로서 이런 싸움의 위험에 밑바닥까지 추락하는 젊은이 집단이다. 이들은 이행에 이르지 못하고, 사춘기 입문의 위험에 - 이는 오늘날에도 여전히 무의식적으로 일어나고 있다 - 굴복하고 만다. 그럼에도 그들이 겪는 자기파괴와 비극적 자기분열은 말할 것도 없이 영웅적이다. 그 투쟁자들은 부정적으로 굴복하고 마는 영웅의 형상들이다. 그녀의 파괴적 성향을 대행하는 남성적 살해자는 자아가 그것을 알지는 못하지만 여전히 태모의 도구이다. 아도니스를 죽이는 수퇘지는 자연히 고르고의 수퇘지의 앞니가 되어버린다. 그러나 그 자신을 해치는 자아는 죽어가는 소년-연인의 비극적 복종보다 더 적극적이고 독립적이고 개인적이다.

---

**162)** A. Jeremias, Handbuch der Altorientalischen Geisteskultur, S. 265 (zit. Jeremias, Handbuch)

남성과 여성을 모두 나타내는 우로보로스적 태모로부터 남성적 적대자로 따로 떨어져 나옴으로써, 그래서 선한 모성과 파괴적인 남성적 동반자로 나누어짐으로써, 이미 의식이 약간의 분화를 하게 된 것이고, 원형의 나누기도 시작된다. 이러한 분리와 남성의 쌍둥이 형제의 대립적 등장은, 우로보로스의 최종적 분할로, 세계 부모와의 분리로, 그리고 자아의식의 자기정립으로 이끄는 노정으로 가는 중요한 단계이다.

다시 한 번 이 사건의 신화적 원상을 제시하고자 한다. 세트-오시리스의 대립에서 나타난 쌍둥이 모티브가 이집트 신화의 결정적인 요소인 것처럼, 바알(Baal)-모트(Mot), 라샾(Rashap)-샬만(Shalman)의 대립이 나타나는 가나안 신화학에서도 똑같이 결정적인 역할을 한다.[163] 또한 테나흐와 유대적 미드라쉬의 야곱(Jakob)-에사우(Esau) 대립에서도 이것의 개인화된 변형을 찾아볼 수 있다.

흥미롭게도 이러한 상징 그룹의 심상적 표현이 실제적으로 존재하는 것에 대해 알브라이트(*Albright*)는 다음과 같이 언급하고 있다.

> 바이트 샤안(βeit Shaan: B.C. 12세기경 팔레스타인에 있었던 제의)은 부조에서 극히 인상적인 장면을 보여준다: 벗은 여신이 팔에 두 마리의 비둘기를 쥐고 다리를 벌린 채로 앉아서 성기를 드러내고 있다; 그녀의 아래에는 두 남성신이 서로 팔이 묶인 채로 몸부림치고 있고(?) 그들 중 한 명의 발에 비둘기가 앉아있다; 뱀이 그들을 향해 밑에서부터 기어오고 한 쪽에서는 사자가 다가오고 있다.[164]

이런 뱀과 사자가 보이는 대립은 마치 삶과 죽음의 대립으로 나타나고, 훨씬 나중에 등장한 미트라스(Mithras)교에서도 같은 의미를 담고 있다. 여기서 부권적으로 변형된 종교 형태, 즉 황소 희생의 종교적 심상에서 보면, 황소에서 밤과 낮, 천국과 대지를 상징하는 두 동물, 즉 뱀과 사자로 변형된 것을 발견하게 된다. 그 형상 전체는 하나는 높게, 나머지 하나는 낮게 햇불을 들고 있는, 즉 삶과 죽음을 나타내는 소년들이 특징이다. 원래 대립을 포함하고 있는 태모의 자궁은 여기서 상징적으로 재탄생을 보증하는 연금술사의 항아리(Krater)로서 두 동물을 나누어 보존하고 있는 것이다. 여성적 신성의 형상은 미트라스교와 같은 남성적 종교에서는 직접적 등장이 더 이상 용납되지 않았다.

심혼의 원상으로서 신화학에 투사되어 등장하는 원형들이 여전히 무의식에서 작용하고 있다는 것을 여기서 묘사할 수는 없겠다. 그러나 우리는 단지 수천 년 전에 베스샤안(Beth Shaan)의 원상이 가진 의미를 현대의 작가인 *로버트 루이스 스티븐슨(R. Stevenson)*의 작품에서 볼 수 있다는 것을 지적하고 싶다. 쌍둥이 형제 오시리스와 세트의 신화적인 투쟁을 현대적, 개인적 형식으로 재생한 그의 소설 ≪지킬박사와 하이드≫에서, 지킬박사는 그의 일기에서 아주 특징적인 것을 기술하고 있다. 이 부분이 전체 이야기의 모티브를 형성한다:

> 이 조화롭지 않은 다발들이 함께 얽혀 있는 것이 인류의 저주이다. 이는 고통받는 의식의 자궁에서[165] 이 양극단을 차지한 쌍둥이 형제들은 끊임없이 서로 투쟁을 해야 한다. 도대체 그들이 어떻게 분리되었는가.

심리학적으로 지금까지 진행되어온 내용의 의식화는 마침내 무의식에서 생(生)의 충동과 사(死)의 충동으로 서로 대립한다고 설정하고 추적하였던 프로이트의 정신분석학에서 찾아볼 수 있다. 그리고 그 문제는 또한 융의 분석심리학에서 대극의 원리로 다루어진다. 심혼의 이와 같은 원형은: 즉 태모의 자궁 안에 삶과 죽음의 대립으로서 자리하고 있는 두 쌍둥이 형제에 대해 그림, 신화, 회화적 이미지, 소설, 심리학적 개념 등으로 다양하게 나타난다.

남성성의 발달을 위하여 위와 같이 둘로 나누어지기와 쌍둥이의 의미는 ≪무서운≫ 부성에 대하여 ≪무서운 남성≫이 대립한다는 사실을 구체화하는 자리에서,[166] 전체적으로 설명하게 될 것이다.[167] 여기서 다만 우리는 남성적인 것이 태모의 우세한 힘

---

163) Albright, Archeology, S. 79
164) Albright, Stone Age, S. 178
165) 말하자면 무의식에서 그렇다는 것이다.
166) 217쪽을 참고하라.
167) Lord Raglan, Jocaste's Crime

에 대해서 뿐 아니라, 또한 적대적 남성에 대해서도 대립하여 있음을 밝히면서, 비로소 자기방어가 처음으로 가능하게 되었다고 지적하려는 것이다.

이러한 심리적인 발달은 신화들의 배경을 형성하는 원래의 다산제의에서 일어난 변화에 상응한다. 이런 제의의 시작에는 풍요를 의미하는 소년 왕이 해마다 살해되고 그 시신은 갈가리 찢겨 들판에 뿌려지지만 그의 생식기는 미이라로 보존되어 그 다음 해의 풍요를 보증한다. 이때 대지의 여신의 여성 대리자 또한 희생되었는지 하는 것은 의문스럽다. 그러나 처음에 그녀는 아마도 같이 희생되었을 것이다. 그러나 모성신의 지배의 발전과 더불어 그녀의 대리자인 여왕, 즉 대지의 지배자는 매년 풍요를 의미하는 소년 왕과 새롭게 결혼하기 위해 살아남았다. 더 후기에는 그 희생은 투쟁으로 대치된 것처럼 보인다. 매해의 왕은 자신의 위치를 강화하고 다음을 위해 대기하고 있는 왕과의 싸움에서 이겨 자신의 목숨을 지키도록 허락받았다. 다음의 왕이 이기면 그는 지나간 해로서 희생이 되었다. 만약 그가 이긴다면 대항한 자가 그를 대신하여 죽었다. 나중에 모권체제에서 부권체제로 바뀜으로써 재생의 의식은 매년 축하되거나, 또는 정해진 기간을 두고 집행되게 되면서 왕은 살아남게 되었다. 왜냐하면 축제에서 자리를 대신할 인간이나, 더 나중에는 동물 희생이 되거나, ≪제드의 세움≫이라는 이집트 식의 내용이 됨으로써, 왕의 죽음은 불필요하게 되었다. 같은 방식으로 원래 여왕-여신에서 일어났던 사실들도 같은 발달을 겪을 수밖에 없게 된다.

이 발달의 마지막 단계는 남성적으로 더 강력하게 된 의식이 무의식의 우로보로스와 대결을 하는 것인데, 부권체제는 단순히 용기(容器, Gefäß)가 되는 여성을 제외시키는 발달 단계에 이른다. 그래서 비로소 남성이 스스로를 생산하고(낳고) 그 자신의 재탄생의 근원이 된다는 사실을 알게 될 것이다.

이제 남성 옆에 모성의 위대한 재탄생의 힘, 창조적인 마술이 포함되어 있는 단계는 다음으로 이행을 하게 된다. 그녀는 전체적이고 새롭게 만들고, 부서진 조각들을 통합시켜서 썩어가는 것을 새로운 형태가 되도록 생명을 주어 죽음을 극복하게 한다. 그러나 남성적 개인 인격의 핵은 모성적-여성적 재탄생의 힘에 의해 영향을 받지 않은 채로 포함되어 남아있다. 그는 죽지 않고 자신이 조만간에 다시 태어날 것에 대해 감지하거나 알고 있다. 그것은 마치 유대인 전설의 ≪작은 루스(Lus) 뼈다귀≫라고 하는 것처럼, 죽음에 의하여도 결코 파괴되지 않고 남은 작은 것을 다시 살릴 수 있는 힘이 있음을 의미한다. 물 안의 소금이 녹는 것처럼 태아 단계의 자아가 분해되는 곳에서 있었던 우로보로스적 근친상간의 죽음과는 대조적으로 강화된 자아는 이제 죽음 너머의 삶으로 나아가 스스로 자리를 잡는다. 비록 이제 멀어지긴 하였어도 자아의 현존적 삶이 모성에 의해 주어졌듯이, 모성적인 것은 수수께끼 같은 방식으로 자아의 핵 요소를 통하여 삶에 계속 작용한다. 리그 베다 경전의 찬송 중 하나가 그와 같은 의미에서 다음과 같이 표현하고 있다.

> 어머니 대지 속으로 기어 들어가라.
> 넓고 여유 있고 가장 신성한 속으로 기어 들어가라.
> 경건한 자에게 대지는 모직처럼 부드럽나니
> 그녀는 너의 계속되는 여행을 지켜주리라.
> 너를 스스로 드높여라. 폭넓게, 아래로 누르지 말라.
> 경건한 자에게 쉽게 접근하게 그래서 쉽게 허용되게,
> 어머니가 아들을 옷의 끝자락으로 다루듯이
> 너는 그를 덮으라, 오! 대지여.[168]

죽음은 끝이 아니고 이행하는 것이다. 그것은 휴지의 기간이다. 그러나 또한 모성이 지켜주는 보호의 장소이기도 하다. 죽어가는 자아는 다시 ≪되돌아가려≫ 할 것이나, 더 이상 존재하지 않는다는 것을 발견할 때 기뻐하지 않는다. 그 자신의 삶의 의지가 죽음을 넘어서게 하고, 죽음을 통과하여 계속되는 여행으로, 그래서 새로운 세계로 나아간다.

발달의 측면에서 보면, 죽음이 운명적으로 정해진 끝이 아니고, 개인성의 허무함이

---

**168)** Rigveda, X. 18₄₅, Geldner, Rlg.-Heft 9, S. 70

삶의 유일한 한 측면이 아니듯이, 태모에 대한 소년-연인의 관계는 더 이상 이루어질 수 없게 된다. 남성적인 것은 이제 강해져서 그 자신의 의식성에 이르게 되었다. 자아와 의식은 더 이상 전지전능한 무의식인 모성적 우로보로스에 의존하지 않고, 실제로 독립적이 되었고, 홀로 설 수 있는 크기를 갖게 되었다.[169]

의식 발달의 더 계속되는 단계는 다음과 같은 이름을 붙이게 된다.

*원상의 부모와의 분리*

*혹은*

*대극의 원리*

---

169) 미국의 신화자료들에 관한 연구를 하려면 특별 연구로 설정되어야 할 것이다.

# III
## 원상적 부모와의 분리
## 혹은
## 대극의 원리

### 마오리 부족의 창조신화

우리를 뒤덮고 있는 하늘과 우리를 받치는 대지는 인류를 생산한 자들이고, 그들은 모든 사물들의 근원이다.

그 이전에는 대지에 하늘이 뒤덮고 있어서 모든 것은 암흑이었고, 그들은 결코 서로 떨어진 적이 없었다; 그들이 낳은 아이들은 어두움과 빛, 밤과 빛 사이에 어떤 차이가 있을 수 있는지를 줄곧 찾고 있었다; 사람들의 수가 엄청나게 늘어나게 되었지만, 암흑기는 계속되었다.

이 시기에 대해 회상은 나타내기를: 〈밤이 계속되는 동안에는〉, 〈최초에 밤이, 첫 번째에서 열 번째에 이르기까지, 열 번째에서 백 번째에 이르기까지, 백 번째에서 천 번째에 이르기까지〉, 그 어두움은 경계도 없고 아직 빛이 존재하지 않았다.

그래서 천상인 랑기(Rangi)와 대지인 파파(Papa)의 아들들은 서로 조언을 구하였고 마침내 말하기를: 〈천상과 대지를 없애거나 서로 갈라놓을 방법을 찾자.〉 투마타우엔가(Tumatauenga)가 그때 말하기를: 〈그 둘을 없애버리도록 하자.〉 그에 대해 타네(Tane)-마후타(Mahuta)가 말하기를: 〈그렇게 해서는 안 되고, 그 둘을 서로 떼어내도록 하자. 따로 떼어내어 하나를 높이 올려서 낯선 존재가 되게 하고, 나머지 하나는 밑에 머물게 하여 우리의 어머니가 되도록 하자.〉 그렇게 천상과 대지의 아들들은 그들의 부모를 서로 갈라놓기로 결정하였다; 타우히리(Tawhiri)-마테아(Matea)만이 부모를 동정하였다. 다섯 아이들은 그들을 떼어놓기로 결정하였고, 단지 한 아이만 동정했던 것이다.

그렇게 그들은 부모를 제거함으로써 인간의 수를 늘이고 번영하도록 애썼다. 이런 사실에 대한 회상은 다음과 같이 말한다: 〈밤이다! 밤! 낮이다! 낮! 구하기, 빛! 빛을 향하여 힘껏 나아가기!〉

우선 롱고(Rongo)-마타나(Matana)가 천상을 대지와 떼어내려고 높이 들어 올렸으나, 성공하지 못했다. 그래서 하우미아(Haumia)-티키티키(Tikitiki)가 힘을 써보았으나 역시 소용이 없었다. 그래서 강가로아(Gangaroa)가 부모를 서로 떼어놓으려고 했으나 그것도 역시 되지 않았다. 투마타우엔가가 시도하였으나 그의 노력은 마찬가지로 소용이 없었다.

마침내 타네(Tane)-말리우타(Maliuta), 즉 숲의 신이 천상과 대지의 신을 상대로 싸우려고 들어 올렸다. 그의 팔은 너무 약하다는 것이 드러났고, 그래서 그의 머리는 아래로 수그러졌으나, 그는 위를 향해 발로 들어 올려 그들을 서로 찢어놓았다. 그러자 천상은 아프다고 신음소리를 내었고 대지는 소리를 질렀다. 〈너는 무엇 때문에 이렇게 죽이려 하느냐? 왜 그렇게 중죄를 지으려고 하느냐? 왜 우리를 갈라놓으려 하느냐?〉 하지만 타네는 멈추지 않았다. 그들의 울음과 신음에 주목하지 않고, 하나는 위로 올려 보내고, 나머지 하나는 아래로 밀어 내렸다; 이 때문에 사람들이 말하길: 〈타네가 밀어 붙여서 땅에서 하늘을 분리해냈다.〉 그가 그것을 해냈다. 마침내 밤이 낮과 분리가 된 것이다. [170]

이 마오리(Maori) 부족의 창조신화는 우로보로스의 지배에 뒤따르는 인간 의식의 발전 단계에서 나타나는 모든 요소들을 포함하고 있다. 원상적 부모와의 분리, 즉 단일체에서 대극의 분리, 하늘과 땅, 위와 아래, 낮과 밤, 빛과 어둠의 생성은 - 그것은 끔찍한 범죄와 죄악인 행위이지만 - 다른 많은 신화들에서 그렇듯, 모든 것에서 각각 분리되어 개별적 특성이 드러나는데, 여기서는 하나의 통일체로 형상화되어 있다.

이런 원상적 부모와의 분리에 대해서, *프레이저*는 다음과 같이 언급하였다:

제 1 부 ● 의식 발달의 신화적 단계들

원시시대 사람들의 일반적인 믿음은 하늘과 땅이 원래 함께 붙어 있었다는 것이다. 하늘은 땅 위에 평범하게 누워있거나 아주 조금 위쪽에 있었으므로 사이에는 사람들이 직립해서 걸어 다닐 공간이 없었다는 것이다. 그와 같은 신념이 우세한 곳에서는, 현재와 같이 하늘이 대지 위로 상승해 있는 것은 종종 신이나 영웅의 능력 덕분이며, 그들이 창공을 밀어 올려서 드높게 만들어 계속 위에 머물게 했다고 믿는 것이다.[171]

계속적인 자료에서 *프레이저*는 원상적 부성의 거세를 세계 부모의 분리로 해석한다. 이 점에서 천상과 대지가 ≪두 어머니≫로 알려져 있는 가장 오래된 우로보로스적 상황에 대한 것임을 알게 된다.

　몇 번이고 되풀이해서 살펴보는 기본적 상징인, 빛은 창조신화의 중심에 자리잡고 있다. 의식과 계몽된 상태의 상징인 이 빛은 모든 민족의 우주적 창조신화에서 다루는 가장 위대한 대상이다.

　거의 모든 민족과 모든 종교의 창조설화에서 묘사되는 창조의 과정은 빛이 되려고 하는 것과 함께한다.[172]

마오리 부족의 문헌에서 다음과 같이 표현하고 있다: ≪밤이다! 밤! 낮이다! 낮! 구하기, 빛! 빛을 향하여 힘껏 나아가기!≫

　인간은 의식의 빛 속에서 비로소 인식한다. 그리고 이런 인식의 행위, 의식적 구분의 행위는 세상을 대극으로 나누는데, 세상의 경험은 대극을 통해서만 가능하기 때문이다. 신화에 등장하는 상징성을 제시하는데 다시 한 번 강조하자면, 그것은 인류의 발전 단계의 이해를 가져올 수 있게 하는 것이지, 어떤 것에 대한 철학이나 관점을 의

---

**170)** A. Bastian, Die heilige Sage der Polynesier, in Eckart von Sydow, Kunst und Religion der Naturvölker
**171)** J. Frazer, The Worship of Nature, I, S. 26f.
**172)** Cassirer, Philosophie

미하는 것이 아니다. 심혼적 배경인 심연에서 예술작품이나 꿈이 감각적으로 느낄 수 있게 드러나서, 이해할 수 있는 해석자에게 자신의 의미를 넘겨주지만, 그것은 종종 예술가와 꿈꾸는 이에게는 전혀 이해되지 못하고 마는 것과 같다. 마찬가지로 비록 당시의 인류는 신화를 전적으로 다른 것으로 경험하고 전달할지라도, 인류의 신화적 표현은 인류 속에서 일어나는 심혼적 과정이 진행되는 것을 미숙하게나마 사실 그대로 공표한 것이다. 우리는 제의, 즉 행위의 진행이 공식적 보고로서 항상 신화에 선행한다는 것을 알고 있다. 행동은 앎이나 인식에 앞서 있으므로, 무의식적 행위도 말한 내용 이전에 나타나는 것이 분명하다. 따라서 우리의 공식은 현상들을 요약하면서 생긴 개념들이다. — 그렇지 않다면 우리는 앞서 제시한 다양한 자료에 충실하게 머물면서 수많은 형상화를 두루 살펴볼 필요가 없었다 — 그러나 원시 인류의 진술은 의식적으로 이루어졌던 것이 아니다. 그러나 인류의 발달 과정을 지시하는 심상이 갖는 주도성을 인식한다면, 도처에 이런 발달 선상에 있는 주요 지대에는 그에 상응하는 변형이나 주변의 가지들을 확인할 수 있다.

의식은 해방이기는 하나, 우로보로스적 근원인 용의 휘감기에서 자유로워지려는 인류의 노력에 관한 묘사로 이루어진 가석방(Parole)이다. 일단 자아가 자신을 중심으로 정하고, 자아의식으로서 자신의 힘으로 자리를 잡게 됨으로써, 근원적 상황은 확실하게 폐지된다. 우로보로스적 무의식의 지배를 받는 상태인 신비적 참여에 대비되는 상태를 생생히 그려낼 수 있게 된다면, 비로소 자아를 가지고 깨어 있는 개인 인격의 자기 동일시가 실제로 무엇을 의미하는지 이해할 수 있다. 그래서 아주 진부하게 보이는 ≪나는 나다(Ich bin Ich)≫라는 표현, 즉 의식의 기초가 되는 문장으로 알려져 있는 논리학의 동일성 문장은 실제로는 위대한 행위를 의미한다. 자아의 설정과 자아를 가진 개인 인격의 자기 동일시 행위는 — 그러나 그 동일시는 나중에 그릇된 것으로 판명되겠지만 — 비로소 지남력을 가진 의식의 실현가능성을 갖는다. 이와 같은 맥락에서 다시 우파니샤드의 다음 구절을 인용해보자:

태초에 이 세상에는 오로지 아트만(Atman)이 있었는데, 그것은 사람의 형태였다. 그
는 주위를 둘러보았다: 그때 그는 그 자신만이 존재한다는 것을 알았다. 그는 처음으로

소리를 내었다: 〈내가 바로 그것이다.〉 이로부터 나(das Ich)라는 이름이 생겨났다.[173]

우리가 앞서 보았던 바와 같이, 우로보로스에 존재하고 있어서 여전히 신비적 참여의 존재 상태라면, 세상과 그 자신, 그리고 자신과 세상을 관련시킬 수 있는 자아 중심이 아직 생성되지 않았다는 것을 의미한다. 그것은 인간이 동시에 이것이기도 하고 저것이기도 하고, 그의 변환의 능력이 보편적이라는 것을 의미한다. 그는 자기집단의 부분이며 ≪붉은 앵무새(roter Kakadu)≫[174]이고, 동시에 육화된 조상신인 것이다. 말하자면 내면에 있는 모든 것은 외부의 것이며, 매번 일어나는 ≪착상≫은 외부에서 오거나 혹은 영혼이나 마법사 또는 ≪박사 새(Doktorvogel)≫에서 비롯된 명령과 같은 것이다. 하지만 또한, 외부에 있는 모든 것은 내면의 것이다. 사냥감인 동물과 사냥꾼의 의지 사이에는 마술적이고 신비한 관계가 존재하게 된다. 그것은 무기가 가열(흥분)되면 상처는 악화되듯이, 상처의 치유와 상처를 낸 무기 사이에 존재하는 것도 바로 그런 것이다. 이와 같은 구분이 안 되는 것은 자아를 약하고 무방비한 상태로 만들며, 다시 이전으로 되돌아가 신비적 참여 상태를 강화시킨다. 그러므로 처음에는 모든 것이 이중적이고, 이중의 의미를 가지고 있고, 우로보로스의 남성과 여성, 선과 악이 함께 하는 것으로 묘사되었던 것처럼, 구분되어 있지 않고 서로 혼합되어 있다. 우로보로스에서의 이러한 존재는 무의식 및 자연과 매우 내밀하게 연결되어 있다는 것을 의미한다. 무의식과 자연 사이에 인간을 통해 진행되는 연속체가 그 자체 순환하는 삶의 흐름으로 존재한다. 인간은 무의식에서 세상으로 그리고 세상에서 다시 무의식으로 흐르는 순환 속에 사로잡혀 있다. 변화무쌍한 충동과 발현이 이리저리로 끌고 가기 때문에, 인간은 삶에 대해 알지 못한 채로 노출되어 여러 리듬에 끌려가게 된다. 자아의 인

---

[173] Brihadâranyaka Upanishad, Deußen, Upanishads, S. 392
[174] 인간과 짐승 간에 이루어지는 신비적 참여의 잘 알려진 예는 ≪das K. von den Steinen≫으로 제시되었다.[174a]
[174a] K.v.d. Steinen, Unter den Naturvölkern Zentral-Brasiliens

출, 원상적 부모와의 분리, 근원인 용의 분해는 인간을 비로소 아들로서 자유롭게 하여 의식에 이르게 되고, 자아를 세운 개인 인격으로 태어나게 한다.

인류의 근원적 세계상에는 세상의 통일성이 포함되어 있었다. 우로보로스는 모든 것 속에 살아있었다. 모든 것은 의미를 담고 있거나, 필요하다면 언제나 그렇게 될 수 있다. 이러한 세계의 연속체에는 놀라움을 자극하고, 마나(Mana)로 채워진 내용으로 인상깊게 하는 능력을 통해, 언제나 어떤 방식으로든 그것이 살아있음이 드러나도록 만든다. 그러나 이러한 인상지음의 능력은 보편적이다. 말하자면 세상의 모든 부분은 때에 이르면 인상을 남길 수 있다는 것이다. 모든 것은 그 자체로 ≪신성하게≫ 되거나, 더 정확하게 말하자면 놀랄 가치가 있는 것이므로, 그것은 언제나 마나로 채워진 것임을 보여줄 가능성이 있다.

세상은 오직 빛의 출현으로 시작되는데, 빛은 다른 모든 대극들 중의 기본 상징으로서, 우선 천상과 대지라는 대립을 형성한다. 마오리 부족 신화에서 표현된 것과 같이, ≪경계 없는 암흑≫이 지배한다. 태양이 떠오르는 것, 혹은 이집트인들이 명명하듯이, 창공의 생성과 더불어, 그것은 위와 아래로 나누어지고, 인류의 낮이 시작되고, 세계의 공간은 그 모든 내용을 드러내게 된다.

빛의 창조 및 태양의 탄생으로 표현되는 창조는 자아 및 인간과 밀접한 관계가 있으며, 원상의 부모와의 분리와 관계있고, 우리가 좀 더 자세히 다루겠지만, 또한 분리를 시도하는 자에게 생긴 긍정적인 그리고 부정적인 결과와도 관련되어 있다.

그러나 이와 관계없이 또한 창조를 우주적 현상으로, 세계의 발달 단계 자체로서 볼 수도 있다. 하지만 이제 우리가 인용할 우파니샤드에서 제시된 묘사들을 보면, 그것의 전개도 움직임 속에서 이루어진다는 사실이 확인된다. 그런 내용을 다음의 문헌에서는 그리 강조하지 않고 제시되어 있다:

1. 태양은 브라흐마이다 – 그래서 가르침이 있다. 여기에 다음과 같은 설명이 있다. 태초에 이 세상은 존재하지 않는 것이었다. 이 비(非)존재는 존재가 되었다. 존재가 생겨난 것이다. 그것은 하나의 알로 발전하였다. 그 자리에 놓여진 채로 1년이 지났다. 그것은 그 자체로 나뉘었다; 그것은 두 개의 알껍질이었는데, 한 부분은 은으로, 다른 부분

은 금으로 이루어져 있었다.

    2. 은으로 된 것은 대지이고, 금으로 된 것은 천상이다. …

    3. 이때에 태어난 것은 저 편의 태양이다. 태양이 생성되었을 때, 떠들썩한 환호가 있었으며, 모든 존재와 모든 소망들이 생겨났다. 그런 까닭에 태양이 뜨고 질 때마다, 환호성과 만세 소리가 있으며, 모든 존재와 모든 소망들이 생겨난다.[175]

*카시러*는 충분한 근거 자료를 통해, 어떻게 빛과 어둠 사이의 대비가 모든 민족들의 정신적 세계를 결정하고 형상화했는지를 설명했다. 빛과 어둠의 대비에서 근원적으로 신성한 공간과 신성한 세계의 질서가 ≪개관을 하게≫ 된 것이다.[176] 인류의 신학, 종교, 그리고 제의뿐만 아니라, 그로부터 나중에 발전하게 된 법률과 경제적인 질서, 국가의 형성, 그리고 소유의 개념과, 그의 상징성에 이르기까지 세속적인 삶의 형상화도 이 구별과 경계설정의 행위에서 유래된 것인데, 이런 것들이 빛을 가능하게 했다.

    세계상, 도시의 상(像), 사원의 설계, 로마군의 야영지, 기독교 교회의 공간적 상징은 모두 공간의 근원적 신화에 상응하는 것이다. 그것은 빛과 어둠의 대비에서 비롯되어 계속 진행되는, 대립적 편성에 따라 세계를 나누고, 질서정연하게 배열한 것이다.

    이집트 신화의 기술에 따르면, 대기의 신(神) 슈(Shu)가 천상과 대지를 서로 떼어놓고 그 사이에 들어감으로써 비로소 공간이 생겨나게 되었다. 그가 빛의 공간을 형성하도록 개입한 결과로 비로소 위에는 천상이, 아래에는 대지가, 그리고 앞·뒤, 좌·우가 존재하게 되었다. 다시 말하면 이런 공간적 편성은 자아와 관련되어 이루어진다.

    공간을 구성하는 모든 요소는 원래 추상적이지 않으며, 오히려 몸에 대한 마술적인 귀속감을 갖는 것이다. 그래서 그것들은 신비적 감정의 특징을 가지고 있으면서, 신(神)들, 색상, 의미, 암시와 관련되어 있다.[177] 의식의 점진적 발전과 더불어 사물과

---

175) Chandogya Upanishad, Deußen, Upanishads, S. 115
176) Cassirer, Philosophie, Bd. II
177) Th. Danzel, Magie und Geheimwissenschaft u. a.

장소의 추상화한 편성과 인출이 이루어지지만, 원래 사물과 장소는 하나의 연속체로 함께 속해 있으면서 끊임없이 변화하는 자아와 유동적으로 관련되어 있다. 이와 같은 초기 상태에서는 나와 너, 안과 밖, 또는 인간과 사물 사이의 구별이 없고, 마찬가지로 사람과 동물들, 사람과 사람, 사람과 세계 사이도 서로 구분하지 못한다. 여기에서는 모든 것이 서로 참여하고 있어서, 꿈의 세계처럼 무의식의 세계에서 서로 나누어지지 않고 중복되어 있는 상태로 있다. 상징, 심상들, 성향으로 이루어진 무의식적 조직에서 이런 초기의 근원적 상황의 모상이 마구 혼합된 형태로 근원적 현존재를 표방하는데, 이는 여전히 우리 안에도 그렇게 살아있다.

세계의 공간 뿐 아니라 시간과 시간의 흐름도 신화적 공간의 심상에 따라 정해졌다. 시기의 변환에 대한 단락들을 갖게 된 원시인들의 삶의 단계적 배정에서 시작하여, 현대 심리학에서 ≪삶의 시기를 다루는 심리학≫에 이르기까지, 빛과 어둠의 대립쌍에서 비로소 빛의 경과에 따라 형상을 만드는, 즉 의식을 가능하게 만들고 삶을 파악하게 만드는 지남력이 제공되는 것이다. 그러므로 실제로 모든 문화에서, 세계를 넷으로 나누고 낮과 밤을 대비하는 것은 매우 중요한 역할을 한다. 빛, 의식, 그리고 문화는 원상의 부모에서 분리함으로써 가능해지기 때문에, 초기의 우로보로스 용은 종종 혼돈의 용으로 나타난다. 의식의 정돈된 빛과 낮 세계의 관점에서 보면 자신이 있기 전에 존재했던 모든 것은 밤, 어둠, 혼돈, 토후(Tohu)-와우후(Wawohu)이다. 인류의 외부의 문화발전 뿐 아니라, 내적인 발전도 빛의 출현과 원상의 부모로부터 분리와 더불어 시작된다. 낮과 밤, 앞과 뒤, 위와 아래, 내부와 외부, 나와 너, 남성과 여성은 이 대극의 발달에서 분명하게 되고 근원적 혼합 상태에서 분화되고, 또한 성과 속, 선과 악 같은 대립쌍들로 인하여 세상에서 어떠한 위치가 할당된다.

우로보로스 내에서 자아의 핵의 근원적 편성이 이루어질 정도면, 사회적으로 어떤 상태에 이르게 된 것이다. 이 상태에서는 ≪집단적 표상들≫이 우세하고 집단과 집단의식이 지배적이다. 이런 상태에서 아직 자아는 인식적이지 않으며, 도덕적, 의지적이지도 않고 개별-자아로서 자율적이지 않으며, 오히려 자아는 집단의 부분으로서 기능하고, 더 우위의 힘을 가진 집단만이 실제적으로 주체이다.

자아가 해방되면서 ≪아들≫로서 자아는 스스로를 정립하고, 원상의 부모와 분리하여 다양한 수준에 이르게 된다.

의식 발달의 초기에는 모든 것이 서로 혼합되어 얽혀 있었는데, ≪원상적 부모와 분리≫와 같은 원형적 변환의 상황들로 인하여 항상 다양한 행동수준, 작용수준, 가치수준에 따른 분류와 분화가 일격에 드러날 수 있게 되었다. 이런 내용은 그리 간단하게 묘사될 수 있는 것이 아니다.

자아 의식화라는 원초적 사실을 나타내고, 구분할 수 있게 하는 소위 ≪다르게 되기 (Anders-Sein)≫의 경험이야말로 세상을 주체와 객체로 나누게 만든다; 즉 시·공간에 대한 방향감은 선사시대의 암흑 상태에서 어디엔가 실존하는 인류의 존재로 분리해내서 그의 초기 역사를 형성하게 된 것이다.

자연의 결합 상태 뿐 아니라, 자연의 융합 상태에서 벗어나 해방시키는 것, 그리고 집단적 융합 상태에서도 빠져나오게 되며, 동시에 자아는 자신의 본성으로부터의 독립을 몸으로부터의 독립으로서 배열하기 시작한다. 이전에는 융합 상태에 있으나 이제 자아는 타자로서 경험되는 비(非)자아와 대조를 이룰 수 있게 된다. 나중에 자아와 의식이 어떻게 몸에 대립하면서 자신의 고유성을 경험하는가에 대해 다시 다룰 것이다. 이 사실은 또한 자연과 대립하여 정신과 정신의 자기발견이 근본적 소여성에 속하는 것임을 의미한다. 초기의 인간에게는 젖먹이 및 어린아이와 같이 몸과 내면은 낯선 세계에 속하는 것이다. 자발적인 근육 운동의 획득, 즉 자아가 진정한 의미에서 ≪자신의 몸≫으로 경험하는 것, 자아의식의 의지력이 몸을 지배할 수 있다는 사실은 모든 마법의 근본이 되는, 기본적 경험이 될 수 있다. 자아는 머리, 대뇌피질에 자신의 자리를 잡고, 아래, 즉 몸은 자신에게 낯선 것, 작용하고 있는 낯선 세계로 경험하나 점진적으로 아래의 것, 육체적인 세계의 본질적인 부분이 그의 의지력과 결단력에 예속된다는 것을 인식하기 시작한다. 자아는 이제 소위 생각의 전능함이 실제적이자 직접 작용하는 사실이 되므로 손을 앞에 두고 발을 아래로 하여 내가 하고자 하는 것을 실행할 수 있다는 것을 발견한다. 이와 같은 자명한 사실은 틀림없이 모든 유아기의 자아-핵에 기초한 완전히 초기 경험을 형성하고 있으며, 그것이 의문의 여지없이 모두에게 이루어진다는 각인된 사실이 가려지지 않아야만 할 것이다. 만약 과학기술이 ≪낯선 세계의 지배≫를 위한 수단으로 ≪도구≫를 갖는 것으로 이해한다면, 그 도구는 겨우 불수의적 근육조직의 연장밖에 되지 않는다. 이는 자연과 세계를 지배하고자 하는 인간의 의지가 근육조직을 자율적으로 조절할 수 있다는 경험을 통하여 몸을 지배하려는, 자아의 잠재력에 대한 경험의 확장이나 투사에 불과한 것이 되고 만다.

앞서 말했던 바와 같이, 몸에 대해 자아가 대립적으로 정립하고 있다는 것은 아주 근원적 사실이다. 자아가 우로보로스에 포함되어 있음은, 자아에 대하여 고려하고 있음이며, 그것이 신체의 단계에 관계하는 한, 자아와 의식이 처음부터 끊임없이 본능, 충동, 감각, 그리고 몸의 세계에서 비롯된 반응들에 좌우된다는 것을 의미한다. 처음에는 이런 자아가 하나의 점으로 시작해서 나중에는 하나의 섬을 이루는 존재이긴 하나, 처음에는 자신에 대해 아는 것이 전혀 없으며, 또한 자신의 상이함에 대해서도 알지 못한다. 자아가 점점 더 강해짐에 따라, 자아는 몸의 세계에서 자신을 점점 더 분리시킨다. 이는 결과적으로 자아의식의 체제화 상태에 이르게 한다. 이 상태에서 전체 몸의 영역은 대부분 무의식적이고, 의식체제는 무의식적 과정의 전형이라고 할 수 있는 몸에서 분리된다. 이러한 분리의 상태는 실제적으로 힘을 발휘할 만큼 효과적이지 않으나, 자아에게는 몸과 무의식의 영역이 엄청난 노력을 기울여야만 재발견될 수 있을 정도로 간격이 생겨버린 환영적 실제성이 되어버린다. 이는 요가에서 보듯이 의식과 무의식적 신체 경과를 연결시키려는 것과 같은 것이다. 이런 발전이 지나치게 첨예화되면, 병에 이르기도 하겠지만, 그 자체로 의미가 있다.

초기에 자아의식의 영역과 심혼적 정신적 영역은 몸과 더불어 서로 떼어낼 수 없는 통일체로 결합되어 있었다. 충동과 의지의 영역은 본능과 의식 영역만큼 서로 떼어낼 수 없는 것이다. 현대인의 경우에서도 이런 사실을 확인할 수 있다. 심층심리학은 문화의 발달 과정에서 이 영역을 서로 구분하는 성과를 올렸다고 하지만, 우리가 문화라고 부르는 것이 오히려 대립들 간의 긴장을 만들었을 뿐, 결국은 그런 구분이 대부분 착각이라는 사실을 발견하게 된다. 충동의 작용은 자아가 자신의 결단과 의지 영역을 조정하는 행위의 배후에 있으며, 훨씬 더 심하게는 의식의 태도와 의식의 지남력 이면에는 언제나 본능과 원형이 자리잡고 있다. 현대인에게는 어떤 경우든 어느 정도 의지력과 의식의 지남력이 작용할 가능성이 있는데 반하여, 원시인과 아동의 심리는 이런 영역들의 혼합으로 특징지을 수 있다. 의지력의 표명, 기분, 정서, 충동, 그리고 신체적 반응들은 구분없이 합쳐져 있다. 마찬가지로 정동의 원래적 양가적 상태도 함께 하는데, 이 정동은 나중에 대립적 입장으로 해결된다. 사랑과 미움, 기쁨과 슬픔, 쾌와 불쾌, 매력과 혐오, 승낙과 거절은 처음에는 서로 혼합되어 있다가, 나중에서야 대립적인 것으로 드러나지만, 처음에는 전혀 대립적인 특성을 갖지 않는다.

이미 언급했듯이 심층심리학은 오늘날에도 대립쌍이 그들의 성공적 분리를 확인하기보다는 서로 가까이에 속하듯 있으며, 더 긴밀하게 연결되어 있다는 것을 발견하였다. 신경증 환자뿐만 아니라 정상인에서도 양극은 서로 양립하기 힘들다고 하나, 우리가 생각하고 있는 것보다 훨씬 더 쉽게 유쾌함은 고통으로, 미움은 사랑으로, 슬픔에서 기쁨으로 바뀐다는 것을 확인하게 된다. 이는 아동에게서 가장 분명하게 볼 수 있다. 웃다가 울고, 시작하다가는 멈추고, 좋다고 하다가 금방 싫어하는 등 서로 바뀌고 만다. 고정되어 있는 입장이나 대극의 견고한 대립이 존재하는 것이 아니라, 그 두 가지는 평화롭게 양립하며 서로 밀접하게 연결되어 있듯이 연속적으로 나타난다. 모든 면에서 안팎으로 함께 영향력이 미치고 있다: 환경, 자아, 그리고 내면의 세계, 객관적인 경향, 의식, 그리고 신체적 성향이 동시에 작용한다. 이러는 동안 자아는 거의 없거나 아주 작지만, 질서를 잡고, 중심을 잡고, 받아들이기도 하고 거절도 하는 것이다.

여기에 남성과 여성이라는 대극의 쌍도 함께 한다. 인간의 근원적 자웅동체 성향도 아동에게는 여전히 보존되어 있다. 일찍이 성(性)의 분화를 가시적으로 유도하고 방해하는 환경적 영향만 없다면, 아동들은 그저 아동들일 뿐이고, 남성적-능동적 특성이 여아에게 유력하게 나타나고, 마찬가지로 남아에게 여성적-수동적 특성이 나타날 수 있다. 문화발전의 경향은 성적 특성의 분화를 하도록 아동의 초기 양육을 좌우하여, 자아가 같은 성의 개인 인격적 경향을 동일시하도록 하고, 반대 성의 본성적 특징을 억제하거나 억압하게 한다.[178]

원시인과 아동에게 있어서 내부와 외부의 분리는 선악의 구분과 마찬가지로 완전하

---

178) 제 2부와 비교하라.

지 않다. 그들에게 상상의 친구는 사물과 같이 실제적이면서 동시에 비실제적이고, 또한 꿈속의 심상은 외부의 실제성만큼이나 실제적이다. 그들에게 ≪영혼의 실제성≫이 지배적인데, 이런 실제성의 반영은 예술과 민담에서 마술적으로 유희하는 변화 능력처럼 나타난다. 여기서는 각자는 여전히 각자의 것일 수 있다. 그래서 소위 외부에 있는 실제성은 내부에 그만큼의 강한 실제성이 있음을 잊지 않게 해준다.

아동의 세계는 전적으로 이 법칙들에 의해 지배되고 있는데 반해서, 고대인들의 세계에서는 이런 의미에서 자신의 실제성의 어느 특정 부분만 아동과 같고 나머지는 원래의 상태로 남아 있었다. 그 밖에 세계의 실제성도 함께하고 있다. 거기에서 인간은 합리적이고 실용적으로 자신의 환경을 지배하고 조직화하며 정교하게 작업한다. 말하자면 문화를 갖게 되는 것으로, 이는 현대인에게서 더 고양된 형태로 드러난다.

초기에는 선과 악 사이의 구분이 존재하지 않았다. 인간과 세계는 아직 순수한 것과 순수하지 않은 것, 선과 악으로 나누어지지 않았고, 약간의 위력적 영향력이 있는 것, 마나를 갖고 있는 것, 금기시되어 있는 것, 전혀 작용하지 않는 것 사이를 구분하는 정도였다. 하지만 여기서 작용한다는 것은 선과 악을 넘어서 ≪강조된≫ 것이다. 작용하는 것은 무엇이든지 위력이 있는 것이므로, 그것은 흑일 수도 백일 수도 있고, 두 가지 모두일 수도 있으며, 동시에 또는 번갈아 나타날 수도 있는 것이다. 고대인의 의식은 아동의 의식과 차이가 없다. 좋은 마술사와 나쁜 마술사가 있지만, 그들의 작용범위가 행위의 선악보다 훨씬 더 중요한 것으로 보인다. 우리로서는 도저히 이해가 안 될 것이지만, 믿음의 강도가 바로 그것의 현존을 나타내는 것이 된다. 이 단계에서는 악으로 보이는 것이 선과 같은 정도로 수용되고 향유되는데, 심하게는 오늘날 우리가 보기에 도덕적인 세계 질서로서 경험하고 인정하는 것과는 아무런 상관도 없는 것이 행해질 수 있다.

근원적 우로보로스적인 통일체에서는 수많은 상징의 층들과 삶의 층들이 서로 밀접하게 결부되어 있다가 분리 단계에서 비로소 구분이 생겨서 모습을 드러낸다. 이는 발달사적으로 볼 때 초기의 구조, 즉 영유아기 구조의 다면적 가치에 대한 융의 관점을 의미하는 것이다. 보다 후기 단계에서는 다양한 상징의 층들이 초기의 혼합적 단계에서 벗어나서 자아와 맞서게 된다. 세계와 자연, 무의식과 신체, 집단과 가족은 다양한 관계체제인데, 그것은 자아와 구분되는 독립된 부분들로서 이제 서로 간에 작동하는 다양한 효과를 발휘한다. 그래서 그것은 자아와 더불어 작용하는 다양한 작용체제를 형성한다. 하지만 이러한 내세우기와 대립적 설정은 ≪원상의 부모의 분리 단계≫에서 일어나는 사실적 상황의 한 부분일 뿐이다.

우로보로스에서 청소년기로의 이행은 두려움과 죽을 것 같은 느낌의 출현이라는 특징으로 기술되는데, 이는 아직 완전한 세력을 갖지 못한 자아가 우로보로스를 위험하다는 것과 지나친 강제력을 가진 것으로 경험하기 때문이다. 이와 같은 정서적 상태의 변화는 의식 발달의 모든 단계에서 강조되어야만 한다. 이는 주로 공명하는 감정으로 남아있으므로 이 정서적 요소의 의미는 더 논의되어야 할 것이다.

청소년기에서, 이미 보았듯이, 수동성에서 능동성으로의 변화가 처음에는 저항, 도전, 자기분열 형태를 취하는데, 이 단계에서 자기파괴로 이어지는 것을 살펴보았다. 아들의 단계에서는 원상의 부모와 분리하고, 이 단계에 상응하는 용과의 싸움 단계에 이르는데, 이때에 내용의 변화뿐만 아니라 정서도 변화된 단계에 이른다.

원상의 부모를 분리하려는 자아의 활동은 행위, 싸움 그리고 창조가 되며, 나중의 논의에서 살펴보겠지만, 용과의 싸움이 전면에 등장하게 된다. 이것이 위험을 극복하고자 하는 결의를 이끌어내면서 인격의 결정적인 변화를 가져온다.

그러나 행위의 다른 측면에서는 그것이 죄, 즉 원죄나 타락으로 경험된다는 사실을 우선 세심하게 다루어야 하겠다. 하지만 그전에 먼저 우리는 감정적 상황을 논의해야 할 것이다. 빛, 세상, 의식의 창조로서 등장하는 행위에는 고통과 불쾌의 특징이 수반된다는 것을 이해해야 한다. 여기서 겪는 고통은 창조에서 얻은 것과 맞바꿀 수 없을 정도로 강한 것이다.

세계 창조를 하면서 대립물을 구분하는 자아의 영웅적 활동성은 우로보로스적 세력에서 빠져나와 단일 존재로서 그리고 분리되었음을 경험하는 상태에 있는 자아가 된다. 자아의 출현과 더불어 낙원 상태는 끝이 난다; 즉, 더 큰 것이 감싸고 있으면서 삶을 조절하고 있었던, 그리고 그 감싸고 있는 것에 모든 것을 위임하고 있었던 유아기 상황이 종료된다. 종교의 측면에서 이 낙원 상태를 생각해 보면, 모든 것은 신에 의해 조절되었다고 말할 수 있을 것이다. 혹은 그것을 윤리적으로 설명해 보자면, 모든 것은 여전히 선이고 악은 아직 세상에 나타나지 않았었다고 말할 수 있다. 어떤 신화들은 황금시대의 ≪용이함(Mühelosigkeit)≫을 강조하는데, 이 시대에는 자연이 모든 것을 선사하고, 노동, 고통, 그리고 아픔은 아직 존재하지 않았다고 한다. 또 어떤 신화들은 ≪영원한 삶≫, 즉 존재의 불사를 강조한다.

이런 모든 초기 단계에 공통적인 요인은 심리학적으로 우리에게 의식과 무의식 세계라는 구분이 아직 없는 전(前)자아 단계에 대해 표명을 하고 있는 것이다. 이런 정도로 이 단계의 모든 것은 전(前)개인적이며, 집단적이다. 외롭다는 현존재적 느낌도 아직 없다. 그 느낌은 자아와 더불어 생기는 것이며, 그 느낌은 특히 자신의 현존재를 의식하는 자아와 관계하는 것이다.

자아와 의식의 현존으로 인하여 외로움뿐만 아니라, 자아에 의해 지각되는 삶에서의 고통, 노동, 어려움, 악, 병, 그리고 죽음이 등장하게 된다. 외로움을 느끼는 자아는 자기 자신의 존재를 발견하는 것과 동시에 부정적인 것을 감지하고, 그것과의 관계에서 자아가 되려는 것을 죄로 인식하고 고통, 질병, 죽음을 벌로 인식하게 된다. 원시인의 현존적 느낌은 부정적 영향력에 의해 부정적으로 채워져 있으며, 동시에 자신에게 마주치는 모든 것이 부정적인 것이어서 죄가 있다는 의식으로 채워진다. 이는 원시인에게는 긍정적으로 대답할 어떤 우연적 기회도 주어지지 않기 때문이며, 더구나 부정적인 모든 것은 무의식적 위반, 즉 금기의 위반에서 비롯되기 때문이다. 여기서 원시인들의 세계관(Weltanschauung), 즉 세계의 표상은 이런 관계들로 이루어져 있는데, 이는 주로 정서적으로 채색되어 있다. 말하자면 그것은 자아와 의식의 형성에 의해 방해를 받은 삶의 느낌에 기초하고 있다. 자아의식이 더 두드러지고 자신에 대해 설정하면 할수록, 이것으로 인해 근원적 우로보로스적 삶의 느낌이 저지된다. 자아가 자신의 왜소함과 무력함을 느끼면 느낄수록 지배하고 있는 동반자에게 힘을 위탁하려 할 것이다. 하지만 릴케(Rilke)가 이야기했던 것처럼, 그러한 몽롱함, 즉 동물적 개방성은 이제 잃어버린 것이 된다.

하지만 깨어 있는 따뜻한 짐승의 내면에도
엄청난 침울한 마음의 무게와 걱정이 있다.

자주 우리를 압도하는 기억이

짐승에게도 또한 달라붙기 때문이다.

마치 우리가 이루기 위해 노력하는 목표가

한때는 더 가까이 그리고 더 믿음직하게 있었고

그 관계도 끝없이 부드러웠다.

이곳에서는 모든 것이 멀리 있고,

그곳에서 그것은 호흡이었다.

첫 번째 고향을 떠나왔으므로, 두 번째 고향은

그에서 남녀 혼성적이고, 바람도 드세다.

오오 작은 피조물의 지복함이여!

그것을 잉태했던 자궁 안에 언제나 머물러 있으니;

모기의 행복이여,

혼례를 하는 날에도 자궁 안에서 뛰어노는구나,

자궁이 모든 것이므로.[179]

그러나 이제 그것이 자아가 되려는 것에 해당한다:

이것을 운명이라 한다: 이 마주보고 있는 존재

그리고 언제나 대립 상태에 놓여 있는 바로 그것이다.

이 마주보는 존재이자 더 이상 자궁 안에 들어 있지 않은 존재는 자아가 스스로 고립되어 있고 혼자임을 경험하는 것을 의미하며, 그것을 경험하는 곳에서는 언제나 의식의 어두운 예감이 되어 뒤흔들게 한다.

---

[179] R.M. Rilke, Duineser Elegien Ⅷ

세계에 대립해 있다는 것은 인간에게는 특징적인 것으로, 그의 고통이자 그의 특별함이다. 왜냐하면 처음에 잃어버린 줄 알았던 것이 나중에 긍정적인 것이 되기 때문이다. 하지만 그 뿐만이 아니다. 더 높은 단계에서 인간, 오로지 인간만이 ≪관계적 존재≫라는 본질적 특징을 획득하는데, 인간은 한 개인으로서 ≪관계에 이르는데, 그 대상은 인간, 사물, 세계, 심혼 또는 신(神)이다.≫ 그러면서 그는 더 상위의 그리고 질적으로 다른 종류의 통일체의 부분이 된다. 이 통일체는 더 이상 우로보로스에 포함되어 있는 전(前)자아적 통일체가 아니라 자아, 더 정확하게 말하자면, 개인의 전체성인 자기가 손상되지 않은 채로 보존되는 결합체이다. 하지만 이 새로운 통일체는 원상의 부모와 분리되어 세계 속에서 자아의식의 정립이 되어 있는 상태이므로, 이는 본질적으로 ≪대립하고 서 있음≫에 기초하고 있다.

유대교의 미드라쉬(Midrasch)에서 말하는 것과 같이, 원상적 부모의 분리로 인해 비로소 세계가 둘로 분리되었다. 즉 대립을 형성하였다. 이러한 분리는 자아가 중심이 되는 인격의 의식적 부분과 인격의 보다 더 크고 무의식적인 부분으로 나누는 아주 근본적 구분에서 비롯된다. 이 분리와 분할은 또한 양가성 원리로 변화하는 기초이기도 하다. 원래 대극은 어려움 없이, 또한 서로에 대한 배제 없이 나란히 작용할 수 있었지만, 이제 의식과 무의식 사이에 대극의 형성 및 발달과 정교함으로 인해 서로 대립적으로 나누어진 것이다. 다시 말하면, 어떤 사랑받는 대상이 동시에 미움을 받을 수 ≪없게≫ 된 것이다. 자아와 의식은 대극의 한쪽 면에 원칙적으로 동일시를 하게 되고, 다른 부분은 무의식에 남겨두어서 처음에는 등장이 저지되고, 그 다음에는 의식적으로 그것을 억제하다가, 마침내는 완전히 억압하고 만다. 말하자면 의식이 이런 과정을 의식하지 못하도록 의식에서 그것을 제외시켜 버린다. 비로소 심층심리학적 분석이 무의식에서 보이는 의식의 위치에 대한 대립적 입장을 발견한다. 하지만 자아가 전(前)심층심리학적 단계에서 무의식의 대립적 측면을 인식하지 못하는 한, 그것은 감지하지 못하는 다른 측면으로 남아있게 된다. 이로써 그의 세계상, 세계의 전체성 및 온전함(Vollständigkeit)을 잃어버리게 된다.

이와 같은 전체성의 상실과 세상에서 무의식적으로 완전히 파묻혀버린 상태는 근원적 상실감으로서 경험된다. 이는 인간적인 자아가 되려는 초기에 있는 박탈, 빼앗김에 대한 원상적 현상이다.

우리는 이 근원적 상실을 근원적 거세(Urkastration)라고 부를 수 있다. 하지만 이는 모권적 단계의 거세와 대조적으로, 전혀 성적으로 관계하는 것이 아니다. 여기서 분리, 상실 그리고 잘려나가게 됨은 개인적 차원에서 예를 들면 어머니의 몸에서 떨어져 나가듯 보다 더 커다란 관계에서 잘려나가는 것의 경험이다. 이는 자기 스스로 설정한 상실을 다루는 것이다. 그래서 자아에 의해서 이루어진 단절임에도 불구하고 상실감과 죄책감으로 경험한다. 이러한 자기해방은 탯줄을 절단하는 행위처럼, 단순한 훼손이 아니라, 더 큰 통일체, 즉 우로보로스 내의 어머니-아들의 동일성이 효력을 상실하게 되는 것이다.

모권적 거세는 아직 태모와의 유대를 끊어내지 못한 자아에게 위협적이다. 우리는 그런 자아에게 있어서 자아 상실이 상징적으로 페니스의 상실과 동일하다는 것으로 묘사하였다. 하지만 원상의 부모와의 분리 단계에서 보이는 근원적 상실은 바로 그 행동으로 인해 온전히 독자적인 존재가 된 개인(Individuum)과 관련된다. 여기에서 상실은 정서적으로 채색되고, 죄책감으로 표현되고, 신비적 참여의 상실로 드러나는 근본 원인이다.

양성적인 우로보로스에서 벗어남은 부성적 혹은 모성적 특징으로 강조될 수 있는데, 신(神)-아버지나 낙원인 어머니 상태로부터, 혹은 그 둘 다로부터 벗어나는 경험이 될 것이다.

근원적 거세의 현상은 원죄 및 낙원의 상실의 현상과 함께한다. 유대-기독교 문화권에서는 고대의 신화적 모티브가 의식적으로 수정되고 재해석되어서, 우리는 원상의 부모로부터의 분리에 관한 신화의 흔적만을 발견하게 된다. 바빌로니아 판본에는 신적 영웅 마르둑(Marduk)이 혼돈인 어머니 뱀인 티아마트(Tiamat)를 잘라서 그 조각들로 세상을 만들었다는 희미한 흔적만이 남아있을 뿐이다. 신(神)과 세상에 대한 견해가 이스라엘적 변환이 이루어져, 도덕적 요소가 전면에 등장하여 선악의 인식을 획득하는 것이 원죄가 되고, 우로보로스적 초기 상태의 떠남이 낙원으로부터 추방이라는 죄값을 치르는 것으로 다루어졌다.

그러나 이 주제는 그리스를 벗어난 문화권에서는 그리 유효하지 않다.

전(前)소크라테스 사상가 *아낙시만더(Anaximander)*는 원죄의 원리가 보편적이라고 생각했다. 그것은 다음과 같은 의미로 해석된다.

> 모든 사물의 기원은 무한이다. 그리고 사물들은 시작하게 된 곳, 바로 그곳으로 반드시 사라지게 된다. 그들은 시간의 질서에 따라 그들의 불공평함을 서로에게 보상하고 보답하여 주기 때문이다.[180]

세상과 신의 근원적 통일체는 전(前)인간적 죄에 의해 갈가리 찢겨졌고, 그러한 파열에 의하여 태어난 세상이므로 그 죄의 대가를 지불해야 한다는 것이다; 같은 원리가 오르페우스교와 피타고라스 학설에서도 지배적으로 발휘하고 있다.

그노시스파의 관점에서 보면 이런 박탈감은 세상을 생성하는데 추진하는 힘이 되는데, 물론 그것은 아주 교묘한 파라독스적 전향에 의해서 이루어진 것이다. 여기서는 그것의 원인을 더 다루지 않겠다. 상실에 대한 이 복합적 감정 때문에, 세상의 존재는 홀로 있고 단절된 존재의 경험을 토로한다. 즉, 상실하게 되었고 버림받아 낯선 곳에 내던져진 것으로 경험한다. 또한 정신적-영기적(Pneuma) 측면이 플레로마적 고향으로 지나치게 강조되어서, 인간의 해방되어야 할 그 고향이 상당히 우로보로스적으로 드러난다. 그노시스주의에서 보이는 더 상위의 영적인 부분과 더 하위의 물질적인 측면으로 나누는 이원론적 기본 개념은 원상적 부모의 분리를 전제로 하고 있다. 그럼에도 불구하고 플레로마는 충만함, 전체성, 미분화, 지혜, 전(前)세계성 등 우로보로스적 특징을 가진다; 여기에서 다만 모성적인 우로보로스와 대조적으로, 희미하게 비추는 여성적인 소피아(Sophia)의 특징을 가진 남성적-부성적인 특성의 우로보로스가 드러난다. 그래서 남성적 특징이 엿보이는 것이다. 따라서 그노시스주의에서 해방의 방향은 의식의 과도한 상승이고, 그래서 무의식적 측면의 상실로 인하여 초월적 정신적인 것으로 되돌아가려 하는 것이다. 이에 반해 우로보로스적 해방은 태모에 의하여 의식적 원리를 버리고 무의식으로 귀환할 것을 요구하는 것이다.

이와 같은 심혼의 원형적인 기본 심상들이 얼마나 강력한가는 다른 어떤 정신사적 현상보다 히브리 신비철학인 카발라(Kabbala)의 예에서 더 잘 볼 수 있을 것이다. 유대교는 항상 의식과 도덕을 위해 신화화되는 경향과 심혼의 영역을 급진적으로 저지하려 노력해왔다. 하지만 유대인들의 신비교리인 카발라는, 바로 그 유대교의 살아있는, 삶의 흐름에서 보상적 대립적 움직임을 은밀히 밑에서부터 관철시키고 있다. 거기에는 수많은 원형적 지배적 요소가 드러날 뿐만 아니라, 그것이 교리를 통하여 유대교의 발달과 역사에 중요한 영향을 미쳤다.

*아리(Ari)*의 카발라에서는[181] 악에 대한 교리를 다음과 같은 글로 제시하고 있다:

> 인간은 신의 창조의 궁극 목적이다. 그의 지배력은 이쪽, 즉 이 세계에만 제한되지 않는다. 또한 더 상위의 세계와 신성의 세계는 전적으로 인간에게 달린 것이다.

이 글은 분명히 카발라의 인간중심의 관점을 강조하는 것인데, 이는 다음과 같은 명백한 사실의 기초가 된다.

> 카발라의 관점에서 보면, 원죄는 본질적으로 하나의 오점이 신성에 모욕을 가한 것이된다. 이런 종류의 오점에 대해서는 다양한 이해가 있을 수 있다. 가장 널리 알려져 있는 것은 최초의 인간인 아담 카드몬(Adam Kadmon)이 왕과 여왕 사이를 구분해 놓았다. 그리고 그는 쉐키나(Schechina)를 배우자와 분리해 내어서 세피로트(Sephirot)의 전체 계층으로부터 단절시켰다는 것이다.

위의 구절에서 보듯이 원상적 부모의 분리에 관한 고대 원형이 눈앞에 있지만, 카발라가 영향을 받았을 것으로 보이는 그노시스파들도 그런 사실을 결코 알아채지 못하였다. 일반적으로 카발라에서 보이는 그노시스주의의 영향은 예를 들면 *사바타이 츠비(Sabbatai Zwi)*의 제자이자 신적 영감을 전하는 자인 가자(Gaza)의 나탄(Nathan)에

---

**180)** Die Vorsokratiker, herausgegeben Nestle
**181)** J. Tischbi, Die Lehre vom Bösen und der Klipah in der Kabbalah des Ari (hebr.)

서 나타난다. 카발라에서 자주 원형에 대한 표현과 심상이 등장하는[182] 것을 볼 수 있다. 우리는 영향 이론이나 이주 이론과 같이 이런 현상을 이차적으로 보려는 것에 아주 익숙해져 있다. 원형들이 모든 인간에게 작용하는 힘이자 상으로서 주어져 있으며 집단무의식의 층이 살아있는 곳이면 언제든지 자발적으로 내면에서 저절로 등장한다고 하는 사실을 받아들이지 않으려는 것이다. 융에 의하여 비로소 심층심리학적 분석으로 제대로 확인될 수 있었다.

원상적 부모와의 분리라는 원초적 행위는 종교에서는 신학적으로 다루어졌다. 자아와 그의 해방에서 비롯되는 실제의 결핍감을 합리화하고 도덕적으로 해결하려는 시도를 하였다. 이는 죄, 배교, 도전, 불복종으로 해석되었다. 실제로 그것은 인간의 기본적 해방의 행위로서, 무의식의 위세로부터 자유롭게 되는 것이고, 자아, 의식 그리고 개인으로서 자신을 확립하는 것이다. 하지만 이런 행위는 매번의 행동과 해방마다 희생과 고통을 수반하기 때문에, 그것이 상황에 대한 결단을 어렵게 한다.

원상적 부모와의 분리는 단지 근원적 공존의 저지만이 아니라, 우로보로스가 의미하는 완전한 세계 상태의 파괴이기도 하다. 이는 본질적으로 근원적 상실로서 특징지은 것과 관련해서 원죄의 느낌을 공고히 하기에 충분하다. 왜냐하면 우로보로스적 상태는 이미 이야기했듯이 원래 세계와 인간을 포함하고 있는 전체성의 상태이기 때문이다. 그러나 결정적으로 어떤 다른 점이 있다면, 이 분리가 수동적인 고통과 상실로서 경험될 뿐 아니라, 능동적인 파괴 행동으로도 경험된다는 것이다. 이 분리는 상징적으로 살해, 희생, 갈가리 찢기, 그리고 거세와 동일시된다.

이제 모성적 우로보로스에 의해 청년-연인에게 일어난 것과 같은 것이, 이 시점에서는 우로보로스 자신에게도 행해진다는 것이 주목할 만하다. 신화에서는 아들-신이 아버지-신의 거세를 행하는 일이 종종 일어나는 것을 볼 수 있는데, 이는 마치 근원적 용을 갈가리 찢어 그것으로부터 세상을 건설하는 것과 같다. 연금술에서도 언제나 갈가리 찢기의 주제로 되돌아가는데, 이는 모든 창조의 선행조건이다. 그래서 여기에서 모든 창조신화가 다시 되돌아가려 하는 원형적 주제의 근본적 관계성과 마주치게 된다. 나이든 존재의 살해, 갈가리 찢기, 더 이상 영향력을 갖지 않게 만들기는 새로운 시작의 전제조건인 것이다. 우리는 이러한 내용을 부모 살해의 문제로 뒤에서 자세히 다루게 될 것이다. 당연히 이 살해는 순수한 그래서 필연적 죄를 의미하는 것이다.

우로보로스로부터 청년-연인의 해방은 상징적으로 부정적인 행위, 파괴 행위로 묘사되는 그런 행위들로 시작된다. 이런 사실의 심리학적 이해가 상징적으로 《남성적》이라고 나타내는 것과, 의식의 본질에 속하는 것을 인식하는데 있어서 결정적으로 작용할 것이다.

청년의 독립과 자유를 향한 이행을 우리가 자기분열로 특징지은 바 있다. 자기 의식화, 의식적이 된다는 것 자체가 《아니》라고 부정하는 것에서 시작한다. 우로보로스, 태모, 무의식에 대하여 《아니》라고 말하는 것이다. 의식과 자아를 형성하는 행동을 면밀히 조사해 볼 때, 우리는 그것이 모두 부정적인 행동으로 시작된다는 것을 인식하게 된다. 드러나게 하고, 구분을 하고, 경계를 짓고, 관계들에서 자신을 고립시키는 것 등, 이 모든 것들은 의식의 기본적인 행위들이다. 학문적 방법으로서 실시하는 실험은 이 과정의 전형적인 예이다. 학문적 작업에서는 자연의 원래적 관계를 폐지하고 어떤 것을 고립시키고 분석한다. 모든 의식의 좌우명은, 규정한다는 것은 부정한다는 것(determinatio est negatio)이다. 모든 것을 연결하고 용해시키고자 하는 무의식의 경향 즉, 그 모든 것에 대해 《네가 바로 그것이다(Tat Twam asi)》라고 말하는 것에 대한 의식의 결정적인 반격으로 《나는 그것이 아니다》라고 말하는 것이다.

자아 형성은 비(非)자아와 구분을 통해서만 이루어지고, 의식은 무의식으로부터 스스로를 분리시키고, 떼어내고, 들어 올리고, 자유롭게 할 때 등장하며, 개인은 무의식적 집단적인 것으로부터 자신을 구분해낼 때만 개인의 전(全)인격화에 이른다.

우로보로스의 초기 상태의 폐지는 이원성으로 분화하게 하고, 근원적 양가감정에서 벗어나게 하고, 자웅동체의 분할, 세상을 주관과 객관, 내부와 외부로 분리하게 된다. 마찬가지로 대극이 그 자체 포함되어 있는 우로보로스의 낙원동산에서 추방됨으로써 인식되는 선과 악의 생성에 이르게 한다. 인간이 의식적이 되고 자아를 획득하자마자, 자연스럽게 자신 안에 어떤 강력한 다른 측면을 갖고 있고, 이것은 의식화되는 과정에

---

**182)** G. Scholem, Major Trends of Jewish Mysticism

서 저항하는 것으로 경험함으로써 자신을 분열된 존재로 느끼게 된다. 즉, 그는 자아가 젊고 어린 상태에 있는 한 자신을 의심스럽게 경험하고, 회의에 이르게 되고, 언제나 태모 안에서 자신의 죽음으로 끝이 나는 자아의 살해와 자기훼손에 해당하는 자살을 하기에 이른다.

청소년기 자아가 최종적으로 자신을 확립하고 독립적으로 홀로 서게 되려면, 용과의 성공적인 싸움 후에 비로소 가능하므로 여기서 자아는 아직 불안정한 상태로 있게 된다. 이런 불안정성은 대립되는 정신체계로 나누어진 내면의 균열에 기인한다. 이로 인하여 자아가 동일시하는 자아체제는 여전히, 빈약하고, 충분히 개발되지 않았으며, 자신의 고유한 원리의 의미에 대해서도 잘 모르고 있는 것이다. 이 내면의 불안정은 앞서 말했던 바와 같이 의심으로 등장하고 청소년기에 특징적인 두 가지 보상적 현상을 만들어낸다. 그 하나는 과도한 자아 강조, 자기만족, 그리고 자기관계성이며, 또 다른 하나는 염세주의이다.

자기애(Narzissmus)는 자아의 자기확립의 필수적 이행 형식이다. 무의식의 위세로부터 자아와 의식의 해방은 모든 해방이 그렇듯이 자신의 지위와 중요성을 과도하게 강조하기에 이른다. 이런 ≪자아의식의 사춘기≫는 자아가 생겨난 자리, 즉 무의식의 평가절하가 수반된다. 이 무의식의 위축은 이차적인 인격화와 정서적인 요소들의 고갈과 같은 방향으로 진행되기 쉽다.[183] 이 모든 과정들의 의미는 자아의식의 원리를 강화하는데 있다. 하지만 이 발달 방향에 내재해 있는 위험은 자아의식이 자신을 독립된 것으로 생각하고 자만하고 과대망상적이 되는 것이다. 그래서 자아는 우선 무의식을 평가절하하고 억압하기 시작하며, 마침내는 그것을 전적으로 부정하게 된다. 의식의 미성숙의 증상인 자아의 과대평가는 우울한 자기파괴로 보상된다. 그것은 염세주의와 자기혐오의 형태로서, 종종 자기부정으로까지 끌고 가게 되는데, 이 모든 것들이 사춘기의 특징적인 증상이다.

이런 상태에 대한 분석은 죄책감의 근원이 초개인적이라는 것을 드러내는 것이다. 즉, 개인적인 가족이야기의 범위를 넘어서는 것을 의미하는 것이다. 세계 부모의 분리라는 과감한 행위는 원죄로 나타난다. 하지만 – 이것은 중요한 것이다 – 비난을 퍼붓는 것은 자아가 아니고 원상적 부모이고 무의식 그 자신이다. 낡은 법칙의 대표자처럼 우로보로스의 무의식은 의식인 아들의 해방을 막기 위해 애쓰고 있으며, 그래서 우리는 아들을 죽이려는 무서운 모성의 작용범위에 다시 이르게 된다. 자아의식이 이 비난에 굴복하여 사형선고를 받아들이는 한, 자아는 아들-연인임을 밝히는 것이 되고, 결국 이것이 자기파괴처럼 끝나게 될 것이다.

자아의식이 무서운 모성의 파괴적 태도를 ≪똑같은 방식으로 공격한다는≫ 말처럼, 상황을 역전시켜 자신이 아닌 그녀에게 향하도록 할 때는 매우 다른 상황이 전개된다. 이 과정이 신화적으로는 용과의 싸움으로 묘사된다. 결국 이것은 인격의 변화로 나타나게 되는데, 이러한 용과의 싸움의 결과에 대해서는 나중에 살펴보도록 하겠다. 다만 여기서 그 과정이 심리학적으로 의식의 형성, 영웅으로서 ≪더 높아진 자아≫ 형성 그리고 인식의 보물을 발굴하는 것에 상응한다고 말할 수 있다. 그럼에도 불구하고 자아는 자신의 공격을 죄책감으로 경험하게 된다. 왜냐하면 설사 우로보로스적 용을 적으로서 극복하는 것이 필수적인 처지였을지라도, 살해, 갈가리 찢기, 거세, 그리고 희생은 여전히 죄가 되기 때문이다.

이런 파괴는 먹고 소화하는 행위와 밀접하게 관련되어 있어서 종종 그런 내용으로 나타난다. 의식의 형성은 세계의 연속체가 먼저 대상으로, 부분들로, 심상들로 갈가리 해체되는 것에서 시작하여, 그런 것이 비로소 작업되고, 내적으로 수용되고, 의식화되는 것, 말하자면 섭취될 수 있게 되는 것이다. 만약 밤의 용에 의해 삼켜진 태양-영웅이 그의 심장을 잘라서 먹으면, 여러 번 예로 제시하였듯이, 그는 이 대상의 본질을 섭취한 것이 된다. 이 때문에 공격, 파괴, 해체, 및 살해에 상응하는 먹고, 씹고, 무는 신체적 기능과 밀접하게 관계된다. 특히 이와 같은 행위의 도구로서 치아의 상징이 관계한다. 이 모든 것은 독립적인 자아와 의식의 형성이 전제되는 것이다. 여기에 발달의 초기 단계에서 나타나는 공격성에 대한 더욱 심층적인 의미가 있다. 그것은 가학적인 것이 아니라, 세상의 소화를 위한 긍정적이고 절대적으로 필요한 준비이다.

---

**183)** 제 2부와 비교하라.

원시적 정신은 바로 요소적으로 세계와 자연과 결합 상태에 있기 때문에 동물과 식물의 살해를 세상과의 결합관계에 대한 손상으로 간주하기 때문에 그에 따른 죄값을 요구한다. 살해당한 것의 혼령은 달래지 않으면 보복을 하는 것이다. 세계 부모의 분리와 신적 우로보로스의 과도한 세력으로부터 벗어나려는 무례한 해방에 대한 보복이 있을까에 대한 두려움은 인류의 역사가 시작될 때부터 갖게 된 바로 그 두려움과 죄책감이다.

　두려움에 대항하여 싸우는 것, 즉 모처럼의 해방을 다시 되돌리게 하는 것, 압도되어 처음의 상태로 되돌아가려는 퇴행의 위험과 싸우는 것은 용과의 싸움이 된다. 이는 그의 다양한 변환 속에서 실행되며, 이로써 자아와 의식의 자립성이 실현된다. 이 싸움에서 원상의 부모의 아들은 스스로를 영웅으로 입증해야 한다. 즉, 자아는 새로 태어난 존재이자, 무력한 존재에서 벗어나 생산하는 존재이고, 힘을 가진 존재로 변화해야 한다. 용과의 싸움을 하는 영웅은 승리를 함으로써 새로운 시작, 창조의 시작을 알린다. 이는 인간에 의하여 이루어지는 것이므로, 문화라고 불리는 것이다. 이 창조는 인간적 현존 전(前)에 있어서 인간의 시작에 어두운 그림자를 드리웠던 자연의 창조와는 대조가 되는 것이다.

　이미 강조했던 바와 같이, 대극 구조의 본질에는 의식–무의식 모두 속하는데, 무의식은 좀 더 여성적으로 그리고 의식은 좀 더 남성적으로 파악된다. 이런 배치가 자명한 이유는 무의식은 낳고 생산하고 또한 삼키고 흡수해 버리는 존재로서, 여성적인 것에 상응하기 때문이다. 여성적인 것은 신화적으로 이런 원형의 형상으로 정의된다. 마찬가지로 우로보로스 및 태모도 모두 여성적 지배력을 나타내며, 그들의 지배로 이루어진 모든 정신적인 배열은 무의식의 지배 하에 있다는 것을 의미한다. 그와 반대로 의식과 자아의 체제는 무의식과 대립해 있으면서 남성적이다. 그것은 의지, 결단, 그리고 적극성과 연결되어 있고, 전(前)의식의 자아가 없던 상태에서 정해져 있고 그리고 무조건 몰려가야 하는 존재와는 반대되는 것이다.

　우리가 추적해온 자아와 의식의 발달은 무의식의 압도적인 휘감기로부터의 점진적인 해방으로 이루어진 것이다. 그 휘감기는 우로보로스 속에서 잠겨 있어 부분적으로 태모 곁에 머물러 있는 상태이다. 그 과정을 좀 더 면밀히 관찰해 본다면, 배아와 같이 기초로서 포함되어져 있던 남성성의 독립과, 자아와 의식 체제의 전개를 다루고 있음을 알게 된다. 자아와 의식 체제의 전개는 인간 역사상 초기 유아기처럼 단지 단초로서 있는 것에서 비롯된다.[184]

그러므로 대극의 원리를 유발하는 것에 의해 자아와 의식의 자립성이 시작된다. 세계 부모의 분리 단계를 포함하는 동시에 강화된 남성성의 단계이기도 하다. 자아의식은 여성적 무의식과 대립하여 남성적으로 드러난다. 의식의 이런 강화는 의식이 무의식에 대항하여 경계를 짓게 됨으로써 금기를 아는 태도와 선과 악에 대한 태도의 설정에서 드러나게 된다. 이는 무의식적 충동적 행위가 이제는 무엇인가를 알고 있는 행위로 대체하기 때문이다. 원시 인간이 기대하는 유용한 효과와 무관하게, 분명히 제의의 의미는 의식체제를 강화하는데 있다. 초기의 인간이 자신의 환경과 관계를 맺는 수단인 마술적 형태는 다른 모든 사항과 별개로, 인간중심적 세계가 장악하기 때문에 생기는 형상이다. 인간은 제의에서 자신을 책임이 있는 세계의 중심인물로 만든다. 즉, 태양이 뜨는 것, 농작물의 다산성, 그리고 힘의 행사는 모두 그 중심인물에 달려있는 것이다. 이런 투사와 다양한 과정들에 의해 위대한 개인은 집단의 우두머리, 치료를 담당하는 샤먼, 또는 신성한 왕을 표방하게 되고, 악령들, 혼령들, 신들은 무한한 《힘들》로부터 벗어나 구체화되는데, 우리는 이것을 무의식의 혼돈처럼 보이는 현상에 의식의 행위가 가해지도록 끌어가는 중심화로 표현하는 것이다. 원시인에게는 자연과 무의식이 일반적으로 《지배력이 있는 것》, 즉 전혀 예외적일 수 없는 현존재로 경험될 것이지만, 자아-배아에게는 그것이 그 지배력에 의해서는 전혀 방향감을 가질 수

---

[184] 우리가 나중에 더 살펴보아야 할 것은 여성적인 것, 우로보로스 그리고 태모는 여성의 심리에서는 남성과 다른 역할을 한다는 사실이다. 의식과 자아체계는 자의적으로가 아니라 신화에 따라서, 저절로 《남성적》으로 나타나게 된다. 이것은 물론 여성에도 있는 것이다. 그럼에도 그것의 발달은 문화적이 되는 과정에 있어 남성에 대한 것으로 의미를 갖게 된다. 이와 반대로 무의식의 《여성적》 체계는 남성에게도 있고, 그것은 자연적 현존을 규정하는 것이 되고, 여성과 마찬가지로 창조적 근원적 기초가 된다. 여기서 남성적인 것과 여성적인 것의 구조에서 이미 본질적인 차별화가 강조될 수밖에 없다. 그럼에도 이것은 지금까지 충분히 강조된 적이 없다. 남성적인 것은 《남성적》 의식의 구조를 《고유한 것》으로 경험하고, 《여성적》 무의식을 《낯선 것》으로 경험하게 된다. 이에 반하여 여성은 여성적 무의식을 《고유한 것》으로, 의식을 《낯선 것》으로 경험하는 것이다.

없어서, 혼돈이며 막연하고 불가해한 것으로 남아있을 것이다. 하지만 자아의 지남력은 바로 제의를 통해서, 하나의 세계의 질서가 생겨나므로 세계에 대한 마술적 장악이 가능해진다. 비록 이 질서는 우리가 세계를 정돈하는 것과는 다른 것이지만, 우리의 의식적 질서와 초기 인간의 마술적 질서가 서로 연결되어 있다는 사실을 세계 도처에서 확인할 수 있다. 여기에서 중요한 사실은 의식이 인식의 중심보다 먼저 행위의 중심이듯이, 마찬가지로 제의가 신화보다 선행하고, 마술적 제의와 도덕적 행위가 자연과학적 세계상과 인간중심적 인식보다 선행한다는 것이다.

그러나 의지를 통한 의식적 행동의 중심과 인지를 통한 의식적 인식의 중심은 공통적으로 자아이다. 이런 자아는 외부에 의해 움직이는 존재로부터 발전하여 서서히 스스로 움직이는 행위자가 된다. 이는 저절로 출현하는 계시적 앎에 의해 압도되던 존재가 의식적 인식에 이르는 것과 같은 것이다. 또한 이 과정은 집단에 속한 집단의 부분이 아니라 집단의식을 담지한 대표자인 위대한, 즉 뚜렷하게 드러난 개인으로 완수된다. 그들은 집단의 제도적 선구자이며 지도자이다. 열매를 맺게 하는 자와 대지의 여신과의 제의적 결혼, 왕과 왕비의 제의적 결혼은 집단의 구성원들 간에 있게 되는 결혼의 전형이 된다. 오시리스의 신(神)이자 왕이 보여주는 불사의 영혼은 모든 이집트인들의 불사의 영혼이 되고, 기독교의 구세주도 모든 기독교인의 그리스도(Christus)-영혼이 되었으며, 우리 안에서는 자기(Selbst)가 된다. 같은 방식으로, 우두머리의 의지력의 수행과 결정의 기능은 더 후에 있는 각 개인의 자아에게 모든 자유의지 행위의 모범이 된다. 그리고 입법기능은 원래는 신에게 속한 것이었지만 후에는 마나인격에 속하게 되고, 이것도 현대 인간에게는 개인적 도덕적 내면적 입법이 된다.

우리는 이러한 내사된 내면의 과정을 뒤에서 논의할 것이다. 다만 의식의 남성화와 그것의 원칙적 의미를 다음과 같이 언급해 볼 수 있겠다. 남성화와 자아의식의 해방을 통해서 자아는 《영웅》이 된다. 영웅신화로서 드러난 그의 이야기는 자아의 자기해방에 관한 전형이 된다. 그것은 자아가 무의식의 힘으로부터 자신을 해방하고, 그리고 이런 압도하는 것의 위험에 대항하여 자신을 관철시키는 내용이다.

# B

## 영웅신화

≪자연은 자연을 정복한다≫

# I
## 영웅의 탄생

영웅신화로서 나타내는 발달 단계가 시작된다. 그에 따른 무게중심의 근본적인 변화가 있게 된다. 창조신화를 다룰 때는 언제나 신화의 우주적 세계성의 특징에 더 주목하였으나, 이제 신화는 인간이 서 있는 장소를 중심에 두는 것이 특징적이다. 발달 시기로 보면 영웅신화에는 자아와 의식이 자립성에 이르렀다는 것 뿐 아니라, 또한 인간의 전체적 인격이 자연, 즉 세계 혹은 무의식으로부터 분리되어 모습을 드러내게 되었다는 것이다. 엄밀히 말하자면, 그것이 이미 영웅신화에 속하기는 하나, 여전히 세계적-우주적이라고 표현되는 세계 부모와의 분리 중에 있었으며, 이제서야 인간의 형상과 개인성의 형성 시기에 이르게 된 것이다. 따라서 영웅은 인간의 원형적 선구자이다. 그의 운명은 규범에 따라 살아야 하고 인류 속에서 항상 살게 될 것을 나타낸다. 나아가서, 영웅신화의 단계들은 모든 개개인의 개인 인격 발달의 구성요소가 되는 데까지 이른다.

남성화 과정은 최종적으로 이 시점에서 구체화되므로, 자아와 의식의 본질적 구조를 위해서 결정적이라 하겠다. 영웅의 탄생에서 원상적 부모와의 투쟁에 해당하는 영웅의 원초적 투쟁이 시작된다. 개인적인 그리고 초개인적인 형태로 드러나는 원상적 부모의 문제는 영웅의 탄생, 싸움, 그리고 그의 변환에서 규정하고 있다. 남성적인 것과 여성적인 것의 획득에 있어서, 그것은 부성적인 것도 모성적인 것도 아니다. 새롭게 획득되고 또한 극복된 단계가 새롭게 자리를 확보하여 내적으로 개인 인격 구조를 구축하게 된다. 이는 영웅신화의 신화적 투사로서 집단적으로 이미 주어져 있다. 이에 따라 개인은 인간적 인격의 형성의 발달을 완수하게 된다.[185]

원상적 부모의 살해를 내용으로 하는 용과의 싸움에 대한 실제적 의미는, 영웅의 본질적 특성을 보다 깊이 파악한다면 더 잘 이해될 수 있다. 영웅의 특성은 그의 탄생, 그리고 그의 이중 부모의 문제와 밀접하게 관련되어 있다.

영웅이 두 아버지 또는 두 어머니를 갖는다는 사실은 영웅신화의 규준에서 보면 핵심적 특징이다. 개인적 아버지와 나란히 ≪더 상위의≫, 다시 말하면 원형적인 부성 형상이 등장하며, 마찬가지로 개인적인 어머니와 나란히 ≪더 상위의≫ 원형적 모성 형상이 등장한다. 이중의 탄생, 개인적 그리고 초개인적 부모상의 대립적 특성은 영웅의 삶의 드라마를 전개한다. 용과의 싸움에 관한 본질적 부분은 융의 〈리비도의 변환과 상징〉에서 이미 설명되어 있다. 하지만 이 저작의 초기 형태는 제기되었던 문제들을 더 후기의 분석심리학의 진전된 관점에 따라 수정되고, 보충되고, 체계화하여 제시될 필요가 있었다.

원상의 부모 문제와 관련해서 이중적이고 대립적인 의미를 밝힐 수 없는 것이 바로 오늘날까지도 치료의 본질적 부분을 혼란스럽게 하고 있다. 외디푸스 콤플렉스 형태로 우리 서구인의 정신에 늘 따라다니는 환상의 최종적 해결은, 여기에서 문제삼고 있는 심혼적 현상의 기초이기도 하다. 이것은 미래의 심리적 발달에 기초를 마련하는 것이고 또한 서구인들의 도덕적인 그리고 종교적인 발달에 기초를 마련하는 것이기도 하다.

제레미아스(A. Jeremias)[186]가 수많은 자료를 제시하며 지적했던 사실은, 영웅─구세주의 신화적 규준에 관한 것이었다. 영웅─구세주는, 종종 부모 중 한 명은 부재하거나, 혹은 신(神)이고, 영웅의 어머니는 여신이거나 ≪신의 약혼자≫라는 사실이다.[187]

---

185) 제 2부와 비교하라.
186) Jeremias, Handbuch
187) 신화적 자료는 문화인류학적 자료에 의하여 대체되어 기초공사가 이루어진다. 처녀 출산에 의한 영웅의 탄생에 대한 믿음은 브리폴트(Briffault)[187a]도 그랬듯이, 여기저기 소개되었고, 보편적으로 널리 퍼지게 되었다. 아시아, 폴리네시아, 유럽 및 아프리카와 마찬가지로 북미와 남미에서도 그런 믿음이 지배적이다.
187a) R. Briffault, The Mothers

영웅의 어머니들은 처녀-모성인데, 정신분석은 이 사실을 인식하여 해석을 시도했으나 거의 다루지 못했다.[188] 고대에서처럼, 처녀성은 단순히 남자에 속하지 않는다는 것을 의미한다. 즉, 처녀성은 신체적 순결함을 의미하는 것이 아니라 심혼적 신성에 대한 개방성을 나타낸다. 우리가 살펴보았듯이 처녀성의 특성은 태모의 본질적 측면이고, 개인적 남성과 상관없는 창조력이었다. 하지만 이 창조력에는 또한 생산하는 남성성이 작용하고 있다. 우로보로스에서 처음에 남성성은 익명으로 있으나, 이후에 그것은 남근적 힘으로 종속되었다가, 더 후에는 비로소 그녀의 배우자로서 그녀 옆에 나타난다. 부권세계에서 모성은 황태자비 간택으로 인해 폐위되어서 복종하고 종속하게 된다.[189] 하지만 모성은 자신의 원형적 영향력을 항상 그 자체로 유지하고 있다.

영웅의 탄생은 분명히 처녀의 공적이다. 처녀와 영웅이 극복해야 하는 고래이자 용은 모성 원형의 두 측면이다. 어둡고 무시무시한 원형상 옆에는 또한 밝고 자비롭고 베푸는 원형상이 있다. 태모의 무시무시한 용의 측면은 ≪서쪽의 노파(die Alte im Westen)≫이며, 마찬가지로 우호적인 측면, 즉 관대하고 아기를 낳는, 영원한 아름다움을 지닌 태양 영웅의 동정녀이자 어머니는 ≪동쪽의 소녀(die Junge im Osten)≫이다. 이는 모권과 부권적 변환을 넘어서 영원히 원형적으로 작용하고 있음을 의미한다.[190]

영웅의 처녀-모성처럼 케듀스코트(Keduschot)는 마리아에 이르기까지 아스타레트(Astaret)와 같은 여성 신성과 동일시한 전형적인 예를 나타낸다. 그럼에도 그것은 모두 남성에게 초개인적인 것이다. 그리고 이 여성성은 다시 신(神)을, 그것도 오로지 남성신을 받아들일 준비가 되어 있다. 여기에 설명하고 있는 여성심리학의 특색은 다른 곳에서 논의되어야 할 것이다. 여기서는 단지 초개인적인 것과의 관계만을 다루겠다. 이 때문에 다른 모성 곁에 처녀-모성이 자리를 잡고 있는데, 이들은 전혀 남성들을 강조하지 않는다. 마리아에게 요셉이 있었던 것처럼 남자는 사멸적 존재의 아들을 둔, 인간적 아버지로서만 나타날 뿐이다. 여기서는 괴물이나 성령의 비둘기로 수태시키는 신(神)이 등장하든지 혹은 제우스가 번개, 황금 소나기, 또는 동물로 변신하여 나타나는 것 등은 전혀 본질적이지 않다. 영웅의 탄생에 가장 결정적인 것은 그들이 비범하고, 아주 상이하고, 초인간적이라는 점인데, 이런 특성 자체가 비범하고, 상이하고, 초개인적, 비인간적이라는 의미를 갖는다. 말하자면 악령적 존재나 신성에 의해 태어난 존재라는 사실이다. 탄생의 경험, 영웅 탄생에 관한 모성의 경험적 포착 상태 자체가 신화의 형성을 좌우하는 것이다. 비범한 무언가를 낳는 그 놀라움은 탄생 경험 그 자체의 극적 고조이다. 그런 고조는 특히 여성적인 것이 남성을 낳을 수 있다는 기적이기도 하다. 우리가 알고 있는 바와 같이 원래 원시 여성들은 이런 놀라운 것을 누미노스적인 것, 바람, 정령들 및 조상의 영에 기인한 것으로 여겼다. 이는 아기의 생산과 남성과의 성적 관계가 서로 연관이 있다고 인식되는 시대보다 앞선 시기의, 전(前)부권적 경험이다. 여성의 출산에 관한 원초적 경험은 모권적이다. 남성은 아이의 아버지가 아니며, 출산이란 기적은 신성에서 비롯된다. 따라서 모권체제 단계는 《개인적》 아버지가 아니라, 수태시키는 초개인적인 존재나 힘이 주로 강조된다. 여성의 창조력은 출산의 기적 속에 생생하게 살아 있으며, 그 덕분에 그녀는 《태모》이자 대지인 것이다. 동시에 가장 하부의 초기적 단계에는 처녀-모성과 신의 신부라는 그것이야말로 생생한 실제성이다. 브리폴트(Briffault)는 부권체제 입장에서 인류의 초기 역사를 이해한다는 것이 불가능하다는 사실을 밝혔었다. 부권체제는 발달에서의 더 후기적 사실이고 이미 다양한 해석이 가해진 것들이라는 것이다. 그에 따라서, 영웅의 어머니가 신의 배필이자 처녀로서 그려진 원초적 심상은 여성의 전(前)부권체제 경험의 본질적 부분이 고스란히 살아있는 것이다. 영웅신화가 후기의 부권체제 형식으로 받아들여져 변환이 일어나지만, 그럼에도 그것의 모권적 초기 단계가 잘 드러나 있다. 처음에 태모는 죽은 오시리스를 다시 낳는 이시스가 그랬던 것처럼 진정한, 유일한 창조자이지만, 나중에 초개인적 신에 의해 수태를 하게 된다. 이미 보았듯이 수태시키는 신

---

188) O. Rank, Mythos von der Geburt des Helden
189) Przyluski, Ursprünge
190) 드루스(Drews)[190a]에 의해 풍부하게 제시된 자료들을 참고하라. 드루스가 물론 태양의 영웅탄생을 12월 24일 동짓날에 동쪽에 떠오르는 처녀자리 성좌상에서 끌어내었으므로, 그는 원인과 그 결과를 구분하지 못했던 것이다. 처녀자리 성좌상과의 관계는 천상에 원형들의 투사를 나타낸다. 그 성좌상을 처녀자리라고 하는 것은 태양 영웅이 거기서 일 년을 빛낼 태양으로 태어나게 된 것이기 때문이다.
190a) A. Drews, Die Marienmythe

은 처음에는 고대의 다산제의에서 계절신과 동일시된 왕으로 등장하다가, 차츰 자신의 지위를 강화하고 마침내는 이집트에서 볼 수 있듯이 부권체제의 신-왕이 된다. 가장 초기의 모권 단계는 이집트의 에드푸(Edfu)의 축제에서 볼 수 있다.[191] 그 축제에서는 엄숙하게 망아적으로 ≪호루스 포옹의 신방차리기≫가 끝남과 동시에 수태에 이르게 된다. 여기서도 태모 영역의 경우에서 발견되듯이, 수태를 시키는 존재와 수태를 하게 되는 존재는 여전히 한 존재이다. 처녀-신의 신부의 형태는 룩소르(Luxor) 축제에서 새로운 신-아들을 낳기 위해 태양-신과 결합하는 아주 고대적 전(前)왕조적 제의에서 하토르-여왕-여사제에 해당한다. 더 후에 부권체제에 이르면, 태양신을 대표하는 왕이 이 역할을 넘겨받는다. 신과 왕의 이중적인 특성은 다음과 같은 말로 묘사된다.

그들은 아름다움(美)의 궁전에서 잠자고 있는 그녀를 발견했다.

블랙만(Blackman)은 ≪그들≫이라는 단어 뒤에 괄호에 넣어서 ≪신과 왕의 결합≫이라고 부언하였다. 이때 부성의 이중적 특성은 아버지에 의해 생산된 호루스 아들에서 나타나는데, 호루스의 아들은 ≪아버지의 아들이지만 동시에 최고 신의 아들≫이라고 하는 것이다.[192]

영웅의 이런 이중적 구조는 쌍둥이 형제라는 원형적 모티브로 등장한다. 그 중 한 명은 사멸적 존재이고, 다른 한 명은 불사의 존재인데, 그리스의 디오스쿠로이(Dioskuroi) 신화에 가장 분명하게 나타나 있다. 신화에서 그들의 어머니는 같은 날 밤에 제우스와의 관계에서 불사의 아들을 잉태하였고, 동시에 그녀의 남편인 틴다로스(Tyndaros)와의 관계에서 사멸적 아들을 잉태하였다. 헤라클레스의 어머니도 제우스에 의해 헤라클레스를, 그리고 그의 쌍둥이 형제를 암피트리온(Amphitryon)에 의해 낳았다. 마찬가지로 테세우스(Theseus)의 어머니도 같은 밤에 포세이돈(Poseidon)과 에게스(Ägäs) 왕에 의해 동시에 수태하게 되었다. 그 밖에도 사멸적 존재인 어머니와 불멸의 신(神)의 아들로 태어난 무수히 많은 영웅들이 있다. 헤라클레스와 디오스쿠로이 외에도, 페르세우스, 이온, 로물루스가 있고, 또한 부다 카르나

(Karna), 조로아스터(Zoroaster)도 거론될 수 있다.[193] 영웅의 ≪이중적 특성≫의 경험은 발달사적으로 아주 특별한 의미를 갖게 되지만, 그 경험은 실제적으로 출산하는 여성들의 경험에서 비롯된 것은 아니다.

그것은 인간집단의 유일한 경험이다. 영웅은 영웅이자 신이 생산한 자이고, 인간의 규범에서 벗어남으로써 그 모습이 드러난 것이다. 영웅의 본질로서 드러난 영웅의 이중적 특성은 영웅 그 자신의 경험에서 생겨난다. 영웅은 한편으로는 다른 사람들과 같은 인간으로, 현세적이고, 사멸적이고, 집단적인 존재이지만, 동시에 그는 자신이 속한 집단과 대립하여 이방인이라고 느낄 뿐 아니라, 또한 자신의 내면에서 비록 그것이 ≪자신에게≫ 속한 것이어서 ≪자기 자신≫임에도 불구하고, 낯설고, 비범하며, 신적인 것이라고 부를 수밖에 없는 어떤 것을 경험하기도 하는 것이다. 영웅은 그 자신의 보다 더 높여진 존재의 단계, 즉 영웅의 특성으로 드러나는, 행위하고 인식하고 혹은 형상화하는 활동에서 자기 자신을 ≪영감이 부여된≫, 비범한 존재 혹은 신의 아들로 경험한다. 따라서 영웅은 다른 사람들과의 차이를 통해, 자신의 육적이고 개인적인 지상적 부성과 전혀 다르게 자신의 초개인적인 부성(낳아 주신 자)을 경험한다. 이 관점에서 모성 형상의 이중성이 이해될 수 있다. 생산하는 신성에 귀속되던 여성적 부분이 이제 더 이상 ≪개인적인 어머니≫가 아니라 초개인적인 형상이 된다. 이러한 영웅의 현존을 보증하는 모성은 신(神)으로 나타난 처녀-모성이다. 그녀도 당연히 초개인적인 특성을 지닌 정신의 형상화이다. 그녀는 동물 모성이든, 유모이든 그를 육적으로 낳아 그에게 젖을 먹인 개인적인 어머니의 측면과 병행한다. 그래서 영웅의 두 부모상은 개인적으로, 그리고 초개인적으로 두 번 존재한다. 이런 형상들이 뒤섞여 있는 것, 그리고 특히 개인적 부모에 대한 초개인적인 심상의 투사는 아동기 문제의 핵심적 내용이 된다.

---

191) A.M. Blackman, Myth and Ritual in Ancient Egypt; Hooke, Myth and Ritual, S. 34 (zit. Hooke, Myth)
192) Erman, Religion
193) O. Rank, Mythos von der Geburt des Helden

초개인적인 원형은 기르고 낳는 대지의 모성으로, 마찬가지로 신이 수태시킨 처녀-모성으로, 그리고 영혼의 보물을 지키는 보호자로도 등장할 수 있다. 신화에서 이런 것은 종종 유모와 제후 부인과의 대립으로 표현된다. 부성 형상의 경우에 상황은 더 복잡한데, 원형적 대지의 부성은 부권시대에는 좀처럼 나타나지 않기 때문이다. 좀 더 연구되어야 할 근거가 되겠지만, 개인적인 아버지는 낳는(생산하는) 신의 형상 옆에서 ≪방해하는≫ 인물로 있다. 하지만 처녀-모성은 영웅을 낳은 존재이고 신에 의해 수태하는 존재이므로, 천상을 향해 열려 있는 여성적 형상으로서, 정신적-여성이다. 그녀는 천상의 사자(使者)에 의해 압도되거나, 황홀한 상태에 빠졌거나, 신성에 의한 생산을 열망을 하게 되는 처녀들이다. 또한 신의 아들 즉 로고스를 낳고, 그 아들이 신에서 비롯되었다는 것과 그가 영웅적 운명의 고통을 겪어야 한다는 것을 아는 소피아(Sophia)이듯이, 매우 다양한 모습을 나타낸다.

영웅의 탄생과 용과의 싸움에 대해서는 남성성의 의미와 그의 발달이 이해되면 훨씬 더 명료해질 것이다. 영웅신화에서 비로소 자아는 남성으로서 자신의 고유한 위치에 이르게 된다. 그런 남성적인 것의 본질은 상징적 내용으로 구체화된다. 이것의 명료화는 비로소 ≪부성적인 것≫과 ≪남성적인 것≫을 구분하기 위한 전제를 형성하게 될 것이다. 소위 외디푸스(Ödipus) 콤플렉스와 거기에서 비롯된 토템 신화의 그릇된 해석을 하는 정신분석에서의 오류가 가장 큰 혼란을 야기하기 때문에, 부성적인 것과 남성적인 것의 구분이 반드시 필요하다.

막 깨어나고 있는 자아에게는 그의 남성성 즉, 그의 증가한 활동적 자기의식이 좋게 경험되기도 하지만, 동시에 나쁘게도 경험된다. 그것은 모성적인 것에 의해 추방되고, 모성적인 것과 구별함으로써 자신을 발견한 것이다. 남성은 일단 성장해서 모성적 여성성으로부터 독립적이 되면, 그 자신의 차이와 고유성을 경험하고 강조한 결과로 모성적 여성성에서 추방되고 밀려나게 되고, 그래서 남성적인 것은 또한 사회적이 된다. 원래 신비적 참여 상태로 존재했던 모성적인 것을 차츰 너(Du), 비(非)자아, 타자, 낯선 것으로 경험하게 되는 것은 남성의 기본적 경험에 속한다. 여기에서 의식 발달에 관한 기본적인 지남력을 가지려면 부권적 가족 상황이라는 선입관을 떨쳐버려야만 한다. 만약 우리가 다소 의심스러운 용어이기 때문에 모권적이라는 표현을 피하고자 하더라도, 인간집단의 원래 상황은 전(前)부권적이다.

심지어 동물들 사이에서도 우리는 어린 수컷은 몰아내고 어미가 어린 암컷들과 지내는 것을 종종 발견하게 된다.[194] 원래 어머니와 자녀들로 이루어진 모권 가족 집단에는 어린 남아의 경우 떠돌아다닌다는 것이 강조되어 있거나, 미리 전제로 주어져 있다. 모권집단 내에 머물러 있는 남성은 사냥꾼이나 전사로서 모권의 여성적 지도부에 소속된 다른 남성과 함께하려 할 것이다. 이 남성집단은 필연적으로 기동력이 있고 모험심이 많으며, 게다가 끊임없이 위험 상황을 스스로 찾아다니는데, 그것은 자신의 의식을 발달시키려는 목적으로 강화된 경향이다. 아마도 여기에서 이미 남성집단의 심리학과 모권적 여성적 심리학 사이의 대비가 형성될 수 있을 것이다.

정서성의 압도가 있는 모권집단은 지역적인 결속이 훨씬 더 강하고, 아주 둔중함(Schwerfälligkeit)이 크며, 자연과 본능에 상당한 정도로 예속되어 있다. 현대 여성의 심리학에서도 여전히 나타나고 있듯이, 월경, 임신, 그리고 수유 기간은 여성의 본능적인 면이 활성화되고 자율신경계가 우세하도록 강화된다. 게다가, 여성에 의한 원예와 농경의 발달과 자연적 순환에 대한 의존성에서 기인하는 강력한 대지와의 결속도 모두 이에 속한다. 동굴, 집, 그리고 마을에서 어머니와 아이들이 함께 모여 사는 모권집단의 긴밀한 관계에서 나타나는 신비적 참여의 강화도 또한 이에 속한다. 이 모든 요인들은 여성집단에서 보이는 특징인 무의식에 머문 상태를 나타낸다.

반면에 떠돌아다니고, 사냥하고, 전쟁하기를 좋아하는 남성집단은 모권적 가족의 우두머리에 연계되어 머물러 있기도 했으나, 동물들을 길들여 목동으로서 거주지를 마련하기 전까지는 오랫동안 유목하는 전사집단이었다.

족외혼 제도를 가진 모권사회는 남성집단의 형성을 가로막는다. 남성들은 자신들의 부족 밖으로 나가서 뿔뿔이 흩어져 아내의 부족에서 이방인으로서 살아야만 하기 때문이다.[195] 남자는 결혼하여 부족에 속하지만 부족의 이방인이고, 그 자신의 부족집

---

194) Briffault, The Mothers
195) Briffault, The Mothers

단에 속하더라도 거주지적으로 이방인이 되고 만다. 말하자면, 항상 그는 자신의 아내의 거주지에서, 즉 모성적 영역에 속해 살고 있어서, 자신의 삶의 장소에서는 용인된 이방인이고, 그의 권리가 유효한 출생지는 임시적으로 살 뿐이다. 브리폴트 (Briffault)가 밝혔듯이 할머니에서 어머니를 거쳐 딸에 이르는 여성집단의 자치권은 관습에 의해 지지를 받으면서, 남성집단의 형성을 방해한다. 공동체에서 지도자 집단이 어머니, 여성들, 그리고 아이들로 이루어진 연속체가 모권적으로 정해지면, 그것은 남성집단으로 향하게 된다. 그에 대해 프로이스(Preuß)는 다음과 같이 이야기한다.

> 따라서 부모와 여자자매들은 전체와 통합을 이루고 있는 반면, 남자형제들은 부분으로서 처음부터 위험에 처해 있었다. 그 위험은 남자형제들이 완전히 거리를 둠으로써 여자자매들로부터 자유롭게 되지 않는다면, 계속 여성의 영향권에 놓여있어야 하는 것이다. 모든 족외혼 집단의 구성원들은 예외 없이 그러하다.[196]

아마도 이런 사실이 남성적 유대가 생겨나게 된 이유 중 하나일 것이다. 시간이 지남에 따라 남성집단은 계속적 강화를 하게 되고, 정치적-군사적, 그리고 경제적-산업적 발달과 더불어 도시와 국가의 형성을 하면서 조직화된 남성집단으로 변해간다. 이런 남성집단 내에서 친선관계의 형성은 경쟁에 의한 발달보다는 더 중요하며, 서로 질투보다는 남성 간의 유사성의 강조와 여성과의 차이를 더 강조하게 된다.

동년배들로 구성된 청소년 집단은 남성성의 고유한 자기발견의 장소가 된다. 어머니-아내의 집단을 낯선 사람으로 느끼고, 남성집단을 자신의 집단으로 간주하는 것은 자아의식의 자기발견에 상응하는 사회적 상황이다. 이때 결코 아버지와 남성적으로 동일시하지 않는다. 개인적 아버지는 전(前)부권적 가족에서 영향력 있게 받아들여질 수 없기 때문에 더더욱 동일시될 수 없다. 장모와 어머니인 나이든 여성은 여성집단의 최우위에 자리하고 있으므로, 이 집단은 대부분의 동물세계와 마찬가지로 모든 여성과 소년들이 일정한 나이에 도달하기까지 속하는 폐쇄적 통일성에 해당한다. 이 집단에 대한 족외혼적 입장허가는 여성성에 대항하는 남성의 이방인적 특성을 분명하게 설정하려는 것으로, 이때의 남성은 사악한 장모에 내맡긴 상태가 된다. 이때 장모는 늘 강력한 금기의 대상 중의 하나이지만, 남성 대표자와의 관계에 대한 것은 아니다.

원래 남성집단은 같은 세대의 연합인 또래 연령 집단 연합을 이루고 이들 간의 엄격한 위계질서를 갖고 있다. 그러므로 남성집단에서 다른 연령으로의 이행에 갖게 되는 남성의 제의가 입문제의이다. 이러한 남성연합은 남성성의 발달과 남성적인 자기의식의 발달뿐만 아니라, 또한 문화의 발달을 위한 것이다.

또래 연령연합의 횡적 편성은 개인적으로 적대적인 아버지-아들 관계라는 의미에서 일어나는 개인적인 갈등을 없애준다. 여기서의 《아버지》와 《아들》의 관계는 집단적 특성을 내포하고 있으므로, 개인적 관계가 아니기 때문이다. 나이가 더 든 사람들은 아버지들이고, 젊은이들은 아들들이라는 식으로 집단적 소속만이 의미를 갖는다. 갈등 자체는 있겠지만, 주로 세대 간 차이로서 드러나고, 이는 개별적이자 개인적이라기보다 집단적이고 원형적인 특성을 지닌다. 입문제의는 그룹에서 다양한 기능을 수행할 수 있게 젊은이들을 향상시킨다. 남자다움과 자아의 굳건함에 대한 시험이 있게 되는데, 이는 젊은이에 대한 《연장자의 개인적 앙갚음》으로 행해지는 것이 아니다. 우리가 치르는 졸업시험은 향상을 위해 자라나는 세대에 대한 기성세대들의 보복이 아니며, 오히려 집단적으로 입문을 위해 성숙을 증명해야 하는 시험이다. 연장자들은 계속적 입문제의를 통해 인식의 확장으로 인해 생긴 힘과 중요성이 나이를 먹음으로써 얻게 된다는 것을 경험한다. 그래서 전혀 적개심을 가질 필요가 없다.

이상의 방식으로 이 남성연합, 남성적 비밀연합 및 친구 관계는 원래적 모권적 상태와 병렬적으로 이루어진다. 그들은 모권사회의 여성적 우세에 대한 자연적인 보완이다.[197] 자아의 자기경험은 남성들의 세계에 속함으로써, 남성의 세계를 자신의 고유한 세계로 인식하고 모성적-여성적 세계를 삭제하는 것이다. 이는 자아가 자신의 발달로 향하는 확정된 걸음을 내딛었음을 의미하므로, 어떤 의미에서 자립의 선행조건이다. 자아가 남성연합에 의해, 그리고 자기 의식화로 경험되는 입문제의는 《비밀제

196] A. Goldenweiser, Anthropology
197] 오늘날 우리는 무의식적으로 남성 동성애에서 여전히 태모의 위세를 발견하고, 또한 모권적 심리학도 발견한다.

의≫이고, 항상 ≪더 상위의 남성성≫을 위해 순환하는 비밀제의적 앎이다. 여기서 더 상위의 남성성은 남근적-지상적으로 강조되지 않으며, 그 내용은 소녀의 봉헌식처럼, 성애적인 것이 아니라 오히려 의식의 상징으로서 빛, 태양, 머리, 그리고 눈의 상징과 함께 나타나는 정신성을 강조하므로, 바로 정신에 대하여 ≪봉헌하는 것≫이다.

남성들은 부성으로서, 즉 ≪법과 질서의 보루≫로서,[198] 연장자에 귀속된다. 또한 그들은 여성적 대지의 반대편에 위치하기 때문에, 상징적으로 ≪천상≫으로 나타낼 수 있는 세계의 체계에 종속되며, 그 체계는 마술적 세계를 금지하고, 국가의 법칙과 실제성에 이른다. 여기서 ≪천상≫이라는 의미는 신(神)의 거처나 피안적 장소를 나타내는 것이 아니라, 남성적 문화에서의 부권적 신(神)뿐만 아니라 학문적으로 철학으로까지 이끄는 공기-정신-프뉴마-원칙이다. 우리는 ≪천상≫이라는 상징적 표현을 후기에 더 다양하게 분화된 이 영역의 복합성을 위해 전체적으로 통일이 되도록 사용해 왔으며, 이는 초기 시대의 상징적-신화적 사실들에 비견될 만하다.[199] 이러한 ≪천상≫은 힘의 특성상 비규정적인 것, 혹은 명확한 형상, 정령들, 조상, 토템 동물, 신들에 의해서 활성화되느냐 하는 사실들에는 크게 주목하지 않는다. 그러한 모든 것들은 남성정신과, 남성세계의 대리자들이며, 폭력에 의해서든 아니든 모성세계로부터 이탈한 젊은 신참자에게 넘겨지게 된다. 이러한 이유로 입문제의를 통해, 청년들은 남성세계의 정신이 주입되어 모성의 아들이 아니라 새로 태어난 정신의 아들이 되고, 대지의 아들이 아니라 천상의 아들이 되는 것이다. 이런 정신적 탄생과 재탄생은 더 상위의 남성의 탄생이자, 동시에 비록 초기 수준이기는 하지만, 의식, 자아 그리고 강한 의지를 가진 보다 상위의 인간의 탄생이기도 하다. 그러므로 천상은 남성성에 원칙적으로 편입되는 것이다. 남성에서 ≪보다 상위의 활동성≫은 의식적 활동, 행위, 수행, 인식의 활동으로서, 무의식적 힘에 의해 발휘되고 있는 것과 구별되어 남성에게 주입된다. 남성집단은 ≪본성적≫으로, 또한 사회적 심리적 경향성에 의해서도 책임성 있는 자아로서 개체적 고유한 활동을 요구하기 때문에, 남성사회에의 입문제의는 항상 시험과 담력평가와 관련된다. 그래서 입문제의는 신화적으로 말하자면 ≪더 높은 남성성≫의 ≪생산≫이라고 부른다.

불과 같은 경계하는 상징들은 입문제의에서 중요한 역할을 한다. 그것은 청년을 ≪

깨어 있도록≫ 하는 것이다. 말하자면 피로에 대항하면서 무의식의 게으름과 신체를 극복하도록 하는 것이다. 피로, 공포와 허기, 고통을 견디는 것은 자아를 굳건하게 하고 의지를 기르는 것으로서 모두 같은 의미를 갖는다. 또한, 배우는 것과 전수받는 것은 반드시 치러야 할 의지의 증명처럼 입문절차에 속한다. 남성다움의 척도는 의지의 굳건함인데, 이는 능력이 있음을 과시하는 것이다. 이를 위해서 자아와 의식을 보존하고, 무의식적이자 유아적인 두려움과 충동을 극복하는 것이 필수적이다. 오늘날에도 사춘기의 통과의례에 남성적 정신의 비밀세계의 입문에 관한 특성이 여전히 남아있다. 이러한 정신이 고대 조상들에게서 비롯된 신화의 보물 속에, 집단의 법과 질서 혹은 종교제의 속에 숨겨져 있다는 점은 언제나 같다. 이 모든 것은 남성성을 다양한 단계로 서열을 정하는데 의의가 있으며, 특별히 남성집단에 속하는 정신을 갖게 하는데 적용된다.

이러한 근거에서 여성은 죽음의 형벌을 받을 만큼 강하게 입문제의와 세계 여러 종교의 경배의 자리에서 제외된다. 남성세계에 천상에 해당하는 법과 조상, 태고의 전통, 그리고 신들이 등장한다. 이때 신들은 모두 남성신들이다. 인간의 문화는 우연의 산물이 아니다. 서구문명뿐만 아니라, 모든 문화는 남성문화이다. 그리스, 유대−기독교 문화, 심지어 이슬람, 인디아까지 모두 남성문화이다. 이러한 문화에서 여성의 부분은 거의 드러날 수 없고 대부분 무의식적이지만, 그럼에도 그것의 의미와 그것이 미칠 영역을 잘못 인식하지 않도록 해야 한다. 남성적 방향은 정신, 자아, 의식 그리고 의지들에 속하는 것에 상응한다. 남성성은 바로 의식에서, 즉 고유함으로 드러난 자신을 발견함으로써, 무의식을 여성으로 경험한다. 그래서 무의식에 저절로 낯설게 되듯이 남성적인 문화의 발달은 의식의 발달인 것이다.

문화사적으로 보면, 우리에게 실제로 그렇게 나타나듯이, ≪천상≫과 남성의 정신

---

**198)** A. Goldenweiser, Anthropology
**199)** 바호펜(Bachofen)이 제대로 인식하고 있었듯이, 예를 들어 이집트에서처럼, 여성적 천상의 여신과 남성적 대지의 신이 있는 곳에서는 태모가 주도적임을 문제삼게 된다. 태모가 주도적 상태에 있음은 자신의 고유한 전개에 이르지 못한 남성의 원리를 그 자체로 포함시키고 있다.

적 세계의 발달을 위해서는 토템 사상이 매우 중요하다. 그리고 이러한 현상은 비록 그것이 모권중심 시대에 기원을 두고 있을지라도, 특별히 정신적-남성적 현상이다.

생산적 정신과 이루어지는 동일시는 원시인들에게 아주 중요한 역할을 한다. 문화 사적으로 이런 현상에서 어떤 본질적인 것이 발견되었고, 그 본질적인 것이 강조되어 내세워졌지만, 잘못 이해되었다. 토템은 부성의 부분이지만, 결코 그 토템은 개인적 특성을 의미하지 않으며, 하물며 개인적 아버지가 아니다. 이와 반대로, 토템은 생산 하는 정신이므로, 아득히 먼 존재, 다른 존재, 그리고 아직은 어떤 것에 속하는 존재로 경험되는데, 이것이 제의의 중심에 드러난다. 이런 이유에서, 토템이 종종 동물, 식물 혹은 ≪사물≫이 될 수 있다. 이런 사물에 현대인보다 원시인의 심혼이 더 가깝게 연결되는데, 반드시 마술적인 제의를 통해서만 그것들과 동일시될 수 있다. 토템의 생산 적 정신세계, 조상의 시간으로 제의적 변환을 하는 것으로, 변형가면의 도움을 빌어 마치 정신세계가 입문제의에서 작동하듯이, 입문자는 바로 그것을 경험하도록 되어 있다. 이는 초개인적인 것의 효과, 위대한 것, 누미노스한 것을 경험해야 된다는 것을 의미한다. 이것이 제의의 의미이다. 제의에서 입문자는 개인적인 것을 뛰어넘게 되어 야 하는 것이다. 다른 모든 입문제의처럼 청년의 입문제의는 초개인적인 것을 생산하 는 것이므로, 이는 개인을 초개인적이고 집단의 부분이 되게 하는 것이다. 그러므로 이러한 부분의 생신은 제 2의 탄생에 해당하는 것으로, 남성적 정신을 통해 새롭게 태 어난 것이다. 이것은 개인을 단지 가족 내의 혈연적 존재로 있는 것과는 달리 비밀스 런 교의, 선조의 지혜, 우주의 지식으로 인도되게 하는 것과 관계한다.

남성집단은 의식뿐만 아니라 더 상위의 남성성과 개인성 그리고 영웅의 출생지이기 도 하다. 우리는 자아 발달과 더불어 중심화의 연관성에 대하여 이미 다양하게 제시하 였다. 중심화가 나타나는 전체성의 성향은 아주 초기 시기에는 완전히 무의식적으로 작용하며, 형상화의 시기에는 집단 전체성의 성향으로 나타낸다. 이런 집단 전체성은 더 이상 완전히 무의식인 것은 아니라 투사되어 토템으로 경험된다. 토템은 집단의 부 분들이 참여하는 관계에 의해 정해지므로 파악할 수 없는 크기를 갖는다. 말하자면 무 의식적으로 토템과 동일시하고 있는 것이다. 다른 한편으로는 그것과 세대들의 관계 가 있다. 토템은 조상이므로, 근원적이고 정신적이지만 생산적 특성을 갖지는 않는다.

무엇보다도 그것은 하나의 누미노즘이고, 초개인적 정신적 존재이다. 그것은 초개인적이자 동시에 동물, 식물, 그와 비슷한 것들이며, 개인적 존재나 사람이 아니라, 하나의 이념, 하나의 종(種), 즉 원시적 단계에서 정신적 존재로서 마나를 가지므로 터부시되고, 마술적 영향력을 갖고 있어서 제의적으로 그것을 다루어야 하는 것이다.

이런 토템적 존재는 전체성의 기초이다. 토템-연합 집단은 생물학적 자연적 통일성으로 지키는 것이 아니라, 정신적-심혼적 직물로 이루어진 것이다. 그것은 소위 정신적이라 할 집단성, 즉 하나의 동맹 혹은 형제애로 이루어진 것이다. 토템과 그것에 의해 야기된 집단사회적 질서는 생물학적 통일성을 이루고 있는 모권중심 집단과 달리, ≪수립되는≫ 것, 즉 정신적 활동에 의해 생겨난 것이다.

우리는 북미 인디언들에게서, 비단 이들 뿐만이 아닐 것이겠지만, 개인 수호령을 위한 봉헌제의가 제의의 핵심적인 내용임을 알고 있다.[200] 한 개인에 의해 경험되는 이러한 정신은, 그 소재가 동물일 수 있다. 그렇게 그것이 삶을 위해 봉헌되고, 제의적이자 숭배적 의무로서 전체 집단을 위하게 하는데, 이는 원시인과 고대인들의 샤만, 성직자, 예언자들 모두에게 결정적인 역할을 한다. 이런 현상은 전(全)세계적으로, 전(全)민족적으로 널리 퍼져있음이 확인되는데, 이는 신성의 ≪개인적 계시≫로서 표현되며, 모든 지평에서 모든 형태로 나타난다. 토템주의의 생성은 전적으로 원시 단계의 파견 종교로 파악될 수 있다. 입문제의에서 영적 능력을 갖춘 존재가 개인적으로 고지함으로써, 토템과 정신적으로 연결하여 하나의 집단을 생성한다고 볼 수 있다. 이러한 집단 형성의 방식은 오늘날까지도 종파의 창설에서도 볼 수 있다. 원시인들의 입문제의, 고대인의 신비제의, 그리고 제도권 종교들의 창설은 모두가 동일한 방식으로 생겨난 것이다. 창설된 종교-토템의 초기 형태에서 창시자는 성직자-예언자이다. 그는 자신의 개별적인 것과 영적으로 근원적 교제를 하여 자신의 제식을 전수한다. 신화에서 늘 경험하듯이, 창시자는 토템의 역사에서 영웅이고 영적 조상이다.

---

200) A. Goldenweiser, Anthropology

창시자와 토템은 더 후기에 설치되는 공동체를 위해 서로 하나로 합쳐진다. 개인적이자, 경험하는 자아로서 영웅, 창시자, 및 자아에 의해 경험되는 토템은 정신적 존재로서 단순히 정신적으로 함께 속함으로써 형성된 크기가 아니다. 왜냐하면 정신적 존재로서의 자기는 자아에 어떤 식으로든 하나의 형태로 ≪나타난다≫. 더 후기의 공동체를 위해 이 두 형상은 늘 다시 함께하게 된다. 그래서 모세(Moses)는 야훼(JHWH)의 성향을 얻게 되고, 사랑의 구세주는 그리스도의 형상으로 찬양받게 된다. ≪나와 아버지는 하나이다≫라는 종교적 문구는 자아와 자아에게 현시되는 초개인적인 존재 사이에 심리적으로 존재하는 일치를 의미한다. 이 초개인적인 것은 공공연히 동물, 정신, 부성으로서 자아에 나타나는 것이다.

그러므로 토템은 처음 나타난 정신과 조상으로서, 창립적-정신적 부성의 형상으로 녹아 들어간다. 여기서의 ≪창립적≫이란 글자 그대로 ≪정신적-창조적≫ 혹은 창시적인 것으로 이해될 수 있다. 이런 창설은 매번의 입문제의와 매번의 토템제의의 묘사와 분석에서 구체적으로 드러난다.

입문제의와 비밀제의적 연합, 종파들, 비밀제의 및 종교에서 발견되는 정신적 집단성은 정신적-남성적으로 나타나고, 그것의 공동체적 특성에도 불구하고 개인적으로 강조된다. 그래서 각 개인이 개인으로서 봉헌하게 되며, 입문제의에서 개인이 자신의 개인성을 각인하는 경험을 하게 된디. 이런 개별적인 것의 강조, 즉 이런 집단에서의 선출이라는 특성은 태모의 원형과 의식 단계가 지배적인 모권적 집단과는 현저하게 반대되는 것이다. 남성연합과 비밀결사-조직체와 반대되는 집단에는 영웅 원형과 용과 싸움을 다루는 신화가 주도하는데, 이것은 원형적 의식 발달의 다음 단계를 나타낸다. 남성집단 자체가 우로보로스와 태모의 지배력을 해소하여 이룩한 것으로, 터부, 지켜야 할 규범, 사회제도가 집단을 이루는 근본 바탕이 된다. 천상-부성-정신과 남성적인 것은 함께 속하는 것이고, 모권적인 것을 극복한 부권의 승리를 나타낸다. 이는 모권적인 것이 무법칙적이라고 말하는 것이 아니다. 이는 각 개별적 개인성의 발달이라는 의미보다는 종(種)의 의미, 즉 종의 보급, 보존, 발달을 위하여 본능적, 무의식적, 자연적으로 기능하기에 맞게 법칙으로 규정한다는 의미이다. 남성다운 자기의식이 강해짐에 따라서 여성집단은 출산과 젖먹이기, 아이 돌보기와 더불어 생물학적인 나약함이 보호하는 전사집단의 의식적 힘을 찬양하게 된다. 여성의 삶의 자세가 본능과 집단을 강조하는 것처럼, 남성의 삶의 자세는 자아와 의식을 강조한다. 사냥과 전쟁은 위험한 상황에서 책임 있게 행동하는 자아로서 개인의 발달로 이끈다. 마찬가지로 지도자의 원칙이 발달로도 이끈다. 특정의 상황을 극복하기 위한 지도자든, 혹은 지속적으로 영향력을 행세하는 지도자든, 사냥을 위한 탐험이나 혹은 카누 만들기의 특정한 목적을 위해 선택된 지도자든, 남성집단에서 지도자와 구성원들의 상황은 발달을 하게 마련이다. 만약에 이런 집단이 여전히 모권적 우두머리에 종속되어 있더라도 그렇게 발달할 수밖에 없다.

남성집단 내에서 통솔력이 출현하고, 그것을 완수함으로써 집단은 좀 더 개인화가 이루어진다. 지도자는 실질적으로 영웅으로서 경험될 뿐 아니라, 토템-원상의 비규정성에서 벗어나 정신-생산자, 창조자-신(神), 조상, 지도자-상으로도 등장한다. ≪배경으로서 신≫, ≪창조주인 신≫, 종교사적으로 가장 초기의 신상 중 하나는, 생산자가 아니라, 창조주-부성인데, 그것은 전혀 자연과 관계없고, 오히려 근원적 시간, 즉 역사의 시작에 귀속되는 정신의 형상이다. 동시에 문화와 치유를 가져오는 자로 등장함으로써 특징이 드러난다. 그는 어떤 의미에서 무시간적이다. 시간성으로 등장하는 것이 아니라, 시간의 배경에, 즉 시간을 규정하는 근원적 시간에 있다. 역사와 도덕성의 관계가 또한 그에게서 특징적이다. 동시에 그는 부족의 조상이고, 병을 고치는 마술사이다. 마찬가지로 권력, 힘, 지혜, 비전을 전수하는 대표자로서, 연장자와 관계한다.[201]

창조주라는 형상은 영웅을 신-왕의 형상으로 이끌어낸, 소위 누미노스한 신의 투사에 해당한다. 일반적으로 말해서, 영웅은 신의 아들로서 등장하지 신 그 자신은 아니다. 이런 창조주 신성은 신화적으로 천상을 남성적-정신적으로, 보다 더 상위의 우로보로스적 배경을 이루고 있는 것을 형상으로서 동일시한 것이다. 그러나 이때 ≪천

---

[201] Van der Leeuw, Phänomenologie der Religion, S. 163 (zit. Leeuw, Phänomenologie)

상적인 것≫은 천상의 신과 동일시되는 것은 아니다. 창조주와 문화적 영웅을 조상과 함께 섞어 인물화로 발전하게 하고, 이로써 비규정적인 것의 형상화가 이루어지게 된다.

우리가 ≪천상≫이라고 부르는 것, 즉 남성적인 것과의 동일시는 용과의 싸움에서 영웅의 등장의 전제인 것이다. 동일시는 그가 신의 아들이라는 것, 즉 천상의 권능을 그 자신 속에 육화했다는 경험의 정점에 이른다. 이것은 사실상 모든 영웅은 신의 산물이라고 말하는 것과 같다. 이러한 천상의 든든한 지지는 부성적 신성에 뿌리를 내리는 것이다. 이는 정신적으로 생산하는 자로서, 정신의 창조주로서, 가족의 우두머리가 아닌 신-부성의 지지이므로, 태모의 용과 기꺼이 싸우게 만든다. 이런 생산하는 정신적 세계의 대표자로서 영웅은 민족 해방자, 구원자, 새로운 것의 전달자, 구세주, 문화와 지혜를 가져오는 자가 된다.

융은 영웅의 근친상간이 그의 재탄생을 목적으로 하고 있으며, 영웅은 이중의 탄생을 하는 자이고, 반대로 이중의 탄생을 겪는 사람은 영웅으로 간주되어야 한다고 설명하였다. 이런 재탄생이 원시인들에게서 사춘기의 통과의례의 목적이었던 것이다. 마찬가지로 비밀제의적 봉헌을 하는 사람들, 즉 그노시스학파, 인도의 브라만, 침례로 세례받은 기독교인들은 바로 새로 태어난 자가 된다. 이런 재탄생으로 영웅적인 자아는 근친상간으로 잡아먹는 무의식을 기꺼이 관통하여, 자신의 본질적 특징에 따른 변환을 하여 ≪다른 존재≫가 되는 것이다.

용과의 싸움에서 영웅의 변환은 이상화되고, 미화되고, 심지어 신격화된다. 이는 개인 인격의 보다 더 높아지게 된 본질적 특성의 생성과 탄생을 문제삼고 있는 것이다. 이런 질적 변화는 영웅을 다른 일반 사람과 구별시켜 주는 것이다. 이미 언급하였듯이, 이는 신화적으로 영웅이 이중의 아버지를 갖는 것으로 묘사된다. 그 하나는 주목할 필요없는 개인적 아버지 혹은 세속적 범속한, 육적 아버지로서 사멸적 부분이고, 또 다른 하나는 천상적, 신적 아버지로서 영웅의 한 부분을 차지하는데, 이로써 영웅이 보다 상위의 인간, 비범함과 불사의 특징을 갖게 되는 것이다.

그러므로 영웅신화의 원형은 종종 태양-신화이거나 혹은 달-신화이다. 미화된다는 것은 신격화한다는 것을 의미한다. 영웅은 태양, 달, 즉 신이다. 실제로 그는 인간적 개인적 아버지의 아들로서는 사멸적 존재이지만, 신의 아들로서는 영웅이며, 그런 신성에 의해 동일시되거나 혹은 그 자신이 동일시하게 된다.

이런 사실에 대하여 가장 최초의 역사적 예는 아마도 이집트의 파라오일 것이다. 이집트의 왕은 부성 상속으로 보면 오시리스(Osiris)의 후계자로서 호루스(Horus)의 아들들이다. 그리고 왕권이 발달함으로써 왕은 달의 신 오시리스 뿐 아니라, 태양의 신 라(Ra)와 동일시된다. 왕은 자신을 호루스 신으로 불렀다. 사람들도 그를 ≪신≫이라고 하였다. *에르만(Erman)*이 주장하듯이, 그것은 결코 ≪아름다운 상투어≫가 아니며, 현대의 왕들이 신적 자비로서 불린다면, 어구가 오히려 퇴화되었다고 해야 할 것이다.

마찬가지로 이집트 왕은 ≪살아있는 태양≫, ≪지상에 살아있는 신의 상≫이라고 불렸다. 4대 왕조부터 이미 왕은 라(Ra)의 아들이었다. 이는 그의 칭호의 굳건한 구성 요소가 되었다.

> 그 표현은 우리가 다른 곳에서, 그리고 다른 시대에 마주치게 되는 표상으로까지 거슬러간다. 이는 외면적으로 왕은 자기 아버지의 아들이면서 동시에 그는 가장 상위의 신의 아들이라는 점이다.[202]

≪이중의 부성≫이라는 현상에 대립해 있는 현대인은 자연히 이에 대한 이해가 부족하며, 또한 정신분석에서도 그렇게 자주 잘못 표현되는데, 이에 대하여 *에르만(Erman)*은 다음과 같이 언급하고 있다.

> 제한된 이해력을 가지고 있어서 저절로 우리는 그와 같은 것이 어떻게 가능한지 해명하지 않으려 하는 것이 틀림없다.

---

[202] Erman, Religion

이런 식으로 연구자가 밝힌 ≪오류≫의 해명은 예수가 탄생한 후 거의 이천 년 만이다. 심혼적 이중성에 대한 현상은 이집트 제식에서 분명히 드러나 있고, 종교적으로 수천 년 후에 *니코데무스(Nikodemus)*와 그리스도 사이에 이루어진 유명한 대화에 나타나 있다.<sup>203)</sup> 이는 어떤 한 사람의 아들이든 딸이든 ≪신의 자식≫이라는 느낌을 갖는다는 사실은 현대인에게서도 그리 드물지 않은 것이다. 부모의 이중성은 인간의 이중성, 즉 영웅의 이중성에 해당한다.

원래 어머니와 아버지의 형상에 대한 원형적 형태는 비범하고 유일한 인간의 삶, 즉 영웅의 운명 등과 연결되어 있다. 또한 오시리스의 불멸성에서, 즉 신성의 부부에서 보듯이 일회적이면서도 범례적인 것이 정신의 발전상 나중에 생기는 인간집단의 보편적 특성이 된다. 신비적 참여 상태의 비규정성에서 벗어나는 것과 인류의 진보적인 개별화는 각 개인의 자아와 그의 발전을 집중하게 됨을 말한다. 이 과정에서 개인은 영웅이 되고, 용과 싸우는 전형적 신화가 생겨나는 것이다.

영웅의 신화적 운명은 자아와 의식의 발달에 관한 원형적 운명을 묘사하는 것으로 나타남을 다시 한 번 강조해야만 한다. 이것은 더 나중에 발전하게 되는 집단적인 것의 모범이 되며, 각 개별 아동의 발달에서 그의 단계는 반복된다.

만약 위의 묘사가 예를 들어 영웅의 개별적 체험에 대해 말하거나, 여성의 관점에서 ≪인격화≫되어 있다고 한다면, 이것은 저절로 축소시킨 표현 방식으로 이해될 것이다. 우리의 후속적 심리학적 해석은 전혀 초기의 의식적 이해가 아니다. 오히려 우리의 해석은 초기에 무의식적, 상징적으로 신화적 투사로 외부로 드러나게 된 내용에 대해 의식적이 되도록 하는 기술인 것이다. 이런 상징은 다시 정신적인 상황으로 읽어낼 수 있는 내용으로 드러난다. 이런 정신적 상황은 언제나 상징 생산의 기초가 된다.

모성의 죽음은 부성의 죽음 못지않게 영웅에게 속하는 것이듯, 모두가 그의 이중 부모에 관한 것이다. 말하자면 초개인적 모성으로부터의 취득 및 초개인적 부성으로부터의 취득 모두가 그에 속하는 것이다.

---

203) Ev. Joh. Kap. 3

# Ⅱ
## 모성 살해

 

 

만약 우로보로스가 세계 부모쌍이 마침내 서로 대립적으로 나누어지면, 《아들》은 그들 사이에 놓여지게 된다. 그는 이런 사실에서 자신의 남성다움을 세우게 되어, 그의 자립하기의 첫 번째 단계가 성공적으로 성취된다. 세계 부모의 가운데 위치한 자아는 우로보로스의 양 측면을 모두 적대적으로 사주하게 되고, 그래서 이런 적의의 행동으로 상위의 것에든 하위의 것에든 싸움을 걸게 된다. 이런 의미에서 이제 우리가 《용과의 싸움》이라고 말하는, 소위 대립되는 것과의 투쟁적 싸움에 이르게 된다. 이 싸움은 자립적으로 되는 것이 실제로 성공할지, 우로보로스의 붙잡고 놓아주지 않는 폭력에서 마침내 벗어나게 될지를 좌우하는 것이 된다.

모든 신화의 기본적 형태인 용과의 싸움에 주목하여, 우선 다양한 단계의 전투와 싸움의 내용을 하나하나 밝혀내야 한다. 무의식의 핵심적 주제에 대하여 심리학적 해석의 다양성이 있으므로 주의가 요구된다. 반대되는 해석은 기본적 상황의 다른 단계이므로 함께 연결된다. 그래서 모든 이러한 일관성 있는 해석이 주어져야만 실제 사실을 묘사하는 것이 될 것이다.

용과의 싸움은 세 가지 중요한 구성요소로 이루어져 있다: 그것은 영웅, 용, 보물이다. 영웅은 용을 무찌르고 바로 그 결과로서 보물을 얻게 된다. 이런 보물 획득이라는 결과는 과정의 산물이고, 그 과정은 용과의 싸움으로 상징화한다.

어렵게 구하게 되는 보물, 자유롭게 풀려난 자, 진주, 생명수, 보석, 불로초로서 등장하는 보물들의 내용들은 나중에 다루도록 하자. 우선은 기본적으로 용의 상징이 갖는 의미를 이해해야겠다.

융이 충분히 우로보로스의 해석을 제시하지 않았더라도 이미 입증한 것 같이,[204] 용은 우로보로스의 특징을 지니고 있다. 그것은 남성적이자 동시에 여성적이다. 용과의 싸움은 또한 세계 부모와의 싸움이다. 그것은 부성 살해이자 또한 모성 살해이고, 어떤 특정의 것을 지목한 것이 아니므로 종교적 자리를 차지하는 것이다.

용과의 싸움은 인류의 발달은 물론이고 개인의 발달의 중심을 이루며, 그리고 아동의 개인적 발달에서 핵심을 이루고 있고, 계속 이어질 발달 및 진행 과정과 연결된다. 정신분석학은 이를 외디푸스 콤플렉스라고 하며, 우리는 세계 부모와의 문제로 나타내고 있다.

프로이트(Freud)의 부친 살해 이론을, 그의 제자 랑크(Rank)가[205] 완성해 보려고 시도하기도 하였는데, 그것을 대략적으로 정리하면 다음과 같은 특성으로 요약된다: 가족소설은 언제나 소년과 연관되어 있으며, 어머니에 대한 아들의 근친상간적 욕구가 절정에 달하고, 아버지는 적대적이고 방해하는 존재로 등장한다. 영웅은 아버지를 죽이고 어머니와 결혼하는 자이다. 그래서 영웅신화는 희망적 관념을 직접적 및 간접적으로 충족시키는 환상적 구성물이다. 프로이트는 《기초를 세웠다고》 하는데, 인류학적으로 불가능한 이 이론은 일관성이 없고 고릴라-부성의 가설에 해당한다. 힘있는 유인원적 아버지가 아들에게서 여자를 빼앗고, 그래서 아들의 형제연합으로부터 죽임을 당하는 것이다. 부성을 극복하는 것이 영웅의 과제이다. 프로이트는 이를 문자 그대로 받아들여, 그것으로부터 토템 숭배, 문화 및 종교의 기본적 특성이 생겨났음을 끌어냈다. 여기서 프로이트는 개인적 선입견에서 중요한 몇 가지를 잘못 해석하였다. 그럼에도 그의 이론에는 부성 살해가 용과의 싸움의 본질적 순간이라는 점을 중요하게 다루고 있다. 그러나 부성 살해로 인간의 전체 발달사를 표현하는 것은 본질적 내용에서 벗어난 것이다. 랑크는 프로이트 이론을 일방적으로 지지하는 반면, 융은 〈변환과 상징〉이라는 그의 초기 저작에서 다루었듯이 이 문제에 대한 대답으로 완전히 다른 것을 제시하였다. 우리의 관점에서 보면 융은 결정적인 두 가지 결론에 이르렀다. 그 하나는 영웅이 모성과 싸우는 것으로 보았고, 또한 여기서 모성은 가족소설의 개인적 인물로 파악되어서는 안 된다는 사실이다. 개인적 인물의 이면에 있는 것은 초개인적인 것인데, 융은 처음에 이를 상징과 상징집단에 의하여 증명했었고, 나중에 모성 원형이라고 표시했던 것이다. 융은 영웅 싸움의 초개인적 의미를 입증하는데 성공하였다. 인간 발달의 시작 시기에 대해서 현대 인간의 개인적 가족의 측면을 볼 수 없고, 오히려 리비도를 발달시키고 그것을 변화시키려는 것으로 보았기 때문이다. 이러한 인류의 변화 과정에서 영웅의 싸움은 리비도의 무력감을 극복하는데 영원히 기초가 되는 역할을 하고 있는 것이다. 여기서 리비도의 무력감은 붙들어 매려 하는 무의식, 모성인 용의 상징으로 표현된다.

융의 두 번째 결론은 그 의미가 아직 심리학에서 보편적인 것으로 받아들여지지 않고 있는데, 영웅의 ≪근친상간≫은 재탄생을 위한 것임을 밝히는 것이다. 모성을 승리하듯이 극복하는 것은 빈번히 모성을 획득하는 것이고, 이는 근친상간의 형태로 등장하는데, 이것이 새로운 탄생을 가져오도록 만든다. 근친상간은 영웅을 영웅으로, 즉 인류의 고귀하고 범례적 재현이 되도록 개인 인격의 변환을 가져온다.

융의 이러한 본질적인 발견 덕분에 우리의 최근 연구는 용과의 싸움의 개별적 단계와 유형을 서로 구분할 수 있게 되었다. 그래서 프로이트와 융 간의 서로 대립되는 두 이론을 연결도 하고, 또한 수정할 수도 있게 된 것이다. 〈변환과 상징〉에서 융은 아직은 프로이트의 부성-이론의 영향 하에 있어서, 여러 내용이 그 후에 발견한 것의 의미로 수정되어야 했고 새롭게 해석되어야만 했다.

모성을 극복하거나 죽이는 것은 용과 싸우는 영웅신화에서 같은 계열에 속한다. 자아가 성공적으로 남성화가 이루어지는 것은 용으로 표현되는 위험에 스스로를 내맡기는 전사다움, 호전성과 의지에서 드러난다. 남성적 의식의 측면과 자아의 동일시는 무의식의 용과 싸우도록 정신적인 대립 갈등을 야기한다. 이런 싸움은 동굴, 지하세계에 들어가는 것, 혹은 잡아먹혀버린 상태가 된 것으로 표현되고, 또한 모성과의 근친상간

---

204) C.G. Jung, Wandlungen und Symbole der Libido (zit. Jung, Wandlungen)
205) O. Rank, Mythos von der Geburt des Helden

하는 것으로도 표현된다. 이것은 영웅신화 중 태양신화에서 가장 두드러지게 드러난다; 태양신화에서는 영웅이 밤-바다-지하세계-용에 의해 삼켜져버리는 것이 태양이 밤 여행을 하는 것으로 묘사된다. 여기서 태양은 승리하듯이 밤을 극복한다.

잡아먹혀버린 상태는 거세와 동일시되고, 용에 대한 두려움 및 모성과 근친상간을 막는 부성에 대한 두려움으로 동일시하는 해석이 주로 이루어졌다. 말하자면, 간절히 바라는 모성과의 근친상간이 부성에 대한 두려움 때문에 끔찍하게 되어버린다는 것이다. 모성은 욕망의 긍정적 소원대상을 나타내고 부성은 소원의 장애물이다. 이 해석은 잘못된 것이다. 왜냐하면 근친상간과 거세에 대한 두려움은 이미 부성이 없는, 더욱이 질투하는 부성이 없는 단계에서 나타나기 때문이다.

여기서 더 자세하게, 그리고 더 근본적인 것을 다루어야겠다. 용에 대한 두려움은 부성에 대한 두려움이 아니다. 오히려 여성적인 것 전반에 대한 보다 근원적인 남성의 두려움에 해당한다. 영웅의 근친상간은 두려운 태모와의 근친상간이 문제인 것이다. 그녀의 본성상 두려운 것이지, 제 3자의 중재를 통해 간접적으로 두려움을 느끼게 되는 것이 아니다. 용으로 영웅의 두려움이 상징화되어 있음은 분명한데, 용은 다른 어떤 두려운 것을 더하지 않더라도 그것 자체만으로 충분히 두려운 존재이다. 심해, 바다, 어두운 동굴로 들어가는 것은, 그 경과를 방해하는 내용으로 구성되어 있어서, 아버지가 없어도 충분히 두렵다. 우로보로스-용의 양성적 구조에서 태모는 남성적이기는 하지만 부성적 특성을 갖지는 않는다. 태모의 공격적이고 파괴적인 특징, 예를 들어 죽이는 기능으로 남성적인 특성을 나타낼 수 있다. 그래서 태모의 속성으로 융이 이미 밝혀내었던 것처럼 남성적-남근적 상징을 찾을 수 있다. 특별히 헤카테(Hekate)의 속성에서 보면 그것이 잘 드러난다: 열쇠, 채찍, 뱀, 단검, 횃불; 이것들은 남성적이지만, 부성적 상징은 아니다.

거세한 성직자들이 태모에게 거세와 희생으로 의무를 완수할 때, 그들은 태모의 무서운 특징을 나타내지만, 그 거세된 성직자에서 부성상을 보는 것은 불가능하다. 여기서 그 역할을 넘겨받을 수 있는 남근적 형상은 특징적으로 항상 태모에 동격이거나 종속되었다. 태모는 그들을 지배하고 활용한다. 그래서 부성상의 자립적 의미와는 반대적이다. 태모의 공격적이고 파괴적인 요소는 상징적으로, 그리고 종교의식적으로도

제 1 부 ● 의식 발달의 신화적 단계들

하인, 성직자, 피조물 등의 형태로 나타나며, 종종 그녀로부터 따로 떨어져서 등장하기도 한다. 남성적-망아적 제의의 전사집단은 마치 쿠레텐(Kureten)처럼 태모의 파괴의 의지력의 수행자가 될 남근적 동반자이므로 태모의 숭배에 속한다. 모권이 지배하는 남미의 인디언에서도 족장은 나이든 어머니에 의존하여 일을 집행한다. 청년신을 죽이는 수퇘지일 뿐 아니라, 권위 콤플렉스의 담지자인 어머니의 형제, 즉 외삼촌은 이시스의 아들 호루스에 대적하는 상대로서 태모에 속한다. 심지어 남근적-하계적 바다의 신(神) 포세이돈 및 그가 생산한 괴물은 본성상 무서운 태모의 영역에 속하지, 부성에 속하는 것이 아니다.

그러나 나중에 부권사회가 태모의 지배력을 교체하게 되면, 무서운 부성의 역할이 태모의 두려움을 대변하던 남성적 특성에 투사되어 등장하게 된다. 특히 그것은 부권의 발달이라는 의미에서 모성의 무서운 측면을 억압하고 선한 모성의 형상을 전면에 내세울 때 나타난다.

우로보로스-근친상간에 배아적 자아가 되돌아가서 잠잠히 있는 동안은, 모권적인 것은 매우 수동적 근친상간이다. 이 상태에서 아들-청년은 모성에 의해 근친상간으로 이끌리고, 그래서 모권적 거세로 끝난다. 그러나 적극적인 근친상간은, 위험을 가져오는 여성성으로 향하여 남성의 의지적 의식으로 기꺼이 들어가 여성에 대한 두려움을 극복하는 것으로 영웅을 표시한다. 거세에 대한 두려움을 극복하는 것은 모성적 지배력에 대한 극복인데, 이는 남성에게 거세의 위험과 관련 있다.

단계의 차별화는 어떤 원칙적 가능성 뿐 아니라, 또한 진단적-치료적으로도 중요한 가능성으로 나아가게 한다. 그래서 어떤 형태의 근친상간인가, 자아와 의식의 위치는 어디인지를 구분하는 것은 개인에게 있어서 발달의 상황을 가늠할 수 있는 것이므로 매우 중요하다. 〈변환과 상징〉에서 융은 프로이트의 영향을 많이 받아 이런 상황에서 원형적 다양성을 인식하지 못했고, 그래서 이를 영웅문제로 환원하여 간단하게 다루었다.

융이 언급했던, 양성적 특성의 아들-연인에서 보이는 여성적 요소는[206] 그 아들의

---

206) Jung, Wandlungen

모성으로의 퇴행에서 비롯된 것이다. 그래서 그 양성성은 구조적으로 미분화된 특성이고 여전히 근원적으로 있는 상태를 의미하므로 이미 발달한 남성성의 퇴행에 해당하는 것은 아니다. 이 특성은 태모가 여전히 지배적이고, 그래서 남성성이 아직 확고하게 이루어지지 않은 더 기초적 단계에서 비롯된 것이다. 그러므로 여기에서는 ≪남성성을 포기한 것≫이 아니라, 단순히 이런 남성성 자체가 아직 독립성을 성취하지 않은 것이다. 심지어 청년의 남성성을 태모에게 제공함으로써 희생하는 자기거세는 퇴행의 일부이다. 그러나 이것은 단지 부분적 퇴행인데, 달리 말하자면 발달의 싹의 상실이라고 할 수 있다.

젊은이의 여성적-양성적 성향은 발달상으로 중간 단계를 의미하며, 또한 성적으로도 중간 단계로 간주될 수 있다. 성직자나 예언자를 그러한 중간 유형이라고 해석하게 된다면[207] 생물학적으로서가 아니라 심리학적으로 옳은 것이다. 그러므로 성인 자아와 태모와의 창조적 연결과, 자아가 아직 태모의 지배권에서 벗어날 능력이 없는 발달 간의 구분이 되어야 한다.

그러나 거세의 두려움이 영웅의 근친상간 단계에서 무엇을 의미하는 것일까? 여성에 대한 남성의 태고적 두려움이라고 하는 신경증 심리학의 잘못된 일반화가 아닌가?

자아와 남성에게 여성성은 무의식과 비아(非我)의 동의어이다. 말하자면 그것은 어둠, 암흑, 무(無), 심연, 공허를 나타낸다. 융의 언어를 빌어보자면:

> ... 공허(空虛)는 위대한 여성적인 비밀이다. 이것은 남성에게는 근원적으로 낯선 것이다. 그것은 바로 구덩이, 깊은 심연의 어떤 것, 음(陰)이다.[208]

여기서 모성, 자궁, 심연, 지옥은 모두 같은 의미이다. 여성의 자궁은 인간이 탄생하는 기원의 장소이다. 그래서 모든 여성은 어떤 의미에서 자궁이다. 말하자면 모성인 근원적 자궁, 즉 원천이자 무의식인 태모의 자궁이다. 이런 여성적인 것이 자아가 되지 않으려는, 즉 자신을 잃으려는 자아를 위협한다. 말하자면 죽음과 거세로 위협한다. 남근 및 성애와 동일시하는 청년-아들의 자기애적 특성은 본질적으로 성적인 행위 및 거세의 두려움과 연결시킬 수 있다. 여성에서 남근의 죽음은 상징적으로 태모에 의해 거세당하는 것이고, 심리학적으로 이것은 무의식에서 자아가 용해되어 버려서 하나가 되었음을 의미한다.

그러나 남성성과 영웅의 자아는 더 이상 남근이나 성적인 것과 동일시되지 않는다. 이 단계에서는 상징적으로 ≪보다 더 높아진 남근≫, 즉 보다 더 상위의 남성, 신체의 다른 부분이 강조되어 드러난다. 그래서 자아는 다른 신체 부위와 동일시되어, 머리는 의식의 상징이 되고, 눈은 자아의 통제기관의 상징이 된다.

머리와 눈으로 상징되는 ≪보다 더 상위의≫ 원리를 위태롭게 하는 것은 소위 ≪천상≫이라고 부르는 것에 의해 영웅이 어떻게 지지되느냐와 밀접한 관계가 있다. 심지어 용과의 싸움이 시작되면서 이미 이러한 ≪보다 더 발달된 부분이≫ 영웅 안에서 자라나 작용하게 된다. 신화적으로 이것은 그의 신(神)–생산된 존재, 즉 그의 영웅탄생에 해당한다. 심리학적으로 이것은 그가 영웅으로서 더 하위의, 즉 보통의 인간과 대립되게 용과의 싸움을 기꺼이 치르고자 함을 의미한다.

영웅의 특성 중 이런 ≪보다 더 상위의≫ 부분이 용과의 성공적인 싸움으로 확정되고, 그것이 영웅을 최종적이게 만들고, 탄생케 만든다. 오로지 싸움의 패배만이 그를 몰락으로 이끌도록 위협하게 된다.

머리와 눈이 남성적 의식의 면과 정신적인 면, 즉 ≪천상≫과 태양을 상징한다는 것을 여기서 더 이상 증명할 필요는 없겠다. 입김–호흡–연기와 언어–로고스–집단이 이런 상징적인 기본 원리에 속한다. 여기서 더 상위의 남성성은 더 하위의 남성성, 즉 남근의 단계와는 두드러지게 차이가 난다. 그러므로 일반적으로 거세를 목을 베고 눈을 멀게 하는 것으로 해석하는 것은 맞지만, 여기서의 거세는 아래가 아닌 위에서 일어난다. 이것은 결코 그냥 ≪위로 옮기기≫가 아니다. 이런 점에서 ≪머리의 상실≫이 ≪성적 불능≫과 동일시될 수도 있겠지만, 이는 신화적으로, 상징적으로, 심리학적으로도 전혀 사실이 아니다. 결국 상위의 거세와 하위의 거세가 있다. 종종 남근에 사로잡혀 있는 사람이지만 상위의 거세가 있을 수 있고, 머리에 사로잡혀 있는 사람이지만

---

207) E. Carpenter, The Intermediate Types among Primitive Folk
208) C.G. Jung, Die psychologischen Aspekte des Mutterarchetyps, Eranos–Jahrbuch 1938

하위의 거세가 있을 수 있다. 남성성의 전체는 두 영역을 함께한다. *바호펜*은 지하계적 남성성과 태양적 남성성을 구분함으로써 그 핵심을 파악하였다.

이에 상응하는 상징은 이차적 인격화가 된 신화인 심손(Schimschon)의 이야기나, 이차적 신화화가 된 영웅 이야기에서 찾아 볼 수 있다.

구약성서의 여러 부분에 나와 있듯이, 내용의 요점은 야훼(JHWH)와 가나안-팔레스티나의 아스타르테(Astarte)의 싸움이다. 이야기의 대강은 다음과 같이 요약된다: 야훼에 헌신하는 심손이 다릴라(Dalila) 아스타르테에 충동적으로 빠진다. 그 후 그의 운명은 머리카락이 잘리고 눈이 멀게 되고 그래서 야훼의 힘을 잃게 되고 만다.

거세는 머리카락을 잃는 것으로 나타나는데, 아스타르테에 적대적인 야훼의 봉헌자는 결코 머리를 잘라서는 안 된다는 특징이 강조된다. 그밖에 머리카락과 힘의 상실은 태양 영웅의 거세되고 잡아먹혀 버리는 단계에 속하는 것이다.

두 번째 요소는 다시 눈멀게 되는 것이다. 여기서의 거세는 하위의 거세와는 다른 ≪상위의 거세≫이다. 상위의 거세, 즉 야훼의 힘을 상실하는 것은 팔레스티나의 아스타르테 영역에 영웅이 사로잡히게 됨을 의미한다. 영웅은 지하세계에 갇혀 ≪맷돌을 돌리는 일≫을 해야만 한다. *제레미아스는*[209] 맷돌을 다루는 것이 종교적 모티브라고 제시하였다. 특별히 바리세인들의 다곤(Dagon) 신전과 관계가 있음이 분명한데, 그 신전에 심손이 갇혀 있었다. 다곤은 바로 가나안 지역의 곡식, 즉 오시리스 신화에서의 식물신이다. 심지어 다곤(Dagon)은 바알(Baal)의 아버지이다.[210] 야훼를 적대적으로 여기는 바알의 지배력은 가나안적 태모의 주도 하(下)에 있는 것이다. 심손의 감금 상태는 마치 헤라클레스(Herakles)가 여성의 옷을 입고 옴팔레(Omphale)에서 일을 하고 있었던 것 같이 태모의 곁에서 정복당한 남성성의 노예 상태에 해당하는 것이다. 맷돌은 다산의 상징으로, 맷돌을 돌리고 있다는 것은 태모에 빠져있다는 또 다른 잘 알려진 상징이다.[211]

아스타르테의 세계에 빠져있음은 태양성의 승자인 영웅적 힘의 재도전에 의하여 마침내 극복된다. 다곤 신전을 지탱하는 두 개의 지지 기둥을 쓰러지게 하는 심손의 희생적 죽음으로 나사렛 야훼의 힘이 다시 기반을 잡고 일어설 수 있게 된다. 신전을 무너뜨림으로써 심손은 죽으면서 동시에 새로워지고, 야훼는 적(敵)인 아스타르테의 원리를 물리친다.

영웅의 용과의 싸움에는 항상 우로보로스적 용에 의해 정신적이고 남성적 고유의 원리가 위협받는, 즉 모성적인 무의식에 의해 잡아먹히는 위험에 처하게 되는 것을 다룬다. 용에 대적하는 영웅의 싸움에 대한 가장 널리 퍼져 있는 유형은 태양신화이다. 이 신화에서 영웅은 매일 밤 서쪽에 사는 밤의 바다괴물에게 잡아먹히고, 그 자궁의 동굴에서 마주친 용과, 즉 이중의 용과 승리를 보증하는 싸움을 한다. 그는 새롭게 승리한 태양(sol invictus)으로 동쪽에서 다시 태어난다. 더 적절히 말하자면 그가 적극적으로 괴물을 가르고, 헤어나옴으로써 자신의 재탄생을 성공적으로 실현하게 된 것이다. 이러한 일련의 위험, 싸움, 승리는 우리가 거듭 의식의 의미로서 되풀이해서 강조했던 빛이고, 영웅의 핵심적 상징이다. 영웅은 항상 빛의 담지자이고, 빛의 대변자이다. 밤의 항해에서 가장 심원한 지점, 즉 태양의 영웅이 지하세계를 관통하여 항해하면서 용과 싸워 시험에서 벗어나야만 하는 바로 그 정점인 자정에, 새로운 태양이 점화되고 영웅은 어둠을 정복한다. 마찬가지로 일 년의 가장 심원한 지점에 빛의 구세주로서, 시대와 세상의 빛으로서 그리스도가 태어난다. 이는 동지에 크리스마스 트리를 경배하는 것으로 표현된다. 새로운 빛과 승리는 머리를 빛으로 환하게 하거나 빛나게 하기인데, 이는 왕관과 후광으로 상징화된다. 이런 상징성에 대한 더 내밀한 의미가 나중에 더 명확하게 드러날 것이지만, 영웅의 승리는 적어도 새로운 정신적 입장, 새로운 인식, 그리고 의식의 변화를 내용으로 하고 있음을 입증해준다.

비밀제의적 입문에서도 전수받아야 되는 자는 지하세계의 위험을 통하여 입문시험에 통과해야 하는데, 그것은 일곱개의 관문으로 이루어져 있다. 이는 이쉬타르(Ishtar)의 지옥의 통과에서 발견된다. 혹은 이시스의 비밀제의에서 *아풀레이우스(Apulejus)*가 묘사한 것 같이, 어둠의 호(弧)인 12밤을 넘겨야 한다. 밀교적 입문의 마

---

**209)** Jeremias, A.T.A.O.

**210)** Albright, Archeology

**211)** H. Silberer, Probleme der Mystik und ihrer Symbolik

지막은 신격화되는 것이다. 이는 이시스 제전에서 태양의 신과 동일시되는 것으로 나타난다. 전수자는 삶의 면류관, 즉 보다 더 높아진 깨달음을 얻는 것이다. 그의 머리는 빛에 의해 신성하게 되고, 추앙되고, 상위의 영광을 받을 것이다.

분트(Wundt)는[212] 영웅시대를 개인적 인격의 우세로서 특징지어진 것으로 보았고, 영웅이 바로 그것을 위해 있다고 하였다. 그래서 그는 영웅으로부터 신(神)의 형상을 이끌어내었다. 그는 신에서 강화된 영웅의 모습을 인식하였던 것이다. 이런 관점은 전적으로 옳은 것은 아닐지라도, 의지력을 행사하고 개인성을 형성하고 있는 자아로서의 영웅과, 신들이 비개인적인 힘에서 벗어나 결정화(結晶化)되는 형상화 시기 사이에는 어떤 관계가 있다는 점은 확실하다. 무의식이 지배적인 단계에서 벗어나 중심으로서 자리잡은 자아와 더불어 하게 되는 의식체제의 발달은 영웅신화에서 형성된다.

심혼적 단계에서 극복된 무의식적 힘은 이제 무서운 괴물과 용으로서, 그리고 자아를 다시 끌어들여 삼켜버리려고 위협하는 악마, 사악한 힘으로서, 자아-영웅과 대항하려 등장하고 자아를 위협한다. 이 때문에 이런 무의식의 삼켜버리려는 측면을 포괄하여 원형적으로 상징화한 무서운 모성은 모두 괴물인 태모이다. 자아를 압도하는 역동인 모든 위험한 정동들, 충동, 무의식의 불경스런 배열은 모두가 그의 화신이다. 이에 대해 고야(Goya)가 자신의 광상곡(Capriccio) 위에 금언으로 다음과 같이 쓰고 있다:

인간 이성의 꿈은 괴물을 생산한다.

혹은 그리스 신화에서 헤카테는 아주 나이 먹은 할머니이면서, 자연의 근원적 힘이고, 사람을 잡아먹는 엠푸사(Empusa)의 어머니이고, 청년의 살을 먹은 라미나들(Lamien)의 어머니이다. 그녀는 영웅의 강력한 적이다. 이때 영웅은 기수 및 기사로서 무의식적 충동의 측면인 말을 남성적으로 제어한다. 혹은 미카엘(Michael)로서 적인 용을 무찌른다. 영웅은 근원적 모성의 특성으로 가득한 혼돈과 자연의 거대함에 대항하면서 빛, 형태, 질서를 가져오는 자이다.

영웅과 그의 싸움의 다양한 단계를 추적하는데 있어서 가장 먼저 마주치는 영웅이 있는데, 그의 이름은 현대 심리학과 너무도 잘 연결되었으나, 또한 심층심리학적으로 잘못 해석된 영웅, *외디푸스(Ödipus)*이다. 외디푸스는 용과의 싸움에서 단지 부분적으로는 성공한 영웅의 유형이다. 그의 비극적 운명은 이런 실패의 표현이고, 이 부분은 여기서 묘사된 초개인적 배경에서 이해될 수 있을 것이다.

외디푸스 신화에서 세 가지 운명적 특성을 살펴보아야 하는데, 이는 인간 의식의 발달사에서 그에 상응하는 자리를 차지하는 것이다: 우선 스핑크스(Sphinx)와의 싸움에서 승리, 둘째 모성과의 근친상간, 셋째 부성의 살해.

외디푸스가 스핑크스를 무찔렀기 때문에 영웅이고 용을 죽인 자가 되었다. 여기서 스핑크스는 아주 오래된 적으로, 심연의 용이며, 우로보로스적 측면에서 작용하는 대지인 모성의 힘을 나타낸다. 스핑크스는 자신이 낸 수수께끼에 답할 수 없는 모든 인간적인 것을 몰락시키려 위협하고, 부성 없는 대지의 세계와 모성의 죽음의 법칙이 지배하도록 하는 태모이다. 스핑크스가 낸 수수께끼의 해답은 인간이다. 이것은 단지 영웅만이 해결할 수 있는 것이다. 외디푸스는 운명을 이김으로써, 운명에 답을 한 것이다. 그는 스스로 운명에 답하려 하였기 때문에 운명에 승리하였다. 그가 인간이 됨으로써 영웅이 된다. 이 영웅의 대답이야말로 운명을 이긴 승리, 정신의 승리, 혼돈을 극복한 남성성의 승리를 말한다. 따라서 외디푸스는 스핑크스를 물리친 자로서 영웅이자 용을 죽인 자이고, 용을 죽인 자로서 모든 영웅에서 그렇듯 모성과 근친상간을 하게 된다. 이런 영웅의 근친상간과 스핑크스가 압도하는 것은 동일한 것으로, 동일한 과정의 다른 측면에 해당한다. 그가 기꺼이 들어가야 하는 여성적인 것, 즉 심해, 근원적 자궁, 무의식의 위험에 대한 두려움의 극복은, 청년을 거세하고 스핑크스로서 그들을 죽이려는 태모를 극복하고 그녀와 부부로서 맺게 한다. 영웅으로서의 그는 자신의 고유한 존재가 된 성인 남성성이고, 그의 그러한 고유한 자립성은 여성성과 무의식의 힘에서 자라나게 된 것일 뿐 아니라, 그것 속에서 생산된 것이다.

---

212) W. Wundt, Elements of Folk Psychology

여기서 청년은 성인의 남편이 되고, 적극적인 근친상간은 생식을 위한 근친상간이 되며, 남성적인 것과 여성적 대립자가 하나로 합쳐져서 제 3의 새로운 것, 즉 합성이 이루어진다. 여기에서 처음으로 여성성과 남성성이 동등하게 만나 전체성을 위해 결합하는 것이다. 영웅은 단순히 모성적인 것을 극복한 자가 아니다. 그는 여성의 풍요롭고도 축복이 넘치는 측면을 해방하기 위해서 여성성의 무서운 측면을 제거하는 것이다.

이제 우리는 지금까지 지적한 면을 고려하면서 부성 살해라는 의미를 살펴보자. 그러면 왜 외디푸스가 반쪽자리 영웅인지, 왜 영웅의 실제적 행위가 완전히 성취되지 못했는지 이해할 수 있을 것이다. 외디푸스는 스핑크스를 정복하고, 모성과 근친상간을 하고, 무의식적으로 부성 살해를 저지르고 만다.

그는 자신이 한 일을 알지 못했고, 그것을 알게 되었을 때 자신의 행위, 즉 영웅의 행위를 차마 눈 뜨고 볼 수 없게 되었다. 그래서 그는 자신과 동등한 위치에 있던 여성상을 태모로 다시 되돌리게 되는 자신의 운명을 받아들이게 된다. 그는 아들의 단계로 되돌아갔고, 그래서 아들-연인의 운명으로 고통을 받는다. 그는 자신의 눈을 찔러서 자기거세를 완수한다. 굳이 *바호펜*의 해석을 고려하지 않더라도, 눈멀게 만드는 머리핀은 고대에는 언제나 모권체제에 속하는 상징이다. 그것은 모성의 결혼 소품 중 하나이고, 그것이 도구가 되었다는 것을 나타내고 있다. 외디푸스가 눈멀게 된 것은 이제 더 이상 우리에게 수수께끼가 아니다. 그것은 영웅으로 드러날 상위의 남성성을 없애버리는 것을 말한다. 그래서 자기거세의 정신적 형태가 두드러진다. 스핑크스와의 싸움에서 이겨서 얻은 모든 것을 없애버린 셈이 된다. 영웅의 남성화 과정은 성공적인 듯 했으나, 그를 사로잡는 모성상에 대한 두려움, 즉 그 행위 뒤에 따른 충격으로 다시 원래로 되돌리게 되어버렸다. 그래서 그는 자신이 극복했던 스핑크스의 희생물이 되었다.

소포클레스의 〈외디푸스(Oedipus at Colonus)〉에서 외디푸스는 백발노인이 되어 모성의 힘을 대표하는 자들인, 복수의 여신들(Erinnyen)의 숲에서 마침내 안식과 해방감을 찾았다. 이것은 자신의 길을 우로보로스의 순환적 흐름으로 되돌려놓은 것이다. 그의 최후는 고귀하고 비밀스런 의식으로 비극적 삶을 장식하였다. 그는 눈멀고

허약해져서 신비로 가득한 심연의 대지적 수렁 속에서 사라진다. 그 이후 계모인 여자 마법사 메데아(Medea)를 죽이지 않은 후대의 테세우스(Theseus)의 신화로 이어지게 된다. 위대한 대지의 어머니는 외디푸스, 부은 발을 가진 자, 즉 그녀의 남근적 아들을 자신에게로 되돌아오게 한 것이다. 그의 무덤은 신성한 장소가 되었다.

> 그는 그의 고통과 괴로움을 보다 더 아름다운 인간적 교화로 이끄는 위대한 인물 중에
> 하나이다. 그러나 그의 인간적 교화는 사물의 옛 상태를 그대로 둠으로써 안정을 찾게
> 하고, 거기에서 출발하게 하여, 위대한 최후의 희생자이자 동시에 새로운 시대의 창시
> 자로 여기 서 있다.[213]

외디푸스의 기원적 이야기에서 신성과 연결되어 있는 영웅의 탄생이라는 전형적 특징이 없는 것은 결코 우연이 아니다. 소포클레스에 의해 묘사된 이야기는 전혀 영웅의 비극이 아니라, 중립적 신(神)의 손에 맡겨져 있으나 인간으로 하여금 숙고하게 만드는 운명의 찬미이다. 우리는 이 드라마에서 인간적인 것과 신적인 것이 아직 만나지 못하고 있고, 그래서 자아가 힘을 의존하고 있는 모권적 초기 시대의 흔적을 담고 있음을 인식하게 된다. 여기서는 태모의 주도가 주로 철학적으로 채색되고, 이는 전적으로 운명에 따르는 것으로 그려진다. 그와 같은 염세주의적 체계에서 자아와 의식을 지배하는 태모의 주도권이 있음을 묘하게 은폐하고 있다.

무의식의 붙잡아두려는 대지의 모성이 영웅에게는 대항해서 극복해야 할 용으로 나타난다. 용과의 싸움에서 첫 번째 어둠의 시기는 모성이 아들을 배아로 여겨 적대적으로 삼키려 하면서 붙잡아두려 한다. 이는 그녀가 그의 탄생을 방해하거나 그를 영원한 젖먹이이자 모성의 아이로 만들려는 것이다. 그래서 그녀는 우로보로스적 죽음의 모성이고, 서쪽의 심해, 죽음의 왕국, 지하세계이고, 보통의 인간을 무기력하게 만들고

---

**213)** J.J. Bachofen, Mutterrecht

우로보로스적이거나 모권적인 근친상간으로 죽음에 이르도록 침잠시키고, 집어삼키는 대지의 입이다. 먹혀버린 상태는 용과의 싸움의 첫 패배로 나타난다. 심지어 바빌론의 영웅인 신(神) 마르둑(Marduk)의 전형적 승리신화에서도 사로잡혀 있는 시기를 다루고 있고, 티아마트-용과의 싸움에서 패배를 다루고 있다.[214] 이러한 사로잡혀 있음과 죽음의 시기는 재탄생의 서곡으로서 필요한 것이다.

그러나 영웅이 진정한 의미의 영웅이 되기에 성공한다면, 그래서 영웅이 보다 더 고귀한 혈통이자 출신이라는, 즉 신적 생산자인 부성의 아들이라는 그의 소속이 입증이 되면, 그는 태양 영웅으로서 두려움과 위험의 무서운 모성에게 침투하게 되고, 그래서 마침내 고래의 배 속의 어두움, 대지의 측면인 외양간과 자궁인 동굴 속에서 빠져나와 태양 영웅의 영광을 나타낸다. 모성 살해와, 부성-신과의 동일시는 같은 사건에 해당한다. 적극적 근친상간에 있는 영웅이 어두운 대지-모성의 측면을 뚫고 나가야 한다면, ≪천상≫ 즉 신과의 친자 관계에 힘입어서 그렇게 할 수 있다. 그는 그 스스로 어둠을 빠져나온 영웅, 신의 형상과 같은 형상을 가진 자로서 다시 태어나고, 동시에 신성에 의하여 수태하여 영웅을 탄생시킨 처녀의 아들이자, 다시 수태하는 선한 모성의 아들로서 태어난다.

서쪽에 등장하는 고래, 밤의 측면에 해당하는 첫 시작의 절반 동안은 태양이 어둡고 집어삼켜지시지만, 그 두 번째는 태양 영웅이 동쪽에서의 탄생에 이르므로 밝고 빛을 낳는 중이다. 자정 지점에서는 태양이 부활되어 세상에 새로운 빛을 비추는 영웅으로 다시 태어날지, 혹은 영웅이 될 수 있는 그의 천상적인 부분이 파괴됨으로써, 무서운 모성이 영웅을 이기고 거세하고 삼켜버리게 되는 것인지가 결정된다. 만약 영웅이 어둠에 머물러 있으면 그 어두움에 사로잡히게 된다. 그는 테세우스처럼 지하세계에서 자라나야 하고, 프로메테우스처럼 바위 절벽에 매달리게 되거나, 예수처럼 십자가에 못박히게 될 뿐 아니라, 또한 빛이 있어야 할 세계는 영웅 없이 남아있게 되고, 그래서 에른스트 바를라흐(Ernst Barlach)가 드라마에서 말한 것 같이 ≪어떤(einer) 죽음의 날≫이 된다.[215]

우리는 신화적 상징 내용을 고대 비극보다도 더 심오하게 다루고 있는 이 드라마를 자세히 살펴보고자 한다. 왜냐하면 용과의 싸움에 대한 신화적 상징성은 현대의 인간에게도 나타나기 때문이다.

이 작품의 기본 상황은 청년 아들이 자라나는 것을 어머니가 방해하는 것이다. 아들은 어머니 곁에 항상 머물러 살지만, 어머니는 떠나버릴 것에 대해 두려워한다. 이런 비밀스러운 어머니는 신(神), 즉 태양신에 의해 아들을 수태했으나, 그 아버지는 사라져버렸다. 그는 아들이 어른이 되면 돌아올 것이라고 했고, 어머니가 제대로 아들을 기르는지 지켜보겠다고 하였다. 이 상황에서 눈먼 개인적 아버지는 태모의 남편인 것이다. 그는 아들이 영웅이고, 신의 아들이라는 사실을 알고 있다. 그래서 그와 아내에게 영웅의 운명과 그의 필연성을 이해시키려 한다. 그는 어머니가 갖지 못한 정신의 측면으로, 부인의 보이지 않는 시종 역할을 하는 악마의 측면이다. 이런 사실은 아들의 신격화된 눈으로만 볼 수 있다. 이 신의 정신은 아들에게 제시한다.

그것은 말하자면 어머니가 집안에 다 큰 젖먹이를 두려는 것이지.

그리고서는:

남성은 《남성들》에게서 비롯되는 것이지.

그러나 아들은 어머니에 의해 억압당했고 침묵하기에 이르렀다. 그는 말하기를:

어머니는 충분한데, 그러나 아버지는 좀 부족하네요.

그리고는 계속해서:

---

**214)** C.I. Gadd, Babylonian Myth and Ritual; Hooke, Myth and Ritual
**215)** E. Barlach, Der Tote Tag

한 남자는 아버지의 방식에 따르는 것이지요. 어떤 보모는 그에게 아버지에 관해 말해 주고, 그래서 그렇게 하지 않는 어머니보다 더 훌륭하게 그를 키워내지요.

이런 사실은 어머니에게 마치 그녀의 남편의 이야기만큼이나 독이 된다. 그의 아들은 영웅일 것이다. 그의 눈먼 개인 아버지는 말하기를:

그는 어쩌면 알의 껍질을 깨고 나오는 새처럼 세계 속에 진입하여, 눈으로 봄으로써 이미 다른 세계에 살고 있을 바로 그런 자일지도 몰라 – 그래서 그것이 그에게는 필요한 거야.

그리고는 계속해서:

신의 아들은 결코 어머니의 아이가 아니지

그러자 어머니는 그에 반대하면서:

나의 아들은 영웅이 아니에요. 나는 영웅의 아들을 필요로 하지 않아요.

그리고는 계속해서:

세계의 치유를 위하여 – 어머니의 죽음을 위하여

아들의 꿈에 아버지가 나타나서:

한 남자가 태양을 머리 대신 갖고 있다.

그리고 그는 꿈에서 자신의 미래의 태양 말에 타며, 아버지는 그에게 그 말을 보내주

　　　　　　　　　　　　　　　　　제 1 부 ● 의식 발달의 신화적 단계들

었다. 이 말은 ≪심장의 뿔≫이다:

그 말은 바람을 몸속에 갖고 있지.

계속해서:

태양이 그것을 탐지해낸다.

말은 이미 외양간에 있고 아들은 기뻐한다. 이런 태양의 말이 존재하는가 존재하지 않는가는 보이지 않는 쟁점이 된다.

눈먼 인간 아버지는 아들에게 세계가 의미있음을 설명하려 시도한다. 그는 미래에 그려질 것에 대해서도 말해준다. 그것들은 이제 막 방에서 빠져나오려 하고, 그래야만 한다. 세계에 보다 더 나은 빛을 주기 위해 영웅이 깨어나야 하는 것이다. 그는 진리에 대해서, 그리고 태양에 대해서 이야기한다.

태양은 과거에도 있었고, 지금도 있으며, 앞으로도 있을 것이다.

그래서 태양은 자신의 아들이 아닌 아들을 점화시키려 한다. 그러나 어머니는 그에 대해 전혀 흔들리지 않고 말한다:

아들의 미래는 어머니의 과거이다.

그리고 계속해서:

영웅인 자는 우선 자신의 어머니부터 땅에 묻어야 할 것이다.

아들은 비로소 이해하기 시작하여:

어쩌면 우리가 가진 삶은 동시에 신들의 삶일지도 모릅니다.

그러나 어머니는 그의 미래에 대한 권한을 묵인하였고, 아들이 자라나서 떠나서는 안 된다고 하였다. 그래서 그녀는 밤마다 비밀리에 태양의 말을 서서히 죽여서 아들의 미래이자 세계를 산산조각 나게 만든다. 그래서 나타난 것이 ≪어떤 죽음의 날≫이다. 혹은 어머니가 아이러니하게도 아는 듯 모르는 듯 그것에 관해 다음과 같이 이야기한다.

이제 밤이 낳은 소년들은 새로 태어난 존재들이지만, 빛도 의식성도 없다.

아들은 의심스러워 울부짖는다:

그러나 각자는 결코 다른 존재가 될 수 없는 바로 그 하나이다; 결코 다른 것일 수 없다. 나는 나다. 결코 다른 존재일 수 없다.

그러나 어머니는 그의 얼굴을 때리고 어머니의 아들로 남아야 하며, 그 자신이 되어서는 안 된다고 한다.

어머니가 자신의 말을 죽인 사람이라는 것을 아직 모른 채 아들은 이제 그가 그냥 집을 지키는 순진한 가신(家神)이 아니며, 누군가에 의해 생겨난 존재여야만 한다는 인식에 이르게 된 것이다. 그래서 그는 자신의 삶이 어머니한테서만 생성될 거라는 희망을 갖지 않게 된 것이다:

나를 어머니 혼자 낳았을 수 없다. 그래서 그녀가 나에게 삶을 다시 줄 수 없는 것이다. 이미 주었던 삶조차도 그녀 자신이 혼자 선물한 것이 아니었다.

그는 아버지가 없다는 사실에 불평을 한다. 아버지에게 육체를 갖추고 구체적 예를 제시하는 것이 필요하므로 그의 ≪보이지 않음≫에 대해 비난한다. 그러나 아들은 어머

니의 대지적 진실에 의해 훈도된다:

인간은 빵으로 키워질 수 있단다. 다만 그 빵은 꿈에서 구워져야 한다는 것이다.

가신(家神)에 대해, 어머니 없는 아버지의 아들에 대해 욕하고 가르치면서:

너, 오줌싸개, 내 아버지의 꿈들은 나에게 아버지의 예가 없더라도 나의 후계자를 확인
시켜 주었지. 그것은 육체를 갖추고 있음을 문제삼지는 않는다. 정신에 확고하게 갖고
있어야 하는 것이다.

그래서 아들은 상위의 세계 부모와 하위의 세계 부모 사이에 아주 혼란스러운 분열 가
운데 서 있게 된다. 그가 이제 듣는 것은:

태양은 안개에 뒤덮여 사납게 날뛴다.

그래서 계속해서:

대지의 거대한 심장은 깊은 곳에서 망치질을 한다.

그래서 그가 불평하면서 말하기:

이제 나의 귓가에는 위와 아래에서부터의 소리가 잡아당기고 있다.

어머니와 아버지 사이에 놓여 있어서 그는 아버지를 두 번이나 부른다. 그러나 그의
세 번째 부름은 아래로 가라앉는다 – 바로 어머니에게로. 그가 다시 한 번 그녀에게서
벗어나려 할 때 그녀는 그를 저주하고 자신을 죽음으로 몰아간다. 마침내 그는 결정을
내리려 한다. 그는 자신을 제거할 죽음의 칼날을 거부하면서 말하기를:

아버지도 역시 그렇게 하지 않는다.

최후에 다음과 같은 문장으로 마무리한다.

    그래도 어머니의 방식은 나에게 더 좋은 것이 될거야.

그리고는 어머니를 따른다.

모성은 그의 말을 죽였고 그를 거세하였다. 이제 죽음의 날이 된 것이다. 태양이 없는 낮이 된 것이다. 신-부성의 부정은, 자기훼손과 같이 자살로 끝난다. 모성의 저주는 부성의 축복과는 대립되는 것이지만 그에게 고스란히 주어지게 된다. 그는 자신을 낳은 어머니를 따르고 그녀의 저주에 의해 죽음으로써 저주 받은 모성의 아들이 되고 만다.

이런 드라마는 초기 시대의 신화이다. 이는 인류역사적으로 태모의 시기와 외디푸스가 있는 중간 단계인 용과의 싸움 사이에서 연출되고 있는데, 여기서 외디푸스는 영웅으로서가 아니라, 패배자로 드러난다.

이런 중간 단계에 이어 나타나는 인간 단계는 극(劇) 〈오레스티(Orestie)〉에서 볼 수 있다. 여기서 아들의 승리가 다루어지는데, 아들은 부성의 복수를 위해 모성을 살해하는 자이다. 아들은 부성-태양의 측면의 도움으로 부권의 새로운 시대로 인도된다. 부권세계는 여기서 *바흐펜적* 의미로 정신-태양-의식세계의 우세함, 말하자면 남성적으로 강조된 문화세계의 우세함을 나타낸다. 다른 한편으로 모권세계일 때는 무의식과 전(前)의식적, 전(前)논리적, 전(前)개인적 생각과 느낌의 종류가 지배적이었다.[216]

〈오레스티〉에서 아들은 부성의 살해를 모성을 통해 복수함으로써 부성의 편으로 선다. 이는 모성으로부터의 해방에서 한 단계 더 나아간 것이다. 아버지의 명령에 따라 도끼로 어머니의 목을 베는 인도의 신화 〈라마(Rama)〉에서와 같이,[217] 〈오레스티〉에서도 그렇고, *셰익스피어*의 〈햄릿〉에서도 부성의 정신이 죄 많은 모성을 죽일 정도의 추진하는 힘으로 변한다. 여기서 부성과 동일시되는데, 모성적 원리가 부성적 원리에 반해 죄가 있는 것으로 되면 모성적인 것이 용과 같은 상징으로 등장하는 것이 아니라 실제적 어머니로서 등장하여 쉽게 죽일 수 있게 된다.[218]

모성 살해자를 추적하여 죽이려는 복수의 여신들이 창궐하는 모성세계에 대항하여 오레스트 편에는 빛의 세계가 편들어 준다. 아폴로와 아테네는 새로운 권리가 낡은 모성의 권리에 대항한 것임을 인정하고 죄를 묻지 않고 그의 권리에 지지하면서 부성에 속하도록 도와준다. 아테네에 의해 부성의 아들 오레스트에 여신들이 지지토록 한다. 원래 아테네는 여자로 태어난 것이 아니라 제우스의 머리에서 튀어나왔기 때문에 모성에게서 태어난 모든 여성들이 갖는 그런 대지-여성의 강조에 대해 근본적으로 낯선 존재이다. 여성의 이러한 아테네적인 측면은 심혼적으로 누이 및 누이적인 것과 밀접하게 연결되어 있다. 그것은 동격의 여성성, 즉 처녀적 요소로서, 모성 및 용과의 싸움에서 영웅과 나란히 등장하여, 복수의 여신에 대한 두려움 및 무의식적 여성성의 용과 같은 측면에 대한 공포를 극복하도록 돕는다.

---

216) 이런 의미에서 언제나 모권사회가 부권사회에 앞서 있다. 그래서 오늘날에도 신경증 환자들의 집단 전체가 부권사회의 심리학을 통해 교체되어야만 하는 모권사회 심리학에 관계하고 있음을 언급할 수 있다.

217) H. Zimmer, Der indische Mythos

218) Lucy Heyer, Erinnyen und Eumeniden, aus: Das Reich der Seele

# Ⅲ
## 부성 살해

    그러나 영웅의 용과의 싸움이 모성과의 근친상간을 의미하는 것이라면, 부친 살해는 무엇을 의미하는가? 특별히 용과의 싸움과 모성과의 근친상간을 전(前)부권적으로 나타내었듯이, 사회집단과 가족이라는 부권적 형식에는 아직 연결이 안 되어 있다. 만약 용이 프로이트와 초기의 융이 생각했던 것 같이 모성으로 가는 통로를 막는 부성에 대한 두려움을 상징화하는 것이 아니라, 오히려 모성 자체에 대한 두려움이라면, 이제 왜 영웅의 싸움이 부성을 죽이는 것과 연결되는지 해명되어야 한다.

    죽음을 부르는 무의식의 위험, 그의 갈가리 찢고 파멸시키고 잡아먹고 거세하는 특징이 영웅에게는 극복해야 할 괴물, 야수, 짐승, 거인이 되어 마주친다. 이런 형상의 분석은 그것들이 우로보로스적 양성, 즉 남성적이자 여성적 상징의 특성을 갖고 있음을 보여준다. 따라서, 영웅은 두 세계 부모에 대해, 즉 우로보로스의 남성적 부분과 여성적 부분 모두에 대립하게 되므로, 그 둘 다를 극복해야만 한다. 여기서의 이런 형상과 행세하는 힘을 모두 부성의 형상으로 환원하는 것은 사실에 대한 임의적이고 도그마적 압제에 해당한다. 영웅의 상황은 프로이트식 가족소설 같은 것으로 단순화될 수 없는 훨씬 더 복잡한 ≪부모의 관계≫의 이해를 전제로 한다. 예를 들면, 헤라클레스로 대표되는 영웅의 삶의 전형은 부성에 의해 지지를 받으나 악한 모성, 즉 계모에게 추적을 받는 유형이므로, 이를 외디푸스 신화와 같은 해석체계로 이해되어서는 안 될 것이다.

여기서 부친 살해의 의미를 밝히기 위해서는 먼저 부성 원리에 대한 기본적인 설명이 있어야 하겠다.

《부성》의 구조는 모성과 마찬가지로 개인적이고 또한 비개인적이기도 하다. 그리고 이중적이어서 긍정적인 측면과 부정적인 측면을 모두 가진다. 신화에는 생산적이고 긍정적인 부성 옆에 나란히 파괴적이고 부정적인 부성이 있다. 그 두 부성상이 신화에 투사되었던 것 같이, 현대인의 영혼 속에도 그렇게 살아있다.

그러나 자아가 부성상과 맺는 관계와 모성상과 맺는 관계에는 차이가 있다. 남성심리학과 여성심리학에서는 이런 차이에 대해 결코 과소평가해서는 안 될 것이다. 자아와의 관계에서 모성상은 집어삼키거나 낳아주는 측면을 부각하지만, 그것은 피안에 있는 어떤 불변성으로 영원히 변치 않게 남아있고, 다양한 모습으로 수많은 형상을 취하더라도, 자아와 의식에게는 언제나 근원, 기원, 무의식의 세계로 대립하여 남아있다. 그러므로 일반적으로 모성은 자아의 위치와 의식의 변화와 비교하면, 선하든 악하든, 도움을 주고 낳거나 혹은 잡아먹도록 무섭게 구는 다양함에도 불구하고, 언제나 한결같이 변화하기 어려운 것으로서 있으면서, 실제로 늘 생생하게 작용하는 충동과 본능의 측면이다. 인간의 자아와 의식은 지난 육천 년간 엄청난 변화에 반해, 무의식은 모성으로서 영원하고 거의 변화가 없이 고정된 심혼적 구조를 나타낸다. 심지어 모성상이 정신적 모성, 즉 소피아(Sophia)의 특성을 가지고 있으면서, 불변성의 특성을 그대로 갖고 있어서, 그것은 머물러 있는 것, 모든 것을 품는 것, 기르는 것, 사랑하는 것, 그리고 구원하는 존재가 된다. 창조적 근원인 기초의 변환과 발전은 무의식의 상징성에서 남성적 역동성의 활동성으로 귀속되어 표현된다. 이는 로고스–아들로 등장한다. 그러나 아들은 움직이게 되는 것과 움직이는 것으로 드러나고, 상대적으로 소피아는 모성답게 고요하다. 이것은 현대 심리학에서, 개인적 어머니는 개인적 아버지의 경우 보다는 훨씬 더 모성 원형적으로 물러나 있다고 하는 사실로 드러난다. 모성상은 시간적으로 덜 제약받고 문화적으로도 덜 관계한다.

그에 반하여 부성 원형은 언제나 개인적 부성상이 상대적으로 더 두드러지지만, 사실은 이 개인적 부성상도 개인적 인물에 의해서, 마찬가지로 문화의 특성과 그를 대변하여 변환하는 문화적 가치에 의해서도 규정될 수 있는 것이 아니다. 원시시대, 고대,

중세, 현대의 모성 형상 사이에는 광범위하게 닮은 점이 있다. 그것의 본래적 특성이 크게 변하지 않고 남아있다. 그러나 부성상은 그를 표방한 문화와 더불어 변환한다. 여기서 배경에는 창조주-신성이라는 의미에서 정신-부성의 규정되지 않은 원형적 형상이 있지만, 그것들은 단지 순수한 형식일 뿐이다; 그것은 문화의 발달에 따라 변환하는 부성상에 의해 채워진다. 이에 해당하는 구절을 제시해보자.

> 예를 들면 신화에서 신(神)을 〈아버지〉로 부르는데, 주어진 부성성의 근거에서 그렇게 한 것이 아니라, 각기 주어진 부성 형상이 따르도록 하나의 부성 형상을 창조한 것이다.[219]

신화의 창조에서 원형적 부성 형상이 가시화된 남성집단은 문화적 상황에 의해 원형의 현상화할 형식을 정하는데, 이때에 어떤 것을 결정적으로 강조하기도 하여, 특정의 색채를 갖게 된다. 그래서 부성상과 모성상의 근본적인 차이에 관한 주제는, 융의 핵심적인 발견 중의 하나인 것으로, 남성의 아니마(anima)와 여성의 아니무스(animus)를 다루는 심리학을 놀라운 방식으로 증명하고 완성시켰던 것에 해당하는 것이기도 하다.[220] 여성의 무의식에는 남성적 정신-아니무스 형상의 다수성이 생생하게 살아있고, 그와 빈대로 남성의 무의식에는 이중적인 영혼-아니마 형상이 살아있다는 설명하기 어려운 경험이 이제 더 잘 이해할 수 있게 되었다. ≪천상≫, 즉 인류 내에서 부성-남편 형상의 문화적 다양성은 여성의 무의식적 경험에서의 침전물인 것이고, 마찬가지로 모성-아내 형상은 남성의 무의식적 경험이다.

　전(前)부권세계의 상태에서 남성과 어른들은 우리가 천상이라 부르는 것을 대변하므로, 그래서 그들은 그 시대의 집단적 문화적 산물과 집단사회의 전수자들이다. ≪부성≫은 초기 시대의 금지의 법칙에서부터 최근 현대사회의 법률체제까지 이르는 그 모든 법과 질서를 나타낸다. 그들은 문명에게 가장 가치있는 산물들을 전수시켜 준다. 이와는 반대로 모성은 자연과 삶에서 가장 내밀한 가치의 것을 책임지고 있는 것이다. 따라서 부권세계는 집단적 가치의 세계이다; 그것은 역사적이며 집단의 의식과 문화적 발전에 있어서 상대적 현황과 관계한다. 문화적 가치의 지배체제, 즉 문화에 특징적 외형과 안정성을 제공하는 가치의 규준은 아버지, 즉 성인 남성이 그 기초를 이루고 있다. 그래서 성인 남성들은 집단의 종교적, 윤리적, 정치적, 사회적 구조를 표명하고 확고히 하고 있다.

성인 남성인 아버지들은 남성의 관리자이며 모든 교육의 지도자이다. 다시 말하면, 그들의 현존재는 단지 상징적인 것만이 아니라 문화적 규준을 나타내고 있는 사회제도의 담지자로서 개별자의 교육과 성장의 내용을 규정하는 것이다. 이때 어떻게 이런 문화적 규준이 내포되는지, 혹은 그것이 식인 종족이나 기독교 국가의 법칙과 금기에서 비롯된 것이냐는 크게 문제시되지 않는다. 다만 아버지들은 자라나는 사람들에게 집단의 지배하는 가치를 각인시키는데, 어른들 간에 집단적 가치규범인 것으로 평가되는 것들을 주로 고려한다. 개인의 심혼적 구조 내부에서는 부성으로부터 물려받은, 그리고 교육에서 차지하고 있는 가치규범을 대표하는 것이 주로 양심으로 나타나게 된다.[221]

부성적 심급은 문화와 의식의 발달에 필수적인 것이고, 모든 의심을 넘어서는 숭고한 것이다. 이는 개별의 자아에게 집단적인 것의 가치와 내용을 전달하는 문화기관이다. 그러나 이는 모성적 심급과는 달리 그 본질상 상대적이므로, 시대와 세대에 제한되어 있어서 모성성과 같은 절대적 특성을 가지지 않는다.

안정적 문화를 누리는 정상적인 시기는 부성이 표방하는 가치와 문화규준이 세대를 거쳐 유효성을 갖게 된다. 이때 아버지-아들 관계는 아들이 사춘기의 입문시험에 통과한 후에 아들에게 문화적 가치가 넘어가고 각인되는 통로가 된다. 그와 같은 정상적 시기 및 그에 속하는 심리학은 아버지-아들의 개별적 문제를 주목하지 않거나 암시적으로 있는 것으로 보아야 한다. 그러나 우리는 그것을 ≪색다른≫ 시대에 일어나는 우리들의 다른 경험에 의해 기만하지 않아야 한다. 어떤 안정적 문화에서 아버지와 아들

219) Leeuw, Phänomenologie (das Beispiel wurde, wie Leeuw angibt, von Frick ≪Ideogramm, Mythologie und Wort≫ ausgearbeitet)
220) C.G. Jung, Die Beziehungen zwischen dem Ich und dem Unbewussten
221) Vgl. Verf., Tiefenpsychologie, s. o.

의 단일 색조적 유사함은 관례적이다. 여기서 유사함은 부성이 대표하고 있는, 또한 이행의 제의들과 제도적 장치가 내포하고 있는 가치규범이 똑같다는 의미이다. 바로 그것이 청년을 어른으로, 아버지를 노인으로 만들며, 논쟁의 여지없이 그런 것이 지배적이 되고, 그래서 청년은 아버지가 더 연장자로 되는 것처럼 그렇게 이미 제시된 성인으로의 이행을 하게 되는 것이다.

하나의 예외가 있을 수 있다. 그 예외는 바로 창조적인 개인-영웅이다. *바를라흐*가 말한 것처럼, 영웅은 세계를 새롭고 더 나은 것이 되게 하기 위해, 밤에서 헤쳐나오려 하고, 헤쳐나와야 하며, 미래의 상을 일깨워야만 한다. 이 때문에 영웅은 당연히 낡은 법칙을 깨트리는 사람이다. 영웅은 기존의 지배적인 통치체계와 옛 문화적 가치나 주도하고 있는 양심에 대항하는 적이다. 그래서 영웅은 아들의 주변에서 지배하고 있는 문화체계를 육화하고 있는 부성, 그들의 대변인들, 혹은 개인적 아버지와 대립적 입장을 취하게 된다.

이런 갈등에서 ≪내면의 음성≫은 세계의 변환을 이루려는 초개인적 아버지, 즉 부성-원형의 주문으로서 낡은 법칙을 대변하는 개인적 아버지와는 대립한다. 우리는 야훼가 아브라함(Abraham)에게 내린 명령에 관한 종교적 이야기에서 이런 대립적 상황을 잘 볼 수 있다.

> 너의 땅, 너의 고향, 너의 아버지의 집에서 떠나 내가 너에게 제시하게 될 땅으로 가거라.[222]

미드라쉬(Midrasch)는[223] 그 갈등이 아브라함으로 하여금 그의 아버지의 신을 파괴하도록 했다는 의미로 확대 해석하고 있다; 그 갈등은 새로운 임무의 수행자인 예수에게 이르듯이, 매번의 혁명으로 반복해서 되풀이된다. 한편으로는 낡은 신상-세계상에 대립하여 새로운 신상-세계상이, 다른 한편으로 개인적인 아버지와 대립하여 새로운 신상-세계상이 대립하여 있음을 여기서는 중요하게 다룰 사항이 아니다. 왜냐하면 부성은 옛 법칙의 대변자이고, 그래서 자신의 문화적 규범인 낡은 신상-세계상의 대변자이기 때문이다.[224]

이러한 상황에 대해 설명한 *랑크(Rank)*의 요약을 보면,[225] 두 가지 언급을 할 수 있다. 첫째로, 영웅은 일반적으로 고귀한 신분의 부모의 아이인데, 주로 왕의 아들이다. 그러나 많은 영웅과 구세주는 《낮은》 신분으로 태어났기 때문에 위의 사실은 부분적으로만 맞다. 둘째로, 부성은 항상 경고의 메시지를 받는다. 그러나 이런 사실에 비범한 영웅은 신(神)에 의해 잉태되거나 처녀의 수태에 의해 낳는다는 것이 첨가된다. 지금까지 상징과 신화가 영웅의 본질적인 특성에 대해 말한 것들이므로 쉽게 이해될 수 있을 것이다. 처녀—모성은 직접적으로 새로운 것을 생산하는 신과 관련이 있으므로, 남편과는 간접적으로 관계한다. 그래서 처녀—모성은 옛것을 없애고 새로운 것을 가져올 영웅의 모성인 것이다. 이런 이유 때문에, 영웅은 자주 그의 어머니와 함께 《등장하도록》 되어 있다. 이는 늙은 왕의 통치권을 그대로 물려받는 것이 아니라, 모성에서 태어난 자로 부름을 받아 예언을 실현하는 것이다.

통치자 집안이라는 영웅의 출신은 바로 지배적 통치체계와 투쟁할 것에 대한 상징이다. 그에 대해 아주 전형적으로 벗어난 예가 모세의 이야기인데, 이는 낡은 파라오—이집트에 대립한 새로운 야훼의 신(神)—세계를 설정한 것인데 프로이트는 이를 잘 맞지 않는 그의 해석체계에 환원하여 해석해 보려고 시도했다.[226]

일반적으로 영웅은 아기일 때 적대적인 부성인 왕에 의해 집에서 쫓겨났다가 나중에 성공적으로 다시 돌아온다. 모세 이야기에서는 이런 상황이 완전히 반대로 전개된다. 신화적으로 무서운 부성으로서 파라오는 영웅인 아들을 어떻게든 제거하려 한다 — 첫째로 태어난 아들을 죽이라고 한다 — 그러나 그것은 성공하지 않았다. 야훼, 즉 초개인적 부성은 신화적 체계와는 반대로 이집트 왕의 딸의 도움을 빌어 구세주인 아기를 바로 극복해야 할 낯선 지배 세력의 체계가 있는 곳에 보내어, 그것을 극복하도

222) Gen. XII₁
223) Bin Gorion, Sagen der Juden, II. Die Erzväter, XI.
224) 이에 *A. 제레미아스*를 참고하라. 제대로 다루어졌던 초개인적 의미들이 *랑크(Rank)*에 의해 개인적으로 되어버렸고 그래서 오히려 연구의 퇴보를 가져오게 되었다.
225) O. Rank, Mythos von der Geburt des Helden
226) S. Freud, Der Mann Moses

록 하였던 것이다. 이런 신화의 히브리적 이본(異本)에서는 개인적 아버지 관계가 방계로서 긍정적으로 수용되는 것이다. 그러나 야훼에 소속된 아기는 무서운 신(神)-왕 파라오가 거주한 곳, 즉 적대적인 통치체계의 중심에 살도록 하는데, 이것이 바로 영웅의 탄생과 더불어 설정되는 갈등의 초개인적 의미를 분명히 하는 내용이다.

이상의 내용은 다른 문화영역과도 유비될 것이지만, 이를 다루고 있는 헤라클레스의 상황과 유비해보자.

여기서 나쁜 왕의 부성은 적대적 계모-여신인 헤라(Hera)와 결탁하여 영웅인 헤라클레스에게 자신의 일을 하게 시키는데, 이 행위들에는 그의 신적 부성인 제우스가 지지하고 있다. 영웅에 적대적인 왕 혹은 부성상이 영웅에게 부과하게 되는 추적과 위험이 바로 영웅으로 만든다. 낡은 부성체제에서 벗어나 저항함으로써 위험에 빠지는 것인데, 이것이 바로 영웅에게 내적 동기가 된다. 랑크는 영웅신화에서 그 내적 동기가 부성을 죽이게 한다고 언급하는데, 그것은 전적으로 옳다.

> 영웅의 특성은 부성을 극복하는 것으로 드러나며, 그것에 의한 전제가 있고, 그로부터 과제가 비롯되어 그 해결책으로 나아가는 것이다.

그것은 옳은 것이다. 또한 영웅이란 다음과 같이 언급된다.

> 영웅은 부성에 의해 파괴되도록 설정된 아들 상태의 부자유스러움에서 벗어나 해결하게 됨으로써 사회적 가치를 혁신하는 자, 사람을 잡아먹는 괴물을 정복하는 자, 삶의 터전을 황폐하게 만드는 괴물을 퇴치하는 자, 발명가, 도시를 건설하는 자, 문화를 가져오는 자가 된다.

그러나 초개인적 배경들을 살펴보면, 인류 역사를 형성해온 것이 바로 영웅의 형상으로 간주되어야 한다는 의미에 도달한다. 이는 영웅신화가 모두 인류가 존경하는, 위대하고도 전형이 되는 사건으로 이해될 수 있기 때문이다.

그것은 가정에서 아버지로서 아내를 탐하는 고릴라 아버지가 아니라 초개인적인 의미에서 그는 ≪마구 성장하고 힘을 키우고자 하는 자식들의 폭력에 자신을 보호하기 위해≫ 아들을 쫓아내려는 것이다; 어떤 나쁜 왕도, 그 자신일 수 있는 괴물을 죽인 아들을 쫓아내지 않는다. 이는 정신분석학적 해석의 오류로서, 상징적으로 드러난 용과의 싸움의 상황을 잘못 이해하는 것이다.

두 부성과 두 모성의 형상에 관한 주제에 주목해야 하겠다. 낡은 통치체제의 대표자로서의 ≪사악한 왕≫이나 개인적 부성상은 영웅이 파멸하기를 바라면서 괴물-스핑크스, 마귀할멈, 거인, 사나운 야수 등과 싸우도록 내보낸다. 이 싸움은 무의식의 힘인 우로보로스적 태모와의 싸움이다. 여기서 자아의 불안정한 위치 때문에, 즉 위협당하여 무력해질 위험에 있기 때문에 영웅을 쓰러뜨리고 위협한다. 그러나 신(神)-부성의 도움으로 영웅은 괴물을 퇴치하는데 성공한다. 그의 보다 더 고귀한 본성과 태생이 승리하고, 또한 그 승리로서 보다 더 높은 본성과 태생을 증명해 보인다. 그가 파멸당하기를 바라는 부정적 부성은 그의 비상(상승)이 시작되면 추락하게 된다. 따라서 늙은 부성-왕이 아들을 쫓아내는 것, 영웅의 싸움과 부성의 살해는 의미 있게 연결되어 있다. 그것들은 그렇게 하지 않으면 안 되는 필연적인 것으로 이루어진 사건들의 규준들이다. 그리고 그것은 상징적 그리고 객관적으로 옛것을 없애고 새로운 것을 가져오는 자로서의 영웅이라는 본질로 주어져 있다.

선한 모성은 영웅을 낳은 여인으로, 그리고 누이 같은 처녀로 영웅의 편에 서기도 하는데, 이때 그들은 하나의 형상으로 합쳐서 나타나거나 각각의 두 형상으로 등장한다. 영웅의 신-부성은 결정적인 상황에서 조력자로 개입하거나, 영웅의 자기입증이 그의 아들의 특성의 진정함이기 때문에, 배경에서 기다리고 있다. 진정으로 세트를 이기는 호루스가 오시리스의 아들로 인식될 수 있어야 하는 것이다. 기다리는 자이자 시험하는 자로서 신-부성의 형상은 부정적인 부성의 형상과 쉽게 구분되지 않을 것이다. 왜냐하면 영웅을 위험으로 보낸 부성은 개인적이면서도 비개인적 특성을 가지고 있어서 이중적이기 때문이다.

그러나 영웅은 새로운 것을 가져오는 자로서, 항상 새로운 신-부성의 표명에 귀속된다. 영웅 안에서 태모에 대립한 부권적 신들, 토착민의 신에 대립한 침입자의 신, 이교도의 신에 대립한 야훼처럼 관철해낸다. 이 경우에 싸움은 두 개의 신상 혹은 신들의 싸움에 해당한다. 늙은 부성-신은 새로운 아들-신에 대항해 자신을 지키려 하고, 늙은 신들의 세계 체제가 새로운 신의 체제에 의해 붕괴되지 않으려 하는 것인데, 이것이 바로 원형적 신들의 싸움으로 표현된 것이다.

영웅이 신에 대항하면서 한 인간으로서 자신의 독립적 역할을 하기 시작하여, 그래서 인간 자신이 개인적인 것을 갖춘 근대 인간이 된 상태에서 초개인적인 것의 투쟁이 결정적으로 영향을 끼치게 되었다면, 인간적 자아가 신성에 대항해 결정적인 힘을 행사하게 되므로, 싸움의 장면은 더욱 복잡해진다. 여기서 인간은 낡은 법을 깨뜨리는 자로서 낡은 신의 세계 체제에 반대하여 싸우게 되고 낡은 신성의 의지에 저항하면서 인류에 넘겨줄 새로운 것을 가져온다. 이것의 가장 전형적인 예가 프로메테우스의 불 훔치기이고, 또 다른 예는 그노시스파에 의해 해석된 낙원에 대한 이야기이다. 그노시스파의 이야기에서 야훼는 사악한 늙은 신이며, 아담은 이브 및 뱀과 동맹을 맺고 있다. 여기서 아담은 인류에게 새로운 인식을 넘겨주는 영웅이다. 그러나 아담은 새로운 부성신의 아들이고, 구원자로서 새로운 신(神)-세계의 체제를 실현한다. 아담은 모든 그노시스 체제들에서의 구원자처럼 더 상위의 알려지지 않은 신성의 아들이어서 낡은 신과 투쟁을 해야만 했던 것이다.

여기서 영웅에게 다양한 양상으로 ≪무서운 남성성≫으로 대립하여 등장하고 있는 것을 좀 더 분류해서 이해하도록 해보자.

이제까지 말해왔듯이 영웅은 우로보로스의 양성적 인물과 싸운다. 천상의 전쟁으로 드러난 우주적 투사에서는 처음에는 빛과 어둠의 싸움으로 나타난다. 여기서 어둠은 수많은 상징적 내용들과 관련되고 빛은 항상 영웅과 동일시된다. 그래서 영웅은 달, 태양, 혹은 별 영웅이다. 그러나 집어삼키는 어둠은 티아마트, 카오스(혼돈)처럼 여성일 뿐 아니라 세트나 펜리스(Fenris) 늑대 같은 남성적 괴물 형태로 나타날 수도 있다.

따라서 아동을 집어삼키는 모든 부성 형상들은 우로보로스의 남성적 측면으로, 세계 부모의 남성적-부정적 측면을 나타낸다. 이런 형상들에서는 우선 집어삼키는 것, 즉 자궁 동굴이 거듭 강조된다. 후에 그것들은 가부장제에서, 예를 들면 크로노스(Chronos)나 몰로흐(Moloch)에서 보듯이 순수한 무서운 부성 형상으로 등장하는데, 잡아먹는 우로보로스적 특성이 전면에 부각되는 한, 여전히 무서운 모성과 가까운 것으로 드러난다.

*바흐펜*이 제대로 지적했듯이 남근적 지하적 대지와 바다의 신성들은 태모신의 단순한 수행자들일 뿐이다. 히폴리토스(Hippolytos)에게는 아프로디테가 태모이며, 페르세우스에게는 메두사가 태모이다. 두 신화에서 포세이돈은 마치 독립적인 신처럼 나타나지만, 태모의 파괴적 의도의 도구이다.

자아의식-영웅인 몰락하는 청년의 단계, 즉 태모의 주도로 몰락하는 단계는 사실상두 개의 중간 단계로 구성된다. 첫째는 태모의 영향으로 고통받고 몰락하는 영웅의 단계이고, 두 번째는 그런 영향에서 점차 저항이 증가되어 이길 수 없지만 투쟁적 상황에 이르게 되는 단계이다. 저항이 증가하는 두 번째 단계는 태모로부터 자기애적으로방어하는 것에 상응한다. 이 단계에서 추락하게 되는 것, 죽임을 당하게 되는 것, 거세당하고 미쳐버리는 것은, 자기-거세와 자살로 교체된다.

청년 영웅으로 강화되는 남성성은 이제 태모의 부정적 측면들을 남성적인 것으로경험한다. 그들은 청년기 아들의 희생을 실행하는 자이며, 이들은 돌과 쇠라는 파괴적요인들과 관계가 있는[227] 태모의 살해하고 파괴하려는 경향의 수행자이다. 신화적으로 이러한 측면은 남성적 살인적 어두운 힘, 혹은 끔찍한 동물, 특히 태모의 상징인 암퇘지에 귀속되는 멧돼지로서 등장하는데, 또한 그녀의 남성적 호전적 동반자로서 혹은 죽이고 거세하는 사제로 나타난다. 오래된 다산제의에서 남성성을 희생하는 자기경험은 이 지점에서 시작된다. 계속 진행되는 자기 의식화에서 남성성은 대립자와의관계를 경험하게 되는데, 희생당한 자기 자신을 희생시키는 자와 같은 정체성을 발견하거나 혹은 그 반대 상황이 될 때, 빛과 어둠의 우주적 대립은 신-인간적 쌍둥이의대립으로 경험된다. 신화에서 그와 같이 다루어온 형제-대립은 오시리스와 세트, 바알(Baal)과 모트(Moth) 간의 혈육 싸움으로 나타난다.[228]

---

227) Vgl. z. B. die Zuordnung von Set, dem Isis-Bruder, zum Feuersteinmesser, von Mars, dem Geliebten der Aphrodite,  zum Eisen, usw.
228) 정신분석학이 시도한 것은 잘못된 것이다.[228a] 쌍둥이의 문제는 나이든 형과 더 어린 아우의 대립과 아들-아버지의 대립으로 잘못 대체되었다. 이는 전적으로 다시 외디푸스 콤플렉스로 환원하기 위해서였다. 그것들은 발달사적 그리고 심리학적으로 서로 따로 떨어져 있는 단계들을 나타내고 있다.
228a) O. Rank, Psychoanalytische Beiträge zur Mythenforschung

가장 초기적 적대적 쌍둥이 형제는 봄과 여름, 낮과 밤, 삶과 죽음이라는 자연의 순환 리듬과 함께하고 있는데, 이는 전적으로 태모의 지배에 속한다. 그 다음으로 적대적 남성성, 즉 태모의 파괴적 도구로서 부정적 죽음-어두운 힘이 경험되는데, 이는 사회학적 그리고 신화학적으로 호루스의 외삼촌인 세트가 모권의 적대적 집행력의 담지자였던 것처럼, 모성에 속하는 남성성이 전면에서 부각되는 것이다.

남성의 자기의식이 강해짐에 따라 모권적 단계는 둘로 나뉘어지게 된다. 이런 이행의 상태에 대해 신화에서는 증상적으로 쌍둥이 형제 모티브로 나타내고, 쌍둥이 형제의 대립들이 서로 긴밀한 관계가 있음을 나타낸다. 둘로 나누기는 자해와 자살 등 스스로에게 파괴적 적용으로 드러난다. 우로보로스적 뿐 아니라, 모권적인 거세에서 태모는 확고한 위치를 차지한다. 그러나 자아 영웅의 자기보존적 경향이 기초하고 있으면, 두려움 속에서도 초기 형식을 갖고 있는 중심화 경향은 수동적, 자기애적인 단계를 넘어 태모에 대립하여 저항, 도전, 공격으로 발전한다. 이러한 예는 신화적으로 히폴리토스에서 볼 수 있다. 무의식에 적대적으로 서 있는 자아체제의 파괴는 신화에서 추격, 갈가리 찢기, 광란 등으로 상징되며, 이로써 자아의 상대적 자립성과 발전을 미리 설정하고 있다. 태모에게는 아버지와 아들은 같은 방식으로 단지 수태를 시키는 남근일 뿐이라는 사실이 될 것이고, 남성의 관점에서 보면 승리하는 자나 죽어가는 자는 항상 같다고 말할 수 있다. 희생하여 승리하는 자는 언제나 희생된 미래의 정복된 자인 것이다. 남성적 대립자들의 밀접한 관계에 대한 의식은 남성적 자기의식의 시작이 된다. 이것은 제의적으로 희생하는 자와 제의적으로 희생당한 자가 서로에게 《개인적》 감정을 발달시킨다는 것을 의미하는 것이 아니다. 묘사된 사건은 초개인적이기 때문에, 언제나 전형적 사건의 경과들에서 추론해낼 수 있을 뿐이다. 그러한 전형적 경과는 모권세계에 종속되어 있는 남성집단이 자신의 자립성과 고유성을 점차적으로 경험하고 관철하여, 더 이상 낯선 적대자의 제의적 도구이기를 허용하지 않으려는 것이다. 남성적 자기의식의 발달은 남성성의 자기-자신의 발견의 원인이자 결과이고, 이로써 남성의 대립에서 남성동맹으로 점차 교체된다.

남성들의 상호 관계의 강조는 결국 부권세계의 남성적 특징들에 의한 모권세계의 전복으로 이끈다. 스파르타가 모권세계의 조건인데도 청년 전사들의 쌍을 이루는 남성관계의 강조가 강하게 있음을 보게 된다. 이와 마찬가지로 훨씬 더 이전으로 거슬러 올라가서, 길가메쉬 서사시와 수많은 다른 영웅신화에서도 친구 간의 우정적 연대가 강조되어 있다. 그리스 신화에서 보이는 수많은 남성의 동맹관계는 태모의 괴물과 영웅의 싸움에서 보이는, 길가메쉬와 엔기두의 우정처럼 그것의 의미와 확증을 포함하고 있다.

이제 적대적 형제 간의 대립의 원리에서 우정으로 변화된 것이다. 이러한 남성의 우정적 연대는 불평등한 형제들 간에도 종종 존재한다. 비록 하나는 사멸할 운명이고 다른 하나는 불멸의 존재임에도 불구하고 그들을 쌍둥이로 여기게 되는 연대감이 있게 된다. 우리는 영웅의 탄생에서 불멸의 영웅과 사멸할 운명의 쌍둥이 형제가 같은 날 밤 서로 다른 아버지들에 의해 수태되어 태어나게 되는 것을 알고 있다. 이제 이 두 부분이 서로 손을 잡는 것이다. 모든 경우에 남성 대 남성의 관계는 의식과 자아 원리의 강화를 의미하는데, 그 결합은 심리학적으로는 자아와 그림자의 결합 혹은, 자아와 자기(Selbst)의 결합이 될 것이다. 한편으로 자아가 지상적 그림자-형제, 즉 그의 본능적, 파괴적, 자기파멸적인 힘과 동화하는 것이고 또, 다른 한편에선 지상적 자아와 불멸의 쌍둥이 형제, 즉 자기와의 결합을 전면에 나타낸다.

수동적, 자기폐쇄적, 자기애적 모성의 저지에 대항하여 얼마간 도주를 하거나, 자기파괴에도 불구하고 모성에 도전하는 태도를 갖고 자아의 남성의식을 강화하는 것은 우세한 모권과의 싸움으로 이끈다. 이는 심리학적으로는 물론 사회학적으로도 추적해 볼 수 있는 과정이다. 사회학적으로는 모권거주-모계혼에서 부권거주-모계혼을 거쳐 마침내는 부계혼에 이르는 것이다. 여성성의 힘은 처음에는 출산하는 자로서 탄생에 대해 완벽한 통제력을 갖고 있고, 성 행위와 수태 간의 관계를 모르고 있어서 출산에 있어서 아버지는 포함되어 있지 않다는 사실로 잘 드러난다. 나중에 아버지는 이방인으로서 아이에 대해 권위를 실행하지 못하도록 제도적으로 배제되어 있었다. 이에 반하여 부권사회에서는 아버지는 아이를 낳게 하는 자로서 아이의 주인이고, 여성은 단지 수태의 용기(容器), 출생 통로, 보모일 뿐이다. 심리적으로 남성성과 자아의식이 강화됨에 따라 모성인 용과의 싸움은 자아의 자기-해방을 위한 영웅의 투쟁이 된다. 이 투쟁 속에서 영웅과 남성적 천상과의 결합은 남성이 여성성 없이 스스로를 새롭게 생산해내는 자기-재생으로 이끈다.

부권세계로의 이행은 새로운 가치의 강조에 이르게 한다. 무의식의 우세를 나타내는 모권세계는 이제 부정적으로 된다. 결과적으로 모성은 용과 같은 무서운 특성을 띠게 된다. 모성은 극복되어야 할 늙은 노파이다. 세트와 호루스의 대립에서 볼 수 있듯이 모성 대신에 모권의 권위를 갖고 있는 모성의 남자형제가 등장한다.

외삼촌과 아들의 대립은 결국 부권세계에서 아버지와 아들의 갈등으로 교체된다. 이러한 발전은 투사의 담지자가 낡은 악과 적 사이에서, 원형적 관계의 다양한 발달 단계와 의식의 발달 단계에서 어떻게 변화하는지를 보여준다. 그러나 원형적이기 때문에 그 자체는 여전히 존재한다. 새로운 의식을 대표하는 영웅에게 적대적 용은 낡은 것이고, 다시 그를 집어삼키려 위협할 수 있으나 정신적으로 극복된 단계에 등장한다. 그것의 가장 포괄적이고 원초적인 형태가 무서운 모성이다. 그녀는 모권세계의 권위를 가진 남성 대표자 즉, 외삼촌으로 교체된다. 그리고 그는 이방인적 늙은이이자 왕으로 교체되고, 마침내 부성으로도 교체된다.

신화에서 영웅의 부성 살해는 원상의 부모의 문제에 속하는 것으로 개인적 부모에서 유래한 것이 아니며, 하물며 아들의 모성에 대한 성적 고착으로부터 더더욱 기인한 것이 아니다. *브리폴트(Briffault)*가 제대로 인식하였듯이,[229] 부권가족의 기원에 기초한 성서 연구는 분명히 그런 심리학적 연구의 잔재물이다. 이런 의미에서 부성 살해 이론, 외디푸스 콤플렉스와, ≪토템과 터부≫에서 이런 가정(假定)으로 시도된 인류학적 기초들이 그 자체로 반박될 것이다.

신화에서 호루스-아들이 자신의 부성에 대해 긍정적이지만, 우리가 알듯이 모권가정에서 권위를 가진 외삼촌 세트에게는 부정적이었음을 보게 된다. 이것은 모권의 법에 기초한 집단사회에서 부성이 아니라, ≪가족 내에서 규율과 권위, 집행력을 대표하는≫ 모성의 형제를 죽이고자 하는 소망이 있다는 것은 *말리노프스키(Malinowski)*의 원시 심성의 연구[230]에 의하여 입증된다. 따라서 그 살해의도 혹은 그것에 기초한 양가성은 성적인 의미도 아니고, 어머니를 소유하는 것과도 관계가 없다.

성적으로 어머니를 소유한 아버지와 소년의 관계는 다정하게 강조된다. 그러나 소년은 아주 어릴 때부터 그의 어머니에 관해 성적으로나 다른 모든 측면에서 터부시해야 하는 외삼촌에 대해서는 살해소망이 있게 된다. 그래서 만일 이런 문화에서 성적으로 금기시된 누이를 무의식적으로 소망한다면, 그녀는 외삼촌에게 뿐 아니라 소년 자신에게도 금지되는 것이다. 또한 성적 질투심이라는 모티브도 누이의 경우에는 금지된다.

그렇다면 왜 살해소망인가? 왜냐하면 외삼촌은 남성성의 대표로서, 우리가 ≪천상≫이라 부르는 것의 담지자이기 때문이다. 말리노프스키는 이 외삼촌이 아이들의 삶에 ≪의무, 금지, 강제≫를 가져온다고 말하였다. ≪그는 힘을 가졌고, 그는 이상화되며, 그에게 어머니와 아이들이 종속된다.≫ 외삼촌을 통해 소년은 ≪사회적 야망, 명성, 출신과 가문에 대한 감정, 미래의 풍요에 대한 희망 및 사회적 지위≫와 같은 것을 얻는다. 소년의 살해소망은 집단의 규범을 대표하는 그 권위에 대한 것이다.[231] 소년의 유아적 측면에서 보면 소년에게 그 권위가 강요하는 것으로, 혹은 소년의 영웅적 측면에서 보면 방해하는 것으로 경험된다. 부성 원형의 집단적으로 결정된 초자아 부분, 즉 양심은 바로 이 외삼촌에서 경험되는 것이다. 그를 죽임은 모성에 대한 경쟁과는 상관이 없고, 또한 그런 경쟁이 있을 수도 없다. 왜냐하면 경쟁 자체가 존재하지 않기 때문이다. (우리는 ≪부성 원형≫이라는 용어가 우리 자신의 부권적 문화로 채색되어 있다는 것을 알지만, 그럼에도 불구하고 우리의 의미를 분명히 하는데 도움이 되기 때문에 그대로 사용하기로 한다.)

정신분석적 주장이 제공하는 이러한 논박들은 특별히 배울만하다. 그것들은 개인적 현상들로부터 보편적 원리를 끌어내는 것이 특징적이다. 그러나 부성 원형의 권위적 측면이 그런 것처럼, 초개인적 요인들의 중요성 때문에 또한 의미가 있다. 그 초개인적 요인은 사회학적, 역사적 상황에 따라 다른 대상에 투사된다. 때론 외삼촌에 때론

---

**229)** 브리폴트[229a]는 사회의 기원은 부권적이 아니라, 모권적 가족에서 찾아져야 한다는 증거를 제시하려 하였다. 그래서 유인원의 심리학이 근원적으로 부권사회적 가족에 대한 자료가 아님을 보여주었다.
**229a)** Briffault, The Mothers
**230)** B. Malinowski, Mutterrechtliche Familie und Ödipus-Komplex, The Father in Primitive Psychologie, u. a.
**231)** G.R.F. Aldrich, The Primitive Mind and the Modern Civilization

아버지에 투사된다. 그러나 어떤 경우에든 반드시 이러한 요인의 담지자와의 논쟁이 뒤따른다. 왜냐하면 《부친》의 살해 없이는 의식도 인격의 발달도 가능하지 않기 때문이다.

남성의 지배력의 등장으로 남성 그룹들 간에 강력한 경쟁이 있게 된다. 이 경쟁은 각 개별 도시나 종족, 국가의 확장 그리고 소유의 축적이 이루어지는 만큼 자라난다. 원래의 문화는 원시인들이 같은 섬에 살면서도 다른 종족끼리 서로를 알지 못한 채 오랫동안 이방인적 혐오 상태를 고집할 정도로 이상하게 발전하듯이, 각 개별 집단의 강력한 고립성이 두드러진다. 문명의 전파는 여러 방면을 연결짓기도 하고 상호 갈등을 증가시키기도 한다. 그래서 인류의 정치생활이 시작되고, 이 정치생활은 거의 항상 부권사회의 등장과 동일시되는데, 그와 함께 쌍둥이 형제의 대립으로 다양성에 이르게 된다. 이로써 신·구 남성적 대립이 드러나는데, 이는 결코 부자간 갈등과 같은 것이 아니다.

원래 계절제 왕을 희생하는 다산제의에서, 죽어야 하는 묵은 해(年), 혹은 계절 순환의 대표자도 계승할 새로운 왕과 마찬가지로 젊다. 단지 그가 묵은 해와 동일시 때문에 상징적으로 늙은 것이며, 그래서 죽음으로 봉헌하는 것이다. 아주 최근까지도 계속 유지해온 제의에서 보이는 애도와 부활은 제의적 희생과 계승을 증명한다. 그것은 또한 식물이 여름의 열기에 의해 죽었다가 봄에 다시 살아난다는 자연주의적 설명을 반증하는 것이다. 그것은 죽음과 재생 사이에 가뭄과 동절기의 기간 있다는 것, 즉 보다 더 긴 계절기가 있다고 가정하는 것일텐데 실제로는 전혀 그렇지가 않다. 오히려 늙은 계절 왕의 죽음에 이어 부활, 즉 새로운 계절 왕의 재생이 즉시 이루어진다. 두 왕 간의 대립은 늙고 젊다는 대립으로서 드러나는데, 이는 단지 상징적일 뿐이며 실제의 사실과는 다른 것이다. 나중에 몇 년 간을 다스리는 계절의 왕, 혹은 일반 세속의 왕의 부권의 이행에 있어서 전쟁에서 자신의 목숨을 지켜낼 권리를 갖는 왕으로 교체되었다. 해마다 혹은 수년마다 새롭게 되어야 했던 왕은, 희생되는 계절제 왕이었으며 나중에 동물의 희생으로 대체했다. 기간제 왕(Dauerkönig)은 자신의 생명력으로 집단의 번영을 대표하는데, 그는 실제로 나이가 들어 약해지게 되었고, 자신의 자리를 차지하려는 희생자와 싸워야 하거나, 혹은 자신에게 도전하는 자와 싸워야만 한다. 그가 싸움에 성공하는 한 왕으로 남는다. 만일 그가 정복되면 희생당하고, 승리자가 그를 계승했다.

프레이저에 의해 묘사된 기간제 왕으로의 이행에서 비로소 신·구 간의 갈등이 생길 수 있게 된다. 기간제 왕은 옛것을 대표하고 그와 싸우는 자는 새로운 것을 대표하게 된다. 이러한 부권의 초기 단계는 신화적으로 영웅신화에서 두드러진다. 이때부터 늙은 왕과 젊은 영웅 사이에 갈등이 일어나기 시작한다. 여기에 계부와 영웅 사이의 갈등이라는 신화학적 특성은 개인적인 아버지와 아들 간에 있는 대립의 은폐하기가 아니다. 고대사에서 영웅들에 의한 왕조의 창건과, 늙은 왕과 늙은 왕조의 전복이 역사적 현실이라는 것을 언제나 거듭 확인하게 된다. 상징적으로 등장하는 대립의 원리는 부권적 가족보다 훨씬 먼저 있으므로, 결코 부권적 가족에서 유래하지 않으며, 그것으로 환원할 수도 없다.

죽임을 당해야 하는 ≪무서운 남성≫의 그 최종 형태가 ≪무서운 부성≫인데, 이는 무서운 모성을 모르는 전(前)역사성을 갖는다. 여기서도 모성 원형의 변하지 않은 본성이 있다는 사실과, 부성 원형은 문화적으로 염색된 것이라는 우리의 전제를 확신케 한다. 모성 용의 비유기적 무서움은 부성 용이 가진 문화적 계층화와는 대립해 있다. 이런 각도에서 볼 때 모성은 본성이고, 부성은 문화이다. 무서운 남성도 무서운 여성처럼 항상 늙고 사악하므로 극복되어야 하는 것이어서, 결과적으로 영웅에게 그것은 비범한 것을 행하는 영웅의 임무가 된다. 그러나 무서운 남성도 의식을 해체하는 원리일 뿐 아니라, 의식을 잘못 고착시키는 원리가 된다. 그것은 자아와 의식의 지속적 발전을 방해하고 낡은 의식의 체계를 유지하는 것이다. 그는 모권의 하수인이자 파괴적 도구이다. 그는 외삼촌으로서 낡은 체계의 권위를 갖는다. 그는 자아나 의식의 쌍둥이로서 부정적 자기파괴이자 퇴행의 의지이다. 마침내는 그는 무서운 부성으로서 부권의 권위가 된다.

무서운 부성인 무서운 남성은 영웅에게 적대적인 두 개의 초개인적 인물로 나타난다. 무서운 남근적 대지의 힘과 섬뜩한 정신의 부성으로서 드러난다. 고태적 힘을 지닌 무서운 대지의 부성은 심리학적으로 보아 태모의 영역에 속한다. 그는 가장 흔하게 압도적 공격성이 되어, 충동적 남근 혹은 파괴적 공격적 괴물로 드러난다. 그러나 자아가 남성의 성적, 공격적인 힘의 본능, 혹은 본능의 또 다른 형태에 의해 압도될 때마다, 태모의 주도적 힘을 함께 보게 된다. 왜냐하면 그녀는 본능의 지배자이고, 동물의 여주인이고, 남근적인 무서운 부성은 단지 그녀의 하인이지 동등한 무게를 지닌 남성적 원리가 아니기 때문이다.

그러나 아들을 제압하는, 즉 그의 영웅됨과 그 자신이 되려는 것에 방해하는 무서운 부성의 또 다른 면은 남근적이라기보다 정신적인 것이다. *바를라흐*의 ≪어떤 죽음의 날≫처럼 무서운 모성은 대지의 모성으로서 아들이 영웅이 되는 것을 허락하지 않으며 그를 ≪거세≫한다. 그러나 그를 거세하는 무서운 부성도 있어서 자기성취와 승리에 이르는 것을 허용하지 않는다. 이 부성도 역시 초개인적이다. 그는 다른 측면에서, 즉 위에서 아들의 의식을 사로잡고 파멸시키는 정신적 체계로 작용한다. 이런 정신체계는 낡은 법의 구속력이며 오래된 종교의 형식이다. 낡은 도덕성, 낡은 집단, 즉 양심, 관습, 전통 등은 아들을 꼼짝 못하게 붙잡아 새로운 것과 미래로의 발전을 가로막는 어떤 정신적 소여성으로 나타난다. 즉 붙잡아 매는 태만한 힘 혹은, 본능적 측면에 의한 압도로서 등장하듯이, 주로 역동적 정서의 측면에서 비롯되어 작용하는 내용은 모성의 영역, 즉 자연에 속한다. 그러나 의식 능력적 내용, 가치, 이상, 도덕적 규범, 혹은 다른 정신적 소여성과의 대결을 다룰 때면 언제나 모성체제가 아닌 부성체제가 강조된다.

부권적 거세는 포로성과 사로잡힘이라는 두 가지 형태로 나타난다. 포로성에는 자아가 집단적 규범의 대표자인 부성에게 전적으로 의존 상태에 있음을 의미한다. 즉 그것은 더 하위의 부성과 동일시하고 그럼으로써 창조적인 것과의 연계를 상실한다. 그것은 전통-도덕-양심에 묶여 있어서 관습적으로 존재함으로써 이중적 본성의 상위 절반을 잃어버린 상태로 거세된다.

부권적 거세의 또 다른 형태는 위와는 반대로 신적 부성과의 동일시이다. 그것은 ≪정신을 통한 폐기≫로 드러나는, 천상적 팽창에 해당하는 사로잡힘으로 이끈다. 여기서 또 영웅은 지상적 부분, 즉 대지적 부분을 포기함으로써, 자신의 이중적 특성의 의식을 상실하고 만다.

팽창으로 드러난 부권적 거세의 뒤에는 남성적 그리고 여성적으로 삼키는 존재가 동시에 발생함으로써, 우로보로스의 집어삼키는 세력이 윤곽을 드러낸다. 플레로마, 즉 신적 충만의 매력 속에서 부성적 우로보로스 측면이 모성적 측면들과 융합된다. 정신인 천상의 부성을 통한 폐기, 그리고 무의식 즉 대지인 모성을 통한 폐기는 모든 정신병이 보여주듯, 서로 동일하다. 천상적 집단적 정신의 힘들은 반대 방향으로 끌어당기는 집단적 본능적 힘과 마찬가지로 위대한 우로보로스의 일부이다.

≪정신을 통한 폐기≫는 바빌로니아의 에타나(Etana) 신화에서 보이는 주제인데, 여기서 독수리에 의해 천상으로 인도된 영웅이 추락하면서 산산조각이 난다. (여기서 도달할 수 없는 천상은 우로보로스적 하늘이면서, 동시에 땅의 모성신 이쉬타르에 속한다.) 이는 태양에 너무 가까이 날아갔던 크레타의 이카로스(Ikaros)에서도 확인된다. 그는 벨레로폰(Bellerophon)에서 날개 달린 말인 페가수스(Pegasus)를 타고 천상에 가려고 했지만 지상으로 추락해 미쳐버린 신화적 상황이 묘사되어져 있다. 테세우스와 다른 영웅들의 자만(Hybris)에서도 비슷한 배열이 있음을 볼 수 있다. 영웅은 바로 신(神)에 의해 수태되었기 때문에 ≪경건≫하고, 자신이 하고 있는 것을 충분히 의식하고 있음에 틀림없다. 만일 그가 그리스인들이 자만이라고 부르는, 자아의 착란으로 행동한다면, 그래서 그가 싸우고 있는 대상에 대한 누미노제를 전혀 두려워하지 않는다면, 그의 행위는 반드시 실패하게 될 것이다. 너무 높이 날려는 것과 떨어지는 것, 마찬가지로 너무 깊이 침투하려는 것과 고정되어 버리는 것은 모두가 자아의 과대평가의 징후이며, 이는 모두 파멸, 죽음, 광란으로 끝난다. 저 위와 저 아래의 초개인적 힘에 대한 자아의 지나친 경멸은 영웅이 에타나처럼 추락하거나, 이카로스처럼 바다에 빠지거나, 테세우스처럼 지하세계에 사로잡히거나, 프로메테우스처럼 바위에 묶이거나, 혹은 타이탄처럼 죄값을 치르게 되므로, 결국은 희생물이 되어버리게 된다.

부권적 거세는 대지적 측면이 희생됨으로써 계속되는데, 이는 모권적 거세처럼 남근의 희생으로 인도된다. 부성적 우로보로스와 모성적 우로보로스의 비밀스럽고도 섬뜩한 동일성이 여기서도 입증된다. 그 때문에 거세 상징은, 그노시스파와 신비제의처럼 정신적 측면에 의해 압도된 사람들에게 종종 나타난다. 그노시스파의 아티스 숭배 찬가에서[232] 아티스는 아도니스, 오시리스, 헤르메스, 아다마스, 코리바스(Korybas), 파파(Papa)와 동일시되듯이, 이들 모두는 ≪시체, 신(神), 생산할 수 없는 자≫라고 언급된다. 모권체제에 저항하고 있는 자들은, 우리가 이미 알고 있듯이, 태모에 대한 반항으로서 자기거세를 하게 된다. 그렇게 모성에 저항하려 애쓰는 그노시스파는 정신의 부성에 의해 사로잡힌 자들이다. 그들은 정신의 부성에 의해 매혹된 것을 넘어서 부권적 거세와 우로보로스적 플레로마에 굴복하고 만다. 여기서 우로보로스적 플레로마는 그들이 저항하려 애쓴 바로 태모라는 사실이 드러나게 된다. 그들의 운명은 신화에서 저항하려고 애쓰는 자들처럼 되어버린다.

그럼에도 불구하고 부권적 거세의 특징은 어느 정도 다른 색채를 지닌다. 모권적 거세가 망아적이라면, 부권적 거세는 금욕주의적으로 나타난다. 모든 극단의 발전 단계가 그렇듯이, 이 두 형태는 서로 넘나든다. 그래서 어떤 특정의 그노시스파는 성적 망아적 제의 경향이 실행되기도 한다; 이것들은 그노시스파에 있어서 전형적인 방식으로 허무주의적으로 처리된다. 성적 열광은 황홀경적 현상으로 부성-정신의 원리에 속한다. 반면에 모성 신성 혹은 세계의 창조주 데미우르그에 속하던 다산 원리는 체계적인 낙태와 아동-살해에 이르도록 부정된다.

부성의 아들들은 이미 논의된 모성의 아들들과 대등한 형상이다. 그들의 성교불능은 부권적 거세 때문이다. 그들의 감금 상태의 형식을 ≪이삭(Isaak) 콤플렉스≫라고 부를 수 있을 것이다. 아브라함은 자신을 전적으로 신뢰하는 아들 이삭을 희생하기로 결심한다. 우리는 아브라함의 종교적, 심리학적 상황을 고려하지는 않겠다. 여기서는 그 아들의 심혼적 상황에 대한 것만 문제삼을 것이기 때문이다. 거기에는 두 가지 증후가 특징적이다. 그 하나는 성경에 분명히 나와 있듯이 아버지에 대한 이삭의 절대적 의존이다. 그는 제대로 자립적으로 되지 못한 채 아버지를 의지하고 있다. 또 다른 하나는 전적으로 ≪본받아 생활하고≫ 있다는 것이다. 그의 종교적 경험의 특징은 바로 자립성을 가질 수 있는 그의 인격의 부분이 겪는 것으로 나타난다. 이는 신성이 이삭에게는 두려움(Pachad Jizchak)으로 경험된다는 것을 의미한다.[233]

법칙에 속하는 자에게는 성교불능 및 낮은 집단-부성의 심급으로서의 양심을 넘어서는 새로운 신(神)의 등장이 있으나, 그에 따른 심급의 ≪음성≫이 없는 상태이다. 모성의 아들들이 무서운 모성에 의해 제거되고 무의식적으로 모성의 자궁에서 붙잡혀서 창조적 정신-태양의 측면과 단절되어 있듯이, 마찬가지로 여기서는 영웅을 낳는 처녀-여신이 신-부성, 즉 무서운 부성에 의해 제거된다. 부성의 아들들은 전적으로 의식적으로 머물며 일종의 정신의 자궁 안에 붙잡혀 있게 된다. 그래서 그들은 결코 여성적 측면 즉 창조적 무의식에 도달할 수 없게 된다. 이런 식으로 그들은 모성의 아들들처럼 거세된다. 제거된 영웅적 행위 때문에 메마른 보수주의와 혁명이나 혁신에 적대적인 부성과의 동일시로 드러난다. 여기에는 아버지-아들이 겪는 살아있는 세대 간의 대립이나 변증법이 제외되어 있다.

이상의 방향을 역행하면, 아들은, 결코 부성 콤플렉스의 해방이 아니라, 항구적인 혁명가인 《영원한 아들》이다. 여기서 용을 살해하는 영웅과 동일시하지만 신-부성에 의해 생산된 존재의 의식이 없다. 부성-동일시의 결여로 인하여 그 영원한 젊은이는 지배력, 왕국도 결코 갖지 못한다. 아버지가 되는 것이나 지배력을 넘겨받는 것을 거부한다는 것은 그에게는 영원한 젊음을 보장받는 것으로 여겨진다. 왜냐하면 지배력을 넘겨받는다는 것은 자신도 미래의 지배자인 아들에게 넘겨주어야 한다는 사실을 안다는 것을 의미하기 때문이다. 그러나 개별 인간은 본성적으로 원형적이지 않다. 즉 영원한 혁명가는 나이를 먹어감에 따라 자신의 한계를 받아들일 준비가 되지 못한 신경증 환자가 되어버린다. 이런 의미에서 이삭 콤플렉스의 부정은 그것을 넘어서는 것이 아니다.

그러므로 용과의 싸움에서 영웅에게는 단지 모성만이 아니라 부성까지도 극복하는 것이 부과된다. 그의 투쟁은 결코 개인적이지 않고 항상 초개인적이다. 개인적 부모가 이때 역할을 하고, 항상 원칙적으로 작용을 하더라도 그들의 개인적 부분은 상대적으

232) H. Leisegang, Die Gnosis, S. 129f.
233) 《pachad》라는 단어는 언어학적으로 혈족관계(kinship)를 의미하는 것이므로 풍요라는 의미는 잘못된 것으로 증명되어야 하는데도,[233a] 민족과 인류에 관한 이해에서 오늘날까지 그렇게 받아들여졌고, 그런 것으로 영향을 끼쳐왔다.

이삭의 아버지-아들의 심리학은 유대인적 인간의 전형적 특성이고, 여전히 오늘날에도 유대인적 인간에 등장하고 있다. 여기서 실제적으로 그 법칙은 새로운 것의 요구에 대한 오래된 보호와 도피이다. 그 법칙은 《아브라함의 품》이 되고, 모세의 오경은 남성적 본성의 특성의 정신-자궁이 되어버렸다. 그래서 그것은 단단히 고정시키고 결코 새로운 탄생을 허용하지 않는 것이다.

233a) Albright, Stone Age

로 미미하다. 반면에 그런 개인적 부모를 통해 작용하고 있는 초개인적 부모상의 측면이 매우 결정적이고 압도적이다. 우리가 개별의 역사에서 검토해 보면 원형적 규범이 요구할 때 부모의 개인적 실제성은 왜곡될 뿐 아니라, 심지어는 완전히 전도되는 것을 발견할 수 있다. 프로이트도 실제와 달리 어떤 금지가 부모의 측면에 고집스럽게 전가되는 것을 놀라워하면서 주시하였다.[234] 잘못된 개인적 심상을 자아에게 전달하는 이차적 인격화와는 관계없이, 항상 작용하고 있는 힘들은 무의식의 초개인적 내용이라는 사실은 거듭 분명하게 드러난다.

자아와 이런 초개인적 요인들과의 대화에서 비로소 인격의 생성에 이르고, 그들의 심급의 형성에 이른다. 영웅은 모범적이고, 그의 행위나 고통은 가시적이 되며, 그것은 나중에 모든 개별자에게 일어날 것이다. 인격의 형성은 영웅의 삶 속에서 상징적으로 묘사된다. 그는 일차적 ≪인격≫이며, 인격을 형성할 모든 사람이 그것을 전형으로 따르게 된다.

영웅신화에서의 세 가지 기본 요소는 영웅, 용, 그리고 보물이다. 영웅의 본질은 그의 출생을 다루는 장에서 분명히 드러난다. 용의 본질은 그의 싸움에 유용한 것인데, 이는 모성과 부성 살해에 관한 장에서 설명되었다. 용과의 싸움의 목표인 세 번째 요인을 분석하는 것이 아직 남아있다.

이 목표는 보석, 구제해야 할 여성 포로, 혹은 ≪어렵게 구해야 하는 소중한 것≫일 수 있다. 그것은 본질적으로 영웅적 싸움에서 직접 영웅에게 일어나는 것과 연관된다.

영웅의 싸움에서 비로소 영웅은 영웅이 되며, 자신의 본성을 변화시키게 된다. 그는 행위자로서 기꺼이 구제하거나, 승리자로서 기꺼이 해방하는데, 그에 의해 변화된 것은 또한 그를 변화시키게 한다. 이 때문에 신화의 마지막이자 세 번째 단계는 변환신화이다. 첫 번째 단계로 자연 신화학과 창조 신화학이 등장하였고, 그 다음 단계인 영웅신화에서 자연의 투쟁으로 인도되었는데, 이제 변환신화에서 변환의 승리에 이른다. 그에 관해서 다음과 같이 말한다: ≪자연은 자연을 지배한다.≫

---

234) S. Freud, Infantile Neurose

# C

## 변환신화

《자연은 자연을 지배한다》

# I
## 여성 포로와 보물

용과의 싸움에서 도달하려는 신화적 목표는 항상 처녀, 포로, 혹은 더 보편화시켜 보물, 즉 ≪어렵게 구해야 하는 소중한 것≫이다. 이에 반해 황금 보물은, 니벨룽엔 (Nibelungen)의 보물처럼 근원적 주제의 후기적이자 퇴보한 형태라고 할 수 있다. 근원적으로 초기의 신화, 제의, 종교에서, 그리고 비밀제의적 문서, 민담이나 전설, 시(詩) 등에서 금과 보석, 특히 다이아몬드[235]와 진주[236]는 비물질적 가치를 나타내는 상징적 보유물이었다. 생명수나 약초, 불로불사의 영약, 철학자의 돌, 기적의 반지, 소원을 들어주는 반지, 요술 두건, 나르는 망토 등은 진부 보물의 의미를 가진 상징물들이다.

심리학적 해석을 할 때 보면 신화와 상징이 유형론적으로 이중의 방향성을 나타내는 현상이 있는데, 이를 살피는 것은 중요하다. 그것이 신화 뿐 아니라 민담의 특징과 형태적 종류로서도 드러나고 있고, 마찬가지로 서로 상반된 심리학적 유형으로도[237] 작용하는 것이다. 즉 신화 속에서 내향형 뿐 아니라, 외향형도 ≪스스로≫를 표방하고 있음을 발견한다. 이런 이유로 신화는 외향형에게는 객관단계에서, 내향형에게는 주관단계에서 해석되어야 하지만[238] 해석은 둘 다 필요하고 각기 의미가 있다.

예를 들어 객관단계에서는 신화의 ≪사로잡혀 있는 여성≫이 실제의 살아있는 한 여성으로 이해되어야 한다. 남-녀 관계의 문제와 그 어려움과 해결책은 신화 속에서 범례적으로 드러나게 된다. 그래서 이러한 주제는 외부의 사건으로 단순하게 이해되기도 한다. 그러나 인류의 초기에는 파트너의 문제가 우리 현대인에게 의미하는 것과는 다르므로, 사로잡혀 있는 여성의 해방과 획득은 훨씬 더 많은 것을 의미했을 것이다. 그녀를 얻기 위한 싸움은 남성과 여성 간에 벌어지는 대결의 한 형식(Form)이다. 그러나 그것은 원상의 모성과 원상의 부성처럼 초개인적인 것으로, 말하자면 인류의 집단적 심혼을 대표한다.

그러나 처음부터 객관단계의 해석 외에 다른 해석 즉 주관단계의 해석도 유효하다. 그 여성 포로를 ≪내면의 것≫, 즉 심혼 그 자체로 해석하는 것이다. 신화에서는 남성적 자아와 이 심혼과의 관계를 다루는 것이며, 그녀를 위한 싸움에서 겪는 모험과 위험들, 그리고 그 해결이 가져오는 결과에 관해 다루는 것이다. 용과의 싸움의 목표에 이르기까지 놀라운 것과 비실제적인 것들이 강하게 드러낸다. 그래서 내향적인 사람에게는 관심의 중심에 소위 심혼적 배경적 사건이 의심할 여지없이 신화의 상징으로 묘사되어 드러나는 것이다.

하나는 심혼적 배경에, 다른 하나는 대상으로서 외부세계에 강조점을 두는 식으로, 유형에 따라 달리 일어나는 반응들은 항상 무의식적이다. 심혼의 배경적 사건들은 외부로 투사되고, 그래서 그것은 외적 현실과 이런 외부에 대한 내면적 심혼적 활동이 합성된 통일체로서 대상에서 경험된다. 그러나 신화와 그의 상징성은 내면의 심혼적 순간의 우세가 특징적이므로, 신화적 사건과 ≪사실적≫ 사건의 차이를 나타내는 것이다.

신화적 주제의 이중 방향성 외에, 해석에서 또한 개인적 요인과 초개인적 요인들이 서로 섞여 있음을 고려해야 한다. 이때 개인적 해석과 초개인적 해석의 차이점은 외향형과 내향형 사이에서 강조했던 관점의 차이와는 다른 것이다. 두 유형 모두가 순수하

---

235) U.a. C.G. Jung, Das Geheimnis der Goldenen Blüte
236) H. Jonas, Gnosis und spätantiker Geist, Lied von der Perle
     K.Th. Preuß, Geistige Kultur der Naturvölker, S. 18
     C.G. Jung, Psychologie und Alchemie, S. 184
237) C.G. Jung, Psychologische Typen
238) C.G. Jung, Über die Energetik der Seele, S. 162

게 개인적 영역으로 제한될 수도 있고, 또한 두 유형 모두 원형적 경험이 될 수도 있다. 예를 들어 내향형은 자신의 의미있는 개인적인 의식 내용이나 개인적인 무의식의 내용으로만 머물러 있게 할 수 있고, 반면에 외향형들은 초개인적 특성을 세상의 모든 대상에서 경험할 수 있다. 따라서 ≪여성 포로≫는 실제 여성으로서 개인적이자 초개인적으로 둘 다 경험될 수 있듯이, 마찬가지로 주관단계적으로 내면에서 개인적이자 초개인적으로 경험될 수 있다. 초개인적 해석과 주관단계적 해석이 같지 않듯 개인적 해석과 객관단계적 해석도 같지 않다.

신화는 초개인적 집단적 무의식의 투사이기 때문에 초개인적 사건들을 묘사하고 있고, 그래서 객관단계적, 혹은 주관단계적으로 해석될 터이지만, 어떤 경우든 개인적 해석은 적절치 않다. 또한 무의식에서 신화가 생성된 것이므로, 객관단계적으로, 예를 들어 기상학적이라든가, 천문학적 사건으로 해석하는 것보다, 주관단계적으로 해석하는 것이 훨씬 더 정당하다고 할 수 있다.

따라서 영웅에 관한 신화는 결코 살아있는 한 개인의 사적 역사를 다루는 것이 아니라, 항상 범례적, 즉 초개인적, 집단적으로 중요한 사건을 다루는 것이다. 개별 영웅들은 각기 그들의 고유한 운명이 있고, 용과의 싸움에서 각기 목표가 서로 달라 보일지라도, 그들이 갖는 유사 인격성은 원형적 특성에 해당한다.

또한 영웅의 싸움과 목표를 주관단계적으로 일어나는 과정으로 해석한다면, 그것은 초개인적 과정이다. 영웅의 승리와 변환은 범례로 삼고, 적어도 그렇게 뒤따라 경험하도록 하는 내면의 사건, 모든 인간이 주목해야 할 사건이다. 현대의 역사가 개인주의적으로 편향되어 있어 국가와 인류의 집단적 사건들을 마치 군주나 지도자의 개인주의적 관심에 근거하는 것으로 표현하는 반면, 신화는 영웅의 개별적 사건에서 바로 초개인적 실제성을 묘사하고 있는 것이다.

수많은 신화에서 영웅의 싸움의 목표는 괴물의 힘에서 여성 포로를 구해내는 것이다. 이 괴물은 원형적으로는 용이다. 혹은 원형적으로 인격화된 특성들이 뒤섞인 경우에는 마녀나 마술사, 혹은 개인적으로 인격화되어 사악한 부성 혹은 모성으로 나타난다.

이제까지 우리는 용과의 싸움을 모성-부성 원형과의 대결로서 해석해왔다. 다루지 못한 것은 이중의 얼굴을 가진 용으로 상징되는 것, 즉 붙잡고 있는 힘과 여성 포로와 보물과의 관계 및 영웅 자신에게 싸움의 목적이 무엇을 의미하는지를 해명해야 하는 것이다.

결국 여성 포로는 항상 영웅의 결혼 상대자이다. 즉 그녀와의 결합은 용과의 싸움의 본질적 결과이다. 봄과 신년맞이의 축제에 기초하고 있는 오래된 다산신화와 다산제의들은 영웅신화의 한 단면을 형성하는 제식의 전형에 해당한다. 괴물과 적들을 물리치는 것은 젊은 영웅 왕이 지상에서 승리하여 여신과 결합하는 조건이 된다. 이때의 여신은 그 해의 다산을 마술적으로 회복시키는 존재이다. 용과의 싸움을 통해 여성 포로를 해방시켜서 그녀를 획득하는 것은 이 오래된 다산제의의 계속적 발전이 된다. 우리는 이미 무서운 모성의 극복을 용과의 싸움에서 이루어지는 영웅의 남성적 힘의 발달로 표현해왔다. 여성 포로를 구출하고 얻어내는 것은 남성 의식의 자기전개라는 더 나아간 단계를 형성한다.

영웅의 용과의 싸움 과정에서 일어나는 남성의 변환은 여성과의 관계의 변화를 가져오며, 이는 용의 손아귀에서 여성 포로를 해방시키는 것으로, 다시 말해 여성성을 무서운 모성의 손아귀에서 벗어나게 하는 것으로 상징화한 것이다. 이 과정을 분석심리학에서는 모성 원형에서 아니마를 분리하는 것으로 다룬다.

우세한 모성과 청년기 아들의 결합이 이제 발전을 함으로써 한 성인 남성이 자기 나이에 걸맞는 여성 파트너와 결합하는 신성혼(hieros gamos)의 단계로 이어진다. 그는 이제야 비로소 성숙하게 되고 자신의 고유한 번식력에 이르게 된다. 그는 더 이상 우월한 우위에 있던 대지인 모성의 도구가 아니라, 부성처럼 자신의 자손을 돌보고 책임질 수 있으며, 한 여성과 영원한 관계를 맺어, 모든 부권문화의 핵으로서 가족을 이룩하고, 나아가 왕권과 국가를 설립한다.

여성 포로의 구출 및 새로운 왕국의 설립과 더불어 강력한 부권시대가 된다. 아직은 부권적이라는 의미가 여성이 종속된다는 의미는 아니고, 남성이 자신에 의해 태어난 자녀들을 자립적으로 다스릴 수 있게 되었다는 것이다. 이때 여성이 함께 지배하느냐 혹은 부권의 전제적 형태처럼 남성이 모든 권력을 독점하느냐 하는 것을 물을 수 있겠으나, 여성에 의해 태어난 자손에 대해 모성이 독자적으로 지배하던 것이 이제 종식되었기 때문에, 이것은 단지 부차적 의미만 가지게 될 것이다.

남성이 지복함 및 젖을 제공하던 선한 모성에 대한 영·유아기적 의존을 멈추고 그녀에게서 분리된 실체가 되자마자 여성성에 대한 남성의 원초적 공포가 나타난다는 것을 이미 언급했다.[239] 이 분리는 자연스럽고 필요한 것이다: 말하자면 그것은 자립적으로 되는 것을 요청하고 강요하는 외적 특성의 경향보다, 오히려 자립적으로 되는 것을 목표로 하는 내적 특성의 경향이다. 아무리 악의에 찬 외부의 부성 인물이라도 어머니에게서 아기를 빼앗지는 않는다; 설혹 그런 상황이 발생한다 하더라도 그것은 항상 자아가 자립적으로 되는 것을 요구하는, 내면의 심급인 ≪천상≫의 투사이다. 그 심급은 부성의 형태로 영웅에게 싸우도록 권유하는 것이다. 집어삼키는 태모에 대한 젊은이의 공포나, 우로보로스적 선한 모성에 대한 유아의 행복한 헌신은 남성이 여성을 경험하는 기본적 형식들이다. 그러나 만약 그것이 실제적 남-녀 관계에서 이루어지는 것이라면 그것들이 그런 식으로 고스란히 유지되지는 않는다. 남성이 여성에게서 아낌없이 주는 모성만을 바라고 있는 한, 그것은 유아적인 채 머물러 있는 것이다. 만일 남성이 여성을 거세시키는 원초적 자궁으로서 두려워한다면, 그는 여성과 결합할 수 없고, 그래서 자연히 그 곳에서는 생산도 없다. 영웅이 죽이게 되는 것은 단지 여성의 무서운 측면일 뿐이다. 이때의 여성은 남성과 결합하면서 자신이 제시하였던 풍요와 지복함을 거두어들이는 것이다.

이렇게 긍정적 여성성의 해방과 두려움을 불러일으키는 태모의 이미지로부터 분리한다는 것은 영웅에 의해 여성 포로를 구하고 사로잡고 있는 용을 살해하는 것을 의미한다. 이제까지 여성에 대해 경험해온 유일하고 절대적 위력의 태모는 죽임을 당하고 극복되어진다.

키스(Kees)[240]는 우리가 이제까지 다루어온 관계들에 대한 인식을 갖고 있지는 않았지만, 이런 과정의 신화적 예시, 즉 ≪무서운 모성≫의 변환을 ≪맹수의 진정시키기≫[241]라는 주제로 묘사했다. 그것은 다음과 같다:

≪유쾌한≫ 자연 신성들의 파괴적인 힘들을 마술적으로 길들이는 것으로는, 특히 부토(Buto)의 왕관으로서 뱀(고대 이집트 파라오의 왕관에 달렸던 뱀 모양의 휘장)을 택한

것에서 볼 수 있다. 이처럼 길들여지지 않은 맹수의 힘을 진정시킨다는 것은, 역사적으로 인간의 사고 방식에 아주 특징적인 공헌이라고 하겠다.

실제로 두려운 것을 길들이기는 선사시대로까지 소급시켜볼 수 있다. 이집트에서 춤과, 음악, 환각 음료의 도움으로 하토르의 분노를 전환시켜 그녀를 길들이고 화해케 했던 것이나, 마찬가지로 바스테트(Bastet)가 사자의 여신 작스메트(Sachmet)의 호의적 형태, 즉 치유의 여신이 되거나, 작스메트의 사제가 여의사가 되는 것도 같은 맥락에 있다. 그러나 이집트 신화에서는 이러한 발달이 이미 보다 더 상위의 단계에서 시작되었다.

놀랍게도 동물적 여신이 자신의 본성을 벗고, 신적 파트너의 《좋은 자매》로서, 인간적 여성으로 변화하게 된다는 놀라움이 때때로 일어난다.

여기서 무서운 여성성의 변환은 여전히 신들에 속한 상태에서 일어나는 것이므로, 특징적 방식으로 보다 더 상위의 지혜의 신인 토트가 또 다른 무서운 사자 여신인 테프네트(Tefnet)의[242] 화해를 이끌어낼 역할을 넘겨받는다는 식으로 이루어진다. 인류에게 그 활동성이 위임된 내용의 영웅신화에서는 여성을 변환시키고 구출하는 것이 영웅의 임무가 된다.

여성 포로 상태에 있는 여성성은 무의식의 위세가 살아있는 강렬함이나 힘이 아니고, 더 이상 초개인적인 원형으로 등장하는 것도 아니고, 오히려 남성이 개인적으로 결합할 수 있는 파트너, 인간으로서 나타난다. 여성적인 것은 점점 더 구출되고 해방되고 해결해야 되는 어떤 것이 된다. 그래서 남성에게는 단지 다산을 위한 남근적 도

---

239) 186쪽을 참고하라.
240) Kees, Götterglaube, S. 134ff.
241) Kees, 《Die Befriedigung des Raubtiers》, Ae. Z. 67, S. 56f
242) Erman, Religion, S. 66f.

구의 담지자로서가 아니라 정신적 실현가능성, 즉 영웅으로서 스스로를 남성으로서 입증할 것이 요구된다. 여성은 그의 힘과 영특함, 대응, 용기, 보호, 싸움에 대한 준비성을 기대한다. 이처럼 여성의 구원 요구는 여러 가지가 된다. 그것은 지하감옥을 열어젖히는 것, 모성적이자 부성적인 죽음을 부르는 마술적 위력으로부터 구출하기, 가시덤불 및 두려움과 억제의 덤불을 헤쳐나오기, 혼란 상태에 빠져 붙잡혀 있는 여성성의 해방, 수수께끼를 풀어낼 영특함으로 극복하기, 그리고 즐거움이 없는 우울에서 구출하는 것이다. 그러나 해방시켜야 할 여성 포로는 항상 개인이며, 남성에게는 파트너가 될 존재이다. 그래서 극복되어야 할 것은 초개인적 힘이다. 그 초개인적인 힘이 객관적으로 여성 포로를 붙잡고 있는 것이고, 주관적으로 영웅으로 하여금 그녀와 관계 맺는 것을 방해하는 것이다.

여성을 구출해야 되는 것과 용을 죽여야 하는 신화의 형식 외에도 영웅이 호의적인 여성 인물의 도움으로 괴물을 죽일 수 있게 되는 다른 이야기들이 있다. 이에 대한 일련의 예들은 메데아(Medea)와 아리아드네(Ariadne)에서 아테네에 이르기까지, 이들은 집어삼키는 모성 원형의 용과 대극을 이루는 여성적인 것이다. 여기서 그녀들은 애인, 안내자, 조력자로서 등장하며, 그리고 영웅의 옆에서 구원하는 영원한 여성으로서, 누이같이 도움을 주고 정신성을 고취하는 측면으로 묘사된다. 언제나 이런 형상은, 특히 민담에서 누이적인 것을 강조한다. 영웅이 위험에 처했을 때 누이와 같은 여성은 인간적이면서 동시에 전혀 다른 특성으로 보완하는 역할을 하며, 헌신적 사랑과 기꺼이 희생할 준비가 되어있음을 제시한다. 이시스가 오시리스의 아내이자 그를 새롭게 탄생시키는 어머니일 뿐만 아니라, 그의 누이이기도 한 그녀의 다면적 형상들은 결코 우연히 등장한 것이 아니다.

오누이적이라는 것은 남-녀 관계의 한 부분이다. 이는 인간적인 것과의 유대감을 강조하는 것이며, 여성적인 것이 남성인 자아에 좀 더 가깝고, 의식에 좀 더 친근한 심상이 되었음을 의미한다. 물론 여기서도 전형적 관계의 형태이지 실제적 연관성을 다루고 있는 것은 아니다. 어머니, 누이, 아내, 딸은 어떤 남녀 간의 관계에나 있는 자연스러운 네 요소이다. 그것들은 유형적으로 다를 뿐 아니라, 개인의 정상적 발달이나 잘못된 발달에서도 나름대로 적법적 위치를 갖고 있다. 그러나 실제적 관계 상황에서 보면 이러한 기본 유형들이 혼합되어 나타날 수 있다. 예를 들면 한 남성이 누이와의 실제적 관계에서 모성 혹은 아내의 특성을 혼동할 수 있다. 여기서는 누이가 여성적 심혼의 상으로서, 개인적으로는 엘렉트라로, 초개인적으로는 아테네로 정신적 존재를 제시한다는 의미가 있다. 바로 그런 정신적 존재에서 여성적인 것이 집단적 여성적 측면과는 대립되게 개별자로서, 자아의 특성을 가진 의식으로서 표현되는 것이다.

여성 포로에서 경험되고 해방시키게 되는 아니마-누이의 측면은 인류 발달사에서 남성-여성의 관계에 본질적인 진보를 가능케 한다. 해방된 여성은 단지 좁은 의미에서의 여성과의 성애적 관계의 상징이 아니라, 세계의 살아있는 것의 전부인, 너(Du)와의 살아있는 관계의 상징이다. 바로 그것이 영웅의 적극적 활동성에 의해 포로 상태에서 해방된 것이다.

남성의 원시심리학은 근친상간적 가족 유대를 활성화시키려는 리비도의 경향성으로 특징지어진다. 그것에 대해 융은 친족 리비도(Verwandtschaftslibido)라고 불렀다.[243] 즉 우로보로스 안에서 신비적 참여라는 근원적 상태는 가장 긴밀한 가족관계의 태고적 유대에 계속 머물게 만드는 태만(Trägheit)으로 나타난다. 이러한 가족관계는 개인 인격적으로 어머니와 누이에게 투사되어 우로보로스 속에 머물고 있게 만드는 그들과의 상징적인 근친상간이 이루어진다. 이런 이유에서 개인과 자아를 무의식에 묶어놓는 ≪하위의 여성성≫으로 특징지을 수 있다.

영웅은 남성성과 자아의식의 발전을 위해 중심화의 경향을 갖추어야 한다. 그렇게 함으로써 여성 포로를 구출하고, 또한 동족혼적인 친족 리비도의 구속에서 스스로를 해방시켜서, 타향에서 여성을 획득하는 ≪족외혼≫에 이르게 되는 것이다. 아니마가 이런 다른 여성성이라면 항상 ≪상위의 여성성≫이라는 특성을 갖는다. 왜냐하면 아니마-누이는 구제되어야 하는 자나 조력자로서나 둘 다 영웅의 ≪상위의 남성성≫ 즉, 자아의식의 활동과 관계하기 때문이다.[244]

---

243) C.G. Jung, Die Psychologie der Übertragung
244) 당연히 이런 요인만이 유일하게 ≪상위의 여성성≫을 배열한다: 말하자면 예를 들어 ≪정신적≫ 논쟁은 혈연관계 리비도의 근친상간을 고수하도록 하는 것으로, 이는 ≪하위의 여성성≫에 속하고, 그래서 용과의 싸움, 즉 ≪상위의 여성성≫으로 이끌려는 성애적 모티브에 해당한다.

여성 포로이면서 조력자 혹은 둘 중 하나라는 경험을 통해 모성이 지배하는 무의식의 위협적이고 괴물적 세계에서 하나의 영역이 분리하게 된다. 그것은 심혼, 즉 아니마, 영웅의 여성 상대자, 또한 자아의식에 대한 상대자로서 형성된다. 아니마 역시 초개인적 특성을 지니지만, 그래도 자아가 쉽게 접근할 수 있을 뿐 아니라, 그것과의 접촉은 풍성함의 근원이 된다.

≪상위의 여성≫의 측면과 더불어 이루어진 남성의 신뢰성은 치아같이 고집하고 거세하려는 자궁 즉, 고르고의 극복에 본질적인 도움이 된다. 이때 고르고 등은 여성 포로에게로 가는 길, 여성의 창조적 수용적 생산하는 자궁으로 들어가는 것을 막고 있다.

영원한 여성, ≪상위의 여성≫인 소피아-아테네의 미화되고 구원하는 형상과 나란히, 공주-여성 포로의 형상이 등장하는데, 이 여성은 그냥 ≪가까이≫ 끌어들이는 정도가 아니라, 깊숙이 ≪안으로≫ 끌어들이게 되는 형상이다. 그래서 영웅과 승리자는 풋내기 젊은이에서 그녀를 수태시킬 수 있는 남성이자 지배자로 변모한다. 이런 의미에서 여성 포로는 아리아드네, 안드로메다 등 주로 애인으로 등장하는 미(美)의 여신 아프로디테이다. 그러나 이 아프로디테는 더 이상 태모를 상징하는 원초적 바다가 아니다. 그녀는 거기서 태어났으나, 태모의 특성을 변형한 형태를 보유하고 있다. 여기시 우리는 여성 포로의 공주-아니마의 다양성과 태모와의 관계를 자세히 살펴볼 수는 없다. 영웅이 자신이 구한 여성과 결합하고 그녀와 함께 후세를 낳고 자신의 왕국을 이룩한다는 것을 언급하는 것으로 만족해야겠다.

결혼식은 오래된 다산제의의 한 부분을 이루고 있는 왕위수여식에서 파생된 것이다. 대지의 여주인과 신-왕과의 결합이 결혼의 전형이자 모범이 되는데, 이런 제의와 상징성의 등장으로 수백 년 동안 이루어져온 성적 결합이 의식화되기 시작한 것이다. 이전에는 무의식적으로, 즉 본능에 의해서만 이끌려온 결합이었는데, 마침내 이것이 전형으로 가시화되어 드러나게 된 것이다. 초자연적인 것과 연결됨으로써 무의식적이고 저절로 일어나는 사건에서 벗어나, 이제 제의에서의 ≪자유롭고도 의미심장한 행위≫가 된다.

따라서 영웅이 여성 포로를 구하여 획득하는 것은 심혼적 세계의 발견에 상응한다.

제 1 부 ● 의식 발달의 신화적 단계들

이 세계는 에로스의 세계로서 이미 남성이 여성에 대해 이제까지 행한 모든 것, 남성이 그녀에게서 경험한 모든 것, 그 때문에 형상화한 모든 것을 그 자체 포괄하는, 광대한 심혼적 세계이다. 해방된 여성 포로의 주변을 행위와 심상, 예술, 시(詩)와 노래로 선회하게 되는 예술의 세계는 세계 부모에서 떨어져 나온 세계로서, 이제 이곳은 처녀지로서 등장한다. 인간 문화의 광대한 부분은 단지 예술만을 말하는 것이 아니다. 그것들은 모두 남성과 여성 간의 상호작용과 반작용에서도 생겨난다. 그러나 여성 포로의 구출과 관련된 상징성은 여기서만 머물지 않고 더 멀리 나아간다.

여성 포로의 해방과 더불어 무의식의 여성적–적대적인 이방의 세계가 일부 의식에 관계하게 되고, 인격의 일부는 아니지만 특정의 여성적이고 호의적인 세계가 된다.

인격의 정립은 주로 내사 행위를 통해 이루어진다. 즉 전에는 외부의 것으로 경험했던 내용들이 내면화되는 것, 즉 내적인 것으로 받아들임으로써 인격의 내용이 된다. 그런 종류의 《외부 대상들》은 외부에 있는 객관세계, 즉 사물과 사람들의 내용일 수 있고 마찬가지로 내부에 있는 정신의 객관세계의 내용일 수 있다. 이런 의미에서 여성 포로를 해방하고 용을 쳐부순다는 것은 단지 무의식의 《해체(Zerlegung)》만을 의미하는 것이 아니라, 동시에 동화를 의미하며, 그런 결과가 인격의 심급으로서의 아니마의 형성을 가능케 한다.[245]

만약 남성적 자아와 의식에게 쉽지 않겠지만 《나의 애인》 혹은 《나의 영혼》으로서 구체적 여성 혹은 누이가 된다면, 이는 굉장한 발전적 진전이다. 여기서 《나의》라는 말은 고유하게 익명적이고 낯선 무의식에서 떨어져나온 영역, 자신만의 고유한 영역, 고유한 인격에 속하는 영역으로 경험된다는 것을 의미한다. 남성이 이제 그 영역을 여성적인 것으로, 물론 여전히 다른 속성으로 경험하지만, 그것이 태모와의 관계에서가 아니라 자아에 속하는 관계로 간주하게 된다.

심리학적으로 영웅의 용과의 싸움은 개체발생적 의식 발달에서는 다양한 단계와 관

---

[245] 제 2부와 비교하라.

계가 있다. 따라서 싸움의 조건, 목표, 노령화 시기가 다양하게 반영되어 나타난다. 영웅은 아동기 시기에, 사춘기, 그리고 인생 후반기의 의식의 변환이 있을 때에도 나타난다. 말하자면 영웅의 싸움은 의식의 새로운 탄생이나 새로운 방향잡기를 하려고 할 때 나타난다. 여성 포로는 해방으로 인해 발전적 전진을 가능케 하는 새로운 것이기 때문이다.

남성성의 시험 및 자아 안정성, 의지력, 용기, 《천상》의 지식에 대한 요구, 즉 여성 포로를 위해 싸우도록 요구하는 것들은 발달사적으로 사춘기의 통과의례에 해당하는 것들이다. 신화에서 용과의 싸움으로 세계 부모의 문제가 해결되고 파트너이자 심혼인 여성과의 대화가 이어지듯이, 그렇게 신참자는 입문식을 통해 부모의 영역에서 떨어져나와 짝을 이루면서 한 가정을 꾸릴 수 있게 된다. 신화와 역사에서 일어나는 것은 원형적으로 야기된 것이므로, 또한 개별자 내에서도 그렇게 일어난다. 사춘기 심리학의 핵심은 용과의 싸움의 증후군이다. 용과의 싸움의 실패, 즉 세계 부모 문제에 꼼짝없이 잡혀 있는 상태이다. 이는 인생의 전반기 신경증의 중심 문제이며 무능력감의 원인이자, 배우자와 관계를 할 수 없는 원인이 된다. 이런 상황의 개인적 측면들은, 정신분석학적으로는 개인주의적 외디푸스 콤플렉스라고 공식화되었으나, 실제로 그것들은 단지 세계 부모와의 투쟁, 즉 부모 원형과의 투쟁이 전면에 드러나 강조된 것이다. 다른 곳에서 보겠지만, 이 과정에서 남성은 물론이고 여성도 부모 원형의 근원적 지배의 횡포를 물리치는, 《부모 살해》를 해야만 하는 것이다. 세계 부모를 살해하는 것은 비로소 세계 부모와의 갈등에서 빠져나와 개인적 삶으로 들어가는 것이 된다.

세계 부모와의 갈등 상태에 있거나 그것의 매력에 사로잡혀 있는 것은 많은 신경증 환자 집단들의 특성일 뿐 아니라, 또한 용과의 싸움에서 여성적 심혼을 성공적으로 획득하지 못한 특정의 남성적 정신 유형의 특성이기도 하다.

세계 부모와의 투쟁이 전면에 부각되어 있는 한, 의식과 자아는 이런 관계성의 순환에 사로잡혀 있다고 할 것이다. 이런 순환은 그 자체 끝없는 영역을 이루고 있으며, 이것과의 투쟁은 생명의 원초적 힘과의 투쟁이다. 이 원초적 순환에 제한되어 머물러 있는 개인의 활동은 본질적으로 부정적 특징을 갖는다. 그것의 영향은 고독과 고립에 사로잡히는 것이다. 이러한 원초적 힘, 세계 부모와의 투쟁 상태에 이른 사람은 연금술의 언어로 표현하자면, 증류 시험관 속에 있으나, ≪붉은 돌≫의 단계에 도달할 수가 없다. 여성적 측면을 구제하고 획득하는 것을 하지 않는다는 것은 심리학적으로 개인적, 인간적인 것을 배제할 정도로 보편적인 것에 대해 강하게 몰두되어 있음을 나타낸다. 사랑하는 사람에 대한 자기제한성은 그의 영웅적-이상적 인류와의 관계성을 부족하게 만든다. 이런 사람은 인류나 보편에 대해서가 아니라 개별자에 사로잡힌 상태의 사람이다.

여성 포로를 구하지 못하고, 그녀와의 신성한 결합을 이루지 못하고, 그래서 하나의 왕국을 세우지 못한 모든 구제자나 구원자는 심리적 관점에서 그 자체 의심스러움을 갖는다. 여성성과의 명백한 관계의 결여는 태모와의 강력한 무의식적 연계로 보상된다. 여성 포로를 해방시키지 못했다는 것은 태모의 지배와 죽음의 측면이 계속되고 있음을 말한다.[246] 그리고 마침내는 신체를 소원하게 하고 지상으로부터 소외되고, 생명에 대해 적대적이 되고, 세상을 부정하는 방향으로 인도된다.

의식 발전을 위해 여성 포로가 개인적으로 대단히 중요한 의미를 가지지만, 신화에서는 여성 포로의 개인적 특징에 관해서는 특별히 드러날 것이 없다. 또한 그것들은 아니마의 본성과도 일치하지 않는다.

여성 포로와 어렵게 도달해야 하는 가치있는 것에 해당하는 보물과의 관계에서 그녀의 특성이 분명히 드러난다. 여성 포로가 바로 보물이거나, 혹은 그것과 연관되어 있기 때문이다. 마술적 힘, 소원충족, 비가시적 그리고 불사신적으로 되게 하는 특성들, 지혜의 현시, 시간과 공간을 넘어서기 및 불멸성 같은 마술적 능력들이 모두 보물과 관계된다.

우리는 늘 마술적 보물이 단지 ≪유아적 소원사고≫의 재발견이며, 보석과 더불어 얻어진 능력은 단지 소원표상일 뿐이라고 주장하는 것을 알고 있다. 이는 프로이트가

---

**246)** 288쪽을 참고하라.

≪사고의 전능(Allmacht der Gedanken)≫이라고 했던 잘 알려진 표현에 해당하는 것이다. 말하자면 그것이 명목상 유아적이고, 원시적 본성에 해당하는 특성으로, 실제가 되었으면 하는 소원과 생각이라고 믿는 것이다. 또한 융도 〈리비도의 변환과 상징〉에서 이미 결정적인 것을 인식하고는 있었지만, 그 당시 아직 정신분석학적 이해에서 충분히 벗어나지 못하였으므로, 〈심리학적 유형론〉에서 비로소 제대로 다루어지게 되었다. 특히 내향성, 즉 리비도의 내적 적용은 필연적으로 주관단계의 해석, 즉 심혼의 내적 공간에서의 의미를 부각하는 해석이 되는데, 이는 내향과 외향이 둘 다 똑같이 정당한 태도 유형이라고 인식하기 전에 이루어졌던 것이다. 융은 이 내향성을 환원적이라 해석하고 고태적, 퇴행적 현상, 즉 원초적 기능 방식으로 퇴보하는 것이라고 잘못 이해했다.

예를 들면 융이[247] 어렵게 도달해야 되는 귀중한 것을 영웅의 싸움의 대상으로 두고 불을 훔치는 것을 수음 행위와 관련지어 해석할 때, 위의 견해는 더욱 두드러진다. 왜 수음 행위가 그렇게 ≪어렵게≫ 도달해야 되는 귀중한 것인지가 납득이 안 간다. 정신분석학자들조차도 그것이 유아기 성욕의 자연스러운 단계라고 하지 않았던가. 그러한 주장은 자유롭게 되어야 할 여성 포로가 그 귀중한 것과 연계가 있는 것으로 등장함으로써 모순에 처하게 된다. 그럼에도 정신분석학은 신화적 상황에서 어떤 본질적 측면을 파악했다. 그 사실을 제대로 상징인 것으로 보았지만, 그것을 개인 인격적으로 해석하는 오류를 범했다. 어렵게 도달해야 되는 귀중한 것으로서의 수음은 창조적인 근원적 생산의 상징으로 불 훔치기와 연계되어 해석되어야 하고,[248] 그런 의미에서 불을 훔치는 것과 불의 생산은 불멸성, 재탄생, 자기-발견[249]과 놀라운 방식으로 일치한다. 여성 포로를 해방하고 보물을 얻는 것이 심혼으로 하여금 창조적이 되도록 하는 것이고, 창조적 행위 속에서 개인으로 하여금 신들과 같은 존재가 됨을 경험하는 생산성이 가능케 된다. 그래서 신화가 보물 상징에 그렇게 열정적으로 다루고자 하는 이유가 이해될 수 있을 것이다.

창조신화를 다루면서 우리는 ≪어디에서 생명이 비롯되는가≫라는 질문이 아동기에 부모에 대한 질문과 탄생과 생산의 본질에 대한 질문과 관련되어 있음을 제시하였다. 성욕적인 것의 영역만을 고려하는 개인주의적 해석과 해명은 여기서 충분치 않다는 것이 분명하다. 아동이 실제로 살아있는 모든 것의 ≪원상적 부모≫에 대해 묻는 것처럼, 여기서도 심혼의 창조적인 것 그리고 자기생산적인 것의 질문을 하는 것이지, 수음에 관한 것이 아니다.

인류는 유아도 아니며, 소원사고로 만족하지도 않는다. 인간 본성의 모든 특이성에서 보면, 원시인들의 환상주의적 사고는 삶의 적응과 현실감각을 위한 일반적 특성과는 뚜렷하게 대비된다. 그럼에도 그 적응력과 현실감각 덕분에 시민사회화를 위한 기본적 착상이 이루어졌던 것이다.

예를 들어 제의적 심상으로 쓰러뜨린 동물과 현실에서 실제로 죽이는 것 사이의 마술적 연계는, 원시인들이 그럴 것이라 표상하는 그런 방식으로 보면 전혀 ≪실제적≫이지 않다. 그에 반해, 우리는 우선 이러한 마술적 작용을 논리적 사고 방식으로 보고 인과성으로 이해한다. 그리고서는 이러한 인과적 연계가 현존적으로 존재하지 않는다고 선언한다. 그러나 원시인들은 그 마술적 작용을 전혀 다르게 실제적으로 경험한다. 어떤 경우든 심상으로 쓰러뜨린 야생동물이 실제 동물에 미치는 효과는 ≪생각된≫ 것만은 아니다. 그래서 우리의 사고의 전능함에 관해 말하는 것은 지나친 점이 많다. 우리는 학문적으로 그 제의가 야생동물에 대해 미치는 어떠한 객관적 효과도 갖지 않는다고 말하는 것이다; 그러나 그 마술적 제의가 환상주의적, 유아적이며 소원사고일 뿐이라고 말하는 것은 또한 옳은 것이 아니다.

왜냐하면 제의의 마술적 효과는 충분히 사실적 효과이지, 환상주의적 효과가 아니기 때문이다. 그래서 원시인이 받아들이고 있는 것처럼 사냥에서 실제로 효과가 나타난다. 다만 그 효과는 주체에 미치는 것이지, 객체에 미치는 것이 아니다. 모든 마술이나 더 상위의, 종교적 의도와 마찬가지로 마술적 제의는 마술이나 종교를 행하는 주체에게 작용하여 행동 능력을 변화시키고 강화한다. 이런 의미에서 행위, 사냥, 전쟁 등

---

247) Jung, Wandlungen, S. 164
248) 47쪽을 참고하라.
249) Jung, Wandlungen, S. 246

의 시작이 객관적으로 그 마술적 제의의 효과에 의존하고 있다. 마술적 효과는 ≪심혼의 실제성≫을 문제삼고 있으며, 세계의 실제성과는 관계하지 않는다는 사실은 비로소 현대적 인간에 의해 심리학적-분석적으로 확실해진 것이다. 원래 심혼의 실제성은 외부의 실재에다 투사되었다. 오늘날조차도 성공을 위한 기도가 내면의 심혼적 변화로 여겨지기보다는 신의 영향력으로 간주되는 것이다. 동일한 의미에서 사냥의 마술은 사냥꾼의 영향력이 아니라, 야생동물의 영향력으로 경험된다. 두 경우 모두 계몽된 합리주의가 객체에 영향을 끼칠 수 없다는 과학적 자존심을 가지고 확실시함으로써, 마술이나 기도를 환상적인 것으로 오해하고 있다. 두 경우 모두가 잘못된 것이다. 주체의 변화에 놓여 있는 효과는 또한 객관적이며 실제적이다.

인류에게 심혼적인 것의 실체는 가장 즉각적 경험에 속한다. 그것이 내적인 경험이라는 것을 깨닫지 못한 채 원시인의 전체 삶의 태도에 침투해 있다. 세계를 살아있게 만드는 마나, 마술의 효과, 정령들의 마법적 영향력, 집단적 사고의 실제성, 그리고 마찬가지로 꿈과 신명 재판의 실제성이 모두 내적 실제성의 법칙에 지배되는 것들이며, 현대의 심층심리학은 이것을 표면으로 끌어올려 의식적이게 만들려고 시도하는 것이다. 우리에게 객체와 외부세계의 발견은 어떤 이차적인 것임을 잊어서는 안 된다. 그것은 끊임없는 노력으로 이루어지는 것이다. 서구에서 위임받은 인간 의식의 시도인, 학문저 정신이라는 도구와 공식의 도움을 받아서 객관정신 그 자체를, 즉 인간의 일차적 실제성, 말하자면 심혼적 실제성을 파악하게 된 것이다. 그러나 초기의 인간은 이러한 일차적 실제성, 심혼적 주도자, 원형, 심상들, 본능, 행동의 준비성 등과 직접 관계 맺고 있다. 그들의 학문은 이런 실제성이 유효하고, 숭배제의와 의식에서 그것을 다루는 시도를 하는 것이다. 그것은 자연세계의 외적 힘을 통제하고 조정하려 하는 현대적 시도만큼이나 무의식의 내적 힘을 통제하고 조정하는 데에 성공적으로 작용한다.

심혼의 실제성에 대한 발견은 신화학적으로는 여성 포로를 구하고 보물을 발굴하는 것과 일치한다. 심혼의 창조성과 원초적 생산력은 창조신화에서 이것이 우주에 투사되었고, 지금은 인간적으로, 즉 인격의 일부로, 심혼으로 경험된다. 지금에 와서야 영웅이 인간으로 되고, 이런 해방 행위에 의해서 비로소 초개인적 무의식인, 초월적 인간의 세계 부모의 사건이 한 개인의 내부에 있는 심혼적 사건으로 된다.

여성 포로를 해방시키고 보물을 성공적으로 구한 자는 심혼의 보물을 소유하게 되는데, 이 보물은 ≪소원≫, 즉 갖지 못한 것이 아니라 갖고 싶은 어떤 것의 심상이라는 것 뿐 아니라, 가능성 즉 가질 수 있고 가져야만 하는 어떤 것에 대한 심상이기도 하다. ≪세상에 더 나은 얼굴을 드러내기 위해≫, ≪밤에서 벗어나려고 하고, 벗어나야만 하는≫, 잠자고 있는 것을 깨워야 하는[250] 영웅의 업무는 수음과는 전적으로 다르다. 그럼에도 그것은 자기 자신과의 작업에 해당하고, 리비도의 흐름이 파트너 없이 안으로 향하게 내버려두는 것이고, 일종의 우로보로스와 같은 심상으로 일종의 자위 행위적 자기수정이 이루어져서 자기탄생 혹은 심혼적 생산 및 탄생의 과정을 가능케 하는 것이다.

모든 문화와 문명의 실제성은 심혼의 이런 심상들의 실현으로 이루어진다. 예술, 종교, 과학, 기술 등 이제까지 행해지고 믿어지고 생각되어온 모든 것은 이 창조적 근원의 자리에서 비롯된다. 심혼적인 것의 자기생산적 힘은 인간의 진정한 최종적 비밀이고, 그것이 인간을 다른 모든 생물들과는 구분되게 하고, 창조자인 신성과 비슷하게 만든다. 이런 심상들, 이상, 가치, 무의식에 숨겨진 보물인 가능성들은 구원자와 행위자, 선지자와 현자, 창립자와 예술가, 발명가와 발견가, 과학자와 지도자 등의 형상으로 나타나는 영웅에 의해 탄생되고 실현된다.

근동 지역에서 보이는 신화적 규범의 핵심에 창조성의 문제가 놓여 있다는 것은 잘 입증된 사실이다. 새해에 신(神)의 후계자로서 왕이 되는데, 그 왕은 죽고 재생하고 사로잡히고 성공적으로 해방되는 신이고, 그에 관한 다산제의는 그 당시의 창조에 관한 고지로서 낭송되었다.[251]

여기서 영웅에게 일어나고 있는 것, 그리고 그것이 외부에 투사되어 신화적 사건이 된 심리학적 과정을 이해해 보면, 창조, 신년의식, 재탄생과의 연계가 분명히 입증된

---

250) Barlach, Der Tote Tag
251) S.H. Hooke, The Myth and Ritual Pattern of the Ancient East; Hooke, Myth

다. 왜 인류가 숭배제의나 제의로 그렇게 끊임없이, 그렇게 열정적으로, 낭비와 같은 일을 하는지, 겉보기에 의미 없어 보이는 자연의 사건을 ≪재생≫하는지에 대해 이제야 답을 얻게 된다. 원시인은 자연의 풍요를 비는 제의를 하면서 둘 사이의 마술적 연계를 받아들이는데, 이때에 이렇게 물을 것이다. 왜 이것을 하고 있는가? 그런 마술적 연계가 없어도 식물이 자라고, 자연은 풍요롭게 될 거라는 자명한 사실을 어떻게 간과하는 걸까?

인간중심적으로 인간의 행동이 자연 과정의 본질적인 것에 참여하여 이르게 되는 마술적, 종교적 태도가 문화의 창조적 원천이 되는 지점이다. 인간은 결코 자연을 ≪재생산하는 것≫이 아니다. 오히려 외부 자연에서 마주치는 것에 대한 유사한 상징 계열들을 형성함으로써, 그 자신에서 심혼적으로 동일한 창조적 과정들을 산출한다. 외부의 창조와 내면의 창조의 획일적 통합은 인류나 집단을 대표하는 ≪위대한 개별자≫, 즉 생산성을 나타내는 왕과 창조자-신과의 동일시에서 가시화된다. 영웅은 왕이 동일시하는 신(神)처럼 문화를 가져오는 자이다. 오시리스는 이집트인들을 야만과 식인 상태에서 벗어나게 하고, 법을 제정케 하고, 신에게 경배하는 것을 가르쳤을 뿐 아니라, 곡식을 심고 과일을 채집하고 포도를 기르도록[252] 하였다. 다시 말해 문명과 경작은 그의 공적이다. 그러면 왜 바로 그이어야 하는 것일까? 그는 단지 자연의 성장이라는 의미에서 다산의 신이 아니기 때문이다. 그 역시 다산 신이지만, 그 자신이 창조적 존재가 됨으로써 이 단계를 한계 없이 전적으로 포괄하고 있기 때문이다.

모든 문화-영웅들에게 의식과 창조적 무의식 사이의 통합이 성공적으로 이루어진다. 그는 그 자신 속에서 창조적 정점에 이르게 된다. 그 정점은 창조하는 신성과 동일시함으로써 신년축제인 다산축제에서 갱신과 재생을 가능케 하는 정점이 되고, 그래서 세계의 존속은 그에 달려있다. 이것이 제의가 ≪의미≫하는 것이다. 인류는 그 제의 속에 의미를 갖는다; 생명수, 영생성, 다산성 그리고 미래의 삶이 하나로 드러난 창조적 정점이자, 심연에 있는 보물에 관한 것을 알고자 하는 인류의 열망은 끝없이 순환을 거듭한다. 이러한 정점의 배치(Konstellation)는 자연의 재생산이 아니라 진정한 창조이다. 그래서 새해에 상징적으로 낭독되는 창조의 고지는[253] 이런 점에서 ≪정당한≫ 자리를 잡는다. 제의의 내적 대상은 자연 과정이 아니라, 그에 상응하는 인간 내면의 창조적 요소에 의하여 비로소 가능하게 된 자연에 대한 통제력이다.

영웅이 자신의 영혼을 발견하지도 구하지도 못하면, 보물의 발견도 불가능하다. 그의 여성성은 수태하고, 실행하고, 낳는 존재이다. 이런 내적인 수태의 측면은 주관단계적으로 구출된 여성 포로이며, 처녀-모성이다. 그녀는 성스러운 바람-정신에 의해 수태되고, 이로써 영감을 불어넣는 여성, 마법사, 예언녀, 애인이자 모성은 모두 하나로 통합되어 있는 존재이다. 이는 영웅이 그녀의 애인이자 부성인 것과 마찬가지이다.

태모의 다산성에는 태모가 재현하고 있는, 소위 집단무의식의 우세로 인해, 무의식적 재료들이 개인 인격에 범람하듯이, 침범해 들어와서 휩쓸어버려서 과도한 자연의 폭력으로 개인 인격을 전멸시킨다. 그러나 여성 포로를 획득한 영웅의 성과는 인간적인 것과 문화의 성과가 된다. *바흐펜*이 데메테르와 부부의 단계에다 귀속시켰던 많은 것들이 여전히 여기서 유효하다. 영웅의 인식하고 형상화하고 세계를 실현하는 자아의식과, 심혼의 창조적 측면의 결합, 즉 바로 그 둘의 통합으로서 참된 탄생이 뒤따르게 된다.

자아-영웅과 아니마의 결합으로 드러난 상징적 결혼은 그 결실의 전제조건이다. 그러나 그것은 용의 위세가 커져버린 상태에도 개인 인격의 굳건한 영토를 형성하게 된다. 그 용이 세상의 집어삼키는 용이든, 아니면 무의식의 용이든 물리칠 수 있는 단단한 기초를 다지게 된다. 영웅과 공주, 자아와 아니마, 남성과 여성이 이루는 쌍은 세계부모와 같은 심상이지만, 그러나 그것과는 분명히 구분해서 인간적 세계 영역을 배치하여 개인적 중심을 형성한다. 가장 오래된 신화에서 묘사하는 신년맞이 축제에서는 용을 물리치자마자 결혼이 거행되는데,[254] 여기서 영웅의 형상에는 천상이자 부성 원형이, 마찬가지로 해방된 처녀에는 젊어지고 인간화된 형상으로 다산을 가져오는 모성의 지복한 측면이 포함된다. 여성 포로의 해방은 처녀-아내, 젊은 파트너인 모성을

252) Frazer, Der Goldene Zweig, S. 529
253) Hooke, Myth
254) Hooke, Myth

우로보로스적 모성에서 벗어나게 만드는 것이다; 반면에 우로보로스적 상태에서는 용의 측면과 처녀-모성이 아직 하나로 형성되어 있었던 것이다. 이제 그것은 의식의 활성화된 영웅적 남성성을 통하여 서로 분화되기에 이른다.[255]

이제까지 ≪여성 포로≫의 상징을 여러 층의 측면으로 자세히 들여다보았는데, 영웅신화의 전형으로 페르세우스 이야기[256]를 하면서 전체적으로 정리를 해보자. 이제야 비로소 이 모든 개별적 신화적 자료의 배경과 상징적 의미를 이해할 수 있게 되었기 때문이다.

페르세우스는 다나에(Danae)에 의해 태어났다. 그녀는 황금비의 소나기 형상으로 변신한 제우스에 의해 수태하였던 것이다. ≪부정적 부성≫이 개인적 형태로서는 이중적으로 나타났다. 첫 번째는 할아버지인데, 그에게는 아들은 없고, 딸의 아들(손자) 손에 죽임을 당할 거라는 신탁을 받은 적이 있어서 딸 다나에를 지하세계에 감금시켰고, 임신하자 그녀를 궤짝에 담아 바다에 내다버렸다. 두 번째 부정적 부성은 폴리딕테스(Polydiktes)인데, 그는 다나에와 결혼하였고 ≪손님을 친절히 대접하는 자≫라고 불리나, 페르세우스를 제거하려고 그에게 고르고의 머리를 가져오라고 명령했다.

고르고는 포르키스(Phorkys), 즉 ≪공포≫의 딸들이다. 포르키스의 누이들은 케토 즉 ≪끔찍함≫이고, 오우리비아(Eurybia) 즉 거대한 힘이며, 그의 형제들은 타우마스(Thaumas) 즉 ≪경악하게 만드는 것≫이자, ≪근원적 심해≫인 폰토스(Pontos)의 자식이다. 이들로부터 모든 무시무시한 신화적 괴물이 생겨났다. 고르고는 날개에 뱀머리, 뱀 허리띠를 하고 있고, 멧돼지 이빨, 가시 수염, 쑥 내민 혀를 가지고 있어서 여성적 무시무시함의 원초적 힘, 즉 우로보로스적 상징이다. 그들 자매와 파수꾼 여성들은 그라옌(Grajen)인데, 그 이름은 ≪공포≫와 ≪두려움≫을 의미한다. 이들 셋은 눈하나와 이빨 하나를 갖고 있으며, 아주 아득한 서쪽에, 원초적 대양의 해안가, 밤과 죽음의 경계지역에 살고 있는 우로보로스적 존재이다.

신의 아들 페르세우스에 대해 헤르메스와 아테네가 힘을 실어준다. 이들은 지혜와 의식의 수호신들로서 그라옌을 속일 수 있게 돕고, 그래서 페르세우스는 그라옌으로부터 님프에게 가는 길을 알아낸다. 그 님프들은 우호적 바다의 여신들로 그에게 하데스(Hades)의 보이지 않게 하는 헬멧과, 날개 달린 샌달 한 켤레와 주머니를 준다. 헤르메스는 그에게 검 한 자루를 주고, 아테네는 방패인 거울을 빌려준다. 그래서 그는 거기에 비친 메두사의 머리를 탐지하고 죽일 수 있었다. 왜냐하면 고르고의 모습을 직접 보면 즉시 돌로 변해 죽게 되기 때문이다.

우리는 너무나 재미있는 상징을 더 이상 살펴볼 수 없다. 분명히 지성과 정신화의 상징들이 대단히 의미있는 역할을 하고 있다. 날아다니는 것, 보이지 않게 되는 것, 비친 것을 본다는 것은 모두 여기에 속한다. 그것에다 페르세우스가 고르고의 머리를 집어넣어 보이지도 손상당하지도 않게 할 수 있었던 주머니를 보탤 수 있는데, 이것은 억압의 상징에 해당한다.

그런데 눈에 띄는 것은 초기 그리스 예술에서 페르세우스가 표현되는 방식이다.[257] 흔히 페르세우스에 관한 결정적인 주제는 고르고를 죽이는 것이 아니라, 쫓아오는 자매들로부터 도망다니는 모습이다. 영웅 페르세우스가 필사적인 도망자로 반복해서 묘사된 것은 정말 이상하다고 생각된다.

분명히 영웅의 공포 때문에 날개 달린 샌달, 보이지 않게 하는 헬맷, 숨기는 주머니가 죽음을 다루는 검보다 훨씬 중요했던 것이다. 그의 공포는 처치를 했으나, 계속 추적해오는 고르고에 대한 두려움의 전율이 더 강화된 것이다. 복수의 여신들에게 추적당하는 오레스트(Orest)의 신화적 전형처럼 묘사되어 있는 것이다. 오레스트처럼 페르세우스도 무서운 어머니를 죽였기 때문에 영웅이 된 것이다.

고르고의 우로보로스적 특성은 상징적 뿐 아니라 종교사적으로도 확인될 수 있다. 6세기 초 코르푸(Korfu)에 있는 아르테미스 신전에 새겨진 고르고의 조각에 대해 우드워드(Woodward)는 이렇게 말한다:[258]

---

**255)** 제 2부를 참고하라.
**256)** J.M. Woodward, Perseus, A Study in Greek Art and Legend (zit. Woodward, Perseus)
**257)** Woodward, Perseus
**258)** Woodward, Perseus, S. 39

이렇게 기괴하게 찡그린 인물이 사원 벽에 영광스런 자리를 차지하고 있는 것은 이상해 보일지 모르지만, 이 고르고 형상들은 우리로 하여금 페르세우스 전설에 나오는 인물들로 확인되기 훨씬 이전 시대로 거슬러 올라가게 한다. 수행자인 사자와 함께 그녀는 원시 믿음에서 나오는 위대한 자연정신을 체현한 것이다. 초기 아시아와 이오니아에는 여신 한쪽 옆에 새와 사자, 혹은 뱀의 문장들을 새긴 예술 작품이 있다. 이것은 프리지아의 키벨레와 그리스의 아르테미스 숭배의 전형이다. 그녀들의 본성의 어떤 부분은 메두사와 동일시되어져 왔다.

이러한 논평에 머무르지 않더라도, 또한 신화의 사실적 배경에 친숙하지 않은 연구자들조차도 페르세우스에게 살해당한 고르고를 태모와 야생동물의 지배와의 동일시를 확인할 수 있을 것이다.

영웅의 도주와 구제는 태모의 압도적인 특성을 분명히 증명해준다. 그녀를 죽이는 것도 헤르메스와 아테네의 도움에 의해, 님프들이 제공한 재주에 의해서 이루어졌으며, 죽임의 일격을 가할 때도 얼굴을 돌린다는 사실을 고려해 보면, 태모의 영향력에서 거의 벗어나지 못하고 있다는 것을 보여준다. 메두사의 무시무시한 얼굴이 전신을 마비시켜 돌로 만드는 것은 나중에도 거듭 반복된다. 그가 지하세계에서 페르세포네(Persephone)를 빼내려고 하는 시도를 할 때에도 그렇고, 헤라클레스가 구출하러 올 때까지 바위에 붙잡혀서 복수의 여신들에게 고통을 당해야 했다. 태모의 힘이 너무 압도적이면 어떤 의식도 직접 대면할 수가 없다. 아테네의 거울에 간접적으로 비추어질 때, 즉 의식을 지지해주는 여신의 도움을 받아서 고르고를 처치할 수 있었다. 여기서 도움을 주는 여신들은 천상적 측면인 제우스의 딸들이다.

모성을 살해하고 돌아오는 길에 페르세우스는 땅과 여자를 막 집어삼키려 하는 무시무시한 바다괴물로부터 안드로메다(Andromeda)를 구한다. 이 괴물은 ≪메두사의 연인≫이라 불리는[259] 포세이돈이 보냈는데, 그는 바다의 지배자이자 괴물이다. 포세이돈은 무서운 부성인데 메두사의 연인이기 때문에 태모의 막강한 남근적 동반자라 말할 수 있다. 분노한 그는 괴물을 보내 대지를 황폐케 하고 인간들을 죽인다. 그는 우로보로스의 자율성을 갖게 된 파괴적인 남성적 측면을 나타내며, 주로 황소이거나 용의 모습으로 등장한다. 벨레로폰이든 페르세우스든 테세우스든 혹은 헤라클레스이든 영웅의 업무는 이러한 괴물의 퇴치이다.

영웅신화에서 전형적인 것이 페르세우스 이야기에서 진행된다. 초개인적인 모성과 부성(메두사와 바다괴물)을 죽이고 여성 포로 안드로메다를 구출한다. 그는 신적인 부성과 신의 아내인 모성, 그리고 적대적인 개인 아버지를 갖고 있다. 초개인적인 원상적 부모를 죽이고 마침내 여성 포로를 구출하는 것은 영웅의 노정의 단계들이다. 이러한 노정은 신의 도움을 받아 승리로서 끝난다. 여기서 그 신은 헤르메스로서 신적인 부성의 대리로서 등장하고, 태모에 대한 적대적인 정신적 특성이 강조된 아테네의 도움으로 나타난다.[260] 페르세우스가 고르고의 머리를 아테네에게 보냈고, 아테네는 자신의 방패에다 그것을 달아 장식한다. 이는 원상적 모성을 능가하는 호전적 남성 및 의식에 친화적인 아테네 측면의 승리로서 전체적 발달의 최종적인 모습인데, 우리는 또한 〈오레스티〉에서도 이런 면을 볼 수 있다. 아테네 모습에서는 새로운 여성적 정신의 여신에 의해 늙은 모성신을 극복하는 것이 가장 특징적이다. 아테네는 여전히 위대한 크레타 여신의 모든 특징들을 지니고 있다. 여러 물병에서 아테네는 항시 뱀에 둘러싸여 있다. 커다란 뱀은 언제나 함께하는 그녀의 동반자이다. 또한 그녀에게 속하는 나무, 그리고 새의 형상들로 보아 그녀는 크레타 지역의 기원을 드러낸다. 그러나 여성성의 근원적 위협적 힘이 그녀에 의해 정복된다. 이제 고르고의 머리를 방패에 달아 상징으로서 가지고 있다. 그래서 초기 왕조시대부터 그녀는 지배자의 수호 여신으로 등장하고 지배자의 궁전에서 숭배되었다.[261] 그래서 그녀는 모성신의 지배력을 약화시킨 부권적 세대를 통하여 전환된 것을 나타내고 있다. 아테네는 제우스의 머리에서 나왔으므로, 고대의 부성 없이 모성에서 태어나는 일반적인 경우와는 대조적으로 모

259) Woodward, Perseus, S. 74
260) 헤르메스, 아테네, 그리고 페르세우스는 무의식, 즉 메두사와의 싸움에서 자기, 소피아 그리고 자아의 혼합을 나타낸다. 그러한 삼위성은 세트(Set)와 싸우는 이시스, 오시리스 그리고 호루스의 형태보다 더 앞선 형태에 해당한다. 이는 다음 장에서 다루게 될 것이다. 이때에 아테네는 영웅의 처녀-모성인 소피아로 등장하게 되고, 영웅은 지상의 아니마 형상을 안드로메다에서 해방시키게 된다.
261) Nilsson, Griechen, S. 316

성 없이 부성으로부터 태어났다; 그녀는 무서운 모성의 동반자인 남성들이 보이던 적대적 태도와는 대조적으로 남성적 영웅의 조력자이자 더 상위의 동반자이기도 하다. 이렇게 여성이 남성에 속하는 내용은 6세기 중반의 물병에 잘 나타나 있다. 물병에는 페르세우스가 괴물에 대항하여 돌로 싸우는 장면이 나타나 있다. 안드로메다는 대개 그렇듯이 수동적으로 있는 상태가 아니라, 동반자 및 조력자로써 페르세우스 편에 서 있다.

상징적으로 중요한 신화의 또 다른 특징은 날개 달린 말인 페가수스가 머리가 잘린 고르고의 몸통으로부터 나왔다는 사실이다. 말은 지하적 남근적 세계에 속하며 포세이돈의 피조물로서 알려져 있다. 그래서 그것은 반인반수의 켄타우루스처럼 강력한 본성과 본능이 여전히 세력을 떨치고 있음을 대변한다. 말은 해마로서, 휘몰아치는 파도로서, 동일한 근원적 주제의 또 다른 변이일 뿐이다. 폭풍우 같이 휘몰아치는, 바다의 움직여지고 움직이게 하는 무의식의 부분은 휘몰아치는 파괴적인 충동이다. 반면에 실제적인 말에는 자연의 본성적 측면이 길들여지고 복종적으로 된 것을 더 특징적으로 내세운다. 재미있는 점은 7세기의 메두사를 죽이는 초기 그림을 참고해 보면[262] 메두사는 켄타우루스로[263] 나타난다. 이 상징이 더 근원적인 것으로 보이는데, 이는 페가수스가 죽임을 당한 메두사로부터 나왔다는 이야기의 토대가 되기 때문이다. 켄타우루스기 죽게 될 때 날개 달린 말이 그로부터 분리되어 자유롭게 된다.

날개 달린 말에는 태모로부터 풀려난 리비도의 상승하는 정신의 방향이 상징화된다. 벨레로폰은 페가수스의 도움으로 그의 영웅적 행위를 완수한다. 그는 안테이아 (Antheia: 그리스 신화에서 프로이토스의 아내-역주)의 유혹을 물리치고, 안테이아에 의해 키메라(Chimära: 그리스 신화에 나오는 동물로 머리는 사자 가슴은 양 꼬리는 뱀으로 된 가공 괴물-역주)와 아마존에 대항해 싸우도록 보내졌고, 이를 성공적으로 수행한다. 이 상징은 분명히 모권의 세력을 넘어선 남성정신인 의식의 승리를 가리키고 있다.

앞서 제시한 예들에서 보았듯이, 신화의 심리적 직관은 메두사로부터 풀려나자 천둥과 번개를 가진 제우스에 이르게 되는 페가수스를 창조적인 지상적 작업에 해당하는 것으로 잘 그려내고 있다. 그 날개 달린 말은 바닥에서 시작하여 뮤즈의 샘을 두드렸다. 말과 샘 사이의 원형적 편입은 둘 다 본능-충동-자연과 창조적 수태에 속한다는 것이다. 페가수스에게는 그와 같은 것이 변환과 상승의 형태로 일어난다. 날개 달린 말은 대지에서 비롯된 시(詩)의 샘을 두드린다. 나중에 다른 곳에서 보게 되겠지만, 페가수스 신화가 갖는 이러한 개념이 창조적인 것의 본질에 대한 핵심이 된다.

반드시 영웅에 의하여 용의 퇴치가 이루어진다. 이런 죽임은 여성 포로의 해방 뿐 아니라 리비도의 상승이기도 하다.[264] 콤플렉스 이론으로 볼 때 모성의 원형으로부터 아니마의 끌어내기(Herauslösung)로 알려진 이 과정은 페가수스 신화에 역동적으로 묘사되어 있다. 상승하는 창조적인 것은 용의 죽음으로 인해 해방된다. 페가수스는, 날개 달린 정신적 힘으로서 힙포노오스(Hipponoos), 기마 전문가로 불리는 영웅 벨레로폰을 승리하도록 해주는 리비도이다. 하지만 그는 또한 내면으로 적용되는 리비도로서 예술에서의 창조적 충동이 된다. 두 경우 모두에서 방향성 없이 이루어지는 리비도의 방출이 아니라, 상승하는 즉 정신으로 향하는 리비도의 방출이다.

개념화하여 요약한다면, 영웅 페가수스는 정신의 측면에 서 있으며, 날개 달린 존재이고, 그가 무의식과 싸울 때 정신의 신들과 동맹을 맺는 존재이다. 그의 적은 서쪽 멀리 죽음의 땅에 거주하는 우로보로스적 고르고이다. 고르고는 근원적 심연에 속하는 자매들과 그라엔에 둘러싸여 있는데, 이들은 모두 페르세우스가 극복해야 할 존재이다. 페르세우스는 의식화라는 전형적인 행위로 무의식을 물리친다. 그는 보기만 해도 돌이 되게 하는 우로보로스의 얼굴을 직접 볼 수 있을 정도로 충분히 강하지 않았기 때문에, 그 이미지를 비추어서 의식으로 끌어올려서 제거하였다. 그가 얻은 보물은 먼저 풀려난 여성 포로인 안드로메다, 그리고 그와 함께 해방되고 변환된 고르고의 정신적 리비도인 페가수스이다. 그래서 페가수스는 창조적인 것과 초월적인 상징이 하나로 통합된 상징이다. 그는 고르고가 가진 새의 정신적 특성과 말의 특징을 결합하고

---

262) Woodward, Perseus
263) 파라이아(Pharaia)-헤카테-데메테르로서 나타난 태모와 메두사와 말의 연관성에 대해서는 *P. 필립슨*의 ⟨*Thessalische Mythologie (Rhein-Verlag, Zürich, 1944)*⟩을 참고하라.
264) S. u. Die Wandlung oder Osiris.

있다.

인격의 발전은 기본적으로 세 가지 다른 차원에서 진행되어 나아간다. 우선, 외부로 향하는, 즉 세계와 사물에 대한 적응과 발전으로 외향화하는 것이다. 둘째는 내면으로 향하는, 즉 객관정신과 원형에 대한 적응과 발전으로 내향화하는 것이다. 셋째는 중심화(Zentroversion)인데, 정신 자체 내에서 진행되는 자기 형상화 혹은 개인의 전(全)인격화 경향을 의미한다. 이는 앞의 두 태도 및 그의 발달과는 독립적이다.

이제까지 우리는 용과의 싸움의 목적과 내용인 여성 포로와 보물을 외향적 태도와 내향적 태도 유형에게 있어 무엇을 의미하는지 살펴보려 시도하였다. 마지막으로 우리는 중심화의 관점에서 그 의미를 설명해야만 한다:

*변환은 용과의 싸움의 결과이다.*

# II
## 변환 혹은 오시리스

영웅과 그의 싸움이 보여주는 외향화된 형식은 행위를 목적으로 하고 있다. 그는 설립자이고, 지도자이고, 행동으로 세계를 변화시키는 해방자이다. 그의 내향화된 형식으로 보면 그는 문화를 가져오는 자, 내면적 측면의 가치를 발견하고, 그것을 지식과 지혜, 법과 신념, 작품과 형상으로 끌어올리는 구제자이며 구세주이다. 묻혀 있는 보물들을 발굴하는 창조적 행위는 두 유형의 영웅에게는 모두 공통적이며, 이를 위한 선행조건은 해방된 여성 포로 즉, 여성적인 것과의 결합이다. 이 여성성은 영웅에게 부성과 마찬가지로, 창조적 사건에서 드러나는 모성이다.

영웅의 세 번째 형식은 내적, 외적 투쟁을 통해 세계를 변화시키려는 것이 아니라, 인격의 변환을 도모하려 한다. 자기변화는 이제 영웅의 진정한 목적이고, 그에 따른 해방의 결과는 변환의 이차적 효과일 뿐이다. 영웅의 자기변화는 범례적이지만, 그의 의식은 좁은 의미에서 보면 집단을 향해 나아가지 않는다. 그에게 중심화(Zentroversion)는 기본이다. 이는 처음부터 내포된 자연적 발전 경향에 해당하는 것으로, 그러한 경향은 자기보존 뿐 아니라 자기형성의 기반이기도 하다.

우리는 원형적 단계들의 순시에 따라 자아의식의 탄생과 개인성의 탄생을 추석해왔는데, 그 단계들은 영웅이 치르는 용과의 싸움에서 정점에 이르렀다. 이러한 발달과정 속에서 중심화가 지속적으로 증가하는 것, 즉 자아의 지속성(견고성)과 의식의 안정성으로 나아가는 경향을 확인할 수 있다. 중심화는 의식을 평가절하하고 개인 인격을 와해시키려는 세계나 무의식의 경향에 대항하여 싸우려는 관점의 탄생 및 그런 관점의 유지로 이끄는 것을 말한다. 인격의 두 유형적 태도들, 즉 외향성 뿐 아니라 내향성 모두 쉽게 개인 인격의 위험에 이르게 된다. 중심화는 의식과 자아와 더불어 그리고 그의 견고화로서 개인 인격을 지지하고 해체의 위험에 대비해서 직접 활동하도록 시도하는 것이다. 이러한 의미에서, 개별성의 형성과 그 발전은 내부에서 위협하는 ≪영혼의 위험≫에 대한, 그리고 외부에서 위협하는 ≪세계의 위험≫에 대한 인류의 생산적 대답이다. 마술과 종교, 예술, 과학 그리고 기술은 그러한 두 위협에 대처하려는 인간의 창조적 시도들이다. 이 모든 노력들의 중심에 한 개별자, 영웅으로서의 창조적 개인이 서 있게 된다. 그는 집단의 이름으로, 혹은 그가 집단에 대항해 서 있는 외로운 인물로서 나타나는 바로 거기에, 집단을 위해 스스로를 형상화하여 나타난다.

이러한 과정의 심리학적 측면, 즉 인격의 형성에 대한 묘사를 하기 전에 우리는 이런 과정의 원형의 침전물이라고 할 수 있는 신화를 다루어 보자.

중심화의 진정한 목표인 지속성과 파괴될 수 없음은 죽음의 극복이라는, 즉 죽음에 대항하는 인간의 노력이 반영되어 나타난 신화적 전형이 있다. 죽음은 인격의 해체와 파괴라는 원초적인 상징이기 때문이다. 원시인들이 자연적 죽음을 인식하지 않으려는 것, 고대 이집트에서 왕에게 불멸성을 부여하고자 했던 것, 조상숭배, 그리고 위대한 세계 종교에서 말하는 영혼의 불멸에 대한 믿음 등, 이 모든 것은 인간이 자신을 계속 존재하는 존재, 파괴되지 않는 존재로 체험하고 있는 근원적인 경향이 그와 같은 여러 형태로 표현된 것이다.

중심화 경향과 그 상징성에 대한 가장 좋은 예가 고대 이집트에서 발견되는데, 오시리스 형상 주변에 있는 신화와 숭배제의이다. 오시리스 이야기는 이러한 인격성의 변환 과정에 대한 최초의 자기묘사이고, 생명과 자연의 원리로부터 다양한 방식으로 정신의 원리로 변환하여 가시적으로 된 것과 밀접하게 관련이 있는 것이다. 그래서 오시리스의 형상에서 생명을 지지하는 세계, 즉 모권적 세계에서 정신적인 세계를 강조하는 부권적 세계로 전환이 뒤따른다는 것은 결코 우연이 아니다. 오시리스 신화는 초기 인류의 정신적 삶에 관한 중요한 정보를 제공하고 있다. 또한 그것은 영웅신화의 중요한 측면, 즉 용과의 싸움의 결과로서 변환에 대해서, 그리고 영웅 아들과 부성 간의 관계에 대한 단서를 제공해준다.

오시리스는 다양한 측면을 가진 형상이지만, 가장 원초적인 형태는 풍요의 신(神)이 었다는 점에는 의심할 여지가 없다. 우리는 다산제의가 있었던 모권 시기에 태모가 지배적이었다는 것과, 그리고 젊은 왕을 토막 내어 피 흘리게 하는 것이 어떻게 토양의 생산력에 작용하는지를 살펴보았다. 이시스에 의해 갈가리 찢긴 오시리스의 재생이 이 단계에 속한다. 피라미드 문서에서는 다음과 같이 서술하고 있다:

> 그대의 어머니가 그대에게 왔다. 그대는 소멸하지 않을지 모른다. 위대한 제작자인 그녀가 왔으므로, 그대는 소멸하지 않을지 모른다. 그녀는 그대를 위해 그대의 머리를 세우고 그대의 사지도 함께 놓았다. 그녀가 그대에게 가져온 것은 그대의 심장이고 그대의 육체이다. 그래서 그대는 선조를 통솔하던 바로 그 자가 되었다. 그대는 그대의 선조에게 명령을 하게 되었고, 그대의 요구에 따라 그대의 집에 번영이 있도록 하고, 그대의 자손들이 고통당하지 않도록 보호한다.[265]

죽은 오시리스를 위한 이시스의 탄식을 보면:

> 그대의 집에 오세요. 그대의 집에 오세요. 그대 기둥이여! 그대의 집에 오세요. 아름다운 황소, 인간의 주인, 사랑하는 이, 여성들의 주인이시여.[266]

이 탄식은 후기 파피루스에서 발견된 것으로, 마네로스(Maneros) 탄식이라고 알려진 죽은 자에 대한 탄식인데, 그것은 ≪살아있는 남근≫의 상실을 탄식하는 것이다. 이런 이유에서 기둥의 상징인 데드(Ded), 즉 오시리스의 문장이 황소 옆에 나란히 서 있다. 발기된 남근인 민(Min)과 오시리스의 동일시는 나중에 호루스(Horus)까지 이어진다.

---

**265)** Pyramiden-Text § 834f., herausgegeben Sethe
**266)** Kees, Rlg.-Heft 10, S. 29

그러나 여성들의 주인이자 애인인 지하계적 오시리스의 의미는 아주 근원적인 것이다. 오시리스 및 이시스의 아들로서, 즉 호루스는 ≪그의 어머니의 황소≫라고 불리는데, 이것은 헬리오폴리스(Heliopolis)의 어떤 곳에서는 ≪하얀 암퇘지의 아들≫로 불리는 것과도 같다.[267] 하위의 오시리스로서 그는 다산의 모권 영역에 속하는데, 표범의 털가죽에 긴 꼬리로 장식한 셈(Sem)-사제들에 대해 ≪그의 어머니의 기둥≫이라 했으므로 충분히 그렇게 볼 수 있다.[268]

살아있는 남근인 오시리스의 의미는 또 다른 오시리스 숭배지역인 멘데스(Mendes)와 관계가 있으며, 또한 신성한 숫염소와 연관이 있음을 보여준다. 그 숭배제의에서, 사원에 세워져 있는 형상인 여왕이 아주 특별한 역할을 한다.[269] 그리고 그녀에게는 염소의 연인이라는 의미의 ≪아르시노에 필라델포스(Arsinoe Philadelphos)≫라는 이름이 붙여져 있다. 신성의 동물과 성스러운 여사제와의 성적 결합은 아주 고대적 제의였다. 다시 한 번 우리는 여기서 남근적 신성 및 모권적 다산제의라는 영역에 있음을 알게 된다.

이 시기는 대지 여신과 옥수수의 신(神)인 오시리스가 지배한다. 다산의 신(神)으로 옥수수의 형상은 보편적인 것이고, 이는 곡물 씨앗의 ≪부패와 부활≫이 그의 죽음과 부활을 유비하는 것으로 표현된다. 이집트 왕의 대관식에서 오시리스인 옥수수의 의미는 이집트인들에게는 가장 고대적인 ᚷ 수에 해당하는 것이다.[270] 오시리스 옥수수는 그의 적(敵) 세트(Set)에 의해 타작되는 것이다.

보리는 타작할 마당에 놓여서 소에 의해 밟혀진다. 소는 세트의 추종자를 대변하고, 보리는 잘게 잘려진 오시리스를 대변한다. 일종의 말장난처럼 단어 〈barley(보리)〉인 i-t와, 〈father(아버지)〉인 i-t, 둘 다 곱트어 ⲤⲰⲦ (ESWT)로 나타낸다. 소가 타작마당으로 끌려갈 때, 그 행위는 호루스가 세트의 추종자를 호되게 때리는 것을 비유하고 있다. 호루스는 ≪나는 당신(오시리스)을 때렸던 그들을 당신을 위해 때렸습니다≫라고 말한다. 타작이 끝나면 곡물을 당나귀 등에 싣는다. 이것은 세트와 그의 공모자들의 지지를 받으며 오시리스가 하늘로 상승하는 것을 상징한다.

제1부 ● 의식 발달의 신화적 단계들

블랙만(*Blackman*)의 이러한 해석은 오시리스의 부활에 관해 다루는 마지막 부분에 이르기까지 의심할 여지없이 제대로 이해한 것이다. 〈죽음의 서(書)〉에서도 역시 우리는 살육되어야 하는 소와 세트가 동일시되어 있는 것을 발견할 수 있다. 이러한 동일시는, 왕조 이전 시대에도 나타나기는 하지만 아마도 아주 초기는 아니었을 것으로 보인다. 가장 오래된 것에서는 이시스와 오시리스 뿐 아니라 세트도 돼지 혹은 수퇘지로 나타난다.[271] 프레이저는 처음에 옥수수가 돼지 기르는 자에 의해 땅 속으로 들어간다고 주장했다; 이것이 세트에 의한 오시리스 살해의 가장 오래된 형태인 듯 하고, 반면에 타작이라는 것은 아마도 그의 죽음의 두 번째 형태가 될 것이다.[272]

오시리스가 신화에서 세트에 의해 이중으로 살해되는 것은 잘 알려진 내용이다. 처

**267)** Metternich, Stele, Roeder, Urkunden, S. 90
**268)** Budge, Book, Introduction, S.C
**269)** Erman, Religion, S. 362f.
**270)** Blackman, Hooke, Myth
**271)** 119쪽을 참고하라.
**272)** 이집트에서의 돼지의 역할은 터부시함으로써 가장 알 수 없게 되어버렸다. 대지의 곡식은 초기에는 주로 양들에 의해서 등장하다가 새로운 제국이 되었을 때 돼지에 의해서 이루어진다는 사실이 있는데, 여기서 돼지에 대한 묘사가 초기에는 전혀 발견되지 않는다는 점으로 보아 알 수 있다. 새로운 제국에서 주로 돼지에 대한 묘사가 이루어졌다고 하겠다. 그 이유는 비로소 그것의 터부가 약화되었기 때문이다. 소년신들을 죽이고 갈가리 찢기를 하려는 수퇘지들이 있다. 위협을 받는 곡물신들로서 아티스, 아도니스, 탐무즈 그리고 오시리스 등이 있는데, 돼지의 부정적인 고대적 제의 역할과 함께한다. 심지어 초기의 제관식에도 돼지와 당나귀가 적대자의 역할을 넘겨받았다.[272a] 〈죽음의 서(書)〉에서도 세트가 수퇘지나 소로 등장하고 있다.

세트, 수퇘지와 암퇘지의 위협은 태모의 위협과 관련되어 있어서 그녀의 제의와 상징에 속한다. 모권체제에서 돼지가 가장 두드러진 태모 신인 이시스, 데메테르, 페르세포네, 보나 데아(Bona Dea), 프레야(Freya) 등으로 나타난 신성한 동물인 반면, 부권체제에서는 그 반대로 사악한 것의 전형이 되어버린다. 백색의 암퇘지인 이시스에 여전히 《위대한 신》, 세트인 수퇘지가 속한다. 그러나 수퇘지는 처음에는 우로보로스적 태모의 야만적이고 파괴적인 고대적 힘을 나타내었던 반면,[272b] 나중에 가서 살인자 같은 모성신의 남자형제인 세트가 되었다가, 마침내는 사악함의 전형이 되었다.

그 때문에 암퇘지는 매우 신성하면서도 또한 불순한 것으로 알려져 왔으나, 기독교 시대에까지 이집트에서 먹지 않았다는 주장은[272c] 전적으로 동의할 수는 없다. 왜냐하면 18대 왕조의 군주는 1500마리 돼지와 단 122마리 소를 소유했다는[272d] 점이 드러나기 때문이다. 이집트에서 돼지의 경제적인 의미는 불확실하므로, 당시의 서민들의 먹거리였던 물고기와 마찬가지로 돼지도 섭취되었을 것으로 짐작된다. 그러나 보다 더 상류사회에서는 신성하면서도 불순한 것으로 알려져 먹지 않았다.
**272a)** Blackman, Hooke, Myth
**272b)** Jeremias, A.T.A.O
**272c)** Hall-Budge, Guide
**272d)** Erman-Ranke, Ägypten und ägyptisches Leben, S. 529

음에는 나일강에서 익사당하거나 궤짝에 갇혀서 죽고, 두 번째는 잘게 토막 내어져 죽는데, 이는 발 밑에 짓밟혀 타작되는 것에 해당한다.

시체를 토막 내는 것과 각 부분들을 들판에 묻는 것은 대지에 씨를 수정하는 행위에 대한 마술적인 유비이다. 이 제의는 또한 죽은 사람의 시체를 토막 내었던 왕조 이전의 이집트인들의 매장 양식과 연결되어 있을 것이다.[273]

모권적 다산제의의 또 다른 특징에는 중요한 의미가 내포되어 있다. 아마도 토막이 난 계절왕의 남근은 남성성의 수태시키는 힘의 상징이므로 미이라로 만들어져 그의 계승자가 죽을 때까지 보존되었던 것 같다. *프레이저*는, 곡식 다발 형태로 된 식물의 정령[274]은 다음 번 파종 또는 수확 때까지 보존되었으며, 그래서 그것이 성스런 대상으로 간주되었다고 설명하면서, 이러한 제의의 잔재에 해당하는 많은 예들을 제시하였다. 다산의 왕, 혹은 동물, 곡식 다발 등의 대리자는 이중적인 운명을 갖는다. 우선 그는 살해되고 토막 내어진다. 그러나 토막의 한 부분, 즉 성스러운 남근, 혹은 그를 대변하는 어떤 것은 《남는다.》 그렇게 남은 것은 마치 씨앗이나 시체처럼 대지 《속》, 혹은 《아래》에 보관된다. 하계로 《내려가는 것》은 죽임을 당한 자를 위한 애가와 더불어 표현된다. 대지로 《내려가기》는 농촌 축제력(Festkalender)에서 카타고기아(Katagogia)라고 불렸고, 나중에 파종하기 위해 곡식을 지하창고에 숨겨두는 것을 의미했다.[275] 대지로 내려 보내어 관에 넣어두는 것은, 죽은 자를 매장하는 것 및 대지에 씨를 심는 것과 동일한 것일 뿐 아니라, 또한 《다산의 영속화》를 위한 제의이기도 하다. 이때 남은 것은 희생된 풍요의 왕의 미이라화된 남근을 나타낸다. 혹은 새 곡식의 《부활 축제》가 될 때까지 대지에 묻었던 종자처럼 죽은 자로 보존되는 남근적 상징을 나타내기도 한다.

하지만 처음부터 오시리스가 이러한 젊은 풍요의 신들과 동일시되었던 것은 아니다. 아주 초기에는 청년기 형상의 덧없음과 함께하다가, 차츰 그의 영속하는 그리고 남아있는 성질이 강조되었다. 식물이나 곡물, 그리고 비블로스(Byblos)에서는 나무로 숭배되었던 오시리스는 풍요, 대지 그리고 자연의 신이고, 그래서 태모의 아들신으로서의 특징들을 그 자체 갖고 있다. 그러나 그는 또한 물, 수액, 나일강, 다른 말로 하면 식물의 생기를 주는 것이기도 하다. 아도니스(Adonis)는 아도니스의 정원에서 자라난 것인 반면, 옥수수가 자라나는 오시리스의 제의적인 형상은 그가 곡물 그 이상임을 증명해주고 있다. 사실 그는 곡식이 싹트는데 필요한 습기이자 근원인 것이다. 그는 죽어가는-회귀하는 존재일 뿐 아니라, 죽지 않고 남아있는 존재이기도 하기 때문에, 그는 역설적 존재이다. 그는 《긴 남근을 가진 미이라》[276]이다.

이상의 표현들이 오시리스 형상의 본질적인 것에 속한다는 사실은 쉽게 알 수 있다. 그것은 충분히 강조되지 못한 채 이해되어야 했던 신화의 아주 특수한 어떤 특징에 관련된다. 신화에 의하면 오시리스의 분리된 신체들을 다시 모았을 때 남근은 찾지 못했다. 이시스는 그것을 나무로 된 남근 혹은 제의적 남근으로 대체하였고, 그러자 죽은 오시리스에 의해 그녀는 임신하게 되었다. 그래서 남근 없이 나무로 된 남근만을 가지고서도 오시리스는 호루스의 아버지가 되었고, 풍요의 신으로서의 특징을 갖출 수 있게 된 것이다.

모권적 풍요의 의식에서 보이는 거세와 수태, 남근숭배와 갈가리 찢기 등은 상징적 규범에 있어서 상호 연관된 부분들이다. 하지만 오시리스의 문제는 보다 더 광범위하게 포괄하므로 그의 해석도 여러 측면을 갖는다. 오시리스의 풍요성은 대지의 하위적 남근적 풍요성, 물, 비옥하게 하는 나일강, 식물의 살아있는 녹색의 신선함, 곡물 등으로 이해되므로 전체 범위에 자신의 영향력을 펼치고 있는 것은 아니다. 그럼에도 그의 본질은 단순한 하위의 다산성을 넘어서려는데 있다.

《하위의 오시리스》에 반대되는 상위의 오시리스의 본성이 변화와 변환 혹은 자기계시의 새로운 국면으로 파악될 수 있다. 두 계기는 모두 오시리스의 제의적 남근이라는 동일한 대상과 연관되어 있다.

원래 풍요의 왕의 죽음은 우리가 보았듯이 두 개의 서로 다른 제의, 즉 신체의 갈가리 찢기와 남근의 영구보존으로 드러난다. 씨뿌리기, 조각내기, 갈가리 찢기, 타작은

273) Budge, Book, Introduction, S. XIX u. CXX
274) Frazer, Der Goldene Zweig
275) Leeuw, Phänomenologie, S. 77
276) Aus den Gebeten eines ungerecht Verfolgten, Erman, Literatur, S. 375

인격을 파괴하고 살아있는 개체를 붕괴시키는 것을 의미한다. 그러한 것이 원래 오시리스의 신체, 즉 시체에 할당된 운명이었다. 이것과 반대되는 원리가 남근을 미이라로 구현시켜 영원하게 만드는 것이다. 이는 긴 남근을 가진 미이라로서 나타낸 오시리스의 상징이다.

초기부터 분명히 존재했던 오시리스의 이러한 역설적 이중의 의미는 이집트에서 제의가 발달하게 된 토대를 형성한다. 그는 한편으로는 갈가리 찢긴 자로서 풍요를 가져오는 자, 덧없이 지나갔다가 다시 돌아오는 젊은 왕이며, 다른 한편으로는 긴 남근을 가진 생식력의 미이라로서, 영속적 존재, 소멸하지 않는 존재이다. 그는 살아있는 남근일 뿐 아니라, 미이라화된 남근으로서도 생산적임을 증명하는 것이다. 그래서 그는 아들 호루스를 낳았으며, 혼령으로서, 죽은 자로서, 남아있는 자는 더 고양된 풍요의 의미를 갖게 된다. 인류는 무의식적으로 생식력이 있는 죽은 자에 대한 이 비밀스런 상징으로 본질적 내용을 파악하여, 외부에 제시하였던 것이다. 그러나 그 내용이 더 이상은 분명하게 언급될 수는 없었다. 그것은 살아있는 실제적 자연의 영원함과 풍요로움에 대립되는 정신의 영원함과 풍부함이기 때문이다.

오시리스의 적대자, 즉 갈가리 찢는 자의 상징에 대해서 살펴보면, 세트는 검은 수퇘지이고, 그의 표시는 신체 절단과 죽음의 도구인 원시시대의 돌칼이다. 이 세트는 어둠, 악, 해체의 전형이다. 오시리스와 쌍둥이 형제인 그는 적수의 원형적 형상이다. 그는 어둠의 힘으로 우주적이자 또한 역사적이기도 하다. 왜냐하면 그는 모권의 성향을 대표하고 이시스의 남자형제로서 오시리스에 맞서 그녀의 파괴적인 면을 대변하는데 반해, 오시리스는 부권과 관계하고 있기 때문이다.

갈가리 찢기의 위험은 죽음으로 위협하는 것인데, 그 상징에는 세트의 《칼》, 아포피스(Apophis)독사, 그리고 전갈, 뱀, 괴물, 고릴라 등으로 표현되는 악마적 수행자들이 있다.[277] 그것은 주로 정신-신체적 파멸과 소멸의 위험을 제공한다. 이집트 숭배 제의의 결정적인 부분들이나, 〈죽음의 서(書)〉 전체는 이러한 위험을 피하도록 애쓰고 있다.

중심화의 근본적인 경향, 즉 영속화를 통한 죽음의 극복은 오시리스를 신화적-종교적인 대변인으로 형상화함으로써 이루어진다. 미이라, 육체의 영구보존, 그리고 통일성의 표현으로 그의 형상을 유지함으로써, 세트의 원리에 반하는 오시리스의 원리가 살아난다.

오시리스는 자기완성을 하는 자로서, 세트를 타도하고 갈가리 찢기는 위험에서 벗어났다. 모권적 단계에서 그는 모성적 누이–배우자의 살아있는 산들바람에 의해 다시 태어나게 되거나, 또는 피라미드 문서에서 보면 모성신 무트(Mut)에 의해 통일성의 상징인 머리를 되돌려 받는다.[278] 그는 바로 새로워진 존재로서 마침내 제대로 숭배받게 된다. 그러한 그에 관해 〈죽음의 서(書)〉에서는 다음과 같이 말한다.

> 나는 내 자신을 모두 함께하도록 뜨개질하듯 엮어왔다. 내가 나 자신을 전체이며 완전하게 되도록 하였다. 나는 젊음을 되찾아 새로워졌다. 나는 오시리스, 영원성의 군주(Lord)이다.[279]

갈가리 찢기에 해당하는 고대의 매장풍습은 후기의 이주해온 부족들에 의해 거부되고 폐기되었다는 게 분명하다. 종종 그렇듯이, 이것도 정신적 변화가 가시화됨으로써 이루어진 역사적 결과였다고 하겠다. 시체의 갈가리 찢기는 개인 인격적 의식이 없는 초기 민족에게서는 공공연히 행해졌다. 그에 대한 결정적인 동기는 망령들이 다시 살아 돌아올 것에 대한 두려움이었다. 그러나 이집트에서 자아의식의 강화와 중심화 발전은 특별히 두드러졌다. 이러한 발전에서 시체의 갈가리 찢기는 최고의 위험으로 간주되었을 것이고, 미이라를 통한 형상의 보존은 최고의 선으로 간주되었을 것이다. 미이라화된 오시리스는 이러한 경향에 대한 합법적인 대표자가 될 수 있었다. 왜냐하면 모권적 다산제의가 있던 초기 시대에 그는 제의적 남근의 대표이며, 그의 담지자로서 ≪영원히 보존되는 자≫였기 때문이었다.

277) Budge, Abb. zu Book, Kap. 28 und 149
278) Pyramiden v. Sakkara, vgl. Budge, Book, Introduction, S. CXX
279) Budge, Book, Kap. 43

가장 초기적 오시리스 상징은 데드(Ded)이다. 그에게 제사를 지낸 최초의 장소는 데두(Dedu)라고 하는 나일 삼각지인 고대의 부시리스(Busiris)이다. 데드는 기둥인데, 그의 상형문자는 《지속》을 의미한다. 그러나 데드 기둥의 의미는 오늘날까지도 수수께끼이다. 일반적으로 데드는 나무줄기로서 꼭대기에서 양쪽으로 뻗어나가는 가지들의 끄트머리를 말한다. 제의에서 보면 그것은 나무의 본체줄기의 크기와 무게를 갖고 있음을 볼 수 있다. 이는 축제에서 데드를 세워놓은 그림에서 잘 드러난다. 오시리스 신화는 데드 기둥이 나무의 본체 줄기였다는 점을 잘 증명하고 있다. 이시스는 페니키아의 비블로스에 가서 오시리스의 시체를 가져오는데, 시체는 《아스타르테》 왕비의 남편이자 그 곳의 왕이 궁궐 홀에 있는 기둥으로 사용했던 나무 안에 둘러싸여 있었다. 이시스는 《궤짝에서 분리시킨》[280] 나무를 아마포로 감싸고 기름을 발랐는데, 플루타르크의 시대에까지 그것은 비블로스에서 《이시스의 나무》로 숭배되었다. 우리는 이미 비블로스의 나무숭배 제의의 의미를 이시스와 오시리스와 관련시켰고, 그리고 모성신의 아들-연인으로 논의했다.

여기서 또 다른 특징, 즉 이집트인들에게 있어 나무, 리바논(Libanon)의 삼나무의 가치에 주목해야 할 것이다. 이집트와 페니키아 사이의 종교적 및 문화적 연관성은 지극히 오래된 것이다.[281]

나무들, 특별히 리바논의 삼나무와 같이 매우 거대한 나무는 이집트와 같이 나무 없는 땅에서 한 계절만 살아있다가 사라지는 식물의 덧없는 생명과는 반대로 영원히 지속되는 것에 해당한다. 그것들은 초기에 성장한 것이고, 그리고도 계속 존속하는 것이므로, 데드가 지속하는 것의 상징이 되었다는 것은 이해할 만하다. 원시 이집트인들에게 돌의 죽음-지속성과 식물성의 살아있음-덧없음과는 반대로, 나무는 살아있음-오래 지속되는 것이었다.[282] 비블로스-가나안의 숭배제의 지역에서는 나무 기둥이 태모인 《왕비 아스타르테》의 성물이었고, 또한 그 기둥은 잘라낸 곁가지와 함께 자리를 차지한다;[283] 그것은 어떤 경우든 성스러운 나무와 기둥이 보편적 관계가 있었음을 보여준다.

더 지적해야 할 본질적 특성은 이집트의 제의에서 죽은 자를 가두어두는 나무관과 나무줄기의 동일성이다.

형제 세트에 의해 나무관에 들어간 오시리스의 신화적 매장과 비블로스의 장면은 오시리스의 데드의 특징을 기둥 나무의 신으로서, 그리고 미이라로서 강조한 것이다. 미이라와 미이라의 관은 존속시킬 수 있는 수단이다. 기둥, 나무, 미이라로서의 오시리스는 계절 왕이 미이라로 처리된 남근으로 대체되는 바로 그 나무로 만든 제의적 남근과 동일한 것이다.

오시리스의 갈가리 찢긴 부분들은 여러 숭배장소에 나누어 뿌려졌다고 하는 이집트의 믿음에 따르면, 오시리스의 척추는 데두(Dedu)에 묻혔다고 한다. 여러 부분으로 나뉘어진 오시리스의 형태에서 데드 기둥은 그러한 관념과 밀접한 관계를 갖는다. 그 데드 기둥은 구성상 두 개의 부분으로 나뉘어져 있다. 원래 나무의 줄기로부터 파생된 윗부분은 잘려진 단면이 4개의 그루터기로서 큰 나무의 줄기에 발달의 정점에 이른 척추를 연상시킨다. 그리고 그 상부, 나무꼭대기에는 목과 머리의 부위가 설정된다. 다른 많은 이집트 주물(呪物)과 같이 데드 기둥은 우리에게 원초적인 형상이 어떻게 인간화되었는가를 매우 분명하게 보여주고 있다. 먼저 그것은 아비도스(Abydos)[284]의 사원 서쪽 벽에 세워져 있는 것처럼, 거기에 팔이 나오게 하고, 나중에 눈이 그려지게 된 것이다. 그런 다음 마침내 데드 기둥이 오시리스의 전체 모습과 동일하게 된 것이다.

280) Erman, Religion, S. 85
281) 오시리스가 수메르 신(神) 아사르(Asar)이고 메소포타미아를 너머 이집트에 이른다는 불확실한 주장을 하게 된다면,[281a] 비블로스(Byblos)가 이행의 위치로서 의미를 가지게 된다. 모권적 다산제의의 초기에는 신화의 경향에서 추론되듯이 이집트인들이 비블로스와는 독립적이었던 것으로 보인다. 왜냐하면 이시스가 비블로스에서 오시리스를 다시 이집트로 데려와야 했기 때문이다.
281a) Winlock, Basreliefs from the Temple of Ramses Ⅰ at Abydos, Metropolitan Mus. of Art Papers, Vol. Ⅰ, Part 1 (zit. H.F. Lutz)
282) 목세공은 종교적인 과정으로서 이런 규준(Kanon)에 속한다. 나무는 우유와 술과 함께 호루스-오시리스의 생명원칙에 해당하는 것이다.[282a] 마찬가지로 삼나무 기름도 미이라를 만드는데 있어서 지속적이게 하는 효과 때문에 함께한다.
282a) Blackman, Hooke, Myth, S. 30
283) Jeremias, A.T.A.O., Abb. 125
284) Budge, Book, Abb. S. 73, 77, 121

*버쥐(Budge)*[285]가 데드 기둥의 생성 방식을 분명하게 보여주고 있다. 기둥은 부시리스의 오래된 신에 헌정된 나무줄기와 오시리스의 척추의 아랫부분, 즉 《천골》을 결합시킴으로써 완성된 것이다: 그 밖의 데드 상징은 이러한 결합을 양식화하는 것이다:

여기에는 3가지 구성요소들이 함께 연결된다. 첫 번째는 남근적(phallic)인데, 왜냐하면 천골은 다음과 같은 의미를 가졌기 때문이다.

오시리스의 척추의 아랫부분은 생식력을 갖춘 곳으로 믿어져 왔다.

두 번째 구성요소는 위에서 말한 《지속(Dauer)》이다. 척추의 뼈 부분, 천골은 여기에서 남근 대신 등장하여 《지속하는 것》의 특징을 기둥의 특성처럼 강조하여 사용된다. 이런 이유로 데드 상징과 그루터기를 가진 나무줄기의 형상은 형태와 내용적으로서 쉽게 융합될 수 있었다.

세 번째이자 가장 중요한 요소는 《융기(Erhöhung)》의 요소이다. 오시리스의 척추의 천골은 나무줄기 위 상부에 설정된다는 사실이다.

《높이 세운》, 그리고 《보다 상위의》 남근으로서 《지속적으로 생산하는(수태시기는)》 남근은 머리가 되어 지속적으로 생산하는(수태시키는), 즉 정신의 상징임을 스스로 입증한다.[286] 태양 남근이 정신의 상징이듯이, 마찬가지로 나무의 머리는 나무의 생산에서 보면, 생산하고 낳음을 주도한다: 이때 《지속적으로 생산하는(수태시키는) 존재》는 태어난 존재인 만큼 하위의 것을 대변하지 않는다. 오히려 제의 그 자체에서 증명하고 있는 것처럼 《높이 세워진 것》으로 드러나게 된다.[287]

《승화하기》[288], 높이 세우기, 낮은 원리에서 상위 원리로의 변환은 데드 상징에 대한 가장 중요한 요소이기 때문에, 데드의 상부는 나중에 오시리스의 머리로 쉽게 동일시되었다.

전체적으로 통일된 형상을 제시하려고 하고, 갈가리 찢기를 무효화 하려는 목적을 위해 머리와 육체를 재결합하는 것이 오시리스 제의의 본질적 부분을 이룬다. 〈죽음의 서(書)〉의 한 장(章)[289]은 《지하세계에서 인간의 머리를 자르지 못하게 하는 것에 관한 장(章)≫이라는 제목을 갖고 있다. 오시리스 육체들이 모두 하나로 합쳐지려면 머리를 되찾는 것이 절대적으로 필요하다.[290] 머리와 몸체를 다시 결합하는 그 중요성은 우리가 알고 있는 아비도스의 비밀제의에서 보면 척추로 드러난다. 그의 내용은 ≪오시리스 몸의 재구성≫인데 다음과 같다:

대관식의 장면은 오시리스의 척추를 세우는 것이고, 그 위에 신의 머리가 위치하는 것이다.[291]

그래서 데드의 기둥은 하나로 결합된 오시리스의 상징이고, 지속하는 존재의 상징이다. 머리와 몸이 하나로 합쳐졌고 그래서 다음과 같이 말한다:

나는 내 자신을 전체가 되게 하여 완전하게 하였다.

데드에서 이루어지는 머리와 척추 뼈의 결합에 대한 해석은, 또한 죽은 자의 목에 황금의 데드를 올려놓고 탄식하면서 올리는 기도를 보면 확실히 알 수 있다:

일어나시오, 오! 오시리스여 그대는 그대의 척추 뼈를 가졌도다. 오! 조용한 심장이여, 그대의 목과 등이 연결되어 있구나, 오! 조용한 심장이여, 그대의 토대 위에 그대 자신을 올려놓으시오.[292] [293]

---

285) Hall-Budge, Guide to the 1st to 6th Room, S. 98
286) 281쪽을 참고하라.
287) 276쪽을 참고하라.
288) 284쪽을 참고하라.
289) Budge, Book, Kap. 43
290) 254쪽을 참고하라.
291) Budge, Book, Introduction to chapter 43, S. CXXI
292) Budge, Book, Kap. 155
293) 여기서 사자(死者)에게 그가 완성된 정신적 존재, 즉 쿠(Khu)가 되어서 신년축제 때에 오시리스의 수행원이 되겠다고 약속한다. 이는 신년축제에 제시되는 오시리스의 데드 기둥에 대해서 논의되어야 할 중요한 자료이다.

미래에 대한 이집트인들의 믿음을 관통하는 두 주제가 있는데, 둘 다 오시리스와 관련되어 있다. 첫 번째는 지속적이게 하는 것이다. 이는 형태의 보존과 그에 따른 장례의식에서의 인격의 보존이다. 이는 피라미드에서 미이라 처리와 미이라의 보호로 나타난다. 두 번째 주제는 부활과 변환이다.

처음부터 오시리스라는 형상은 상승의 원리와 관련되어 있었다. 그에 대한 가장 초기의 묘사를 보면 그는 ≪계단 꼭대기에 있는 신≫으로 그려져 있다.[294] 그는 지상에서 천상까지 이어진 사다리이다. 아비도스(Abydos)에 묻힐 수 없는 자들은 위대한 신의 계단에 돌이라도 세우고자 노력했다.[295]

*버쥐(Budge)*는 이를 다음과 같이 묘사하고 있다:[296]

> 이 사다리는 피라미드 텍스트에 거론되어 있다. 그것은 원래 오시리스를 위해 만들어졌는데, 오시리스는 그 사다리를 통해 천상에 올라갔다. 그것은 호루스와 세트에 의해 설치되었고, 그 둘은 각각 한 쪽을 잡고 있고, 그렇게 그들은 그것에 오르도록 신(神)을 돕고 있다; 고대와 중세 제국의 무덤에서는 여러 모델의 사다리가 발견된다.[297]

오시리스는 풍요의 신, 갈가리 찢긴 자, 그리고 그 찢김을 극복한 자이자 또한 상승과 천상의 사다리의 주인이고, 오시리스 신화의 우주적 단계에서는 달의 신이기도 하다.

*브리폴트(Briffault)*[298]는 오시리스 왕조가 원래 달의 왕국임을 증명하는 엄청난 자료들을 모아 제시하였다. 그러나 여기에는 원형적 관계가 문제인 것이다. 모권세계에서 청년-연인의 다산-왕권은 항상 달과 관련되어 있다. 그는 갈가리 찢기는 자이고 새로 태어나는 자이므로 다산성을 보장한다. 하지만 오시리스의 형상이 이러한 모권적 관계를 넘어서기 때문에 그것의 의미를 주목하는 것이 중요하다.

대지에서 천상까지 소생한다는 것과[299] 죽음과 갈가리 찢어짐을 극복한다는 것이 바로 오시리스로 하여금 변환과 부활의 모범으로서 인류의 지도자가 되게 하는 것이었다. 〈죽음의 서(書)〉에서 오시리스와 동일시된 사자(死者)는 말하길:

> 나는 신들 중 유일하게 천상에 이르는 사다리를 설치하였고, 그들 중 유일한 신성한 존

제 1 부 ● 의식 발달의 신화적 단계들

재이다.

오시리스의 상승과 부활은, 하위의 지상적 오시리스와 상위의 오시리스와 결합, 신체적으로 죽음에 이르도록 갈가리 조각났다가 다시 합쳐 이루어진 오시리스와 상위의 정신의 혼(魂)과 정신의 몸체와의 결합으로서, 신화적으로 투사된 정신적 변환을 나타낸다. 이러한 자기변환, 부활, 그리고 고양은 동시에 자기 자신과의 합일인데, 이는 또한 지하세계의 신인 오시리스와 태양 신인 라(Ra)의 결합으로 묘사되었다.

오시리스의 떠오르기(Aufsteigen)는 〈죽음의 서(書)〉의 묘사에서 보면,[300] 데드 기둥으로부터의 호루스 태양의 솟아오름 혹은 생명의 징후의 솟아남으로 나타난다. 이때 데드 기둥 그 자체는 일출과 일몰의 이중의 산에 매설되어 있다. 그래서 기둥은 우리가 신체라고 부르는 ≪물질적인 몸≫이 되는데, 여기에서 태양혼(魂)이 떠오른다. 이에 반해 멤피스 축제에서 미이라는 데드와 함께 머리로서 숭배되었다.[301] 말하자면, 머리와 하나로 결합하게 된 육체 전체로서 숭배되었다.

가장 오래된 오시리스 숭배제의 장소인 데두 부시리스는 델타(Delta)에 있는 한 지역에 속한다. 그곳의 표시는 오시리스 상징의 발달에 있어 아주 의미있는 것이다. 우리는 부시리스에서 아비도스로 옮겨간 오시리스 제의의 발달에서 상징적 기본 배열의 전개를 아주 잘 추적해갈 수 있다. 오시리스는 오랫동안 지배했던 부시리스의 원래의 주인이었던 안츠티(Anzti) 지도자 신(神)의 상징을 이어받았는데, 그것은 채찍과 지팡이였다. 이외에도 안츠티 상징은 기둥처럼 생긴 몸으로 이루어져 있는데, 거기에는 두

294) Flinders Petrie, The Making of Egypt, Plate X, LⅡ
295) Erman, Religion, S. 265
296) Budge, Book, Introduction S. CLⅡ to chapter XCVⅧ
297) Budge, Book, Introduction S. CLⅢ to chapter XCVⅧ
298) Briffault, The Mothers Ⅱ, S. 778f.
299) Pyramidentexte §§ 472, 974, Erman, Religion, S. 219
300) Budge, Book, S. 55, 73, 77
301) Erman-Ranke, Ägypten, S. 318

개의 타조 깃털을 가진 머리가 얹혀 있다.[302] 그래서 오시리스가 기둥과 머리, 이 두 상징을 동화할 수 있었다는 것은 명백하다.

오시리스 종교가 아비도스의 상징성을 동화한 것도 같은 방식에 의해서였다. 여기 서도 아비도스의 오랜 상징성이 역시 ≪서쪽의 첫 번째≫라는, 즉 사자(死者)의 신(神) 에 대한 지역적 숭배제의로서 오시리스의 본성에 접근하고 있다.

오시리스가 아비도스를 장악하자, 아비도스의 상징은 기둥 위에 두 개의 타조 깃털 과 태양이 있는 머리 형상을 지닌 것이 되어서, 안츠티 상징과 오시리스의 머리와 동 격이 되었다. 고대의 모델은 이러한 태양과 깃털이 달린 머리의 성유물을 얹은 아비도 스의 기둥을 나타내고 있는데, 이는 ≪상형문자적으로 산 속에 세워진 것≫이다.[303]

아비도스의 상징의 바닥에 있는 두 마리의 사자 아케루(Akeru)에 의해 기둥의 양 측면이 지지된다는 사실에 주목한다면 태양에 대한 관계는 더욱 확고해진다. 이 사자 들은 아침과 밤의 태양을, 그리고 어제와 오늘을 상징한다. 그것들은 그 묘사에서 떠 오르는 태양과 지는 태양을 나타내고 있다.[304] 아비도스에 있는 오시리스 상징은 윈 록(Winlock)에 의해 간과된 사실인데, 저무는 해의 상징이었다: 아비도스의 신(神)은 오시리스처럼 ≪서쪽의 첫째≫로서, 즉 저녁 해와 사자(死者)의 신으로서 숭배받았다. 나중에 아비도스는 오시리스의 머리가 묻혔던 장소로서 효력을 갖게 되었다.

민일 이러한 ≪종합적≫ 발전의 상징성을 요약한다면, 그것이 매우 중요하고 의미 있는 것이란 것을 알게 될 것이다. 오시리스, 오시리스의 머리, 그리고 태양으로서의 오시리스는 모두 함께 속하는 것이고, 태양과 머리는 오시리스의 정신-상징성에 속하 기 때문이다. 안츠티의 머리, 아비도스 상징의 머리, 오시리스의 머리는 하나이다. 하 지만 아비도스가 ≪서쪽에≫ 위치하기 때문에 그곳은 오시리스가 저녁의 태양과 사자 (死者)의 신으로서 숭배받는 곳이 되었고, 오시리스의 머리가 쉬는 장소가 되었다.

하지만 오시리스는 단순히 저무는 태양이 아니다. 아비도스 상징은 라(Ra)-머리- 혼(魂)에 상응한다. 그의 숭배자들은 호루스 머리나 재칼의 머리를 한 악령으로서 묘 사되었는데, 이는 그들이 저녁의 태양 뿐 아니라 아침의 태양을 숭배한다는 것을 가리 키고 있다.

오시리스는 두 가지 모습을 가지고 있다. 그는 서쪽의 지하세계의 신이자, 사자(死

者)의 신이자, 또한 영원히 존재하는 자이자, 천상의 주인이다. 원래 그는 서쪽에서 통치하는 대지와 지하세계의 지배자였던 반면에, 천상의 주인 라(Ra)는 동쪽에서 다스렸지만, 오래지 않아 오시리스의 이중적인 구조와 합쳐지게 되어 이중적 영혼으로 되었다. 이는 다음과 같이 묘사된다.

그대의 물질의 몸은 데두(Dedu)와 니프-우르테트(Nif-Urtet)에서 살고, 그대의 영혼은 매일 천상에서 산다.[305]

오시리스의 이중적인 본성, 즉 오시리스와 라(Ra)가 하나라는 신화적 기술은 초개인적 육체-중심인 심장의 혼(Ba)과 정신의 혼 혹은 정신의 몸체(Khu)와의 결합에 관한 심리학적 진술이다. 이러한 결합이 오시리스의 신비를 형성하고 있다.

나는 신성한 쌍둥이 신(神)에 거주하는 신성한 영혼이다. 그렇다면 이것은 무엇인가? 이것은 바로 오시리스이다. 그는 데두(Dedu)로 가서, 거기서 라(Ra)의 영혼을 찾았다. 각 신은 다른 신을 포용한다. 그리고 신성한 영혼이 튀어나와 신성한 쌍둥이 신에 내재한 존재 속으로 뛰어들어간다.[306]

같은 장(章)에는 이러한 이중적인 본성에 대한 다른 내용이 들어있다:

어제는 오시리스이고 오늘은 라(Ra)이다. 라가 오시리스의 적을 파괴하는 그 날이며, 그리고 왕자로서 그리고 그의 아들 호루스의 지배자로서 설립하는 바로 그 날이다.

302) Moret, The Nile
303) Winlock, S. 21 (zit. H.F. Lutz)
304) Budge, Book, Abb. S. 81, 94
305) Budge, Book, Abb. S. 666
306) Budge, Book, Kap. 17

혹은:

> 나는 그곳에 사는 신(神)을 안다. 그가 누구인가? 그는 오시리스 혹은 라(Ra)이다. 혹은
> 라의 남근이다. 그곳에서 그는 자기 자신과 하나가 되었다.

혹은 ≪현재의 일들과 앞으로 일어날 일들에 관하여≫라는 편(編)에는 다음과 같이 쓰
여 있다:

> 이것이 누구인가? 그것은 오시리스이다. 혹은 (다른 자가 말하듯이) 그것은 그의 죽은
> 육체 혹은 그의 오물이다. 지금 존재하고 있고, 앞으로 존재하게 될 사물은 그의 죽은
> 육체이다. 혹은 다른 사람이 말하듯 그러한 것들은 영원성이고 영속성이다. 영원성은
> 낮이고 영속성은 밤이다.

자기 자신을 낳은 신은 특별히 ≪크하페라(Khapera)≫, 즉 장수풍뎅이로 묘사된다.
이 갑충은 공 모양으로 똥을 굴리기 때문에 태양이 움직이는 원리로서 숭배되었다. 더
욱 더 중요한 점은 장수풍뎅이는 임무를 완수한 후 그 태양-공을 땅바닥에 있는 구멍
에 묻고 죽는다. 그리고 다음 봄에 땅 속으로부터 떠오른 새로운 태양으로 새 풍뎅이
가 그 공으로부터 기어나온다. 그래서 그는 ≪자신을 생성하는 자≫의 상징이고 ≪신
들의 창조자≫로 간주된다.[307] *버쥐*는 다음과 같이 말한다:

> 그는 떠오르는 태양의 형상이고 그는 태양신의 선박에 자리하고 있다. 그는 비활력적
> 상태에서 삶으로 바뀌는 지점에 있는 물질의 신이다. 또한 죽은 육체의 신이기도 하다.
> 그로부터 정신적이고 영광스럽게 된 육체가 막 태어나려 한다.[308]

이 ≪크하페라≫는 또한 심장의 상징 ≪아브(Ab)≫이다.

오시리스가 인간의 육체에 생기를 주는 심장의 영혼에 비유되기도 하고, ≪나의 심
장, 나의 어머니≫라고 불리기도 하는데, 이때의 그는 초인간적인 어떤 것이다. 심장

은 자기 스스로 생산하는 풍뎅이의 모습이다. 그것은 사자(死者)의 심판에서 언명하고 평가하는 양심의 힘을 의미하는 자리인데, 멤피스의 창조신화에서는 창조적 장소로 아주 뛰어나게 묘사된다.[309]

> 모든 결과가 일어나도록 하는 것이 바로 심장이다. 그리고 심장이 만들어낸 생각을 반복(표현)하는 것은 혀이다.[310]

혹은:

> 모든 신과 그들의 카(Ka)를 창조한 데미우르그(demiurg)는 그의 심장 안에 있다.

≪생각≫에 대한 상형문자는 ≪심장≫에 해당하는 심상으로 그려지는데, 이는 심장의 영혼이 정신적 원리라는 점을 나타낸다. 동시에 그것은 모든 지상의 살아있는 것의 리비도의 원리이기도 하다. 그래서 오시리스의 남근적 형태이며, 숫염소 혹은 멘데스의 숫양(Ba)은 심장의 영혼(Ba)과 동일시된다.

그러나 오시리스는 낮은 수준의 남근 원리일 뿐 아니라, 상위의 태양성의 원리이기도 하다. 그는 그리스의 불사조인 벤누(Bennu) 새이다. 그래서 다음과 같이 표현된다:

> 그대는 헬리오폴리스의 왕조의 혈통에서 자라난 나무줄기에서 태어난 위대한 불사조이다.[311]

---

**307)** 크하페라(Khapera)의 자기재생은 아주 특징적으로 드러난다; *브리폴트(Briffault)*는 근원적인 달의 의미를 태양에게 넘겨주었다고 주장하는데, 여기서 주목하지 않겠다.
**308)** Budge, Book, Anmerkung zu S. 4
**309)** 49쪽을 참고하라.
**310)** Moret, The Nile, Kees, Rlg.-Heft 10, S. 11
**311)** Metternich Stele, Roeder, Urkunden, S. 90

자기쇄신과 나무탄생은 모두 ≪상위의≫ 탄생에 속한다. 오시리스는 나무에서 태어난 자이고, 같은 의미로 자기 자신에게서 태어난 자이고, 또한 죽음의 관에서 부활한 자이다. 오시리스, 나무와 관은 하나이고 동일한 것이다. 그래서 나무의 탄생은 재탄생과 동일시된다. 오시리스는 나무에서 떠오르는 태양이다.[312] 그는 마치 데드 기둥으로부터 상승한 생명의 징표이다. 이러한 장면은 〈죽음의 서(書)〉의 가장 오래된 장(章)의 하나에서 예증해주고 있다. 이는 14장(章)인데, 어쩌면 B.C. 4266년 전(前)으로 거슬러 올라갈 수 있을 것이다. 이미 시작하는 단어에서부터 오시리스의 신비에 대한 결정적인 것을 드러내는데, 다음과 같이 요약된다:

나는 어제이고 오늘이고 내일이다. 그리고 나는 두 번 태어날 수 있는 힘이기도 하다.
나는 신(神)을 창조했던, 숨어 있는 신성한 혼(魂)이다.

죽음의 문제는 원래 이 세계의 연장으로서 피안의 세계를 간주하는 단순한 장치로 해결되었다. 피안에 대한 물음에 물질적 대답 대신 영적인 대답으로 이끄는 변화와, 오시리스의 변환에 상응하는 변환이 죽은 자인 오시리스와 창조의 신인 아툼(Atum) 간의 대화에서 명확하게 다루어지고 있다.
창조의 신 아툼은 말하기를:

나는 물, 공기, 그리고 만족의 자리에 대신 변용하여 거룩하게 되도록 해주었다. 또한 빵과 맥주 대신에 걱정없음을 주었다.

그리고 그는 다음의 약속으로 끝을 맺는다.

그대는 백만 년, 또 백만 년보다 더 오래 존재할 것이다. 하지만 나는 내가 창조한 모든 것을 파괴할 것이다. 대지는 홍수처럼, 최초의 상태가 그랬듯이, 다시 한 번 태초의 바다로 나타날 것이다. 나는 결코 인간이 알지 못하는, 그리고 어떠한 신도 알지 못하는 독사로 변한 후에 오시리스와 더불어 여전히 남아있는 그것이다.[313]

이런 아툼의 대답은 피안의 세계를 넘어서 간다. 그것은 종말론적이며 심지어 세계가 우로보로스한 상태로 귀환하게 될 그런 기간까지 내다보는 것이다. ≪오시리스와 더불어≫라는 표현은 창조신의 불사적 영혼과 영원한 동반자에 대한 약속인 것이다. 여기서 오시리스와의 동일시, 즉 인간적 영혼과 근원적 창조적인 것과의 동일시는 신성의 창조적인 것과의 일치로 보존된다. 이러한 의미에서 변환의 비밀제의에서 오시리스로 변환한다고 기술하는 사자(死者)에 대한 신비스런 문장들이 이해될 수 있다. 이에 대해 다음과 같이 표현한다.

나는 아무것도 이해하지 못하는 사람으로서 들어갔다. 그리고 강한 영혼의 형태로 나타날 것이다. 나는 영원히 남자와 여자의 형상이 될 내 형상을 기대하게 될 것이다.[314]

사람들은 이런 내용과 상징들이 나중의 정신화한 표현이라고 하지만 잘못된 것이다. 이러한 문장 구절은 시기적으로 더 후기적 장(章)이 아니고, 〈죽음의 서(書)〉의 핵심을 하나의 장에다 요약하여 잘 다듬어 놓은 텍스트에 속하는 것이다. 이러한 짧은 요약은 제 1왕조에 잘 어울리는 것이다.[315]

오시리스는 하부세계와 상부세계를 동시에 지배하는 이중 영혼을 가지고 있어서, 그는 스스로 하나가 되는 자이고, 자기 모습을 보존하고, 상승하면서 변화하는 자이다. 그는 죽음을 극복한 자이고, 스스로를 생산한 자이고, 창조의 비밀, 부활과 재탄생의 비밀 전수자이다. 이를 통해 하위의 힘이 점차 상위의 형태로 변형되는 것이다.

죽은 왕이 정신적 존재이자 천상의 걀주자로 변환하는 것은[316] 오시리스의 후계자로서 그렇게 하는 것이다. 이를 오시리스화≪Osirifizierung≫라고 한다: 그것의 본

---

**312)** Budge, Book, Abb. S. 211
**313)** Totenbuch, Kees, Rlg.-Heft 10, S. 27, Kap. 175
**314)** Budge, Book, Kap. 64
**315)** 여기서 첫 왕조가 B.C. 4300년경, 혹은 B.C. 3400년경 브레아스테드(Breasted)로 시작되었느냐는 그리 본질적인 것이 아니다. 어떤 경우든 다만 역사적으로 초기 시기를 문제삼고 있는 것이다.
**316)** Pyramidentext §§ 370-375, herausgegeben Sethe

질은 영혼의 부분들을 결합하는데 있으며, 이것에 대한 조건은 미이라 보존과 그것의 마술적 소생이다. 〈죽음의 서(書)〉에서 제의의 전체 목적은 지상적 육체가 부분들을 하나로 모아 영원하게 하는 것과, 갈가리 찢기는 것을 막는 것이다.

미이라화를 통한 육체의 보존, 정화, 또한 육체에 속하는 심상의 영혼인 카(Ka)의 정화 등은 오시리스 신비의 기초, 즉 미이라 처리된 시체로부터 정신적 육체의 싹트기로[317] 나아가는 전제조건들이다.[318]

심장-영혼(Ba), 인간의 머리를 한 매, 미이라와 육체의 생명 원리는 정신의 혼(魂)(Khu),[319] 즉 정신의 몸체(Sahu)의 생명 원리와 관계한다. 정신의 혼이 불사의 존재인 반면에, 그와 연결된 하부의 심장-영혼은 물질적이고, 그의 의지력에 따르게 된다면 비물질적이 되기도 한다. 심장의 혼, 정신-영혼과 심장, 풍뎅이 등은 모두 이에 속하는 위대함이다.

당연히 이러한 부분 영혼과 영혼의 부분들은 신화적인 투사로서 더 구체화할 수 없다. 그것들의 상승하는 변환과 그것들의 통합이라는 과제가 결정적으로 남아있다. 그 과제는 이중적 존재, 즉 불사의 오시리스-라(Ra)를 생산하는 것으로, 이는 오시리스와 그를 계승하는 왕이 완수하는 위대한 과업이다.

카(Ka)-혼(魂)은 특별히 이러한 과정에서 아주 중요한 역할을 담당하게 된다. 그래서 카가 무엇을 의미하는지 이해하는 일은 매우 어려운 일이다. 왜냐하면 카-혼은 오늘날 현대적인 의식의 개념에 해당하지 않고 원형적인 실체성을 나타내기 때문이다. 이집트인은 그것을 도펠갱어(Doppelgänger), 주어진 혼, 수호천사로서 간주하였고, 그에 대한 이름과 존재 양식을 의미했다. 그것이 젊음을 유지하는 불멸적 실체성이므로 ≪죽는다는 것≫은 ≪자신의 카와 함께 살아가려는 것(aller vivre avec son Ka)≫[320]으로 동일시하였다. 그래서 모레(Moret)는 그 의미를 다음과 같이 이러한 말로 요약하고 있다:

카(Ka)라는 이름은 파라오와 제신(諸神)과 인간들의 생명의 원리이다. 또한 그것은 생명력은 물론이고, 모든 것을 먹여 살리는 자양분이기도 하다. 카가 없으면 우주에는 아무것도 존재할 수가 없는 것이다.[321]

카(Ka)-혼에 대해서는 다음과 같이 표현한다:

이 카는 아버지이며, 인간을 살 수 있게 하는 존재이다. 이성과 도덕적 힘을 주재하며,
영적이고 육체적인 삶을 준다.[322]

카는 카우(Ka-u), 즉 식량과 연관되기도 한다. 그래서 그것은 요소적인 리비도이기도
하고 생명의 상징이기도 하다.

천상에서 원초적인 실체가 살고 있고, 이러한 본질적이고 집단적인 카로부터, 신들은
왕이 되기 위해 개별적인 카로 떨어져 나오게 된다.

카와 육체가 정화되어 하나가 될 때 왕은 - 그의 앞에는 오시리스가, 그를 뒤따르는

---

317) 아직 대답이 안 된 질문 하나는 밀과 그 밀의 변환에 관한 것이 아니라, 변환의 상징으로서 정신적 흥분을 수반
하는 정신적 비밀제의적 의미가 근본적으로 환각제의 획득을 위한 것으로 이해해야 하느냐 하는 것이다. 왜냐하
면 오시리스는 곡물신만이 아니라, 또한 포도주 신이기 때문이다. 1월 6일의 현현절(Epiphanienfest)에는 물
에서 술로 변환하는 카나(Kana)의 결혼식이 연결되어 있다. 이 축제에는 오시리스에게 물-술의 변환을 집행하
도록 되어 있다.[317a] 환각제와 다산성을 위한 망아적 축제는 고대나 원시세계에서는 서로 분리가 안 되어 있었
다. 그래서 밀이 환각제로 변환하는 것이 초기 인류에게는 변환적 사건 중 가장 눈에 띄는 현상에 속했음이 분명
하다. 밀, 쌀, 옥수수, 타피오카(마니오크Maniok의 뿌리로 만든 전분) 등이 어디서든 다산제의에서 중심에
자리하게 되는 대지의 열매, 대지의 아들이 된다. 그들의 희귀한 변환으로 이러한 대지의 산물, 즉 대지의 열매
는 취하게 하는 정신적 특성을 갖게 되고 성찬에, 즉 더 고도의 계시, 지혜 및 구제를 위한 매개의 역할에 쓰이게
되었다. 이러한 비밀제의의 원초적 기초가 공공연히 드러나는데, 디오니소스 - 그리스도에서 포도주 상징으로
- 뿐만 아니라, 성찬식의 환각이 중요한 역할을 하는 곳이면 어디서든 볼 수 있다. 변환에서 연금술에 이르기까
지 고대의 비밀제의적 가르침이 이런 현상과 연관되어 있지 않다는 것이 오히려 이상할 것이다. 제 1의 물질
(prima materia)이 시체에서 승화와 상승하는 것, 정신이 육체로부터 자유롭게 되는 것을 의미한다. 그래서 정
신으로의 변환은 환각제의 비밀제의의 과정이면서 동시에 대지-밀-아들로 이루어진 정신적 역사의 심상들이
다. 즉 정신적 변환을 다루는 비밀제의의 상징적 전형들이 된다. 이와 관련시켜서 원형적으로 그것들은 서구적
문화영역에만 국한되지 않는다. 예를 들면 멕시코에서 소년의 곡물신과 여기서 풀크베(Pulqué) 신들이라고 표
현하는 환각과도 같은 연관성이 있음을 발견하게 된다.

317a) H. Greßmann, Tod und Auferstehung des Osiris
318) Budge, Book, Kap. 83, 94, 154
319) Budge, Book, Introduction, S. IX II
320) Pyr. de Pepi I, Moret, Mystères Egyptiens, Paris 1927
321) A, Moret, Mystères Egyptiens, S. 210
322) Moret, The Nile

모든 개별자들 – ≪완벽함을 성취한 완전한 존재≫이다.

카의 혼은 우리가 오늘날 자기(Selbst)로 부르는 것의 원형적 선(先)형상이다. 다른 카–혼에 의해 영혼의 다른 부분과 결합하고 인격의 변화에 이르게 되므로 – 신화적 투사이지만 – 처음으로 모든 것이 정신적 사건이 되었음을 보게 된다. 이것을 우리는 오늘날 ≪개인의 전(全)인격화≫ 혹은 ≪인격의 통합≫으로 나타내고 있다.

이러한 영혼의 부분들의 통합을 통하여 왕은 비로소 바(Ba)–혼(魂), 즉 신과 함께 거주하고 생명의 숨을 지니게 되는 심장의 영혼이 되는 것이다. 그는 이제 아크후 (Akhu), 즉 완벽한 영적 존재가 된다.

> 왕은 동쪽 지평인 아크헤트(Akhet)의 영광으로 다시 태어난다. 그리고 동쪽에서 태어
> 난 자는 아크흐(Akh), 즉 영광스럽게 빛나는 존재가 된다.[323]

오시리스의 또 다른 변형과 관련되어 빛, 태양, 정신 그리고 영혼 사이의 원형적 관계성이 여기서 확실하게 통일적으로 드러나는 것은 아니다.

이러한 상징적이고 신화적인 배경 이전에 제의에서 실행된 것이 좀 더 쉽게 그 의미에 부합할 것이다.

오시리스 제의에 대한 우리의 지식은 대략 세 영역에서 기인한다: 오시리스 축제 특히 데두–부시리스의 신년맞이 축제 때 데드 기둥이 높이 세워지는 것, 대관식, 그리고 왕의 권력을 강화와 쇄신을 목적으로 하는 왕들의 세드(Sed)–축제.

우리는 여러 번 오시리스에서 다산성의 의미와 태모와의 연관성을 제시하였다. 그러나 데두에서 이루어진 오시리스 제의에서는 이미 신년맞이 축제로서 실행되어 있어서 그런 단계의 것은 더 이상 남아있지 않다. 다만 계절적인 왕정의 흔적들은 남아있지만, 데드 기둥과 도시에 이름을 부여하여 존속시키는 것의 특징이 유력하게 되었다.

오시리스가 갖는 달의 특징을 감소시킨 후이므로, 이제 전체 한 해의 365개 빛을 나타낼 수 있는 존재로 육화하게 된다. 이 빛들은 22번째 크하오이아크흐(Khaoiakh) 날에 행하는 모든 영혼의 축제에서 오시리스의 배에 함께 타고 있다.[324] 바로 한 해 전(前)에 땅에 묻혔던 오시리스의 형상은 다시 파헤쳐져 새로운 것으로 대체되어, 새

해의 고양, 부활과 새해, 즉 일 년의 나무에서 탄생한다는 상징으로서 무화과 나뭇가지 위에[325] 놓이게 된다. 데드 기둥 세우기는 오시리스의 부활의 축제의 핵심적 내용이다. 이는 《오시리스의 소생(resuscitation)》, 즉 사자(死者)의 소생의 상징이므로, 결코 어린 식물신의 재생을 상징하는 것이 아니다.[326]

덴데라(Dendera)의 축제력에서는 다음과 같이 묘사하고 있다:

> 아크헤트(Akhet)의 네 번째 달 마지막 날에 행하는 데드 기둥 세우기는, 브흐(Bh)의 지
> 역 icd 나무 아래 납골당에서 오시리스가 묻힌 날에 이루어진다; 오시리스의 신성한 몸
> 체를 천으로 감아서 묻은 그 날에 일어난다.

이러한 오름(Erhöhung)과 부활이 있은 후 그날이 설날로서 축하된다. 그것은 에드푸(Edfu)의 호루스의 새해 설날로서, 동시에 이집트의 왕이 왕좌에 오르기 위한 정해진 날로 알려져 있다. 그리고 같은 날에 세드(Sed)-축제는 이집트 왕의 기간제적 쇄신을 위한 축제로서 진행된다.

원래 살해해서 죽은 늙은 계절 신의 매장과 새로운 왕의 즉위식은 여전히 이러한 의식들에서 확인할 수 있다; 남근의 성스러운 미이라화와 계절 왕의 살해는 오랜 다산제의에서 데드 기둥 세우기에 해당하는 내용이다. 그것은 데드 기둥 세우기와 새로운 왕위 계승 간의 관련으로부터 분명하게 확인이 된다. 수확제에서 호루스 왕의 제의에서 오래된 식물의 정령을 상징하는 한 다발의 곡물을 낫으로 잘라내는 것으로 표현된다. 그러나 호루스의 즉위와 오시리스 오름과 부활을 연결시켜 보면 새로운 것에 의해서 낡은 것의 제거와는 다른 새롭고도 어떤 특별한 것이 드러난다. 호루스-오시리스 신화에서 옛 왕과 새 왕 간의 근원적 대립의 잔재는 새로운 심혼적 배열로 넘어가는 계

323) Moret, The Nile
324) Blackman, Hooke, Myth, S. 20
325) Blackman, Hooke, Myth, S. 20
326) Zit. Gardiner, in: Blackman, S. 21; Hooke, Myth

기가 된다. 거기에서 아들이 아버지에 대해 긍정적인 관계를 맺게 된다.

오시리스 신화에서 풍요의 모권적 이시스의 형상과 그의 제의가 오시리스의 부권적인 보호 아래 있는 호루스 왕의 지배에 의해 분리하기에 이르렀다. 이에 대해 ≪오시리스는 그의 조상의 자리에 아들을 남겨둔다≫라고 말한다. 원래 모권적인 이시스는 여기에서 그를 도와준다. 그녀는 이제 아들-상속자의 정당성을 위해 그리고 왕위의 청구권을 위해 권력투쟁을 이끌어간다. 그녀는 호루스의 부성적 혈통, 즉 부권의 기반이 신들에 의해 인정되도록 하고 있다.

부권적 시기에 의한 모권적 시기의 제거는 원형적 과정이다. 다시 말해, 그것은 인류의 역사에서 보편적으로 일어나는 필연적 현상이다. 우리는 이것을 실제적으로 부권적 호루스 민족에 의한 전(前)왕조시대의 모권적 이집트인들의 정복 가능성에 대한 고려 없이, 그리고 초기의 오시리스-달 제의와 더 후기의 호루스-태양 제의의 결합 가능성에 대한 논의 없이 해석을 하였던 이유는, 위의 사실을 인류의 보편적 역사의 흐름에서 보았기 때문이다.

모레(Moret)는 이러한 모권적 자궁-체제의 제거에 대해 다음과 같이 지적하고 있다.

> 부족의 여인들이 각기 토템에 의해 임신을 하게 된다고 믿었던 자궁체제에서 벗어난
> 사회의 혁명이, 이제 부성적 체제로 넘어가는데, 이 체제에서 남편이 실제의 아버지가
> 된다.

여기서 씨족에서 가족으로, 그리고 집단에서 개인의 힘으로의 이행에 따른 발전과 연결됨을 볼 수 있다. 우리는 영웅에 의해 대변된 의식이 태모의 지배력을 무너뜨리는 위대한 개별자의 신(神)이자 동시에 왕의 역할에 관해 좀 더 논의해야 한다.[327]

흥미롭게도 이런 의미심장한 전위의 흔적은 이집트 신화와 제의에서 볼 수 있다. 상부와 하부 이집트 초기 수도는 ≪지속적 광채의 두 지배자 여인≫이 태고적부터 장악하고 있는 도시였다. 상부(上部)이집트에서는 넥센(Nechen)의 독수리 여신 넥스베트(Nechbet)가, 하부(下部)이집트에서는 부토(Buto)의 뱀 여신인 우아트헤트(Uatchet)

가 지배하였다. 오시리스 신화에서 부토(Buto)는 갈가리 찢기의 모티브와 관련성이 있다: 호루스는 거기서 이시스의 동물인 전갈에게 살해되었고, 오시리스의 시체는 세트에 의해 다시 발견되어 갈가리 찢겨진다.

부토도 넥센처럼 이중의 도시인데, 넥세브(Necheb)-넥센(Nechen)처럼 페(Pe)와 데프(Dep)로 알려져 있다. 북쪽과 남쪽에서 뜻밖에도 호루스 시(市)와 모성의 시(市)가 강을 두고 서로 마주보고 있다.

부권적인 호루스와 고대 모권적인 지배자 간의 오래된 갈등의 흔적들은 제의에서 여전히 볼 수 있다. 그래서 페(Pe)와 데프(Dep) 간의 싸움을 다루고 있는 제의적 공연에서 보면, 우선 호루스가 공격당하지만, 싸움의 결말은 그가 영웅이라는 점을 보여주는 모성과의 근친상간을 성공적으로 이루고 있다.[328] 사적 기록이 있는 왕조시대에도 승리한 여성적 신성을 나타내는 독수리와 뱀의 상징을 발견하는데, 그것들은 호루스 왕들의 왕관의 상징으로, 그리고 다섯 영역으로 나눈 왕족에 뱀과 독수리의 이름이 남아있다.

이런 이집트의 부권적 왕들, 즉 호루스-아들-왕들은 오시리스의 부성적 계승자로 등장하고, 그래서 반드시 아버지의 복수자가 되고, 오시리스 살해자인 적대자 외삼촌 세트와 싸우게 된다. 여기서 ≪나이든 호루스≫의 역할이 ≪더 젊은 호루스≫로 양도되든 그렇지 않든, 이 점은 여기서 별로 중요하지 않다. 오시리스-아버지가 호루스-아들을 보호하는 것은 세트-오시리스와 세트-호루스의 오래된 싸움과 연관된다. 이 싸움에서 호루스는 세트에게서 고환을 훔쳐온다. 세트에 의해 호루스의 빛인 눈이 치유가 되고, 죽은 오시리스는 호루스의 눈으로 다시 일어서게 된다. 호루스는 세트에게 도둑맞은 고환을 삽입한 두 왕홀의 수여로 힘을 갖게 된다.[329] 오시리스를 다시 세운다는 것은 그의 부활 및 변환과 동일시하는 것이 된다. 이를 통하여 오시리스는 정신

---

327) S. u. Zweiter Teil: Appendices.
328) Erman-Ranke, Ägypten, S. 318
329) Blackman, Hooke, Myth, S. 32

의 왕이 되고, 그의 아들 호루스는 지상의 왕이 되는 것이다.

아들 호루스의 즉위와 통치를 위한 전제는 아버지 오시리스의 높임과 정신화이다. 데드 기둥을 세우기와 가지 위에 전년도 오시리스의 형상 세우기로서 상징적으로 동일시하게 되는 사자(死者)의 세우기는, 매번 호루스의 즉위식과 세드-축제에 앞서 있게 된다.

단순히 사자(死者)에게 산 자를 도와달라고 비는 것을 제의라고 받아들이는 해석은 아무래도 충분한 이해가 아닐 것이다. 오시리스 제의와 왕위식, 대관식 그리고 세드-축제와의 연관은 그러한 일반적 해석의 불가능함을 보여준다.

그것은 토템숭배와 입문제의들의 기본적인 현상들에 해당하는데, 토템 혹은 조상이 입문자에게 다시 태어나고, 그에게서 새로운 거주지를 형성하고, 더 높아진 자기를 형성하는 것을 의미한다. 아버지 호루스의 성화(聖化)와 관련지어 이러한 결과는 호루스 영웅의 아들적 특성에서 기독교에서의 신(神)의 인간화, 그리고 현대인에 있어 개인의 전(全)인격화의 현상에까지 이른다.

스스로를 영웅으로 다시 낳는, 즉 신(神)-부성에 의한 자신의 태어남과, 아들에게서 죽은 부성의 재탄생 간에는 근본적으로 ≪나와 아버지는 하나이다≫라고 한 문장으로 요약할 수 있는 관계가 있다. 이들 관계의 신화적 선(先)형식은 이집트에서 우리가 거듭 지적해왔던 바로 그것으로 드러나는 것이다: 호루스는 부성의 아들이자 부성의 복수자로서 세계의 주인이 된다; 하지만 동시에 그의 지상적 지배력은 정신 영역을 지배하는 오시리스의 심혼적 지배력에 기초하게 된다.

오시리스-데드 기둥의 높이 세우기는 호루스의 즉위식과 세드-축제의 핵심이다. 이집트의 호루스-왕가 계승은 이러한 제의에 기초한다. 이 제의에서 항상 호루스인 아들의 계승이  정통으로 되었고, 오시리스인 부성의 높이기가 원형적으로 장치되어 세계의 법칙으로 거행되는 것이다. 세대 간의 교체와 그들의 마술적 관계의 교체라는 정신의 현상으로 드러나는 아버지과 아들의 부권적 계열은 그들의 대립에도 불구하고 내재된 그들의 동일성에 기초하고 있다. 모든 왕은 한 때는 호루스였고, 그리고 오시리스가 된다. 모든 오시리스는 한 번은 호루스였다. 그래서 호루스와 오시리스는 하나인 것이다.

이러한 동일성은 그 둘 모두를 상대하는 모성으로서, 아내로서 그리고 여동생으로서 등장한 이시스의 형상으로 더욱 강화된다. 모성으로서 이시스는 호루스를 낳고 죽은 오시리스를 깨워 새 생명을 얻게 해준다. 아내로서 그녀는 오시리스에 의해 호루스를 임신하고, 호루스에 의해 호루스의 아들을 임신한다. 만약 누이로서의 기능을 페르세우스와 오레스트에 대한 아테네의 역할과 동일시한다면, 이시스는 누이로서 죽은 오시리스와 살아있는 호루스의 통치력을 위해 싸운다고 하겠다.

호루스–아들–왕은 상속인으로서 ≪지상세계≫의 통치자이고 남근적 대지의 다산성을 대변한다. 대관식은 호루스의 왕이 오랜 다산성을 위한 계절 왕의 영원한 계승자가 되었다는 것과 그 과정을 보여주고 있다. 원래 있던 왕의 희생은, 이제 그의 대리인과의 투쟁으로 대체되었다. 악마와의 싸움은 수많은 영웅과 승리한 왕들의 삶에 본질적인 것이 되었다. 호루스가 세트를 물리치는 것과, 에드푸(Edfu) 제의에서처럼[330] 대관식에서 또한 세드–축제 동안 데드 기둥을 설립하는 것은 매우 중요한 역할을 한다. 이는 신적인 왕의 승리에 찬 다산성의 조건인 것이다. 이런 사실은 호루스와 민(Min)의 남근적 황소 신(神), 그리고 창조의 신(神) 프타흐(Ptah)와의 동일화로 나타나며, 또한 옥수수 신의 승리, 세트의 고환의 첨가, 에드푸에서 하토르와의 성스런 결혼, 왕들의 수확의 제의로 나타난다.

호루스–아들–왕은 더 이상 모성–대지의 여왕에 속하던 계절 왕의 일시적으로 다산성을 보증하는 역할을 하지 않는다. 오히려 그는 이제 수태시킬 수 있는 부성으로서 계속해서 지상을 비옥하게 하고, 자신의 자손들을 부권적으로 다루게 된다.

그의 기능은 오랜 다산제의에서 성스럽게 표현된 자연적 리듬과 독립하게 하는 것이다. 하지만 이런 처리는 자연의 과정과 그 순환성에서 스스로 벗어나도록 심급에서 지지를 해주기 때문에 가능하게 된다. 지상의 왕은 신–아들 호루스와 동일시하여 호루스처럼 후원을 필요로 한다. 그들은 지속성, 변치않음과 영원성, 오시리스, 부성으

---

330) Blackman, Hooke, Myth, S. 33

로 드러나는 정신의 원리에서 그 후원을 발견하였다. 모권세계에서는 죽음과 부활은 똑같이 지상의 영역에서 발생한다. 죽음은 풍요의 중단을 의미했고, 부활은 식물의 소생을 의미했다; 하지만 이 양극은 모두 자연의 리듬 안에서만 머무는 것이다.

이제 오시리스의 소생은 그의 계속적이고 영원한 특성이 드높이 상승한 것을 의미한다. 완성된 심혼이어서 손상되지 않으므로, 더 하위의 자연적 순환 과정에서 벗어남을 의미한다. 이것이 바로 신이 되고, 별이 되고, 변치않는 피안의 세계의 경과에 놓이게 되었다고 하는 것이다. 여기에 오시리스의 아들로서의 호루스의 즉위가 이루어진다. 이시스의 아들로서 그는 변화무쌍한 봄의 신이자 식물성의 신이었고, 그의 기초는 영속적으로 변화하는 태모의 본성에 뿌리를 두고 있었다. 하지만 이제 그는 영원하고 변치않는 정신의 아버지, 신(神) 오시리스, 정령들의 왕과 연결된다. 그는 지속적 존재인데, 정신의 아버지처럼, 동시에 그의 비호자이고, 그의 계승자이며 그의 드높아진 자이다. 오시리스의 사다리가 대관식에 높이 올려진다면, 그리고 데드의 기둥을 세우고 호루스의 제위에서의 옛 왕을 드높이는 것이 선행된다면, 그것은 호루스의 기반이 상위의 부성에 있으며, 더 이상 하위의 모성에 있지 않음을 의미한다.

이제 우리는 죽은 오시리스가 호루스-아들을 생산하는 특징을 이해할 수 있다. 이것은 정신적 생산에 대한 원시적이고 상징적인 표현인 것이다. 그것은 세속적 생산이 아니다. 부성은 죽은 존재이고 미이라이다. 그러나 그는 생산을 한다. 부성은 긴 남근이 가진 미이라이고 영원하면서도 생산하는 남근을 가진 풍뎅이다.

그 때문에 오시리스는 남근 없이 소생한 자이다. 이시스는 잃어버린 남근을 목재로 만든 제의용 남근으로 대체했다. 여기서 거세된 자를 굳이 표현해 보자면 ≪생산하는≫ 자이고, 비밀제의에서 언제나 마주치게 되는 정신적 생산의 상징이다. 그래서 오시리스는 생산하는 거세된 자이고, 제의적 남근으로 생산하는 자이고 수태시키는 사자(死者)이다.

사자(死者)는 정신-조상이고 생산하는 존재이다. 그는 생산하는 정신이다. 그의 실제성은 바람의 정령처럼 눈에 보이지 않지만 생산하고 움직이게 한다. 현대의 정신병자의 집단무의식은[331] 특징적으로 이집트의 마법을 다루는 파피루스에서 기술하듯이, 이런 호흡-프뉴마(Pneuma)-정신-바람의 근원지가 태양이라고 하였다. 태양의 남근이 바람의 근원이므로 바로 태양을 근원이라고 하는 것이다. 태양은 라(Ra)-호루스이고 오시리스이다.

처음부터 정신과 관련되어 있는 창조적인 것의 문제는 이집트의 오시리스 신화에서 결정적인 상징적 작성을 할 수 있게 된 것이다. ≪나와 아버지는 하나이다≫, 즉 오시리스와 호루스는 심리학적으로 말해서 *하나의(einer)* 인격에 대한 서로 다른 부분들이다.

대지의 남근인 하위의 호루스 아들은 남근이 없는 아버지 혹은 보다 정확하게 말해서 정신의 남근을 가진 아버지에 속하고, 이제 그 둘은 하나이다. 두 부분의 창조력은 서로에게 각각 할당된다. 하지만 호루스 부분은 세계에 적용되어 세속적 지배력을 갖는다. 오시리스 부분은 그의 배후에 있는 영원한 힘, 정신의 주인이다. 그래서 아들과 아버지는 현 세계와 피안의 세계의 신이다. 그들의 관계는 심리학에서 자아와 자기와의 관계에 해당한다.

오시리스 형상 주위에 몰려있는 상징성은 인간 심리에 대한 가장 원시적 단계에서부터 가장 정점에 해당하는 단계까지를 모두 포괄하고 있다. 그것은 아주 고대적, 선사시대적 장례풍습에 기초하고 있다. 이것은 오늘날 심리적 통합의 과정에서 투사로 드러남으로써 묘사되기에 이르렀다. 만일 다시 한 번 다양한 상징의 단계들을 고려해 본다면, 이 상징의 과정들은 인격의 변환 과정을 의식화하는 것으로 드러날 수밖에 없을 것이다. 처음부터 인류의 내면에는 우리가 중심화 경향으로 묘사한 것이 관철되도록 한다는 것이 분명하게 드러나 있다.

가장 원시적인 단계는 갈가리 조각난 것의 통합이면서, 고정화와 보존이고, 동시에 또한 그의 ≪드높이기≫이다. 이 드높이기는 나무 위에 오시리스 몸체를 높이 세우는 것으로 나타낸다. 이는 나무태생의 상징으로, 깊이 감추고 있는 것의 끌어올리기로서, 데드 상징에서 나무 위에 있는 천골 세우기로서, 그리고 데드 기둥의 정립으로서 ≪드

---

331) C.G. Jung, Seelenprobleme der Gegenwart, S. 163

높이기≫이다. 세우기와 드높이기의 신비는 전체화하기와 통합하기와 매우 밀접하게 연관되어 있다. 갈가리 조각난 것의 통합, 미이라화와 형상의 보존은 그것의 기반이지만, 이러한 원시적인 제의는 곧 상승과 변형의 상징으로 넘어가게 된다.

육체와 머리의 통합은 상위의 오시리스와 하위의 오시리스와의 통합에 해당하는 것이다. 이는 오시리스에 의한 라(Ra)와 결합이 된다. 하지만 이것은 자기변환과 동일시된다. 이 변환에서 오시리스는 완전한 존재가 되고자 그의 라(Ra) 영혼과 통합하는 것이다. 이 모든 것은 신들 사이에서 이루어지는 원형적인 것이다. 범례가 되는 오시리스의 사건이 이집트 왕에게로 넘겨짐으로써 이 과정은 인간적인 것이 된다. 그래서 왕은 호루스로서 오시리스와 통합된다. 호루스-오시리스 관계는 상징적으로 오시리스와 라(Ra), 그리고 하위의 오시리스와 상위의 오시리스의 관계에 해당한다. 왕은 호루스-왕으로 신들의 사건에 참여하게 됨으로써, 신화적 사건은 인간의 심리적 사건으로 드러나기에 이른다. 마침내 그것은 우리에게 심혼적 변환과 통합의 사건으로 드러나게 된다. 이 사건에서 다양한 심혼적 부분들이 통합에 이르고 인격의 지상적 호루스-자아(Ich)-부분이 정신-신-자기(Selbst)-오시리스와 결합하게 된다. 그 둘을 하나로 통합하고 상승하는 변환을 통하여 마침내 군건히 하기와 죽음의 극복에 이르게 된다. 이는 원시인들의 심혼에 있어 최상의 목표가 된다.

부권적 부성과 아들의 관계는 근원적으로 지배적이던 이시스의 모성 형상에서 벗어나 종교적이자 사회적, 사회적이자 정치적이 되었다. 이집트에서 근원적이던 여왕-이시스-모권 지배의 흔적은 남아있지만 역사적 시기에 이르러 부성과 왕에 의해 그것은 가려졌다. 아들의 소유권 이양식과 대관식은 오시리스의 부활과 그의 적들을 이겨 승리한 것에 기초하고 있다. 호루스가 치르는 악마, 즉 세트와의 싸움은 어떤 의미에서 모든 왕의 아들이 수행하는 신들의 전쟁의 전형이다.

이로써 전체적으로 연결되었으므로, 이제 영웅신화와 용과의 싸움으로 되돌아가 보자. 이제 오시리스의 이야기에서 호루스를 오시리스의 일부로서 포함시켜서 읽어야 한다.

우리는 전체적으로 일련의 계기들은 영웅들의 역사에 속한다고 보고 있다. 영웅은 여기서 자아-영웅이다.[332] 즉 그는 무의식과 맞서는 의식과 자아의 투쟁을 대변하고 있다. 영웅의 전쟁 행위에서 분명하게 보이는[333] 자아의 남성화와 강화는 모성 용과의 싸움을 시작하게 만드는 것이다. 그것은 끔찍한 모성-이시스와 그녀의 대리 수행자인 세트에 맞서 두려움의 극복과 용기를 가져다준다. 영웅은 상위의 인간이고 ≪드높아진 남근≫이고, 그래서 그의 영향력은 머리, 눈 및 태양 상징으로 표현된다.[334] 그의 싸움은 천상에 속함을 증명하는 것이고, 신적 아버지의 아들임을 보여주는 것이다. 이로써 그것은 이중의 관계에 있음을 드러낸다. 한편으로 그는 용과 싸울 때 천상의 지지를 필요로 하고, 다른 한편으로는 그 싸움을 통하여 천상에 속함을 증명해야 하는 것이다. 용과의 싸움을 통해 재탄생하는 존재인 영웅은 제의적으로 아버지의 신성과 동일시하고 그의 육화를 하고 있다. 아들이 이루는 부성과의 동일시와, 아버지가 하게 되는 아들과의 동일시는 결국 ≪나와 아버지는 하나이다≫라는 문장으로 표현되어 있는 것이다. 재탄생은 신적 아버지의 아들, 즉 부성 그 자신이 되는 것이며, 그 자신 속에서 부성의 재탄생을 수행하는 생산하는 자, 즉 자신의 아버지의 아버지가 되는 것이다.

따라서 영웅신화의 모든 본질적인 요소들을 오시리스-호루스 신화에서 찾을 수 있다. 이에 대해 무서운 모성을 부권적 극복이라는 내용으로 제한해보자. 이 신화에는 무서운 모성 이시스의 흔적을 가지고 있다.[335] 하지만 호루스와 어머니 이시스의 근친상간적 접근이 강요되었으나[336] 그녀의 머리를 잘랐고, 멤피스 축제에서 그녀와 싸웠다는 사실은 무서운 모성의 극복이 이루어졌음을 분명히 보여준다. 그러나 일반적으로 그녀의 부정적인 역할은 세트 신에 넘겨져 있었으므로,[337] 이시스는 기본적으로 ≪선한 모성상≫이 되었다.

---

332) 159~160쪽을 참고하라.
333) 174~175쪽을 참고하라.
334) 188~190쪽을 참고하라.
335) 96~97쪽을 참고하라.
336) Herodot, Buch II
337) 100쪽을 참고하라.

오시리스-호루스 신화의 중심에는 아들과 죽은 부성과의 제의적 동일시가 자리잡고 있다. 죽은 오시리스에 의해 생겨난 호루스는 전혀 개인적 오시리스-아버지를 알지 못하므로, 영웅의 부성이 갖는 신적이자 초개인적 특성을 강조하고, 마찬가지로 영웅인 아들의 신적이자 초개인적 특성을 강조한다. 호루스는 싸우는 자의 역할을 넘겨받는다. 세트를 이기는 것은 오시리스의 아들로서 인정받게 되는, 그의 증명서에 해당한다. 상위의 인간으로서의 그는 데드를 다시 일으켜 세움으로써, 즉 정신적으로 변화한 남근으로서의 오시리스이고, 또한 호루스는 매, 즉 전형적 태양의 상징이 된다. 호루스는 오시리스의 아버지가 된다. 그는 스스로를 통해, 즉 호루스-눈을 통해 아버지 오시리스를 다시 소생시킨다. 그는 또한 자기 자신의 갱신과 재탄생을 위해 죽은 부성과 제의적 동일시에 이른다. 호루스는 신과 오시리스가 되었고, 왕으로서 살면서 세드-축제에서 죽은 오시리스로서 죽는다. 그는 호루스-라(Ra)-영혼으로서 오시리스와 합쳐지고, 마찬가지로 오시리스는 호루스와 하나로 합쳐진다.

오시리스는 ≪그 자체로 다시 태어난 자≫였으나, 시간이 흐르면서 그 자신의 고유한 활동성의 정도가 감소되어 드러난다.

처음에 오시리스는 남근으로서 남아있는 자였으나, 그와 동시에 모성신에 의해 다시 태어난, 혹은 바람의 숨으로 그에게 불어넣어 생기있게 만든 이시스에 의해 생겨난 불굴의 용기이며; 동시에 그런 힘에 의해 정신적으로 생겨난 아들, 즉 그의 생명력의 육화인 호루스에 의해 생겨난 존재이기도 하다. 결국 오시리스는 드높이 오르는 자로서, 라(호루스)와 하나가 된 자이고, 자기 자신과 하나가 되어 새로 태어난 자이다. 이 모든 단계들은 신화적 사건에서 보여주듯이 서로 나란히 배열되기도 하고 서로에게 침투되기도 하였다. 오시리스는 데드 기둥이고, 미끼와 남근으로서 계속 남아있는 자이나, 달로서 다시 생성되고 다시 젊어지는 자이기도 하다. 이를 세드-축제에서 다음과 같이 언급한다.

당신은 새로워졌고, 당신은 다시 시작한다. 당신은 신생아기의 달의 신처럼 젊어졌다.

변환과 재탄생이 우주적 상징과 자연적 상징에서 벗어나도록 시도된다는 것이 아주 중요하다. 이는 계속 강조되어온 합성(Synthese)에 의한 파라독스한 상징이 되는데 성공하게 된다. 죽은 자는 살아있는 것이고, 남근이 없는 자가 생산하고, 깊숙이 묻힌 자가 천상에 이르고, 변화무쌍의 존재가 영원하다고 함으로써, 인간은 신이 되었고, 신과 인간은 하나가 되었다.

모든 이런 표명들은 인류의 중심으로 모여들게 되고, 그 목표는 ≪완전한 존재가 되는 것≫, 즉 완전한 영혼이 되는 것이 된다. 이는 정신적 원리에 대한 어렵게 그려볼 수 있는 실제성과 그것의 실제적 영향력을 문제삼고 있다. 이제 더 이상은 사자(死者), 천상, 그리고 부성으로서의 익명성에 머물지 않고 오히려 신, 형상, 자기(Selbst)로서 개념화하기에 이른다.[338]

이제 여기서 영웅신화는 자기변환의 신화가 되었고, 근원적으로 주어져 있는 것이 영웅의 행위를 통하여 실현되는 신-아들의 신화가 되었고, 영웅의 삶에서 자기-오시리스와 자아-호루스의 실제화된 관계의 신화가 되었다. 이런 관계는 처음에는 신화적 호루스에 관한 것이나, 그 이후에는 이집트 왕들에 관한 것으로 드러나게 되었다. 또한 후에 이것이 개별 이집트인들에게도 원시적-마술적인 동일시에 의해 가능하게 된다. 결국 불사의 영혼의 원칙은 인류의 계속적 정신적 발전에서 각 개별 인간의 내용과 소유가 되는 것이다.

이런 오시리스-신화가 세계에 미치는 영향력은 아주 놀라운 것이라고 해야 할 것이다. 그것은 고대의 신비제의는 물론이고,[339] 그노시스의 가르침, 기독교, 연금술, 비교술 및 심지어 현대에까지 계속 이어지는 것이다.

고대적 신비제의의 부분들이 입문의식이 목적하는 것보다 더 상위의 남성성을 내세우게 하려는 것, 보다 더 고양된 인간으로의 변환시키려는 것, 그래서 신(神)과 유사하

---

**338)** 오시리스-호루스 신화에 해당하는 것으로 여성적인 것을 살펴보면 데메테르와 코레의 관계를 다루는 신화가 있다. 그 자료로는 *케레니*가 설명을 하고 융이 해석한 것이 있다.[338a]

**338a)** Jung-Kerényi, 같은 곳을 참고하라.

**339)** R. Reitzenstein, Hellenistische Mysterienreligionen

게, 동일하게 혹은 신에 속하게 하려는 것임을 잘 볼 수 있다. 예를 들어 이시스 신비제의의 태양화(solificatio)는 태양신과의 동일화를 강조하였다면, 이에 반해 어떤 다른 신비제의의 목적은 신성의 신비적 참여를 통한 신과의 유대감을 획득하는 것이다. 그에 이르는 길은 다양한데, 신비제의의 참여자는 무아경에 사로잡혀 ≪접신(Entheos; 희랍어로 en=in, theos=god)≫하던지, 혹은 재탄생 제의에서 새롭게 태어나든지, 혹은 성찬식에서 신과 일체가 되려 하겠지만, 궁극적으로는 보다 상위의 인간을 정립하는 것, 빛-정신-천상-부분의 정립에 이르게 하려는 것이다. 더 후기의 그노시스파가 묘사하듯이 입문한 자는 신적 지성(Nous)을 갖춘 자, 이성 안에 머물게(ennoos; en=in, noos=이성) 되는, 즉 신적 지성이 인간을 지배하게 되는, 즉 프뉴마티코스(Pneumatikos)[340]가 되려는 자이다.

이러한 신비제의에는 자주 거세가 상징적으로 등장하고, 심지어는 하위의 남성성의 사멸이 공공연히 이루어져 상위의 남성성의 유리함에 이르도록 하는 것이다. 아티스 신비제의에서 아티스-동일화를 시도하거나, 아도니스 신비제의에서 ≪생산력을 갖고 있는≫ 상추(Lattich)가[341] 죽은 자의 음식, 거세된 자의 식물이고, 이것이 아도니스에서 비롯되었다는[342] 점이 발견되거나, 또한 엘레우시스 신비제의에서 독당근이 같은 역할을 하고 있다는 점은 모두 하위의 남성성의 희생이 상위의 정신성의 정립을 위한 전제조건이라는 것을 의미한다.

이 모든 금욕적 신비제의적 방향들은 우로보로스와 태모의 지배 하에 있는 것이고, 또한 고통받는 아들에 대한 신비제의에 속한다. 그들의 최종 목표는 거세 너머로 끌어들이는 비밀제의적 우로보로스적 근친상간이다.[343] 원형적 단계의 발달 관점에서 보면 모든 이런 신비제의들은 아직 영웅의 투쟁의 관계에 도달하지 못했거나 거기에서 벗어나지 못하고 머물러 있는 경우가 많다.

영웅의 싸움의 목표는 상위의 남성성의 획득이고, 남근적-지상적 단계와 정신적 천상적 단계의 결합이다. 이는 마치 아니마와의 창조적 결합으로, 신성혼(hieros gamos)과 더불어 있는 그의 창조적 생산이 상징화되는 것과 같다. 신비제의에서 나타나는 용과의 싸움은 모성인 용과의 싸움, 무의식적 대지의 측면과의 싸움을 개념화한 것이다. 이것은 부성-정신-측면과의 동일시에 이르는 것으로, 신비제의는 용과의 싸움의 상황을 제의적으로 전달하고 있는 것이다. 그러나 부성-용과의 싸움은 정신의 압도하는 힘과의 싸움인데, 이것의 실패는 부권적 거세, 팽창(Inflation), 무아경적 승천으로 인한 신체의 상실, 신비제의적 세계의 상실로 이끈다. 이러한 현상은 특히 그노시스파와 그노시스적 기독교에서 분명히 나타난다. 이란-마니교도적 침투는 영웅의 싸움의 요소들을 강화시켰다. 하지만 여전히 그노시스적으로 세계, 육체, 물질 그리고 여성에 대해 적대적인 측면이 고스란히 남아있었다. 그노시스파에서 많은 요소들이 대극의 통합을 위한 종합에 이르려는 경향이 있었지만, 여전히 서로 제각기 흩어졌고, 그래서 대지적 측면의 희생에 의한 천상적 면의 승리만을 나타내고 있다. 부권적 거세의 배후에는 무아경적 신비제의적 승천으로 인하여 정신-천상에 의해 과도하게 세력을 펼치는 것이 되면서 우로보로스적 근친상간의 위협이 있게 된다.[344] 이로써 우로보로스적 태모와 우로보로스는 다시 활성화된다. 이런 의미에서 신비제의들이 거의 항상 재탄생을 목적으로 하고 있는 신비제의들임을 설명해준다. 여기서는 영웅신화처럼 적극적으로 스스로를 새롭게 태어나게 하지 않고, 재탄생은 이미 사자로서 소극적으로 경험하는 것을 다룬다. 예를 들면 프리지아 신비제의에서는 죽은 자의 남근을 포함시키고 있음을 볼 수 있다. 재탄생의 신비제의로서 사자의 깨어남은 인류에서 나타나는 보편적인 성향이지만,[345] 그것이 모성의 신성에 의한 것인지, 자기(Selbst)를 대표하는 봉헌 사제에 의한 것인지, 자아에 의한 것인지를 알아차리는 것은 중요하다. 신화와 제의에서 미리 주어져 있는 상황은 자아가 사자(死者)로서 경험하고 있지만, 동시에 신의 형상 안에서 태어난 자기가 나타난다. 자아가 이 자기와 동

**340)** C.G. Jung, Verschiedene Aspekte der Wiedergeburt, Eranos-Jahrbuch 1939
**341)** Derselbe Lattich ist aber in Ägypten dem Min von Koptos wegen seiner ≪geschlechtssteigernden Wirkung≫ heilig.[341a]
**341a)** Kees, Götterglaube, S. 349
**342)** Mereschkowskij, Geheimnis, S. 320
**343)** 152~153쪽을 참고하라.
**344)** 222~223쪽을 참고하라.
**345)** Reitzenstein, Mysterienreligionen, S. 252

일시될 때, 즉 자아의 죽음의 순간에 천상의 지지로 신의 태어남이 실현되는 바로 그 지점에서 영웅신화는 완료된다. 인격이 스스로 죽었으나 동시에 새로 태어나는 경험을 하는 이러한 모순된 이중 상황이 그 자신의 전체성에서 이중 인간의 순수한 탄생에 이르게 하는 것이다.

따라서 티벳의 〈죽음의 서(書)〉에서 사자에 대한 봉헌은 죽어가고 있는 사자가 이런 생산적인 행위로서 통찰하게 되는 인식에 이르도록 요구함으로써 같은 맥락에 있다고 하겠다. 신비제의에서 자주 제의 참여자가 신(神)을 다시 살리게 되는데, 이는 자기생산의 신화적−제의적 전(前)형식에 해당한다. 제의 참여자가 상징적 죽음을 제의적으로 경험하는 것과 달리, 새로워지려는 신성이 사제에 의해 드러나게 되는 경우에는 부성과 아들 간의 동일적 형상화는 완전히 실현되지 않는다. 이미 헬레니즘적 신비제의에는 제의적 행위로서 신화의 내용이 제시되어서 점차 ≪내면화하기에≫ 이르렀다. 이는 입회자들이 따르는 신성한 종교적 사건이 되고, 마침내는 개별 영혼의 내면적 사건으로 되었다.

이 점진적인 내면화는 개인화와 인류의 의식의 발전에 상응하는 것이다. 그리고 인간적 인격의 도야로 이끄는 이러한 원리는 계속적인 발전으로 나아가지 않을 수 없는 것이다.[346]

그노시스적으로 전염된 기독교의 발전과는 반대로 역사적으로 처음에는 연금술에서, 카발라에서, 그리고 특히 하시디즘(Chassidismus)에서 인격의 통합의 길을 마련해왔다. 영웅이 싸움을 하는 단계에서 순환하는 것을 우로보로스라고 부르고 있는 연금술에서 우리는 각 개인에게서 일어날 수 있는 모든 원형적 단계들과 그들의 상징들을 발견한다. 또한 오시리스의 상징이 변화되어야 할 물질의 기본 상징으로 등장하는 것을 보게 된다. 그래서 전체 연금술적 변환과 승화의 전(全)과정이 오시리스의 변환으로 해석될 수가 있는 것이다.[347] 이렇듯이 의식의 원형적 단계의 발달은 오시리스에서, 그리고 그의 변환에서 그 정점에 이르렀다고 하겠다. 이것은 현상에 대한 신화적 전형이다. 이는 수천 년이 지난 후 현대의 개인에서 개인의 전(全)인격화의 과정으로 등장하였다. 여기서 비로소 새로운 발전이 삽입되기에 이르렀다. 어떤 내면의 코페르니쿠스적 적용으로 의식이 스스로를 반성하여 비(非)동일성과 동일성의 모순 속에서 자아가 그 주변을 돌고 있다고 할 자기(Selbst)를 볼 수 있게 되기에 이른 것이다. 이로써 현대의 의식에 의한 무의식과의 동화라는 심리학적 과정이 시작한다. 그리고 그로부터 자아에서 자기로 향하는 중심의 이동은 인류의 의식 발달에서의 가장 최종적 단계를 나타낸다.

---

**346)** 제 2부를 참고하라.
**347)** 연금술의 시작은 이집트에서 비롯되었다. 오시리스 신화와 그 제의는 연금술적 가르침의 근거에 속하는 것으로 해석할 수 있는 것이다. 오시리스는 연금술의 상징에서 납에 해당하고, 그의 황금-태양-라(Ra)로의 변환은 대작업의 대상이다. 상승-승화의 특징은 오시리스에 속하고, 또한 오시리스가 라(Ra)와도 연관되어 있음을 나타낸다.

# 제 2 부

## 인격 발달의 심리적 단계들

심적 에너지 및 문화심리학에 대한 고찰

# A

## 근원적 통일성

중심화와 자아 형성
(신화적 단계들 : 우로보로스와 태모)

# 중심화와 자아 형성
## (신화적 단계들 : 우로보로스와 태모)

 

제 2부는 제 1부에서 신화적 투사로 묘사된 과정을 심리학적-분석적으로 파악해 보려는 것이다. 우리는 현대 서구인을 위해 신화의 중요성을 증명하고 그것이 어떻게 그의 인격 성숙에 도움이 되었는지를 살펴보아야 한다.

제 1부에서 묘사했던 심리적 발달의 요약 외에도 관점적 보충과 확대를 위해 ≪초심리학(Metapsychologie)≫으로 한 걸음 나아가보자. 우리의 경험이 단편적이며 한계가 있다는 것을 알지만 그렇다고 해서 발달사적 통일성의 측면을 일시적인 방향감으로 그려내려는 시도 자체를 포기해서는 안 된다. 그러한 통일성의 측면이 있어야 개별적 실상들이 자신의 적절한 위치와 가치를 획득하게 된다. 여기서는 분석심리학의 여러 다른 가능적 그리고 필수적인 측면 중 원형적 단계의 발달사적 측면을 설명해 줄 수 있는 *한(einen)* 측면만을 문제삼는 것이다. 이는 우리가 믿고 있듯이 이론뿐만이 아니라, 또한 심리치료의 실제에도 중요하다. 우리가 진술하려고 시도하는 단계의 심리학(Die Stadien-Psychologie)은 개별 인격의 심리학에 기여하는 것 이상을 제공한다. 융의 심층심리학은 비로소 집단 심리에 관한 묘사 및 인간적 의미의 부여로 비로소 제대로 다루어지게 된 문화-심리치료 관점이다. 분석심리학은 개인심리학에서부터 집단심리학에 이르기까지 그 기초를 제공하고 있다. 제 1부에서 언급되었던 자아의 단계적 발달에 대해 심리학적 해석을 하기 전에 우리는 자아의 개념, 단계들의 개념 및 우리의 해석적 방법들의 개념에 대하여 몇 가지 소개를 해야겠다.

콤플렉스론이 분석심리학의 기초가 된다; 이는 무의식의 콤플렉스적 특성을 인식하는 데서 비롯된다. 즉 콤플렉스들은 ≪무의식적 정신의 살아있는 단위들≫이며,[1] 마찬가지로 의식의 중심으로서, 정신의 중심적 콤플렉스를 형성하는, 자아의 콤플렉스적 특성을 파악해야 한다. 심리학적, 그리고 정신병리적 자료에 의해 입증된 자아에 대한 이해는 분석심리학에서 지적하는 특징이 된다.

> 자아 콤플렉스는 의식의 조건일 뿐만 아니라 의식의 내용이다. 정신적 요소는 자아 콤플렉스에 관계되는 한에서 내게 의식되기 때문이다. 하지만 자아가 내 의식 영역의 중심인 한, 그것은 내 정신의 전체와는 동일시되지 않으며, 단지 여러 콤플렉스들 중 하나의 콤플렉스일 뿐이다.[2]

우리는 신화 안에서 이 자아 콤플렉스의 발달을 추적해왔고, 그렇게 함으로써 신화적 투사 안에서 의식의 발달사를 일부분이나마 알아차리게 되었다. 자아와 무의식 사이의 관계에서 보이는 발전의 변화들은 신화적으로 표현되어 있는데, 이는 무의식이 스스로 우로보로스, 태모, 용 등의 다양한 원형적 형상으로 의식에 대립하여 배열하거나 아니면, 의식에 의해 그렇게 배열되어 드러난 것이다. 자아와 의식의 발달 단계로서 원형적 단계들을 이해함으로써, 우리는 어린이, 청년, 영웅의 신화적 형상을 자아의 변환의 단계들로 해석해왔다. 정신의 중심 콤플렉스인 자아 콤플렉스는 제 1부에서 묘사된 사실들에서 드러나듯이 행동의 중심을 이루는 것이었다.

예술작품으로 예를 들어 본다면, 연극 혹은 소설의 모든 인물상과 같이 자아의 신화적 형상은 이중 해석을 요구한다. 즉 인물상의 특징적 본성에서 비롯된 ≪구조적(strukturelle)≫ 해석과, 인물상을 그렇게 나타내는 표현의 주체를 고려하는 ≪발생론적(genetische)≫ 해석이 있다.

파우스트(Faust)라는 인물의 구조적 해석은 파우스트가 *괴테*의 작품 안에서 부여받은 성격과 행위들에 기초하고 있다. 그러나 발생론적 해석은 파우스트를 괴테의 부분 인격, 즉 그의 정신의 콤플렉스로서 이해해야만 한다. 두 해석은 서로 보완적이다. 구조적-객관적 해석은 파우스트라는 사람에 의해 표현된 구조의 전체 범위를 – 인간

파우스트 – 포괄하고자 하는데, 이는 파우스트라는 인물이 괴테의 정신적–의식적 및 무의식적–전체 상황과 그의 발달사에 대한 대표로 인식을 하는 발생론적 해석을 결합 시키기 위한 것이다. 시인의 의식이 형상화를 위하여 이미 있었던 Dr. 파우스트 이야기를 외부의 자료로 이용했다고 하더라도, 발생론적 해석이 수용하고 있는 내적 관계에는 전혀 모순되지는 않는다. 왜냐하면 이런 자료의 선택과 수정은 정신 상황에 따라 특징적으로 결정되기 때문이다. 꿈에 전날의 잔재들이 정교하게 만들어지듯이, 현존하는 문학적이고 역사적인 재료들은 정신의 자기표현을 목적으로 창조적 인간의 무의식과 그리고 무의식의 ≪편집자≫에 의해 선택이 되고, 그래서 투사되려고 내면의 상황에 동화하게 된다.

시예술의 인물들이 구조적으로, 즉 그들 자신의 표현으로 해석되며, 그리고 발생학적으로 저자의 본성이나 삶의 역사에 귀속하는 것으로 해석되듯이, 신화의 인물들도 또한 이중적으로 해석되어야 한다. 신화 안에서 자아의식의 발달이 묘사된다는 우리의 주장은 꽤 복잡하다. 왜냐하면 우리는 신화를 문자적으로 받아들여서, 예를 들면 청년–연인의 체험인 경우, ≪마치(als ob)≫ 그를 살아있는 인물인 양 묘사하지만, 동시에 신화적–상징적으로 특정의 자아 단계를 대표하는 것으로 이해하기 때문이다.

이 신화 인물상들은 집단무의식의 원형적 투사들이다. 말하자면 인류는 신화에서 그 자신에서 비롯된 무엇인가를 무의식적으로 표명해왔던 것이다.

꿈이나 환상과 같은 무의식적 내용이 꿈꾼 사람의 정신 상황에 대한 어떤 것을 말해주듯이, 신화는 신화가 생겨난 인류의 단계에 대한 설명을 해주고, 인류의 무의식적 상황에 대해 전형적인 것을 제시한다. 꿈꾼 사람의 의식적 마음 안에서나, 혹은 신화를 생산하고 있는 인류에서나, 두 경우 모두 투사된 상황에 대해서 의식적으로 전혀 아는 것이 없다.

우리가 의식적 발달의 단계들에 관하여 말할 때, 제 1부에서 분명하게 드러났듯이,

---

1) C.G. Jung, Allgemeines zur Komplextheorie
2) C.G. Jung, Psychologische Typen. Definitionen; Ich

각 단계들을 원형적 단계들로 파악하는 것이고, 그와 함께 그것들의 진화론적이자 발달사적, 즉 역사적 특성을 반복적으로 강조해왔다. 자아의식의 다양한 관계양상 만큼이나 이 단계들은 그 자체로 원형적으로 드러난다. 이는 이제 현대인의 정신 안에서 ≪영원한 실재(實在, Entität)≫로 증명할 수 있고 작용하고 있으며, 그것이 정신 구조의 부분을 형성한다. 정신에서 드러나는 이런 단계들의 특징은 개인적 발달의 역사적 진행 과정 안에서 드러난다; 하지만 인류의 발달의 역사적 진행 과정에서 드러나는 정신 구조가 오히려 그 반대로 개연성에 따라 이룩된다고 하겠다. 또한 단계의 개념은 ≪플라톤적으로≫, 또한 ≪아리스토텔레스적으로≫ 파악되어야 한다. 각 단계들은 정신의 원형적 구조의 단계들로 정신 발달의 본질적 구성요소를 이룬다. 그러나 그것들은 또한 인류 역사 내에서 이루어진 정신 발달의 결과와 침전물이기도 하다.[3] 신화적 단계에서 그러한 침전물을 발견하게 되는 의식의 변화는 인류의 선사시대와 인류의 역사에 귀속되는 내면적 역사의 과정에 해당한다. 이런 귀속 자체는 절대적이지 않고, 단지 상대적일 뿐이다.

플린더스-페트리(Flinders-Petrie)[4]는 이집트의 선사시대를 관계의 순서에 따르는 ≪순서-연대결정(S.D.; sequence-dating)≫으로 파악하였다. 말하자면 전혀 시간적인 분류에 대한 지식이 없이도 ≪이전≫과 ≪이후≫를 규정할 수 있게 하는 순서들을 고려한 것이다. 예를 들어 S.D. 30은 S.D. 77 이전에 온다. 그러나 어떤 시기가 S.D. 30인지 S.D. 77인지를 언급하지 않으며, 또는 그 두 시기 사이의 간격이 어느 정도인지에 대해서도 언급하지 않는다.

마찬가지로 원형적 단계들도 심리적인 S.D. 순서로서 파악될 수 있다. 우로보로스는 태모 단계 ≪이전≫에 속하고, 태모는 용과의 싸움 ≪이전≫에 속한다. 그러나 어떤 절대적 시간적 분류는 불가능하다. 왜냐하면 개별적 역사를 가진 민족과 문화의 역사적 상대성을 고려하는 것이기 때문이다. 그래서 그리스에서 보자면 크레타-미케네 문화는 태모의 원시시대인데, 그 문화에서는 태모숭배 의식이 지배적이다. 그리스 신화는 의식이 자립적으로 되려는 ≪용과의 싸움 신화≫인데, 이러한 의식은 그리스의 정신사적 의미에 있어서 결정적 요소이다. 그러나 이러한 발달이 B.C. 1500년과 B.C. 500년 사이 그리스에서 있는 반면에, 이집트에서는 이미 B.C. 3300년 전에 있었던 것이다. 오시리스와 호루스 신화 안에서 이러한 발달이 이미 완결되었고, 왕이 오시리스와 동일시되어 제 1왕조에서 이미 그런 내용들이 할당되어져 있으므로, 같은 발달이 같은 시기에 생겼다고 결코 말할 수 없는 것이다.

이들 단계들이 상대적으로 편입되고 상이한 문화들에서 다른 시기에 나타나게 된다는 사실로부터 두 가지 중요한 결과가 나온다. 첫째로 그것은 원형적 구조에 대한 증거이다. 그것들의 등장의 보편성과 필연성은 인류 공동에게 똑같이 기능하는 정신의 기본 구조의 표현에서 비롯된 것이다. 둘째로 그것은 상이한 문화영역과 시대들에서 하나의 단계를 묘사하기 위해 예들을 함께 나열하고 비교하는 우리의 방법을 정당화한다. 예를 들어 프로베니우스(Frobenius)는 어떤 아프리카 지역에서 태모숭배 제의와 국왕살해 제의가 중요한 부분을 차지한다는 사실을 발견했다.[5] 이러한 동시대적 예들은 대략 7천 년 전(前)에 실행된 이집트 종교의 근원이 되는 제의를 묘사하고 논평하는 것이다. 그것이 원형적 상징성의 자발적 등장 혹은 고대 이집트 문화의[6] 영향을 문제로 삼을 것인가의 여부는, 단계들과 그 상징성의 사실에 있어서나, 또한 다양한 문화영역으로부터 나온 자료를 사용한다는 점에 있어서는 전혀 상관하지 않는 내용이 된다. 원형적 상징성이 문제되는 것이라면 어느 경우든 신화적 자료는 우리에게 문화사적 자료와 같은 가치가 있다. 그러므로 우리가 반복해서 *바호펜*의 견해를 참조했는데, 비록 그가 신화의 역사적 평가를 추월하고 있어서 문제시되나, 상징들에 대한 그의 해석은 심층심리학의 경험에 의해 계속 확인되어 왔기 때문이다.

이제 우리의 과제는 신화의 투사로서 알게 된 의식 발달의 원형적 단계들을 심리학적 의미에서 개인 인격의 형성과 발달에 대한 것으로 이해하려는 것이다. 자아와 의식의 가장 초기의 발달은 우로보로스와 태모의 상징에서 발생하는데, 이는 그것들에 대

---

[3] 이런 역설은 원형이 정신적 과정의 단 한 번의 조건이자 본질적 구성요소라는 사실에서 이해 가능한 근거를 갖는다. 그러나 이것 자체는 인류의 자기경험을 위한 역사적 경과가 되지는 않을 것이다. 인간은 세계를 원형의 도움으로 경험하지만, 원형은 이런 무의식적으로 경험된 세계의 인상을 이미 그 자신 속에 갖고 있는 것이다.

[4] Flinders-Petrie, The Making of Egypt

[5] L. Frobenius, Monumenta Africana, Bd. 6

[6] C.G. Seligman, Egypt and Negro Africa

립하여 변화하는 자아의 관계에서 알아차리게 되는 것이다. 그래서 그 둘에 대한 첫 원형적 단계들과 그것들의 상징성에 대한 심리적 해석을 우선적으로 다루게 될 것이다. 말하자면 자아-배아로부터의 자아의 발달과, 그것의 무의식에 대한 관계를 추적할 것이다.

우리가 시초의 원형적 단계의 출발점으로 삼았던 우로보로스는 경계(境界)의 경험을 심리학적으로 표현한 것이다; 역사는 체험할 수 있는 주체가 존재할 때에만 – 다른 말로 하자면 자아와 의식이 존재할 때에만 – 시작된다는 점에서, 그 체험은 개별적으로나 집단적으로나 선사시대적이다. 우로보로스의 상징 하에 있는 최초의 단계는 전(前)자아 단계에 상응하며, 이것이 인류역사적으로 선(先)역사적이듯이, 마찬가지로 개인의 발달사에 있어서도 또한 자아-배아가 포함되어져 있는 가장 초기의 아동기에 속한다. 하지만 이 단계가 아직 경계의 경험이 될 수는 없지만, 그것의 증상들, 상징들 및 작용이 집단적 또한 개별적 삶의 영역에 전반적으로 지배한다.

우로보로스로서 신화적으로 등장하는 상황은 선사적 인류의 심리적 단계에 기인한다. 이 단계에서는 개인과 집단, 자아와 무의식, 인간과 세상, 이 모두가 서로 떨어지지 않고 결속되어 있어서 《신비적 참여》, 즉 무의식적 동일성의 법칙이 지배적이었다.

인간의 본질적 운명, 적어도 성장해버린 현대인의 본질적 운명은 세 가지가 서로 관련되어져 있다. 그것들은 서로 영향을 끼치기는 하지만, 그럼에도 불구하고 서로 명백하게 구별되어야 하는 순서들로 이루어져 있다. 인간 사건을 벗어난 외부세상으로서의 세계, 인간의 관계 영역으로서의 공동체, 인간의 내적 경험 세계로서의 정신, 바로 이것이 인간의 삶을 규정하는 세 기본 요인들이다; 그것들이 제각기 형성해 나가는 협의내용이 개인의 발달을 결정하게 된다. 그러나 최초의 단계에서 이 모든 영역들은 서로 아직 분리되지 않듯이, 또한 인간이 세상으로부터, 개인이 집단으로부터, 자아의식이 무의식으로부터 분리되지 않은 상태이다.

개별 인간, 집단, 세계가 서로 융합되어 있는, 그런 분화되지 않은 단계가 있을 다음 단계에서는 상호적인 것과 대립적인 것이 드러날 것이지만, 아직은 서로 분리되지 않은 상태로 있다가 차츰 그 자체 발달이 있게 된다. 무의식에서 자아의 생성과, 자아의 무의식과의 관계를 의존과 자립성으로 묘사하는 발달이 아니라, 계속적으로 집단과 동일시된 집단의 일원이 개인 및 개별이 되는 그런 다른 발달적 상황이 이 기원적 상황에서 드러난다. 이 시기에는 집단과 개인으로 구성된 인간 세계는 아직 아니지만, 우리가 객체-외부세계라 부르는 것이 드러난다. 근원적 상태를 경계 경험으로 알고 있는 한, 우리는 그 상태의 증후를 묘사할 수가 있다. 왜냐하면 우리는 비록 자아의식은 아니나, 정신의 부분을 통해 이런 원형적 단계에 관여하고 있기 때문이다.

우리는 인간집단과 개인을 외부세계와 아직 분리할 수 없음을 도처에서 발견하게 된다. 오늘날 우리의 의식이 정신적이라고 인식하고, 따라서 내면의 세계에 속한 것으로 분류하는 정신적 내용들이 이때는 주로 외부로 투사된다. 이런 종류의 정신적 내용들은 인류 역사의 초기에서나, 이질적 문화영역에서, 혹은 다른 민족에 속할 때는 투사로서 쉽게 인식될 수 있으나, 우리 자신의 시대, 우리 자신의 문화, 우리의 개인 인격의 무의식적 소여성에 근접하면 할수록 인식하기가 더 어려워진다. 정령에 의한 나무의 활기, 신들이 깃든 우상들, 신성력을 가진 거룩한 장소, 혹은 마술적 재능을 가진 사람들에게서 드러난 것들은 현대의 우리에게는 투사로 ≪간파≫된다. 나무, 우상, 거룩한 장소, 인간 형상들은, 초기 인류가 그의 내적 정신적 내용들을 외부세계에 투사했던 것이라면, 우리에게는 이제 인식 가능한 대상들에 해당하는 것이다. 그런 유(類)의 ≪원시적 투사들≫은 우리들의 인식에 의하여 ≪거두어 들이게 되고≫, 또한 그것들을 자기암시나 그런 것으로 진단하게 됨으로써, 외부세계에 있는 객체와의 신비적 참여에 의해 초래된 융합은 무효화된다. 그러나 만약 우리가 세계상 안에 작용하는 신의 개입을 체험하는 것, 혹은 국가나 왕에 의해 상징되는 조국의 신성함, 혹은 최근 철의 장막 너머에 있는 국가들의 흉악한 의도들, 혹은 심지어 혐오하는 사람들의 나쁜 성격과 사랑하는 사람들의 선한 성격들을 투사로서 다루고자 하면, 그 때에는 심리적으로 준비가 전혀 안 되어 있어 쉽게 단념하게 되고, 가장 다루기 쉬운 예조차 간과하게 되고 만다. 그 모두가 세계상의 무의식적 조건에 속하기 때문에 그런 것이다.

세계, 풍경, 동물 등과의 인간의 원초적 융합에 대해 가장 잘 알려진 인류학적 표현이 토템 신앙이다. 토템 신앙에는 특정 동물을 조상, 친구, 또는 운명적으로 작용하는 결정적 존재로 인식하는 것이다. 토템-동물-조상과 그에 속하는 동물 종과 인간의 토템 구성원이 구성하는 연대감은 동일성으로까지 이어진다. 그러한 연대감은 단지 믿음의 문제가 아니라, 사냥 마술의 텔레파시에 이르기까지 사실적이자 심적인 작용이라는 점이 여러 차례 확인된다.[7] 초기 인류의 마술적 세계상은 이런 종류의 동일성 관계에 기초한다는 데에는 의심의 여지가 없다.

인간과 주변 세계 사이에 기원적 상태였던 융합이라는 현상은 또한 개인과 집단 사이에, 혹은 집단의 일원으로서의 인간과 집단 사이에서도 마찬가지로 일어난다. 인류 역사에 의하면 처음에 개인은 자립적 단위로서 존재하지 않았고, 집단정신이 주도적이므로 개별 자아의 자립화는 전혀 허용하지 않았음을 보여준다. 우리는 이런 상태를 사회적이고 문화적인 생활 모든 영역에서 인식하게 된다. 즉 최초에 익명의 집단성이 존재하는 곳이면 어디서든지 이런 상황을 발견하게 된다.

이 시기에는 집단이 윤리적으로 책임을 지는 단계이므로, 이때에는 개별자가 진정한 개별자가 아니고, 집단과 분리가 안 된, 집단의 부분으로서 존재한다.[8] [9]

이러한 원초적인 집단 단일성은 전달자를 넘어서 피안에 있는 객관적 집단정신이 있음을 의미하는 것이 아니다. 그럼에도 개인적 차이들은 처음부터 집단 구성원들 사이에 존재하며 개별의 독자적 영역이 어느 정도는 허용되어져 있음은 의심할 여지가 없다.[10] 다만 초기의 기원적 상태에서 개인은 집단과 거의 통합적 상태에 놓여 있다. 이러한 통합은 다소 불명료한 용어인 신비적 참여라는 표현을 사용하지만, 실제로 어떤 신비적인 것을 의미하는 것은 아니다. 그것은 원초적 집단 내에서 집단 구성원의 연대를 나타내는 것으로, 총합에 대한 부분으로서의 관계보다는 오히려 신체에 대한 장기의 관계 혹은 전체에 대한 부분이 갖는 관계의 비유로 이해될 수 있을 것이다. 처음에는 전체성의 영향이 심하게 압도적이므로, 자아는 집단의 압제로부터 서서히 벗어나게 된다고 할 수 있을 것이다. 자아, 의식 그리고 개인의 이러한 늦은 탄생은 부정할 수 없는 사실이다.[11]

원시인들에 개인이 집단과 갈등이 있다는 사실을 입증하는 연구가 있더라도 인류 역사의 초기로 가면 갈수록 개인성이 희박해지고 미발달되었다는 것은 확실하다. 오늘날에도 심층심리학적 분석은 현대인의 심리 안에 있는 집단적이자 무의식적이고 비개인적 요소들이 얼마나 압도적인가에 대해 직면하게 된다. 이런 두 사실만 보아도 인간은 원초적으로 자신이 속한 집단에서 집단정신의 부분이었으며, 매우 좁은 작용의 범위 내에서만 개인으로서 행동할 자유를 누렸다는 것이 명백하게 드러난다. 모든 사회적, 종교적, 발달사적 순간들은 개인이 집단으로부터, 그리고 무의식으로부터 벗어나 상대적으로 나중에 탄생했음을 가리킨다.[12]

우리는 서로 타협될 수 없는 수많은 이론가들이 집단과 대중의 심리학을 열심히 탐구하고 있다는 것을 알고 있다.[13]

여기서 논의되고 있는 문제들에 대해 심층심리학을 적용한다고 할 때는 거의 코페르니쿠스적 혁명과도 같은 적용이 되고 만다. 이는 그 적용에 있어서 근본적으로 개별 자아나 의식이 아니라, 집단의 집단정신이 결정하는 것으로써 출발해야 하기 때문이다.

---

**7)** L. Frobenius, Kulturgeschichte Afrikas, S. 127f.

**8)** L. Lévy-Bruhl, Die Seele der Primitiven, 2. Kap.

**9)** Vgl. Verf., Tiefenpsychologie, s. o.

**10)** 부록 I 을 참고하라.

**11)** 말리노프스키(Malinowski)가 주장한 인류학의 방향이 원시인들의 집단정신에 관한 이해가 미리 전제되어 있다는[11a] 변이와는 상관이 없는 것이다. 집단정신과 집단정신 안에 개인이 매설되어 있다는 사실은 무엇보다도 강조되어야 한다. 그래서 말리노프스키가 초기 상태에서의 개인의 역할에 대해 제시하고 있는 자료는 중요하다. 이런 교정은 개인과 집단의 대화적 대립임을 옳게 강조하였으나, 뒤르크하임(Dürckheim)학파의 원칙성을 완화시키지는 못했다. 레비-브륄(Lévy-Bruhl)이 신비적 참여와 전(前)언어적 사고로 나타낸 것은 카시러(Cassirer)가 모든 생명체의 통일성의 경험으로 그리고 감정의 우위로서 뒤르크하임학파에 반대하는 토론을 이끌어낸 것[11b]과 동일한 작업에 해당한다. ≪전(前)언어적 사고≫의 개념은 논리적으로 생각하고 해석하는 능력이 없다는 것이 아니다. 원시인은 그에 대해 능력이 있으나, 규정되어 있는 세계상에 대해 무의식적이어서 의식과 사고의 논리성에 맞도록 되어져 있지 않다는 것이다. 마찬가지의 의미로 현대인도 무의식적인 한 여전히 그럴 수 있다. 의식성을 넘어서, 즉 학문적으로 제시되어 있는 세계상을 넘어서 현대인이라도 전(前)언어적 사고를 가지는 것이다.[11c]

**11a)** B. Malinowski, Crime and Custom in Savage Society

**11b)** E. Cassirer, An Essay on Man

**11c)** G.R. Aldrich, The Primitive Mind and Modern Civilization

**12)** 여기서 상식적이지 않은 구분을 제시해야겠다. 그것은 제 2부의 구성을 나타내는 것이기도 하다. 주요 부분에서는 자아의 발달, 중심화의 문제, 그리고 인격의 탄생이 논의될 것이다. 이에 반해 우리는 부록에 개별자가 집단과 맺는 관계, 그리고 개인과 집단 사이에 활성화되는 투사와 내사의 현상을 묘사하려고 한다. 그래서 서로 연관되고 보충하기도 하지만, 또한 서로 독립적임을 나타내는 순으로 다루게 될 것이다. 초기의 묘사 중 특히 우로보로스에 관해서 이런 분리는 불가능하다. 개별자의 심리적 발전이 갖는 그러한 집단과의 분리, 집단에서 개인을 따로 떼어낼 수 없음에 관한 초기 단계의 것들을 전적으로 문제삼고 있는 것이다. 개별자와 집단이 끊임없이 서로 소통하기 때문에, 집단에서 개인을 따로 떼어낼 수 없음의 상태에 있는 초기 단계에서는 더욱 그러한 분리는 불가능할 수밖에 없는 것이다.

**13)** C.G. Jung, Die psychologischen Grundlagen des Geisterglaubens in: Energetik der Seele

초개인 심리학의 기본 관점은, 집단정신이 모든 개별의 자아와 의식이 유래하게 된 심층의 무의식, 즉 근거이자 근간이 되는 흐름이라는 사실에 기초한다. 바로 여기에 자아와 의식이 기초하고, 이것에 의해 양육되므로, 이것 없이는 자아는 존재할 수 없다고 하는 것이다. 집단정신(Gruppenpsyche)은 – 나중에 보게 되겠지만, 대중정신 (Massenpsyche)과 혼동해서는 안 된다 – 무의식적 요소와 내용의 일차적 우세에 의하여, 그리고 의식과 개별 의식의 후퇴에 의하여 그 특징이 드러나게 된다. 그러나 이는 초기 단계의 후퇴, 용해, 퇴행의 문제가 아니라, 오히려 의식이 아직 발달하지 않았거나 부분적으로만 발달된 상태에 관한 것임을 의미한다. ≪사회적 상황은 최면처럼 하나의 꿈의 형태일 뿐이다≫[13]라고 한 *타르데스(Tardes)*의 공식은 집단의 원초적 상황에 대해 정말 잘 표현한 요약이다. 다만 우리의 현대적 각성 상태의 의식을 명백한 출발점으로 여기거나, 최면술과 유비하여 집단정신의 신비적 참여를 현대적 각성 상태의 제한으로 설명하려고 해서도 안 된다. 또한 그 역도 성립한다. 의식 상태는 더 나중의 것, 비범하고 온전히 달성하기 어려운 것이어서, 현대인이 마치 자신이 성취한 양 그렇게 떠들어대지만, 무의식 상태는 근원적이자 유력하게 작용하는 정신적 기초의 상황인 것이다.

신비적 참여로 드러나는 집단의 통일성은 현대인도 여전히 갖고 있는 것이다. 그래서 천부적 재능이 있는 개별자의 아주 특별한 의식의 노력이 점차적으로 정신의 소여성을 의식화 하도록 이끌어낸다. 그래서 그것이 개별자의 삶과 노력을 의식적 자립성으로, ≪문화적 유형≫으로 자리잡아 지배하게 된다. 비록 이전의 그 어떤 시대보다도 인간에 의해 달성된 높은 의식의 발달을 즐기고 있기는 하지만, 현대의 개인들은 그들의 개인성과 의식적 성취에도 불구하고 여전히 그들의 집단과 집단이 지배하고 있는 무의식의 조직 안에 깊숙이 파묻혀 있다.

개별자가 갖는 집단과의 연대는 큰 일이든 작은 일이든 언제나 일어난다. 예를 들면 원시인들의 빙의 상태, 즉 어떤 정령으로 간주되는 무의식적 내용에 의한 인격의 사로잡힘(Besessenheit)의 상태에 대해 다음과 같이 묘사하고 있다:

사로잡힘은 종종 의도적으로도 일어나기도 하지만, 그래도 역시 본의 아니게 발생하게

된다. 후자의 예에서 한 가족의 구성원들은 종종 유사한 증상을 겪게 된다.[14]

이러한 정서적 전염(Ansteckung)은 모든 가족 구성원의 무의식적 융합에 기인한다. ≪전염≫이라는 용어가 사용될 때는 분리의 단계가 전제하고 있지만 미약하고, 여전히 동일성이 제일의 요인이 된다. 그러나 개인화된 서구인의 경우, 그것은 기본적으로 의식 구조의 특정한 차이로만 드러날 수 있다. 그 이유에 대해서는 아직 논의가 더 필요하다. 반면에 정서는 연결되어 있는 무의식적 정신의 층을 형성하고 있으며, 그것은 개별자의 개인화된 의식보다 더 강한 에너지의 잠재적 힘을 갖고 있다.

집단의 구성원들 사이의 정서적 유대는 의식적 감정의 관계나 사랑과는 아무런 관련이 없다. 여기에서 더 논의하지 않겠지만, 그 정서적 유대는 여러 근원에서 생겨나는 것이다. 같은 부족의 출신, 공동 생활, 그리고 무엇보다 대부분 공동 체험은 우리가 잘 알고 있듯이 오늘날에도 여전히 정서적 유대를 만들어낸다. 사회적, 종교적, 심미적 그리고 그 밖의 어떤 종류든 채색되는 집단의 체험들은 – 부족 공동의 머리 사냥으로부터 현대인의 대중적 집회에 이르기까지 – 집단정신의 무의식적 정신의 기초를 활성화시킨다. 개별자는 아직도 정서적 기조가 되는 흐름에서 자유롭게 벗어나지 못하는데, 이는 마치 열기가 유기체의 모든 부분에 미치듯이 집단의 한 부분이 흥분되면 집단 전체에 영향을 미칠 수 있다. 그럴 때에 정서적 유대는 아주 미약하게 발달된 개인과 그의 의식 구조 간의 차이들을 쓸어버리고 새삼스럽게 본래의 집단 통일성을 내세우게 되는 것이다. 재집단화 및 대중적 현상으로서 나타나게 되는 이런 현상들은 현대에도 공동체에 대한 관계 및 개인의 생활에 강력한 영향력을 발휘한다.[15]

우로보로스적 초기 상태에서는 인간과 세계와의 융합이 개인과 집단 사이에 융합만큼이나 지배적이다. 두 현상의 바탕은 무의식으로부터의 자아의식의 아직 분리되지

---

**14)** R. Thurnwald, Die Eingeborenen Australiens und der Südseeinseln, S. 30 in: Bertholet, Religionsgeschichtliches Lesebuch Heft 8 (zit. Thurnwald, Rlg. Heft. 8)
**15)** 부록 Ⅰ,Ⅱ를 참고하라.

못함, 즉 이 두 정신체제가 아직 분리되지 않은 것을 의미한다.

우리가 정신적 내용의 투사나 내사에 대해 말할 때, 처음에 그것은 외부에 있는 어떤 것으로 경험되지만, 후에 내면으로 받아들여진 것을 의미하게 된다. 이때에 이미 ≪외부≫와 ≪내부≫가 존재하는, 즉 이미 경계가 주어진 인격의 구조가 있음을 가정하고 있다. 그러나 실제로 정신은 상당한 정도로 외향화되어져 있다. 투사는 투사된 것, 즉 내면에 정신적인 것으로 내재해 있었던 것을 어떤 행위로 외부에 옮겨놓은 것을 의미한다. 투사 개념과는 대조적으로 정신 내용의 외향화에서는 인격 내부에서 원래 발견되지 않는 어떤 외적인 것을 발견하는 것을 문제삼는 것이다. 이러한 내용의 외향화는 어떤 근원적인 것이다. 이는 그 내용이 의식의 후기 상태에 이르러서야 비로소 정신에 속하는 것으로 인식된다는 것을 뜻한다. 그러므로 그런 관점을 통해서만 외향화된 내용을 투사된 것으로 진단할 수 있다. 예를 들어, 신(神)이 외향화되면, 신은 ≪외부에 있는 실제적 신≫으로 유효하며, 또한 더 후기적 의식에서 보면 이 신은 정신이 투사된 심상으로 진단하게 될 것이다.[16] 인간적 인격의 형성과 발달은 주로 이러한 외향화된 내용들을 ≪내면으로≫ 받아들임으로써 이루어진다.

집단의 우로보로스적 현존재와 집단정신에 집단의 부분으로서 포함된 본질적인 현상에는, 집단무의식, 원형, 그리고 본능의 지배가 두드러지는 집단이 주로 군림한다는 사실이 속한다. 집단이 정서적 움직임(Bewegtheit)은 이러한 집단무의식의 내용에 의하여 야기된다. 그러한 출현은 개별자의 의식의 힘을 능가하는 리비도의 적재가 이루어져, 오늘날에도 여전히 개인과 집단을 사로잡거나 반응하게 만든다.

개인이 집단에, 그리고 자아의식이 무의식에 포함되는 것과 관련해서 *G. 트로터 (Trotter)*가 군중에 관해 관찰한 재미있는 내용을 인용해보겠다:

> … 개별 동물의 반응은 무리들로부터 수용한 충동에 따르는 것이지, 경보의 실제적 동기로부터 직접적으로 자극받은 것이 아니다. 공포를 마비시키는 효과가 있는 집단적 선동은 개인에게서 실제로 공포에서 멀어지게 하는 것처럼 보인다. 이러한 것 없이도 개인에게 미치는 효과는 단지 공황이라는 능동적인 무시무시한 선동 그 자체가 되기도 한다.

그 책에서 바로 이 인용구를 택한 *라이발트(Reiwald)*는 다음과 같이 언급한다:

> 무리에 대립한 개별적 개인의 수동적 태도에도 불구하고 어느 정도까지는 그 무리가
> 갖는 적극적 태도를 전제조건으로 갖고 있다.

*트로터*의 이러한 관념적(ideologische) 해석은 다소 의문의 여지가 있지만, 개인이 집단적인 반응을 통하여 때때로 위험 또는 죽음에 몰릴 수 있듯이, 그 현상은 그러한 의미로 인식되어야 한다. 기원적 상황에서 집단의 부분은 외부세계보다 집단에 더 맞추어져 있으며, 그래서 그것의 방향성은 집단에 있고, 집단으로 향하고 그에 반응적 의존 상태에 있게 된다. 외부세계에 대한 관계는 대부분 직접 개별자에 의해 실행되는 것이 아니라 가상의 실재(實在)인 ≪집단≫에 의해 실행된다. 그 가상적 실재는 지도자나 동물세계의 우두머리로 구체화되며, 그의 의식은 집단의 모든 부분을 위해 대표로서 등장한다.[17]

우리가 알고 있듯이, 신비적 참여 또한 아동기에 중요한 역할을 하는데, 여기서 아동은 그 부모의 무의식적 심리의 부분이다.[18] 아동기는 같은 우로보로스적 상황을 집단적 개체발생적으로 거듭 되풀이하고 있는데, 여기서는 그것의 집단적 현존을 묘사하고 있는 것이다.

무의식으로부터 충분히 분리되지 못한 의식 및 집단으로부터 충분히 분리되지 못한

---

**16)** 초개인성(Transpersonalität)이라는 개념은 외향화됨(Exteriorisiertheit)의 개념과 바꿀 수 있는 것이 아니다. 개인 인격의 내용은 – 집단적으로 무의식인데 – 우리가 사용하는 용어로는 ≪초개인적transpersonal≫이다. 왜냐하면 그 내용은 개인주의적 자아의 영역도 아니고, 개인무의식의 영역에서 비롯된 것도 아니기 때문이다. 예를 들어 개인무의식의 내용은 외화된 것일 수 있다.

**17)** 이와 같은 관계가 불행하게도 오늘날 여전히 서양인들에게 있다는 사실이 눈에 띈다. 오늘날에도 여전히 직접적인 세계의 서열에 대한 관념 없이 개별적인 ≪예속된 사람≫으로 수행되는 집단의 부분들이 있다. 지도자, 국가 등은 자신의 의식성을 대변하고 대중의 움직임, 전쟁 등에 개인을 맹목적으로 끌어들인다.

**18)** C.G. Jung, Psychologie und Erziehung
A. Wickes, Analyse der Kindesseele
M. Fordham, The Life of Childhood

자아의 상태는 집단의 부분이 집단의 반응과 무의식적 배열에 의하여 좌우되는 반응으로 저절로 인도된다. 집단의 부분은 전(前)의식적이고 전(前)개인적이어서, 개인적이기보다는 집단적으로, 그리고 개념적이기보다는 신화적인 방식으로 세상을 경험하게 하거나 반응하도록 한다. 따라서 세계에 대한 신화적 통각(Apperzeption)과, 세계에 대한 원형적-본능적인 반응이 초기 인류의 특징이다. 집단과 집단의 부분은 세계를 객관세계로서가 아니라 원형적 이미지들과 상징으로 이루어진 신화적 세계로 경험한다. 그리고 그것에 대한 그들의 반응은 개인적이고 의식적인 것이 아니라 원형적-본능적이고 무의식적이다.

감싸고 있는 집단에 속한 집단의 부분들이 갖는 무의식적 관계는 언제나 집단무의식인 집단혼(魂)의 실체화, 혹은 그와 비슷한 것으로 이끈다. 만일 우리가 전체(das Ganze)를 전체성(Ganzheit)으로서 경험하고 통각하는 집단 부분으로서 경험을 시작한다면, 이것은 충분히 정당성 있는 것이다. 오늘날 우리도 똑같은 방식으로 국가나 민족 등에 관하여 말하고 있다. 그리고 비록 민족이 실체라 하더라도, 그것의 실체성은 설정한 것이고, 그럼에도 이것은 심리적으로 사실이며, 필수적인 것이다. 왜냐하면 민족은 실제 작용하고 있는 전체성으로서 부분들의 총합 이상이고, 그 총합과는 다른 것이기 때문이다. 그래서 집단의 각 부분은 민족이 있기 전에도, 그리고 있은 후에도 경험하게 된다. 개인 인격의 전체성이 무의식적일수록, 개별자의 의식이 배아적이 되면 될수록 전체성의 경험은 집단에 투사되어 더 강력하게 드러난다. 자아-배아와 집단-자기(Selbst)는 서로 직접적으로 관련된다. 이와는 정반대로, 개별자의 개별화 및 자아 발달 그리고 전(全)인격화에 자기경험은 오히려 이런 집단에 가졌던 투사의 철회를 가져온다. 개별자의 개별화가 이루어지지 않았을수록, 집단에 대한 자기의 투사가 더 강하게 되고, 또한 집단 부분들 사이에서의 무의식적인 참여가 더 심하게 된다. 그러나 집단이 보다 개별화되면 될수록, 자아와 개인의 의미가 더 커질수록, 인간의 상호 관계가 더 의식적이 되고, 그래서 무의식적 참여는 깨어지게 된다. 하지만 우로보로스적 상태에서 자아는 아직 자아-배아이고, 의식은 하나의 체제로 발달하지 못하고 있다.

근원적으로 의식은 어떤 내용을 가지고 있는 섬처럼 떠오르지만, 곧 다시 무의식으로 가라앉고 만다. 이때 아직 의식의 연속성이란 없다. 원시인들에 대한 묘사에서 보면, 그들이 어떤 것에 집중하여 작업하지 않는 한, 꾸벅꾸벅 졸거나, 의식적 수행을 매우 피곤해하는 것으로 알려져 있다. 의식의 진보적 체제화가 비로소 의식의 연속성을 증가시키고, 의지를 강화하고, 현대에서 보이는 자아의식의 특징을 이루고 있는 자유로운 활동성에 이르게 하는 것이다. 의식이 강하면 강할수록 스스로 더 잘 처리할 수 있고, 의식이 약하면 약할수록 자신에게 ≪일어나는 것을 경험하는 상태가≫ 된다. 이처럼 ≪우로보로스 상태≫에서는 의심할 것 없이 ≪경계(境界)의 상태≫가 문제가 된다.

꿈에서 정신의 우로보로스적 단계를 가장 쉽게 다시 발견할 수 있다. 예를 들면 잠잘 때처럼 혹은 어떤 쇠약함이나 질병의 결과로, 혹은 어떤 조건부적 의식의 저하처럼 어떤 의식의 변화가 있게 되면, 우리 안에 다른 과거의, 세계의 수준이 모두 다시 살아나서 상응하는 단계가 활성화될 수 있는 것이다.

우리가 꿈의 세계로 잠겨들 때, 인간 발달의 후천적 산물인 자아와 의식은 다시금 용해되어버린다. 그렇게 하고 있다는 것을 모른 채, 꿈 속의 자아는 내면세계에 살고 있다. 왜냐하면 꿈에서의 모든 형상들은 내적 과정의 심상들, 상징 및 투사들이기 때문이다. 초기 인류의 세계는 안과 밖이 서로 구별되지 않은 상태에 있으며, 이 상태에서는 내적 세계를 주로 외적인 것으로 경험한다. 모든 것과의 연대감, 유사성과 상징적 친근성의 법칙, 상징적 특징에 따라 내용들의 교체와 이동 가능한 능력, 위와 아래, 좌측과 우측 등 공간과 그 부분들의 상징적 의미 알아차리기, 색채의 의미를 알아차리기, 이런 오랜 것들은 인류 초기에 꿈의 세계가 갖는 공통의 특징이다. 거기에는 정신적 내용들이 ≪물질적≫으로, 즉 상징과 대상으로 등장한다. 여기서 빛은 깨달음을 나타내고, 의복을 ≪착용하게 된 특징≫으로 나타나게 된다. 꿈은 오직 인류 초기의 심리학으로만 이해될 수 있는데, 꿈이 보여주듯이 오늘날 우리 안에서 이런 초기 세계가 여전히 생생하게 살아있다.

자아가 아직 의식의 콤플렉스로 나타나지 않고, 의식-자아 체제와 무의식 간의 긴장이 없이 존재하는, 자궁 안의 태아같이 자아-배아가 무의식에 포함되어 있는 시기를 우리는 우로보로스하다거나 플레로마적(pleromatisch)이라 하였다. 우로보로스하다는 것을 우로보로스의 상징인 원모양의 뱀으로 형상화하는데, 이는 총체적 미분화성을 특징적으로 나타내며, 거기에는 모든 것이 나와서 그 모든 것으로 돌아가는 것을 의미한다. 그래서 그것은 모든 것에 의존하고 모든 것과 연결된 것을 나타내고 있음을 의미한다. 플레로마적이라는 것은 자아-배아가 《충만함》으로, 즉 플레로마(Pleroma) 속, 혹은 전(前)형상적 신성 속에 살고 있어서 아직 의식으로 태어나지 않았고, 시원적 알 속에서 낙원의 축복이 가득한 《원시 상태로 있음》을 의미한다. 플레로마적 현존은 더 후기의 자아에게는 근원적 지복함으로 간주된다. 그 이유는 이 단계에서는 고통이란 없기 때문이다. 즉 고통은 오직 자아의 출현과 자아 경험이 등장함으로써 세상에 나타난 것이다.

자아-배아 및 초기 아동기 시기는 깨어있지만 쉽게 피곤해진다. 리비도가 빈약한 자아는 고유한 특성이 없이 단연 수동적이기 때문이다. 이것이 한 개별 자아를 가정하며, 이 자아가 적용 가능한 리비도의 집합을 – 예를 들면 의지로 – 처리하게 된다. 그래서 처음에 자아는 주로 받아들이지만, 이런 수용성도 힘이 들고 고갈되면, 의식의 관심이 그런 피곤함에 의해 사라지게 된다.

무의식으로 다시 용해되고자 하는 자아의 경향을 우리는 우로보로스적 근친상간이라고 명명하였다. 그것은 자아-배아의 경향에 해당한다. 이때는 자아가 막 등장하게 되는 근원적 단계이므로, 그렇게 다시 되돌아가려는 경향을 갖고 있는 것이다. 자아는 아직 약하고 전혀 고유한 의식성이 없는 단계이므로 그 귀환은 즐거운(lustvoll) 것이다. 이는 마치 젖먹는 상태나 수면 상태가 갖는, 우로보로스적 시기에 대해 긍정적으로 강조된 상징에 해당한다. 여기서 즐겁다는 것은: 긴장이 조건화되어 있는 자아와 의식세계의 중지를 의미하기 때문이다. 자아와 의식은 의식과 무의식 간의 대립적 긴장을 전제로 하는데, 의식은 무의식으로부터 에너지가 제공되어야 살아가기 때문이다.

이러한 초기 단계의 자아는 무의식과 아직 서로 분리가 안 되어서 무의식과의 관계에서 자아의 모든 경험들은 즐겁기도 하면서 동시에 고통스럽기도 하다. 이것이 우로보로스적 근친상간의 배열의 전형적 특징이다. 왜냐하면 용해되어야 하는 자, 즉 자아는 약하고, 용해를 하는 자는 즐거움이 강조될 정도로 강하기 때문에 용해가 즐겁게 경험될 것이다. 용해하는 더 강한 자, 즉 우로보로스적 어머니와의 무의식적 동일성은 후에 ≪피학대 음란증≫이라고 불리는 쾌락을 추구하게 된다. 우로보로스의 용해하는 가학성과 용해되는 자아–배아의 피학대성은 쾌와 불쾌의 감정으로 쉽게 서로 합병하게 된다. 이러한 감정의 주체는 형상화가 안 되어져 있다. 그것은 우로보로스와 자아–배아 간의 무의식적 정신의 통일성이다. 이러한 죽음 상태와 지복의 상태는 플레로마, 즉 자아의 경계 경험으로 드러나는 ≪충만함≫을 통하여 특징적으로 드러나는데, 이러한 집단적 무의식의 충만함은 낙원의 지복함, 이데아의 세계, 혹은 충만함으로 이루어진 공허(空虛)로 해석된다.

우로보로스의 단계 및 우로보로스적 근친상간의 단계는 자아–역사의 가장 심층적이자 초기의 시기에 해당한다. 이 수준으로의 고착과 귀환은 평범한 사람의 삶에서는 중요한 자리를 차지하고, 아픈 사람의 삶에서는 결정적으로 부정적 역할을 하고, 창조적인 사람의 삶에서는 결정적으로 긍정적 역할을 한다. 우로보로스적 근친상간이 퇴행적으로 파괴적이 되느냐, 혹은 진취적으로 창조적이 되느냐는 전적으로 의식 발전의 정점과 강도 및 자아 발달 단계에 달려 있다. 우로보로스와 그의 세계는 동시에 기원과 재생의 원상적 세계이다. 이 세계로부터 생명과 자아가 밤과 낮처럼 언제나 새롭게 다시 태어나게 되기 때문에, 언제나 우로보로스는 창조적 의미를 갖는다. 이러한 이유로 창조신화들의 상당한 부분이 우로보로스의 징후를 나타낸다. 우로보로스는 죽음의 우로보로스적 근친상간의 상징이며, 또한 재탄생의 모성적 우로보로스의 상징이기도 하며, 빛의 탄생인 의식과 자아의 창조적 탄생일 수 있다.

라이발트(Reiwald)는 이런 내용과 관련시켜 위에서 언급했던 책에서 레오나르도 다빈치를 다루면서 다음과 같이 지적하였다:

보라, 혼돈의 더 초기적 상태로 회귀하려는 희망과 욕망은 불을 향하는 나비처럼 작용한다. 영원한 갈망으로 인해 기쁨으로 매년 새 봄을 기다리고, 항상 새 여름과 새 해와 새 달을 기다리기 때문이다. 오히려 고대할수록 그것이 항상 훨씬 늦게 찾아온다고 생각하기 때문에, 자신은 그 자신의 파괴를 갈망하고 있다는 사실을 인식하지 못하고 있는 것이다. 그러나 이 갈망은 바로 요소들을 움직이는 비밀스러운 힘(정수,

quintessenzia)이다. 그리고 그것은 인간의 육체 속에 갇혀 있는 영혼으로 자신이 탄생한 그곳으로 돌아가려고 갈망하고 있는 것이다. 이러한 소원이 자연과 분리되지 않고 연결되어 있는 비밀스러운 힘이라는 것을 알도록 하라. 그러나 인간은 세계의 모상(模像)이다.[19]

≪우로보로스적 근친상간≫이라는 용어가 이미 보여주듯이, 죽음에 대한 이러한 동경은 자아와 의식의 해체의 경향에 대한 상징적 표현이고, 또한 매우 강렬한 사랑 및 성애적 특성을 갖는다. 제 1부에서 결코 개인적 어머니로 환원될 수 없는 모성적 우로보로스, 태모의 원형, 생명과 죽음의 모성의 작용이 어떻게 드러나는지 보았었다. 우로보로스적 근친상간의 원형적 심상이 갖는 영원한 영향력은 *레오나르도 다빈치*에서 시작하여 *괴테*를 넘어서 현대에까지 이른다. 현대의 시인 *D.H.* 로렌스는 다음과 같이 표현하고 있다:

저어가라, 작은 영혼아, 저어가라
긴 여정을, 위대한 목적을 향하여.

똑바로 가는 것도 아니고, 돌아가는 것도 아니고, 여기도 아니고 저기도 아니다.
하지만 그림자들은 더 깊은 그림자들 위에 포개지고
더 깊숙이, 순수한 망각의 핵심에 이르도록
그림자 외피의 휘감김과 같이
아니면 더 깊숙이, 자궁의 덮기와 감싸기처럼.

표류하라, 표류하라, 나의 영혼아, 가장 순수하고 가장 어두운 망각을 향하여
그리고는 어미에서 두 번째 음절(penultimate)에 해당하는 현관에서,
육체의 기억의 검붉은 덮개는
껍질과 같은 것으로, 자궁과 같은, 뒤얽힌 그림자에 미끌어 들어가 흡수된다.

그리고 최종적으로 부서지지 않은 어두움의 굴곡 주위에 이르러

정신의 체험의 끝자락은 녹아 없어지고,

노들은 배에서 사라져 버리고, 작은 접시들도

사라져 버렸다. 그리고는 배는 진주와 같이 용해되었다.

마침내 영혼이 목적지에 완벽하게 미끄러져 들어가듯이,

순수한 망각과 진정한 평화의 핵심,

생생한 밤으로 침묵의 자궁에 이른다.


오, 사랑스런 최후의, 죽음의 마지막 경과,

긴 연정의 끝에서 만나는 순수한 망각으로,

평화, 완벽한 평화

그러나 그것은 또한 생식(生殖)이지 않은가!


오, 네 죽음의 배를 만들어라.

오 그것을 만들어라.

오, 아무것도 문제될 것이 없다. 다만 긴 여정일 뿐이다.


그가 그 자체로 봉착하는 죽음의 양상에도 불구하고, 우로보로스적 근친상간은 우리가 죽음의 본능이라고 묘사하고 싶어 하는 본능적 방향의 기초로서 간주될 수가 없다.

무의식의 상태는 선험적이고 저절로 일어나는 상태이고, 의식의 상태는 리비도를 다 써버리는 노력의 결과물이다. 정신적인 것에서 태만(Trägheit)의 경향은 근본적인 무의식의 상태로 돌아가려는 경향을 갖는 일종의 정신적 중력인 것이다. 그러나 이 경향은 그의 무의식성에도 불구하고 살아있는 상태이지, 죽음의 상태는 아니다. 무의식

---

19) Hildebrandt, Leonardo da Vinci, in: P. Reiwald를 참고하라.

으로 되려는, 자아의 죽음 본능에 대해서 땅으로 떨어지는 사과의 죽음 본능에 대해 말한다면 그것은 우스꽝스러운 것이다. 자아가 죽음의 상징에 놓인 상태를 체험한다는 것은 의식의 원형적 발달 단계에 뿌리를 둔 것이다. 그래서 죽음 본능에 대한 진술로서 학문적 사변적인 이론은 그런 상태에서 끌어낼 수 없는 것이다.[20]

무의식의 거대한 《덩어리》, 즉 그것의 강력한 에너지가 적재되어져 있는 집단무의식에 의해 끌어당겨지는데, 이런 견인력은 의식 체제의 특별한 수행에 의해 한시적으로 극복되어지거나, 특정의 메커니즘의 형성에 의해 수정되고 변환된다. 이런 태만 때문에, 초기 아동기 연구에서 입증되고 있듯이, 특정의 태도만을 고집하고, 외적인 자극 혹은 새로운 상황의 요구 등과 같은 변화의 요구를 공포나 고통, 혹은 불쾌함을 초래하는 충격으로 경험하는 경향이 있다.

어쨌든 전체 정신의 한 단편만을 형성하는 자아의식은 몽상, 부분적 각성만 갖거나, 산만한 상태에서 어떤 내용에 대한 부분적 집중력을 보이거나, 일반적인 각성 상태나 극단적 각성에 이르는 등, 다양한 정도의 각성 상태를 나타낸다. 의식 체제는 건강한 사람에게 오직 생의 어떤 특정한 시기 동안에 부분적으로만 리비도로 충전이 된다. 수면 동안에 거의 전적으로 혹은 완전히 리비도가 비어 있는가 하면, 여러 연령에서 리비도를 채워서 다양하게 살아난다. 현대인의 의식이 갖는 각성 영역도 상대적으로 좁고, 그의 적극적인 수행의 강도도 제한되어 있다. 그리고 병과 긴장 상태, 노령, 그리고 모든 정신 장애 등은 의식의 각성의 감소를 보여준다. 이는 의식 기관이 아직도 발달의 초기 단계이고, 여전히 불안정하다는 것을 보여준다.

여하튼 우로보로스의 특징에 있는 심리적 역사적 초기 상태는 앞서 언급했던 자아의 불안정성을 특징적으로 나타내고 있다. 우리의 의식은 강조된 혼합(Vermischung)이라 할 수 있겠는데, 이는 서로 다르게 놓여 있는 영역이 그렇게 섞인 것, 말하자면 자아의 위상들끼리의 지속적인 자기교환 및 자기교체에 이른 것이다. 정서적 불안정성, 쾌와 불쾌의 반응으로 이루어진 양가성, 내면과 외면 및 집단과 개인의 교체는 무의식의 정서적–정동적으로 작용하는 벡터의 위력에 의해 강화되므로 자아는 불안정성에 이르게 된다.

각 원형의 《가장 내밀한 의미의 핵》을 《대략은 그려낼 수는 있으나 제대로 기술할 수 없다≫[21]고 하듯이, 우로보로스도 상징적 표명이므로, 자연히 모순적일 수밖에 없다. 왜냐하면 우로보로스가 ≪완전한 형상≫으로서 원(圓)일 뿐 아니라, ≪형상이 없음≫ 및 ≪혼돈(Chaos)≫의 상징이기도 하기 때문이다. 우로보로스는 전(前)자아 시기의 상징, 또한 선사(先史) 세계의 상징이기도 하다. 역사의 시작이 있기 전(前)에 는 그것이 우리에게 알려질 수 없으며, 또한 알 수도 없는 익명의 형상없음(無形象)으로 존재하는 것이다. 이 시기에는 무의식이 지배적이고, 오늘날의 우리가 알 수 없는 그런 사실을 대략적으로 그리기만 하기 때문이다. 통각하는 자아의식이 없는 동안에 는 역사가 있을 수가 없다. 역사를 구성하기 위해서는 역사를 반영하는, 그리고 역사 를 반성하는 의식이 요구된다. 그래서 역사 이전의 시기에는 혼돈과 미분화성이 비확 정적인 상태로 존재하는 것이다.

종교적 영역에서는 무정형의 누미노스한 것이 원상의 작용이 있는 재료로서, 형상 없는 정신적인 것에 배속된다. 그러한 모체로부터 나중에 신적인 것 및 신들이 구체화 되는 것이다. 비규정적인 작용인 마나(Mana), 오렌다(Orenda), 소위 ≪역동≫이라고 말하는 것들조차도, 일반적 의미의 혼(魂)이 불어넣어짐에 해당하는 전(前)물활론적 시기를 특징짓는다. 이는 일반적으로 ≪혼이 불어넣어짐≫으로써 형상화가 되어야 하 는데 그렇게 되지 못해서 전혀 영혼의 개념이 주어지지 않는다는 것을 뜻한다. 또한 그것들이 어떤 개념에서 비롯되지 않는다는 것을 의미하기도 한다. 이런 곳은 정신이 아직 특정의 형태를 나타내지 않으며, 이 세계를 감싸고 있는 비규정적인 것은 마법적 효력이 미치는 범위에 머물고, 그래서 그 효력이 미치는 한 모든 것은 비슷하게 그에 속하는 것으로 나타난다. 논리적으로 서로 합쳐질 수 없는 것들이나 신비적 참여로 인

---

**20)** 우로보로스적 근친상간은 ≪죽음의 충동≫을 빋아들이는 심리학적 근거가 된다. 공격적 경향과 파괴적 경향이 합 쳐 지는 것은 잘못된 것이다. 우로보로스적 근친상간의 보다 심층적인 이해는, 이것이 결코 병적인 현상이 아니지 만, 그충동을 다른 충동과 – 심리학적으로 내포된 것이 아닌 – 혼동하는 것을 막아야 하는 것이다. 그 충동은 ≪ 개인성을 해체하는 것이고, 근원적이고 무기체적 상태로 환원하는 것이다.≫[20a] 우로보로스적 근친상간인 ≪죽 음의 충동≫은 ≪에로스의 대립≫이 아니고 그 자체 자연적 형식인 것이다.
**20a)** S. Freud, Das Unbehagen in der Kultur
**21)** Jung-Kerényi를 참고하라.

해 생긴 연대감이 이 세계의 법칙으로 작용한다. 그래서 이 세계에서는 모든 것이 성스러운 작용이 일어나는 것이다. 거기에는 성과 속, 인간적인 것과 신적인 것, 동물과 인간 사이의 뚜렷한 구분이 없다. 세계는 여전히 근간에 놓여 있고, 거기에서 모든 것이 변하고, 모든 것이 함께 존재하고, 서로 모두에게 작용하고 있다. 자아가 아직 배아적 상태이므로 전체성을 집단자기(Gruppenselbst)로 간주하고 집단에 투사하고 있고, 그래서 가장 원시적 인간 단계에 종교적으로 놀랍게도 원상적 일신주의가 배열된다. 바로 여기에 이런 가장 초기의 층에서 전체성의 형상으로서, 근원적 신성(Gottheit)으로서 우로보로스의 투사를 발견하게 된다.

프로이스(Preuß)는 ≪가장 고귀한 신성≫에 대하여 그 신성은 전혀 ≪숭배≫를 의미하지 않으며, 인간과 전혀 개인적 관계에 이르지 않는 것일 수 있다고 한다.

> 모든 경우에서처럼 대부분 낮하늘 혹은 밤하늘, 혹은 둘 다 합친 것들은 모두 함께 다양하게 전개하고, 삶을 미혹하듯 드러난다. 따라서 그것은 하나의 인격으로 이해되는 것이다.[22)]

계속 언급하기를:

> 이런 많은 다양한 것들은 감각적으로 함께 파악하는 신의 이해들인데, 이는 개별성, 즉 성좌를 유념하기 전에 있었던 것이다. 성좌들은 나중에 천상의 특징의 유산이 된다.

이러한 공식화는 오해의 여지가 있다. ≪통합한다(zusammenfassend)≫라는 말은 자아의 이성적인 행위를 뜻할 수도 있기 때문이다. 다만 원시적 형상보기의 근원적 이해로서 ≪감각적으로 통합한다≫고 이해된다면, 그 과정은 제대로 묘사된 것이다. 우로보로스 상태에서는 모든 것을 통합하고, 모든 것을 참여하도록 서로 연결시키는 비규정적인 것의 전체성이 지배적이다. 그것은 오직 의식의 형상화 능력이 증가함으로써, 그리고 자아가 보다 명확하게 형상화함으로써 세계에서의 개별적 형태에 관한 이해에 이른다.

옥수수 밭이 옥수수 하나하나 보다 훨씬 더 의미가 있고, 천상이 성좌보다, 인간 공동체가 개별 인간보다 훨씬 더 의미가 있다.[23]

같은 식으로 프로이스는 다음과 같은 것을 알았다.

전체로서 밤하늘과 낮하늘을 이해하는 것은 성좌들에 관한 이해이다. 왜냐하면 전체성은 통일체적 본질로서 파악되었고, 성좌들과 연결시킨 종교적 표상이므로, 때때로 성좌들은 전체 천상으로 혼동되었으므로, 총체적 이해라는 관점에서 벗어날 수 없었다.[24]

계속해서,

태양의 지배는 달의 지배보다 더 늦다. 달의 지배는 전체로서의 밤하늘보다 더 뒤에 오는 것이다.[25]

같은 방식으로 어두운 지구의 내부에 대해 표현하길,

이곳 대지에서 나타나게 될 모든 사물들이 있는 곳이다.

다양한 식물이 있는 땅 자체는 별이 있는 밤하늘과 동일시되었다. 나중에 밤하늘은 독수리로서 태양과 동등하게 취급된다.

---

22) K.Th. Preuß, Die geistige Kultur der Naturvölker, S. 60 (zit. Preuß, Naturvölker)
23) Preuß, Naturvölker, S. 72
24) Preuß, Naturvölker, S. 9
25) Preuß, Naturvölker, S. 42

여기에서 발달은 자아의식의 발달과 유비되어 우로보로스적 전체성의 개념과 더불어 시작된다. 여기서 시작해서 점차 더 강력한 형상으로 나아가고, 형상을 이해하는 세계의 분화로 진행한다.

자아와 개별의 근본적인 취약성은 - 유아기의 개체발생론에 상응하는 - 개인이 자신의 힘으로 만들어낼 수 없는, 안전을 보증하면서 둘러싸는 전체에 의존적이게 만든다. 이러한 상황으로 당연히 인간 그룹과 인간 외의 세계와 정서적 유대를 강화시킨다. 우로보로스는 위대한 품는 자 그리고 위대한 포괄하는 자로서, 말하자면 우로보로스적 태모로서 취약한 자아에 의해 언제나 새롭게 경험된다. 이러한 우로보로스적 근원의 상태에서 선한 태모는 《모권사회의 축복》으로 전면에 드러나므로, 결코 최초의 근원적 공포(Ur-Angst)가 아니다. 보편적인 참여에 의해 정신적 내용의 외향화, 그리고 강하게 된 정서적 요소들이 플레로마적 단계에서 지배적이 되는데, 이는 미분화된, 그러나 넓게 펼쳐진 세계의 감정으로, 세계와 집단과 인간을 거의 육체적인 방법으로 서로 연결시켜 결합한다. 비록 이러한 우로보로스 상황인 《무의식에서의 존재》는 자아와 의식의 어떤 지남력의 상실을 야기시키지만, 그것은 결코 총체적 인격의 지남력을 상실하게 하지는 않는다. 후자의 지남력은 인간 외의 즉 전체 자연에서 지배적으로 작용하고, 당연히 그런 것처럼 본능에 의해 즉 무의식의 벡터의 질서에 의해 조절되는 현존재의 지남력인 것이다.

수백만 년 동안의 조상의 경험은 유기체들의 본능적 반응 속에 축적되어 있다. 의식이 전혀 그런 앎을 갖고 있지 않아도 신체의 기능에는 세계에 대한 보편적 지식을 갖춘 그런 어떤 편입된(inkorporiert) 앎이 살아있다. 지난 수천 년 동안 인간의 의식은, 물리학, 화학, 생물학, 내분비학, 심리학적 지식으로 학문적 단편들을 힘겹게 겨우 의식화해왔다. 그래서 그 목표는 기능체계, 즉 적응과 반응으로 드러나는 유기체를 알면서 행하는 것이다. 이렇게 편입된 지식에 의해 우로보로스의 플레로마적 단계는 원상적 지식의 단계를 나타내며, 직관적 인식이 된다. 집단무의식의 태모는 자아를 능가하는 무한한 지혜의 특성을 갖는다. 왜냐하면 본능과 원형으로 드러나는 집단무의식은 《종(種)의 지혜》이며, 그런 것들의 의지를 나타내기 때문이다. 우리가 알고 있듯이, 우로보로스의 단계에서는 그 단계에 귀속되거나 혹은 그것에 의해 사로잡히게 된 경험으로 모두 부착되는 양가적인 쾌-불쾌의 감정이 함께한다. 창조적 우로보로스-근친상간의 경우는 죽음에 이르려는 체험이 양가적인 것으로 표현되고, 그리고 신경증적이거나 정신병적 우로보로스-근친상간에서는 가학적이거나 피학적 환상으로 표현된다. 그러나 집단무의식의 태모 원형은 결코 ≪쾌의 장소≫로 나타나지는 않는다. 현실원칙과는 반대로, 무의식을 쾌락원칙과 관련시키는 이해는 이 모든 것을 평가절하하는 경향이 있게 되므로, 결국은 이것도 의식의 방어기제에 상응한다.

충동과 본능, 원형과 상징들은 초기의 의식이 대하는 것보다 더 많이 현실과 외부세계에 관계되어 있다. 부화와 양육의 본능을 생각해 보더라도, 어떤 본능도 단순히 쾌락원칙만 혹은, 소원충족에만 적용되는 것이 아니라, 오늘날 우리의 의식의 지식보다 더 뛰어난 현실적 지식을 처리할 수 있다. 동물심리학은 주변 세계, 다른 동물들, 식물, 계절 등에 대한 정말 수수께끼 같이 설명할 수 없는 동물의 본능적 현실 지남력의 수많은 예들을 제공한다. 외부세계에 대한 본능의 이러한 적응은 무의식적이다. 그러나 이러한 본능의 지혜는 현실적이고, 결코 어떤 ≪소망≫과 같은 것에 의해 결정되지 않는다.[26]

개인과 무의식 사이에 생긴 갈등의 진정한 근원은 무의식이 종(種)과 집단의 의지를 나타낸다는 사실에 있다. 쾌락원칙은 소위 무의식과 연관되고, 현실원칙은 의식과 연관되어 있어서 쾌락원칙과 현실원칙 자체의 대립에 그 갈등의 근원이 있는 것은 아니다.

우로보로스와 연관된 창조신화의 우주적 상징에서는 아직 통일적으로 된 중심집중의 인격이 없는 심혼적 초기 단계의 상징적 자기모사(Selbstabbildung)가 발견된다. 세상의 다양성과 그에 상응하는 무의식의 다양성은 서서히 생성하는 의식의 빛에서

---

26) 인간에게서 무의식은 언제나 소원을 갖고 있는 의식에 대해서 모순적으로 드러난다. 그래서 무의식은 의식과 거의 동일시하기 어렵다. 무의식의 특징은 쾌의 존재이자 소원충족적 존재가 아니라, 집단 특성을 가진 것으로 태모는 자아의식에 대립적이다. 소원사고는 환상을 생산하는 무의식의 특징이 아니라, 환상을 생산하는 의식의 특성이다. 그래서 소원사고는 ≪소원에 맞는지≫ 아닌지의 환상의 순수 기준에 속한다. 소원사고가 소원환상이라면, 그 소원환상은 의식에서 나온 것이고, 최소한 개인무의식에서 비롯된 것이어야 한다. 만약 그렇지 않다면 무의식의 심층이 상상력을 작용한 것으로 보아야 하는 것이다.

모습을 드러낸다.

우로보로스적 태모의 단계에서, 자아의식은 포함되어 있더라도 아직 그 자신의 체제를 형성하지 않았고, 독립된 현존성을 갖고 있지 않다. 우리는 단지 오늘날 일어나고 있는 것에서 겨우 유추하여, 자아와 의식의 가장 초기적 등장을 상상할 수 있을 뿐이다. 그 상태는 정동적 고양의 특별한 순간 혹은 원형적 침입(Einbrüche), 즉 어떤 특별한 상황에서 통찰, 섬광 같은 의식의 찰나적 순간에, 기습적으로 일어나는 통찰의 형태로 등장하기도 하고, 무의식적 현존의 평범한 흐름을 멈추고 일어난 형태의 것이 되기도 한다. 원시인이나 우리는 이러한 고립되거나 관습적 현상을 메디신 맨, 예언자, 선각자, 혹은 천재로서, 평범한 사람과는 다른 의식의 형식을 소유하는 ≪위대한 개별자≫로 특징지으려 해왔다. 그러한 사람들은 ≪신적으로≫ 알려지고 추앙되었다. 그들의 통찰은, 그것이 ≪특별히 밖에서 보게 된≫ 통찰의 환영, 금언, 꿈, 혹은 계시 등으로 어떤 형태가 되든 상관없이, 문화의 가장 초기적 기초를 이루게 된다.

그러나 일반적으로 이러한 단계에서 인간적 그리고 인간 외적 현존은 무의식에 의해 지휘되고 있다. 분석심리학에서 자기(Selbst)로 정의하는 정신의 통일성이, 지휘하고 균형을 유지하는 정신-물리적 체제의 전체성으로, 이 단계에서는 직접 작용하거나 숙고 없이 작용한다. 말하자면, 우리가 중심화라고 부르고 정신 속에서 그것의 발달을 살펴보는데, 그것의 경향은 생물학적이고 유기체적 선(先)형식인 것이다.

중심화는 부분들의 통일성을 이루고, 그들의 차별성을 통일체적 결합의 체제로 함께 합치는 전체성의 경향이다. 전체의 통일성은 중심화에 종속되어 있으면서, 그 중심화에 의하여 스스로 창조적으로 확장하면서 살아가는 체제를 나타내고, 보상 과정에 의해 형태를 유지한다. 더 나중의 단계에서 중심화는 의식에 자리잡은 의식의 중심으로서, 자기에 있는 정신적 중심으로서, 지휘의 중심으로 드러나게 된다. 전(前)정신의 단계에 그것은 생물학에서 말하는 엔텔레키(Entelechie) 원리로 작용한다. 여기서 그것을 어쩌면 통합의 경향이라고 부르는 것이 나을 것이다. 중심화의 경향은 형상화 단계에서 비로소 통합의 경향이 될 것이고, 이 단계에서 그 중심은 자아로서 가시화되거나 혹은 자기 안에서 받아들여지게 되어야만 할 것이다. 그것의 무의식적 영향은 단세포 생명체에서 인간에 이르기까지 모두 통합하는 기능으로 작용하는 것이다. 단순성 때문에 주로 초기 단계를 다룰지라도 중심화 경향이라는 용어를 내내 유지할 것이다. 왜냐하면 통합은 보이지 않는 체제로서, 그런 것의 전체성으로부터 비롯되는 것이기 때문이다.

중심화는 체제 전체성의 조절로서, 그리고 보상적인 균형과 체제화의 경향으로서의 유기체로 드러난다. 그것은 세포 유기체에 있는 세포들의 합병을 이끌며, 세포조직 및 기관의 개별적 차이들이 조화롭게 작용하도록 만든다. 예를 들면 단세포의 분화된 조직화는 영양과 배설의 물질대사 과정보다 더 높은 서열인 전체성을 형성하고 있다는 바로 그 사실이 우로보로스 단계에서의 중심화의 표현이다.

보다 고등의 유기체 안에서 기관과 기관의 체제의 무한히 다양하고 조화로운 협력으로 드러나게 되는 중심화의 실행은 무의식적으로 완수된다. 유기체가 모든 인과적 과정을 그 자신의 목적적인 관계체제에 종속시켜서, 더 상위의 원리로서 유기체의 본질에 속하게 된 목표와 목적에 부합하려는 지남력이야말로, 유기체의 전체성과 통일성의 표현이다. 그러나 우리가 알고 있는 바로는, 의식을 공급하는 중심이 바로 이런 목적 원리에 종속되어 있다는 근거는 없다. 합병하게 하는 지식과 무의식적으로 지휘하고 있는 목적론을 모든 유기체의 본질적 특성으로 여겨야만 한다.

정신적 차원이 원시적이면 원시적일수록, 그것을 지배하는 육체적 사건과 더 동일시되고, 그로부터 지배당하게 된다. 개인적 콤플렉스, 즉 위층의 무의식, 소위 개인무의식에 속하고 정동적으로 충전되고 ≪감정이 강조된≫, 그래서 인격을 따로 떼어놓아 무의식적이 된 부분들조차도 순환계와 호흡, 혈압 등에서 신체적 변화를 일으킬 수 있다. 보다 깊이 자리잡은 콤플렉스와 원형들은 여전히 신체적–생물학적인 것에 더 강하게 뿌리를 갖고 있고, 의식에 침입을 하면서 정신병 같이 극단의 경우에 명백하게 드러나듯이 가장 강력하게 인격의 정신–육체의 전체를 연루시키게 한다.[27]

자아와 의식이 최소로 발달된 우로보로스 단계에서, 중심화는 원시적인 신체 상징

---

[27] 여기서 우리에게 주어진 신체–영혼의 관련성과 인과성의 질문은 상대적이다. 우리는 ≪마치≫ 생물학적이자 심리학적인 두 가지 측면이 알려지지 않는 ≪물 그 자체≫처럼 ≪과정 그 자체≫라고 인식하고 있어야 한다.

과 관련되어, 그에 상응한 형태로 드러난다. 여기서 신체가 전체성과 통일성을 나타낸다. 그리고 그것의 전체적인 반응은 순수하면서도 창조적인 총체성(Totalität)을 나타낸다. 일반적으로 보편적 신체 감각은 인격 감각의 자연스런 바탕이다. 변환과 변화 속에 있는 신체는 우리가 인격이라 인식하는 것의 자연스러운 기초인 것이다. 이는 우리가 ≪우리 자신(uns selber)≫에 관하여 말할 때 가리키는 바로 그것을 의미하는데, 의심할 바 없이 신체에 대한 반복할 수 없는 일회성과 자신의 구성적인 유전인자의 혼합이 개별성의 바탕임을 보여준다. 이것은 초기 인간의 신체에 대해, 그리고 그에 속하고 그것에 참여하는 모든 부분에 관련되어 있음을 특징적으로 드러낸다. 신체의 부분인 머리카락, 손톱, 분비물이 그림자, 호흡, 발자국만큼이나 인격의 본질적이고도 통합하는 부분으로 인식된다.

이러한 ≪신체-자기(Selbst)≫는 교훈적인 상징의 예로 호주 원주민의 ≪튜룽가(tjurunga)≫와 그것에 상응하는 뉴기니아의 ≪야오(jao)≫가 있다.

튜룽가는 어떤 특별한 동굴 안에 비밀스럽게 보관하는 나무나 돌들이다. 그러므로 ≪tjurunga≫라는 단어는 ≪자신의 숨겨진 신체≫[28]를 뜻한다. 그것은 다음과 같이 설명하고 있다:

전설에 따르면, 대부분의 토템 조상의 몸은 그와 같은 듀룽가로 변하게 되었다는 것이다.[28]

그리고 계속해서:

튜룽가는 그 사람과 그의 토템 조상의 공동 육체로서 인식된다. 그것은 개인을 그의 개인적 토템 조상과 연결시키고, 그래서 그것이 토템 조상들이 제공하는 보호의 보증이 된다.[28]

튜룽가는 생명의 자리도 영혼의 자리도 아니다. 이에 대하여 *레비-브륄*이 말하기를:

튜룽가는 개인의 ≪두 번째 자아≫이다. 말하자면 개인 그 자체이다.

계속해서:

개인과 튜룽가의 관계는 다음의 문장으로 표현된다: nana unta ubucka nama – 튜룽가, 너는 몸이다.[29]

같은 이유로 할아버지는 성년의 남성에게 다음과 같은 말로 튜룽가를 보여준다:

여기에 너의 몸이 있다. 이것은 너의 두 번째 자아이다.[29]

자아와, 즉 두 번째 자아, 토템 조상과 튜룽가 사이의 관계는, *레비-브륄*이 적절하게 언급했듯이 신비적 참여의 관계인데, 그것은 동일 실체성에 매우 근사하게 접근한 것이다. 이런 두 번째 자아는 개인의 보호자이다. 하지만 만일 그것을 소홀히 여겨 화나게 하면 그것은 또한 질병 등을 일으키는 적이 될 수 있다.

인닝구콰(Iningukua)는 튜룽가와 동일시하는 토템 조상이다. 그것은 생을 통하여 그와 동행하고, 그를 위협하여 위험을 경고하고 그것들로부터 도망치게 도와준다. 그는 일종의 보호령이거나 수호천사이다. 그러나 개인과 그의 인닝구콰가 하나로 되면 그 개인이 어쩌면 자신의 보호자라고 말할 수 있을 것이다. 여기에서 참여는 그 두 존재가 전적으로 섞여버린다는 것을 내포하지는 않는다. 의심의 여지없이 개인은 인닝구콰의 관점에 있다. 그러나 다른 관점에서 보자면 인간은 이 인닝구콰와는 구별된다. 인닝구콰는 인간이 있기 전에 있었고 인간과 함께 죽지는 않을 것이다. 그렇듯이 인간은 의심

**28)** Thurnwald, Rlg. Heft 8, S. 3
**29)** Strehlow, Die Aranda, nach Lévy-Bruhl, Die Seele der Primitiven, S. 190ff.

할 여지없이, 그 안에 있는 존재, 그 자신이기도 하고, 그 자신이도록 하게 하는 본성에 참여하고, 동시에 그 자신을 넘어서 어떤 특징에 의해 그와는 구분되며, 그로 하여금 의존하게 만드는 바로 그것에 참여하는 것이다.[29]

우리는 여기서 위의 구절을 인용했다. 왜냐하면 그것은 *레비-브륄*의 신비적 참여의 고전적인 예일 뿐 아니라, 분석심리학자들이 자기(Selbst)라고 부르는 것의 투사에 대한 고전적 예이기 때문이다. 여기서 자기는 육체와 조상의 세상과 동일하게 느껴지는 것은 관계들을 그렇게 의미 있게 만든다. 토템 조상은 ≪우리 안에 있는 조상의 경험≫을 나타내는데, 이것은 육체 안에 합병되고, 동시에 우리의 개인성의 기초를 이루게 된다. *레비-브륄*이 ≪개인 속에 자리잡은 집단의 특성≫이라고 하는 장(章)에서 이를 특징적으로 다루고 있다; 공동의 토템 조상과 동일시되는 집단의 전체성은 동시에 신체와 자기 속에 함께 포함된다.

뉴기니아에서 호주의 튜룽가에 비교되는 말은 아프(ap), 즉 사람이다.[30] 여기에서도 개인과 집단, 그리고 개인과 조상의 공동 신체에 자리잡은 신체와의 결합을 발견하게 된다.

≪고유함≫으로 알려진 신체와의 근원적 유대는 개인적 발달의 기초가 된다. 나중에 자아는 신체와 그 상위의 힘들, 그리고 자신의 과정으로 점차 동일시된 무의식과 전혀 다르게 심지어는 대립되게 관계한다. 머리와 의식으로서, 보다 우위이자 고양된 것으로서 자리잡은 자아는 신체와 대립에 이르게 되고, 그 대립은 신체와의 분리인 신경증의 부분이 되도록 이끌 수 있다. 그러나 이는 나중의 발전과 분화의 산물이기도 하다. 그러나 신체의 전체성은 정신의 전체성, 즉 자기와의 동일성과 동등의 관계에 있는 것처럼 보인다. 그 둘은 자아의식으로 하여금 전체성의 형성 혹은 전체성의 상들을 고민하게 하고, 개별 체제를 총체적으로 조절한다. 자아는 오직 부분적으로 의식화할 수 있는 반면, 그 총체적 관점으로부터 자아의식을 조절한다.

이 모든 것은 우로보로스의 완전함, 그리고 정신과 육체의 동일성에 속한다. 심리적으로 이러한 기본적 상황은 두 가지 측면을 갖고 있다. 이를 우리는 이 ≪*음식-우로보로스*≫라는 상징으로 다루었다. 거기에서 그 하나는 육체의 무의식적 정신화와 신체

부분들 및 개별 영역이 관계되는 상징의 의미이고, 또 다른 하나는 물질대사적 상징성의 우세이다. 나중의 발달에서 중심화는 그의 기관이 될 자아의식의 형성이 되도록 진행되는 반면에, 자아의식이 아직 분리된 체제로 분화되지 않은 우로보로스 단계에서는, 중심화는 아직 전체로서 신체의 기능과 신체기관들의 통일성과 동일시되어 있다. 신체와 세계 사이의 상호 교환에 해당하는 ≪물질대사 상징≫은 매우 중요하다. 세계는 허기의 대상이므로, 음식 즉 먹혀야 할 것으로 되고, 반면에 생산적인 다른 측면은 밖으로 향하여 나아가는 것의 상징, 즉 배설로 드러난다. 이때의 씨앗의 상징이 결코 지배적이지 않으며, 오히려 오줌, 대변, 침, 땀, 그리고 숨, 더 나중에는 말(Wort)들이 창조신화에서 모두 창조적인 것의 요소적 상징들이다.

솔로몬 군도 안에서 가장 중요한 음식물이 ≪탄타누(Tantanu)≫의 배설물로부터 비롯된[31] 타로(Taro)토란과 참마(Yam)라고 하거나, 혹은 뉴기니아 입문제의에서 신참자들이 새로 태어난 어린 아이로 취급되고, 그 신참자들은 정액이 섞인 음식만을 먹도록 되어 있으나, 제의에 참석하지 않은 자는 생성신화에 대해 전혀 모르고, 정액도 먹지 못한다.[32] ≪구성원 모두가 음식물을 제공하는 식물과 동물들에 대해 제대로 대접하고 보호하는 것을 이해하지 않는다는 것≫은 우로보로스 시기의 상징적 신체 강조와 신체에 속하는 모든 것의 ≪신성화≫에 있는 것임을 설명하고 있다.

신체와 세상 사이의 살아있는 교환으로서 물질대사의 역동성을 갖고 있는 음식-우로보로스는 근본적으로 동물적 본능세계에 상응한다. 거기에는 먹고 먹히는 것이 생명을 장악하는 유일하고도 운명적인 표현이다. 발달의 가장 높은 단계에서도 음식-우로보로스는 기본으로 남아있고, 그것은 성적 단계의 전제조건을 형성한다. 두 가지 성으로의 분화들은 발전사적으로 보면 나중의 산물이다. 우선되는 일은 세포분열에 의한 번식인데, 이는 유기체로 하여금 무수한 세포분열에 이르도록 급격히 증식시킨다.

---

30) Thurnwald, Rlg. Heft 8, S. 18
31) Thurnwald, Rlg. Heft 8, S. 28
32) Thurnwald, Rlg. Heft 8, S. 33

하지만 번식을 목적으로 이루어진 세포 분열은 양육조건들이 충족될 때까지 등장하는 것이고, 그 조건에 매우 의존적이다.

힘을 갖게 되고, 힘을 행사하게 되고, 강하게 되고, 능력을 갖는 것 모두는 근본적으로 음식-우로보로스의 영역에 속하는 것이다. 그의 표현은 우선 물질대사와 동일시되는 신체적 수행과 건강하다고 느끼는 신체감으로 드러난다. 이는 물질의 섭취와 배출, 리비도의 내향화와 외향화라는 생물학적 전(前)단계 등으로 균형을 잡는다. 건강하다는 삶의 느낌은 무의식적으로 당연하게 받아들여진 것이지 반성된 의식성이 아니다. 이는 자아가 되려는 것에 앞서 있는 고유한 존재가 갖는 쾌감을 기본으로 한다. 그러나 정신의 체제는 무의식으로서 있으면서 자아에 중심화도 없고 의식도 없이 일어나는 세계에 관한 심혼적 작업이 되는데, 이는 본능 안에 있는 그의 침전물로 발견되는 것이다.

집단무의식의 본능은 첫 번째 질서의 작업체제를 형성한다. 그들은 인간 종(種)에서의 인간이며, 인간 종으로서 세상에서 이룩했던 모든 경험, 즉 조상들의 경험의 집적인 것이다. 그들의 ≪장(場)≫은 자연, 외부의 객관세계, 집단적 인간, 그리고 인간 자신의 작업하고 반응하는 정신-물리학적 유기체이다. 말하자면, 인간의 집단정신 안에는 동물들에서 그렇듯이 종에 따라 다양하게 주어져 있는, 즉 자연적 환경에 대한 특별히 인간 종의 본능적 반응들로 구성된 층이 있다. 소위 집단 본능을 포함하는 층이 있다. 말하자면 인간 환경에 대한 특별한 경험이 축적된 층, 말하자면 종족, 집단 등에 해당하는 집단적인 것에 경험들이 포함된 층이다. 이 층은 집단의 본능과 특별한 집단적 반응에 의한 것인데, 이로써 하나의 종족 혹은 민족이 다른 종족이나 민족과 구분되고, 나아가서 너(Du)와의 분화된 관계에 이르는 것이다. 가장 마지막 층은 정신-신체적 유기체에 대한 본능적 반응과 그의 변화에 의해 형성된다. 예를 들면 허기, 호르몬 배열 등은 본능적 반응으로 응답한 것이다. 이런 모든 층들은 서로 연결되어 있다. 그들은 모두 본능적 반응들이라는 점이 공통적이다. 말하자면 개인적 체험의 산출이 아니므로, 의식의 참여없이 조상의 경험에 기초하여 이루어진 의미있는 행위로서, 정신-신체적 전체성이 반응한다는 점이 공통적이다.

이런 경험은 신체적으로 뿌리를 내리고 있어서 반응의 규범적 방식으로 일어나는 행위로서 드러난다. 이러한 《통합하는》 경험의 가장 아래이면서도 가장 거대한 층은 정신적 재현 없이 물리화학적으로 반응한다. 본능과 충동은 행동의 벡터로서 작용할 때 정신적이다. 그러나 전혀 중심적 재현을 가질 필요가 없다. 특별히 신경계에 의해 드러나게 되는 전체성은 행동으로서 반응한다. 예를 들어 허기는 세포 안에서 결핍 상태의 정신적 재현이고, 본능적 반응과 그것들의 조합에 의해 생명체를 행동하게 만들고, 행동에 이르게 한다. 그러나 허기가 중심적으로 재현되고, 그것이 자아 중심에 의해 지각될 때 의식의 작동도 가능하지만, 본능이 반사적으로 신체-전체를 움직이게 설정하면, 의식은 전혀 작동하지 않는다.

이제 자아와 의식이 중심화에 이르려고 정신-신체적 유기체의 총체성과 그들의 편입을 위해 전념해야 한다. 말할 필요도 없이, 의식 이론의 구성을 만들려는 것이 아니라, 개인적 그리고 집단의 심리적 발전을 위해 중요하다고 입증된 특정한 관점의 윤곽을 잡도록 하려는 시도가 될 것이다.

유기체의 민감성은 그 세계 내에 생명체의 지남력이 작동 가능한 기본적인 특성에 속하는 것이다. 이런 민감성에서 신경조직은 분화되고, 감각기관은 발달하게 된다. 그들에 편입되는 것이 중심화의 조절체제인 의식이다. 외부와 내부의 자극의 조절과 결합, 균형을 위한 자극에의 반응, 그리고 자극과 반응 심상의 축적은 모두 자아중심적 의식 체제의 본질적 기능에 속한다. 몇 백만 년의 유기체의 분화된 구성으로 인해, 더 복잡해진 관계들은 등록, 조절, 그리고 균형에 대한 가중되는 필요를 충족시키게 된다. 이들 무수한 균형잡기의 순간은 대부분 무의식이지만 통합되어 있다. 다시 말해서 그것들은 신체조직의 구조로 설치되어 있다. 그러나 그것은 계속되는 분화와 더불어 점차 의식의 통제기관에서 조절된 구역의 특성이 된다. 이러한 특성은 이제 신체적 과정에 상응하는 정신적 과정이 일어나는 기관으로 작용하여 심상으로 나타난다.

자아의식은 무의식과 세계를 심상으로 이해하는 감각기관이다. 그러나 이러한 심상의 형성 능력은 그 자체가 정신적인 것의 산물이지, 세계의 특성은 아니다. 예를 들어 감각적 인식과 그 정보처리는 심상화됨으로써 가능하게 된다. 심상화가 안 되는 세계도 있다. 예를 들면 하등동물의 세계는 물론 살아있는 세계이고, 그 본능도 있다. 그래서 생명체의 전체성은 무의식적으로 행위하면서 세계에 반응한다. 그러나 이 세계는 그것을 반영하고 형성하는 정신적 체제로서 재현하는 것이 아니다. 여기서 정신적인 것은 반사라는 반응이 되고, 그것은 중심기관 없이 자극에 무의식적 반응을 한다. 중심기관에서 자극과 반응이 재현된다. 그런 중심기관으로 중심화가 발달하게 되며, 그것의 체계가 더 높은 범위와 정도를 형성한다. 그것이 심상으로 드러나는 세계의 재현에 이르고, 이런 재현이 있는 심상세계를 감지하는 기관, 즉 의식에 이르게 된다. 정신적인 것의 심상세계는 각 상징에서 뚜렷이 드러나듯이, 내부세계와 외부세계를 모두 포함한 경험의 종합이다.

따라서 정신적 심상-상징은 그러한 것을 포함하고 있다: 많은 외적 경험에서 불은 ≪붉은, 뜨거운, 그리고 타는≫으로 재현되고, 이는 내적 경험에서도 같은 의미를 갖는다. 빨강(Rot)은 지각적 특성의 빨강을 가질 뿐만 아니라, 내면의 흥분과정으로서 가열의 정서적 구성요소의 특성을 가진다. 불같은, 뜨거운, 타는, 빛나는 지각적 인식의 표현들은 지각의 심상보다도 정서적 심상들이 된다. 따라서 우리는 ≪불≫의 물리적 산화과정이 정신적 내부세계로부터 나와서, 외부세계에 투사되는 심상에 의하여 경험된다고 주장한다. 그러나 그 반대로 외부세계의 경험이 내면으로 적용된다고 하지 않는다. 대상에 대한 주관적인 반응이 발달사적으로 먼저 전면에 드러난다. 반면에 대상에 대한 객관적 특성은 배후에 남아있다. 인간 발달사에서 대상은 매우 점진적으로 그리고 매우 느리게, 둘러싸고 있고 정신적 내면세계에서 비롯된, 투사로 채워져 있는 것으로부터 풀려나게 되는 것이다.

중심화의 경향은 무의식의 내용이 자아의식에 심상으로서 스스로를 재현하는 방식으로, 정신적인 것의 일차적 기능으로 표현된다. 그 경향은 우선 상징적 심상의 형성화에 이르게 하고, 그 다음으로 심상에 대한 자아의 반응을 끌어낸다. 그래서 심상이 되려는 것과 의식의 반응이 중심화의 표현이 된다. 왜냐하면 정신-신체적 개인의 전체성에 대한 관심은 이러한 과정에 의하여 더 효과적으로 유지되기 때문이다. 의식에서 이루어지는 심상의 중심적 재현은 개인에게 내외적으로 세계에 대한 더 많은 이해와 더 총체적 경험을 가능케 해준다. 그래서 삶의 모든 부분에서 더 나은 방향감을 갖게 해준다. 내부 반응, 즉 본능의 세계에 대한 자아의식의 위탁적 이행은, 외부에 대한 반응만큼이나 빨리 그리고 의미 있게 설정되었던 것으로 보인다.

본능이 중심적으로 드러나게 되는 것을, 특히 그것이 심상으로 등장하는 것을, 융은 원형이라고 부른다. 원형은 의식이 존재하는 곳에서만 심상으로 존재한다. 다시 말해서, 본능이 심상으로 되는 것은 더 상위의 질서에 속하는 정신적 과정인 것이다. 그 과정은 이런 원상들을 감지하는 지각기관을 전제로 삼는다. 이 기관이 의식이다. 그 때문에 의식은 상징 및 신화에서 눈, 빛, 그리고 태양과 관련되어 있다. 그래서 신화적 우주기원론에서 의식의 생성과 빛의 도래는 동일시된다.

인류의 초기에 심상의 지각은 즉각적이자 반사적으로 행위의 반응을 이끌었다. 말하자면 의식은 처음에는 수동적으로 신체의 집행기관에 대해 단지 작용하게 되지, 우위에서 작동하는 것이 아니다. 그것은 의식이 바로 태생학적으로 외배엽에서 비롯되었다는 것을 폭로하는 것이고 또한 의식이 감각기관의 한 종류라는 것을 보여준다. 그럼에도 의식은 이미 두 방향으로 분화되어 있어서 내부로부터 뿐만 아니라 외부로부터 오는 이미지를 지각할 수 있다. 원래 신비적 참여의 단계에서 외부는 내부와 달리 통각되지 않기 때문에, 이런 심상들의 유래를 자아를 위해 구분해야 할 필요가 없었다. 그래서 내면의 심상과 외부의 심상들이 서로 뒤섞이고, 외부세계의 경험과 내부 경험이 합류하게 된다.

의식이 감각기관인 근원적 시기는, 감각과 직관의 기능,[33] 즉 감관적 인지기능[34]으로 특징지어지는데, 이는 원시인이나 아동의 발달에서 일차적인 것으로 등장한다.

생성해 나가는 의식은 적어도 외부 자극만큼이나 내부 자극에도 맞추어져 있다. 그

---

[33] C.G. Jung, Psychologische Typen, S. 642 (zit. Jung, Typen)

[34] 우리는 여기서 기능들의 특수로 나아갈 생각이 아니다. 다만 감정과 사고 기능들은 합리적 기능들로서 더 후기적 발달의 산물이라는 것만 지적해야겠다.[34a] 합리적 기능들은 의식에게 조상의 경험의 침전물로서 파악되어 있는 이성의 법칙들이다. 융은 다음과 같이 정의하였다: ≪인간의 이성은 객관적 가치를 이루는 조직화된 표상의 복합체이고, 평균적인 현존재들에 적응하는 것에 대한 표현이다. 이성의 법칙들은 평균적으로 ≪옳다고≫ 할 수 있는, 즉 적응된 태도를 나타내고 그것으로 통제하는 법칙들이다.≫[34b] 그래서 합리적인 기능이 발달사적으로 더 뒤에 나타난다는 점이 이해될 것이다. 평균적으로 나타나고 있는 것들은 마치 고정적으로 조직화된 표상의 복합체의 형상화와 같아서 인간 역사의 작품이고, 수천 번 작업되어 이루어진 조직에 관한 것이다.

[34a] Jung, Typen, Definitionen: Rational

[34b] Jung, Typen

러나 내부와 외부로부터 오는 자극을 수용하여 등록하려면, 그 기관은 적어도 제공된 자극으로부터 떨어져 있어서, 그것을 낯선 것으로 경험할 수 있어야 한다. 외부의 세계와 마찬가지로 내부 자극의 영역으로서 신체가 대립하고 있듯이 외부와 내부의 중간으로서 작동하고 있는 등록체제가 고유하게 있어야 하는 것이다. 이렇게 고유하게 떨어져 있는 태도가 의식의 우선적인 조건이다. 그리고 이러한 태도를 한층 더 분화시키고 강화시키는 것은 의식의 기능화에 필수적인 것이다. 다시 말해서, 결국 우리가 의식이라고 부르는 등록과 조절의 기관의 분화는 발달사적으로 두 방향으로 이루어져 왔음을 보여주고 있다.

신경계, 특히 중추신경계, 그리고 그의 최종적 대표 주자인 의식은 무의식에 의해 이루어진 조직체제인데, 이는 주로 외부세계와 내면세계 간의 균형을 잡아주는 역할을 하는 것이다. 그 내면세계는 신체 변화 및 신체 반응에서부터 가장 복잡한 정신적 반응에 이르기까지 광범위한 범위에 이른다. 그것은 물질론자들이 생각하듯, 외부세계의 자극에 단순한 자극−기계로서 반응하는 것 뿐 아니라, 충동과 콤플렉스, 신체적 그리고 또한 정신적 방향으로도 나타나는 매우 다양한 종류의 자발적 경향들의 근원지이기도 하다. 이들 내면의 경향은 모두 의식 체제와 자아에 의해 인식되어서, 외부세계와 균형을 이루고 동등하게 되어야만 한다; 즉 의식은 화재발생과 야생동물에 대항하여 ≪개인≫을 옹호해야 한다. 이는 마치 모든 본능적 배열이 그러한 것에 대해 길들여져야 하는 것과 같다. 의식은 개인의 자아중심적 경향을 집단에 적응시키는 내면세계의 변화가 있는 것처럼, 마찬가지로 음식물의 생산을 위해 환경의 변화에 책임을 지고 관장도 하는 것이다. 자아의식의 체제가 잘 기능하는 한, 그것 자체가 전체성의 딸과 같은 기관이 되고, 전체의 조절과 방향을 잡는, 소위 집행부로서 통합된다.

불쾌와 고통은 의식을 형성하는 가장 초기적 요소들이다. 그들은 무의적 평형 상태가 교란되고 있다는 것을 알리는, 중심화에 의해 생산된 ≪경고 신호≫이다. 이런 경고 신호들은 원래 기관의 경계 조치로서, 잘 알려지지 않은 방식이지만 모든 다른 기관과 체제들도 그런 식으로 발달되어 있다. 그러나 자아의식의 기능에는 단지 지각하는 것 뿐 아니라, 이들 지각 신호를 소화해 내려는 것도 들어 있다. 그런 작업에 의하여 자아는, 비록 고통을 당할지라도, 적절히 반응하기를 원할 경우, 그들로부터 거리를 둘 수 있게 되는 것이다. 의식의 중심으로서 스스로 거리를 둘 수 있는 자아는, 등록과 조절을 위한 자신의 경향을 갖고 있어서, 분화된 기관이지만 자신의 조절하는 기능화를 통하여 전체성을 가능하게 만들고 그에 헌신하지만, 그것과 동일시될 수는 없다.

자아는 처음에는 무의식의 기관이었다. 무의식의 기관에 의해 강요되고 지휘되는데, 이러한 무의식의 목표들이 개인적이 되고 생명의 목적이 된다. 예를 들면 그것이 배고픔과 목마름을 해결하는 것이 된다. 혹은 종의 목적도 자아의 성욕으로 지배하게 된다. 심층심리학의 발견은 의식 체제가 무의식의 산물이라는 것에 대한 풍부한 증거들을 제시해왔다. 게다가, 이러한 의식 체제가 무의식의 기초에 근원적으로 의존하고 있다는 사실은 중요한 현대의 새로운 발견들 중의 하나이다. 이것의 중요성의 정도는 외적으로 개인이 집단에 대해 근원적으로 의존하는 것과 같은 것이다.

비록, 의식이 무의식의 후손이자 아들이지만, 그것은 아주 특별한 종류의 후손이다. 모든 무의식의 내용들은 콤플렉스로서 나름대로 고유한 경향성을 갖고 있다. 그것들은 자신들의 확고한 자리를 차지하기를 애쓴다. 살아있는 유기체들처럼 그들은 다른 내용의 콤플렉스를 ≪삼켜버리고≫ 그 자신의 리비도로 채운다. 병리적인 경우에 어떤 생각에 고착, 강박관념, 망상 형성, 사로잡힘과 같은 것으로 나타나기도 하지만, 또한 같은 것을 창조적 과정에서도 보게 된다. 창조적 과정에는 ≪작품≫이 모든 낯선 내용을 빨아들이고 비우게 한다. 이는 마치 무의식적 내용이 다른 것들을 자신에게 끌어들이고 동화하고 병렬시키거나 복종케 하여 마침내는 자신에 의해 지배되는 관계체제를 형성하는 것과 같다. 우리는 평범한 삶에서 그와 같은 과정을 발견할 수 있다. 사랑, 일, 애국심 또는 그 밖에 무엇이든 하나의 이념이 지배적으로 작용하게 되고, 그 대가로 다른 내용이 대체된다. 편견, 고착, 배제 기타 등등은 자신들을 중심으로 만들려는 콤플렉스의 전형적 경향의 결과들이다.

그러나 자아 콤플렉스의 특성은 다른 콤플렉스와 달리 의식의 중심으로 설정하려는 경향과 이것으로 다른 의식적 내용을 의식의 내용으로서 연결하려는 경향이 있다; 그 밖에 자아 콤플렉스는 어떤 다른 콤플렉스보다 훨씬 더 전체성으로 향하려는 방향이 주어져 있다.

중심화는 자아가 무의식의 기관이도록 내버려두지 않고, 오히려 점점 더 전체성의 대표가 되도록 재촉한다. 다시 말해서, 자아는 정복하려고 하는 무의식의 경향성에 거리를 두어, 무의식에 의해 ≪사로잡히지≫ 않게 하면서, 내부와 외부의 관계에서 자신의 독립성을 유지하는 것을 배워나간다.

본성의 영역에서 개인들은 종의 생식 의지와 변종의 의지를 충족하기 위해서 무수히 희생된다. 그래서 이러한 태모의 의지는 점차적으로 자아와 의식과의 갈등에 이르게 된다. 이때 자아는 집단적 의지의 집행자로서 더 이상 경험하지 못하고, 태모의 집단적 의지에 대립해 있는 유일한 개인성을 경험하게 된다.

모든 본능과 모든 충동, 모든 고태적 성향과 집단적 성향은 태모의 심상과 연결될 수 있으나 자아에게는 대립해 있다. 태모의 심상이 그 내용에 있어서 매우 다양할 수 있으며, 태모와 연결된 상징들의 숫자가 놀랄 만큼 많다는 것은 사실이며, 파우스트에서 ≪무의식≫을 ≪어머니들≫이라고 할 정도로 혼란스러운 것이다.

자아와 의식은 아들이자 나중에 탄생한 것으로 자신의 자리를 위해 투쟁하고, 그리고 내적으로 태모가 뒤로 끌어당기는 공격에 저항하면서, 또한 외적으로 세계 어머니로부터 지켜야 하는 것이다. 이는 자신의 자리에서 서서히 그리고 고통에 찬 싸움을 통해 자리를 지키고, 그 자신의 영역을 넓히기 위해서 투쟁하는 것이다.

의식의 자립화와 더 강해진 무의식에 대한 대립적 긴장을 함으로써, 더 이상 선한 모성이 아니라, 오히려 무서운 모성이 적대적으로 대립하여 나타난다. 우로보로스의 삼키는 면은 자아에게는 의식을 제거하는 무의식의 ≪경향≫으로 경험된다. 이것은 자아와 의식이 자신의 고유한 현존을 위해 무의식으로부터 리비도를 힘겹게 얻어내어야 한다는 기본적 사실과 일치하게 된다. 이것 없이는 자아의 특별한 수행은 무의식으로 다시 잠기는, 다시 말해서 ≪삼켜지게≫ 된다.

무의식은 그 자체 파괴적이지 않으며, 전체성에 의해서는 파괴적으로 경험되지 않으나, 자아에 의해 파괴적으로 경험되는 것이다. 이 경험은 자아의 확장적 발전을 위해서 매우 중요하다. 오직 초기 단계에 있는 자아만이 자신을 위협하고 덧없는 것으로 간주하는 무의식을 파괴적이라고 비난하는 것이다. 그 후에 자아가 전체성에 연결되어 있음을 알게 되면서, 의식은 더 이상 청년-자아처럼 위협받지 않을 것이다. 그리고 그와 같은 위협과 파괴와는 다른 무의식의 측면이 다시 전면에 나타나게 된다.

자아가 무의식의 파괴적 경향으로서 경험하게 되는 것은, 우선적으로 무의식 자체의 압도적인 에너지의 적재 때문이고, 두 번째로는 의식 구조의 연약함, 피로감, 태만 때문이다. 이 두 요소들은 적대자의 원형에 투사되어 나타나게 될 것이다.

이 심상의 출현은 의식 체제의 방어 반응으로써 두려움을 유발하게 된다. 이런 심상의 형상화와 가시화는 이미 의식의 강화된 각성 상태를 의미한다. 그때까지의 애매하고 막연하게 끌어당기는 무의식의 특징에서 부정적 특성이 나옴으로써 의식과 자아에 적대적임을 인식하게 된다. 이로써 자아의 자기보호, 즉 방어 반응이 작동하기에 이르는 것이다. 무의식에 대한 두려움이 자아로 하여금 강하게 되어 저항을 하도록 만든다. 그래서 무의식에 대한 두려움, 그러한 모든 두려움이 의식이 지키려 하는 중심화의 증상 자체가 된다는 것을 확인할 수 있다.

자아의 무의식에 대한 저항은 ≪저항하는 자≫의 거절과 투쟁적 용기에 대한 두려움, 방어와 도주에 의한 것이다. 이는 신화적 묘사에서 보면 중간 단계적인 것이다. 즉 무의식인 용에 대항하여 의식의 자리에 오르는 영웅의 투쟁적 태도로 옮겨가려는 것이다.

≪저항하는 자≫의 신화에서 무의식, 즉 태모의 공격성이 두드러지게 드러난다. 이는 청년-의식인 자아의 위치를 가장 먼저 위협하게 된다. 자아는 스스로를 체제화하고 있는 의식의 중심으로서, 중심화를 수행하고 있으면서 무의식적 힘이 가진 해체하려는 세력에 대항하는 것이다. 이때 성욕도 해체하려는 힘에 해당하나, 그리 두드러지지는 않는다. 의식을 침범해 범람시키고, 이로써 해체하려는 무의식의 성향은 ≪사로잡히게≫ 하는 위험을 의미한다: 그것은 심지어 오늘날에도 나타나고 있는 ≪영혼의 위험≫ 중 하나이다. 특별한 내용에 의해 사로잡힌 의식을 가진 인간은 그 자체 엄청난 역동성, 말하자면 무의식의 내용에 해당하는 역동성을 가진다. 그러나 무의식의 내용이 갖는 역동성은 자아의 중심화 경향을 저지한다. 결과적으로 자아의 해체 위험 및 파멸의 위험성은 더 커지게 될 것이다. 무의식의 내용에 의해 사로잡힘은 의식의 상실로서 도취의 특성을 갖고 있고, 이런 도취적 사로잡힘은 언제나 태모의 지배에 이르게 되며, 그녀의 젊은 연인의 운명은 여성화나 거세에 이르거나, 죽음이나 미치게 되는

것이다.

한쪽은 자아 체제, 그리고 다른 한쪽은 무의식 체제 사이에 있어서 생겨나는 엄청난 긴장이 바로 사람과 동물을 구별시키는 정신적 에너지의 원천이다. 이러한 분화와 개별화를 지향하게 되는 중심화는 창조적인 것의 표현이다. 이는 인간 종에서 개인과 자아의 담지자에서 새로운 시도가 행해짐을 의미하는 것이다.

자아와 의식은 통일성을 갖고 통일성 내에서 균형을 이루게 하도록 무의식적으로 작용하는 중심화의 기관이다. 그러나 그들의 임무는 단순히 조절하는 것만이 아니라, 또한 생산적 행위를 한다. 균형적 조절에 힘입어 전체성과 그의 상태를 유지하는 것뿐 아니라, 또한 스스로 발전시키는 것, 즉 생명체가 서로 접촉하게 되는 경험적 세계의 영역을 넓히고, 그것을 더 크게 포함시키게 된다는 의미에서, 더 복잡하고 거대한 전체성에 이르게 된다고 하겠다.

우리가 음식-우로보로스라 부르는 것은 아주 태초부터 그 안에 작용하는 창조적 원리에 의해 보완되어 왔음을 의미하는 것이다. 창조적이라는 것은 힘과 물질대사의 활력을 지배하는, 즉 균형 뿐 아니라 보완도 고려하는 것이다. 이것이 새로운 통일성에 이르는 더 고도의 발전으로 이끈다. 이것이 새로운 기관과 기관의 체제를 생성하게 하고 창조적 시도를 할 수 있도록 해준다. 이러한 새로운 시도가 그들의 수행과 적응 능력으로써 어떻게 평가되는가는 나중의 문제인 것이다. 그 문제의 해결로서 다윈주의가 본질적인 것으로 공헌을 하였다. 그러나 다윈주의는 창조적 시도 그 자체의 설명과는 다른 것이다. 여전히 어떻게 하나의 기관이 무한의 우연적 변이들의 축적으로 생겨날 수 있는가를 실제적으로 밝히는 데는 성공하지를 못했다. 이 방법으로 기관의 분화를 설명하기는 매우 쉽다. 그러나 실제로 어떤 점차적 연합 방식으로 그러한 생성이 있을 수 있는지는 결코 설명할 수 없는 것이다.

신화에서 우로보로스의 자기중심적 특성으로 드러나는 창조적인 것을 볼 수 있다. 그것은 창조적인 수음 행위의 상징으로 드러난다. 이 상징적 수음은 더 후기 단계의 생식기의 강조와는 전혀 상관이 없고, 단지 스스로를 자기 속에서 증식한다는 자율성과 자치권을 표현하고 있는 것이다. 즉 그 자신에 의해 수태하고 스스로를 낳는 창조적 우로보로스인 것이다. 조화의 완결 단계는 창조적 균형의 단계로 급변하게 된다.

그리고 전자의 정체적인 배열 대신에, 역동적 배열이 자치적으로 등장하게 된다. 여기에서 알맞은 상징은 조용히 휴식을 취하는 구(球)가 아니라 스스로 굴러가는 바퀴이다.

역사적 또는 심리학적 발전은, 인류에게 개인성의 역할이 무의식에 대한 자아와 의식만큼 중요하다는 것을 보여준다. 두 경우에서, 전체의 기관과 기구로 생겨난 것은 자신의 고유함과 독립성을 갖고 있으며, 그것이 갈등의 근원임에도 불구하고 전체 발전에 엄청난 결실을 가져온다.

중심화는 정신-신체적 구조에서 유래하지 않은 통일성의 기능인 것이다. 그것은 통일성을 지향하지만, 동시에 그것은 통일성의 표현으로, 자아 형성에 이른다. 즉 그것은 자아의 핵 주위에 모여든 내용과 기능들로 이루어진 의식 체제의 중심으로서 자아를 생성하는 것이다.

거대한 개별 세포들과 세포체제들을 신체-정신의 통일성의 세계로 함께 엮어 통합하는 과정과 나란히, 분화의 과정은 무의식과 대립하여 의식의 자립성으로 이끈다. 두 개의 과정은 중심이 되려는 표현과 작용이다. 자아의식의 체제는 내면세계와 외부의 관계를 위한 중심적 위치일 뿐 아니라, 동시에 살아있는 것의 새로운 시도를 위한 창조적 경향의 표현이기도 하다. 그러나 생물학적 그리고 동물적 영역에서 나타나는 이러한 경향은 끝없는 시간의 흐름과 더불어 작동되고 작업되는 반면에, 그것은 인간 의식에서, 그리고 개인에서 시간을 이해하는 기관을 발전시켜왔고, 이로 인하여 더 많이 축소시킨 시간 간격에서 새로운 시도를 하기에 이른 것이다. 인간 문화는 새로운 시도를 향한 창조적 경향의 산물인 것이다. 인간 문화를 이룩한 짧은 기간은 아직 성공이라 할 어떤 결정적인 것을 말할 수 없다. 그러나 생물학적 진화와 비교한다면 인간 의식이 인간 문화를 형성한 시간은 아주 짧은 기간이며, 이 기간 동안 가장 눈에 띄는 변화가 있었음은 사실로서 드러난다. 의식의 도구인 기술과 과학은 풍부한 인공적 기관들을 생산해왔다. 그리고 창조적 발명의 급성장과 변화는 생물학적 기관의 형성과 발달의 느린 변화와 비교할 때, 그들의 우월함이 증명되는 것이다. 살아있는 창조적인 존재의 시도는 의식의 도움으로 이루어지는 것으로, 이는 어쩌면 《운수대통》으로 여겨질 정도이다.

우리는 이러한 언명이 인간중심적, 이념적 표현 방식의 인식에서 하고 있다는 점을 잘 의식하고 있다. 그러나 만약 의식이 자신의 역사를 비추어 보기 시작하면, 의식은 스스로 전체성의 새로운 창조적 시도의 해설자로서 경험해야만 한다. 그래서 인간중심적 해명이나 세계관에 새로운 정당화와 책임을 부여한다. 최종적 결말은 의식이 살아있는 존재의 기관이자 시도로서 인식되기 위한 학문적 정당화이다. 그것은 정신적-인간적 실존의 기본 사실을 넘어서서, 그것을 반사적 혹은 행동주의적으로 억압하여 더 정당화된다. 창조신화의 시작에서는 창조적인 것이 등장하듯이, 세계의 시작에서 창조신화가 설정되어 있으므로, 인간적인 것이 그 자체로 창조적으로 경험되고, 그의 투사로서 신성도 창조적으로 경험된다. 발달의 개념이 발견되기 전에 창조적 발달의 개념이 각인되기 전에 이미 그렇게 경험된다.

인간 의식은 정신적 전통의 수행자로서 생물학적 요소에 의해 정해진 역할을 집단적으로 넘겨받았다. 기관들은 이제 더 이상 유전되지 않고 전승된다. 따라서 의식의 정신세계가 생성되는데, 이는 문화로서 자연과 생명의 세계와는 대립하면서 자신의 고유함을 주장하고, 또한 그렇게 주장해야 한다. 이러한 인류의 정신적 세계에서 개인은 자아와 관련되는 의식 원칙의 담지자로서 결정적 존재이다. 성인으로 자라고, 발전하고, 무의식적 힘의 통제로부터 자유롭게 되려는 자아의 원형은 영웅이다. 그는 개인의 전형이며, ≪위대한 개별자(der Große Einzelne)≫이다. 모든 개별자의 발전은 그를 전형으로 삼아 이루어진다.

우리가 무의식의 세력을 철폐할 수 있게 만드는 요소들을 조사하기 전에, 간단하게 우로보로스에 포함되어 있는 자아-배아에서 영웅적 싸움의 자아에 이르는 자아의 단계들을 특징지어 보도록 하자. 우리의 신화적이자 상징적 순서의 추적은 오직 정신적-에너지적 해석을 통하여 할 수 있을 뿐이다.

우로보로스의 단계에서 태모로의 이행은 자아의 계속적 발전과 의식 체제의 강화를 통하여 특징지어지고, 동시에 추상의 시대에서 조형의 시대로의 이행에 이른다.

형상화(Gestaltung)의 시대는 우주적 신화적 사건의 연속으로서, 우주적 제의의 신화적 시대이다. 원형은 우주적인 힘으로서 특별히 성좌의 신화, 태양의 신화, 그리고 달의 신화로 나타나고, 또한 그것들에 의해 규정된 제의로 나타난다. 이때의 위대한 신화가 생겨난다. 이 위대한 신화들에는 비규정적 세력의 모색에서, 즉 ≪가장 오래된 선사시대의 거대한 비규정성에서≫[35] 창조적 주모자로서 원상의 신성들, 태모, 태부의 우주적 형상이 스스로 형상화하고 구체화한다. 그러한 신들의 원형적 형상들은 ≪최고 신(神)≫의 형상 없는 완벽함으로 그려진 우로보로스적 총체적 신성의 단계에 뒤를 이은 것이다. 신들의 원형적 형상들은 또한 아득히 멀리, 즉 하늘에다 투사한 집단 무의식인 것이다. 자아의식과 개인은 아직 발달되지 않고 작용하므로 ≪천상적 위치에≫ 펼쳐지고 있는 실제적 우주적 사건과는 어떤 관계도 없다. 처음에 그 형상들은 인간의 매개나, 개인 인격의 관여가 없으므로, 그에 따른 변화없이 자율적으로, 신들로서 스스로 천상에 자신을 반영한다.

세계의 생성에 관한 신화와, 최초의 위대한 신들의 연속들과 신들의 싸움들은 종종 더 후기에 포함된 것이 있으며, 이런 신화들 중에는 어떤 철학적 관점대로 이미 작업되어버린 것들도 있다. 그러나 그것들에는 대부분 초기의 신화 형성이 기본을 이루고 있다. 헤아릴 수 없는 인간 내부의 자리에서 부분적 제의와 신화들을 형성하며, 그것들에서 위대한 신들의 ≪형상화≫가 이루어진다. 그래서 많은 개별 종교적 제의에서 잘 알려진 위대한 신들의 형상화가 이루어지도록 통일되는 것은 이차적인 의미를 갖는다. 결정적인 것은 모성, 부성, 대지 혹은 천상의 신들이 형상화되어, 작용요소로서 숭배되지만, 더 이상 마나적 힘을 가진 비규정적 마술적 배경의 악령(Dämon)은 아니다. 이제 신들은 특정의 고유함과 규정적인 특징의 어떤 법칙이 되어 자아 중심화된 작용요소들로 배정되는 것이다.

역사적인 발전을 살펴본다면 형상없음(無形象)이 가시적 형상으로, 비규정적인 것에서 규정적인 것으로, 악마적–동물적인 것에서 가시적 힘의 중심으로 되었음을 거듭 확인하게 된다. 말하자면 이제 특별히 인간의 특징들을 부여한 존재로 드러난다. 그리스 종교에서 바로 그 가시적 존재가 가장 두드러진다. 올림푸스 신들은 누미노스한 비

---

35) E. Rhode, Psyche

규정성의 초기적 단계를 뛰어넘어서 형상화에 성공한 가장 좋은 예이다.[36] 비록 그와 같은 정도의 뚜렷함이 보이지는 않지만, 도처에서 그와 같은 발전의 방향이 발견된다.

신들의 발전을 가시화한 형상화의 단계에 신화적으로 나타난 양상은 인간적 특성을 가진 신의 삶과, 신의 체험이 된다. 누미노스한 원상의 신들이 우주적, 즉 상징에 속하는 반면에, 나중에는 점차 신-인간적 투쟁으로 나아가게 된다. 초기에는 신들 간의 우주적 사건 혹은 투쟁이었던 싸움과 사실들이 이제 인간에게로 내려온 것이다.

자아의식과 무의식이 갖는 관계의 첫 시기는 의존성과 저항으로 특징지어진다. 우로보로스에서는 무의식에서 분리되지 않은 상태의 단계가 아직 긍정적으로 경험될 수 있는 반면에, 태모의 상징으로 표현되는 시기에는 아들의 모성에 대한 의존성이 처음에는 긍정적이지만, 곧 부정적으로 드러난다.

태모로서의 우로보로스적 무의식은 자아와 의식이 벗어나야 하는 체제, 혹은 마찰 없이 발전이 이루어져야 하는 체제, 할 수 있다면 당연히 벗어나야 했을 체제인 것이다.

우리는 항상 성장 발달이 추진력으로 이루어진다는 사실을 정신적인 것에서 마주치게 된다. 그러나 그것은 그 다음의 새로운 발전 시기에 이르면 극복되어야 하는 리비도의 고정과 적하가 되어버린다. 항상 ≪옛 체제≫는 반대 힘들이 그것을 극복할 정도로 충분히 강해질 때까지 유지된다. 여기서 역시 ≪전쟁은 모든 것의 아버지≫이다. 융이 리비도의 타성(Trägheit)으로 특징지었던 정신적 체제들은, 정신적 확고함을 갖게 하는 기초이기도 하다. 각 원형은 체제화된 특정 내용의 집단에 해당하고, 그래서 자기보존의 경향을 갖는다. 이 경향은 자아를 이 체제로 사로잡아 자신의 운행 행로에서 살도록 붙잡아둘 정도로 표현된다. 그러한 체제에서 벗어나 자유로운 활동에 이르는 이행은 고정하고 있는 체제보다 더 많은 리비도를 가진 자아의식의 체제일 때만이 가능하다. 다시 말해 자아의 의지가 체제로서, 즉 원형으로부터 벗어날 만큼 충분히 강할 때 가능한 것이다.

의식의 증가하는 독립성은 영웅신화에서 비로소 변환점에 이르게 된다. 그것은 무의식의 기원으로부터 어두운 그림자가 드리워지기까지, 우로보로스적 자기해체의 경향에서 거듭 죽으려는 청년에 이르는 발달에서, 우리는 자아 활동성의 꾸준한 증가와 무의식에 대항하여 극화하는 것을 알아차릴 수 있다. 이때 무의식은 원래 낙원으로, 그 다음에는 매혹하는 위험으로, 그리고 마지막으로는 적대적으로 경험된다. 자아의 활동과 리비도의 강도가 증가하여 어느 정도에 이르면 상징성도 변화하게 된다. 우선적으로 식물 상징이 가장 두드러지는데, 주로 그것의 수동성과 대지의 의존성을 특징적으로 드러낸다. 청년은 식물신(神)으로 꽃, 곡초, 나무 등으로 표현된다. 수확, 즉 그의 죽음은 씨앗의 부활과 사라짐과 같은 것으로 모권적 자연의 위세와 자연의 주기의 부분들이다. 여기에서 성애(Eros)는 땅의 풍요함의 도구이다. 그리고 자아와 의식의 세계와는 상관없는 소위 발정기로서 자연적 조건에서 비롯된 주기적인 현상이다.

식물성 상징의 우세는 물리적으로 식물성적 신경계의 우세 뿐 아니라, 또한 정신적으로도 자아의 도움 없이 원래적 성장과정으로 진행되는 과정 그 자체의 우위를 말한다. 자아와 의식은 자신의 독립성에도 불구하고, 무의식에 의존하고 있다. 즉 무의식에 뿌리를 내리고, 그로부터 제공된 것으로 살아가는 것이다.[37]

자아와 의식의 증가하는 활동으로 식물성 상징에 이어 동물적 시기가 따르게 된다. 이 시기에 남성은 동물로서 적극적이고, 야생적이고 생기가 넘치지만, 그럼에도 여전히 야수의 여주인에게 복종되어 있는 상태로 경험한다. 그 다음에는 자아와 의식의 활

---

36) G. Murray, *Five Stages of Greek Religion*

37) *브리폴트(Briffault)*[37a]는 내용이 풍부한 자료를 제시하였는데, 그 차이는 일차적이고 공격적으로 채색된 성적 충동과 사회적으로 채색된 짝짓기 충동 간에 있다. 성적 충동은 동물세계에서 종종 깨무는 것을 수반하고 있어서 심지어 파트너를 물기도 한다. 우리가 이런 상황에서 전(前)성적 심리학에서 보이는 음식-우로보로스의 우세를 인식하게 된다. 말하자면 성적 충동 전반에 걸쳐 있는 섭취 충동의 우세를 의미한다.

우리는 *브리폴트*에 의해 제시된 자료의 의미를 단지 부분적으로만 동의할 수 있다. 여기저기로 나뉘어진 예외의 경우들에서 보면 성적 충동은 아직 성인이 안 된 남성이 그를 무서워하는 여성을 먹어치우는 식의 불합리한 것에 이르는 것이다. 그에 반해 반대의 상황도 있게 되는데, 무서워하는 여성이 오히려 남성을 먹어치우는 것으로, 이는 결코 자연에 반하는 것이 아니라, 무서운 모성의 원형적 상황에 해당하는 것이다. 그것은 수태된 알을 통하여 남성적인 정자 세포의 《잡아먹히게 되는 것》에 해당하는 전형이 되었다. 여성적 모성적인 것에 대해서 만약 성적-충동의 침입이 있고 그래서 수태가 일어나게 되면, 여성적 모성적인 것을 위해 음식-우로보로스의 지배력은 그대로 작용하도록 남아있게 된다. 우로보로스적 모성-아들의 전체성을 음식섭취를 통해 발전시키는 것, 즉 성장을 강화하는 것은 상급 원칙이다. 그래서 잡아먹히게 되는 아직 성인이 안 된 남성은, 다른 것과 마찬가지로 사람으로 여기지 않는 음식-대상일 뿐이다. 아직 성인이 아닌 남성의 형상에서 나타난 성적 충동에 의한 단기적 기습은 결코 그 남성에 정서적 연결 없이 일어나는 것이고, 충분히 그럴 수 있는 것이기 때문이다.

37a) Briffault, *The Mothers*

---

동성이 역설적으로 되는데, 왜냐하면 동물적 단계는 자아의 강화보다는 오히려 무의식적 힘의 강화에 해당하는 것처럼 보이기 때문이다.

동물적 시기에는 자아가 동물적 구성요소, 즉 무의식의 벡터와 계속적인 동일시가 있게 된다. 무의식인 동물의 여주인은 이러한 활동성 ≪뒤에≫ 있는 지휘하는 힘이다. 그러나 남성적 자아는 이제 더 이상 식물성적으로 수동적이지 않고 능동적으로 행동한다. 자아가 갖게 된 의향(Intention)의 잠재력과 충격력은 더 강하고 힘있게 된다. 그래서 ≪그것이 나를 충동적이게 한다≫ 혹은 ≪그것이 내 안에서 충동으로 작용한다≫에서 자아의 강화가 있게 됨으로써 ≪내가 욕구한다≫가 되는 것이다. 그때까지 조용히 있던 자아는 이제 충동적-동물적-능동적으로 되고, 충동의 활력은 자아와 의식에 전해지게 되며, 그것이 의식에 넘겨져 자신의 활동 반경을 넓히게 한다.

중심화는 의식에서 그 첫 단계로 모든 일반적 신체감이 자기애로 드러난다. 이 신체감에는 신체의 통일성은 개인성의 최초의 표현이었다. 이러한 신체와의 마술적인 관계는 중심화의 본질적 특징이다. 자신의 신체에 대한 사랑, 신체의 장식 및 성화(聖化)는 자기 형상화의 가장 원시적 단계의 특징이다. 이것은 원시인들에서 문신이 아주 널리 실시되었다는 점에서 분명해진다. 그리고 이것은 집단적 통일성적인 것이 아니라, 오히려 개인적 문신은 개인성의 가장 초기적 표현 형식 중의 하나이다. 개인은 문신으로 나타낸 자기 형상화의 특별한 형식을 통해 알려지고 그것의 특징을 갖게 된다. 문신의 개인적 특성은 그의 이름, 말하자면 개인이 씨족, 특권계급, 특정 종파 및 직업적 연대인 가까운 집단과 동일시한 바로 그 집단의 이름으로 등장한다. 세계와 신체조직과의 마술적 관계성은 이런 초기적 자기애적 시기에 속하는 것이다. 이 때문에 개인적 특성을 육화하고 신체에 ≪나타내려는≫ 경향은 오늘날까지도 작용하고 있다. 그것은 복장과 유행에서 훈장에 이르며, 왕관에서 유니폼의 단추에까지 이른다.

자아 발달은 자기애적 신체 단계에서 더 나아가 남근적 단계에 이른다. 이 단계에서 신체의 의식과 개별 의식이 자극받고, 이를 수행하려는 남성성과 더불어 생겨난다. 자기애적 단계에서 남근적 단계로의 이행은 ≪중간 단계(Zwischenstufe)≫라고 강조된[38] 수많은 형상들로 나타나는데, 신성, 사제 및 숭배물의 자웅동체적 현상들은 태모의 심상에서 우로보로스의 근본적인 이중적 성징이 두드러짐을 의미하며, 여기서는 주로

여성에서 남성으로의 이행을 위해 등장한 것이다.[39]

이 단계에 전형적으로 꽃의 특성이자, 여성적 젊은이가 연인으로서 부각되고, 아름다움으로 신체의 자기애적 강조를 하는데, 이때의 신체적 아름다움은 《노출적(exhibitionistisch)》 성향을 나타낸다. 《노출증》이라는 개념은 자기애의 노출증에서처럼 성적으로 한정되는 것이 아니다. 자기 형상화로서의 중심화는 근본적으로 자기현시와 관계하는데, 이는 주로 창조적인 것과 예술의 현상에서 실행된다. 성도착은 이런 원형적 단계의 주도에 의한 병적 표현이다. 그러나 이 단계는 성도착과 동일시되지 않는다. 이런 병적인 표현에는 문화의 더 넓은 분야를 규정하고 있는 긍정적이고 생산적인 표현 형식들이 있기 때문이다. 이런 수동적-자기애적 젊은이는 태모의 심상과 동일시하는 남성들이다. 그들은 남근을 희생한 거세된 자, 《여장 남자》, 혹은 여성의 옷을 입음으로써 동일시하고 있다.

이런 중간 단계의 심리학은 신경증에서 아주 의미있는 역할을 한다. 신경증에는 그러한 융합 상태가 나타난다. 예를 들면 남성의 자아와 아니마, 혹은 여성의 자아와 아니무스의 융합 상태가 특히 두드러진다. 말하자면 개인 인격의 전적인 분화를 방해하고 이전 상태를 고수하는 태도로 드러난다.

또한 신경증에서 이런 영역에 속하는 도착이나 동성애가 있는데, 자아와 의식의 발달이 - 어떤 근거에서든 언제나 - 완전하게 이루어지지 않아서, 무의식의 지배가 포함된다. 따라서 영웅의 투쟁 단계에 결코 도달할 수 없게 된다.

개인과 의식에서 보면 이런 심리적 상황은 결함이 있는 발달을 의미하는 것인 반면, 그것은 종종 인류역사적으로 긍정적으로 강조되기도 한다. 그것은 민속학적 및 종교사적 예들에서 증명되는데, 이러한 유의 《잘못 고정된》 개인이 아주 중요한 역할을 하기 때문이다.

---

38) E. Carpenter, Intermediate Types among Primitive Folk
39) 의심할 여지없이 생물학적 중간 형태 유형이 하나의 역할을 한다. 그러나 원형적, 즉 심리학적 상황은 생물학적 의미보다 더 중요한 의미를 갖는다.

이 중간 단계에는 창녀와 여사제 역할의 케듀스킴(Keduschim)이라는 남창, 신성스러운 사제가 속하게 된다. 이들은 모두 태모를 모시는데, 동성애적 및 이성애적 성애적 망아적 축제와 그것과의 관계들이 특징적으로 드러난다. 왜냐하면 도취, 심연과 피의 층을 의미하는 태모의 특징은 그 본성에 따라 ≪풍요≫에 속하는 것이다. 어두운 ≪심연의 물≫의 열어젖힘은 우주적-초개인적 의미로 풍요를 가져오며, 망아적 도취, 또한 동성애적 남성 및 동성애적 여성의 도취는 자연에 마술적 영향력을 발휘한다. 그러한 초개인적 영향력은 도취적 상태로 고무되는 초개인적 요소들의 등장에서 비롯된다. 망아적 도취는 정서적 피의 층과 연결되어져 있어서, ≪가학적-피학적≫ 현상에 이르게 된다. 이 현상들은 태모의 숭배에 속하는 것으로, 이는 인신공양, 거세, 태형에서 갈가리 찢기에까지 이르는 것이다.[40]

그러나 또한 남성이 되려는 젊은이는 적극적 수행자이더라도 여전히 태모의 지배하에 있다. 무의식의 힘의 매혹과 마술적이게 하는 것은 그녀의 심상에서 이루어진 현상을 받아들이는 것이어서 그것은 여전히 초과중량 상태이다. 모권적 거세는 그의 남성성을 무력화해서 그의 형상을 해체해 버리는 것이다.

남근주의(Phallismus)[41]는 남성의 자기 의식화에 있어서 초기 단계의 상징이다. 남성은 점차적으로 자신의 고유한 가치와 고유한 세계의 의식에 이르게 된다. 남성은 처음에는 성교하는 자이지만 아직 생산하는 자는 아니다; 만약 남근이 여성에 의해 다산제의 도구로서 숭배된다면, 처음에 그는 수정을 하는 자이기 보다는 – 많은 원시인들에게 그렇듯이[42] – 자궁을 개시하는 자이며, 수태시키는 자이기보다는 쾌락을 가져오는 자이다.

남근숭배와 수태시키는 신은 원래 서로 함께 나타난다. 성적 쾌락과 남근은 생식과 직접적인 관계가 있음을 경험하지 않고 망아적 열망으로 체험하게 된다. 신성을 수태하는 처녀-모성, 그리고 남근을 숭배하는 주신(酒神)은 두 가지 다른 형태의 특징을 갖는다. 여기서 남근과 생식의 신은 아직 동일시되지 않는다.

신화적으로 남근적-대지의 신(神)은 태모의 동반자이다. 그러나 아직 자신의 고유함으로 드러낸 남성의 대표자가 아니다. 심리학적으로 남근적-남성은 신체로 조건화되어 있고 따라서 태모의 지배 아래에 있으며, 남근적 남성은 그녀의 도구로 남아있다.

비록 남근적 단계에서 남성적 자아가 의식적으로 적극적으로 자신의 특수한 목표를 수행하고 충동을 충족하려 하나, 그것은 무의식의 기관이어서, 성교로 나타난 자신의 성적 충동의 충족이 생식과 관계하는지에 대해 아직 분명하지 않을 정도이다: 생식의 성향으로서 종의 유지를 위한 의지와 충동의 의존 관계는 여전히 무의식적으로 남아 있다.

남성적-대지적인 것의 남근주의는 적극적, 공격적인 힘의 요소들을 펼치면서 자기 의식화 되어감으로써, 남성적인 것과 그의 고유한 의식의 강화에 이르게 된다. 이때 남성들은 – 스스로 사회적으로 지배하고 있어서 – 여전히 다산성의 위대한 대지의 모성에 속하고, 태모인 여신상은 남성적 무의식 속에서 지배하고 있고, 여성적 대표자로 숭배된다.

남근주의의 계속적인 힘의 발전과 더불어, 점차 남근주의는 그의 지배력으로 가족을 통합시키게 된다. 그리고 마침내 모권과 부권의 심리학적 싸움에 이르고, 남성 자신의 변화에 이르게 된다.

자아 강조는 그의 우로보로스적 신체적인 단계에서 자웅동체적 단계를 넘어 자기애적 단계에 이른다. 우선 자기애적 단계는 여전히 중심화의 원시적인 형식을 자기애적으로 묘사하는 것이다. 그런 다음 신체 영역의 활동성이 우세한 남근적-대지적 남성을 넘어서, 의식의 활동성이 자아의 고유한 활동성으로 뚜렷하게 드러나서 독립적이 된다. 그래서 자아는 ≪우두머리인 상급의 남성성≫으로서 인식 및 고유한 실제성의

---

**40)** ≪도착(Perversion)≫으로 성적 삶의 지배력을 나타내는 많은 내용들은 태모에 의한 압도이고, 신화적 중간층에서 그 전형을 갖는다. 그것들은 신화적 요인으로서 초개인적, 즉 개인성을 넘거나 개인성을 벗어난 것이다. 그것들은 영원한 종의 특질에 놓여 있는 사건들이다. 왜냐하면 그것들은 상징적이고, 마술적으로 작용한다: 만약 그것이 개인주의적 영역으로 적용되면, 비로소 그것이 도착적으로, 즉 병리적으로 되는 요인이 되어버린다. 이런 신화적 초기 시기와 초개인성에 해당하는 부정시(不定時)의 구획은 단지-개인적이라는 좁은 범위 안에서 병리적 요인이 된다. 그것은 바로 거기에서 이물체로서 개인의 인격 발달을 방해하게 되기 때문이다.

**41)** 우리는 여성성에 해당하는 특별한 조건들을 여기서는 생략한다.

**42)** B. Malinowski, The Father in Primitive Psychology

자기의식에 도달한 남성에 이르는 것이다. 이런 상급의 남성성은 ≪고양된 남근≫의 남성성이고, 창조적으로 생산하는 의식의 자리보다는 우두머리의 남성을 의미한다.

자아와 의식의 발달은 신체와 독립되게 하는 경향과 같이 생겨난다. 이러한 경향은 대지, 신체 그리고 여성을 적대시하는 남성적 금욕주의가 두드러지게 되고, 젊은이의 입문식에서 제의적 실천적 수행이 이루어진다. 모든 이런 시험들은 자아의 확립, 의지의 강화, ≪상위의≫ 남성성의 강화로 통과한다. 그리고 신체의 우월감으로서 느끼게 되는 자아와 의식의 경험을 확립하기에 이른다. 신체감에서의 독립, 그리고 고통, 두려움 그리고 성적 욕망에서 느꼈던 위협에서 벗어나는 승리는 바로 자아가 남성적-정신적으로 경험하게 되는 기본 체험이다. 이러한 시험을 위하여 깨달음은 보다 더 상위의 정신적 원리에 의하여 나타난다. 이것은 정신적 본질에서 비롯된 개인적 혹은 집단적 환영적 경험으로 드러나거나, 혹은 비밀제의의 전수에서 갖는 어떤 경험으로 나타난다.

사춘기 제의에서 종교적 비밀제의에 이르는 모든 입문제의의 목표는 변형이다. 그들 모두에서 더 상위의 정신적 인간이 생산된다. 더 상위의 인간은 의식의 인간이거나, 성식(聖式)의 언어가 표현하듯이 보다 더 높아진 의식의 인간이다. 그에게 있어서 인간은 정신세계와 천상에 속하는 것을 경험함을 의미한다. 이러한 소속이 신성화로 등장하거나 혹은 신의 자녀로서 등장하거나, 입문자가 정복되지 않은 태양(sol invictus), 즉 영웅으로서 별, 거룩한 자, 혹은 천상적 목자인 천사가 되거나, 혹은 입문자가 토템-시기에 조상과 동일시되는데, 이들은 모두 같은 것이다. 항상 그는 천상, 빛, 바람, 그리고 탈신체적, 반신체적, 반세속적 정신의 우주적 상징들과 결합된 것으로 드러난다.

천상은 신들과 수호신들의 거주지이고, 의식은 상징적 빛의 세계이고 무의식은 신체를 조건으로 삼는 대지의 세계이므로, 의식에 대립적으로 있다. 본다는 것과 인식한다는 것은 의식의 뛰어난 기능들이다. 빛과 초개인적 천상적 요인들인 태양은 그의 더 높아진 조건이고, 눈과 머리는 의식의 인식에 배속되는 신체기관이다. 그 때문에 상징심리학에서 정신-영혼은 천상에서 비롯된다고 하고, 심혼적 신체 도식에서 그것을 머리에 배분한 것이다. 이러한 영혼의 상실은 신화적으로 눈이 멀기, 태양-말의 죽임,

대지나 바다로의 추락으로 묘사되어 있다. 말하자면 남성성이 제압되는 길은 언제나 퇴행의 길이다. 그것은 상위의 남성성이 하위의 남근적 남성성으로 해체되는 것을 의미한다. 그래서 그 때문에 의식의 상실, 인식의 빛의 상실, 눈의 상실, 그리고 동물성의 신체가 지배하는 지하세계로 되돌아감을 의미한다.

두려움은 중심화의 증후이고, 그 경보를 통해 자아는 경고를 받게 되는데, 이는 새로운 자아 형식의 해체이자, 이로 인한 옛 자아의식 체제의 해체를 의미하는, 즉 옛 자아로의 퇴행에서 갖는 두려움이다. 각 체제의 《자기보존 경향》은 그 자신의 쾌-불쾌의 반응을 결정한다.[43]

극복해 나가는 체제가 갖는 쾌의 특징, 능가하게 된 자아-시기의 쾌의 특징은 다음 단계의 자아에게는 두려움으로 되어버린다. 그래서 우로보로스적 근친상간은 취약한, 여전히 우로보로스에서 떼어놓지 못한 자아-배아에게만 즐거울 뿐이다. 이 우로보로스적 쾌는 자아의 강화에 있어 태모에 대한 두려움, 즉 우로보로스에 대한 두려움이 된다. 왜냐하면 이러한 기쁨 속에 해체의 위협을 의미하는 모권적 거세와 퇴행의 위험이 있기 때문이다.

이 때문에 두려움의 정복은 다음 단계로 감히 발전적 도약을 하고자 시도하는 영웅과 영웅-자아의 전형적 특징으로 나타난다. 이 영웅-자아는 현존하는 체제의 자기보존의 경향에 따르면서, 쇄신에 대하여 적대적 태도를 고수하는 보통 사람과는 전혀 같지 않다. 그것은 영웅의 고유한 혁명적 특성을 실현하는 내용이 된다. 오로지 영웅만이 원칙적으로 옛 단계들을 극복하면서 두려움을 던져버리고, 그것을 기쁨으로 바꾸는데 성공한다.

---

**43)** 그의 해체(Auflösung)는 그에게 두 측면으로 위험을 가하는데, 보다 더 심층으로의 퇴행과, 보다 더 상위의 단계로의 전진이 될 것이다. 쾌에서 두려움으로의 급변이라는 전형적 상태의 등장이나, 그 반대로 되는 급변은 개체발생적으로 개별자적 자아 단계의 이행에서 발견되는데, 예를 들면 아동기와 사춘기에서 더 볼 수 있다.

# B

## 체제의 분리

중심화와 분화
(신화적 단계들 : 세계 부모와의 분리, 그리고 용과의 싸움)

# 중심화와 분화
### (신화적 단계들 : 세계 부모와의 분리, 그리고 용과의 싸움)

인간적 인격의 계속적 발달은 의식과 무의식의 두 조직 체제로 갈라짐(Spaltung)에 의해 결정된다. 혹은 이 갈라짐은 어쩌면 분열이라고 하는 편이 나을 것이다. 이런 분열은 더 나중에 서구의 의식에서 보이는 위험한 갈라짐의 형태를 의미한다. 일반적으로 갈라짐의 발달은 신화적으로 세계 부모와의 분리와, 영웅신화의 단계로 표현된다. 이러한 세계 부모와의 분리는 이미 영웅신화의 한 부분을 포함하고 있다.

원상의 부모와의 분리를 통해, 하늘과 땅이 서로 모습을 드러내게 되고, 양 극(極)이 생겨나고, 빛이 바야흐로 방출된다. 더 낮은 여성적 대지-신체의 세계와, 더 상위의 남성적 천상-정신의 세계 사이에 있는 자아의 신화적인 묘사이다. 그러나 의식과 자아는 항상 남성으로서 경험하는데, 더 하위의 대지의 세계는 자아와 낯선 태모의 세계가 되고, 반면 천상은 위대한 정신으로서 자아와 친근한 세계가 되며, 후에 위대한 부성으로 이해된다.

원상의 부모와의 분리는 신화적으로 개인의 자립화를 묘사하는 것이며, 이는 영웅의 싸움을 우주적 형태로 나타낸다. 그것의 첫 단계는 태모인 용을 극복하는 것, 태모의 지배로부터 개인과 자아의식의 체제를 해방시키는 것으로 이루어져 있다.

인격의 형성은 전체적인 중심화의 경향에 따른다. 이 중심화의 경향은, 조합하고, 체계화하고, 조직화하면서, 자아 형성을 강조하고, 그래서 마침내는 초기의 산만한 의식의 내용들을 하나의 체제로 이루어지게 하는 것이다.

무의식의 압도적 경향에 대항하여 의식의 가장 주요한 임무는 주로 거리두기, 방어하기, 밀폐하기, 옹호하기 등 자아의 견고함을 강화시키는 것에 있다. 이런 발달의 진행에서 자아는 자신의 차이점과 고유함을 의식하게 된다. 의식 체제에 이용 가능한 리비도는 그 과정들에 의해 증가한다. 이 과정에 대해서는 나중에 묘사하도록 하자. 그리고 자아는 자기방어를 넘어서 더 넓은 정복과 활동을 펼치게 된다.

이 단계는 신화적으로 쌍둥이 문제를 주제로 다룬다. 남성적 우정의 연합은, 예를 들어 초기 그리스와 중세의 일본에서도[44] 볼 수 있듯이 전체 문화시기 뿐 아니라, 또한 모권적으로 강조된 층에서도 발견된다. 강화된 남성성을 가진 영웅들은 종종 특별하게 동종애적으로 결속된 쌍으로 등장한다. 이들 쌍의 한쪽은 지상적, 다른 쪽은 천상적인, 두 측면의 남성적 부분을 결합한 것으로 표현하고 있다. 이러한 친구 혹은 쌍둥이 형제는 한쪽은 신적-천상적 출신의 상위의 남성이고, 반대로 다른 쪽은 지상적-남근적 측면으로 등장한다. 가장 초기의 예는 길가메쉬 서사시에서 볼 수 있다. 이 신화에서 엔기두(Engidu)는 동물인간이고, 길가메쉬는 더 상위의 인간으로 불멸성을 구하려는 영웅의 측면이다. 우정의 연합은 영웅과 그의 용과의 싸움에 있어 본질적인 것이다. 디오스쿠렌(Dioskuren)과 그의 적이자 형제인 쌍둥이의 상황으로 이루어진 것들은 계속적 발전에 있어서 의미있는 역할을 한다. 적이자 형제는 용과의 싸움에 조력자로서 긍정적 역할을 하고, 또한 자기인식으로 이끌어가는 자기분열의 상징적 투사가 이루어져 부정적 역할을 한다.

무서운 남성을 다루는 곳에서 우로보로스와 태모의 파괴적인 힘의 양상이 어떻게 점차적으로 자아와 동화되어가고 의식과 인격에 귀속되는지를 살펴보았다. ≪적대자≫ 원형의 한 부분은 집단무의식의 형상의 하나이지만, 개인 인격의 체제에 편입된다.

이 적대자는 초개인적인 크기로서, 어둠의 힘을 나타내는 형상이다. 예를 들어, 고대 이집트 신 세트(Set), 아포피스(Apophis)뱀, 또는 사람을 죽이는 수퇘지로 묘사된다. 우선적으로 수동적이고 자신을 지키고 있는 젊은이 형상의 자아의식은 그의 희생자가 된다. 원형의 에너지의 적재는 더 강해지고, 자아의식은 정복되고 만다. 그러나 쌍둥이 단계에서 젊은이는 또한 이러한 파괴적인 힘의 부분을 자기 자신에게 속하는 것으로 경험한다. 그는 더 이상 태모의 희생자가 아닐 뿐 아니라, 또한 부정적 경향을 자신에게 적용하여 자해 행위와 자살로 동화하기도 한다. 자아의 중심이 무의식의 이러한 공격적 경향을 자신의 것으로 삼아, 그것을 자아 경향과 의식의 내용이 되도록 한다. 이런 이행에서 비록 태모가 자아에 대해 갖는 파괴적인 의도가 의식화되었을지라도, 태모는 우선 여전히 그녀의 옛 대상인 자아를 자신에게 포함시키려 할 것이다. 그래서 태모에 대한 자아의 저항과 태모의 파괴적인 경향의 의식화가 함께 생겨난다. 처음에는 자아는 의식에 떠오르게 되는 내용에 의하여, 즉 적대자의 원형에 의해, 제압되고 굴복당한다. 점차적으로 자아는 이 파괴적인 경향을 단순히 무의식의 적대적 내용이 아니라, 자아에 속하는 것으로 알아차리게 되고, 그러면 의식은 그것을 통합하고, 소화하고, 동화하기 시작한다. 다시 말해서 그것을 의식화한다. 파괴는 파괴의 옛 대상인 자아로부터 구분되고, 오히려 자아의 기능이 된다. 자아는 이제 적어도 독자적으로 이 파괴적 경향의 부분을 적용할 수 있다. 이제 우리가 이미 언급했던 것이 일어난다. 자아가 무의식에 대항하는 싸움에서 ≪당한 것과 똑같은 방법으로 공격한다.≫

의식에 의하여 이루어지는 무의식의 파괴적 경향의 동화는 의식의 ≪부정적인≫ 특성과 관련이 있다. 무의식과 경계를 짓고 거리를 유지하는 능력을 발휘할 뿐만 아니라, 의식은 이 능력을 세계의 연속체인 대상들에다 적용하여 광범위하게 뻗어가는 주도적 시도를 하게 된다. 그런 능력에 의해 세계는 자아를 위해 통찰되는 것이다. 처음에는 대상을 심상들과 상징들로, 나중에는 내용들로, 그리고 마침내는 개념들로 파악하고 수용하여 새롭게 질서를 잡아 배열하게 되는데, 의식의 동화하는 특징들은 이러한 분석적인 기능을 전제하고 있다.

무의식으로부터 의식의 분리는 원상의 부모인 용, 태모인 용이 극복될 때만 가능하다. 언제나 이때에 무의식의 말에 따르거나, 모든 것에 연결되고 감싸고 합치려는 경향에 반대하면서, 의식의 저항하고, 구분하고, 잘라내고, 쫓아내는 능력이 강조된다. 이것이 바로 하나는 남성성의 상징으로, 또 다른 하나는 여성성의 상징으로 등장하는

44) E. Carpenter, Intermediate Types among Primitive Folk

이유이다.

　분석적으로 환원하고 잘게 자르는 의식의 기능에는 항상 무의식 및 그로부터 비롯된 압도의 위험에 대항하려는 방어적 경향이 있다. 의식의 이 ≪부정적≫ 활동성은 칼, 검, 무기에 관한 상징들이 주로 사용되고, 이러한 활동성이 관계하는 곳이면 어디든 그와 같은 상징이 드러난다. 수많은 세계의 창조신화들에서 용을 조각내는 것이 새로운 세계의 설립에 선행한다. 이는 마치 음식이 섭취 및 소화되기 위해서, 그리고 조직의 구성을 위해 먼저 잘게 잘려 조각이 나야 하듯이, 의식에 의하여 우로보로스의 거대한 세계 연속체가 통찰되기 위해 먼저 대상들 및 부분들로 나누어져야 한다.

　새롭게 그리고 그 자신에서 변화시켜 내세우기 위하여, 이미 어떤 것으로 된 것을 파괴하여 자신에게로 되돌리려는 무의식의 우로보로스적 경향은, 자아의식의 더 높은 차원에서도 그대로 반복된다. 자아의식에서도 역시 분석적 과정이 통합 전에 선행하고, 분화의 과정도 더 나중에 있을 통합의 전제조건이 된다.[45]

　이러한 의미에서 인식은 섭취의 공격 활동에 기초하고 있다. 신체의 소화조직이 물질들을 물리화학적으로 잘게 부수고 소화하여, 그것을 새로운 구조를 만드는데 사용하는 것과 같은 방식으로, 정신적 체제인 의식은 더 고도의 방식으로 무의식의 대상들과 세계를 잘게 나누고, 소화하고, 다시 구성하는 기관이다.

　음식-우로보로스에 관한 의식의 상징성과, 그의 물질대사의 상징성은 이와 같은 유비에 기초하고 있다. 그러나 의식은 이제 더 고도의 질서를 갖춘 가공 체제에 해당한다. 의식의 체제는 근원적 가공체제인 무의식적 정신의 상위체제가 된 것이다.

　용과의 싸움에서 영웅의 활동성은 행위를 하고, 욕구를 갖고, 인식하는 자아의 활동성이다. 자아는 더 이상 매료되거나 압도되지 않으며, 혹은 수동적 방어의 태도로서가 아니라, 오히려 위험을 추구하고, 새롭고 낯선 것을 수행하고, 싸우고 승리하고 점령한다. 태모의 우세 및 신체의 충동적 강제로 드러나는 그녀의 훈령은 자아의 상대적인 자율성을 통하여 해소된다. 자아의 상대적 자율성은 의지력을 가진 것이고, 자신의 이성과 인식에 따르는 것으로, 스스로 결정하므로, 보다 더 고양된 정신적 인간의 자율성을 의미한다. 대지를 바다에서 얻어내는 파우스트의 행위는 영웅적 의식의 원상적 행위(Urtat)이다. 영웅적 의식은 무의식에서 영토를 획득하여 자아의 고유한 지배력을 발휘하는 것이다. 청년의 단계에서 수동성, 두려움 그리고 무의식에 대비하는 방어가 두드러지듯이, 영웅의 단계에서는 적극성, 용기, 공격을 나타낸다. 여기서 이 공격의 방향이 내향화되든, 혹은 밖으로 외향화되든 마찬가지이다. 왜냐하면 둘 다 태모의 용에 의해 사로잡혀 있음을 나타내기 때문이다. 그 용을 자연, 세계, 무의식 및 정신으로 부르는데, 이름만 다를 뿐 같은 것이다.

이제 능동적 영웅의 근친상간, 태모와의 싸움 및 그녀의 극복에 이른다. 용, 즉 태모의 무시무시함은 자아를 근친상간으로 이끌고, 그런 다음 자아를 모권적 근친상간으로 거세하고, 해체하려는 그녀의 능력으로 존재한다. 자아의 해체에 대한 두려움은 태모와 우로보로스로의 퇴행을 하지 않도록 자아를 유지하게 한다. 그것은 퇴행에 저항하는 자아조직의 보호적 반응이었다. 그러나 자아가 태모에 대한 두려움에 의해 지배되지 않으려 저항만 하는 상태에 머물게 되지 않으려면, 그때까지 자아를 보호하고 있었던 두려움을 극복하고, 두려움을 갖게 했던 영웅의 근친상간에서 벗어나도록 해야 한다. 이때 우로보로스인 모성의 해체하려는 힘, 즉 용의 힘을 해체하지 않고 내맡겨야 하는 것이다.

우로보로스적 태모에게로 들어가는 과정에서, 그것은 자아를 해체하므로 위험에 노출되어 있다. 자아는 영웅의 근친상간에서 자신의 더 높은 남성성을 지켜서, 죽지 않고 해체되지 않는 것으로 경험하게 됨으로써 두려움은 쾌로 변질된다. 이 시기와 관련되어 두려움에서 쾌에 이르는 관계는 정상심리학, 특히 신경심리학에서 아주 결정적 역할을 한다. 이 단계에서 오로지 성욕은 싸움을 위한 상징이 되는데, 그것은 이미 《상위》에 있다는 사실에 해당한다. 여기서 알프레드 *아들러(Alfred Adler)*[46]가 일반화했던 권력 충동의 용어가 용이하게 사용된다. 그가 다룬 상징에서, 많은 신경증 환자의 의식 혹은 무의식에서 나타나는 고집(Verharren)은 용과의 싸움의 원형적 단계

---

**45)** S. Spielrein, Die Destruktion als Ursache des Werdens, Jahrbuch für Psycho-Analytische Forschung 4, Bd. I
**46)** A. Adler, Über den nervösen Charakter

를 관통하지 못하고 오히려 자아가 거기에 머물러 있으려는 것을 의미한다. 이 시기의 실패는 태모의 단계에서처럼 거세나 갈가리 찢기의 상징을 통해서가 아니라, 오히려 패배의 인정과 감금의 상징 및 또한 눈멀게 하기의 상징으로 표현된다.

심손과 외디푸스의 눈멀게 하기처럼, 많은 신화와 민담에서 삼켜지게 됨으로써 감금되는 것은, 갈가리 찢기와 하위의 남근적 거세보다 더 상급의 실패 형식이다. 더 상급이라는 이유는 이 단계의 패배가 이미 더 발달되고 굳건해진 자아의식이 맞이한 것이기 때문이다. 그래서 이런 실패는 거세나 죽이기 같이 최종적이라고 할 필요가 없으며, 그것은 또한 어떤 의미에서 언제나 눈멀게 하기이다. 이 시기의 패배자들은 나중에 영웅에 의하여 해방될 수 있다. 그리고 이 패배는 언젠가는 승리로 끝나게 될 것이다. 패한 의식은 스스로 감금 상태에서 벗어나 구제될 때까지 그렇게 머물러 있을 것이다. 구제가 되는 다양한 측면은 자아의식의 전진의 다양한 형식에 해당한다. 예를 들면, 외디푸스는 비록 그가 비극적으로 모성으로 퇴행했을지라도 영웅으로 남는다. 심손은 그의 패배를 넘어서 승리하면서 죽었다. 테세우스와 프로메테우스는 헤라클레스에 의해 감금 상태에서 풀려나게 된다.

싸움에서 진 자아 영웅은 이미 개인성을 가지고 있어서, 우로보로스적 혹은 모권적 근친상간에서 무효화된 자아처럼 해체되지는 않는다. 신화의 원형의 단계를 통과하고 있는 자아의 발전은 용과의 싸움의 두드러진 목표가 소위 불멸성과 영속성의 획득임이 드러난다. 이런 초개인적인 것의 정복과, 용과의 싸움에서 파괴되지 않음이 인격의 발전에 관한 것이고, 어렵게 획득된 보석이 갖는 최종적이자 가장 내밀한 의미인 것이다.

세계 부모와의 분리, 빛의 창조, 그리고 영웅신화와 관련되어 있는 의식의 발달과 분화에 관하여 제 1부에서 말해온 것을 여기에서 다시 논의하지 않겠다. 우리의 심리학적인 과제는 오히려 무의식에서 자아가 분리하여 상대적으로 독자적 체제의 형성에 이르는 몇몇의 방법을 나타내는 것이다. 다시 말하면 개인의 인격 발전이 어떻게 이루어지느냐를 해명하는 것이다. 우리는 어떻게 한 개인적인 것과 개별적인 것이 초개인적이고 집단적인 것으로부터 해방될 수 있는가를 살펴보는 것이다.

무의식에서 의식이 거리를 두는 것은 다음의 것들에 의하여 일어나게 된다; 원형이나 콤플렉스의 분리와 분열에 의하여, 무의식의 가치저하나 수축에 의하여, 원래 초개인적인 내용들의 이차적인 인격화에 의하여, 자아를 위협하는 감정적 요소들의 철거에 의하여, 무의식의 재현이 심상에서 합리화되어 개념에 이르는 추상화 과정에 의하여 이루어진다. 이들 모든 분화는 전혀 개인을 모르는, 다만 집단적이라 할 불명료한 초개인적인 무의식으로부터 자아의식에서 가장 상급의 대표자인 인격의 체제를 형성하는 것으로 가능하게 된다.

의식 발달에 대한 인식을 위해서, 무의식의 두 가지 요소들을 구별할 필요가 있다. 이것은 집단무의식의 정서적-역동적 요소들로부터 내용적-물질적인 요소들과 분리하는 것을 말한다. 원형은 심상으로서 의식에 의하여 파악되어야 하는 내용성을 나타낼 뿐 아니라, 그것의 내용에 상관없이 정서적이고 그 개인을 붙드는 역동적인 영향을 가지고 있다. ≪원형의 분열≫이라 부르는 것은, 의식이 자신의 고유한 체제에 따르도록 하려고 무의식으로부터 원형의 내용적 요소를 얻어내려 애쓰는 과정이다.

누미노스한 것에 대한 기술에서, 루돌프 오토(Rudolf Otto)[47]는 그것을 전율케 하는 비밀, 매혹적이고 지복하게 하는 것, ≪완전히 다른 것≫이면서 성스러운 것으로 묘사하였다. 이러한 누미노즘은 모든 원형에서 겪는 자아의 가장 핵심적 체험이다. 이것은 집단무의식과 자아가 원형을 투사하고 있는 세계에 대한 그의 기본 경험이다. 그것은 자아로 하여금 차례로 경험 가능하도록, 마치 무의식의 세계가 이런 누미노즘의 보급을 하듯이, 자신의 측면이 갖는 파악할 수 없는 다양성으로 집단무의식의 형상들로 나누어놓은 것과 같다. 발달의 과정에서 형상화가 안 되던 단계에서 형상의 단계로 이행되는 동안에, 집단적 무의식은 원형의 심상세계 안에서 분열되고, 그러한 발달의 방향이 원형 자체의 분열을 가져오게 한다.

분열은 의식을 위해서 원상적 원형이 여러 원형들과 상징들의 집단으로 나누어지게 되었다는 의미가 된다. 혹은 이들 원형들과 상징의 집단이 잘 알려지지 않은 막연한

---

47) R. Otto, Das Heilige

중심 주위를 싸고 있는 것으로 간주된다. 원형들과 상징들의 분열이 이루어짐으로써 이제 좀 더 쉽게 파악되거나 수용될 수 있어서 그들은 더 이상 자아의식을 위협할 수 없다. 원형들을 차례로 그리고 다양한 측면으로 체험하여 획득하는 추리적 개념은, 의식이 스스로를 보호하고 시원적 원형의 영향력으로부터 막아내도록 배웠던 발달의 결과이기도 하다. 원래 원시인들이 경험하였던 누미노스한 위대함과 형상으로 드러나는 원형은 이제 스스로 드러나게 된 원형적 상징집단의 통일성이 된다. 그래서 그것은 의식에 의한 분열 과정에서도 소실되지 않고 있어서 잉여의 것이 된다.

태모 원형의 예를 들어보자. 그것의 다중적 의미로 드러나는 형상이나 상징의 풍부함은 서로 대립되는 측면을 연결시키고 있다. 만일 이러한 면을 태모의 특성으로 여기고, 그리고 그들을 원형의 특성으로서 모두 함께 내세운다면, 이것이 묘사해왔던 것의 결과가 될 것이다. 발달된 의식은 이러한 특성을 인식할 수 있지만, 원래 원형은 그 자체 대립적으로 나누어져 있지 않고, 모순적인 것으로 이루어져 있으므로, 자아에 그러한 모순적 특성이 영향을 미친다. 이것이 자아를 위협하거나 의식의 지남력을 무기력하게 만드는 근본 원인이다. 원형은 항상 새롭고, 언제나 낯설게, 전혀 예기치 못하게, 무섭도록 생생함으로 심연에서 올라와 의식을 사로잡는 것이다.

그래서 태모는 우로보로스적이다; 무섭고, 집어삼키고, 그러면서 동시에 선하고, 생산하는; 도우면서 또한 매혹적으로 유혹하여−파괴하는; 유혹하면서−미치게 하는, 그러면서 지혜를 가져다주는, 동물이면서 신성하며, 유혹하는 매춘부이면서 동시에 신성한 동정녀, 아주 나이든 모습이면서 동시에 영원히 젊은 특징을 모두 가진다.[48]

이러한 원형의 근원적 이중의 가치, 즉 그 자체로 대립이 함께하고 있었는데, 의식이 세계 부모로부터 분리됨으로써 서로 나누어졌던 것이다. 이제 왼쪽에 일련의 부정적 상징들이 배열된다. 그것은 죽이려는 모성, 매춘부인 모성, 마녀, 용 및 몰로흐(Moloch: 소의 형상을 한 페니키아 신)이다. 그 오른쪽에 일련의 긍정적 모성의 상징이 배열된다. 낳고, 기르고, 재생시키고 치유하는 소위 소피아, 동정녀와 같은 구원의 여인이 등장한다. 저기엔 릴리트, 여기엔 마리아가 있다. 저기엔 두꺼비, 여기엔 여신; 저기엔 집어삼키는 피(血)−늪, 여기엔 ≪영원한−여성적인 것≫이 배열된다.

원형의 분열 과정은 신화에서 영웅의 행위로 나타난다. 영웅이 세계 부모에서 분리하여, 의식의 탄생, 즉 자기탄생에 이른다. 우리는 영웅신화에서 이 분열의 과정을 상세하게 따라갈 수 있다. 우선 용과의 싸움은 우로보로스의 기원적 원형에 해당한다. 그러나 그의 분열이 일어난 후, 그 싸움은 부성과 모성에 대항하는 것으로 이끌어지게 된다. 그래서 싸움의 마지막에 그 분열이 대립으로 효력을 발휘하는 배열에 도달하게 된다. 영웅에 대항해서 무서운 모성과 무서운 부성이 있게 되고, 그와 함께 생산하는 신-부성과 생산하고 낳는 여신-처녀도 연관된다. 따라서 우로보로스적 초기 세계는 차츰 인간 세계가 되어 가는데, 이는 영웅과 그의 삶에 의해 창조적으로 형상화되는 것을 의미한다. 영웅과 그의 계승자인 인간은 - 이제 - 상부와 하부 중간지점에 자신의 세계를 발견한다.

내적 연루와 나누어지지 않음이나, 흐르고 있지만 잡히지 않는 것은 모두 태모 원형의 가장 초기적 영향력을 규정하고 있는 것이다. 더 지나서 비로소 심상과 상징의 특징이 배경의 통일성에서 등장하고, 그래서 이런 묘사하기 어려운 중심 주변에 관련된 원형들과 상징들이 모여들어 집단을 형성하게 된다. 상술한 심상들, 특성들, 상징들이 풍부하게 드러나는 것은 이미 구분, 즉 ≪분열(Aufspaltung)≫의 산물인 것이다. 이런 분열은 감지하고, 인식하고, 떼어내고 거리를 두도록 지시하는 의식을 통하여 이루어지는 것이다. 결정은 부정하는 것이다(Determinatio est negatio). 원시인을 사로잡는 근본적인 총체적 반응과는 달리 의식의 가능적 위치설정과 가능적 반응의 다양성이 이제 심상의 다양성과 일치한다.

정서적 전율, 동요, 변환, 광기, 황홀, 도취, 죽음으로 발산하던 원형의 압도적 역동성은 이제 멈추게 된다. 시초의 빛이 가지고 있던 희고, 견디기 어려운 광채는 의식의 프리즘에 의해 다양한 색채를 가진 무지개의 심상과 상징으로 나누어지게 된다. 따라서 예를 들어 의식에 의해 인식되고, 그래서 의식세계에서 가치로서 확립되면서, 태모의 심상에서 선한 모성이 떨어져 나오는 것이다. 다른 한편, 우리의 문화영역에서 무

---

48) C.G. Jung, Psychologische Aspekte des Mutterarchetyps, Eranos-Jahrbuch 1939

서운 모성은 억압되고, 나아가서는 의식의 세계로부터 배제된다. 이러한 억압은, 부권세계의 발달에 이르게 하고, 태모는 선한 모성이 되고, 부성-신들의 부인이 된다. 그녀의 어두운 측면, 즉 동물적인 측면, 그리고 우로보로스한 태모의 위력은 잊혀진다. 그래서 고대를 포함한 서양의 문화영역에서는 부성신의 옆에 그와 같은 의미로 배열된 ≪신(神)-여성 배우자≫들의 자취가 남아있다. 오랜 모성숭배 제의의 흔적이 어렵게 나중에서야 다시 발견되기에 이르렀다. 이제서야 심층심리학에 힘입어 무서운 그리고 우로보로스적 모성의 원초적 세계가 다시 발견되는 시대에 이른 것이다. 그러한 억압은 부권적 경향을 통해 나타내게 된 의식의 발달과 부권세계의 노력으로 이루어졌는데, 이는 필요한 것이었다.

자아의식을 위해 이러한 망각은 필수 불가결한 것이다. 그만큼 근원적 심연에 대한 두려움이 여전히 가까이 있는 것이다. 그래서 용과 치러야 했던 싸움의 끔찍함은 여전히 자아의식에 살아있는 것이다. 그러므로 외디푸스를 덮친 퇴행의 운명이 ≪실제적-앎≫에 있어서는 자아에 닥치지 않도록, 스핑크스를 억압하고, 선한 모성을 완곡한 방식으로 불러들여 즉위시킨다.

원형의 분열은 결코 의식적 분석 과정에 의해 이해되어서는 안 된다. 의식의 활동성은 분화를 하면서 입장의 다양한 가능성에 의해 나타난다. 하나의 원형은 스스로 여러 원형과 상징의 집단으로 나뉘어 무의식의 활동을 지속하는 자발적 과정의 표현이다. 실제로 의식과 그의 전체 상황이 원형들을 배열할 때에도, 자아의식에게는 원형들과 상징들은 무의식적 산물들이다. 의식이 무의식을 배열하지 않는 한, 분화된 상징들이나 원형들은 전혀 등장하지 않을 것이다. 의식의 체제화가 더 잘 이루어질수록, 무의식의 내용도 더욱 더 섬세하게 배열할 것이다. 말하자면 의식의 강화와 그의 범위의 확장에 따라 무의식의 표현도 변화한다. 의식의 성장과 그의 에너지 적재는 원형, 원형적 회로망과 상징을 분화하게 이끌고, 더 두드러지게 드러나도록 만든다. 그러므로 의식의 활동성은 결정적인 중요성을 갖는다: 그러나 등장하게 된 것과 드러나게 된 것은, 모든 상징이 그렇듯, 무의식적인 자발성에 여전히 의존하고 있는 것이다.

형태가 없는 무의식에서 원형들의 심상세계로 풀어내기는, 결국 그들의 현시, 즉 의식에 의해 인식이 되도록 하려는 것과 관계한다. 더 이상 ≪어두운≫ 충동과 본능들만이 전체성을 지휘하는 상태가 아니고, 또한 떠오르는 심상이 감지됨으로써 내적으로 자아와 의식의 반응을 만들어낸다. 원래 이러한 심상의 감지가 반성적으로 반응하게 하여 전체적 반응을 일으킨다. 예를 들면 범(汎)심상의 등장이 있음으로써 ≪공황적 쇼크≫가 되는 것이다.

반응의 지연과 탈정서화는 상징집단으로 원형의 분열이 있게 되는 것과 유사하게 진행된다. 자아의 압도는 의식이 개별 상징을 동화하고 이해할 수 있을 정도이므로, 결코 일어나지 않는다. 세계는 더 분명해지고, 그 세계에서의 방향감이 더 확실해지므로 의식은 더 커져 간다. 익명의 형상이 없는 시원의 신성은 상상할 수 없을 정도로 무서운 것이다: 그것은 압도하고, 접근하기 어려운 것이며, 이해될 수 없고, 조절이 불가능한 그러한 것이다. 자아가 그것을 경험하기 불가능한 것으로 씨름하게 되면, 그러한 형상없음을 비인간적, 인류의 적으로 경험한다. 그래서 처음에 그것은 괴물, 짐승, 괴수, 끔찍한 혼합적 존재, 신적이자 비인간적 형상이다. 신적인 것을 시원적 형상없음과 낯설음으로 경험하게 된다면, 이는 자아의 무능력에 대한 표현이다. 신들의 세계가 인간적으로 형상화가 되면 될수록, 점점 더 자아에 가까운 것이고, 무의식의 압도하는 특성은 사라진다. 올림포스 신들은 근원적 혼돈(Chaos)의 여신의 형상보다 좀 더 인간적이고 신뢰할 만한 존재인 것이다.

근원적 신성은 이러한 과정에서 다양한 신적 개별성으로 나누어진다. 이제 신성은 수많은 신들이 있듯이 수많은 측면으로 경험되고, 수많은 다양한 측면으로 계시한다. 이로써 괴물에 대한 인간적 자아의식의 표현력과 이해력이 드높아졌다. 분화하는 숭배제의는 신성을 신들의 형상으로 ≪다루는 것≫을 배웠다는 것의 표현이다. 인간들은 신들이 원하는 것을 알고, 그들을 다루는 방법을 이해한 것이다. 제의에서 다루어지는 각 신들은 의식의 확장의 한 부분, 즉 무의식의 의식화의 한 단편을 나타낸다.

종교에서 신들의 기능은 결국 의식의 기능이 된다는 것은 잘 알려진 사실이다. 원래 의식은 경작하고, 수확하고, 사냥하고, 전쟁을 치르는 것도 ≪자유로운 의지≫에서 하는데, 처음에는 이러한 활동을 위한 자유로운 리비도를 충분히 갖고 있지 않았다. 그래서 자아는 ≪이해하는≫ 신의 도움을 얻어야만 이러한 수행이 가능하였다. 이런 기원과 제의에서 자아는 ≪신의 도움≫을 활성화시킨다. 그래서 무의식으로부터 끌어들인 리비도를 의식으로 유도한다. 점진적인 의식의 발달은 기능의 신들을 동화한다. 그 기능의 신들은 개인이 원할 때, 경작하고, 수확하고, 사냥하고, 전쟁을 하는 의식적 개인의 특성과 능력으로 계속 살아가게 된다. 예를 들어 오늘날에도 전쟁에서 의식의 의지력에 의한 수행이 아닌 경우면, 여전히 전쟁-신성이 기능의 신으로 역할을 수행하고 있다.

신들의 다양성을 나타내는 상징의 집단이 근원의 신을 에워싸고 있듯이, 의식이 발달함에 따라 모든 원형들은 각기 그것에 속하는 상징들의 집단으로 둘러싸여 있다. 근원적 단일체는 핵이 되는 원형 주위에 집단적으로 모여 있는 원형들과 상징들로 이루어진 태양의 체제를 형성하면서 해체되어 있다. 그리고 집단무의식의 원형적 망상조직은 근원적 심연의 어둠에서 빛으로 드러나게 된다.

마치 소화기관이 음식물을 기본 요소로 분해시키듯이, 의식은 거대한 원형을 감지하고, 이해하고, 정렬하고, 소화하려고, 동화할 수 있는 원형적 그룹과 상징들로 나눈다. 점진적인 추상화 과정에서, 상징들은 적지 않게 중요한 속성들로 변한다. 그래서 원형적 신성의 동물적 본성은 ≪동반하는 동물≫로 신(神)과 함께 나타난다. 계속되는 합리화와 더불어, ≪인간적으로 됨으로써≫, 즉 자아에 인접하게 됨으로써, 종종 신이 자신과 함께하고 있는 동물의 측면과 대항하여 싸우게 될 정도로 바뀌게 된다.[49] 만일 추상화가 이루어지면, 즉 동화하는 의식에 의한 상징의 내용이 비워질 수 있게 될 정도가 되면, 그 상징은 이제 어떤 심적 특성이 된다. 예를 들어, 모든 신들이 매우 복합적이지만, 마르스(Mars)는 ≪호전적≫이라는 심적 특성이 된다. 이러한 상징집단의 분열은 합리화의 방향으로 나아가게 된다. 내용이 더 복합적이면 복합적일수록, 의식에 의해 그것은 파악하기도 더 어렵게 되고 헤아리기도 더 어려워진다. 의식의 일방적 구조는 어느 제한된 영역만을 명료하게 할 수 있다. 이점에서 의식은 눈과 유사하게 형성된다. 눈이 가장 예리하게 보는 한 곳(eine Stelle)이 있고, 눈을 굴림으로써 보다 더 확장된 영역을 명료하게 지각하게 된다. 그럼에도 의식은 단지 작은 부분만을 예리하게 인식할 수 있다. 그 때문에 의식은 하나의 거대한 내용을 부분의 측면으로 해체해야 하고 차츰 시간적 순서에서 그 부분들을 경험하고, 그런 다음 전체 영역의 지도를 비교하면서 개관함으로써 추상적인 요약을 할 수 있다.

의식에 의해 일어나는 분열의 중요성은, 태모 원형에서 보았듯이, 양가적 대립성을 포함하고 있는 내용의 분열에서 특히 두드러진다. 하나의 대상에 대해 사랑과 증오처럼 긍정적인 면과 부정적인 면을 동시에 가질 때, 우리는 인격의 양가적 성향에 관하여 말한다. 양가적 상태는 원시인이나 어린이에게 본래부터 존재하는 긍정적이고 부정적인 것을 동시에 포함하고 있는 내용들을 나타내는 것이다. 그러한 의식의 방향성을 불가능하게 만드는 내용의 대립 구조는 매혹으로 이끈다. 의식은 지속적으로, 이러한 내용이나, 혹은 그 내용에 상응하는, 혹은 투사의 담지자인 사람에게로 되돌아가므로, 그것으로부터 벗어날 수가 없게 된다. 언제나 새로운 반응들이 작동되어, 의식은 제대로 정신을 가다듬지 못하여, 정동 반응이 올라온다. 끌어당기고 동시에 배척하는 모든 양가적 내용들은 이런 방식으로 전체성을 야기하고, 정동이 강조된 반응을 일으킨다. 왜냐하면 의식은 단념하고, 퇴행하면서, 원시적 방어기제가 그 자리를 대신하게 되기 때문이다. 그러므로 매혹의 영향으로 일어나는 정동 반응들은 위험하다: 그들은 무의식에 의한 의식의 범람에 해당하는 것이다.

그래서 발달을 위해서 앞으로 진출한 의식은 내용의 양가성을 대립 구조로 분리시킨다. 그렇게 분리하기 전(前)에는, 그 내용이 동시에 좋거나 나쁘다고 하는 것이 아니라, 그러한 그 둘의 가치를 넘어서 있고, 끌어당기고 배척하는 것이 되면서, 의식의 태도에서 수용하게 한다. 의식은 거절하거나 수용하지만, 스스로 제대로 된 위치를 찾게 되면 매혹의 압력 밖에 이르게 된다. 의식의 명백함과 일방성의 성향은 이미 강조한 합리화의 과정에 의해 강화된다.

우리가 다루고 있는 합리화, 추상화, 그리고 탈(脫)정서화는 상징들을 점차적으로 그리고 계속적으로 동화하는 자아의식의 ≪삼키고(verzehrend)≫ 소화하는 성향에 대한 표현들이다. 상징이 의식적인 내용들로 분해됨에 따라, 그것의 강요하는 영향력과 의미들이 상실되므로 리비도는 점점 더 빈곤해진다. 따라서 ≪그리스 신들≫은 예

---

49) J.G. Frazer, Adonis

전에 그리스인들에게는 제의로 다루어져야 할 정도의 무의식의 살아있는 힘과 상징이 었겠지만, 우리에게는 이제 문화적인 내용들, 의식적 원리들, 역사적 자료, 종교적 맥락들 등등으로 분해된다. 그들은 대부분 의식의 내용으로 살고, 아주 특별한 경우에 무의식의 상징이 된다.

그러나 의식의 살해하는(tötend) 특성에 대해서 말하는 것은 어쩌면 잘못된 것일 것이다. 의식이 새로운 정신적 세계를 구성하게 되면, 동시에 무의식의 위험하면서도 성스러운 형상도 변화하여 새로운 장소를 갖게 되었음을 잊어서는 안 되기 때문이다.

의식이 추상적인 개념을 형성하고, 자신의 세계관의 통일성에 이르게 되는 이러한 합리화의 과정은 현대인이 이제 막 이르게 된 의식 발달의 종점(Ende)이다.

상징과 상징집단의 형성에서 이미 의식은 무의식의 이해와 해석에 성공하게 된다. 그래서 발달 초기에 상징의 합리화가 가능하게 된 부분은 특히 중요하다. 상징은 정신의 전체에 작용하므로, 의식에만 작용하는 것이 아니다: 그러나 의식의 확장을 가져온 발달은 상징 작용의 분화 및 변화를 함께 가져온다. 복합적인 내용으로 이루어진 상징은 여전히 지속적으로 의식을 ≪사로잡으려고≫ 하지만, 의식은 이제 더 이상 압도당하지는 않으나, 몰두하게 만든다. 원래의 원형적 영향력은 의식의 완패로 이끌고, 원래의 무의식의 총체적 반응이 작동되도록 이끄는 반면에, 더 나중의 상징이 의식에 미치는 영향력은 단지 자극하고 환기하는 정도가 된다. 상징이 가진 의미의 특성은 의식에 말을 걸고, 숙고와 이해를 유도한다. 바로 그것이 감정과 정서를 단순한 상태 이상으로 활성화시키기 때문이다. 카시러는 장황하게 어떻게 상징 형식들에서 인간의 정신, 인식 및 의식의 측면이 발달하게 되었는지 설명하였는데,[50] 분석심리학적으로 보면 그 상징 형식들은 무의식의 창조적 표현에 해당하는 것이다.

따라서 의식의 자립화와 원형의 분열이, 원시인들은 ≪살아있는 세계≫를 경험하는 것이고, 현대인의 의식은 ≪추상적 세계≫에 대해서만 취급한다는 식의 부정적인 것이 아니다. 원시인과 동물이 공유하는 한, 무의식적인 것은 여전히 비(非)인간적이고 전(前)인간적이다. 의식의 생성과 세계의 창조가 나란히 같은 상징으로 등장하는데, 이는 자아에 의해 인식되는 만큼만 세계가 실제로 ≪존재한다≫는 것을 보여준다. 스스로 분화하고 있는 세계는 의식의 분화에 상응한 것이다. 의식의 발달에 의하여 하나의 근원적 원형에서 나누어지게 된 원형들과 상징집단의 다양성은, 의식과 자아의 체험, 경험, 지식, 통찰의 다양성과 동일하다. 초기 경험은 전체적 충격이므로 어떤 개별적인 것이나 형상화된 것으로 인지될 수가 없었다. 구분이 안 되는 강력한 것들에 의한 범람은 자아를 누미노스한 충격 속에서 소멸시켜 버린다. 그러나 더 잘 형상화된 인간의 의식은 이제 종교, 철학, 신학, 심리학 같은 무수한 양상으로, 그리고 형상과 상징, 속성과 계시로 나누어진 것으로 경험하게 된다. 즉 누미노스한 것의 다양성, 다의성, 다양한 현상성을 경험하게 되는 것이다. 말하자면 근원적 통일성은 그러한 분열에서만이 경험 가능하다. 그래서 자아나 의식에게 그것은 아주 드물게 상대적으로 경험된다. 이에 반해 그것은 아직 제대로 발달이 안 된 자아에게는 여전히 위협적이다.

스스로 분화하는 의식은 자아 콤플렉스가 분화되어 내용들을 채우게 되는데, 이것이 자아의 경험을 이룬다. 자아의 원시적인 경험은 총체적이다. 그리고 그것은 자아 콤플렉스와 관련되지 않는다. 결과적으로 기억할 수 있는 개인적 경험이 되지 않는다. 아동기의 실제적 심리학을 기술하기 어렵게 만드는 것은, 경험을 하고 최소한 그것을 기억할 수 있는 발달된 자아 콤플렉스가 없다는 사실 때문이다. 이러한 이유로 아동심리학이 여명기의 인간의 심리학처럼, 개인적이기보다는 초개인적이다.

초기 인간, 아동의 강화된 정서성은 쉽게 자아 콤플렉스의 소멸로 이끈다. 그래서 초기 인간의 정서성은 아동기에서 보이는 것과 같고, 정동도 마찬가지로 쉽게 의식에 침범하는 것이다. 만일 의식이 기능적으로 작업하기 위해 특정의 리비도의 양을 끌어들일 수 있고, 끌어들일 만한 궤도들을 갖고 있더라도, 정서나 정동에 의한 리비도의 과부하는 결국 기능을 불안정하게 하고, 마침내는 기능을 할 수 없게 함으로써 자아의 경험과 기억의 가능성을 갖지 못하게 할 수 있다.

원형의 분열과 동시에 자아의식의 형성과 자아의 강화를 요구하고, 그 때문에 인류의 내부에는 근원적 정서성을 이성에 유리하게 분해하려는 경향이 있다. 정서적 요소

---

50) Cassirer, Philosophie

의 분해는 뇌간의 인간에서 대뇌피질 인간으로의 발전에 상응한다. 정서와 정동은 본능에 가장 가까운, 즉 심혼의 가장 내밀한 층과 밀접한 관련이 있다. 정서적-역동적 요소들로 부르는 것의 기초, 즉 감정의 색조는 발달사적으로 뇌의 가장 원시적인 부분, 즉 뇌간 부분과 시상에 기초를 두고 있다. 이러한 뇌간의 중심들은 자율신경계와 연결되어 있기 때문에, 정서적 요소들은 항상 무의식의 내용과 밀접하게 연관되어 있다. 무의식의 내용이 정서를 유발하고, 그 반대로 정서가 무의식의 내용을 활성화시킨다는 이중의 관계가 끊임없이 생겨나게 된다. 정서, 그리고 무의식적 내용이 갖고 있는 교감신경계와의 연결은 이러한 점에서 생리적 기초와 함께한다. 정서는 내부의 분비, 대사 순환, 혈압, 호흡 등과 같은 것의 변화와 더불어 등장하고, 마찬가지로 그것들을 자극하기도 한다. 그러나 신경증의 경우 무의식의 내용은 직접적이거나 간접적으로 정서를 지배하여 자율신경계를 방해한다.

인류의 발달은 이제 뇌간의 인간이 대뇌피질 인간으로 교체되는 방향으로 진행한다. 그것은 무의식의 수축으로 드러나고 정서적 요소들의 분해로 드러난다. 현대인의 경우, 의식적 대뇌피질층의 강조가 아주 심해져서, 무의식을 억압하여 무의식과의 해리에 이르게 되고, 그래서 자신의 근원지로 되돌아가 다시 결합할 필요가 생겨난다.[51]

초기의 인간은 정동적인 것과 정서적인 것을 삶에서 보여준다. 그리고 현대인의 경우도 우리의 현존재를 비정상적이게 만드는 것처럼 보이는 무의식의 내용인 ≪콤플렉스들≫이 ≪감정이 강조된 콤플렉스≫로 특징지어져 왔다는 것을 잊어서는 안 된다. 감정을 - 즉 여기서 정서성이라는 의미에서 - 붙잡는 콤플렉스의 경향은, 잘 알려져 있듯이, 융의 연상 실험의 기초를 이룬다. 연상 검사와 재생 반응 검사에서 드러나게 되듯이, 합리적인 의식 구조의 방해는, 갈바니(psycho-galvanisch) 현상의 기초가 되는 신체적 흥분인데, 이는 감정을 흥분시키는 콤플렉스의 정서적 구성물에 기인한다. 콤플렉스의 정서적 구성물은 신체적 흥분을 통하여 드러나게 되는 것이다.[52]

인류의 발전은 원시적 정서적인 인간에서 합리적인 현대인이 되도록 하였다. 현대인의 확장된 의식이 원시적 정서성을 차단하려 하거나, 최소한으로 그런 방향이 되게 노력한다.

그러나 초기의 인간이 계속 무의식적 내용들과 신비적 참여의 상태로 살고 있는 한,

그의 의식 체제가 무의식으로부터 독립적으로 경계지으려 하지 않는 한, 내용적 요소와 역동적인 요소들은 서로 얽혀서, 그 둘의 동일성과 전적인 합병이 일어난다. 그래서 직관(Anschauung)의 심상과 본능적 반응이 서로 구분이 안 되고 하나인 상태로 표현할 수 있다. 심상의 등장, 내용적 요소들, 그리고 이런 심상에 대한 정신-신체적 전체 유기체를 붙잡고 있는 본능적 반응은 반사의 방식으로 서로 연결되어 있다. 원래 감관적 심상은 내적이든 외적이든 즉각적인 본능적 반응을 낳게 만든다. 다시 말해서, 심상은 역동적-정서적 구성요소들과 연결되어 즉각적 도피 또는 공격, 분노 혹은 마비 등을 일으킨다.

이러한 초기 인간의 반응과 두 구성요소들의 결합은 점차 의식의 발전이 이루어지면서 사라진다. 대뇌의 지속적인 발달과 더불어 반사궁의 방식에 따르는 본능적 반응은 성찰, 심사숙고 등의 의식의 개입에 의해 지연된다. 의식의 도움으로 본능적 반응은 점차 억압된다.

그런데 초기 인간이 갖던 총체적 반응이 불연속적으로 되고, 심지어 현대인의 부분 반응으로 대체되는 두 측면으로 진행된다. 이로 인하여 유감스럽게도 총체적 반응의 상실이 생겨난다. 특히 그런 상실이 현대인의 생동감 없는 무반응적 유형으로 이끌게 되므로, 더 이상 총체적 반응이 활기 있게 작용하지 못한다. 그 밖에 그러한 상실은 대중의 부분으로 재집단화하거나, 특별한 조치에 중독되어 다시 원시인이 되어버리게 한다. 그럼에도 초기 인간의 총체적 반응을 낭만주의화하여 찬미해서는 안 되겠다. 초기 인간은 아동과 마찬가지로, 매번 등장하는 내용에 대해 총체적인 반응을 하도록 강요당하는 것이다. 그래서 그의 정서성과 밑에 깔려 있는 심상들에 압도되는 것이므로, 총체적이긴 하지만 전혀 자유롭지 않은 반응을 해야 한다는 사실을 잊어서는 안 된다.

이러한 이유로 극단으로만 가지 않는다면 정서에 대립적인 의식의 방향성이야말로 인류를 위한 축복이다. 원시 인간의 정서적 행동적 충동들은 경우에 따라서 파국적인

**51)** 부록 Ⅱ를 참고하라.
**52)** C.G. Jung, Diagnostische Assoziationsstudien

행동으로 치닫는 경향을 보이므로, 대다수 대중은 그 충동성을 전혀 멈출 수 없다. 그 충동성은 ≪무지한≫ 암시성에 노출되어 있어서 너무나 위험하므로, 의식의 일방성으로 대체되는 것은 대단히 바람직한 것이다.

의식은 무의식에서 진행되는 본능의 반응들과는 대립적으로 있어야 한다. 왜냐하면 본능은 자아를 압도하는 무의식의 거대함이고, 자아의식의 체제는 당연히 자신의 전개에 있어 그러한 무의식의 거대함과 거리를 두어야 하기 때문이다. 비록 본능의 반응이 ≪합목적적 행위≫로 묘사하더라도, 저절로 한편으로는 자아와 의식의 발달과, 다른 한편으로 본능의 세계 간의 갈등이 있게 된다. 의식은 언제나 본능의 반응이 있는 자리에 자신의 고유한, 그러나 다른 종류의, 다른 지남력의 목적적 행위를 내세워야만 하는 것이다. 왜냐하면 집단적으로 강조된 본능의 반응은 자아의 개별적 목적이나 그의 보존과 결코 일치할 수 없기 때문이다.

개별적 상황에 대한 본능의 적응은 늘 충분히 이루어질 수 없다. 본능은 단지 원시적 자아를 위해서만 겨우 원시적 층에서 합목적적으로 반응하고 적응하며, 발달된 자아를 위해서는 절대로 합목적적일 수 없다. 상승하는 정동 반응의 합목적적 적응으로, 예를 들어 살인을 하는 경우, 원시림에서의 야생 상태라면 유용할 수 있다: 그러나 문명화된 인간의 정상적 삶에서는 전쟁중이지 않는 한 그와 같은 본능적 반응이 합목적적이지 않을 뿐 아니라, 심지어는 삶의 위험이 될 수 있다. 그래서 대중의 심리학에서 등장하는 본능은 자아 입장에서 볼 때 전혀 의미 있게 작용하지 못하며, 때로는 집단적인 것에는 유용할지라도 오히려 자아를 몰락하게 만든다는 것을 쉽게 확인시켜준다.

개인의 의식과 무의식의 집단적 성향 간의 갈등이 있게 되면, 원시인들에게는 언제나 집단적인 것이 유리하게 되어서 개인성이 희생되는 결과에 이른다. 무의식의 본능적 반응은 대부분 자아에 대해서가 아니라, 오히려 집단적인 것에, 즉 종(種)에 관계되는 것이다. 자연은 언제나 거듭 개인에게는 책임이 없다는 것을 보여준다. 괴테는 다음과 같이 말한다.

자연은 개인성에 모든 것을 맞춘 것 같이 보이나, 사실 개인적인 것에 관심이 없다.[53]

그러나 의식의 발달은 그에 반하여 개인성에 기여하는 것이다. 자아와 무의식과의 화해는 계속적으로 개인 인격을 보호하고, 의식 체제를 안정시키고, 무의식의 범람과 침범을 막는 노력을 하게 된다.

무의식의 심상, 즉 원형이 정서적-역동적 요소들의 힘으로 작용하여, 자아로 하여금 본능적 반응에 이르도록 강요되는 상황은, 무의식적 내용에 의해 범람된 것이어서, 가능성에 따르는 자아의 진보적인 발달에 있어서 방해가 된다.

이런 이유에서 반응들을 지각된 심상들과 구분하고, 그래서 원래적인 반사 내용을 분해하는 경향이 생겨나면, 결국 집단무의식의 질료적 요소와 역동적 요소를 서로 떼어놓게 되어서 가장 바람직한 것이 된다. 한 원형의 등장이 즉각적으로 인간의 반성적 본능-반응으로 응답되지 않는다는 것은 의식의 발달이 이루어졌음을 의미하는 것이다. 왜냐하면 대상의 인식은 그것이 외부세계의 대상이 되었든, 내면의 정신세계의 대상이 되었든, 즉 집단무의식의 대상이 되었든, 무의식의 정서적-역동적 요소들의 작용에 의하여 방해되고 심지어는 정지되기 때문이다. 의식은 외향적 입장에서든 내향적 입장에서든 그의 네 기능 모두를 가지고 있는 인식기관이고, 그의 분화와 그 기능들의 분화는 무의식의 정서적 요소의 배제에서만이 가능하게 된다. 분화된 기능의 정확성은 항상 정서적 요소들의 중재를 통해서 이루어진다.

자아는 휴식 상태에 있을 수 있으며, 그 상태에서 인식을 할 수 있으므로 의식과 분화된 기능은 가능한 정서적 요소들의 작용 영역으로부터 멀어져야만 한다. 각 분화된 기능도 정서적 요소들에 의해 장애가 생기는 것은 명백한 일이다. 가장 두드러지는 것은 사유를 하는 동안 자연히 그 본성에 따라 감정과, 또한 정서성에 대립적이 되게 한다. 분화된 사고기능은 다른 기능보다도 ≪냉철한 머리≫와 ≪냉철한 피≫를 전제하는 것이다.

의식, 자아 그리고 의지는 최소한 서양적 인간 발달의 돌격대를 형성하였고, 그래서

---

53) Goethe, Die Natur, Aphoristisches, 1780

무의식의 질료적 요소와 역동적 요소 간의 관계를 느슨하게 만드는 경향이 되었다. 이는 의식 및 자아가 역동적 요소의 억압, 즉 정서적으로 강조된 본능-반응들과 반응-행위들을 억압하여, 질료적 요소, 즉 무의식의 내용을 제 것으로 삼고 그리고 소화하기 위해서이다. 집단무의식의 역동적-정서적 부분의 억압은 의식의 발달이 자아가 정서와 본능의 사로잡힘으로부터 풀려나고 자유롭게 되기를 전제로 하고 있기 때문에 어쩔 수 없이 이루어져야 한다.[54]

　원형의 분할, 그리고 정서적 요소들의 철거는 의식 발달을 위한 무의식의 특징적인 수축, 말하자면 무의식의 가치저하와 실제적 및 환영적 무력화에 속하는 것이다. 이것이 추상화 과정이고, 또한 더 후에 논의되어져야 하는 이차적 인격화에 해당하는 것이다. 이러한 추상화 과정은 자연과학적으로 작업하는 의식의 사고하기와 추상하는 합리화의 경향과 동일시할 수 있는 것은 아니다. 이 과정은 이미 훨씬 더 이전에 설정된 것을 의미한다. 전(前)논리적 사유에서 논리적 사유로 옮겨가는 의식의 발달[55]은 추상의 과정에 힘입어 자아의식 체제의 자율성을 내세우는 시도가 가능하게 되는 기본적 변환에 해당한다. 그래서 원형은 그 이전 단계에 속한 이념을 통하여 원형의 분리에 이른다. 이념은 이런 과정에 있어서 추상화의 결과인 셈이다. 그것은 ≪심상의 구체주의로부터 벗어나 추상화된 근원적 심상의 의미에 대한 표현이다.≫[56] 그것은 ≪사유의 산물≫인 것이다.

　그래서 그 발달은 원시적 인간의 총체적 파악에서 원상을 거쳐 무의식의 축소화가 이루어져, 의식의 내용으로 이념이 파악되고, 그에 대해 의식이 어떤 입장까지 설정할 수 있게 될 정도로 진전이 된 마지막 단계의 상태에 이르게 된다. 원형에 의한 사로잡힘에서 ≪하나의 이념을 가진 상태≫, 가장 바람직한 경우 ≪그 이념의 추종자≫가 되는 것이다.

　개인적 자아 체제와 의식의 체제가 강화되고, 동시에 무의식의 위세가 철거되면, ≪이차적 인격화≫로 가는 방향으로 향하게 한다. 이 원리는 인류의 내부에 일차적이고 초개인적인 내용들을 이차적이고 개인적인 요소들로 받아들이고, 그 내용을 개인적인 것으로 환원시키려는 일관된 경향이 있음을 의미한다. 인격화는 자아, 의식, 그리고 인류 역사를 관통해온 개인성의 형성과 직결되어 있다. 그러한 형성 과정에서 ≪개인 인격≫이 생겨나고, 집단적이고 초개인적인 사건의 광대한 층에서 개인적이고 자아에 속하는 정신 영역이 비로소 출현한 것이다.

이차적 인격화는 또한 외향화된 것들을 내면의 정신으로 끌어들이는 내사 (Introjektion)과정과도 관련된다.

처음에 인간은 천상이나 신들의 세계 등에 투사하여 초개인적인 것을 외부에서 경험하였다. 이제 그 초개인적인 것을 내사하여 마침내는 개인적 심혼적 내용으로 만들어간다. 상징의 언어, 제의, 신화, 꿈, 그리고 아동의 실제적 현실 속에서, 이러한 내용들은 ≪먹히고≫, ≪편입되고≫ 마침내 ≪소화≫된다. 이전에 밖으로 투사된 내용들이 내사와 동화 활동을 통해서 심혼의 세계로 형성된다. 더 많은 내용들을 내면으로 받아들이면 들일수록, 주체인 인간과 개인 인격의 중심이 된 자아의식이 더 큰 ≪무게≫를 싣게 된다. 그러나 원형의 분할을 논의하면서 이미 알아차리게 된 것처럼, 형태가 없는 것에서 형상을 부여하는 것을 통해서만이 의식에 의한 소화가 이루어진다. 스스로 발전을 해나가는 의식은 비규정적 형상 내에서 분별하기를 시작하고, 나아가서는 이해를 하는 것이다. 이차적 인격화 과정에서 더 크게 되려는 인격체제는 초개인적인 상들을 그 자신의 개인적 영역으로 끌어들인다. 이것은 내사과정뿐만 아니라, 몇 개의 형태에 따른 의인화된 비슷한 형상화를 의미하기도 한다. 이는 *크세노파네스 (Xenophanes)*의 옛 격언에 언급된 진실이다.[57]

만약 소와 말, 사자가 인간처럼 손이 있었다면 그 손으로 사람처럼 그림을 그릴 수 있었을 것이고, 예술작품을 생산할 수 있었을 것이다. 그래서 말들은 말처럼 그렸을 것

---

**54)** 배제된 역동적-정서적 요소는 다른 장에서, 인류의 집단문화에서 의미있는 보상적 역할을 한다. 그러나 그밖에 그것은 개인의 태도와 기능 유형을 넘어서 무의식의 특수 범주를 형성한다. 분위기와 색채, 무의식에 의해 이루어진 현혹, 비규정적인 유혹과 밀어내기 및 동시에 그때마다의 내용성과는 별도로 매번의 자아를 작용하고 각인시키게 하려고 몰래 끼어들어가는 집요성 등, 무의식에 있는 역동적 요소의 표현이다.

**55)** Cassirer, Philosophie
  L. Lévy-Bruhl, Das Denken der Primitiven

**56)** Jung, Typen, S. 630

**57)** Die Vorsokratiker, ed. Nestle

이고, 소는 소처럼 그렸을 것이다. 또한 신들의 형상들도 자신들의 모습에 따라 신을 그렸을 것이다.

이차적 인격화의 방향은 초개인적인 것의 영향력을 점진적으로 감소시키는 반면, 자아와 인격의 중요성은 계속적으로 증가시킨다. 이는 누미노스한 것의 초개인적 세력 및 우주적 신화, 전(前)물활론적 혹은 역동적 시대의 소견 등과 더불어 시작한다; 무의식적이고 심리적으로 아직 집단적 동일성 상태로 존재하는 인류, 말하자면 심혼적이긴 하나 아직 완전히 중심화가 안 된 인류에서 시작한다. 그 다음은 형상화의 시간이 되는데, 여기서는 신화적인 성좌신화의 형상들이 있게 되고, 그리고 나서 신들이 등장한다. 이 시기에 신들은 지상적 마나 인격인 마나(Mana) 영웅에 해당한다. 이 영웅들은 역사적 특성보다는 원형적인 특성을 가지고 있다.

그러므로 용을 죽이는 영웅은 밤의 항해에서는 태양이고, 다른 문화에서는 달이 되는데, 이들은 모든 인간적 역사적 영웅들의 원형적 전형이자 모범적 형상이다.[58]

그래서 신화시대 다음은 초기 역사시대의 신(神)이라고 할 왕들과 더불어 계속 진행된다. 이때에는 지상적인 것과 천상적인 것이 혼재하고, 초개인적인 것들이 차츰 더 분명하게 인간적인 것으로 된다. 이차적 인격화는 마침내 지역 신들이 영웅이 되거나 영혼의 동물이 가정의 수호령이 되는 식의 내용들로 나아간다.

자아와 의식의 발전상에 있어 개인 인격을 차츰 획득해가고, 역사적 흐름 안에서 개인 인격이 전면에 내세워지게 된다. 이는 개인적인 것이 뚜렷하게 강화되는 것으로 증명된다. 결과적으로 인간적이고 개인적인 범위가 더 풍부해지고, 비인간적이고 초개인적인 것은 비워지게 된다.

자아의식과 개별자에 전도되는 무게는 인간으로 하여금 자신을 자기 의식화에 이르도록 해준다. 반면에 인간이 무의식적 미분별성의 상태에 계속 머문다면 자연적 존재에 불과한 것이다. 토템숭배에서 예를 들어 인간은 동물이고 식물이며 심지어 어떤 사물일 수도 있다는 사실은 인간으로서 이러한 스스로의 분별 능력의 결핍과 미발달된 자기의식의 표현인 것이다.

반면에 신들과 조상들에 해당하는 동물 형상은, 최초에 인간이 자연과 하나라는 것을 상징하고 표현한 것이다. 이것은 마법, 사냥 마술, 가축사육에서도 여전히 작용하는데, 더 나중에 누미노스하거나 근원적 초개인적인 것의 표현이 된다. 그래서 신들이 동반하고 있는 동물들은 원래 신들의 근원적 동물 형상을 나타내는 것이다. 예를 들어 이집트에서 이차적 인격화의 발전이 신들의 인간화에서 추적될 수 있다. 선사시대에는 동물, 식물 혹은 지역(Gau)의 상징이 그 대상들인데, 사람들이 그런 것들을 전혀 토템 상징으로 여기지 않는데도 작용한다. 첫째 왕조에서는 매, 물고기 등에서 팔이 자라나고, 두 번째 왕조 말에는 이미 이중의 형상들이 등장하는데, 이는 인간의 몸에 동물의 머리를 한 인간 신체로 표현된다. 이는 신인동형의 신들이었음을 의미한다. 세 번째 왕조부터는 인간적 형상의 발전이 보편적으로 이루어진다. 신들이 인간의 모습으로 천상의 지배자가 되고, 동물들의 형상은 사라진다.[59] 계속되는 이차적 인격화는 문학적 유비로 찾아볼 수 있다. 신화적 주제는 민담의 주제로 바뀌고, 마침내 소설의 주제가 된다. 이러한 《하강》의 좋은 예는 이집트의 세트-오시리스 혹은 세트-호루스 신화인데, 이것이 나중에 바타(Bata)의 민담으로 되는 것이다. 최초에는 빛과 어둠이라는 우주적 대극이, 쌍둥이 형제신(神)의 대립으로 바뀌고, 마침내 《가족소설》로 변하게 되는 것이다. 이는 고태적 사건이 점차 인간적인 특성을 갖게 되는 것을 의미한다.

이러한 무의식 내용의 점진적인 동화는 인류의 역사 발전에서 개인의 인격을 형성하고, 인류의 심혼 및 정신내적 역사를 위한 기초를 이루어, 보다 확장된 정신체제에 이르게 하는 것이다. 이러한 발전이 나아가서는 외부의 집단적인 역사로부터 독립할 수 있도록 해준다. 철학에 의해 준비되었던 이 과정은 오늘날 심리학에서 시간적으로

---

58) 그 때문에 초기 역사의 묘사는 언제나 근원적인 영웅의 원형과 개별 영웅을 서로 일치시키려고 시도하였고, 그래서 신화화하는 역사의 묘사에 이르게 한다. 예를 들어 예수의 형상을 그리스도화하는데 있어서 영웅에 관한 신화적 성향과 구원의 원형에 관한 신화적 성향을 추가적으로 기입하게 된다. 신화화의 이런 과정은 이차적인 인격화의 과정과 반대되는 것이다. 그러나 이 과정에서 영웅의 형태가 이미 인간적으로 행위하고 있는 자아가 되는 데 주안점이 옮겨져 있다.[58a]

58a) A. Jeremias, Handbuch der altorientalischen Geisteskultur, S. 205
59) Moret, The Nile

는 최종 단계에 이르렀지만 아직은 유아적 단계다. 이 최종 단계에는 세계의 《심리화(Psychifizierung)》가 편입된다. 신, 악마, 데몬, 천국 및 지옥은 심혼적 힘으로서 객관적 외부세계의 영역에서 빠져나와 인간의 측면으로 합쳐졌는데, 그 이후로 괄목할 만한 내적 확장을 보여준다. 그 이전에 지하신(神)으로 경험되던 것에 성애라는 이름을 붙이거나, 이전의 계시 대신에 환각이라고 하며, 천국과 지하의 신들이 인간 무의식의 주도 세력으로 인식됨으로써, 세계의 막대한 영역이 인간의 정신으로 들어오게 된 것이다. 내사와 심리화는 다른 한편으로 우주적 물리적인 대상의 세계가 가시화되는 과정이고, 그래서 그 대상세계는 더 이상 이전의 투사에 의해서는 변화되지 않을 정도가 되었다.

그것은 – 이차적 인격화가 개별 인격을 위한 중요한 영향력이 있음은 – 초개인적인 내용이 개인들에게, 즉 좁은 개인 영역에 투사되는 결과를 가져오기에 이르렀다. 역사적인 흐름에서 신상(神像)들이 인간에 투사되어 위대한 개인에서 경험하게 되었듯이, 이제 원형적 인물상들도 개인적 정황에 투사되어, 그것이 원형과 개인을 혼동하는 극도로 위험한 상황에 이르게 한다.

이 과정은 아동기에 부모의 원형을 부모에게 투사하여 개인의 삶에 중요한 역할을 하게 한다. 또한 이런 식으로 영웅, 지도자, 성인 등 인류 역사에 긍정적이든 부정적이든 큰 영향력을 행사하는 《위대한 개별자들》에게 투사되는 것을 통해 집단의 운명이 좌우되기도 한다. 건강한 집단 문화는 이차적 인격화가 불합리할 정도까지 확산되지 않을 때에 가능하다. 어떤 경우에는 초개인적인 것을 잘못 투사하게 되고, 재집단화 현상에 이르게 된다. 이렇게 되면 문화발전에서 획득하게 된 것의 본질적인 부분들이 다시 놀이라는 격동에 휘말리게 되고 심지어는 방향감을 잃어버리게 된다.

우리가 앞에서 기술한 모든 과정의 결과로 무의식이 축소되는 것은 발달사적으로 의식의 체계화가 일어나고 의식과 무의식이라는 두 체제가 분리가 되었음을 의미한다. 무의식의 상대적인 무력화가 궁극적으로 자아의식의 강화와 리비도의 왕성화의 전제인 것이다. 동시에 의식과 무의식의 사이를 갈라놓고 있는 경계, 즉 커다란 벽은 무의식의 내용을 가치전도하고 평가절하함으로써 점점 강화된다. 자아의 부권적 표어는: 《무의식으로부터 멀리, 어머니로부터 멀리》인데, 의식에 위험하게 될 수 있는 내용들을 자신의 주변에서 제거할 수 있도록 가치절하는 물론이고, 또한 억제와 억압을 모두 용인한다. 심지어 의식과 무의식 간에 생겨난 긴장에서 의식의 활동성 및 그의 계속적 발전이 있게 된다.

남성적 의식의 활동성은 무의식인 용과의 원형적 싸움을 스스로 넘겨받고 성공적으로 수행함으로써 영웅적이다. 이러한 남성성의 주도는 부권적 문화영역에서 여성의 위치를 설정하는 데에도 결정적인 것이고,[60] 또한 서구인의 정신적 발달을 결정하는 것이기도 하다.

의식의 편승과 남성적 측면으로의 발달은 남성적 정신을 통한 학문의 발전에서 절정에 이른다. 이 남성적 정신은 무의식의 작용하는 힘으로부터 의식의 자기해방의 시도가 이루어지면서 점차 학문으로 발전해간다. 학문이 등장하는 곳마다 무의식의 투사로 이루어진 근원적 세계의 특징이 소멸된다. 그래서 투사에서 벗어난 세계는 객관세계로서 의식의 학문적 구성에 이른다. 근원적 무의식성과 그에 상응하는 상상의 세계와는 반대로, 세계는 이제 객관적 세계, 실제성, 현실성으로 여겨진다. 이렇게 남성

---

[60] 무의식의 축소화, 즉 의식의 발전에서 나타나는 부권적 경향에 의해서 《해직》은 부권체제에서 일어나는 여성적인 것의 가치저하와 가장 긴밀한 관계에 놓여 있다. 이런 사실은 나중에 《여성의 심리학》에서 따로 자세하게 다루게 될 것이다: 여기서 간단하게 다음과 같이 덧붙이겠다: 우리가 앞서 보아왔듯이, 무의식에 의해 지배되는 심리학적 단계는 용과의 싸움에서 영웅에 의해 극복되는 모권체제의 표시로, 즉 태모의 표시로 드러난다. 여성의 상징과 무의식의 관련성은 원형적이다. 여기서 무의식의 모성적 특성은 남성 심리에서 영혼의 형상을 나타내게 되는 아니마 형상을 통하여 강화된다. 이런 의미에서 《무의식에서부터 나아가기》는 영웅적이고 남성적 의식의 발전을 위해 《여성으로부터 나아가기》와 합쳐지게 된다. 심리학적 의식-부권체제로의 발전은 여성적 달을 해소하여 남성적 태양-신화를 반영하는 것이다. 이는 원시심리학으로까지 거슬러 추적하게 한다. 달이 남성적으로 등장하는 곳의 달-신화에서 달은 밤의 측면인 무의식과 독립적인 의식-빛으로 표시되지만, 태양-신화의 부성적 형식과는 전혀 다르다. 여기서 태양은 더 이상 밤에 태어난 아침-태양이 아니라, 정오의 높이에 걸려 있는 낮-태양이다. 그것은 자기와의 관계에서, 정신-천상의 창조적 세계와의 관계에서 스스로 독립적이고 절대적인 남성적 의식을 나타낸다.

브리폴트의 이해가 옳다면, 다수의 신비제의는 근본적으로 여성적 신비제의라고 할 수 있고, 나중에 남성들이 넘겨 받게 된 것이라 할 수 있다. 이것은 남성 동맹 연합의 발전에 대한 반(反)여성적 방향에 해당한다. 이는 모두 원형적 기초에 따른 것이고, 우리가 다른 장에서 다루었듯이, 역사적으로도 기초를 두고 있다. 어찌되었든 여성적인 것의 감등과 그것의 계속적 배제는 부권적 종교와 문화체계에서 비롯되어 오늘날에까지 계속되는 두드러진 현상이다. 여성적인 것의 가치저하는 원시인들의 Bullroarer 신비제의에서 여성을 위협하기,[60a] 에클레시아(ecclesia)에서 여성의 침묵하기와 남성으로 태어나게 된 것을 매일 감사하는 남성 유대인의 기도를 거쳐서 1948년까지 유럽에서 여성의 피선거권이 주어지지 않은 것에 이른다.

[60a] Briffault, The Mothers

적으로 구별하고, 법칙을 제공하고, 원칙을 찾는 정신의 과정에서, 남성적인 것 및 남성들로부터 ≪현실원칙≫이 등장하게 된다.

이제 자아와 의식은 자신의 분별하는 기능을 갖고서 무의식적 세계의 비규정성을 깨부수려고 노력함으로써 현실에 적응하는 기관이 된 것이다. 그러므로 초기 인간과 아동의 자아와 의식의 발달은 현실을 파악하게 해준다. 이런 점이 *프로이트적* 쾌락원리와 현실원리 간의 대립을 정당화하게 만든다. 그러나 이것은 현대에 시작된 어떤 발달에만 해당하는 것, 그래서 순전히 외부에만 적응하려는 것일 뿐, 즉 세계로 향한 현실 적응은 더 이상 부응하지는 못한다. 이제 의식은 무의식 속에 실제성 구성요소들이 경험의 지배적 특성, 즉 이념 또는 원형으로 기초하고 있다는 사실을 알아차리기 시작했다. 말하자면 의식은 내부로 방향을 돌리고 있는 것이다. 인식기관으로서 의식은 외부의 객관적 물리적인 것뿐만 아니라, 내면의 객관적 정신적인 것에 관해서도 충실히 작동되어야 한다. 여기서 확대된 현실원칙의 지배에 내향성과 외향성이 모두 놓여진다. 이때의 현실원칙은 세계와 무의식에 적용되고, 중심화의 수행 중에 있게 된다. 심층심리학의 시작은 객관적 정신세계를 연구하는 수단으로서 이러한 새로운 방향성에 대한 표현이기도 하다.

인류를 무의식에서 의식으로 이끈 발달 경로는 리비도의 변환과 상승의 경로이기도 하다. 이러한 변환의 길은 원형과 상징이라는 위대한 심상들에 의해 엄호되었다. 이러한 경과에서 점차 더 큰 리비도의 양이 무의식에서 자아의식으로 공급되고, 이로 인하여 의식의 체제가 지속적으로 확대되고 굳건해졌다. 그래서 초기의 인간은 단지 짧게 빛나는 의식을 가졌으나 점차 대체되어, 현대인의 자아는 이제 의식의 지속성 속에 살고 있고, 그가 속한 집단 즉 인류의 집단적 의식의 산물이라고 할 문화적 세계 내에 존재한다.

우리는 이러한 경로를 의식과 빛의 세계를 상부에, 무의식과 어둠을 하부로 경험한다는 의미에서 상승한다고 하겠다. 이는 인간의 형상을 직립한 것으로 놓고 ≪보다 더 높은≫ 중심과 의식의 자리로서 머리를 올려놓은 것과 연결지었던 아주 오랜 상징의 영역에 있다. ≪위대한 원(Große Runde)≫에서 시작해서 원형들의 연계를 거쳐 개별 원형과 상징의 집단으로, 그리고 이념을 넘어 개념으로 진행되는 일련의 과정은 상승하고 있지만, 동시에 제한되고 있다. 원래 ≪심연에서≫ 비규정적이지만 일종의 에너지로서 축적되어 있어서 쉽게 영향을 미치고 끌어당겼던 것인데, 이제 의식의 개념적 내용으로서 의식이 생각하도록 하는 크기가 되어, 그것을 자유롭게 옮기고 마음대로 적용할 수 있게 된 것이다. 이러한 크기는 아주 쓸모 있게 되었으나, 그것이 제대로 쓰이게 되려면 전체적인 의식성과 자아에 근원적 리비도의 본질적 할당이 이루어져야만 한다.

무의식적 내용에 의한 매력은 의식의 리비도를 ≪끌어당기기≫로 드러나는데, 이것은 우선 관심을 끌어 주목하도록 하는 징후로 나타난다. 이로써 이제 의식으로부터 리비도가 빠져나가게 강화되면 무의식화되고, 지치고 우울하게 되고 만다. 병든 이에게는 의식에서 끌어당긴 리비도에 의해 무의식적 내용의 활성화가 이루어지면서 장애, 증상 등으로 나타나지만, 창조적인 인간에게는 이 내용이 의식과 자연스럽게 결합해서 창조적으로 나타난다. 의식적으로 만드는 활동은 자아가 의식을, 그리고 그에 보충할 자유로운 리비도를 매혹의 자리로 향하도록 한다. 무의식적 체제를 정서적 요소로 활성화시키는 리비도는, 인식하고 의식하게 만드는 의식 체제의 리비도와 더불어, 인식 활동 속에 함께 흘러들어가서 하나의 흐름을 형성한다. 자아는 이러한 결합을 매번의 실제적 의식화에서, 새로운 인식과 발견에서, 또한 콤플렉스 해체와 무의식적 내용의 동화에서도 쾌로서 경험한다. 의식이 매혹되어서 의식화되어야 하는 내용에 의해 심상, 꿈, 판타지, 이념, 착상, 투사 등의 형태로 인식이 되든 안 되든 경험한다. 어떤 형태가 되든지 무의식적 내용의 소화는 의식의 내용을 풍성하게 할 뿐 아니라, 리비도를 풍성하게 한다. 그러면 이는 주관적으로 흥분, 움직임, 기쁨 등에서 도취에 이르기까지 다양하게 느끼게 만들고, 객관적으로는 관심이 고조되고, 일을 하려는 경향의 확대 및 증대, 그리고 주의력을 갖는 상태가 된다.

무의식적 내용의 의식화 및 동화에서 자아는 ≪보물≫을 끌어올리기 위해 의식의 관점에서 벗어나 깊이로 ≪하강하게≫ 된다. 에너지의 측면에서 보면, ≪영웅의 승리≫라는 기쁨은 의식의 리비도와, 새로 획득한 리비도 간의 합병을 통해 이루어진 결과에 해당한다.[61]

---

[61] 이런 하강은 의식에서 무의식에 이르는 창조적 과정에서 역행으로 내달린다. 이 과정에서 그 하강은 무의식에서

의식에 의한 내용의 《파악》과 소화는 의식과 자아의 리비도가 풍부해지는 것으로 나타난다. 그러나 결코 내용에 담긴 전체 리비도를 의식으로 가져올 수 있는 것은 아니다. 의식에 의한 분할이 언제나 그렇지는 않지만, 자주 리비도의 풍부함과 더불어 의식의 변화나 《무의식의 활성화》로 이끈다. 그것을 다음과 같이 설명할 수 있을 것이다: 자유롭게 된 리비도의 일정 부분은 의식에 의해 수용되지 않고 무의식으로 흘러 들어가서 거기서 – 대부분 내용적으로 연결되어 있는 – 콤플렉스 또는 원형적 내용을 리비도화하여 활기를 불어넣는다. 그것들은 연상적으로 등장하는 내용이고, 주로 착상으로 생산되는 것인데, 형상화되거나 새로운 무의식적 배치를 하게 한다. 의식화의 상황과 이 새로운 배열과의 내용적 결합은 작업의 연속성을 갖게 한다. 이러한 연속성의 본질적 부분은 미리 준비되어 있으면서 전달하려 하고 풍부하게 생산적으로 작용하는 무의식이다.

이 과정의 연속성은 창조적 과정에서 뿐만 아니라, 모든 꿈들, 환영들 그리고 환상들에서도 드러난다. 우리는 하나 혹은 다수의 핵의 내용을 중심에 두고 연상적 망상조직이 둘러싸고 있는 그런 내면의 관계를 보게 된다.[62]

의식의 본질적 성취는 의식 체제에 공급된 리비도를 자유롭게 옮기는 것, 즉 리비도가 그 근원지에서 의식으로 흘러 들어오게 되어 어느 정도까지 리비도를 근원과는 독립적으로 사용하게 되는 것이다. 그것은 마치 독자로 하여금 《자극이 되는 책》에 의해 활성화되어 시(詩), 산보, 브릿지, 게임파티, 혹은 작은 연애사건 등에 《적용하게》 된 것과 같다. 이때 책과 자아의 반응 사이에 어떤 연결이 있어야만 하는 것은 아니다. 자아는 무의식적 내용의 의식화에 의해 발생하는 리비도의 일정 부분을 자유롭게 선택해서 적용할 수 있는 것이다. 자아의 이러한 상대적 자유는 잘못 사용될 수 있더라도 그의 가장 빛나는 성취인 것이다.

이 발전 과정에서 의식은 스스로 대상에 대해 자유롭게 할 수 있을 정도로 능력을 갖추게 되고, 자아는 상대적인 독립성을 얻게 된다. 그 길은 자아가 수동적으로 활성화된 무의식적 내용에 의해 사로잡힌 매혹 상태로부터 자유롭게, 그리고 집단적인 것이나 혹은 세계 상황으로 보이는 외부세계가 요구하는 것으로부터 자유롭게 되어서, 비로소 그에게 스스로 관심을 갖거나 열중하여 작업을 할 때 충분한 리비도를 가지고 있는 의식의 상태로 이끌어간다.

발전의 이러한 결과는 언제나 추진되어야만 하는 것이다. 심층심리학의 출현 이전에는 심리학과 의식심리학을 동일시하는 것은 지극히 자연스러운 일이었다. 심층심리학의 발견으로 모든 의식적 내용이 온전히 무의식에 의해 결정된다고 하는 역전된 마음을 살피게 된 것이다. 하지만 의식과 무의식 사이의 변증법적인 과정이 있다는 이해를 통하여 참된 심리학적 인식이 가능해졌다. 의식 체제의 형성과 견고화 그리고 자율성과 자기보존을 위한 노력은 심혼적 발달사에서 중요한 요소이고, 또한 무의식에 대한 의식의 지속적 관계를 통하여 이룩한 자율성의 상대화이기도 하다.

심리 발달의 단계적 과정에 관련된 중요한 에너지 문제의 하나는 쾌–불쾌의 특징의 변화로 드러나는 정서적 요소의 변환이다. 쾌–불쾌의 요소는 심리체제의 리비도–충전 정도에 달려있다. 쾌는 체제가 적절히 작동함으로써 생기는 심리적 등가물, 즉 건강함을 의미한다. 이는 균형을 잡으면서 잉여 리비도에 힘입어 확대하는 능력으로 증상화하는 것이다. 각 체제의 ≪타성≫은 그의 고유한 삶, 즉 각 체제가 갖는 관성의 경향에 해당한다. 모든 체제는 붕괴에 저항하고 불쾌를 동반하는 위험에 대응하는데, 이와 반대로 쾌를 동반하는 소생과 리비도의 풍부함에도 반응한다.

자아가 의식 체제의 중심이기 때문에, 이 체제의 쾌–불쾌의 반응을 제일 먼저 우리 자신의 반응으로 동일시한다. 하지만 실제에서는 자아의 쾌–불쾌의 경험의 원천은 결코 의식 체제의 것만은 아니다.

인격이 의식과 무의식의 두 체제로 발달해감으로써, 그 둘 사이의 갈등 또한 쾌–불쾌라는 입장 사이의 심리적 갈등으로 진행하게 될 것이 분명해진다. 왜냐하면 모든 부분적 체제는 그 자신의 현존을 유지하기 위해 애쓰며, 불쾌를 수반하는 위험 뿐 아니라, 또한 쾌를 수반하는 강화와 자기확대에 반응하기 때문이다.

---

벗어나서 상승하게 된다. 그것의 등장은 심상으로, 착상으로, 생각 등으로 나타나는데, 의식에 의해서 즐거운 것으로 경험된다. 또한 창조적 과정의 쾌는 무의식적으로 살아있던 내용에서 그 리비도가 의식으로 넘겨지는 데서 유래한다. 인식과 창조적 과정을 통해 쾌와 리비도의 확대는 의식과 무의식의 체제가 갖는 양극성을 넘어서 지향되는 일종의 종합의 증상인 것이다.

**62)** J. Jakobi, Die Psychologie von C.G. Jung, S. 119

그런데 우리가 그 상황을 간소화하듯이, 그 때문에 쾌의 갈등은 인격이 달성한 통합의 정도뿐만 아니라, 자아와 무의식 사이의 관계를 결정짓는 자아 발달의 단계에 따라서도 달라진다. 의식이 덜 발달하면 할수록 쾌의 갈등은 더 적고, 또한 인격 통합의 정도가 높을수록 감소하게 된다. 쾌의 갈등은 의식과 무의식 사이의 해리의 정도를 보여주기 때문이다.

이러한 두 가지의 발달 과정이 항상 나란히 진행되는 것은 아니다. 아동에게는 낮은 자아 단계가 보다 높은 인격의 통합 상태로 결합되어 있어서 상대적으로 신화적 표현이 우로보로스의 낙원 상태로 나타내는, 소위 강한 보편적 쾌에 이르게 된다. 그에 반해 전반부의 성인이 되는 과정에서는 통합의 감소가 자아 및 의식의 발달과 결합되어 있다. 인격의 분화는 정신 내부에 긴장을 고조시키고, 따라서 자아 체제의 쾌의 경험과 무의식의 자율적 체제의 쾌의 경험 사이의 갈등을 고조시킨다.

≪무의식의 쾌의 경험≫이라는 개념은 처음에는 역설적이고 의미 없이 들릴 것이다. 쾌는 겉보기에 자아와 의식을 넘어서는 것이다. 하지만 그렇지 않다. 젖먹이의 지복함은 불쾌의 경험만큼이나 각인된 것이어서, 자아 의식성과 전혀 관계하지 않고 있다는 것이다. 실제로 원시적 쾌와 불쾌는 넓게 봐서 무의식 과정의 표현이다. 여기서 자아의식은 단지 정신의 부분적 체제일 뿐이라는 사실이 의미있다. 정신질환에서 자아 및 의식의 손상 혹은 장애가 분명히 불쾌하게 경험된다는 사실이 두드러지게 나타난다. 자아가 인격의 중심이 되고 인격의 담지자가 되는 단계에 이르러서는 쾌와 불쾌가 개인 인격과 동일시된다. 신경증과 특히 히스테리 반응에서 자아의 거절과 그 고통에도 종종 ≪쾌의 미소짓기≫를 동반하게 된다. 이는 승리에 찬 무의식의 미소인데, 어쩌면 무의식이 자아를 사로잡았다고 말할 수 있다. 그러한 모든 신경증 및 정신증의 표명에서 나타나는 섬뜩함(Unheimliches)은 쾌의 ≪실패≫에 상응하는 것이다. 그것은 분열, 즉 자아와 개인 인격의 동일시가 아직 이루어지지 못해서 생겨난 현상이다.

원시심리학에서 이러한 현상은 악마의 쾌와 불쾌, 즉 무의식적으로 사로잡는 콤플렉스가 자아의 쾌와 불쾌와는 독립적으로 스스로를 표현하고 있는, 소위 사로잡힘의 상태를 나타내는 것이다.[63]

우로보로스적 단계에서는 혼합된 쾌와 불쾌 반응의 미분화가 지배적이다. 세계 부모의 단계에서는 쾌와 불쾌의 반응이 서로 대립적으로 등장하다가, 의식-무의식의 체제의 분화와 더불어 쾌와 불쾌의 반응도 분화하게 된다. 이때부터 근원적인 혼합적 특성은 지양되고, 쾌는 쾌로, 불쾌는 불쾌로 감지된다. 이제 명백히 서로 다른 정신체제로 분류를 하게 되어, 한 쪽은 쾌의 체제를, 다른 쪽은 불쾌의 체제를, 혹은 그 반대로 겪게 된다. 자신만만한 자아의식은 자신의 승리를 쾌로서 경험하고, 반면 정복당한 무의식 체제는 ≪불쾌를 경험하게≫ 된다.

쾌와 불쾌에서 의식과 무의식의 체제에 이르는 대립적 분류에도 불구하고 무의식적으로 정복당한 무의식 체제의 불쾌는 무의식으로 남아있지 않는다. 의식의 상황은 그 고통을 통지받을 수밖에 없고, 의식으로 만들 수밖에 없거나, 최소한 영향을 받지 않을 수는 없다는 사실 때문에 그 반응들이 복잡해진다. 그런 것들이 자아로 하여금 무의식에 대항해서 승리를 할 때조차도 고통을 느끼게 한다.

신화는 이러한 현상을 세계 부모와의 분리에 따르는 원죄관념으로 표현한다. 실제로 이 원죄감은 자아가 경험하는 불쾌감으로, 이는 무의식의 고통에서 비롯되는 것이다. ≪그것은 원상적 부모들이고, 무의식 그 자체이고, 고발하는 존재이므로 자아는 아닌 것이다.≫ 이러한 죄의식을 이겨내야만 자아의식이 자신의 진정한 가치에 이를 수 있으며, 그래야만 자신의 입지를 찾을 수 있고, 자신의 행위를 입증할 수 있다. 이러한 죄의식에서도 쾌의 갈등이 생생하게 작동하는데, 세계 부모를 벗어나려는 영웅이 그것들을 극복함으로써, 의식의 집중조명 속에서 갈등이 있더라도 삶을 긍정적으로 받아들일 수 있게 된다.

그러나 성공적으로 동화하고 있는 자아는 단번의 승리가 아니라, 끊임없는 투쟁적 과정에 의해서만 정복할 수 있을 뿐이다. 극복된 신들은 승리자의 종교 속에 여전히 하나의 역할을 담당하고 있다. 그래서 〈오레스티(Orestie)〉에서 예전의 모권 여신의 폐기와 부권 신으로의 대체가 단순히 복수의 여신들의 추방으로 끝나지 않고, 오히려

63) Soeur Jeanne, Memoiren einer Besessenen

그 반대로 그에 대한 종교적 숭배로 귀결된다. 우리는 비슷한 과정을 도처에서 볼 수 있다.

내용이 완전히 무의식적인 한, 그리고 그것이 전체를 지휘하고 있는 한, 그것은 가장 강력한 영향력을 갖는다. 하지만 자아가 무의식으로부터 그 내용을 끌어내서 의식의 내용으로 만드는 데 성공한다면, 이는 신화적으로 말해서 극복된 것이다. 그러나 이 내용은 리비도를 계속적으로 필요로 하게 된다. 자아는 그 내용이 완전히 의식에 통합되고 ≪동화될≫ 때까지 계속 그에 전념하게 된다. 따라서 자아의식은 ≪정복된≫ 내용과 계속적으로 관계해야 하므로, 그것에 대한 괴로움을 감수하게 될 것이다.

예를 들자면 어느 수도승의 자아의식이 의식을 위협하는 본능적 요소들을 물리치고, 자아의 입장에서 쾌를 경험한다고 해도, 그가 거부한 본능의 부분이 그의 전체 구조의 한 부분이기 때문에 여전히 ≪괴로울 수밖에≫ 없는 것이다.

의식과 무의식의 체제 간의 쾌의 갈등은 계속해서 의식에서 일어나고, 그래서 성인의 삶의 갈등이 된다. 그것은 마치 신화에서 고통으로 영웅의 삶을 특징짓는 것과도 같다. 더 고도의 성숙과 더불어 이러한 고통이 개인의 전(全)인격화 과정에서 부분적으로 극복된다. 전(全)인격화 과정에서 높은 자아 수준이 다시 한 번 인격의 통합으로 만남을 주선하게 되어, 의식과 무의식의 체제들의 진보적 균형으로 쾌의 갈등을 조정하기에 이른다.

≪쾌의 갈등≫은 정서적 요소들의 변환과 관련되어 있기 때문에, 그리고 쾌에서 불쾌로 뿐 아니라 그 반대로의 전환이 된다. 또한 쾌에서 두려움, 두려움에서 쾌로의 전환과도 관계하는데, 이는 심리학적으로 매우 중요하다. 이는 영웅의 근친상간에서 형상화되었던 것이다.

자아의 단계에서는 분리가 일어나는 곳이면 어디든 죽음의 상징성과 결합되어 두려움이 생겨난다. 이 단계에 있는 자아에게는 정말로 죽음이 임박하게 된다. 다만 초기의 자아의 단계로 퇴행하느냐, 혹은 보다 더 높은 단계의 자아의 단계로 이행하느냐에 달려있을 뿐이다. 첫 번째의 경우에, 예를 들면 우로보로스로의 퇴행에서는 그 두려움은 우로보로스−근친상간의 수동적 쾌로 급변하게 되고, 후자의 경우에는 그 두려움은 영웅의 근친상간의 능동적 쾌가 된다. 능동성과 수동성은 이때 추락하거나 상승하는 자아의 자립성의 징후이기도 하다.

의식 발달에서 원형적 단계들은 개인적 체험들로 채워진 개인의 자아의 단계들에 해당한다. 그것들은 개체발생사 안에서 의식 발달의 원형적 단계들을 거치는 개인의 개인적 의식 또는 무의식적 기억들의 저장소에 속한다.

융[64]은 원형들을 내용이 아니라, 형식적으로 규정하는 것임을 거듭 강조하였다.

> 하나의 원상(原象, Urbild)은 의식적이 될 때, 그래서 의식적 경험의 재료들로 채워지
> 게 될 때 비로소 내용적으로 규정됨이 명백하다.

그러므로 원형의 의식적 경험은 초개인적인 것이 개인에게 현실화되는 것이고, 일회적 개인적인 방식으로 나타나는 것이다.

의식 발달에서 원형적 단계들이 어떻게 개인적으로 경험되는가 하는 것은 ≪개인무의식≫이 부분으로 차지하고 있는 개인의 인격에 달려있다. 원형적 구조의 개체발생적 ≪채움≫은 개인무의식의 분석적 작업으로 의식화시킬 수 있게 된다. 이때 그 내용은 기억에서 다시 끌어올려 실제화해야 하거나 무의식적 영향을 인식함으로써 가능하다. 우리는 여기서도 하나에서 또 다른 하나로 이끌어내는 것 없이, 다시 한 번 집단무의식적 전(前)형상화의 원형적 구조들이 개인적 일회적 내용들과 결합하는 것을 마주치게 된다. ≪경험이 되는 방식은≫ 원형적으로 미리 지시되어 있지만, 경험의 내용은 언제나 개인적이다.

원형적이면서 또한 개인적인 이중의 특성은 특별히 인격의 발달과 형성에 대단히 중요한 현상인데, 이는 인격의 다양한 심급들(Instanzen)의 생성으로 드러난다. 분석심리학에서는 개인 인격의 심급에 대해 자아 외에 정신의 전체성으로서의 자기, 페르

---

64) C.G. Jung, Psychologische Aspekte des Mutterarchetyps, Eranos-Jahrbuch 1939

B. 체제의 분리 - 중심화와 분화

377

조나, 아니마(또는 여성에 있어서 아니무스), 그리고 그림자 등으로 나눈다.[65] 이러한 심급들은 ≪인물상≫으로 나타나며, 또한 모든 무의식의 내용들은 ≪부분 인격들처럼≫ 나타난다는[66] 콤플렉스의 기초에 해당한다. 이런 심급들은 원시인의 심리학과, 또한 문명인의 심리학에서 분명히 보이는 자율적 콤플렉스로서, 자아를 점유하여 인격을 사로잡힘의 상태로 끌어갈 수 있는 것이다. 신경증의 심리학은 그러한 사로잡힘의 상태로 가득 차 있다. 정신적 기관들로서 정신적 심급들의 형성은, 그것들이 인격적 통합을 가능하게 하는 동안은 개인에게 적절한 작용을 한다. 인간사의 행로는 이런 심급의 형성과, 그리고 이런 심급의 통일성으로서, 개인의 인격 구조들의 발달이 이루어지는 과정이라고 할 수 있다.

불행하게도 우리들은 아직 이런 심급 형성의 역사를 쓸 수 있는 위치가 아니며, 다만 개인의 발달 안에서 개체발생적으로 추적해갈 뿐이다. 우리는 단계적 발달의 관점에서 이런 과정에 대한 서술 방법을 간단하게 언급할 수 있다.

자아의식이 외부세계와 내면세계에 영웅적으로 투쟁하는 동안에, 자아는 채운 내용들을 내사하고, 그것에서 자신의 세계상을 채움으로써 세계와 심혼의 관계의 객관성을 설립할 수 있다. 그러나 숙련된 자아의식 체제가 언제나 외적 및 내면세계들을 정복할 수 있는 것이 아니라, 그 자신의 역사 안에서 스스로 한 발 한 발 의식 발달의 원형적 단계들을 관통해온 동화의 체계가 자신의 역사를 갖추게 함으로써 어느 정도 확증에 이르게 된다. 따라서 정신적 체제와 의식 속에, 자아와 세계의 다양한 발달 시기, 다양한 이해 방식과 상징들이 존재하게 된다. 이때 성공적이거나 성공적이지 못한 이해 작업의 시도들을 함께 포함시키는데, 그 방향성은 가능한 단계적 발달의 위계질서에 따르도록 되어 있다. 무의식의 극복된 입장들, 그리고 의식에서 자아 발달의 다양한 단계들의 내사는 주로 성공적으로 실현된 것들로 이루어져 있으나, 어떤 식으로 다시 의식에 영향을 미칠 수 있으므로, 자아의 상황은 항상 혼란스럽다고 하겠는데, 이는 이미 여러번 고찰되었다.

자아와 의식의 형성과 마찬가지로 인격의 형성은 살아있는 유기체의 창조적인 통일성을 발전시키는 기능인 중심화의 훈령 하에 있게 된다. 신비적 참여를 통한 붕괴의 위험은 무의식적 현존재에게는 여전히 크겠지만, 그에 반하여 의식적이고 통합된 개인 인격에는 아주 미미하게 작용한다. 우리가 이미 살펴본 원형들의 분할, 정서적 구성요소의 소진, 이차적 인격화, 무의식의 위축, 그리고 합리화로 특징지었던 과정은 자아와 의식에 확고한 안정성을 갖게 하므로, 분열되고 분화되려는 경향에도 불구하고, 그것들은 중심화에 의한 조절이 있는 것으로 드러난다. 위의 것들에 의해 배열된 개인 인격과 심급들의 형성은 마찬가지로 중심화의 수행에 이바지한다.

개인 인격의 발달은 무의식의 영역을 포함시켜야 한다. 심급들의 임무는 집단무의식과의 살아있는 연결을 깨뜨리지 않으면서, 집단무의식의 파괴적인 힘으로부터 개인 인격을 보호하는 것이다. 또한 개인이 집단과 세계와의 살아있는 연결을 손상시키지 않으면서 개인 인격의 존재를 보장하는 것이다.

융은 페르조나-심급의 형성은 집단적인 것에 대한 방어기제이며, 그리고 적응의 체제라고 묘사했다.[67] 그에 반해 이런 관점과 연결시켜 그림자와 아니마 형상에 대한 기원을 밝히기는 어려울 듯이 보인다.

또한 그림자 형성의 본질적 부분도 집단적 적응의 결과다. 그림자에는 자아와 의식이 가치없음으로 매도한 개인 인격의 부분들을 모두 담고 있다. 이러한 가치 선택은 개인이 몸담고 있는 문화적 규범을 규정하는 가치의 잘라내기에 의해 집단적으로 제한된다. 어느 정도로 집단적-상대적이냐에 따라서 가치없음을 포함하고 있으므로 그림자는 문화적이고 상대적이라고 할 수 있다.

그러나 그림자는 개인무의식의 부분으로서는 자아에 절반만 속하고, 의식을 규정하는 집단에 속하기도 한다. 그림자는 다른 한편으로 집단무의식의 적대자의 형상에 의해 배열되고, 그림자의 의미는 개인 인격의 심급으로서 개인적-개별적 의식과 집단무의식 간의 바로 그 자신의 입장에서 비롯된다. 개인 인격의 전체성을 위해 그림자의 영향력은 자아를 보상하는 기능을 위해 대립적으로 놓여 있다. 중심화의 경향이 자아

---

**65)** C.G. Jung, Beziehungen zwischen dem Ich und dem Unbewussten (zit. Jung, Beziehungen)
**66)** C.G. Jung, Allgemeines zu Komplextheorie
**67)** Jung, Beziehungen

와 의식의 매우 상승하는, 즉 어떤 의미에서 신체에 적의를 드러내며, 신체의 이질적인 경향에 대해 무거운 그림자의 무게를 다는 것이다. 이는 ≪나무는 하늘에서 자라지 못하는 것≫에 해당하며, 그리고 의식을 일반화하고 가정하는 태도에 의해서는 결코 개인의 집단적, 역사적, 생물학적 조건들을 넘어가지 못하게 하는 것이다. 따라서 그림자는 의식의 무분별한 발달과 자아의 지나친 강조를 낳는 인격의 분열을 방해한다.[68]

그림자-심급의 형성은 우리가 신화의 심리학에서 다루었던 적대자 인물상과 관계한다. 의식에 의한 악의 동화와 공격적 경향의 소화는 항상 그림자 형상의 주위를 맴돌게 한다. ≪달갑지 않은 형제≫는 원시인들의 숲의 영혼과 같은 그림자 측면의 상징이다.[69] 이런 개인 인격의 어두운 면을 소화하는 것이 개인 인격으로 하여금 소위 ≪방어의 능력이 있게≫ 한다. 어두운 면이 갖는 악함은 문화적 규범이 언제나 관계하는 것이지만, 개인성에 필요한 구성물이다. 그것은 이기주의, 스스로를 방어하거나 공격하려는 채비, 그리고 집단적인 것으로부터 스스로를 떼어놓는 능력이자 공동체의 평준화 요구에 맞서 개인적인 ≪다름≫을 유지하고 관철시키는 능력이기도 하다. 개인 인격은 그림자에 의해 무의식의 대지 영역에 뿌리를 두고 있다. 그림자는 적대자 인물상의 혼령, 즉 악마로 등장하지만, 진정한 의미에서 모든 살아있는 개인 인격의 창조적 기초에 속한다. 이것이 그림자가 신화 속에서 빈번히 쌍둥이로 나타나는 이유이다. 그는 단지 ≪적대적 형제≫일 뿐 아니라, 또한 동료이고 친구이다. 따라서 때때로 쌍둥이 형제가 그림자인지 혹은 자기(Selbst), 즉 불사(不死)의 ≪타자≫인지 말하기 어렵다.

이러한 역설에는 위와 아래는 서로를 반영한다는 오랜 법칙이 작용한다. 심리학적 발달에서 보면 자기는 그림자 안에 숨어 있다. 그림자는 ≪문지기≫[70]이며, 문지방의 수호자이다. 자기에 이르는 길은, 그림자가 나타내고 있는 어두운 면의 뒤에 전체성의 어두운 측면이 놓여 있다. 오직 그림자를 친구로 만드는 것을 통하여 우리는 자기(Selbst)와의 우정을 얻을 수 있다.

우리는 자아와 그림자 간의 갈등으로부터, 문화적으로 집단적인 것과 개인의 그림자 측면과의 갈등으로 드러나는 혼란은 다른 곳에서 다루게 될 것이다.[71]

그림자-심급의 심리학에 대한 윤곽은 우리가 심혼의 상, 혹은 아니마, 혹은 아니무스로 알려진[72] 다른 심급들의 형성에 대하여 다루는 것으로 대신할 것이다.

우리가 우로보로스, 태모, 공주의 계열을 고려한다면, 우로보로스에서 시작하여 태모의 끔찍하고도 모순에 찬 비규정성을 넘어서, 이제 보다 더 자유롭게 된 포로의 인간적이고도 명백한 형상에 이르렀다. 뒤로 가면 갈수록 더 복잡하고, 풍부하게 되기도 하지만, 또한 더욱 이해하기 어렵고 수수께끼 같이 섬뜩하게 된다. 자아에 접근해 갈수록 그 계열의 부분들이 더 이해되기 쉽고 분명해지고 관계를 맺을 수 있는 형상이 된다.

그것은 하나의 심상, 윤곽도 없고 짐작도 되지 않는, 너무도 불명확한 것으로 보이는 것이지만, 바라보는 눈이 적당한 거리에 위치할 때, 제대로 모습을 드러낸 형상을 만날 수 있다. 전에는 흐릿하고, 판독할 수 없는 것들로 남아있던 형태들, 부분들, 관계들을 이제는 볼 수 있게 된다. 의식의 발달은 이러한 시각의 변화와 유사한 것에 해당한다. 그것들은 결국 의식이 그 전에는 불분명하고 다의적인 것들로 보이도록 거리를 유지하지 못하다가, 서로 달라져서 각자의 뚜렷함으로 드러나게 하는 적절한 거리를 유지할 수 있다는 사실과 같다.

우로보로스적인 용의 세력으로부터 아니마, 즉 포로를 해방시킴으로써, 영웅의 개인 인격구조 안에 여성적 부분을 채우게 된다. 그에게 본질적으로 그 자신과 같은 여성성을 배속할 수 있게 된 것이다. 그것은 아내이거나 심혼(Seele)일 것이다. 이러한 여성적 요소와 관계 맺는 자아의 관계성과 관계 능력은 정복의 핵심적 내용을 이룬다.

---

**68)** 〈*Viridarium Chymicum*〉에서 비롯된 *아비첸나*(Avicenna)의 연금술적 그림에서, 두꺼비와 함께 사슬에 묶여져 있는 독수리로서 상징적으로 같은 문제를 나타내고 있다.[68a]

**68a)** J. Read, Prelude to Chemistry

**69)** Ruth Benedict, Patterns of Culture
   M. Mead, Sex and Temperament in Three Primitive Societies

**70)** C.G. Jung, Über die Archetypen des koll. Unbew., Eranos-Jahrbuch 1937
   Moses-Chidher-Analyse, in: Die verschiedenen Aspekte der Wiedergeburt, Eranos-Jahrbuch 1939

**71)** 부록 II와 〈*Tiefenpsychologie und neue Ethik*〉을 참고하라.

**72)** 남성적 자아에서 벗어남으로 나타나는 《여성의 심리학》은 여기서 고려하지 않을 것이다.

바로 여기에 공주와 태모의 대립성이 있다. 태모와는 인간적으로 동등한 관계가 불가능하다. 여성과 남성의 결합은 내적으로 그리고 외적으로 문화를 가져오는 자, 왕국의 설립자, 가족의 가장이 되게 하고, 또한 창조적 작업의 결실을 맺도록 이끈다.

태모의 근원지 및 근원으로 돌아가 다시 연결됨은 공주-아니마를 넘어서 간다. 그녀는 변환된, 개인이 된, 사람의 형상으로 드러난 여성성이기 때문이다. 비로소 그 아니마 형상으로 여성은 남성의 파트너가 될 수 있다. 이때 남성의 도움은 공주로 하여금 용의 위세로부터 해방하는데 발휘된다. 공주가 마법으로부터 벗어나는 주제를 다루는 수많은 신화와 민담은 그녀를 왜곡하고 그녀의 인간성을 조정하는 용으로부터 벗어나게 하는 것을 의미한다.

아니마 상의 본질적 부분은 우로보로스적 모성 원형의 분열과 그것의 긍정적인 부분을 내사함으로써 형성된다. 우리는 우로보로스적 모성의 원형이 발전 과정에서 어떻게 원형의 집단에서 스스로 갈라져 나오는지 보아왔다. 예를 들어 늙음과 젊음, 또한 신(神)과 동물의 특성이 우로보로스와 태모 안에 서로 이웃하여 나란히 있는 반면에, 계속적 발달에서 ≪젊은 여성≫, 공주, 혹은 아니마가 ≪늙은 여성≫으로부터 분리되어 나오게 된다. 그 늙은 여성은 무의식 안에서 선하거나 사악한 노파로서 젊은 여성과 상관없이 특정한 역할을 계속한다.

아니마의 형상은 여전히 상징적-원형적이다. 그것은 마술적으로 유혹하고 매혹하여 위험하게 얽혀져 있어서 지혜 뿐 아니라 광기도 가져올 수 있는 요소들이다. 그녀는 인간 뿐 아니라, 신적이자 동물적인 경향들도 가지고 있으며, 마법에 걸리거나 풀려날 때 그러한 형상을 취할 수 있다. 아니마는 심혼으로서 남성에 대한 여성성인 것만으로 규정할 수 없다; 하지만 인간의 영역으로 등장하게 된다면, 그것은 최종적인 것이 될 것이다. 그녀는 인간 이상으로 그리고 인간 이하로 넘나들지만, 또한 자아에 의해 너(Du)라고 반응할 수 있으나, 결코 추앙될 수는 없다.

아니마의 형상은 개인적 인격의 ≪외곽 지대≫에 있으며, 집단적, 원형적이면서, 또한 개인적 특성을 가지고 있다. 그녀는 심급의 하나로서 개인 인격 구조의 동화 가능한 부분이다.

예를 들어, 아니마 상이 개인의 전(全)인격화의 과정에서 자아의 성장과 더불어 용해되어 자아와 무의식 간의 관계기능이 된다면[73] 원형의 분할과 동화가 뒤따른다. 우리는 의식 발달에서 바로 그러한 인간 역사의 의미를 추구해왔던 것이다.

비로소 영혼, 즉 풀려난 포로의 실제성과 관계를 맺어야만 진정으로 무의식의 심연과 창조적으로 연결될 수 있다. 매번 무의식에서 등장하는 형식들에서 나타난 창조적인 것은 언제나 남성적 자아의식과 영혼의 여성적 세계와의 만남의 산물로 드러난다.

자기(Selbst)가 집단적 자기로서 집단정신 및 사회적 공동체의 삶의 본능적 기초가 되듯이,[74] 아니마나 아니무스의 투사는 이성들 간의 공동 생활의 기초를 형성한다. 집단을 차지하고 있는 것에 자기 상징이 투사되는 반면에, 자아와 개인 인격과 가까이 연결된 심혼의 아니마 상은 주변의 여성에 투사된다. 아니마(또는 아니무스)가 무의식적인 곳에는 언제나 그녀는 투사되고 그것에 의해서 투사를 받는 인간과의 관계 속으로 개인을 몰아넣는다. 그렇게 하여 그 개인은 파트너의 형상으로 집단적인 것에 붙잡혀서 인간적인 너(Du)-경험을 하지 않을 수 없도록 강요하여, 점차적으로 그 자신의 무의식적 심혼을 부분적으로 의식하도록 만든다. 자기(Selbst)와 아니마는 둘 다 애초에는 무의식으로 작용하는 개인 인격의 심급이지만, 일반적으로 신비적 참여가 일어나는 영역에서 벗어나서 이미 더 좁은 영역, 즉 자아에 가까운 곳에 경계를 짓는다. 강한 본능적 연결은 또한 공동 생활의 실제성에서 계속 의식화가 진행되도록 하여 무의식적 매혹을 분해하도록 한다.

개인 인격은 이제 아니마와 아니무스 형상에서 강한 무의식적 동기를 가진 체제를 갖게 된다. 초기 인간의 상태에서는 매번의 신비적 참여에서 우로보로스적으로 해체되는 상황이 되었으나, 이러한 개별 인격의 형성은 이미 집단적 무의식의 맹공을 잘 견딜 수 있는 능력을 갖춘 안정적인 구조와 관련되어 있다. 따라서 심혼의 위험을 경고하고 영감을 불어넣는 방향성의 특징은 중심화(Zentroversion)의 목적에 기여한다. 그녀가 ≪소피아≫로서 등장하는 최고의 아니마 심급의 형상은, 자아의 숙고하는

---

**73)** Jung, Beziehungen
**74)** 부록 Ⅰ를 참고하라.

파트너이자 조력자로서 작용하는 그녀의 기본적인 기능을 명백하게 드러낸다.

자아는 무의식에 대항하여 지상의 정복에서 적극적으로 투쟁하는, 영웅적 기능을 가지는 것만을 의미하는 것이 아니다; 자아는 이제 외부세계의 정복에도 같은 기능을 갖게 되는데, 이에 대해서는 더 이상 언급하지 않을 것이다. 우리는 이러한 외적 활동성이 서양적 학문의 기초라는 것을 이미 잘 알려진 전제로 갖고 있기 때문이다. 자아와 의식의 중요한 기능은 이전에는 해체, 즉 분석적 기능에 의해 수용하고 동화하여 파악하고 변화하는 것이었으나, 이제는 새로운 전체를 합성적으로 만들 수 있게 하는 합성기능이 된다. 세계의 상(像)은 그 이전에는 의식을 삼켜버린 적이 있는 무의식적 통일체였으나, 이제는 전체에 대한 의식의 개념으로서 의식에 의해 변화된 세계의 통일체이다.

우리는 두 정신 체제들의 대극성과 양립성을 그들의 분리와 부분적 재결합, 서로 차단되려는 경향, 그리고 서로 상대방을 지배하려고 시도하고 있는 경향 등, 몇 개의 과정으로 기술해 왔다. 이러한 과정은 중심화라고 해왔는데, 이런 중심화의 진행은 개인에게 있어서 불행이 될 수도 있다. 중심화라는 개념으로 제시되었듯이, 정신-물리(육체)의 동조 현상과, 정신 체제들을 조절하는 전체성의 경향에 의하여 제대로 조절되거나 균형을 잡지 못하게 된다면, 그에 따르는 재난이 있게 되고, 삶의 가능성도 저지되고 마는 것이다. 이런 중심화는 무의식의 우세 및 그의 자율적 내용에 의하여, 혹은 그 반대로 의식 체제의 과도한 차단과 지나친 자신의 과대평가로 인하여 전체성이 위험에 처하게 될 때마다 간섭하는 형태로 드러난다. 그것은 모든 유기체적 정신적 삶의 기초 요소인 보상성의 도움으로 정신-육체를 통일성에 이르도록 함께 묶어 버리기 때문이다. 이런 조절은 단세포들의 물질대사를 조절하는 것에서부터 의식과 무의식 사이의 균형을 잡는 영역에까지 이른다.

무의식으로부터의 의식의 분화와, 집단적인 것으로부터의 개인의 분화는 인간 종에게 전형적인 것이다. 집단적인 것이 조상의 경험으로서 집단무의식에 고정되어 나타나는 반면, 개인과 그의 운명은 원래 의식에 힘입어 실현되는 자아와 그의 발전에 뿌리를 두고 있는 것이다. 두 체제는 하나의 정신으로 융합되어 있지만, 하나의 체제는 또 다른 한 쪽의 계통발생적이면서 개체발생적 체제에서 발전하는 것이다. 자아는 행동과 의지의 중심이고, 의식의 중심이며, 의식은 표현과 인식의 기관으로서 집단무의식과 신체 속에서 진행되는 과정들을 지각한다.

외부세계와 내면세계의 대상들은 모두 의식의 내용들로 내사되는데, 그러면 의식은 자신의 입장에서 규정된 가치를 반영하여 그들의 대표자가 된다. 의식이 그것들을 선택, 정렬, 단계화, 제한을 하여 의식의 내용이 되게 하고, 조건화된 문화적 규범과 관련시켜 점점 그 영역을 넓혀간다. 하지만 그것은 세계상의 크기와는 상관없이 개별자들이 매 경우에 자아의식에 의하여 배열시키고 종합적으로 형상화하여 이룩한 세계상이다.

자아의식이 이룩하는 것은 거의 우로보로스에 비길 만한 형상화이므로, 자아와 자기는 서로 기본적 유사성을 가진다. 이것은 신화적으로 부자관계의 유사성에 해당하는 것이다. 자아와 의식은 심리학적으로 중심지향적인 기관이기 때문에 자아는 그 중심적 의미를 정당하게 주장한다. 인간의 입장에서 이런 기초적인 사실은 신화적으로 영웅의 성스러운 탄생과, 그에 관한 천상세계의 편입관계에 해당하는 것이다. 원시인에게서 ≪인간중심적인 것≫으로 믿음 속에 자리잡은 것은, 세계의 현존재가 자신의 주술적 행위에 좌우되거나, 자신의 제사가 태양의 경로를 조종한다는 식으로 묘사되는데, 이것이 실제로 인류의 뿌리 깊은 진실 중 하나이다. 자아와 자기 사이를 나타낸 부자의 유사성은 영웅 아들의 투쟁적 승리뿐만 아니라, 신(神)의 모상으로서 인간 문화의 새로운 정신세계를 창조하는 의식의 창조적-합성적 능력으로 드러난다.

분석적인 기능과 나란히 발생하는 자아의식의 이러한 종합적인 기능은 우리가 지속적으로 주의를 기울여온 객관화 능력을 전제로 한다. 자아의식은 내부와 외부의 객관세계 사이에서 내사에 이르도록 강요되어서 저절로 정복하고, 분석적으로 해체하고, 합성적으로 스스로를 설립하는데, 이는 또한 자신의 발달에서 지휘의 기능과 조정기능을 갖추고 멀리 나아가서 차별화하도록 강요되었으며, 마침내는 그 자신으로부터 떨어진 지점에 도달하게 된다. 이것은 자기 상대화를 이루는데, 회의, 유머, 아이러니, 그리고 상대성의 의식으로서 자기 자신에 대항하면서 보다 더 상위 형식의 정신적 객관성을 계속 가능하게 한다.

이 과정에서 자아의식은 다른 정신의 부분 체제 - 자아의식도 이 중의 하나임에도

- 와 구분된다. 그래서 자아의식은 각각의 다른 체제들의 일차적인 자기보존의 표시일 수 있는, 소위 자기의 사로잡힘에 해당되지는 않는다. 이러한 반성, 자기비판, 그리고 진리 및 객관성의 경향이 발달함으로써 이제 의식은 자신의 대립적 입장의 대표자에 점점 더 어울리게 된다. 그래서 자아는 쉽게 자신을 객관화하며, 발달이 정점에 이르면 마침내 자신의 고유한 중심화 상태를 포기하고 정신의 전체성, 자기(Selbst)와의 통합을 하기에 이르는 것이다.

자아의식의 합성 활동은 자기의 중심적 인격 통합을 위해 없어서는 안 되는 개인 인격의 절대적 전제이고, 필수적 요소적 기능들에 속하는 것이다. 이것은 중심화 및 합성적 작용의 직접적 파생물이다. 여기에 새로운 결정적 요소는 자아에 의해 이루어진 합성 작업으로 의식된 것, 즉 그 통일성은 더 이상 생물학적 단계로 남아있지 않고 심리학적인 단계로 올라간 바로 그것이다. 여기서의 온전성(Vollständigkeit)은 이러한 합성의 절실한 필요를 의미한다.

삶의 후반기 동안의 통합 과정은, 앞서 살펴보았듯이, 개인 인격의 고정을 위해 합성의 범위를 정해야만 이루어지는 것이므로, 개인 인격의 범위를 정하는 것은 필수적 전제이다. 합성된 재료들이 어떤 온전함에 이르렀다면, 중심화는 ≪충족된 것≫으로 나타난다. 이는 중심화가 개인 인격의 중심으로서 자기의 현상적 모습으로 드러날 것이다.

인격의 통합은 세계의 통합에 해당한다. 신비적 참여에서 중심 없이 해체된 정신은 산만하고 혼란스러운 세계에 속하는 것이다. 이에 반하여 이제 세계는 통합된 인격으로 순위적 질서에 따라 배열된다. 세계상과 인격 형성에 상응한다는 것은 아주 내밀한 단계에서 높은 단계로 모두 다다른 것을 의미한다.

의식-무의식 체제에서 인격의 분리가 과도하게 있으면 정신의 통일성은 더 높은 층위에서 의식의 합성능력을 통해 다시 인격의 통합을 시도한다. 용과의 싸움은 가장 고귀한 목표로서 영웅에게 떠올리게 한 것이었고, 불멸성 및 지속성은 의식의 합성 능력으로 정신의 통일성으로 이루어진다. 전(全)인격화 과정의 내적 경험에 해당하는, 자아로부터 자기(Selbst)에게로 중심의 이동은 자아의 덧없음의 특성으로 상대화된다. 개인 인격은 더 이상 덧없는 자아를 전적으로 동일시하지 않고, 유사성, 고수함의 형식으로 자기에 의해 부분성을 경험한다. 혹은 이런 경험의 모순적 형상화로 이야기될 수도 있을 것이다. 중요한 특성은 더 이상 덧없음의 특징을 가진 자아를 개인 인격으로 동일시하지 않는다는 사실이다. 덧없음의 특성은 자아에 부합하는 것이고, 합성된 인격은 그것을 극복하였다. 이것이 영웅신화의 최고의 목표이다. 승리를 거둔 투쟁에서 영웅은 자신의 신적 출신임을 증명하며, 싸움에 참여하는 것으로, 기본적 상황을 모두 채우는 경험을 하게 된다. 이때 그의 신화적 공식은 다음과 같다: 아버지와 나는 하나이다.

# C
## 균형과 위기 상태의 의식

### 체제 분리의 보상 : 균형 상태의 문화

# 체제 분리의 보상 : 균형 상태의 문화

이제까지 우리는 몇 가지 발달 노선을 살펴보았다. 근원적인 집단 상태로부터 상대적으로 개인 인격이 되는, 개별자를 형성할 수 있다는 사실을 이끌어 내었으며, 동시에 신화에서 영웅으로 표현하는 ≪위대한 개별자≫의 역할이 어떤 것인지 보여주려고 애써왔다. 이러한 발달은 무의식으로부터 의식의 떼어내기, 의식과 무의식이라는 두 체제의 분리, 그리고 자아의식의 자립화를 완수하는 것들에 상응한다.

이러한 발전의 내용에 기초하여 우리는 초기 인간의 영역을 떠나 문화의 영역으로 진입하여 정신적 체제들의 분리와 더불어 나타나는 문화적 문제들에 주목해야만 한다.

그 첫 번째 부분으로 ≪균형 상태의 문화≫를 다루게 될 것이다. 개인의 정신적 사건으로 간주되는 것이 인간집단 내에서 보상 경향을 나타내며, 이것으로 집단의 정신적 건강이 ≪본성(Nature)≫에 의하여 보장된다는 상황을 개괄적으로 묘사할 것이다.

두 번째 부분에서는 체제의 분리가 발달의 산물이긴 하지만, 그것이 점점 체제의 분열로 치닫게 한다. 그래서 그것이 우리 시대의 재앙이라고 할 수 있는 정신적 위기를 초래했다는 사실을 개괄적으로 밝히게 될 것이다.[75]

---

**75)** 부록 제 2부에서 대중에 대한 집단의 변질 과정과 그 과정을 통하여 나타나는 현상들을 이해하려는 시도가 이루어질 것이다. 그래서 어떤 의미에서 이 장은 앞선 부록 제 1부와, 제 2부를 함께 아울러 보충적인 통일성을 갖도록 할 것이다.

우리는 인류의 발달에 선구자의 성스러움의 체험과 비범한 사건이 나중에 모든 개인 속에 나타나는 과정에 속하는 것임을 강조해왔다. 한편에 자아의식이, 다른 한편으로 무의식이 작용하여 광범위한 불일치가 긴박한 상황을 초래하기에 이른다. 만약 실제로 개인 및 자아의식의 역할이 우리가 인정할 수 있을 만큼 인간 종에게 의미가 있다면, 자아에게 어떤 식으로든 해결의 도움이 주어진다. 이러한 도움은 외적으로 그리고 내적으로 개인에게 주어질 것이다. 성장하는 자아가 그 이전에 인류 전체가 수행했던 모든 영웅적 행위 및 용과의 싸움을 본받아 수행하게 되는 조건에서만 주어지는 것이다. 보다 정확히 말하자면 각 개인은 인류가 위대한 개별자, 즉 집단적 인류의 소유로서 스스로를 받아들여 정복하게 된 영웅이나 위대한 창조자들의 후임으로서 인류의 모든 영웅적 행위를 다시 체험해야만 한다.

집단적인 것은 그의 가치세계에서 성장한 개인에게 문화재로서 내용을 넘겨준다. 이때의 내용은 인류 역사 안에서 인간 의식의 성장이 강화해왔던 것이다. 그러나 그것은 이런 발전을 역행하는 모든 발달 내용과 태도를 금지시킨다. 교육과 정신적 전통으로서 제시된 집단적인 것은 내부로부터 비롯된, 원형적으로 미리 형성되어 있던 것이 교육을 통하여 현실화되어, 집단에서 외부적으로 지지하고 있다.

집단의 교육적 요구, 그리고 이러한 요구에 부응할 필요성은 취약한 개별-자아의 자립을 위한 투쟁에 결정적으로 도움이 되는 것 중 하나이다. ≪천상≫과 부성의 세계는 양심이라는 초자아를 형성하게 되며, 그것은 개인 인격의 내부에서 집단의식의 가치를 심급으로 대변하는 것이다. 그것은 집단적인 것의 종류, 가치 및 집단적인 것이 나타날 수 있는 의식의 수준에 따라 다양하게 드러날 것이다.

우리는 이미 영웅의 싸움에서 천상적인 것과 남성적인 것에 대한 의미를 지적해왔다. 여기서 다양한 문화에서 초기 아동기에 집단을 대표하는 개인적 아버지가 집단적 가치와 결합된 권위 콤플렉스의 담지자가 된다는 점, 나중에 사춘기에서는 남성사회 즉 남성적 집단이 그 대표 역할을 담당하게 된다는 점이 강조될 수 있다. 두 대표자 모두 아동기와 사춘기의 정상 자아의 심리적 상황을 결정짓는 용과의 싸움을 끝까지 수행하게 하는 데 도움이 된다.[76]

집단은 집단의 문화-전통 속에서 나타난 가치에 기초하고 있는 의식세계를 인정하고, 개별 자아의 처분에 그것을 맡긴다. 그런데 자아와 의식의 발달이 일방적으로 이루어짐으로써, 체제의 해리가 일어날 위험성이 커지고, 정신적 위기를 불러일으킬 수 있다. 그래서 모든 집단과 문화 속에는 그에 편입된 개인과의 균형을 잡으려는 내재된 의미의 경향이 있다.

문화 내부에서의 이러한 균형을 이루려는 경향은 보통 집단무의식이 집단의 삶을 관여하는 영역에서 나타난다. 즉 종교, 예술, 또는 그것과 상관없이 전쟁에서 축제에 이르기까지, 심지어 행진에서 집회 등에 이르는 모든 집단행동을 통해서 나타난다.

문화 상황의 균형을 위한 이상의 영역이 중요하게 부각되는 것은, 바로 그것이 의식과 무의식의 분열을 막기 위하여 정신적으로 기능하여 통일성을 보장한다는 점에 있기 때문이다.

이러한 점과 관련하여 의식을 위한 상징의 역할이 설명되어야 한다. 상징세계는 스스로 계몽하고 체계화하는 의식의 층과, 집단무의식 및 그의 초개인적 내용 간의 다리를 놓는다. 상징세계가 효력을 갖는 세계로는 제의, 숭배의식, 신화, 종교, 예술이 있다. 여기서 상징이 효력을 갖는다면, 그 두 층위가 서로 떨어지는 것을 막을 수 있고, 그에 힘입어 언제나 한 쪽의 정신 체제가 다시 다른 쪽의 체제에 영향을 미치게 되며, 그래서 그 둘 사이에 대화가 가능해진다.

융이 말한 바와 같이[77] 상징은 무의식에서 의식으로의 적용 및 직무수행을 하도록 심혼적 에너지의 이행을 중재하고 있다. 그는 상징을 ≪에너지를 변환하게 만드는≫ ≪심리적 기계≫라고 불렀다.[78] 상징의 도움으로 리비도는 자신의 자연적 하상(河床, 강바닥)에로, 즉 일상적 습관에서 유도되어 ≪비범한 직무수행≫을 할 수 있게 된다.

초기 문화에 있어서 일상적인 습관은 원시인의 무의식적 현존을 나타낸다. 신비적 참여 상태에 있으므로 그의 자연적 삶이 펼쳐지는 그런 세계에 의해 리비도의 습관적

---

**76)** 아주 비범한 자아의 발전, 즉 창조적 인간을 문제삼고 있을 때, 그 둘은 극복되어야 할 융이 되어버린다.

**77)** Jung, Wandlungen

**78)** C.G. Jung, Energetik der Seele, S. 76 (zit. Jung, Energetik)

교착만이 있을 뿐이다. 상징을 통해서 에너지가 이러한 교착으로부터 벗어나서 의식적 행동과 작업수행이 가능하게 되었다. 상징은 에너지의 변환자로서 원시인으로 하여금 어떤 것을 수행하도록 리비도를 변환시키는 것이다. 이 때문에 초기 인간에게 있어서 매번의 활동은 숭배제의-상징적 처치를 통하여 인도되고, 그것에 의하여 삶의 방향이 정해졌던 것이다. 그래서 농경, 사냥, 어업 또는 어떤 다른 ≪비범한≫, 말하자면 일상적이지 않은 행동으로 유도되는 것이다. 리비도를 사로잡고 유혹하고 자아의 주의력을 붙잡는 상징의 영향에 의해서만 ≪비범한 활동성≫이 착수될 수 있다.

현대인에게도 여전히 같은 조건이 적용되지만, 다만 우리가 그것을 잘 의식하지 못할 뿐이다. ≪비범한≫ 활동의 ≪신성화≫가 오늘날에도 인간을 ≪일상적 습관≫에서 요구된 비범한 활동 상태로 바꾸는 방법이 된다. 예를 들자면, 심약한 사무원을 생사를 넘나드는 전폭기 편대장으로 변모시키는 것은 현대인에게 요구될 수 있는 가장 급진적 심혼적 변형의 하나가 될 것이다. 오늘날 평범하고 평화를 사랑하는 시민을 전사로 만드는 변신도 상징의 도움이 있어야만 가능한 것이다. 이러한 인격의 변환은 신, 왕, 조국, 자유, ≪국가의 가장 성스러운 재산≫ 등의 상징의 간청에 의해서, 예술과 종교 등 개인을 감동시키는 계기의 도움을 받아 집단의 상징에 충실한 봉헌 행위의 주체가 된다. 자유로운 개인 삶의 ≪자연적 하상≫에서 비롯된 심혼적 에너지의 유출은 심리학적으로 죽은 자의 ≪비범한 활동≫이 되게 한다.

개인적 상징, 마찬가지로 사회적이자 어떤 집단에 의미있는 상징은 ≪배타적으로 의식적이거나, 배타적으로 무의식적인 기원≫을 가진 적이 없고, 오히려 ≪양자의 동등한 협력≫에 의해 만들어진 것이라고 할 수 있다. 상징은 ≪이성적 자료 뿐 아니라, 순수한 내적 및 외적 감관적 인지의 비이성적 자료를 함께한 것이므로≫ 또한 ≪이성에 부합하는≫ 합리적 측면과 ≪이성에 접근하기 어려운≫ 다른 측면을 함께 갖는다.[79]

감각적이고 비유적인(bildhaft) 상징의 요소들은 감각과 직관, 말하자면 비이성적 기능들에서 생겨나는 것이므로 이성으로는 포착될 수 없다. 그것이 깃발, 십자가 등의 직접적 상징일 경우 쉽게 이해되겠지만, 상징적 실제성을 문제삼고 있는 한, 그것은 여전히 추상적 이념에도 유효하다. 예를 들어 ≪조국≫이라는 이념의 상징적 의의는 그것이 명백하게 가지고 있는, 합리적으로 파악 가능한 것을 뛰어넘어 조국이라는 부름이 있을 때 마음을 움직이게 되는 정서적 요소가 있다는 것이다. 이처럼 상징은 매혹을 수단으로 리비도를 그의 오랜 습관적 경로에서 벗어나게 하는 에너지 변형자임을 나타낸다.

일반적으로 상징은 원시인과 현대인에게 각기 반대로 작용한다.[80] 발달사적으로 초기 인간에게 상징은 의식의 발달을 낳았고, 현실 적응을 하게 하였고, 외적으로 객관세계를 발견하게 하였다. 예를 들어 성스러운 동물은 그 이전의 목축 속에 이미 포함되어져 있던 것이듯이, 일반적으로 어떤 사물의 성스러운 의미가 속된 의미보다 더 오래된 것이다. ≪객관적인 것≫은 언제나 나중에 생성된 것이고, ≪상징적인 것≫ 다음에 드러나는 것이다.

초기에 상징의 합리화가 가능하게 된다는 것은 극히 중요한 의미를 갖는다. 여기서 세계상이 상징적인 것으로부터 이성적인 것으로 발전하는 것이다. 전(前)논리적 사고에서 논리적 사고로의 진전은 상징을 넘어서 가는 것이고, 이는 마치 상징적 사고에서 비롯되어 인류의 철학적 그리고 학문적 사고로 점차 분화되어가는 것으로 확인되는 것과 같다. 이는 무의식의 정서적-역동적 요소들에서 벗어나게 된 개혁 하에서 이루어지는 것이다.

원시인은 무의식적 내용들을 세계와 객체에 투사하기 때문에, 그들에게 세계와 객체는 상징으로 가득 차고 마나가 충만한 것으로 나타난다. 그래서 그의 관심이 세계에 초점을 맞추게 된다. 그의 의식과 의지는 취약하여 움직이기 어렵다. 리비도는 무의식에 머물고 있어서 자아에게는 조금만 할애된다. 상징은 투사에 의하여 생기가 불어넣어진 대상으로서 매혹하게 된다. 그렇게 상징은 인간을 ≪사로잡아≫ 인류 전체를 움

---

**79)** Jung, Typen, S. 679
**80)** 현대 인간에게 ≪내면으로 향하는 길≫에서 상징의 등장은 반대되는 의미와 기능을 갖는다. 의식과 무의식적 요소의 결합을 나타낸다는데 기초하고 있는 상징의 중간자적 위치는, 의식이 무의식과의 재결합이 상징 위에서 이루어진다는 사실로 드러난다. 이는 초기 인간이 무의식에서 빠져나옴으로써 이룩한 의식의 발달의 반대 방향으로 작업하는 것과 같다.

직이게 하는 그런 리비도를 갖고 있다. 융이 지적했듯이[81] 이러한 상징의 활성화 작용이 바로 모든 제의에서 나타나는 중요한 동인인 것이다. 대지에 대한 상징적 소생을 통해서만이 농업의 고됨을 이겨낼 수 있게 되었으며, 입문제의에서의 상징적 사로잡힘에 의해서만이 제의의 참가자가 리비도를 더 많이 활용하는 행위를 할 수 있게 되는 것이다.

그런데 상징 또한 무의식에 내재한 형식 원리에 따른 정신적 측면의 표현이다. 이는 ≪종(種) 그 자체의 원칙(prinzip sui generis)인 충동(Trieb)으로 정신에서 나타나기≫ 때문이다.[82] 상징의 정신적 측면은 인간적 의식의 발달을 위한 요소일 뿐 아니라, 또한 바로 결정적 요소이다. 상징은 사로잡고 있는 것 외에, 그것이 의미하고 있는 것, 즉 가리키고(hin-deutet), 예고하고(an-deutet) 있어서, 해석되기를 원하는 의미의 특성도 있다. 그것은 이해를 청하고 의식과 숙고를 요구하는 측면으로, 상징에서 갖게 되는 감정과 감동이 되기도 한다. 상징 안에서 함께 작용하는 이러한 두 측면이 상징의 본질적 특성을 이룬다. 이것은 고정된 의미를 갖는 비유나 기호와는 다르다. 상징이 생생하게 영향력을 미치는 한, 상징에는 경험하는 의식의 한계를 뛰어넘는 것이 있다. 이는 ≪본질적으로 무의식의 부분을 나타내고≫,[83] 이것이 바로 마음을 움직이고 끌어당기는 영향력을 갖고 있는 것이다. 이 때문에 의식은 상징으로 끊임없이 되돌아오고, 매혹되어 상징 주위를 맴돌면서 명상하고 바라보면서 움직인다. 그래서 수많은 제의와 종교적 의식에서 둥글게 맴돌며 걷는 행위를 되풀이하는 것이다.

≪상징적 삶≫에 있어서[84] 자아는 내용을 소화하기 위하여, 의식의 이성적 측면으로 내용을 받아들여 분석하는 것이 아니다. 오히려 정신의 전체성이 상징의 심상과 작용의 특징을 드러내므로, 그에 의해 침투되고 ≪움직이게(bewegen)≫ 된다. 상징적 작용의 ≪강렬함≫은 정신적 전체성을 청하는 것이지 의식만을 청하는 것이 아니다.

심상과 상징은 무의식의 창조적 산물로서 인간적 심혼에 위치한 정신 측면의 시위운동들이다. 그렇게 등장한 상에는 무의식의 의미와, 그것이 주어진 경향이 그 자체 표현되어 있다. 비전, 꿈, 환상 등은 내면의 상이지만, 마치 신의 현시처럼 외적으로 나타난다. 무의식적 정신이 상징의 방식을 통해 스스로를 ≪표현한≫ 것이다.

상징에 의하여 인간의 의식은 정신적 능력을 갖게 되고, 마침내 자기의식에 이르게 된다.

> 인간은 신들의 상(像) 안에서 자신의 존재를 가시적이게 하는 만큼, 자신의 존재를 이해하고 인식하게 된다.[85]

신화, 예술, 종교, 언어는 인간이 가지는 창조적 정신의 상징적 표현이다. 그 상징적 표현으로 창조적인 것은 가시적이게 되어, 의식에서 자기의식에 이르는 대상이 되는 것이다.

그러나 원형과 상징이 갖고 있는 의미제공의 기능은, 융이 언급한 것처럼, 강력한 정서적인 측면을 함께 갖고 있다. 그래서 상징을 통해 움직이게 되는 정서성은 하나의 방향을, 말하자면 의미와 질서의 특징을 갖는다.

> 원형과의 모든 관계는 그것이 경험되었든 안 되었든, ≪마음을 움직이게≫ 한다. 즉 그것은 우리 자신의 것보다 더 강력한 소리를 풀어놓기 때문에 작용하는 것이다. 원상들과 소통할 수 있는 사람은 수천의 목소리와도 소통하는 것이어서, 언제나 존재해온 존재자의 영역에서 일회적으로 그렇게 사라져갈 그런 것을 표현하려고, 사로잡혀서 과도한 힘을 쓰게 되기도 하고, 동시에 찬양하려 하기도 한다. 그는 개인적인 운명을 인류의 운명으로 끌어올리게 한다. 이를 통하여 그는 인류가 모든 위험으로부터 보호처를 찾을 수 있게 해주고, 아주 긴 밤을 견디어 살아낼 수 있는 우리 내부의 유익한 힘들을 끌어내는 것이다.[86]

81) Jung, Wandlungen
82) Jung, Energetik, S. 98
83) Jung, Typen, S. 679
84) C.G. Jung, The Symbolic Life
85) Cassirer, Philosophie
86) C.G. Jung, Seelenprobleme der Gegenwart, S. 70

결과적으로 원형에 의한 사로잡힘은 의미를 제공하고 동시에 해방되게 한다. 의식의 발달이 결과적으로 정서적 요소들을 철폐하여 고갈되고 막혀있던 것을 다시 풀려나오게 하였기 때문이다. 게다가 앞서 살펴보았듯이 이것은 근원적 집단정신의 체험이므로, 일시적으로 개별자의 고립이 극복되는 것 같은 상태로, 집단정신의 재활성화가 나타난다.

원형에 의한 사로잡힘은 개인을 인류와 다시 연결시킨다. 그래서 그 개인은 집단무의식의 뿌리에 닿게 되고 자신의 집단적 심연의 층을 활성화하도록 재생된다. 자연히 이런 경험은 아주 신성한 사건으로 경험되고, 집단은 이를 집단적 현상으로 기념하게 된다. 그래서 그것은 종교처럼 집단적으로 ≪행하게≫ 되고, 오늘날에도 여전히 부분적으로 집단 현상으로 시현되고 있다. 또한 예술도 근원적으로 그런 집단적 체험의 하나였다. 예술이 그와 같은 원형적 상징들의 자기표상과 관련이 있고, 신성과 연결되어 있어서 춤, 노래, 조각 및 신화적 진술로서의 예술은 그리스 비극, 중세의 신비극, 교회 음악에 이르기까지 후기에도 여전히 집단적 종교의 특성을 갖는 것이다. 서서히 진전되는 개별화와 함께 그 집단의 특성은 형성을 멈추게 되고, 그 집단으로부터 벗어난 개별적 독경자(讀經者), 개별적 관객, 개별적 청자가 등장하게 된다.

민족과 집단의 문화는 원형적인 규범이 그 안에서 작용하고, 그의 가장 심오하고 드높은 가치가 나타나서, 종교, 예술, 축제 및 삶을 규정하고 있는 것들을 통해서 구체화된다. 균형 상태의 문화에서는 개별자는 자기집단의 원형적 규범의 그물구조에서 얽매여 있어서, 그 속에서는 생동적으로 보이지만, 사실 사로잡혀 있는 상태에 있는 것이다.

말하자면 자기(Selbst)가 집단의 문화에 포함되어 있다는 것은 그의 정신의 체제가 균형을 잡고 있다는 것을 의미한다. 바로 이 체제에서 의식은 보호받고, 발달하고, 집단가치로 살아있는 ≪천상의 세계≫인 의식의 전통에 의해 훈육된다. 그리고 다른 한편으로 집단의 문화에 포함되어 있어서, 의식 체제는 종교, 예술, 관습 등에 투사되고, 관습과 도덕에서 구체화된 원형에 의해 보상을 받는다. 개인적으로나 집단적으로 위기 상황들이 일어나는 곳은 규범의 책임있는 전달자에게 고지가 된다. 이들이 치유자, 예언자, 신부, 수도자, 지도자, 정치 지도자, 관리자가 되는 것은 규범에 따라 정해진다. 마찬가지로 이런 사회제도 뒤에 서 있는 규범은 정령들, 악령들, 신들, 유일신으로, 또한 나무, 돌, 동물, 신성한 장소 및 다른 것들의 이념으로 형성된다. 어떤 경우든 심리적 작용은 집단과 개별자의 상대적 의식 상태와 관련되어져 있어서, 균일화, 지배적 규범에 의한 재조정 및 집단적인 것과의 새로운 연결에 의해 위기들은 극복된다. 그러한 가치의 그물구조가 있기 때문에 평균적으로 개별자는 집단 안에서 그리고 문화 안에서 안전할 수 있다. 말하자면 살아있는 집단무의식의 가치와 상징이 정신적인 균형을 보장하는 것이다.

상징과 원형들은 인간 본성의 질서와 의미들을 만들어내는 측면, 즉 내용을 이루고 형상을 제공하는 측면의 투사들이다. 그래서 상징과 상징적 형상화는 더 후기의 인간 문화만큼이나 이전의 모든 문화의 지배적인 것에서 비롯된다. 그것들은 인류가 감싸고 있는 의미 저장소이다. 그래서 모든 문화의 고찰과 해석 및 이해는 문화의 상징과 원형의 고찰, 해석 및 이해이다.

종교적인 제의, 숭배, 축제에서 규정하는 원형들의 집단적인 거행 및 예술에서 그와 관련된 표현의 방식들은, 초개인적 정신의 배경의 힘들이 갖는 의미를 제공하고 정서를 해방시키는 작용으로 삶을 충족시킨다. 종교적 신성의 작용 외에도 체험되는 원형은 심미적으로 정화하는 작용을 한다. 우리가 성찬식이나 흡취제에서 음식물을 통해서, 혹은 성적, 호전적, 가학적 탐닉을 통한 망아적-원시적 사로잡힘을 제외시켜 본다면, 위와 같은 상징과 원형의 작용을 고려할 수 있을 것이다. 그것은 또한 발달상 점차적인 변환을 하게 된다.

발달의 순서는 상징에 의하여 무의식적 정서적 동요와 활동성으로 시작한다. 여기서의 상징은 제의에서 가시화되고, 상징은 행위로 대체되고 표현된다. 예를 들자면 오래된 왕의 즉위식에서 상징과 제의는 여전히 다른 사람을 위하여 있는 왕의 범례적인 삶과 전적으로 동일시되어 있다. 나중에 제의는 집단을 위해 집단 앞에서 제의적 행위로 ≪공연≫된다. 그러나 제의적 행위는 여전히 마술적이고, 그 영향력이 강력하게 제공되고 있다.

점차적으로 상징의 의미의 특징이 분리되는데, 그것은 행위의 특성으로부터 분리되어, 의식되고 해석될 수 있는 제식의 내용이 되었다. 제의는 초기와 같이 행해지지만,

그것은 이제 공연이며, 예를 들어 봉헌제의라는 의미를 갖는다. 그래서 표현되고 행위로 대체된 상징의 해석(설명)은 이제 봉헌의 본질적 부분이 된다. 의식의 해석 작업은 이미 강조되었고, 이로 인하여 자아의 영역이 강화된다.[87]

보상의 법칙은 중심화의 표현으로서, 문화 전체 및 그의 표명으로 드러나게 된다. 그래서 문화가 ≪균형 상태≫에 이르게 된다. 종교, 예술, 관습에서 문화적 규범의 초개인적인 요소 및 그의 영향에 사로잡혀 있을 때 등장하는 집단의 보상은 단지 방향을 다시 잡는 것 뿐 아니라, 또한 의미도 제공하고 내용적으로도 정서적 자유를 갖게 하거나 심경의 변화를 가져온다. 이런 정서적 보상은 분화되고 특수화되는 의식의 체제를 위해서 더욱 더 중요하게 된다.

여기에 꿈과의 유비는 매우 중요하다. 꿈은 중심화에 의해 조정되는 보상성의 하나인 것이다. 의식에서 필요한 내용이 꿈에서 의식의 과오, 일방성과 전체성을 위협하는 오류를 수정하고 균형에 이르도록 애쓰는 중심화의 훈령으로 제공된다.

만약 자아의식이 꿈을 이해하게 되면 태도가 변화하게 되고, 의식의 태도를 이루고 있던 기초를 바꿀 수 있다. 그래서 의식과 인격의 재조정에 이를 수 있다. 이러한 재조정은 삶 전체의 변화로 드러난다. 예를 들어 자고 난 뒤 상쾌하고, 생기가 돌고, 활동을 즐기거나, 후퇴의 느낌이 들고, 기분이 나쁘고, 우울하거나 까닭 없이 예민하게 되기도 한다. 그것은 의식의 내용이 정서적으로 달리 조정됨으로써 의식의 내용도 그에 따라 변하게 됨을 보여준다. 예전에는 전혀 관심이 없던 내용이 갑자기 흥미있게 되는가 하면, 그 때문에 내용적으로도 다르게 이해되고 수용된다: 관심을 끌던 것이 무관심하게 되고, 욕망하게 되던 것이 거부감을 주는 것이 되면서, 도달할 수 없던 것이 과제로 다가오는 방식으로 변하게 된다.[88]

의식의 정서적 전환은 자신의 활동의 무의식적 전환으로 이끈다. 병든 이들에게서 정서적 전환은 무의식적 배열에 의하여 야기된다. 무의식적 배열은 전체성에서 형성한 것이 아니기 때문에 삶이 무너질 수 있다. 그러나 건강한 사람들에게는 정서적 배열이 중심화에 의하여 일어나게 된다. 그래서 이러한 정서성은 긍정적으로 일어나고 움직이게 하고 끌어당기고 밀어내기도 한다. 이러한 것이 결핍되었을 때는 죽은 것만이 남아있게 된다. 즉 죽은 지식, 죽은 사실, 의미없는 정보, 연결성 없음, 생동감을 잃은 의식의 개별성이나 아무것도 기대할 수 없는 관계성만이 남게 된다. 그러나 정서적 요소들이 투입되는 곳에는 관심을 일으키는 리비도 흐름이 일어나고, 새로운 배열과 정신적 내용들이 작동하도록 설정된다. 이러한 관심은 대부분 무의식적으로 작용할 수 있는데, 예를 들면 방향성을 부여하는 정서성이 된다. 왜냐하면 의식의 제어할 수 있는 관심은 정신의 삶을 움직이고 지휘하는 무의식의 주요한 흐름에 비하면 아주 작은 주변적 흐름일 뿐이기 때문이다.

한 문화의 내부에 생생하게 살아있는 정서적 흐름은 집단의 문화적 규범인 원형의 하상에 붙잡혀 있다. 이러한 정서성은 생생하게 살아남아 있어서 개별자를 갱신한다. 물론 그것은 집단사회의 풍습과 관습에 의해 처리되고, 그래서 주어진 전통적 궤도와 도 적지 않게 연결되어 있다.

그러나 집단의 집단 행위는 단지 초개인적인 힘들의 등장을 위한 공연장만이 아니 다. 또한 평범한 개인의 삶도 그러한 상징의 영향력에 놓이게 된다. 본성에 따라서 삶 의 모든 중요한 단편들이 강조되고 기념된다. 그런 것들은 집단적이고 초개인적으로 경험되는데, 말하자면 개인의 범위를 넘어선다. 그 때문에 언제나 원형의 문화적 규범 과 성스러운 접촉으로 경험되는 것이다.

≪위대한 사건≫을 지휘하고 있는 교제는 집단과 개인의 삶을 모두 포괄하고 있다. 음력과 양력의 우주적 축제, 삶에 제의적 뼈대 뿐 아니라 방향성을 제공하는 신년축제 등은 집단이 인류로서 자신의 역사를 기념하는 역사적인 사건과 연결된다. 어느 곳이 든 삶은 신성한 시간, 신성한 곳, 신성한 축제와 함께한다. 이런 풍경은 종교와 예술이 그들의 원형적 내용으로 세계적 영역을 차지하는 신성한 곳, 즉 교회, 사원, 기념비,

---

87) 우리는 이차적 인격화의 효과를 고대의 상징적 숭배제의의 변환을 다루는 비밀제의를 넘어 고대 비극에 이르기까 지 심지어는 현대의 극에까지 추구하고 있다. 또한 여기서 같은 발달의 방향으로서 초개인적 요소의 하강적 배열 과 개인적 요소의 상승적 배열이 함께하고 있음을 발견한다; 권력과 신들의 숭배의식의 시작에서, 개인의 가족운 명체의 실내극의 결말에서 보게 된다.

88) 심경의 변화와 정서의 변화는 지금까지 심층심리학에 의해서도 심하게 간과되어 왔다. 왜냐하면 우리의 관심이 내용적 요소의 조사라는 점에 사로잡혀 있기 때문이다. 단편적 꿈의 내용적 해석은 결코 심경의 변화의 특징을 해 명하지 못한다. 꿈의 해석과 치료에서 정서적 요소의 중요성에 대해서만 지적할 뿐이다.

추모비, 성지 등에 섞이게 된다. 그래서 도처에서 가치의 초개인적인 규범들은 그 내용에 사로잡힌 집단사회를 형성한다. 삶의 시간은 공연, 경기, 봄의 축제, 추수의 축제에서 그런 것을 축성하는 행위들로 이루어진 축제의 관계조직으로 이루어진다. 바로 이 축제들에서 우주적인 삶과 지상의 삶이 서로 조우하게 된다.

그러나 아직 초개인적인 것의 신성함과 정서적인 역동성이 개인의 삶에 더 많이 영향을 주고 있다. 탄생과 죽음, 성숙, 결혼, 그리고 출산 등은 인류에게 ≪신성한≫ 것이다. 그래서 병듦과 회복, 행복과 불행은 개인적 운명이 초개인적인 것과의 접촉을 하도록 동기를 부여하는 것으로 간주된다. 원형들이 만나는 곳이면 어디서든 개인적인 세계는 변화를 맞이하게 된다.

초개인적인 것의 계속적인 유입이 어떻게 개인의 생동감을 보증하는지를[89] 보여주는 세세한 설명을 하지는 않겠다. ≪문화가 균형 상태에 있는 한≫, 그것을 담지하고 있는 개인은 보통 집단무의식에 충실한 관계에 있는 기본 상황을 보여준다. 이는 개인이 문화적 규범에 원형적 투사를 하고 있으며, 그것의 높은 가치와 관계하고 있는 것이다.

이러한 구조 내에 갖는 삶의 질서는 – 보통의 개인에서 보듯이 – 무의식의 위험한 침입을 배제시켜 생각해볼 수 있다. 그리고 개인에게 인류적, 우주적, 개인적 및 초개인적으로 분류된 세계에서 자신의 현존재의 내적인 안정감과 질서를 보증한다.

그러나 이러한 현존재의 예외, 즉 집단이 지시하고 있는 예외는 국외자들이고, 이들은 신화에서 ≪위대한 개별자≫, ≪영웅≫이라고 하는 광의의 개념에 속하는 인간들이다. 위대한 개별자와 집단 사이의 변증법은 오늘날에도 계속되고 있다. 위대한 개별자에게는 범상함의 법칙이 작용하게 된다. 그는 익숙해진 것들을 모두 자신을 붙잡아 매려는 낡은 것의 힘으로 여겨 극복해야만 한다. 그러나 정상적 삶, 즉 영웅이 아닌 존재의 삶에서 극복한다는 것은 정상적인 가치를 희생하고 집단과는 대극적으로 등장해야만 한다는 것을 의미한다. 성공한 경우는 영웅이 문화를 가져오는 자, 구세주 등으로 존경받을 수 있지만, 대부분은 그 전에 집단에 의해 죽임을 당했던 것이다. 영웅의 신화적 지배력은 초개인적으로만 진실이 된다. 그는 자신의 가치세계를 승리로 획득하여 지배력을 갖게 되지만, 종종 충분히 개인적으로는 그 지배력을 경험하지 못한다.

영웅과 위대한 개별자는 언제나, 그리고 기본적으로 즉각적 내적 경험의 인간이다. 그는 선각자, 예술가, 예언가, 또는 혁명가로서, 새로운 가치와 새로운 내용, 즉 ≪새로운 심상≫을 보고, 정의하고, 표현하고, 구체화한다. 그의 방향잡기는 ≪음성(die Stimme)≫, 즉 ≪요구≫의 직접성으로 드러나는 자기(Selbst)의 개인적 표명으로 이루어진다. 여기에 바로 개별자의 범상한 방향잡기가 있는 것이다. 그런 방식으로 개별자에게 음성의 계시로 주어진 모든 가능성에 따름으로써 규범이 ≪성립≫된다고 하는 것만은 아니다. 여기에는 좀 더 살펴보아야 할 것이 있다. 음성을 듣는 체험은 인류가 있는 어느 곳이든 규범의 내용으로 발휘된다. 그것은 원시인에게서도, 인디언의 수호령에서도, 개별자가 개인적 토템을 위임해야 하는 곳에서도 드러난다. 그러나 개별자가 병자로서 집단무의식의 자발적인 활동으로 인해 압도되어 파괴된 의식을 가지고서 초개인적인 의지를 발동하게 될 때, 그 개별자는 ≪성스러운 오류자≫가 될 것이다. 인류는 – 심층심리학적 정당성으로 – 그 자신 속에서 초개인적인 접촉으로 인해 신성한 것으로 인정되는 힘의 희생을 인식하기에 이르렀다.

창조적인 인간이 집단정신에 의해, 혹은 자신의 의식의 활동에 의해, 혹은 자신의 정신적 체제 내(內)에 자리잡고 있는 것들에 의해, 사로잡혀 수행하고 있음에 대해서는 여기서 다루지 않을 것이다. 그 모두가 그와 같은 가능성이 있지만, 여기서는 창조적인 인간의 문제에 대한 특별한 탐구가 되도록 할 것이다.

가장 중요한 사실은 원형적 규범이 창조적 과정에서 항상 특정의 개인, 즉 ≪정도를 벗어난≫ 개별자를 통해 창조되고 생성된다는 것이다. 설립자와 개별자는 종교와 종파, 철학들, 정치학, 이데올로기, 그리고 정신 운동을 창출해왔다. 그러나 개개인은 집단의 보호 속에서 살고 있고, 그런 보호 속에서는 직접적 계시나 창조적 고통과 같은 근원적 열정이 전혀 건드려지지 않는다.

---

89) Leeuw, Phänomenologie: Das heilige Leben

융은 예술에서 창조적인 것의 보상적 기능에 대해 이렇게 말하고 있다.

예술의 사회적 의미는 다음과 같다: 그것은 늘 시대정신의 훈육에 힘쓴다. 그 시대정신
에 가장 결핍된 것을 형상으로 끌어내기 때문이다. 현재의 불만족스러움에서 갖는 예
술가들의 열망은 무의식의 근원적 심상에 이르기까지 철회하며, 시대정신의 결핍과 일
방성을 가장 효율적으로 보상하는 것을 끌어올리게 한다. 예술가들은 이런 심상들을
붙잡게 되는데, 깊은 심층의 무의식으로부터 그것을 끌어올려 의식에 가깝게 만들고,
동시대의 사람들이 수용할 수 있을 때까지 그것을 변형시킨다.[90]

≪영웅≫은 이미 현존하는 규범들을 꾸미고 장식하는 그런 창조자가 아니다. 영웅도
지배하고 있는 원형적 내용을 형상화하고자 하여 어떤 위대한 것을 창조할 수 있겠지
만, 영웅은 원래 새로운 것을 가져오고 오래된 가치의 구조물들을 해체시키는 자이다.
이때의 오래된 가치의 구조물은 부성-용(龍)에 해당하는 것으로, 전통을 고수하려는
전체 무게와 집단의 힘을 가지고 새로운 탄생을 방해하려 애쓰는 것을 의미한다.
    집단 내에서 창조적 인간들은 계속 이끌어가는 요소와, 동시에 철회하여 근원적인
것과 연결하려는 요소를 형성한다. 새로운 용과 싸우는 싸움에서 그들은 새로운 영토
를 정복하여, 의식의 새로운 영역을 만들고, 그들을 따르도록 소명감을 불어넣은 ≪음
성≫으로 작용하므로, 지식과 윤리의 낡은 체계를 파괴한다. 이것은 그들이 자신들의
과제를 종교적 소명감 또는 실제적인 삶의 요청으로서 파악을 했든 안 했든 문제되지
않는다. 새로운 것이 생성되는 심층이 드러나, 이 층이 한 개인을 사로잡는 힘을 가지
므로, 이는 의식의 이데올로기가 아니라, 이미 묘사해온 ≪음성≫이라고 한 그런 것에
의해서 가능하다. 이것이 바로 소명이라는 시금석이다.
    원형의 세계는 창조적인 인간을 통해 상징을 넘어 문화의 세계와 의식세계로 침투
해온다. 심층의 세계는 열매를 맺게 하고, 변환하고, 확장시키고, 집단과 개인의 삶에
배경이 되는 것을 제공한다. 이런 배경이야말로 현존재를 의미 있게 만든다. 종교, 예
술의 의미는 원시적 문화에서 뿐 아니라, 우리와 같이 의식을 매우 강조한 문화에서도
긍정적이고 종합적이다. 심하게 억압되었으나 긍정적인 내용과 정서적인 구성요소들

이 예술과 종교에서 표현되어 나오기 때문이다. 개별자에서든, 전체에서든 의식의 우위로 이루어진 부권적 문화세계는 단지 단편들만을 형성한다. 집단무의식의 심층으로부터 제외되어 있는 긍정적인 힘들이 창조적 인간으로 하여금 표현을 하도록 침범해 들어오고, 그래서 창조적 개인을 넘어서 집단으로 흘러 들어가게 된다. 한편으로 그것은 문화세계의 분화에서는 제외된 ≪낡은≫ 힘들이고, 또 다른 한편으로 한 번도 등장한 적이 없는 새로운 얼굴을 형성하는 것으로 믿어진다.

문화를 ≪균형 상태≫로 유지하기 위해 위의 두 기능이 돕게 된다. 그 두 기능은 문화가 그 뿌리에서 너무 벗어나지 않게 할 뿐 아니라, 또한 보수적으로 굳어지지 않게 하는 것이다.

그러나 보상을 수행하는 담지자로서의 영웅은 정상적인 인간의 상황과 집단에서 소외된다. 그는 자유를 위해 투쟁으로 극복한 대표 주자가 되며, 그 자유를 손에 넣어 ≪운반하도록≫ 요구되어 있기 때문에, 집단에서 벗어나서 고통을 받는다.

융이 이미 〈변환〉에서 이런 사실들의 의미와 해석을 제시하였듯이, 영웅은 언제나 근본적으로 희생과 고통을 강요당하는 운명적 필연성을 가진다.

그것은 헤라클레스에서처럼 그 행위가 헌신으로서 드러나는데, 모든 영웅이 그렇지 않지만 많은 영웅의 삶이 ≪힘겨운 노역≫, 어려운 수행의 삶이다. 미트라스(Mithras)에서는 그의 상징이 황소의 운반자이자 황소의 희생제물이고, 예수에서는 십자가를 진 자이자 십자가에 못 박힌 자이고, 프로메테우스에서는 코커수스 섬의 사슬에 묶여져 있는 존재이듯이, 도처에서 이런 희생제물과 고통의 주제를 만나게 된다.

희생제물은 어린이의 형상으로 낡은 모성세계의 희생으로, 혹은 성인의 현실세계의 희생으로 등장한다; 어떤 때는 미래가 영웅에 의해서 채워져야 하는 현재를 위해 희생된다. 또 어떤 때는 현재가 그렇게 되기도 하는데, 이로써 영웅은 미래를 가능하게 한다. 영웅의 본성은 세계의 어려운 상황만큼이나 다양하고 다재하다. 그러나 그것이 어

---

**90)** Jung, Seelenprobleme, S. 71

머니, 아버지, 아이, 고향, 이방인, 연인, 형, 친구 등 어떤 형태로든 영웅에게 정상적인 삶을 희생하도록 강요한다.

융은 영웅의 위험이 ≪그 자신에게서 머무는 고립≫임을 지적했다.[91] 자아이자 개별자로 존재하는 고통이 영웅의 상황으로 주어지는 것이다. 이는 심리학적으로 그 자신을 이웃들로부터 구별하게 하는 것이다. 영웅은 다른 사람들이 보지 못하는 것을 볼 수 있고, 그들이 차마 떨쳐내지 못하는 것에 결코 굴복하지 않는다. 그러나 이것이 바로 영웅이 다른 인간의 유형이라는 것을 의미한다. 그래서 어쩔 수 없이 홀로 있는 것이다. 바위에 묶인 프로메테우스, 십자가에 달린 그리스도의 고독 등은 인류에게 불과 구원을 가져다주기 위한 희생이었던 것이다.

반면 평균적 인간은 자신만의 ≪고유한≫ 심혼을 가지고 있지 않다. 집단과 그 집단의 가치규범은 평균적 인간에게 심혼적으로 무엇이어야 하는지를 정하여 전달해주는 것이다. 영웅과 개별자는 하나의 고유한, 즉 자신의 고유한 심혼을 쟁취해왔고 소유하게 된 사람이다. 그래서 영웅이 아니마의 획득 없이는 창조적인 것을 가지지 못하므로, 영웅의 개인적 삶은 아니마의 심혼적 실제성을 얻기 위한 투쟁과 아주 밀접하게 연관을 가지고 있다.

창조적인 것은 항상 개인적인 것이었다. 왜냐하면 매번의 창조적인 것은 작품으로 드러나든 혹은 행위로 드러나든 어떤 새로운 것이고, 예전에는 없던 것이어서, 그것은 일회적이며, 결코 다시 배열될 수 없는 것이다. 그래서 개인 인격의 아니마-심급은 개인 안에 있는 창조적인 것의 표현으로서 ≪음성≫과 연결된다. 이 심급은 집단적인 것, 양심, 부성의 관습과는 대조적인 것이다. 예언녀나 여사제로서의 아니마는 로고스, 예언, 신의 ≪창조하는 말씀≫을 영접하는 심혼의 원형이다. 아니마는 영감을 일으킨 상태이고, 영감을 주는 자이다. 그래서 성처녀-소피아로서 성령-입김으로 수태하고, 성처녀-모성으로서 로고스-정신의 아들을 낳는다.

우로보로스적인, 모성적 초기 단계에서는 오로지 예언자의 유형만이 존재할 뿐이다. 그들은 그 자신의 자아를 희생시켜서 태모와 동일시하여 여성화되며, 무의식의 과도한 압력 하에서 그의 예언을 말한다. 예언자의 유형은 광범위하게 분포되어 있다. 가장 잘 알려진 것으로 점성술적 형태이다. 이 형태로의 여성은 예언녀 및 여사제로서 지빌레(Sibylle)와 피티아(Pythia)처럼 예언을 말하는 역할들을 한다. 그녀들의 기능은 나중에 그녀와 동일시하게 된 남성의 예언자-사제들에게 넘겨진다. 에르다(Erda)와 관계있는 보단(Wodan)에서 이런 현상을 볼 수 있다. 그는 태모의 원상적 지혜를 예언의 재능으로 넘겨받는다. 그러나 그는 그녀에게 자신의 오른쪽 눈을 희생시켜야 한다. 망아적 혹은 점성술적 형태로 나타나는 보단주의나, 전투원(곰의 가죽을 쓰고 싸우는)에게는 황홀경적 갈가리 찢김, 정서적 혼란 상태이므로, 보다 더 높은 차원의 인식인 빛-눈이 결핍되어 있다. 그것은 에르다에 의해서 ≪더 상위의 거세≫가 되어 상실을 나타내고 있다.

야성의 사냥꾼과 바그너의 오페라〈방황하는 화란인〉에서 보이는 어두운 보단(Wodan)-정신 유형은 태모의 추종자에 속한다. 사로잡힌 자의 정신적인 불안의 이면에는 죽음의 의지, 우로보로스-근친상간에 해당하는 우로보로스적 갈망이 늘 차지한다. 이런 갈망은 독일 민족성에 깊이 뿌리내리고 있는 것으로 보인다.[92]

이런 모성에 사로잡혀 있는 예언자 유형에 대립하여, 고대 유대에도 예언자의 유형이 두드러지게 발전했음을 확인할 수 있다. 그들의 본질적인 특성들은 신(神)-부성상에 속한다는 것이다. 이런 소속에 의하여 의식의 보존과 강화가 있었던 것이다. 그들에 의해 점성술적 예언과 꿈의 예언이 잘 유지되지만, 이는 의식의 예언보다 더 하위에 놓이게 된다. 결국 예언의 상위 등급은 의식의 등급과 관련된다. 모세는 위대한 예언자였다. 신이 대낮에 얼굴을 노출할 정도로 의식적인 것이다. 이는 활동하는 초개인적 층과 의식의 면밀함이 서로 관계를 갖고 있음을 의미하지만, 서로 마주쳐 대가를 지불하여 발전으로 이어지는 것은 아니었다.[93]

그래서 영웅은 자아처럼 두 세계의 사이, 즉 그를 압도하고 위협하는 내면세계와 오래된 질서의 침입자로 여겨 죽이려는 외부세계 사이에 서 있는 것이다. 오로지 영웅만

91) Jung, Wandlungen
92) C.G. Jung, Aufsätze zur Zeitgeschichte: Wotan
   M. Ninck, Wodan und germanischer Schicksalsglaube
93) 유대인들의 이해와, 유대주의를 위한 의식과 관련된 요소적 그리고 종교적 의미에 대해서만 여기서 지적할 뿐이다.

이 그 집단적 힘에 대항하여 자신을 지키며 서 있을 수 있는 것이다. 그는 개인성과 그 개인성에 관련된 의식의 빛을 소유하고 있고, 그것의 전형으로서 나타나는 자이다.

집단적인 것은 본래적인 적의성에도 불구하고, 나중에는 그를 만신전(Pantheon)에 받아들이게 된다. 그리고 기초적인 창조적 특징이 - 적어도 서구적 규범 안에서 - 가치로서 효력을 갖는다. 오랜 규범의 파괴자가 규범 안에 포함되는 모순은, 이미 특별한 위치를 차지하는 것으로 지적해왔던 것처럼, 창조적 서양 의식의 특징을 나타낸다. 가치의 규범을 창조하는 정도가 되어야 하는 자아가 훈육되는 내용의 전통이라면, 이는 당연히 영웅의 후예임을 요구하는 것이다. 말하자면 의식, 도덕적 책임감, 자유 등을 최고의 가치로 여기며, 개인을 그에 부합하게 교육하는 것이다. 그러나 만약 그 개인이 대담하게 ≪오래된 규범을 파괴하는 자≫로서 문화적 가치에 따르지 않는다면, 집단에 의해 제명당하고 침입자로 낙인찍힐 것이다.

오직 영웅만이 오래된 것을 쓰러뜨릴 수 있다. 그리고 창조적 착수를 하면서 자신의 문화적 그물구조에서 벗어날 수 있다. 그러나 보통 문화의 보상적인 상(像)은 어떤 경우에서든 집단에 의해 지지된다. 영웅에 대해 거부하고 제명하는 것은, 변혁에 맞서 취하는 집단의 자기방어이므로, 선의의 의미를 가질 것이다. 그러한 변혁 자체가 영웅을 새로운 것을 가져오는 위대한 개인이 되도록 설정하는 것으로, 이는 수백만 인류를 위한 운명적인 사건이다. 낡은 문화규범이 파괴되고, 그런 다음에는 수백 년 동안 세계의 혼돈화와 파괴, 그리고 인간의 대학살로서 소요되었고, 마침내는 그것의 보상의 구조가 집단과 개인의 상대적 안정성을 보증하기 위하여 새로운 문화규범을 형성하기에 이르기 때문이다.

의식의 해방과 혁명을 다루면서 처음에는 의식과 무의식의 분리를 목적으로 하였으나, 시간이 지나면서 분열의 위험에 이르게 된 발달 내용을 묘사하게 되었다. 저절로 우리 시대의 문화적 위기와, 전반적으로 서구적 발달이 가지는 문화적인 위기에 관하여 언급을 시작하게 된다. 지금까지 기술된 심리적 발달의 방향을 계속 추적하고, 그와 더불어 우리의 작업의 범위 내에서 발생할 수 있는 문화적 문제들의 이해를 위한 공헌을 하는 것이 우리의 과제이다. 그것을 넘어서 설명을 하려 한다면 실로 엄청난 일이 될 것이다. 이렇게 제기된 질문은 이제 막 달아오르는 것이기 때문이다. 우리가 여러 곳에서 그랬던 것처럼, 그에 대한 암시만으로 만족해야만 하며, 인과적 연관성을 두지 않고 단지 현상만 지적할 것이다.[94]

오늘날 우리가 위기로 여기고 있는 서구 문화는 다른 문화와 구분된다. 유감스럽게도 서구 문화가 언제나 같은 방식으로 보여질 수 없는 변화임에도 불구하고 연속성을 갖는 것처럼 구분이 되어왔다. 고대, 중세 그리고 근대라는 관습적인 분리는 그런 식으로 이루어진 것이다. 더 심층적으로 분석해 보면 서구인의 심상은 처음부터 주어진 방향으로 변환되었음을 알 수 있다. 그것은 본성에서 해방되는 방향과, 무의식에서 해방되어 의식으로 변환되는 것이었다. 기독교적-중세의 인간이 가졌던 문화적 규범은 개별 심혼과 그의 해방에 대한 강조 뿐 아니라, 고대의 정신적 유산도 같은 연속선에 편입되어 있는 것이다. 이것은 모든 교회사가 보여주듯이 단지 형식적이거나 외적인 것일 수는 없다.

모든 규범에는 보수적인 성향이 있지만, 또한 서구적 문화규범은 규범에 내재해 있는 영웅 원형의 수용에 의하여 혁명적인 특성을 가지고 있다. 물론 영웅의 형상이 규범의 중심점은 아니며, 그의 혁명적인 영향력이 쉽게 인식되지도 않는다; 그러나 아주 짧은 기간인데도 교회사의 혁명적 형상들이 동화되고 다양한 규범들을 만들어낸다는 것을 볼 때, 규범들 내에 있는 영웅 원형이 수용되었음을 짐작하게 된다. 전통의 고수와 이교도의 화형에도 불구하고, 기독교적 중세에 유효하여 남아있던 개별 영혼의 신성함(Heiligkeit)이 르네상스 이래로 계속 세속화되어 왔다. 물론 개별 영혼의 세속화가 여기서 처음 생겨난 것은 아니었다.

개인의 강조는 의식의 강조와 더불어 이루어진다. 고대와 비교해서 중세적 기독교적 인간의 재집단화는 계속되는 사회적 문제이지, 신학적인 것은 아니다. 지난 150년 동안 전혀 신학적이지 않은 형태로 비슷한 과정이 벌어지고 있기 때문에 그것의 관련성을 더 잘 이해할 수 있다. 고대에 이미 발달하기 시작한 인간의 고양된 개인적 의식

---

94) 부록 II에서 여기서 제외시킨 문제에 대한 몇 가지 보충을 할 것이다.

성에 비교하면, 오히려 유럽의 원시민족의 기독교화에 의하여 재집단화가 되어버린 대중화가 문제인 것이다. 또한 여기에 억압된 서구의 대중과 아시아의 대중이 역사 안으로 등장하였으므로, 오늘날은 서구적 발전의 결실로서 시민사회의 개별적 발전과 비교하면, 오히려 그 어느 때보다도 의식과 개별적 발전의 수준이 더 저하된 상태이다.

여기에는 네 가지 현상들이 함께하고 있다: 대중화, 옛 규범의 붕괴, 의식과 무의식의 계속적인 분리, 그리고 개인과 집단의 분리가 함께하고 있다. 그것들이 어느 정도 서로 인과적으로 연결되어 있는지는 결정하기 어렵다. 오늘날 어떤 경우든 새로운 규범은 대중화된 집단 내에서 형성된다는 것이 분명하다. 이는 심리학적으로 원시적 집단 상황이 지배한다는 의미가 된다. 이런 새로운 집단에는 최근 백 년 동안 있었던 서구의 발달과 상관없이 신비적 참여의 오랜 법칙이 지배하고 있다.

이것은 심리학적으로 현대 인간의 반응적 대중화는 다른 사회적 역사적 현상과 마주치게 만든다. 말하자면 역사 속으로 새로운 초기적 집단 대중과, 민족 대중의 등장이 있게 된 것이다. 이는 역사 속에 새롭게 등장하고 있는 민족 대중, 예를 들어 아시아인들과 그들의 초기적 원시적 집단 상황과, 이에 반하여 고도로 개인화되고 과잉으로 특수화된 헤아릴 수 없는 수백만의 거대한 도시인들이 대중적 집단화된 것과 서로 혼돈해서는 안 된다.[95] 그럼에도 전진과 퇴보적 발달의 계열이 서로 뒤섞여 진행되는 것이 현대 집단과 문화심리학의 복잡함에 속하는 것이다.

의식과 무의식의 발달이 처음부터 무의식으로부터 멀리하라는 지침이 주어져 있지만, 동시에 자아는 중심화의 심급으로서 무의식과의 관계를 상실해서는 안 된다; 그것은 그 자신의 자연적 조절기능에 속하는 것이고, 초개인적 세계에 어울릴 자리를 제공하는 기능에 해당하기 때문이다.

의식과 무의식의 두 체제의 분리로 이끄는 발달은 정신의 필수적인 분화 과정에 해당한다. 그러나 모든 분화가 그렇듯이 발전은 과잉분화에 이르러, 마침내는 역행하는 위험에 처하게 된다. 그래서 개인에서 의식기능의 분리처럼 과잉분화의 위험과 일방성이 그 자체 생겨난다. 그래서 서구 의식의 발달은 전체적으로 이런 위험성을 피할 수 없다. 의식의 분화의 과정이 어느 정도 있어야 하는지, 그 자신의 대립적 부분으로 귀환을 시작하는 지점이 어딘지, 영웅을 몰락으로 이끄는 신화의 예들처럼, 영웅의 발달이 전복되는 위험은 어떤 상황에서 생기는지에 대한 의문이 생겨난다.

자아의 견고성(Festigkeit)은 자아의 투쟁으로 변질될 수 있으며, 무의식으로부터 자아의식의 차단에 의한 고립성이 되어버린다. 그래서 자아의 자기존중감과 자기책임감이 지나친 자아의 자신감과 주도성으로 변질된다. 말하자면 무의식의 반대적 측면에 서 있는 의식은 스스로가 개인 인격의 전체성을 나타내는 경향을 갖게 됨으로써, 오히려 그 전체성과의 연결을 상실하고 병들어 버리게 된다.[96]

자아가 무의식으로부터 떨어져 나와 소원하게 되는 위험에는 두 가지가 있는데, 이는 의식의 경직(Starre)과 사로잡힘이다. 의식의 경직은 발전 과정에서 나중에 나타나는 형태이므로, 신화에서는 거의 묘사되지 않는다. 이는 주로 의식 체제의 자립성이 너무 급진화되어서 무의식과의 결합이 불가능할 정도로 위험한 수준에 이른다. 이러한 삭감으로 자아의식은 전체성의 기능을 상실하고 신경증적 인격에 이르게 된다.

또 다른 하나는 무의식의 관계의 상실은 사로잡힘의 형태로 나타난다. 이런 형태는 의식 체제가 정신의 측면에 의해 압도되어서, 그 무의식의 폭정으로부터 자유로워지기 위해 싸우지만 성공하지 못하고 추락하게 된 현상이다. 이런 현상을 ≪부성적 거세≫라고 부른다. 더 이전에는 모성의 방해를 받았지만, 이제는 자아의 창조적 활동성은 부성의 방해를 받기 때문이다.

무의식에 의한 자아의식 체제의 범람, 즉 의식의 파손에 이르는 것과 달리, 여기서는 자아와 의식의 전체로 넘어가려는 확장이 문제가 되는 것이다.

모성적 거세에서는 남성적 자아의식 체제의 상실, 즉 수축(Deflation)과 자아의 추락에 이른다. 그에 따른 증상은 우울증, 무의식으로 리비도가 흘러가 버리는 것, 의식 체제의 출혈, *자네(Janet)*의 의식 수준 하 상태로 나타난다.

부성적 거세인 팽창(Inflation)은, 즉 자아가 정신적인 것과의 동일시를 하면서 일

---

95) 부록 Ⅱ를 참고하라.
96) 이런 현상은 신경증의 현상으로 드러나는 모든 심혼적 병리의 중심된 현상에 해당한다.

어나는 과정이므로, 수축과는 반대로 일어난다. 그 과정은 의식 체제의 과잉확대와 과대망상으로 이끈다. 의식은 소화할 수 없는 정신적 내용들 그리고 무의식에 포함되어 있는 리비도의 축적으로 채워지게 된다. 이런 상태를 이끌고 있는 상징은 《승천》이고, 그것의 증상은 발을 딛고 설 땅을 잃어버린 것으로, 파손과는 반대로 신체를 상실하는 것이고, 우울과는 반대로 조증(Manie)이 된다.

조증은 의식 체제를 과도하게 강조하는 모든 표시들과 연관되어 있다. 강화된 연상은 연상의 탈출에 이르게 하고, 의지와 행위의 주체할 수 없는 강화, 의미없는 낙천주의 등에 이르게 된다. 그래서 태모와의 동일시에서는 남성적 의식의 측면, 즉 의지의 활성화와 자아의 지침이 약화되는데 반하여, 위대한 정신의 아버지와의 동일시에서는 여성적 측면이 약화되고 만다. 이는 의식이 무의식에 의한 보상성을 가지지 못하는 상태이다. 이때 무의식은 무의식적 완화를 하느라 의식의 과정을 가라앉히고 느리게 하는 방향으로 이끈다. 이처럼 위의 두 형태에서 모두 보상성이 저지당했으나, 다만 그 상태와 양상이 서로 다르게 드러난다.

보상성은 자아와 무의식 간의 생산적인 관계를 위한 전제이다. 이것은 부성적 거세를 통하여, 마치 모성적 거세에서 그랬던 것처럼, 자아에게 공주 즉 심혼을 앗아가 버린다.

이 책의 제 1부에서 밝혔듯이, 부성적 거세와 모성적 거세 이면에는 언제나 우로보로스적 거세가 드러난다. 거기에는 분화하려는 방향성이 다시 두드러진다. 그것을 심리학적으로 옮겨 보자면; 조증과 우울은 정신착란의 두 가지 형태인데, 이는 우로보로스적으로 집어삼키는 상태로서, 결국 자아와 의식을 파괴한다. 그것은 무의식이 되는 것, 즉 태모에 의해 삼켜지는 것이거나, 혹은 《오로지》 의식이 되는 것, 즉 태부에 의해 삼켜지는 것이다. 이런 두 가지 상태에서는 순수하게 무의식의 보상성을 받아들이거나, 전체성에 편승할 수 있는 의식을 상실하게 된다. 의식의 확장만큼이나 의식의 축소도 자신의 영향력으로 의식을 폐지해 버린다. 그것들은 모두 자아와 자아 영웅의 패배를 나타낸다.

정신의 팽창은 *니이체*의 차라투스트라(Zarathustra)에서 엄습된 상태(Ergriffenheit)로 표현된 그 예를 볼 수 있다. 이는 어쩌면 전형적인 서구의 발전의 가장 극단적인 형태가 될 것이다. 의식과 자아, 이성의 과도한 강조 이면에는 - 심혼적 발전을 끌어가는 목표 이면에는 - ≪천상≫의 압도하는 힘이 있다. 이 힘은 용의 대지적 측면과 영웅적 갈등을 넘어서 처리되는 정신화로 인하여 현실성과 본능을 상실하는 위험이 된다.

또 다른 서구적 변질의 평균적 형태는 정신의 팽창이 아니라, 의식의 경직성이다. 이는 자아가 정신의 한 형식으로 의식과 동일시한 것이다. 대부분의 경우에 이것은 정신을 지성(Intellekt), 즉 의식을 사고와 동일시하고 있는 것을 의미한다. 이것은 전적으로 옳지 않은 축소이다. 그러나 인간 발달의 어쩔 수 없는 부성적 경향으로 인식적 동일시가 의식과 사고를 이해할 수 있게 만들지만, 이것도 ≪무의식과 멀어져버린≫ 것이다.

이런 극단의 발전으로 자아의식의 체제는 중심화의 보상적 기관으로서 정신의 전체성을 표현하고 실현하는 자신의 고유한 의미를 상실하게 된다. 이런 변질로 인하여 자아는 하나의 정신적 콤플렉스가 되고, 모든 콤플렉스의 특성이 그러하듯이 자기의 사로잡힘을 자아중심적으로 과시한다. 그래서 중심화의 기관이 되는 자신의 특별한 특징을 상실하고 만다.

이런 상황에서 의식의 형성을 위해 의미 있게 기여해온 모든 발달들은 극단화되었고, 그로 인해 변질되었다. 예를 들어 원래 의식의 발달이라는 의미에서 무의식적 내용들의 내용적 요소와 정서적 요소들로의 분열이 있었으나, 이제는 무의식으로부터 떨어져나가 지나치게 발전한 의식이 갖는 비판적 지점에 도달한 것이다. 정서적 요소의 철폐와 무의식의 심상의 세계로부터의 단절을 한 자아는 감관적 지각의 상(像)에만 반응하는 의식을 갖고 있어서, 무의식의 심상을 낯설게 경험한다. 이러한 사실은 현대 사람들에게서 두드러지게 드러난다. 말하자면 무의식의 심상들의 등장은 어떤 심적 상황에 대한 것이고, 그 심상들은 오히려 감관적 지각의 반응을 차단하도록 만든다. 원시인들의 즉각적 반사적 반응과는 반대로, 무의식의 심상은 상황과 상황에 대한 반응 사이의 간격을 극도로 연장하고 있는 것이다.

정동과 정서의 상실은 의식이 특수화해 나가는 분화를 통해 고도의 개별 기능들이 되도록 한다. 이것은 의식 활동의 본질적인 전제이고, 또한 현대를 사는 사람들이 이성적 학문적 추구를 할 수 있게 해주었다. 그러나 이것이 엄청난 크기의 그림자 측면을 갖게 한 것이다. 정서적 요소의 억압이 전제가 되는 의식의 인식은 실제적으로 창조적이지 않는 수행을 할 때는 매우 유용하다. 이에 반해 창조적 작업 과정에서는 강력한 정서적 요소들, 즉 흥분요소를 제외시켜서는 안 된다. 심지어는 그것이 반드시 필요한 요소인 것으로 보인다. 모든 새로운 개념과 창조적 착상은 그때까지는 무의식이었던 요소를 비로소 끌어올려 그 자체로 완결하는 것이기 때문이다. 무의식의 내용과 연결되어 있는 정서적 요소를 포함시키는 것이 바로 흥분을 일으키게 하는 것이다. 무의식의 정서적인 색채를 띠고 있는 심층을 의식과 연결하는 것이야말로 창조적인 작업을 가능하게 한다. 정서적 요소가 극단적 상태에 이르면, 의식의 분화와, 그리고 서구적 의식 발달을 위해 필요한 정서의 억제가 불가능해져서 의식의 확장 과정을 방해하게 된다. 이런 의미에서 창조적인 사람들이 항상 아동과 같이 전적으로 분화되지 않았다는 점으로 표현될 것이다. 그들은 모두 창조적 배아 원형질의 자리에 있다. 이것을 ≪유아적(infantil)≫으로 보고, 가족소설 체험으로 환원하려 한다면 이해가 불충분한 것이 된다.

모든 초개인적인 내용을 개인적인 것으로 환원하려는 경향은 ≪이차적 인격화≫에서 나타나는 가장 극단적인 형태이다. 이차적 인격화와 정서적 요소의 해제는 발달사적으로 아주 기본이 되는 기능을 달성하는 것이다. 이는 자아의식과 개인이 무의식의 휘감거나 침해하는 영역에서 벗어나는데 필요한 것이었다. 이 때문에 전(前)개인적, 그리고 초개인적인 것에서 개인적인 것으로의 이행에서 언제나 등장하게 되는 현상이다. 이차적 인격화는 초개인적인 힘을 평가절하함으로써 영향력을 최소화하여 관철하도록 시도하는 곳에서 있게 되고, 자연히 자아 영역의 위험스러운 과대평가가 있게 된다. 그것이 현대의 의식의 전형적인 잘못된 자리잡기가 되는 것이다. 이때의 현대의 의식은 자아의식의 개인적 반경을 넘어서 가는 것이 무엇인지를 볼 수 있는 능력을 더 이상 갖고 있지 못하다.

이차적 인격화는 서구인에서부터 시작하여, 무의식적인 힘과 권력의 평가절하에 이를 정도로 널리 활용되는데, 사실 자아가 그것들을 두려워하고 있다. 초개인적인 것의 우세, 그리고 그 때문에 초개인성의 심혼적 장소이던 무의식의 강력함이 아주 축소되었고 명예도 훼손당한다. 이런 비방적 방어주문의 형태는 도처에서 ≪그것은 별것 아니야≫라든가, ≪당신의 생각만큼 그렇게 나쁘지 않다≫라는 식으로 위험의 순간을 구슬러서 내쫓는다. 거칠고 믿을 수 없는 바다는 환대하는 바다로, 즉 복수의 여신들은(Erinnyen) 완곡하게 되어 복을 빌어주는 여신(Eumeniden)으로 불린다. 그리고 신의 알려지지 않은 심연은 ≪모든 사랑을 베푸는 자비로운 아버지≫이고, ≪아이들의 자장가≫가 되었다. 그래서 우리는 초개인적인 것을 오로지 개인적인 것으로 잘못 알고 있다. 인간의 심혼 속에 창조자의 원초적 신성과, 원시적이고 근원적으로 자리하고 있는 동물-토템-조상은 이제 새로운 해석이 붙여진다. 그들은 모두 선사시대의 고릴라적 부성에서 비롯되었거나, 그들의 ≪아이들은≫ 결코 적대적이지 않은 부성들의 침전물에서 비롯된 것으로 간주된다.

이차적 인격화의 과도함은 여전히 인류의 의식의 노력에 대한 표현이다. 이는 정신의 외향화된 내용이 내사를 통해 내적 영역으로 자리를 잡았기 때문이다. 원칙적으로 내사의 과정은, 이전에는 외부에서 나타나던 것이 내적으로 되어 인류의 심혼 속에서 초개인적 힘과 세력을 행세하는 작용인자로서 인식되기에 이르렀다. 그것의 일부는 본능 심리학에서, 그리고 융의 원형 이론에서 비로소 의식적으로 적절히 다루어지게 되었다. 그러나 이차적 인격화의 과정으로 변질된 곳에서는 그 과정이 초개인적인 것을 환상으로 처리하여, 자아의 개인적 자료로만 환원하려 시도함으로써, 자아의 과대 확장에 이른다.

그러나 이런 결과는 의식의 작업의 전제로 이차적 인격화가 일어남으로써 저절로 생긴 것이다. 이제 초개인적인 것은 실제로 억압되기 때문이다. 초개인적인 것은 의식의 처치 작업에서 멀어져서, 다만 ≪무의식적인 것≫으로 되어 부정적으로, 강력하게 그리고 비규정적으로 작용하므로, 외적으로 보면 마치 인간의 발달의 시초 상태처럼 되어버린다. 이러한 발전의 문제성은 그 자체로 합법적이고 필수 불가결한 것이다. 단지 그 정도가 지나쳐서 부조리하게 되고 위험에 빠진 것이다.

우리는 원형에서 개념으로 진행해가는 합리화 과정에서 이런 과정을 발견할 수 있다. 그 일련의 과정을 살펴본 것처럼, 작용하고 있는 초개인적 형상인 원형으로부터 시작하여 이념을 넘어 우리(자아의식)가 ≪형성하는 개념≫에 이르는 것이다. 가장 좋은 예가 신(神)의 개념이다. 이 신의 개념은 전적으로 의식의 영역으로부터 생겨났다거나, 자아가 스스로 환영적으로 설득하는 식으로 의식에 생겨난다고 할 수 있을 것이다. 거기에는 더 이상 초개인적인 것이 없고 오직 개인적인 것만 있고, 더 이상 원형은 없고 단지 개념만 있으며, 더 이상 상징은 없고 단지 기호만 있을 뿐이다.

무의식으로부터의 분리는 한편으로 의미를 상실해버린 자아의 삶에 이르도록 한다. 그러나 다른 한편으로 이제 파괴적으로 되려는 심층의 활성화에 이르게 된다. 이 심층은 자아와 의식의 자기지배적 세계를 초개인적 발발, 집단성의 유행 및 대중의 질병으로 무너뜨린다. 개별에서의 의식과 무의식의 보상적 관계의 장애는 결코 가볍게 다루어질 현상이 아니다. 그것이 심각한 정신적 장애를 가져올 정도로 극에 달하지 않더라도, 본능의 상실과 자아의 과도한 강조는 결과적으로 엄청나게 증가한 사회의 위기를 저절로 배치하고 있다.

이런 상태에서 개별자가 집단과의 관계에서 마주치는 심리학적이고 윤리적인 필연적 귀결은 여기서 다루지 않겠다.[97] 현대의 가치의 몰락으로 특징짓게 되는 것, 그리고 차라리 원형적 규범의 붕괴로서 드러나는 것을 좀 더 다루어 보겠다.

문화적 규범은 무의식의 원형적 심상들의 투사를 통해 생성된다. 그것의 영향력은 변할 수 있다. 어쩌면 그것은 집단의 의식이 전진하거나 후퇴하는 식으로 소요되게 할 것이고, 또한 집단무의식 안에서 저절로 혹은 반응적으로 사회적 정치적 실제적 변화에서 등장하기도 할 것이다. 실제적 변화가 집단무의식의 반응을 끌어내는 때가 언제인지, 그 변화가 무의식에서 현실적 전복에 이를 때가 언제인지는 여기서 다루지 않을 것이다. 서구 발전에서 최근 백 년 동안 가치규범의 붕괴가 있어 왔다는 점은 자명한 사실이고, 이런 과정의 끔찍한 효과들을 실망과 놀라움으로 경험해왔고, 지금도 겪고 있으며, 앞으로도 계속적으로 겪게 될 것이다.

지배하고 있는 가치의 오랜 질서 체제는 전적으로 해체 상태에 있다. 신, 왕, 조국은 문제를 일으킬 만큼 엄청난 크기가 되어버렸다. 그것은 마치 자유, 평등, 우애, 사랑, 정의, 인류의 진보, 생의 의미 등과 같은 것들이 되었다. 후자의 것들은 기본적으로 원형과 같이 초개인적인 거대함이므로, 우리의 삶을 더 이상 규정하지 않는다고는 할 수 없을 것이다. 그렇지만 그들의 유효성, 적어도 그들의 입장은 불확실한 것이 되어버렸다. 그들의 오래된 계급적 질서는 부정된다.

이런 방식으로 개인은 내면의 보상적인 역발전에 뿌리를 둘 수 없게 되어서, 문화의 질서정연한 관계에서 떨어져 나오게 되었다. 이것이 개인을 초개인적인 경험의 몰락에 이르게 하며, 세계상의 축소에 이르게 하므로, 그로 인하여 삶의 안정이나 의미를 상실하고 만다.

이런 상태에서 일반적인 두 가지 반응이 관찰된다. 그 하나는 위대한 모성으로 퇴행이 일어나 무의식적으로 되고, 대중화된다. 그래서 이것은 새로운 초개인적 경험을 가지고 있는 집단적 원자가 되어 새로운 확실성과 새로운 정립의 장소를 획득하려는 준비를 한다. 또 다른 반응은 위대한 부성으로 도망하는 것인데, 이는 의식과 개인주의의 개별화에서 일어난다.

개인이 문화의 구조로부터 떨어져 나왔다는 것은 개별화에 이르게 하고, 자아와 개인적 공간의 팽창에 이르게 한다. 쉼이 없고, 불만족스럽고, 과도하고, 형식성이나 의미와는 거리가 먼 자아중심의 삶만이 주도하는데, – 상징적인 삶과 비교했을 때 – 모두가 심리적 변화의 결과이다.

원형적 규범이 붕괴됨으로써 개별 원형이 주도하면서, 마치 사악한 악마처럼 먹어치운다. 이러한 과도기적인 현상들이 펼쳐지는 전형적 증상의 장소는 미국이지만, 사실 서양 전체에 해당한다고 하겠다. 어떤 하나의 지배적인 것이 인격을 규정하는데, 그것은 단지 이름 붙이기 나름일 뿐이다. 각 개별자들이 거의 각자 의식할 수 있을 정도로 살인자, 산적, 도둑, 깡패, 위조범, 폭군, 사기꾼 등으로 나타나는데, 이는 집단적 삶을 지배하고 있다는 것을 의미한다. 그것들의 거리낌 없음과 교활함은 개별자들에게 이미 알려져 있고, 스스로 놀라면서도 공공연히 취하게 된다. 이것은 각 개별자들을 그렇게 무장하게 만드는 어떤 좋아하는 원형적 내용이 침투하여 사로잡고 있음과 관련이 있다. 사로잡혀 있는 인격의 심적 에너지는 일방적인 원시성이고, 각 개별자를

---

**97)** 저자의 〈*Tiefenpsychologie und neue Ethik*〉을 참고하라.

전혀 인간답지 않게 만드는 엄청난 점유력을 갖는다. ≪야수≫의 숭배는 결코 독일인에게만 한정된 이야기가 아니다. 일방성과 침투력, 문제성을 느끼지 않는 곳이면 어디든 창궐한다. 인류 역사의 복잡한 발달은 동물적 맹수성을 위하여 포기해 버리게 된다. 이제 우리는 서구의 잘못된 교육적 관념 속에서도 그와 같은 것을 보게 된다.

예를 들어 금융, 산업의 재벌들의 사로잡힘의 특성은 심리학적으로 보면 실제로 초월적 요인에, 소위 ≪일≫, ≪권력≫, ≪돈≫ 혹은 그와 비슷하게 나타내는 것들에 내맡겨진 형태이다. 이미 언어적으로 ≪먹혔다≫고 표현하고 있으며, 이 상태에서는 개인적 인간으로서 권력은 물론이고, 최소한의 삶의 공간도 확보하지 못한다. 문화와 인류에 대한 허무주의적 태도와 나란히 자아 영역과 개인 영역의 팽창이 있게 된다. 이런 팽창은 일반적인 것에 대립하여, 잔악할 정도의 자아중심적 무관심성으로 나타나며, 자아중심적 삶을 살려는 시도나, 개인적 권력, 돈, ≪결과≫에 집착하면서 – 가능한 의미심장하지 않게, 그러나 집약적으로 – 지낼 공간을 확보하는 것이다.

이전에는 문화적 규범의 안정성을 통하여 각 개별자에게 가치와 질서의 구조를 제공했었다. 이때 모든 것은 적절한 공간과 위치를 갖고 있었다. 지금은 그것이 상실되었고, 원자화된 개인은 초개인적 특성의 ≪더 커져버린 힘≫인 자의적 지배에 사로잡히고 먹혀버렸다.

권력, 돈, 사랑 뿐 아니라, 종교, 예술, 그리고 독점적인 규정의 크기를 가진 정치, 정당, 나라, 종파, 운동 및 ~주의 등은 모두 개인과 대중을 ≪사로잡고≫, 개인들을 탈통합화한다. 신념과 권력정치의 이기적이자 파괴적인 맹수적 인간을 이념에 전념한 사람들과 비교해보면, 그들은 인류의 미래를 규정하는 원형적 힘들에 의해 점유되어, 그의 삶은 이런 사로잡힘으로 희생된다. 그러나 심층심리학적으로 기초하고 있는 문화심리학의 과제는 바로 여기서 새로운 윤리의 측면을 유효하게 만드는 것이다. 이 윤리는 이런 사로잡혀있음의 집단 영향들을 고려하고, 그에 대한 책임을 갖는다는 의미이다.

그러한 이념을 통하여 개인의 탈통합화는, 개인주의적 권력에 사로잡혀서 생겨난 탈통합 만큼이나 위험하다. 현대인의 재앙적인 대중화 과정과 재집단화 과정은 개인 인격의 탈통합화의 결과이자 그에 대한 표현인 것이다.[98] 나는 이를 〈심층심리학과

*새로운 윤리*〉에서 다루어 보려고 하였다. 가장 최고의 윤리적 목표인 인격의 통합, 인격의 전체성에 인류의 발전이 달려있다는 사실이 새로운 윤리의 가장 중요한 결론에 속한다. 그리고 심층심리학은 원형들에 의해 사로잡히는 것이 ≪가장 고등의 인간적인 것≫의 필요에 의한 것으로 이해하고 가르쳐왔다. 그럼에도 이런 사로잡힘은 불운한 결과라는 인식에는 변함이 없다.

우리 시대를 특징화한다는 것은 기소일 뿐 아니라, 하물며 ≪좋았던 옛 시절≫의 칭송이 되고 만다. 등장하고 있는 현상들은 일반적으로 살펴볼 필요가 있는 변혁의 증후들이기 때문이다. 그래서 문화의 기초를 더 단단히 마련하기 위해 오래된 문화의 붕괴와 더 낮은 수준에서의 재건은 정당화된다. 생성 중인 문화는 그 이전의 문화보다 더 고양된 의미를 획득한 인류의 문화가 될 것이다. 그것은 시민적, 국가적, 종족적 한계의 본질적 요소를 극복한 것처럼 보일 것이기 때문이다. 이것은 단지 환상적인 소원의 꿈이 아니라, 오히려 인간 대중을 넘어 혼돈의 진통이 가져오는 끝없는 불운의 요인이다. 우리의 세계상은 중국과 인도에서 시작하여 미국과 유럽에 이르기까지 정신적, 정치적 그리고 경제적으로 널리 펼쳐지고 있다. 나폴레옹 전쟁은 그때의 가치에 따른 중간적 범위의 작은 국가 연합이고, 그 시대의 세계상이었다. 거기에는 유럽 외적인 것이 처음으로 등장하였고, 그래서 유럽인들에게 한 번 제대로 수용될 기회였음에도, 결국은 편협함 때문에 더 이상 파악되지 못하고 말았다.

우리 시대의 원형적 규범의 붕괴는 집단무의식의 특별한 활성화로 이끌게 하였다. 이는 개인적 운명을 대중적 현상에서 결정하는 증후이고, 또한 이는 지나가는 현상이기도 하다. 오늘날은 벌써 옛 규범의 후계자와 싸움이 있었던 시기로서 – 그것도 개인에서 – 드러나고 있다. 여기에 합성적(synthetische) 미래의 가능성이 있으며, 이미 그런 가능성이 예상되고 있다. 무의식을 고려하는 의식적 전환과, 집단무의식의 힘과의 소통을 위한 인간 의식의 책임감 있는 대화는 미래의 과제이다. 외부세계의 변화

---

98) 부록 Ⅱ를 참고하라.

및 사회적 변화만으로는 인간 정신의 신, 악마, 초자연적 존재를 물러나게 할 수 없다. 그리고 그것이 의식이 이룩한 새로운 것으로 널리 퍼지는 것을 막을 수 없다. 만약 초자연적 존재들이 의식과 문화에서 제자리를 찾지 못한다면, 결코 인류를 그냥 평화롭게 두지 못할 것이다. 이러한 대화의 준비는 늘 그렇듯이 영웅, 즉 한 개인에게서 비롯된다; 그와 그의 변환이 인류의 후손을 위한 전형이다. 그 개인이 집단의 시도에 증류시험관이듯, 마찬가지로 의식은 무의식의 시도에 증류시험관이다.

# D

## 중심화와 연령화

### 연령적 단계의 의미

# 연령적 단계의 의미

제 1부에서 우리는 의식 발달의 원형적 단계가 인류의 집단무의식의 신화적 투사에서 어떻게 가시화되는지를 묘사하였다. 제 2부에서는 그것이 인류 역사 내에서 어떻게, 어떤 방식으로 인격 형성이 되는지를 살펴보았다. 그리고 인격 형성이 원형적 단계들과는 어떤 관계가 있는지를 살펴보았다.

이제 이 마지막 장에서는 개체발생사에서, 즉 우리 문화의 개별자의 합법칙적 삶의 발전에서는 우리가 추적해온 심혼적 인류 역사의 기본 법칙이 어떻게 받아들여지고, 회귀하고, 변화하게 되는지를 밝히게 될 것이다.

그러나 아동기와 청소년기의 심리학을 전혀 제시하지 않기 때문에 단지 윤곽만 그리게 될 것이다; 이런 발달 계보의 제시는 그 자체로 중요한 일이다. 근원적 인류 역사와 오늘날의 삶, 그리고 각 개별자의 삶과의 관계가 뚜렷이 드러나기 때문이다. 인류 역사와 개체발생사의 연결은 지금까지 묘사해온 것에서 이미 정당화할 수 있을 것이며, 동시에 현대인의 문제의 인식과 치료가 연구의 본질적 목표라는 점을 분명히 해줄 것이다.

만약 의식의 생성과 의미에 관한 전체적 방향성과, 개별자와 집단의 의식 상황을 진단할 수 있는 의식의 역사가 포함되어 있으면, 개별자에 행하는 정신치료와 전체에 행하는 문화치료는 비로소 가능하게 될 것이다.

연령적 단계의 의미를 인식하면서 심리학과 심리치료를 고려할 것이다. 개인의 전

(全)인격화 과정은 주로 인생의 후반부의 발전으로서 알려져 있는데, 이는 융의 연구[99]에 힘입은 것이다. 개별자의 발달을 이해하기 위해서는 후반부의 삶에서 중심화의 다양한 방향과 작용이 가장 중요하다. 전반부는 분화의 과정으로서, 자아의 형성과 자아 발달이 인류 역사적 전형에 따르게 된다. 그 시기에는 무의식 내에 작용하는 정신적 전체성, 즉 자기에서 자아로 중심화의 이행이 있게 된다.

인생의 전반부는 자아 중심화의 시기로 사춘기에서 정점에 이르는데, 중심화는 의식과 무의식 체제 간의 보상적 관계로서 나타난다. 그러나 이 중심화는 무의식적으로 남아있게 된다. 말하자면 중심화의 중심기관인 자아는 그 전체성에 의존하고 있다는 것을 알지 못한다. 그러나 인생의 후반부인 중년에 이르러 인격의 변화를 초래하게 되고, 이 시기에 자아가 중심화를 의식하게 된다. 이와 동시에 개인의 전(全)인격화 과정과 정신적 전체성의 중심으로서 자기의 배열에 이르게 된다. 이때 전체성의 중심은 무의식적으로 작용할 뿐 아니라 의식적으로도 경험된다.

성숙이 전반적으로 지연되어 있다는 것과, 그와 더불어 개별적 개인이 거의 16세까지 사회적 집단에 위탁되어 있다는 사실은 인간 종(種)의 잘 알려진 특성이다. 대부분의 동물들의 초기 발달과는 대조적으로 인간의 경우 유년기의 연장이 있는데, 이런 현상은 인간 문화와 문화의 전승을 위해서는 가장 중요한 기본조건을 형성한다. 오랜 학습과 훈련의 시기를 거쳐 완전한 인간적 성숙에 이르도록 하는 것은, 인류 역사 안에서 보면 모두 의식의 전개에 해당하는 것이다. 이 시기 동안 대뇌는 인간 종이 발달할 수 있을 때까지 고도로 발달하게 된다. 사춘기에 이르는 훈육 기간 동안 문화적 교육이 완료되는데, 이런 문화적 교육을 통하여 개인은 집단의 가치를 넘겨받게 되고, 세계와 집단에 적응할 수 있는 의식의 분화에 이른다.[100] 지금도 계속적인 인격의 분화

99) C.G. Jung u. a., Die Lebenswende aus: Seelenprobleme der Gegenwart
    G. Adler, Phasen des Lebens, jetzt in: Studies in Analytical Psychology
100) A. 포르트만(Portmann)의 〈Biologische Fragmente zur Lehre vom Menschen〉의 설명은 이 책의 기술 후에 비로소 접근하게 되었던 것으로, 이는 여기서 묘사하고 있는 것과 놀랍게도 상당히 많이 일치한다. 우리는 두 가지 서로 다른 관점, 즉 생물학적, 혹은 심층심리학이라는 두 가지 관점에서 출발하게 되지만, 같은 결과에 이르게 됨으로써, 관점의 객관성을 증명한 것이 되었다.

가 일어나고 있다. 우리는 인격 분화의 마지막 단계를 어른들에게서 발견하게 된다. 그 발전은 의식 발달의 부권적 방향과 함께하고 있으므로, 이제 이에 대해 짧게 묘사해볼 것이다.

교육과 삶의 경험의 증가로 개인의 현실적 적응력이 높아진다. 이 적응은 계속되면서 다소 집단과 집단의 요구에 동일시하게 된다. 이때 집단이 개인을 강요하게 되고, 그래서 개인의 방향성은 여러 시기에 다양하게 나타나겠지만, 집단으로부터 받게 되는 요구는 자아의 일방성을 형성하게 된다.

이런 적응에 많은 다른 요소들이 함께하고 있다. 그것들의 공통적인 지표는 의식의 강화이다. 가능한 무의식의 파괴력을 제외함으로써 의식의 활동 능력을 더 강화하는 것이다. 그러한 요소 중 하나가 심리적인 유형의 분화이다. 심리적 유형이 나타나는 것은 각 개인들이 세계에 대해서 어떤 특정의 태도를 취하게 되었음을 의미한다. 이는 내향적이 되거나 외향적이 된다. 습관적인 태도와 더불어 의식의 특정한 주(主)기능의 분화에 이른다. 그 기능은 각 개인에게 있어서 서로 매우 다르게 나타난다.[101] 이런 유형의 분화는 체질적, 혹은 다른 식으로 조건화되어, 그 개인에게 적응을 위한 기회를 제공하게 된다. 유능해서, 조건에 맞게 가장 잘 수행하는 기능이 개인의 주기능으로 발전하게 되기 때문이다. 동시에 이런 분화와 더불어 덜 유력한 기능을 억압하게 되는데, 그것은 ≪열등기능≫으로서 계속 무의식적으로 남아있게 된다.

아동기 발달과 교육의 중요한 목표는 사회 일원으로서 그 사회에 필요한 사람을 만드는 것이다. 개별적 인격의 구성요소들과 기능의 분화가 이루어지면서 개인의 유용성은 인격의 전체성을 희생하도록 요구한다. 무의식적 인격의 전체성을 포기해야 한다는 강요는 아동, 특히 내향적인 아동들에게는 기본적 발달의 어려움을 안겨준다. 전체성에 기초하고 있는 아동의 상태에서의 이행, – 무의식적으로 작용하는 – 자기에 의한 방향감에서 의식의 자아중심화로의 이행, 의식과 무의식의 체제로 어쩔 수 없이 나누어지는 이행에, 저절로 어려움을 형성하게 된다. 이런 결정적인 삶의 단계에서 영웅이 제시했던 인류 역사적 상속 재산은 의식의 형성, 발전, 그리고 보호의 방법이었다. 이제 유아적 자아는 그것을 본받아야 하고, 자신의 자리를 굳건하게 잡아야 한다. 그것은 의식이 집단의 문화와 연결을 하여 집단 내에서 하나의 자리를 획득해야 하기 때문이다. 인생의 전반부의 발전은 두 가지 결정적인 위기를 통하여 드러나게 되는데, 그것은 모두 용과의 싸움에 해당하는 것이다. 그 위기의 하나는 원상의 부모와의 대결을 통하여, 그리고 자아의 형성을 통하여 드러난다. 이는 3세에서 5세에 일어나는데, 이런 투쟁의 특정한 시기와 형태는 정신분석학에 의해서 외디푸스 콤플렉스로 알려져 있다. 두 번째 위기는 사춘기에 나타난다. 이때의 용과의 싸움은 새로운 차원에서 다시 진행된다. 이 시기의 자아 형성이 절정에 이르고 고정되지만, 소위 우리가 ≪천상≫이라고 부르는 것의 지지를 받게 된다. 즉 새로운 원형적 배열이 나타나고, 자아는 자기와의 새로운 관계를 형성하게 된다.

아동기 분화 과정의 특징은 아동의 완전함과 전체성을 이루고 있던 모든 요소들이 포기되고, 상실된다는 것이다. 그런 요소들은 아동의 심리 안에 규정된 것으로 플레로마, 즉 우로보로스를 통해 주어진 것들이다. 아동들은 천부적 재주, 창조적인 것, 그리고 원시적 인간과 공유하는 것을 갖고 있다. 아동의 현존재가 갖고 있는 마력과 매혹은 이제 희생되어야 한다. 교육은 아동 속에 있는 원상적 인간의 천재성과 낙원의 특성을 제거하고, 분화와 전체성을 포기하도록 하여 집단의 유용성에 이르도록 요구한다.

쾌락의 원칙에서 현실의 원칙으로, 즉 모성의 보살핌을 받던 유아기 아동에서 여엿한 학생으로, 우로보로스에서 영웅으로 전환이 일어나는 것이 일반적인 아동의 발달 과정이다. 어린이의 본성적 특성인 상상력과 예술적 창조적 형상력의 감소는 성인이 되면서 나타나는 전형적 빈곤화 증상의 하나이다. 감정의 생생함과, 분별력을 갖춘 반응이나 ≪절제있는 행동≫의 점차적 상실은 언제나 아동이나 청소년들이 집단에 반응하는 행동이 된다. 삶의 깊이를 희생하여 삶의 효율성을 높이는 것은 이런 과정의 특징이다.

이상의 발달은 자아 형성과 무의식에서 의식의 체계적 분리를 필수적인 것으로 묘

---

**101)** Jung, Typen

사한 발달로서, 이는 개체발생적으로 일어난다. 아동에 의해서 일어나는 세계에 대한 초기의 초개인적, 신화적 통각(Apperzeption)은[102] 이차적 인격화 때문에 제한되고 마침내는 사라진다. 이런 인격화의 과정은 개인 인격 영역을 시작하는 전제에 있어서 반드시 필요한 부분이다. 그것은 우선적으로 원형들이 투사되는 환경과의 관계에 힘입어 성공하게 된다. 계속적인 개인적 연결을 함으로써, 개인적 성향과 비개인적 성향이 혼합적으로 작용하는 이마고(Imago)를 넘어서게 되어 마침내 원형의 해소에 이른다. 그래서 점차 초개인적 원형은 자아가 관계하는 환경에서 개인적 형상들로 변하게 된다. 이에 대하여 릴케(Rilke)는 다음과 같이 말한다.

> … 당신은 어두운 인간관계에서 전적으로 그를 부르는 것이 아니더군요.
> 당연히 그는 그러길 바라면서, 그는 뛰어나가지요;
> 그는 당신의 비밀스런 심장에서 그런 식으로 언제나 무게를 덜어내어서 받아들이고 스스로 시작하지요.
> 그러나 그는 언제 제대로 시작했던가요?
> 어머니, 당신은 그를 자그마하게 만드시지요. 당신은 그를 행하게 만드는 바로 그것이지요;
> 당신에게 그는 새로운 것이지만,
> 당신은 그 새로운 눈 위로 친밀한 세계를 드리우고 낯선 세계에 대해서는 막더군요.
> 아! 세월이 흘러도 당신은 붙임성 있는 그를 단순하게 너울거리는 혼돈의 형상에 붙들어 매려고 그곳에 있지 않나요?
> 당신은 그에게 그렇게 너무도 많은 것을 감추지요;
> 당신은 밤마다 의심스러운 방을 전혀 아무렇지 않은 것으로 꾸미지요,
> 당신의 심장에서 벗어나 피난하려는 집을,
> 인간의 방 즉 그의 밤의 공간과 합쳐버리지요.[103]

이제 원형의 분할에 이르고 모성상의 초개인적-부정적 측면과 개인적-긍정적 측면이 분리되거나, 또는 그 반대가 된다. 아동의 두려움과 위협받은 듯한 감정은 외부의 외

상적 특성 때문에 나타나는 것이 아니라, 보통의 모든 인간들에게, 원시인들에게 있는 현상으로, 그것은 ≪밤의 공간≫으로부터 비롯된 것이다. 더 엄밀하게 말하면 그것은 자아가 밤의 공간에서 빠져나오려 함으로써 일어난다. 배아와 같은 자아의식은 세계-신체-자극의 우세를 경험한다. 이것은 직접적 자극으로서 투사로 경험된다. 그래서 가족관계는 우로보로스적 상태인 최초의 보호에서 벗어나야 하는 자아에게, 집단사회의 첫 형식으로서 삶의 공간의 개인적 형태가 등장함으로써, 인간 세계의 이차적 보호가 된다는 의미이다.

이런 발달과 더불어 정서적 요소의 철폐가 수반된다. 그리고 신체를 강조하는 초기 상황에서 벗어나게 된다. 주변 환경의 제한과 요구에 의해 점차적으로 초자아가 형성되기에 이른다.

무의식적인 것의 축소로 나타나는 의식 발달의 보편적 특징은 아동의 정상적 발달에서 흔히 볼 수 있는 일이다. 이런 발달 과정에서 아동의 꿈과 동화, 또한 그림, 놀이의 세계인 무의식의 고유한 원초적 세계가 외부의 실제 세계에 반하여 점차 뒤로 물러난다. 무의식에서 빼낸 리비도는 의식의 체제를 세우고 확대하는데 이용된다. 이 과정의 연습은 놀이에서 학습의 이행으로 특징짓게 된다. 학교는 우리의 문화에서 집단에 의해 대체된 건축가이다. 이 건축가는 위축된 무의식과 집단에 적응하려는 의식 사이의 벽을 체계적으로 구축하는 것이다.

의식 발달의 부권적 계열은 다음과 같은 좌우명을 갖고 있다: ≪모성으로부터 벗어나 부성으로 향하라≫이다. 이는 어머니의 아들 및 품 안의 아기 상태는 첫 번째 시기의 용과의 싸움을 성공적으로 해내지 못한 증거가 된다. 그 용과의 싸움은 유아기를 마감하게 하는 것이었다. 이런 발달의 거부는 학교와 아동의 세계에 들어가는 것을 불가능하게 한다. 이는 마찬가지로 성인식 입문의 실패가 여성적 남성이 남성의 성인세

---

102) C.G. Jung, Kindertraumseminar, S. 13
   C.G. Jung, Psychologie und Erziehung
   A. Wickes, Analyse der Kindesseele
   M. Fordham, The Life of Childhood
103) R.M. Rilke, Duineser Elegien III

계에 들어가는 것을 불가능하게 하는 것과 같다.

융의 분석심리학 덕분에 인격의 심급의 구성에 대한 것, 즉 페르조나, 그림자, 아니마, 아니무스를 묘사하기에 이르렀다. 그것들은 인생의 전반기에 등장하는 분화 과정을 통하여 생겨난 것이다. 그것들에는 개인적-개별적 성향과 원형적-비개인적 성향이 서로 결합하고 있다. 그래서 정신적 구조 내에 심혼적 기관의 기초로서 이미 내재되어 있는 인격의 심급들은 이제 개인적 변형의 성향과 융합되어져 있는 것이다. 이 개인적 변형들은 개인에 의해 그 개인의 발달로 실현된다.

페르조나의 발달은 집단에 의해 요구된 요인들을 위해, 개인적으로 중요한 성향과 기초를 억압하고 은폐하고 억눌러서 이루어낸 적응 과정의 산물이다. 여기에서 전체성은 영향력 있는 성공적인 가짜 인격을 위해 교체되어 버린다. 이때 초자아는 인격의 내부에 집단의 가치가 등장해서 이루어진 양심으로 나타난다. 이 초자아의 등장이 있으면, 내면의 소리는 침묵을 하게 된다. 아동기에 강하게 각인되었던 초개인적인 것의 개별적 경험에서 비롯된 내면의 소리는 양심을 위해 포기된다. 아동기의 낙원을 떠나게 됨으로써 그 세계에 살아있던 신성이 떠나게 되는 것이다. 집단, 부성, 법칙, 양심, 지배적인 도덕의 가치 등은 집단과 생활의 적응을 가능하게 하는 지배적인 가치가 된다.

반면 각 개인의 자연적인 기초는 정신적이든 육체적이든 모두 양성적 특징을 갖는다. 우리의 문화에서 분화에 의한 발전은 대립적 성의 측면을 무의식으로 억압하게 만든다. 결과적으로 외부적으로 드러난 한쪽 성의 특질은 집단적 가치를 규정하는 것으로 의식에 의해서 인식된다. 그래서 적어도 우리 문화에서는 ≪여성적≫이고 ≪심혼적≫ 성향은 남자 아이에게는 요구되지 않는다. 한쪽 성을 일방적으로 강조함으로써, 또 다른 성은 무의식에 배열된다. 이것은 여성에게는 아니무스, 남성에게는 아니마를 형성하게 한다. 이런 부분 인격은 무의식적으로 남아 의식과 무의식적 관계를 지배하게 된다. 이런 과정은 집단에 의해 지지된다. 원래 성적 분화에서 반대 성의 측면을 억압하는 것이 매우 어렵기 때문에 우선 반대 성에 대해 전형적인 기피 형식을 동반하게 된다. 또한 이런 발달은 보편적인 분화 원칙에 따르는 것으로, 이런 원칙은 자웅동체의 형태로 있는 전체성의 희생이 전제된다.

이미 살펴보았듯이 인격의 어두운 측면인 그림자의 형성은 부분적으로 양심의 집단적 적응에 의해 생겨난 것이다.

의지기능의 도야, 목적적이고 원칙적인 행동의 훈련은 모두 본능적 무의식적 통제를 희생시킴으로써 이루어진 것들이고, 이것은 성장하는 아동들이 현실을 살아가기 위해 반드시 필요한 것이다. 여기서 다시 정서적 요소들의 억압이 두드러진다. 아주 어린 아동들의 열정과 정동은 억압되어 점점 더 자라난 아동의 정동과 감정 상태가 된다.

이 모든 심급의 형성은 자아, 의식 및 의지를 강화시킨다. 그리고 본능적 측면의 상대적 고립으로 내적 인격의 긴장이 증가하게 된다. 자아가 의식과 동일화됨으로써 무의식과의 접촉을 잃어버리게 된다. 그것은 심혼적 전체성과의 단절을 가져온다. 의식이 이제 통일성을 표상한다고 주장하게 된다. 그러나 이런 통일성은 인격의 통일성이 아니라 상대적으로 있는 의식의 통일성일 뿐이다. 심혼적 전체성을 잃어버리고, 의식-무의식을 모두 지배하는 배열의 이중적 대립적 원칙이 드러나게 된다.

어떤 의미에서 의식 발달의 배양 과정은 집단적인 것을 요구하는 과정이고, 뿌리를 상실하게 하는 과정이다. 본능에 연결된 내면의 집단성은 포기되고, 그 자리에 자아의 두 번째 안전을 위해 집단-문화가 규정한, 잘 알려진 가치규범으로 이루어진 집단의 기초가 등장하게 되는 것이다. 이런 옮겨심기 과정의 좌초는 본능 중심성으로부터 자아 중심성으로 전위를 의미한다. 이는 결과적으로 발달적 장애 및 정신병을 유발한다.

원형적 단계의 관통, 의식의 부권적 방향잡기, 인격 내부에 집단적 가치의 심급으로서 초자아의 형성, 그리고 집단적 가치규범의 존속은 윤리적으로 정상적 발달의 필수 조건이다. 이런 요인들의 어느 하나라도 방해를 받는다면 결과적으로 발달이 제대로 일어나지 않는다. 첫 두 요인들의 장애는 정신적으로 신경증에 이르게 하고, 나머지 두 요인의 장애는 부주의와 범죄와 같은 사회적응의 장애로 나타난다.

보통의 아동들은 대부분 이런 뿌리가 뽑히는 과정을 극복할 뿐 아니라, 강한 내적 긴장으로부터 벗어나게 된다. 상대적인 통일성의 상실, 두 정신체제로의 대극적 분리, 내적 측면으로부터 고립, 그리고 인격의 심급들의 구축 등은 갈등을 만들어내지만, 이 것들은 신경증적 인격 발달의 기초가 된다고는 말할 수 없다. 그 반대로 그것들은 정상적이며, 오히려 그런 것이 일어나지 않는다면, 발전의 불완전함이 되어 병에 이르게 될 것이다.

의식이 어떤 한 측면만을 선호하고 발달하게 하는 것은 서구적 심혼의 구조에 특징적인 것이다. 그것은 시작부터 갈등과 희생을 내포한다. 동시에 그러한 구조는 그 자체로 희생을 의미 있게 하여 갈등을 풍요롭게 하는 능력을 포함하고 있다. 정신에서 중심화는 전체성의 경향으로 표현된다. 전반부의 일방성은 삶이 진행됨에 따라, 삶의 후반기 동안 진행되는 보상적 발달에 의해 균형을 잡게 된다. 무의식과 의식 사이에 생기는 갈등의 긴장은 무의식의 자연적인 보상적 기능을 효율적으로 작동하게 함으로써 인격의 지속적 성장에 이르게 한다. 그리고 성숙하게 되려는 인격에서는 의식과 무의식의 관계의 강화가 있음으로써, 전체적으로 포괄하려는 합성이 일어나서 무의식과 의식의 근원적 갈등을 면제하게 해준다.

그러나 인류 발달에서 우리가 증명해온 개인의 분화와 분리는 반드시 필요한 것이다. 개인은 인류가 걸어왔던 오래된 길을 고스란히 그 자신의 발전 과정으로 겪어가게 된다. 내적 정신의 대립적 분리로 생겨나는 긴장은 인격의 에너지 역학적 낙차를 형성하고, 이중의 세계로 나아가게 작용한다.

자아의식이 성장과 더불어 세계에 대한 리비도의 진보적인 전이, 즉 외부대상에 점점 더 큰 차원의 수용을 하면서 ≪점거≫에 이른다. 리비도의 전이는 두 가지 기원을 갖는다. 한편으로는 자아에 의한 의식적 흥미의 적용으로 일어나고, 또 다른 한편으로는 무의식적 내용의 투사로 일어난다. 무의식적 에너지의 역학적 축적이 아주 크게 되면, 그것들은 무의식에서 방출해서 투사에 이른다. 그것들은 이제 의식에 대해 살아있는 심상으로 이루어진 외부세계로서 마주보고 서 있다. 그리고 자아는 그것들을 세계의 내용으로서 경험한다. 이런 방식으로 투사는 세계와 투사의 운반자에 강한 고착이 되도록 한다.

이런 과정은 사춘기에 특별히 더 잘 나타난다. 무의식의 활기는 이 시기에 정신-신체적 변화를 위한 유사 현상이 있게 된다. 이는 집단무의식의 강화된 작용, 즉 원형의 작용으로 일어나는 것이다; 그것은 성적 영역의 활기를 넣어서 정신병적인 상태로 가시화되는 침입의 위험으로 나타날 뿐만 아니라, 또한 집단무의식의 작용이 강화되어 모든 초개인적인 것, 보편적인 것, 그리고 이념적인 것이 새롭게 등장해서 생생한 과정으로 나타난다. 또한 사춘기는 현대 성인의 삶의 느낌과는 달리, 세계와 결합되어 있다고 느끼는, 초기 인간의 삶의 느낌에 더 비슷할 수 있는 변화된 세계의 느낌과 삶의 느낌으로 드러난다. 이 시기에 서정시적 세계의 혼을 불어넣는 것 같은, 꿈이나 시(詩)에서 신화적 주제가 상대적으로 자주 발견된다. 이것은 집단무의식이 활성화됨으로써 생긴 전형적인 증후이다.

그러나 동시에 사춘기에는 의식에 대한 보상적 작업 또한 증가하기 때문에, 아주 심하게 내향적이 되거나, 창조적인 본성을 활용한다면 무의식에서 일어나는 움직임을 직접적으로 지각할 정도에 이른다. 일반적으로 보상적 작업은 자아와 무의식 사이의 구분을 하기 위해 생긴 벽 뒤에서 진행된다. 그리고 그들의 발산이 의식에 이른다. 흥미와 감정에 영향을 미치는 무의식의 발산과 나란히, 무의식의 활기가 계속적인 정상적 발달 단계를 안내하고 보증할 매혹하는 투사에 의해 등장한다.

이 시기에 가장 중요한 투사는 아니마와 아니무스의 투사이다. 이들은 무의식에서 잠들어 있는 대립성의 이미지인데, 이제 활기를 띠게 된 것이다. 무의식의 광휘에 의해 살아난 심상들이 이제 세계에 투사되고, 그 투사된 세계에서 요청한다. 그래서 그것들은 전반기 삶의 중요한 주제인 파트너 문제를 배열하게 된다.

사춘기에 부모상과 실제의 부모로부터 분리를 실현해야만 하는데, 이는 원시인의 사춘기 입문제의에서 보듯이, 초개인적 부모 또는 조상의 원형의 활성화에 의해 야기된다. 이런 활성화는 초개인적 내용들에 부모 원형을 투사하도록 요구하거나 강요하여 집단에 의해서 그리고 집단을 위해서 제도적으로 완수하도록 한다. 스승, 선생님, 지도자의 인물상, 즉 마나(Mana) 인격[104]과의 관련은 부성 원형의 투사가 이루어지고, 마찬가지로 고향, 사회, 교회, 또는 연대적 운동에 대해서는 모성 원형의 투사로서 이루어진다. 가족 영역에서 벗어나 집단으로 들어가는 개인의 삶은 주로 이러한 내용

---

**104)** Jung, Beziehungen

들에 의해 구체화된다.

≪어른이 되는 것≫의 기준은 가족 영역에서 벗어나 개인이 되도록 끌어내어, 삶이라는 거대한 부모의 세계로 입회가 가능해야 한다. 따라서 사춘기는 재탄생의 시기이고, 용과의 싸움을 통해 영웅의 자기생산을 나타내는 상징의 시기에 해당한다. 이 시기에 특징적인 모든 제의들은 정신-의식의 원리가 모성-용을 정복하는, 밤의 바다여행을 통해서 인격의 갱신을 목적으로 하고 있다. 이로써 모성과 어린 시절, 즉 무의식과의 유대는 지양된다. 이러한 단계들에서 굳건하게 된 자아의 궁극적 안정화는 사춘기에 비로소 모성-용의 처리에 의하여 이루어진다. 여기서 모성으로부터 아니마의 분리가 개체발생적으로 성취되듯이, 개별적 반려자의 의의가 커지고 모성에서 벗어나게 되어, 이 시기에 정상적으로 모성-용과의 싸움을 끝내게 된다. 또한 재탄생은 입문제의에서 동일시한 부성 원리에 의하여 이루어진다. 모성 없이 태어난 아버지의 아들이되었고, 그래서 그는 부성과 동일시되었으므로, 그가 바로 자신의 아버지이기도 하다.[105]

유아기에서 사춘기까지의 발달에서 삶을 위해 점차적으로 자아의 중심적인 위치를 위임받는 것이 성공하게 된다. 사춘기에 이르러, 자아는 마침내 개별성의 담지자가 된다. 무의식으로부터의 분리 - 이것은 의식과 무의식의 두 체제 사이에 긴장을 생성하기 위해서는 반드시 필요하다 - 는 완수된다. 사춘기의 입문제의는 집단무의식의 활성화의 표현이고, 이는 이제 집단과 연결되게 한다. 이는 일반적으로 원형적 문화규범이 이러한 입문제의에서 천상을 대변하는 나이든 남성들에 의해 집단의 정신-세계로서 전승되기 때문이다. 그러나 이때에 개별자는 - 또한 예를 들어 북아메리카 인디언들의 수호령-입문에서 보여주듯 개인적 계시가 아니다 - 집단 내에서 그의 중심적 위치를 갖는 새로운 경험을 하게 된다. 입문한다는 것과 어른이 된다는 것은 이제 집단을 책임 있게 대표한다는 것을 의미한다. 자아와 개인의 초개인적 의미가 이제부터는 집단의 문화와 그것의 규범 안에서 형성되기 때문이다.

이런 발달의 전제는 승리자가 이제 입문제의에서 정신세계의 형상으로 등장하게 된초개인적인 것들과 연결하는 영웅의 싸움을 거듭 성공하는 것이다. 입문자는 - 후임으로 - 지상에서의 싸움을 인수하여, 이 세계의 아들로서 경험하고, 자신의 영역에서 대표자가 되어야 하는 것이다. 무의식의 세계로부터 그가 분리되는 것이 반드시 종교나 윤리의 세계의 인식, 혹은 금기와 종교적 법칙을 받아들이는 것인지의 여부는 부수적 의미가 될 것이다.

남성적인 것의 자기생식이 승리한 것이다. 그 승리는 용과 싸우는 자와 마찬가지로 전리품으로 공주를 얻는다. 성인이 됨과 동시에, 성(性)에 대해 허용이 되고, 동시에 이제 모성의 자리에 애인이 대신 등장한다. 성인은 이제 성(性)의 역할을 해야만 하고, 동시에 집단적 목표 뿐 아니라 개인적 목표를 추구해야만 한다.

삶의 전반부는 ≪외부세계의 힘≫과 초개인적 요구들에 적응하면서 계속 실현해간다. 원상적 부모, 그리고 아니마와 아니무스 원형들의 투사를 통하여 의식의 발달 과정이 외부세계로 향하게 된다. 전반부 삶에서 노력해야만 얻어지는 외부의 실제성의 ≪뒤에서≫, 살아있는 원형적 심상이 매혹함으로써, 정신의 흐름이 외부로 향하는 것이 정상적 발달의 전형적 특징이 된다.

이 시기의 발달은 의식의 전개와 세계와의 현실관계의 확장에 해당하는 것이다. 이러한 발달의 방향성은 자연적으로 주어지는 것이고, 그것은 의식의 성장과 안정화를 진전시키는 인간 종의 타고난 본능과 정신기제에 해당한다. 사춘기에는 자연스런 작업 과정과 투사 과정에 의하여 무의식의 활성화가 뚜렷한 추진력을 갖게 되고, 그리고 그 추진력은 주로 외부로 향하게 된다. 이런 점은 무의식도 의식과 같은 발달의 방향을 취하고 있음을 의미한다.[106]

사춘기 이후 성인은 정상적으로, 임의로 쓸 수 있는 많은 양의 자유 리비도를 가지고 있어서 견고하나 탄력있는 자아의식이 되므로, 혼자 고립되지 않고서도 무의식의 영향에 대항하여 잘 격리되어 있는 상태를 유지한다. 그래서 의식의 넓이와 리비도 양

---

105) 초기 아동기에 있어서 이런 사춘기의 입문제의를 부분적으로 선제이동(Vorverschiebung)하여 실시하는 것은 부권적 남성-정신을 강조한 문화의 전형적 표현이다. 모성의 분리를 위한 할례와 침례를 이미 생의 초기에 경험하도록 설정함으로써 모성 영역이 결정적으로 축소된다.
106) 발달 장애의 분석과 성인의 신경증적 장애의 분석은 반드시 발달이 이루어져야 한다는 본성의 소여성을 증명하고 있다.

에 따라서 객관적 세계의 많은 부분을 긍정적으로 적용하게 된다. 외향적인 사람과 내향적인 사람 모두 대상 세상에 대한 점진적인 숙달과 그것에 대한 적응을 통해서 의식과 인격을 형성한다. 창조적인 인간은 예외가 될 수 있다. 그에게는 여전히 무의식의 활동의 우세가 있으나, 의식 능력이 이러한 과도한 부담을 견뎌낼 수 있다. 그리고 이유야 어쨌든 신경증 환자에서 의식 발달은 방해를 받는다.

사춘기 입문제의가 중요성을 갖고 있듯이, 우리 문화에서 청소년이 세계로 이행을 매개해주는 제도들과 제의들의 결여는 청소년기에 발생하는 신경증의 원인이 된다. 이 청소년기 신경증에서는 공통적으로 집단과 자신의 파트너에 적응하면서 세계로 들어갈 입구를 발견하지 못하는 것이다. 갱년기에 속하였던 제의들의 결여도 비슷하게 작용한다. 후반부 삶의 갱년기 신경증에서는 노년기의 성숙과 노년기적 수행을 위해 세계와 연루된 상태에서 벗어나야 하는데, 그것이 어렵다는 것이 공통적이다. 그 원인은 전반부 삶에서 발생하는 것과는 사실상 반대이고, 완전히 다른 것이다.

전반부 삶에서는 자아의 중심적인 위치가 중심화의 효과를 갖는 정도로 의식화가 되지 않는다. 이에 반하여 중년기는 결정적인 인격의 급변에 의해 드러난다. 이제 중심화는 의식화된다. 자아는 무의식에서 출발하여 인격의 전체를 사로잡는 다소 고통스러운 과정에 노출되어 있다. 이러한 심리학적 변환, 증상학, 그리고 상징주의를 융은 개인의 전(全)인격화 과정으로 기술했으며, 그것의 예를 연금술에 관한 연구에서 대규모의 자료들로 풍부하게 다루었다.

우리의 설명들과 관련지어 후반부 삶의 현상들에서 개인적 발달에 해당하는 중심화의 두 번째 단계에 이른다. 그것의 시작 단계가 자아의 발달과 심리체제의 분화로 이끄는 반면, 그것의 두 번째 단계는 자기(Selbst)의 발달과 정신적 체제의 통합으로 이끈다. 이때의 변환 과정이 전반부 삶 동안에 일어났던 발달과 반대 방향으로 일어난다고 해도, 자아와 의식의 해체는 되지 않는다. 오히려 자아의 자기 숙고에 의한 의식의 확장에 이른다. 이러한 과정에서 자아가 자신의 원래의 위치를 복구시키게 된다. 그것은 자아가 자신의 사로잡힘의 편집증으로부터 벗어난 것이며, 다시 전체성을 의식화할 기능의 담지자가 된다.

자기의 무의식적 작용은 전체의 삶을 지배하고, 그의 영향력의 의식화는 후반부 삶을 지배한다. 초기 유년기의 자아 형성 동안에, 자기(Selbst)는 우선적으로 의식으로 하여금 중심화에 이르도록 한다. 이때에 자아는 전체성의 대표기관이 된다. 사춘기에 개인은 자아로서, 자신을 집단의 전체성의 대표로서 경험한다. 사춘기의 개인은 집단의 책임있는 구성원이 되며, 그리고 자아가 무의식에 대하는 것처럼, 집단이나 사회에도 대립적으로 처신한다. 사춘기부터 갱년기까지, 즉 삶의 확장과 후반기 삶의 시작에 있는 급변의 시기까지 개인과 집단 간의 외적 변증법이 행해지게 된다. 그리고 나서 인생의 후반부는 개인의 전(全)인격화와 더불어 자아와 집단무의식 간의 내적 변증법으로 이끈다.

이제 인격의 통합에서 역행하는 길을 가게 될 것이다. 이는 인격을 분화의 단계로 이끌던 길의 반대가 된다. 그것은 자아와 자기 간의, 의식된 마음과 심혼 간의 화해에 이르는 것이다. 그것은 지금까지와는 정반대로, 대립된 의식과 무의식의 체제들 사이에서 새로운 전체성이 배열되는 것이다. 의식의 발달에서, 그리고 전반부 삶에서 형성되었던 분화와 인격의 심급들은 이제 파괴된다. 그러나 이것은 대중의 사건들에서 일어난 재집단화의[107] 현상처럼 퇴행의 의미가 아니라, 통합으로 즉 의식의 확장과 발달에 있어 새로운 방향으로 계속 나아가게 되는 것을 말한다.

이러한 후반부 삶의 변화 과정은 전(全)인격화 과정으로서 의식 형태로 등장할 뿐만 아니라, 심혼의 자기조절로서 매번의 인격의 성숙을 결정하는 것이다. 이러한 과정에서 자아는 자기의 의식에 이르는데 성공한다. 자기는 자아의 자기-의식화를 통하여 무의식적 작용에서 의식적 작용의 단계로 발전하기에 이른다. 개인의 전(全)인격화를 위한 변환의 과정은 연금술의 과정이다. 그것은 의식의 질적인 변화에서 절정에 이르는 새로운 형식의 용과의 싸움이다. 그것은 심리학적으로 의식에 대한 심혼의 통일체 경험으로, 신화적으로 ≪오시리스 혹은 변환≫이라고 부르는 것이다.

무의식의 수축, 분화, 그리고 외부로 나아가 집단에 이르는 흐름의 형성에 반하여,

---

107) 부록 Ⅱ를 참고하라.

이제는 세계의 수축, 통합, 내부로 나아가 자기에 이르는 흐름이 형성된다. 생의 전반부 동안에는 비개인적이고 무의식적인 유아적 현존재가 성인이 되기 위한 개인적 삶을 계속 형성하게 된다. 성인은 집단에서 혹은 집단과 인접해서, 자아가 집단의 중심이 되어야만 한다. 이때 자아 영역은 수행 영역, 혹은 관계의 영역, 힘의 영역, 혹은 작업의 영역으로 나타날 것이다. 인격 발달의 이러한 단계는 자아에 의해서 지배되던 것을 넘어서, 초개인적 내용들을 동화하도록 함으로써, 의식의 중심인 개인적 자아에서 전체 심혼의 중심인 자기로 중심을 옮기도록 한다.

스스로 전체화된 심혼적 통일체에서 작동하는 인격의 심급들의 통합은 그것에 전혀 소속되지 않았거나, 쪼개졌던 인격의 부분들을 의식하고, 다시 결합하려 한다. 이 과정은 이차적 인격화 과정을 종료할 뿐 아니라 정서적 요소들을 활성화시킨다. 이 발달은 의식의 보존과 더불어 진행된다고 해도, 원시적 자아를 위협할 수도 있고, 운이 나쁜 경우에는 인격을 파괴할 수도 있는 위기를 가져온다. 그것은 지하세계로 향한 영웅의 여정이지만, 의식 발달을 제한하고 방어하고 보증하는 것을 포기한 자아에게 정서적, 원형적 범람이 일어나므로 위협적이다. 예를 들면, 부모상의 배후에서 이제 일차적 원형들이 등장하고, 그리고 계속되는 과정에서 그 형상들은 더 방대해지고, 대립적이 되고, 복합적이 된다. 인격 전체가 고유한 성별적 특성의 우세함을 포기하고 아니마 또는 아니무스의 동화를 함으로써 원래의 자웅동체를 회복하면, 비로소 원형들이 모순적, 다중적 의미로 드러나던 두드러진 특성을 거두어들인다. 이때는 원시적 상황과는 반대로 의식은 더 이전에 압도적으로 의식의 소멸로 이끌었던 것을 다양하면서도 역설적으로 경험하게 된다. 인류의 발달상 자연적 상징을 통해 드러난 무의식의 자발적인 표현을 보았다면, 앞선 과정을 거친 자아는 지금 융이 ≪통합하는 상징≫, 혹은 ≪초월적 기능≫이라고 나타냈던 현상을 경험하게 된다.[108]

통합하는 상징은 특별한 상황의 산물이다. 거기에는 자연적 상징의 등장에서 보듯이, 무의식의 생산력이 우세한 것이 아니라, 의식의 태도가 무의식에 대립해서 이루어지는 것이다. 이때의 ≪자아의 강도≫는 결정적인 순간을 이룩해낸다. 초월적 기능의 산물로서 통합하는 상징은 의식의 자아를 강화하는 태도와 그에 대해 의식을 위협하려는 무의식의 경향 사이에 있는 에너지 및 내용적 긴장을 해결한다.

통합하는 상징은 그래서 개인의 전체성, 즉 중심화의 직접적인 표명에 이르게 한다. 창조적 포괄에 의해 의식과 무의식의 영역은 새롭게 된다. 그래서 그때까지 아직 효력의 발휘가 없던 요소들이 극복된다. 즉 ≪초월된다≫. 통합하는 상징은 종합에 대한 최고의 형식이고, 심혼의 전체성과 자기치유의 경향이 도달한 가장 완성적 산물이다. 진정으로 매번의 갈등을 해결하면, 그것은 창조적 과정에서 치유될 뿐 아니라, 전체 인격으로 확장될 출발점이 되게 한다.

융은 다음과 같이 말하였다: ≪한편으로는 개인성의 강도와 규정성이, 그리고 다른 한편으로 무의식적 표현이 살아나는데, 이때의 무의식은 단지 기초로서가 아니라 의식과 똑같은 사실로서 숙고되는 태도를 갖는 것이다.≫[109] 개인성의 강도와 규정성은 강도와 성실성, 그리고 의식과 세계의 요구에 의해 전복되지 않게 하는 의식의 도덕적 확고함까지 포함되어 있음을 의미한다. 그러나 무의식적 표현을 숙고하는 힘은 심혼의 창조적 요소에 해당하는 초월적 기능이다. 그것은 의식에 의해서 해결할 수 없는 상황이 심상을 통하여 새로운 방식, 새로운 가치로서, 새롭게 극복되는 심혼적 기능을 의미한다. 두 가지 모두가 인격의 전체적인 배열에 도달해서 작용한다는 사실을 표현하고 있다. 여기서 심혼의 창조적 측면과 의식의 규정성은 더 이상 서로 분리된 두 체제로 대립하지 않고 합성된다.

심혼의 이러한 합성은 종종 자웅동체의 상징처럼, 대립 원칙에 대한 새로운 통일성으로 나타난다. 우로보로스의 자웅동체적인 특성은 새로운 차원에서 나타난다.

연금술에서 원(原)재료, 즉 제 1의 물질(prima materia)의 초기 자웅동체적인 상황처럼, 변환을 통하여 현자의 돌, 즉 레비스(Rebis)라는 자웅동체적 결말 상태에 도달하도록 고양된다. 개인성을 자아와 무의식으로 이루어진 보다 더 높은 종합에 이르도록 인간의 변환의 길로 인도한다. 초기에 자아의 배아는 자웅동체적인 우로보로스의 포위 상태에 잡혀 머물러 있는 반면, 마지막은 자기 고양된 우로보로스의 황금의 중심

---

**108)** Jung, Typen: Definitionen
**109)** Jung, Typen, S. 684

(中心), 즉 여성과 남성, 의식과 무의식의 통합의 중심에 있게 된다. 여기서는 자아가 몰락하는 것이 아니라, 스스로 자기로서 통합하는 상징을 경험하는 것이다.

이러한 과정에서 자아의 ≪고양≫에 이른다. 자아는 자기와의 연결을 실현하게 된다. 여기에 종종 오시리스-호루스 신화의 역설적 동일시가 등장한다. 자아는 자기 안에서, 자신의 자기-경험으로 인해 자신을 신적으로 경험하고, 자기는 자아 안에서는 스스로를 사멸적인 것으로 경험한다. 그 둘의 관계는 탈무드의 격언에서: ≪인간과 신은 쌍둥이다≫라고 하는 것이다. 이는 부성-아들, 혹은 모성-딸의 동일시에 대한 상징으로 나타난다. 자아는 자신의 유일함의 요구와 자기에 대한 중심적 위치를 넘겨준다. 이는 자기가 ≪정신세계의 왕≫인 것처럼, 자아가 간접적 대표로서 ≪세계의 왕≫이 되게 하는 것이다.

개인의 전(全)인격화 과정에 상응하는, 오시리스화(Osirifizierung), 그리고 변환의 과정이 일어나는 단계는 여전히 영웅 원형의 세력 범위 내에 있다. 그것은 용과의 싸움과 아니마와의 신성혼(hieros gamos)으로 나타난다. 이들 둘은 자기의 생산, 통일성의 생산, 내면적 자기생산과 찬미로서 획득되는 변환의 전(前)단계에 속하는 것이다. 영웅 원형의 내사(Introjektion)는 심혼과의 자기통합이다. ≪이 세계에 속하는 것이 아니라≫, 그런 영역의 복원이다. 이런 의미에서 왕의 탄생은 개인의 전(全)인격화가 그러하듯이 연금술의 신비제의에 해당한다.[110]

삶의 초기에는 자아의식이 무의식인 용의 휘감아버리는 세력에서 벗어나게 되는 자기생산적 행위가 강조되는 반면, 삶의 후반부에서는 자아가 자기로 재탄생하는 자기생산적 행위로서 세계인 용의 휘감아버리는 세력에서 벗어나는 것이 강조된다. 삶의 전반부 시기에 있는 용과의 싸움은 무의식의 세계를 관통하는 길로 시작하여 자아의 영웅적인 탄생으로 끝난다. 삶의 후반부에 있는 밤의 항해는 세계를 통과하는 길로 시작하여 자기의 영웅적 탄생으로 끝난다.

이러한 의식 발달의 마지막 단계는 의식의 발달상 원형적, 즉 집단적이지 않은 시기이고, 오히려 개인적이다. 이 시기에 원형적 재료들은 작업되어서 의식적이다. 그리고 한 개인이 초개인적 세계와 자신만의 유일하고도 고유한 세계와의 결합을 하는 주체이고, 그것을 외적으로 그리고 내적으로 모두 경험하는 주체이다. 그것은 더 이상 무의식적인 우로보로스의 무의식의 세계만이 아니며, 더 이상 자아를 지배하는 집단사회의·의식적인 집단 세계만이 아니다. 오히려 그 둘이 유일한 방식으로 결합하고 통일되는 것이다. 이제 자아는 원자(Atom)로서 따로 떨어져 나와 있으나, 객관정신과 객관적 신체로 이루어진 두 집단 세계 사이에서 인정을 받게 되고, 또한 자기와 결합한 자아는 인간중심의(anthropozentrisch) 보편적 세계에서 중심으로서 경험한다.

세계와 개인에 대한 경험의 모든 단계들을 거친 뒤에, 개인은 자신의 고유한 가치를 가진 자기의식(Selbstbewußtsein)에 이른다. 그 개인은 심혼의 자기발전에 있어서 자신을 시작, 중간, 그리고 완결을 모두 완수한 존재로 인식한다. 이런 발전 과정에서 정신이 자신을 자아에 의하여 자기로서 경험될 수 있도록 하여, 마침내 자기를 자아로서 드러내는 것이다.

자아의 이러한 자기-경험은, 오시리스화처럼 영속성 및 불사성과 밀접한 관계가 있다. 전(全)인격화 과정의 결과로서 나타난 인격의 전체성은 강화된 구조화, 인격의 형상화에 해당된다. 생의 전반부의 발전이 전체성을 희생하고 분화하여 강력한 긴장 상태에 이르는 반면에, 생의 후반부의 통합 과정은 더 긴장을 완화하고 안정성을 강화시키는 방향으로 나아간다. 이러한 발달 추세는 모든 살아있는 구조들의 자연적 성숙의 의미를 갖는다. 그것은 신체뿐만 아니라 생물학적으로 균형을 나타낸다. 형상화, 안정화, 구조화 및 고정화는 그에 상응하는 상징성을 생산한다. 여기서 상징주의는 완전한 형식, 균형, 조화, 견고성을 내용으로 갖는다. 원, 구, 진주, 그리고 완벽한 꽃들로 표현되는 만달라는 모든 요소들을 자신에게 통합한다. 반면에 예를 들어 자기의 상징으로서 다이아몬드는 돌이나 바위로는 파괴할 수 없음과, 대극에 의해 더 이상 파기될 수 없는 견고성을 나타낸다.

이때 정신적인 것의 고정성은 – 파괴될 수 없음, 영원성, 불사성으로 강조되지 않는다는 점에서 – 언제나 그 자체로 생생히 세워지는 구조로서 등장하고, 그 구조는 성장

---

110) C.G. Jung, *Psychologie und Alchemie*

하고 스스로 펼쳐나간다는 점을 나타낸다. 따라서 대극 사이에 있었던 긴장의 감소는 본질적으로 작용하는 힘과 결합하고 있다는 것과, 그것이 형상화되었다는 것을 의미한다. 말하자면 그것은 질적인 변환이지 양적인 감소를 의미하는 것이 아니다. 성숙은 어디에서든 그렇겠지만, 양적이던 강한 긴장들이 이제 질적으로 더 고양되고, 더 안정적인 구조들로 변환한다는 것을 의미한다.

심혼의 중심으로서 자기의 중심을 가지고 있는 전체성의 구조는 만달라로 나타나는데, 주로 중심화되어 있는 원, 그리고 자웅동체적 현존재의 우로보로스로 상징화된다. 이러한 원은 이제 중심점으로 자기의 빛나는 핵을 갖는다. 시작할 때는 우로보로스는 동물수준으로 존재하며, 이 시기에는 그 자신 속에 품고 있는 중심으로서 자아의 싹이 거의 은폐되어 있다. 이에 반하여 만달라 꽃으로 실현된 자기만개에서 동물적 대극의 긴장은 극복되고, 대극으로 서로 펼쳐진 자기에 의해 초월하게 된다. 발달 초기에 의식은 무의식의 압도적인 우세에 의해 거의 소멸되었던 반면, 마지막에 이르러 자아는 자기와의 연결을 통해 확장되고 힘도 갖게 되었다. 안정된 자아와 자기의 이러한 결합은 세계와 무의식, 외부세계와 내면세계의 모든 내용들이 다듬어져 함께하게 된다.

심혼이 스스로를 분화하는 구조에 하나의 세계가 상응한다. 그 세계는 안과 밖, 의식과 무의식, 정신과 생활, 남성과 여성, 개인과 집단과 같은 대극의 원리에 의해 서로 분화된다. 성숙해가는 심혼은 자웅동체의 표시 하에 스스로 통합하고, 세계를 자웅동체적 현존재로 드러낸다. 그래서 인간적 중심을 실현함으로써, 이제 개인은 내면에 있는 세계와 외부에 있는 세계 사이에서 실현하므로, 그 개인은 인류 그 자체가 된다. 전체에서의 인류는, 개별자에서의 개인처럼 동일한 과업을 갖고 있기 때문이다. 다시 말해 그 과제는 하나의 통일체로서 실현하는 것이다. 개인과 인류는 둘 다 하나의 실제성이어야 하는데, 그것의 절반은 자연과 외부에 있는 세계로서 그들에 대립하여 있는 것이고, 나머지 절반은 심혼과 무의식, 정신과 능력들로 주어진 것이다. 그 둘로 이루어진 실제성의 중심으로 자기 자신을 경험해야만 한다.

맨 처음에 자아는 원상의 부모-용, 즉 우로보로스의 뱃속에 머물러 있으므로, 안과 밖, 세계와 무의식이 혼합되어 있는 속에 태아처럼 숨어서 휴식을 취하고 있었다. 가장 마지막에는 연금술의 심상에서 보여주듯이, 그 용 위에 자웅동체가 서 있게 된다.

그것은 그의 통합적 현존재로서, 이제 근원적 상황은 극복되었다. 그 현존재 위에 자기(Selbst)의 왕관이 씌워지고 그것의 심장에는 다이아몬드가 빛난다.

그러나 전체에서 인류의 의식 발달이나, 개별자의 의식의 발달 모두 이러한 종합의 단계에 도달했을 때, 초개인적 우로보로스 상황과 용에 해당하는 집단의 위기가 진정으로 극복될 것이다. 인류의 집단무의식은 인류의 의식에 의해 공통적인 배경으로서 경험되고 의식화되어야 한다. 그와 같은 통합 과정에 의해 종족들, 민족들, 부족들, 그리고 집단들로 나누어짐으로써 인류의 분화가 새로운 종합적 합성으로 해결될 수 있다. 이때에 비로소 용의 위험, 즉 범람해오는 무의식의 위험을 극복하게 된다. 미래의 인류는 인간성의 씨앗으로서 이와 똑같은 중심을 실현할 것이고, 오늘날의 인류는 개인적 인격을 그러한 중심으로 경험하며 살아가고 있는 것이다. 이러한 모습이 출현한다면, 우로보로스적 용이 가진 근원적 위험이 극복되었음을 의미한다.

# 부록

# 부록 I
## 집단, 위대한 개별자 및 개인의 발달

우리는 우로보로스적 상황과 그 단계를 자아의 근원적 상황으로 보고 그것을 심리학적으로 설명하려는 시도를 해왔다. 이런 입장에서 우리의 과제는 자아와 개인이 집단으로부터 어떻게 분리하며 발달하는지를 보여주는 것이 되었다. 우리는 우선적으로 개인에게서 집단의 긍정적 의미를 해명하고 집단의 본질을 대중의 본질에서 떼어내어야만 한다. 집단은 모든 구성원들이 서로 결합되어 있으나 여전히 부분으로 생생히 살아있는 통일체이다. 그것은 종족 집단, 가족, 씨족, 원시적인 민족 집단으로서, 자연적 생물학적 결합이다. 혹은 그것은 토템, 종파, 종교 집단처럼 제도적으로 조성된 것일 수 있다. 그러나 제도적인 집단조차도 구성원들은 공통적 경험, 입문제의 등을 통해 서로 정서적으로 결속되어 있다. 그래서 집단의 형성은 구성원들 사이의 신비적 참여, 즉 우리가 정서적 중요성으로 논의하였던 무의식적 투사 과정과 관계한다. 이런 상황은 예를 들어 집단 구성원들이 특징적으로 서로 형제, 자매들이라고 부른다는 사실로 드러난다. 이러한 유대들은 당연하게 생각하는 본래의 가족 집단의 유비를 재현하는 것이다.

게다가 집단의 본질은 구성원들 간의 무의식적 결합이 보증하는 영속성의 특성을 갖는데, 이런 사실은 집단의 본질에 속하는 것이다. 진정한 집단은 영속 집단이며, 그 영속성을 통해 집단은 역사적 특성을 갖게 된다. 그런 이유 때문에 학교 학급들, 군대 연대들 같은 일시적으로 형성된 집단들조차도 진정한 집단이 되기 위해 역사를 형성

●●● 의식의 기원사

하려는 경향을 보인다. 이러한 집단들은 집단을 설립한 근원적 체험, 공통적으로 경험된 전쟁 혹은 공통적으로 보냈던 청년기를 역사적이게 하려고 노력하고, 회합, 집회, 연대기 등으로 집단의 영속적 특성을 강조한다.

반면에 대중연합들은 우리가 집단의 이름과 특성을 부여할 수 없는 명목상의 연합들이다. 이 가운데 게슈탈트 이론에서 보면, 부분들은 정서적으로 결속되어 있지 않으며, 그들 사이에 무의식적 투사 과정이 일어나지 않는 개인들의 목적이 항상 문제로서 다루어진다. 기차 또는 극장을 공동으로 사용하는 거라든지, 단체, 조합, 동업조합, 정당 등으로 함께 무리를 이루는 것만으로는 집단 공동체를 형성하지 않는다. 확실히 이런 대중연합은 이차적으로 ≪집단을 이루는 것≫이므로, 부분적으로만 순수 집단 현상을 나타내게 된다. 따라서 집단화의 부분성이 전면에 드러난다. 비상시에는 예를 들어 민족과 같은 일차적 집단이 끌어당기는 힘이 단체의 소속감보다 더 강하게 드러난다. 예를 들어 사회민주주의의 운명이 언제나 거듭 일깨워주는 것은, 정치적 정당이 몰락하는 대중연합이고 마찬가지로 집단은 늘 유동하고 있고, 민족이라는 집단의 소속감은 – 전쟁의 발발 시에서 보듯이 – 정서적 감동 상태로 가담하게 된다는 사실이다.

마찬가지로 재집단화 현상으로부터 유래한 연합도 후에 논의하겠지만, 대중연합들이다. 대중 현상에서 원소화된 각 개인을 감동시키는 것은 결코 집단을 형성하지 않는, 말하자면 영속적인 특징이 없는 심리적 과정이다. 여기서 우리가 지적하듯이 비록 대중 속의 개인이 집단으로 잘못 인식하고 통일성을 경험한다고 하더라도 대중은 집단의 모든 긍정적 특징이 부족하다. 그것의 가공적 특성은 언제나 무상함으로 드러나게 된다.

따라서 집단은 그것이 자연적이든 설립된 것이든 상관없이 연속의 특성을 갖는 심리적 통일체이다. 자연적 집단과 설립된 집단은 어찌되었든 모두 대중들의 연합들과 대비된다. 개인이 포함된 집단은, 우로보로스적 근원적 상황에서 가장 명백하게 볼 수 있었던 것처럼, 부분들이 통합된 자연적 전체성을 나타낸다. 개인–부분을 넘어 집단의 전체성의 우월성은 집단의 전체성이 바로 하나의 원형이 가진 모든 특징들과 함께 등장한다는 데 있다. 집단의 전체성은 권능이 있고 뛰어나며, 지도하는 특성 및 정신적 특성을 갖고 있다. 그것은 누미노스하고 항상 ≪전적으로 다른 것≫으로, 마치 제도적으로 이루어진 집단에서 집단의 설립자가 두드러지는 것과 같은 힘을 갖는다. 집단의 전체성이 투사된 현상은 토템 조직으로 가장 잘 나타난다.

토템은 집단의 부분들이 신비적 참여 상태에 있는 불가해한 크기이다. 집단의 부분들은 토템과 동일시되어 있다; 그것은 또한 집단의 부분들 간에 있는 세대의 관계도 존재한다. 그래서 토템은 조상이며 생산적 특성을 갖는다. 무엇보다 그것은 누미노스한 것이고, 초개인적 정신의 존재이다. 토템은 초개인적으로 동물, 식물, 혹은 사물이지만, 결코 개별적 존재, 즉 한 개인이 아니라 이념, 종(種)이다. 토템은 마나를 가지고 있다. 그래서 터부시하게 되고, 그러한 마술적 영향력을 제의적으로 교체해야 하는 정신적 존재이다.

이런 토템 존재는 전체성의 기초이다. 그것은 토템 단체로서 생물학적 본성적 통일체로 보증하는 것이 아니라, 정신적-심혼적 형성물인 것이다. 이런 의미에서 이미 하나의 결속이고 집단이다. 오늘날에는 그것을 정신적 특성의 한 집단으로 이해한다. 토템과 그에 의존해 있는 집단의 질서는 생물학적 통일체를 형성하고 있는 자연적 집단과는 달리 ≪설립된≫ 것, 즉 정신적 행위를 통해 생겨난 것이다. 이런 현상은 다양한 방면의 관계로서 드러나므로 의미도 다양하다. 이것은 집단의 근원적 상황을 반영한 정신의 역할을 위해, 그리고 뛰어난 개인 즉 ≪위대한 개별자≫의 역할에 대해 특징적이 된다.

우리는 비단 북아메리카 인디언에서만이 아니라, 다른 경우에서도 개별 수호령의 획득이 축성식의 본질적인 내용임을 알고 있다.[111] 한 개인에 의해 경험되는 정령은, 그것의 자리가 동물일 수 있으나, 삶을 위하여 축성되는 것이고, 집단 전체가 제의와 예배의 의무에 의해 유지되는 것이다. 이것은 모든 샤만들, 사제들, 예언자 형상의 경우에 결정적인 역할을 한다. 토템 조직의 생성은 개별적으로 통찰을 가진, 정신적 재능이 있는 자가, 숭배제의에서 바로 자신의 통찰과 관련하여 하나의 집단을 형성함으로써 이루어진다. 우리는 이것을 원시수준에서의 종교적 제도화로서 이해할 수 있을 것이다. 우리는 이런 집단 형성의 종류를 오늘날까지 종파의 설립에서 볼 수 있으며, 그리고 위대한 종교들도 그와 같은 방식으로 생겨난다는 것을 확인할 수 있다. 그렇게 설립된 종교인 토템숭배의 초기 형태에서는 설립자가 사제-예언자이다. 그들은 자신의 개인적 정령(Spirit)과 교제를 하고, 자신의 숭배제의를 전파한다. 그는 신화에서 거듭 드러나듯이, 토템 역사의 영웅이자 정신적 조상이다.

설립자와 토템은 함께 속하는데, 이것은 나중에 따르게 되는 공동체를 위한 것이다. 영웅과 창시자는 개인적이며 숙달된 자아이고, 그리고 그에 의해 숙달된 토템은 정신적 존재이다. 이들은 모두가 심리학적으로 함께 속하는 것들은 아니다. 왜냐하면 자기는 정신적 존재로서 자아에 어떤 형식으로든 ≪나타나기≫ 때문이다. 또한 더 나중의 공동체를 위해서 이들의 형상들은 언제나 다시 붕괴되고 만다. 그래서 더 후기의 종교들에서, 예를 들어 모세는 야훼의 성향을 받아들였고, 사랑의 신은 그리스도의 형상으로 경배된다. ≪나와 아버지는 하나이다≫라는 종교적 문구는 자아와 자아에 나타나는 초개인적 존재 사이를 나타내는 것이다. 이 초개인적 존재는 동물, 정신, 부성 혹은 모성 형상으로도 나타나게 된다.

그래서 토템은 우선적으로 선조에게 나타나서, 설립자적-정신적 부성의 형상이 되었고, 이제 정신으로서 함께 등장한다. 이때에 ≪설립자적≫이라고 하는 것은 문자대로 ≪정신적-생산적으로≫ 설정한다는 것이다. 이런 설립이 고취적(inspiratorisch)이라는 사실이 매번의 축성식 제의와 토템숭배의 묘사와 분석을 구체화하고 있다.

토템의 정신-자연은 종교적일 뿐 아니라, 나아가서는 사회적이자 윤리적 의미를 갖는다. 그것은 전체 원시적 현존재의 구성 원리이다. 관계양상, 질서, 제의와 축제 등은 바로 토템의 정신-자연에 의해 규정되기 때문이다. 사회적 집단-질서도 토템에 의해서 정해지는 것이다.

개별적 토템의 획득은 – 북아메리카에서처럼 – 결코 전형적인 것은 아니다. 오히려 그 반대로 직접적이고 내적인 계시인 ≪음성≫의 경험을 통하여 개별화에 이른 개인에게 생겨나지만, 언제나 이는 집단의 요구를 갖는다. 여기서 내면의 계시는 원시인들

---

111) A. Goldenweiser, Anthropology

의 일상적인 삶에 대립해서 있는 것이다. 대부분의 원시인들은 바로 그 일상적 삶에서 토템을 넘겨받는다. 그러나 개인적 토템도 종종 봉헌제의로 전승되어, 개인의 정신적 유산이 되기도 한다. ≪보호령≫의 현상에서 보면, 흥미롭게도 그것이 어떤 행위를 - 집단적으로 - 한다는 사실을 확인할 수 있다. 그 행위는 의심할 여지없이 ≪위대한 개별자≫의 경험으로서, 어디에서든 토템 조직이 형성되도록 이끌어간다. ≪집단정신≫, 즉 ≪집단≫의 무의식에는 정신의 현상이 살아있을 뿐 아니라, 이런 집단무의식의 정신-현상이 계시로서 가시화된다. 이 계시를 특별히 재능있는 개인이 ≪받아들이는 것≫이다. 그 개인이 초개인적인 것의 계시적 담지자가 되고, 동시에 그 스스로 ≪위대한 개별자≫임을 입증하는 것이 된다.

집단의 집단무의식은 개별자의 사로잡힌 상태를 통해서 드러나는데, 이때 개별자의 기능은 집단의 기관으로서 집단에 무의식의 내용을 전달하는 것이다. 집단무의식의 표명은 집단의 상황과 집단무의식의 배열에 의해서 정해진다.

이런 이유로 우리는 현상에 관한 전체적인 서열을 갖게 된다. 바로 여기에 심층적 각 층들이 드러난다. 그에 따라서 ≪위대한 개별자≫로 드러나는 계시의 담지자의 서열도 나타난다. 그래서 계시의 담지자도 제각기 다르게 나타나는데, 본성상 두 가지가 될 것이다: 그 하나는 등장하고 있는 계시 현상에 대한 의식의 참여의 정도를 나타내고, 또 다른 하나는 나타나는 내용의 범위를 나타낸다.

이런 서열의 하부 단계에 ≪위대한 개별자≫가 위치하는데, 그는 단지 수동적인 투사의 담지자이다. 즉 그의 의식과 인격은 그에게 투사를 하고 있는 쪽과는 전혀 관계를 하지 않는다. 이것은 제물(혹은 희생자)로서 공공연히 사회제도에서 보이는 상징의 담지자의 경우이다. 예를 들면 그들은 희생해야 하는 신성을 나타내는 것이다. 예를 들어 풍요의 여신을 문제삼고 있을 때, 아름답다는 이유로 선택된다. 혹은 - 아주 우연히 - 특정의 상징적 특징이 그들의 몸에 있다면, 그것이 백피증이든, 중세의 마녀의 표시처럼 특별한 성흔이든 선택되는 것이다. 예를 들어 멕시코에서 전쟁 포로들을 신들로서 간주하고 희생시켰던 것처럼, 전적으로 제도적으로 상징의 담지자들만을 문제삼고 있는 것이다. 개별 인격과 투사받은 내용 사이에 전혀 관계가 없는 이런 현상은 종교적 제도의 전제가 된다. 사제, 예언자, 마술사처럼 신성의 도움으로 희생을 결정하는데, 또한 이것도 본래적으로 작용요소들을 표현하는 것에 해당한다. 그러나 집단의 무의식적 내용이 한 개인에게 투사되는 현상 때문에 투사받는 개인은 ≪위대한 개별자≫가 되는 것이고, 그렇게 하여 집단의 조처로 채우게 된다. 이런 조처에서 위대한 개별자는 ≪강조된 자≫이므로, 그에게는 관습적 터부는 전혀 문제가 안 되는 것이다.

다른 단계에서도 개별 인격이 정령, 악령, 신(神)과 같이 무의식의 내용에 의해 사로잡히는 상태에 이르게 되는데, 여기서도 의식이 이해 작업, 해석하는 등에 전혀 참여를 하지 않는다. 이러한 수동적 무의식의 최면 상태는 샤만주의로 알려져 있다. 이는 대부분의 주술사들, 예언자들의 사로잡힘의 상태를 나타내는 현상이다. 이런 계열에 정신병자도 속하는데, 그들에게는 초개인적인 것, 집단무의식, 정신세계가 의식과 자아의 참여없이 나타나는 것이다. 우리가 알고 있듯이, 만약 원시민족에 상응하는 특성의 ≪정신-병리적≫ 인격성이 포함되어 있지 않으면, 종족의 구성원 중 한 사람을 미치게 하여 주술사가 되게 함으로써 이런 상태를 인공적으로 제시한다. 이로써 그 사람은 초개인적인 것의 대변자가 되어, 집단무의식에 의해 고무된 내용을 집단에 전달하는 것이다.

이런 단계는 여러 형태와 변환으로 드러난다. 왜냐하면 집단무의식의 내용에 의한 수동적 사로잡힘의 상태는 그와의 동일시, 팽창, 또한 그에 상응하는 상징적 삶으로 이끌기 때문이다. 여기에서 ≪드러나게 된≫ 내용은 일부 유대의 예언자에서 보듯이, 자연히 일종의 신의 형상으로, 집단의 삶의 ≪후계자≫가 된다.

집단의 순간적 지도자는 지속적으로 인도하는 지도자와 같은 의미로 집단과 관계하는 것이 아니라, 특정의 일회적 상황에서 어떤 탁월한 것을 끌어내므로, 짧은 기간 동안만 ≪위대한 개별자≫가 된다.[112] 이는 집단을 위해서 개별 인격의 무의식적 사로잡힘 및 그와 관계하는 예가 된다.

---

112) 특수 전문가로서 전쟁을 지휘하거나, 어망끌기를 조직적으로 하는 등의 ≪전문가≫는 전혀 관련이 없다.

그러나 영매 지도자, 최면에 걸린 최면술사 등은 주술사 중 하위 계급에 속한다. 그들 중에는 《위대한 개별자》의 사로잡힘과, 동시에 집단적인 것이 그 개별자를 사로잡는 경우이다. 그러한 사로잡힘에서는 무의식의 대변자로 기능하지만, 병든 사람과 같이 뒤로 물러나게 된다.

이상에서 살펴보았듯이 이제 나름대로의 본질적인 분류 기준에 이르게 되었다. 순수하게 《위대한》 남성의 부분에서, 그의 의식이 그 과정에 참여하고 그에 책임 있는 위치를 차지함으로 드러난 《위대한》 남성과, 더 하위 단계의 《위대한》 남성과의 구분이 있게 된다. 무의식에 의해 최면에 걸린 최면술사의 특징은 그의 의식이 주도적일 수 없음이 문제가 된다. 의식을 침범하는 내용이 지배적인 곳이면, 의식은 무의식의 내용에 대항할 어떠한 고유한 위치를 갖지 못하고 오히려 그와 동일시함으로써 마음을 빼앗기고, 동일시된 것으로 채워서 사로잡히고 만다.

《위대한 개별자》는 그에 반하여 개인 인격을 고려했을 때 진정으로 위대한 남성이다. 그는 무의식적 내용에 의해 사로잡히게 되지만, 의식에 의해 그 내용을 능동적으로 포착하는 것이 특징적이다. 이때에 형상화, 해석, 행위 및 이해의 작업이 있었느냐 없었느냐는 그리 중요하지 않다. 이 모든 행위들에는 공통적으로 사로잡는 내용과의 대화에 있어서 자아의 책임감 있는 참여가 있게 된다. 그는 부분 참여자일 뿐 아니라, 그 자신의 입장을 표명하는 자가 된다.

비로소 여기서 위대한 개별자가 창조적 인간이 된다. 침입해 들어오는 초개인적인 것은 적극적일 뿐 아니라, 또한 자아의식에서 작용하는 중심화가 되도록 한다. 그것은 창조적인 전체성의 반응에 관한 것으로, 그 전체성의 반응에는 특별히 자아와 의식 형성에서 나타나는 인간적 특성을 포함시키고 있다.

위대한 개별자의 이러한 행렬은 인류에게 개별성의 발전을 위한 범례가 된다. 영웅의 개별적 운명은 – 왜냐하면 창조적인 위대한 개인은 바로 영웅이기에 – 《예외》도 있을 수 있다. 그러나 그에게서 전형적으로 그 과정이 전개되는데, 그 과정은 나중에 다양한 영역에서 개별자를 사로잡게 된다.

평균적인 자아, 즉 평균적인 개별자들은 자신의 집단 내에서 머물게 된다. 비록 그가 인류 발달사의 흐름 안에서 무의식의 근원적인 보호를 포기하고 자아의식의 체제를 발전시키고 모든 발전에 귀결되는 복잡한 문제와 고통을 감수하도록 강요되더라도 그렇게 머물러 있게 된다. 이제 그는 무의식의 일차적 보호 대신 자신의 집단 내에서의 이차적 보호를 획득하게 된다. 자연스럽게 그는 집단의 일부분이 되고, 그래서 집단에 적응, 순응하여 집단의 발전을 통해 그 자신이 형성되도록 내버려두게 된다. 삶의 거의 절반을 그렇게 하도록 내버려두는 것이 평균적 인간들의 발전에 관한 본질이다.

인간의 문화화를 위해 집단의 역할은 결정적인 것이다. 조합은 의식의 설정을 완수함으로써, 정신적 전통이 되든 안 되든 교육에서 배경적 권위를 형성한다. 관습, 습관, 법칙 및 도덕에서, 그리고 제의와 종교, 집단적 제도와 사업에서, 개인은 집단에 의해 각인되고 만다. 집단에 근원적으로 개별자가 포함되어 있다는 것을 고려해 본다면, 어떻게 개별자들에게 집단에서 비롯된 방향잡기가 맹목적이자 의무적으로 주어졌는지가 이해될 것이다.

이것과 더불어 집단의 평균적인 일원을 형성하는 경향은 결국 자아와 의식을 집단의 문화규범에 도달하도록 길러내게 한다. 그래서 그러한 경향의 담지자들은 나이든 남성들이 될 것이고, 이런 평균적 일원의 형성 경향은 ≪위대한 개별자≫의 방향과는 다른 발전사로 가게 한다.

무엇보다도 위대한 개별자는 집단의 일원인 경우에는 언제나 투사의 담지자이다. 집단의 무의식적 정신의 전체성은 집단의 일원들에 의해 ≪위대한 개별자≫에게서 원형적으로 경험된다. 각 집단의 부분에는 정신의 무의식적 창조적 전체성, 즉 자기로서 포함되는 것이 있는데, 그것이 위대한 개별자에게 가시적으로 된다. 혹은 그것이 보다 더 상위의 단계에서는 실제적으로 그 위대한 개별자에 의해 살아나게 된다. 집단의 부분들은 대부분 집단성에 대립하여 개별로서 주어지는 자신의 고유한 자아 중심화 없이, 자신의 고유한 책임과 의지력 없이, 비독립적-유아적인 상태로 있다. ≪위대한 개별자≫는 삶의 지휘하는 힘으로, 그의 중심으로 평가되고, 그래서 그의 그러한 것이 제도적으로 숭배된다.

개인적 부성 형상으로의 환원, 그리고 부성 형상으로부터의 도출은 이런 이유에서 결코 허용될 수 없다. 우리는 초기 역사 속에서 위대한 개별자가 원형적 심상, 예를 들면, 자기, 마나 형상, 영웅과 부성 원형의 투사의 담지자가 되었던 것처럼, 마찬가지로 개체발생적으로 흔히 보이는 권위의 형상이 된다. 그래서 그것은 우리 시대의 문화에서는 부성인데, 이것도 투사의 담지자로서 부성 형상이다. 그러나 그 위대한 개별자에게 부성 원형만을 투사하는 것이 아니라, 흔히 다른 심상, 즉 마술사, 현자, 영웅, 혹은, 그 반대로 악마나, 사자(死者)들과 같은 형상도 투사된다.

위대한 개별자는 원초적 집단의 익명성에서 벗어나서 천상적 수준에 이르게 되어, 단일 신의 형상 혹은 여러 신들의 형상이 되며, 지상에서는 주술자, 추장 및 신-왕이 된다. 사회적으로는 종교적 발달이 여기에 아주 긴밀하게 관계한다. 종교적 발달은 심혼적 변환에 상응하게 되고, 자아와 자아의식은 무의식의 무분별성에서 벗어난 정신적 분화에 상응한다. 그래서 그것은 사회적인 변환과 마찬가지로 종교적 변환, 즉 세계상에 관한 신학적 분화로 나타난다.

위대한 개별자는 – 역사적으로 – 특별히 신-왕 및 왕의 역할로 이해될 수 있다. 그 때문에 가장 초기의 설형문자적 표기(Ideogramm)가 그것을 왕으로 나타냈던 것이다: 고대 동양의 예술 속에서 언제나 ≪위대한 인간≫으로 묘사되었다. ≪위대한 왕≫, ≪위대한 거주지≫ 즉 파라오(Paraoh)는 민족의 육화이자 현현이다. 하부(下部) 이집트의 왕을 나타내는 상형문자가 꿀벌인데, 유프라테스 강 유역의 문화권에서도 그와 같은 심상을 확인할 수 있다. 그래서 유사함이 잘 드러난다. 고대인들은 위대한 개별자를 민족을 지배하는 ≪위대한≫ 꿀벌로 간주하였고, 오늘날 우리는 그것을 여왕으로, 즉 꿀벌의 왕으로 나타낸다. 왕은 ≪원상적 인간≫이자 ≪위대한 인간≫으로, 이집트에서 이런 표현은 더 후기 단계에서 나타난다. 그것은 신과의 동일성에 따르는 것이며, 이 동일성으로 그는 민족을 위한 황제의 위엄을 갖추었으나 제의적으로는 신이 아니다. 이 단계에 관하여 피라미드의 텍스트는 왕이 세계의 창조가 있기 전에 존재하였다고 하고,[113] 그리고 나중에 메시아의 이념에 의하여 다시 되돌아가게 되는 하나의 이념이 있었다고 하는 것이다.[114]

이집트에서 나타난 왕의 자기 신격화의 과정에서, 왕이 인간으로서 하나의 불멸적 심혼의 담지자가 된다고 지적했음을 환기하기 바란다. 왕은 신으로 변환하는 제의를 통하여 생존 시에 모든 심혼의 부분들을 서로 묶어 하나로 통합하게 됨으로써 ≪완전하게 존재하게≫ 된다.[115] 말하자면 왕은 이승의 시간에 신과 동등하게 되는 유일한 인간이다. 이것은 하나의 개념에 해당하는 것으로, 더 후에는 유대교에서도 나타나고, 기독교에서는 변화되어 인간적–심혼적 삶의 기본 사실이 되기에 이르렀다.

이집트 역사에서 우리는 유래가 드문 방식으로 어떻게 자아 형성이 근원적으로 집단 동일성에서 벗어나 성장하는지, 그리고 어떻게 위대한 개별자가 집단–자기의 투사의 담지자로서 개인의 자아 형성에 앞장서서 수행하고 종용해 왔는지를 살펴보았다. 우선적으로 한 집단 안에서 아직 개인이 아닌 상태로 왕–신은 집단의 전체성의 형상을 원형적으로 나타내고 있는 동안, 점차 그의 형상을 매개해야 하는 기능으로 사용하기에 이른다. 그의 형상은 그의 마나에 의하여 집단 구성원에 넘겨주게 되고, 그래서 점차 탈통합적이 되고 ≪부분으로 나누어지게≫ 되었다. 처음에 왕과 신 사이에만 전개되었던 위대한 자의 편입과 동화 과정은 이제 개별자와 왕 사이에서 일어난다. 말하자면 그는 ≪먹혀버리고 만다.≫ 그의 왕권은 계속적으로 감소되고, 아직 자립적이지 않은 집단의 구성원들은 처음에는 단지 그의 초인간적 특성의 기관(Organ)으로서 존재하지만, 점차 독립적인 개인이 된다. 이제 왕은 인간으로서 ≪세계를 다스리는 지배자≫이고, 그의 전제정치는 인간적으로 정치적으로 되어버린다; 그러나 이러한 등급의 타락화는 각 개별자가 ≪불사적 심혼≫ 즉 오시리스가 되고, 스스로를 자기 즉 신–왕이 되는데, 이는 개별자가 자기현존의 성소적 중심으로 내사되는 과정에서 비롯된다. 같은 식으로 우리는 어떤 성스러운 내용의 세속화를 개인적 조상의 계열과 개인적 이름이 드러난 의식의 발달에서 볼 수 있다. 그들은 왕이었으나, 나중에는 각 개별자들에 속하는 고유함으로 드러난다.[116]

---

113) Erman-Ranke, Ägypten, S. 62
114) 왕을 사후에도 영원히 살게 하려는 과정은 이집트 장례 문화의 본질적 부분에 해당한다. 이는 신체의 미이라화, 즉 손상이 없는 불사의 상징으로서 피라미드의 형성에 이르는 것이다. 집단적 자기의 상징으로서 왕이 영원성의 특징을 물려받았고, 인간 무리의 우두머리는 수천 년 간의 작업에서 피라미드의 건립으로 자기 자신의 영원화를 가능케 한 것이다. 이 과정은 그 후에 더 이상 왕에만 국한시키지 않은 상태로 진행된다.
115) Moret, The Nile
116) Erman-Ranke, Ägypten, S. 185-190

자아의식의 발달과 ≪위대한 개별자≫를 넘어선 개인 인격의 발달은, 위대한 개별자에 의해 공공연히 계시되었던 내용을 넘겨받고, 문화규범의 부분, 말하자면 문화와 삶을 규정하는 초개인적 가치와 그 힘들의 부분이 됨으로써 가능하게 된다. 그것은 본질적으로 남성집단에 의해서 일어나는데, 이는 ≪의식 발달의 부권적 계통≫에 있어서 특별한 의미를 갖는 것이고, 심리학적으로는 영웅신화의 중요한 부분에 해당하는 일이다.

정신의 발달은 문화의 시작에 있어서 비밀결사의 형태로 나타나는 남성연맹들에 의해 지지되고, 나중에는 종파, 비밀제의적 연합과 종교적 남성연맹에 의해서 지지된다. 그래서 처음부터 모권사회에 반대하여 비밀결사의 형성이 이루어진 것으로 나타난다.

> 민속학적인 비밀제의적 결사의 존재는 인류 역사상 아주 오래된 현상임을 나타낸다. 그것은 초기 농경의 도입이 있은 후 그리 오래지 않아서 여성을 반대하는 남성들에 의해서 이루어진 것으로 보인다. 이는 시기적으로 선사시대의 관점을 넘어서 어쩌면 중석기시대로 소급되지 않을까 한다.[117]

마찬가지로 *코퍼스(Koppers)*도 다음과 같이 말한다.

> 해당되는 민속학적 관계들은 여성이 아주 옛날의 식물채집을 농경으로까지 발전시켰다는 사실에 대해 밝히고 있다. 여성은 이런 방식으로 경작지를 가치있게 만들고, 그렇게 해서 그의 소유주가 된다. 이로써 여성은 경제적으로 지위를 갖게 되고, 그러자 곧 사회적으로 우월한 지위를 획득한다: 이것이 바로 잘 알려진 모권의 콤플렉스를 형성한다.
>
> 이런 방식으로 남성들이 밀려나는, 그리 반갑지 않고 만족스럽지 않은 상황들은 결국 남성들로 하여금 반응을 하도록 유도하게 된다. 이것이 바깥으로 나아가 비밀스런 남성동맹을 맺는 것으로 드러난다. 이런 결사가 갖는 비밀과 테러는 우선적으로 전체 주민의 여성적 부분에 철저히 대항하는 것을 목적으로 하게 된다. 그래서 정신적 - 그리고 종교적 - 마술적 수단을 동원하여 경제적-사회적 삶의 기초에서 상실한 것을 다

시 되찾아 보려고 시도하는 것이다.[117]

인류역사적 그리고 정신사적 사건들과 마찬가지로 비밀동맹의 생성을 개인적인 복수로 환원한다면 잘못이라는 사실 외에도, 이로써 결정적인 것이 간과될 수 있다. 우리가 《보상 이론》을 받아들인다면, 소위 남성집단에게 종교적-마술적, 즉 정신적 내용이 모권사회의 경제적-사회적 사실만큼이나 중요하다는 것을 인정하게 될 것이다. 무엇보다도 이러한 남성의 정신의 강조가 비밀동맹과 신비제의의 중심에 자리잡고 있다는 사실이 핵심적 내용이다. 축성식의 중심에서 발견하게 되는 것은, 신참자가 죽음의 위협을 받을 즈음, 신참자를 무섭게 하던 정령이나 인물들이 개인적으로 잘 알고 있는 주변의 남성들에 의해 《연출된》 것임을 비밀 폭로의 방식으로 밝히는 내용이다. 신참자는 이를 인식하고 제의적 내용을 위임받는다. 오늘날의 학문이 하듯이, 아동에게 실제로는 친척 누구이지만, 크리스마스의 산타클로스라고 하는 식의 설명을 할 수 있겠으나, 이런 식으로 모두 이해될 수 없는 것이다.

　여기서 더 후기의 신비제의에서 보듯이 제대로 다루어져야 할 변환의 내용을 문제 삼는 것이다. 마찬가지로 토템-동반자와 토템과의 동일시가 춤과 마스크로 나타날 뿐 아니라, 또한 그렇게 드러나도록 하듯이, 비밀동맹과 정신과의 관계는 족히 종교적 신성함을 갖게 하는 것이다. 성체가 바로 밀로 만든 빵이 아니듯이, 정령의 역할을 하는 남자도 성찬예배에 등장하는 정령인 한, 결코 그냥 남성은 아닌 것이다.

　코퍼스는 키나(Kina) 축제에 관해 다음과 같이 말한다:

　여기서 '비밀' 이라는 표현이 제대로 들어맞는다; 왜냐하면 키나는 오로지 남성들에 의해 진행되기 때문이다. 여성들의 참여가 허락되지 않는다. 모든 방향성은 무엇보다 여성에 반대하는 쪽으로 이루어진다. 그래서 몸에 칠을 하고 마스크를 쓴 남성들이 정령으로 분장하여 등장하는데, 참가자들은 그들을 실제로 정령들로 믿어야만 한다. 그래서 여성들로 분장한 남성들에 의해 의식적으로 속고 기만당한다. 여성이나 제의 참석자가 아닌 사람에게 키나 제의의 비밀을 폭로하면, 원칙적으로 사형을 당하게 되어 있다.[117]

여기에 속하는 신화는 다음과 같은 것을 이야기해준다:

> 예전에 달의 여인이 지배하는 때에는 키나의 여성들은 바로 지금의 남성들이 하던 것
> 과 같은 것을 했다고 한다. 그 당시 남성들에게 주어졌던 복종 상태가 태양-남성에 의
> 해 강압적으로 중단된 것이다. 태양-남성에 의해 이끌리게 되면서, 당시의 남성들은
> 여성들을 모두 죽이고, 아주 어린 소녀들만 남겨두었다. 이는 종족의 계속적 존립을 위
> 해 위험을 초래하지 않을 정도만 남겨두는 것이다.[118]

여성들은 《의식적으로 속고 기만당하는데》, 잘못된 유럽적 해석처럼, 이런 비밀제
의의 잘못된 이해에 의해, 후기적 형태도 그와 같은 문제가 있게 된다. 근본적으로 비
밀은 제의에서 몸에 칠을 하고 마스크를 쓴 남성들이 《실제적 정령들》이라는 점에
있다. 이런 순수한 초개인성과 함께함으로써, 입문자는 《이차적 인격화》의 한 측면
을 제의적으로 경험하게 된다. 사춘기 입문제의에서 보이는 무의식으로부터의 성공적
분리는 마스크를 착용한 개별자들에 의해 주어진 경험으로 강화된다. 그것은 공포를
감소시키는데 기여하고 자아와 의식을 강화하게 한다. 입문자의 앎은 다른 체험이 아
니라, 바로 입문자로 하여금 정신세계에 참여하게 만드는 것이다. 그와 반대로 개별적
으로 축성에 참여하는 경우는 개인과 마스크를 쓴 자, 즉 개인적인 것과 초개인적인
것을 같은 것으로 여기는 이중적 관계에 있으므로 원시적인 초입 단계를 나타낸다. 이
는 신화에서 영웅이 신의 도구화로서 등장하는 것에 해당한다. 여기서 남성연맹이 보
이는 모권제도의 대립이 전적으로 사회적으로 작용하는 적대적 요소로만 설명할 수는
없을 것이다. 왜냐하면 모권적 조건 하에 있었다는 사실들이 입증되지 않는 남성들도
남성동맹을 구하는 것을 발견하게 되기 때문이다. 그래서 심리학적 설명은 《모권제
도》에 따른 사회적인 소여가 아니라, 심리적 단계로서 다루려는 것이다. 이미 키나
신화에서 보듯이 달-여인과 태양-남성의 원형적 대립이 주목된다. 이에 대해 코퍼스
는 다음과 같이 말한다:

> 왜냐하면 토템의 내용은 보편적 민속학의 해명에서 보면 태양 개념의 선호로 드러난다.

봉헌제의의 집단들, 즉 비밀동맹, 종파, 비밀제의 및 종교는 정신적-남성적이고, 그들의 집단적 특성에도 불구하고 대부분 개별적으로 강조된다. 왜냐하면 각 개별자들은 개체로서 봉헌되고, 이런 봉헌식에서 각자 개인적으로, 자신의 개인성에 각인하는 경험을 하게 되기 때문이다. 그들의 선발이라는 특징으로 인한 개인적 강조는 모권적 집단과 아주 강한 대립적 긴장 상태에 놓이게 된다. 이런 긴장에서 태모의 특징의 원형과 그에 반응하는 자아의식의 단계가 지배적이다. 이는 주로 신비적 참여, 정서성 등의 성향으로 드러나게 된다. 남성동맹은 또한 구성원들끼리 형성하는 집단으로 나아가면서, 동시에 개별의 특성을 지지하고 남성성과 자아를 강조하고 지지한다. 이 때문에 집단의 두드러진 남성성은 지도자 유형과 영웅 유형을 형성하게 만든다. 개별적 분화, 자아 형성, 그리고 영웅의 정신은 모두 남성집단의 삶에 속하는 것이다. 그것들은 그들의 삶의 형식을 통해 유효화된 것이다. 여기서 여성집단의 조건들은 아주 다른 것으로 나타난다. 이런 대립적 상황에서 남성동맹들이 보이는 반(反)여성적 성향이 이해될 수 있을 것이다. 이제 여성집단, (여성을 비하하여) 여자(das Weib), 그리고 성욕(Sexus)은 무의식적 충동을 나타내는 것으로서 위험지역을 형성하게 된다. 그것들은 ≪극복해야 할 용들≫이다. 그래서 여성들은 이런 동맹에 들어가는 것이 허락되지 않는다. 그들은 아직 충분히 안정적이지 않은 남성성의 단계에서 보면 위험스러운 유혹이므로 비방받는다. 이는 여전히 부권적 종교에 의해 규정되는 문화에서 계속되고 진행되고 있다.[119]

집단적-남성성은 가치의 정립을 하고 교육을 한다. 각자의 자아와 의식은 교육으로

117) W. Koppers, Zum Ursprung des Mysterienwesens, Eranos-Jahrbuch 1944
118) 프로이트에 의해서 다루어진 형제들의 부친 살해의 신화와는 반대로 모친 살해 신화이다.
119) 부권체제의 발달은 여성적인 것의 가치변화와 가치저하를 가져왔다. 그것은 마치 창조신화에서 그것이 창세기가 된 것과 같다; 말씀이 창조적이다; 추상적인 것, 즉 정신에서 비롯되어 세계가 된다. 즉 물질이 된다; 여성적인 것은 남성적인 것에서 끌어내게 되어서 그것은 더 나중의 것이 된다. 그 때문에 여성적인 것은 부정적이고-유혹적이며 악의 근원이다. 그래서 남성적인 것에 의해 지배되어야만 한다. 구약성서의 세계는 계속적으로 이러한 가치전도를 통하여 평가된다. 이런 가치전도에서 가나안적 전(前)세계의 모든 ≪모성적-대지≫가 평가절하되고, 새로운 해석이 이루어지고, 부권적 야훼의 가치로 대체시키게 된다. 이러한 야훼-대지의 긴장과 그의 역사는 유대인 심리학의 기본 현상에 속한다. 그런 이해 없이 유대인의 이해는 불가능하다.

형성하는 힘에 의해 사로잡힌다. 그래서 남성적 측면은 스스로 발전해가고 있는 자아를 돕는다. 자아로 하여금 개별적으로 원형적 단계를 고스란히 체험하게 하고, 영웅신화와 접속이 이루어지게 만든다.

우리가 의식의 부권적 발달 계보를 언급하는 이유에 대해 약간의 보충 설명으로 마무리 해보자. 그 발달은 모성에서 부성으로 나아가는 것이다. 그것은 천상, 조상, 그리고 초자아로서 알려진 것이다. 이는 남성적으로 강조된 집단적 심급의 계열들을 통하여 자아의식의 체제처럼 유력하게 힘을 갖는다. 우리가 ≪모권적≫, 혹은 ≪부권적≫이라고 표현한 것의 전형적인 예는 특별히 아시아-지중해-아프리카의 초기 문화영역에서 제시되었다. 그것들은 어쩌면 전문어 목록에서 일부 수정해야 될지도 모르겠다. 그러나 발달의 단계에 관한 내용에 대해서는 수정해서는 안 되는 것들이다. 부성 콤플렉스가 해결되지만, 권위의 콤플렉스가 부성 콤플렉스에 의해 제한될 수 있으며, 경우에 따라서는 그것이 모권적 혹은 부권적 대립들과 함께하기도 한다. 남성적 그리고 여성적인 것에 대한 원형적 상징성은 생물학적, 사회적인 것이 아니고 심리학적이다. 심리학적으로는 여성들도 남성적인 것의 담지자들일 수 있고, 마찬가지로 남성들도 여성적인 것의 담지자가 될 수 있다. 결코 확고한 규정성을 다루는 것이 아니기 때문에 모두가 상대적인 것으로 드러나는 것을 문제삼는다.

집단무의식의 투사로서 지도자-형상과 위대한 개별자는 단지 남성집단에만 제한되는 것은 아니다. 다만 그것의 정신적 강조성에 있어서 여성집단보다 남성집단에서 더 강하게 강조된다. 태모의 형상에 자기가 투사되는 것은 정신적 관계보다 자연적인 것과 더 관계된 것을 의미한다. 그러나 위대한 개별자의 형태는 개인으로서의 발전을 위해 중요한 의미를 갖는다. 집단에서 개인의 드러내기는 분명히 발전-진보의 방향에 놓여 있다. 왜냐하면 그것은 개별자가 분화하는 내용을 제시하고, 그와 더불어 자아의식의 체제를 삶에서 끝없이 다양하게 펼칠 가능성으로 인도하기 때문이다. 우리가 보았듯이, 그 이전에는 오로지 집단의 대표자인 위대한 남성만이 의식을 갖고 있고, 그래서 집단에 지도자로서 대표하는 반면에, 계속되는 발전은 진보해가는 개인의 민주화를 통해 드러나게 된다. 이 민주화에서 풍부한 의식의 개인성이 높은 수준에서 인류의 집단적 과제를 넘겨받아 생산적으로 작업하게 된다. 이런 의미에서 집단의 책임을 떠맡는 지도자는 격세유전(Atavismus)이고, 민주주의는 미래의 인류의 형태이다. 이 모든 것은 인간이 선발한 정치적 목적 형식과는 전혀 무관한 것이다.

이상의 인류의 의식-민주화는 ≪위대한 개별자≫인 천재에 의하여 보상된다. 지도자와 영웅은 ≪내면적 의미≫에서 비롯된 의식이면서, 민주주의가 없는 소위 힘과 내용의 대표자이다. 그들은 일회적이자 새로운 형태로 등장하여 의식에 이르게 된 것이다. 이런 개인은 인류, 즉 인간집단의 새로운 시도에서 탁월한 성과를 얻게 된다. 바로 여기에서 인류의 의식이 확장될 새로운 내용이 배열된다.

의식이 된 인류의 민주주의는 수백만의 옹호자들 속에서 살아가고, 작업하고, 받아들이고, 생각하고, 형성하고, 해석하고, 이해하게 된다. 이것과 인류의 생산의 중심, 즉 천재 사이에는 계속적인 교체가 있게 된다. 그들이 함께 인류의 정신-문화의 측면으로서 무의식에 대항하여 통일체적 전면을 형성한다. 처음에는 의식인 인류의 민주주의에 속하는 천재가 매도당하고, 외면당하게 될 것이다. 수백만의 인류가 동시에 의식적으로 작업하고, 집단의 중요한 문제를 정치적으로, 경제적으로, 예술적으로 혹은 종교적으로 다루면서, 마침내는 천재의 수용이 점점 더 가능하게 될 것이다. 천재의 등장과, 의식인 인류의 민주주의를 통한 동화 사이에 있는 긴장은 그리 크지 않다. 그것이 천재 자신에게는 비극적일지 몰라도 인류에게는 큰 문제가 아닐 것이다.

# 부록 Ⅱ
## 대중적 인간의 형성과 재집단화 현상

무의식의 우세로부터 자아와 의식이 긍정적으로 해방하는 과정이 서구적 발달에서 부정적으로 되어버렸다. 그 과정은 의식–무의식 체제의 분리를 넘어서, 마침내는 그것들 간의 분열에 이르게 된 것이다. 그래서 이는 마치 분화와 특수화가 과도한 특수화로 변질되어 버리는 것과 같다. 이런 발전 과정에서 개인과 개인 인격의 형성을 넘어선 원자화된 개인의 생성에 이르게 되었다. 한편으로 과도하게 개별화된 개별자로 이루어진, 보다 더 큰 집단이 형성된다. 그리고 일차적 집단의 근원적 집단 상황에서 벗어나면서 보다 더 거대해진 인간 대중이 차츰 역사의 과정으로 등장하게 되었다. 이러한 두 발달들은 집단의 의미를 의식적으로나 무의식적으로나 인간들의 통일로서 평가절하하고, 대중의 의미를 관계없는 개인들의 집합으로 끌어올리는 경향이 있다.

씨족, 부족, 마을 등 대부분 혈통에 따른 집단이 있는 반면, 예를 들어 국가, 사무실 및 공장은 심리적으로 대중적 통합체를 형성하는 집단도 있다. 이런 집단연합 대신에, 대중연합이 성장함으로써 점차 무의식으로부터 멀어지는 과정이 강화된다. 정서적 참여 상태는 폐지되고, 개인적으로 된다. 다시 말하면 이제 정서적 참여는 가장 좁은 범위의 개인적 영역에서만 존재하는 상태가 된다. 우리가 지금까지 살펴보았듯이, 집단의 자리에 예를 들면 민족, 대중적 통합체, 심지어는 단지 명목상의 구성인 국가가 자리하게 된다. 이런 명목상의 구성은 개념적으로 보면 서로 다른 것들이 함께하고 있어서, 아직 전혀 이념적으로 제시되지 못하고 있다. 이 이념적인 것이 등장해야 통일체적인 집단의 중심을 이루는 심상이 생겨난다. 이런 발전을 새롭게 해석하여 원래로 되돌리게 하려던 낭만주의적 시도는 필연적으로 퇴행적으로 흘러가는 것이었다. 왜냐하면 그것은 이러한 발전의 진보적 성향을 주의 깊게 살펴보지 않고 자아와 의식의 인류역사적 긍정적 발달로만 인식하고 있기 때문이다.

대중화 과정을 통하여 근원적 집단은 겨우 가족의 형태에서만 남아있게 된다. 그러나 여기서도 이미 해체의 경향이 두드러지게 드러난다. 가족이라는 집단의 영향력이 점차로 제한되어, 이제 가족은 아동기 혹은 심지어 아주 초기 아동기에만 국한시키게된다. 가족에 속한다는 것은 아동의 전(前)의식적이자 초개인적으로 조건화된 심리학에서 매우 중요한 의미를 갖는다.

우리 문화의 내부에서는 작은 집단, 소수민족들의 계속적인 해체에 이르렀고, 그리고 계속적으로 그렇게 되어가고 있다. 그 때문에 집단 심리의 기초가 해체되기에 이르렀다. 집단 심리는 대중화, 미립화, 그리고 개별자의 의식에 맞춘 국제화로 드러난다. 이런 식의 의식의 확장은 서로 대립되는 현대적 의식의 국가적 이데올로기와 무관하게 다른 민족, 국가, 종족 그리고 다른 문화, 경제 형태, 종교, 가치 체제에 직면토록요구하고 있다. 이를 통하여 근원적 집단 심리와, 그것을 규정하고 있는 문화적 규범의 자명함이 상대화되고 심하게는 손상되어 있다. 그래서 현대인의 세계상(世界像)은심혼적으로 결코 소화시킬 수 없는 방식으로 변하고 말았다. 지상의 각 부분들로서 다양하게 진보해온 사회혁명들, 그리고 원시심리학의 이해 뿐 아니라 그와 현대심리학의 관련성을 다루는 것이 모두 같은 방향으로 진행되는 하나의 사건으로 인식될때,[120] 인류가 원상적 인류를 넘어서 동물계에 이르는 확장을 하는 것이나, 인류의 보편적 역사, 민속학 그리고 비교종교학이 같은 방향으로 가시화되어 드러날 것이다. 이제 융 덕분에 집단무의식이 인간의 공통적인 배경이자 기초가 된다는 사실을 학문적으로 다루게 됨으로써 인류의 내부에서 그것의 보편적 영향력이 가시화되기 시작했

[120] G.R. Aldrich, The Primitive Mind and Modern Civilization

다. 원형적 힘들은 인류 공동의 천체세계로 등장한 심상이다. 그것이 개별 집단에게 그들의 규범으로서, ≪천상≫으로서, 유효한 별자리 그림이 되었다면, 단지 부분적으로만 유효한 상태에 해당한다. 다른 종교의 이해가 마침내는 어떤 보편적 종교로, 인류 속에 작용하는 보편적 종교의 성향으로 이끈다. 그러나 그것조차도 개별 종교 형태로 각기 상대화된 것이다. 그 개별 종교는 언제나 근원적으로 집단심리적, 역사적, 종족적 그리고 사회적 기초에 의하여 조건화되면서 그 기초에서 멀어지고 있는 것이다.

우리는 현대의 인류가 혁명의 거센 흐름의 중심에 놓여져 있음을 알고 있다. 그러한 혁명은 가치의 정도에 따라 차이는 있겠지만, 개별과 전체의 방향감을 상실하게 하였다. 우리는 이런 장애들에 대해 정치적, 집단적 사건으로, 그리고 심리학적으로는 개인적 사건으로 매일 새롭게 경험하고 있는 것이다.

문명화는 개인 인격의 발달에서 전반부 삶의 특징적 과정으로 묘사하였으나, 이는 결국 의식과 무의식 간의 분열로 이끈다. 양심의 심급으로서 집단적 가치에 상응하는 초자아의 지도 하에 페르조나 형성과 현실 적응이 이루어지자, 그것은 억압과 억제를 주도하게 되었고, 이에 대해 무의식에서는 개인성의 심급으로서 그림자, 아니마와 아니무스의 배열을 야기하게 한다.

개인 인격의 그림자 부분은 인격의 열등하고 발달되지 못한 고태적 측면과의 혼합으로[121] 원시적 정신의 모든 특징을 그 자체로 갖고 있다. 그러나 그것은 사실 근원적 원시적 집단인간과는 아주 두드러진 대립적 입장에 있는 것이다.

우리는 그 때문에 현대적 인간이 갖는 하급의 인간의 부분을 집단인간과 대립되게 대중적 인간으로서 나타낸다. 왜냐하면 그의 심리학이 본질적인 성향에서 보아 집단인간과는 구분되기 때문이다. 순수한 근원적 집단의 인간은 언제나 무의식적이다. 그러나 그는 중심화의 지배 하에 있어서, 정신적 전체성을 이루고, 의식이 되려는 가장 강력한 경향에 있으며, 나아가 개별화, 형상화를 전개하려는 경향을 갖고 있다. 우리는 이런 경향을 의식으로 실현해온 것이다. 그런 이유 때문에 집단의 인간이 자신의 무의식성에도 불구하고 투사를 하고, 강한 정서성에도 불구하고 강력하게 스스로를 세우고, 또한 종합하고 창조하는 힘을 그 자체 가지고 있는 것이다. 근원적 집단의 인간이 가진 창조하는 힘은 그 자신의 문화, 집단사회, 종교, 예술, 도덕에서, 또한 우리가 미신이라고 부르는 것에서도 징후를 나타내는 것이다.

그러나 현대 인간의 무의식에 자리잡은 대중의 인간은 정신의 부분 구조, 즉 부분 인격이다. 만약 개인 인격에 통합될 수 있다면, 높은 수준의 인격적 확장을 가져올 수 있는 것이다.[122] 그러나 그것은 거기에서도 자율적으로 작용하며, 틀림없이 숙명적인 영향력을 갖게 될 것이다.

이런 무의식적 대중의 인간 부분은 의식과 문화세계에는 대립적이다. 그것은 의식의 형성과 발달에 대극적이다. 그는 비이성적이고 정서적이고, 비개인적이고 파괴적이다. 그것은 신화적으로 태모의 부정적 측면에 해당한다. 그것은 태모가 제공하는 죽음으로 이끄는 측면이고, 적(敵)이고 죽음을 제공하는 수퇘지이다. 이런 부정적 무의식적 인격의 부분은, 부정적 의미로 드러나는 고태적 측면, 저항하고 있는 동물의 인간이다. 그것은 그림자와 개인 인격의 부분 그리고 자아의 어두운 형제인데, 이제 통합의 과정에서 자아를 넘어서 의식적으로 무의식의 심연으로 들어가서 무의식적인 것을 찾아내어 의식에 연결하려 할 것이다. 그러나 그 반대의 것이 일어나면, 의식이 그 인격에 의해 위협당하고, 심지어는 사로잡히게 되어 대중인간으로의 퇴행이라는 끔찍한 현상에 이르게 될 것이다. 이 현상은 집단의 재집단화라는 유행으로 나타나게 된다.

현대인은 방향감을 상실하고, 비합리화, 미립자화되고, 그래서 무의식에 의해 분열된 현대인의 의식은 투쟁을 포기하고 만다. 왜냐하면 그는 심혼적으로 전혀 감당하기 어려운 대중의 관계성 속에서 지나친 책임을 저야 하는 상태의 고독감을 도저히 견뎌낼 수 없기 때문이다. 그 개인에게 영웅적 과제는 너무도 어려울 뿐이다. 영웅은 자신의 과제를 인류의 발전에 따라 그렇게 수행하지 않으면 안 되는 것이다. 저절로 평균적 인간이 취하게 되는 원형적 규범의 망조직은 붕괴된다. 그래서 새로운 가치를 위해 싸울 진정한 영웅이 필요하다. 그러나 문제는 그 숫자가 너무도 드물다는 데 있다.

---

121) Jung, Typen, Beziehungen, etc.
122) 저자의 〈Tiefenpsychologie und neue Ethik〉을 참고하라.

스스로를 포기해버린 현대인의 자아는 대중인간으로서 개인 인격 내에 집단-그림자에 대한 어떤 반응적 대중화 과정에 이르게 된다. 그것은 통일체적 정신의 내부에 부정적인 것이 철회되어 있는 상태이다. 그리고 자신의 의미있는 자리에 죽음이 대신 차지하고 있는데, 이는 혼돈상태이자, 제 1의 질료(prima materia)이다. 마치 낚싯봉 같이 지상에 자신의 성장을 확고히 하고 있는 반면에, 내부에서는 분열되어 스스로를 포기해 버리고 뒷걸음치고 있는 자아와 함께 암이나 허무주의적 위험에 빠져 있는 것이다. 이는 자아의식의 탈통합화 상태이므로 마치 정신병처럼, 인간 발달 과정에서 확립해왔던 여러 위치들이 퇴행적으로 모두 손상된다.

여기서 인간적인 것과 개인적인 것을 대변하는 자아 영역은 다시 해체되고 만다. 개인 인격의 가치는 더 이상 유효하지 않으므로, 개인적이고 인간적인 관계는 집단의 관계 방식으로 나타난다. 이런 관계 방식을 통하여 개인 인격이 이룩한 최상의 성과가 사라져 버린다. 악령들(Dämonen)과 원형들은 다시 자율적이 되고, 개별 심혼은 무서운 모성에 의해 다시 삼켜지게 된다. 그녀에 의해서 음성의 개인적 경험이나, 인간과 신 앞에서 갖는 개별자적 개인성의 책임이 무효화되고 만다.

대중 현상이 통계상으로 보면 평균으로의 퇴행을 의미하는 것이므로, 자연히 의식의 해체에 이르게 한다. 동시에 주체할 수 없는 정서성을 가진 뇌간의 인간이 재활성화하게 된다. 의식을 가지고 있고, 문화적 규범에서 이루어진 방향감을 가지고 있으나, 양심의 심급, 즉 초자아의 영향력이 무너진다. 그래서 의식의 남성성도 붕괴된다. 이제 ≪여성화≫가 무의식에 의한 범람으로서 등장하게 된다. 이때 무의식의 측면은 콤플렉스의 뚫고 들어옴, 열등기능과 그림자의 침입, 그리고 정신병리적 원형의 침입을 나타낸다. 의식이 거절을 하는 태도를 갖는다고 하더라도 결국 함께 파멸하는 결과에 이르게 된다. 그 때문에 또한 의식의 정신적 가치 세계도 함께 붕괴하게 된다. 개인적인 자아 영역, 그리고 개인성의 자기만족도 마찬가지로 상실하게 된다. 그래서 중심화의 모든 본질적인 표명도 상실하게 된다.

이것의 개별적 현상은 집단 상황에서, 재집단화 현상에서 증명될 수 있다.[123]

아주 끔찍하고도 두드러진 재집단화의 특징은 집단화가 전혀 순수한 복원이 아니며, 또한 전혀 그런 것을 의미할 수 없다는 사실이다. 퇴행은 근원적 집단 상황을 내세우지 않고, 오히려 대중적인 것을 내세우게 된다. 그 대중적인 것은 지금까지 없었던 것이고, 심리학적으로도 새로운 현상에 해당한다.

엄청난 수의 거대 도시의 시민들이 겪는 퇴행적 무의식화는 결코 심리적 통일성으로 인도하지 못한다. 그 통일성은 원래 어떤 방식으로든 근원적 집단과 그의 심리가 동일시할 때만 가능한 것이었다. 거듭 강조하지만, 근원적 집단에는 의식, 개인성, 정신의 싹을 가지고 있는 것이 특징적이다. 집단의 집단무의식에는 그런 현상화의 가능성이 내재해 있지만, 이를 끌어낼 개별자들이 없는 상태이므로, 어떤 면에서 무의식은 의식화, 개인 및 정신화되려는 경향을 갖지 않는 무의식이 된 것이다. 이런 무의식의 자율성은 무의식적 인격의 대중적-그림자적 인간에 힘입어 대중정신에서 지배적으로 작용한다. 그래서 중심화의 조절하는 간섭도 없고, 집단의 문화적 규범의 조절도 없다. 대중은 원시화된 통일성으로서가 아니라, 중심화되지 못한 것들이 쌓여 하나가 된 복합적 통일성을 나타내고 있는데, 이 통일성은 사실상 분열 현상인 것이다. 대중인간으로의 퇴행은 무의식으로부터 극단적으로 떨어져 나온 자아의식의 분리 과정에 기초하고 있다. 그래서 너무 멀리 떨어져 나온 자아의식은 중심화의 상실에 이르렀기 때문이다. 이런 전체성의 조절의 결핍은 저절로 혼돈에 이르게 만든다.

정신적 질병으로 되는 과정과 비교해서 여기서 중심화의 과정에 관해 언급을 해야겠다. 개인에 있어서 의식의 발전을 위해 무의식과의 심한 분리가 있게 되고, 그래서 그런 것의 보상성의 시도를 전혀 고려하지 않으면, 무의식의 파괴적 작용에 이끌리게 된다. 우선적으로 보상성의 중단이 드러나게 되는데, 융은 이를 의식과 자아에 대항하는 무의식의 방해 경험으로 묘사하였다. ≪너가 전혀 내키지 않게 될 때까지, 나는 폭력적인 힘을 동원한다≫는 것은, 그 반대로도 될 수 있는 것이다. ≪처벌≫이 죄인을 뉘우치게 하기보다는 그 반대로 끌고 가는 것과 같다. 대중 현상에서의 파괴적인 붕괴

123) 1908년 *A. 쿠빈(Kubin)*의 〈*또 다른 측면(Die andere Seite)*〉은 환영적 심상의 책으로, 역사적으로 훨씬 더 후에 독일에서 발생한 사건을 묘사할 뿐 아니라, 또한 직관적 방식으로 집단무의식에 의해 작가의 개인적 조건에서 드러난 것을 다루고 있다.

는 이러한 가능성을 그 자체로 가지고 있다. 이는 대중화 현상이 의식화되고, 이해되고, 수용되고 그래서 통합이 될 때 일어나는 현상이다.

커다란 위험은 이런 상황의 의식화에 공공연히 방해가 되는 것으로, 재집단화에 있어 등장한다. 그러나 실제 경험되는 현상은 의식을 눈멀게 만드는 환영(Illusion) 현상들이다. 대중의 상황의 독립적 효과는 바로 그것에 취하게 만드는 특성이 있다. 이 특성은 사실 의식을 해체 및 분리의 요청과 연결되어 있다. 다른 입장에서 본다면 자아 의식의 체제와 무의식과의 연결이, 리비도의 연결이 되어 ≪쾌락을 가져오는 것≫이 된다. 그러나 그것은 멸망, 즉 의식이 퇴행에 이르는 침잠인 것이다. 쥐잡이, 즉 스스로 최면에 걸린 최면술사가 대중의 유행병을 끌어들이는 식의 오래된 유혹은 다름 아닌 우로보로스-근친상간이다.

재집단화 상태에서는 스스로를 포기해버린 자아에 의해 근원적 집단의 상과 전체성의 상징이 집단에 투사된다. 자아는 스스로를 해체하고 즐거움, 정서적으로 재활성화되는 것을 경험하게 된다. 이는 대중에 대한 참여가 가져오는 망아적 분배의 결과이다. 대중 그 자체는 우로보로스, 수용하는 존재, 품어주는 존재, 감싸주는 존재의 형상에 유비된다. 그러나 그것은 허무주의적 퇴행이다: ≪바로 수백만을 집어삼키는 것≫으로 악마적 특성을 갖는다. 대중적 인간-그림자, 미립자화된 개인의 대중, 대중의 자기는 환영적인 가상적 통일성으로 결합한 것이다. 이러한 대중의 연합 및 통일성은 상황의 왜곡이 문제가 된다. 이것은 신속한 환멸화로 넘어간다. 그래서 이러한 대중의 환영에는 순수하고도 지속적인 참여가 전혀 안 일어나고, 효율적인 생산성을 제시하기가 어려운 상태가 된다. 대중의 만남에 나타나는 통일성의 환영은 순수한 대중-너(Du)와의 진정한 신비적 참여로 이끌리지 않으므로 관계를 맺기 어렵게 된다. 진정한 집단에서는 신비적 참여의 집단적 현상이 대립해 있는 것에 대한 책임에서 비롯된 종합적 발전으로 이끌어가고, 그에 대해 희생할 준비도 함께 고취된다. 이런 것은 취한 상태에서 순간적 방식으로 등장할 뿐 아니라, 제도적 그리고 공동의 도야로도 구체화되어 드러난다. 그래서 예를 들어 원시인들의 망아적 축제와 모든 문화권에서의 축제는 집단적이자 공동적 구성이 된다. 그리고 그것은 곧 종교적 현상이 된다. 그리고 그에 따른 다른 현상들도 의식의 발전을 위한 것이므로, 그런 의미들이 주로 강조된다.

대중의 사건에 있어 환영적으로 사로잡힘은 마치 최면처럼 일시적으로 작용할 뿐, 의식에 각인되지 않는다. 왜냐하면 그것은 창조적인 종합을 가져온 것이 아니라, 마치 일시적으로 주어지는 취한 상태이고, 결국은 그것이 의식을 몰락시키기 때문이다. 이러한 대중의 사로잡힘은 환영적으로 취하게 만드는데, 바로 이것을 의미 없이 되어버린 의식이 열망하는 것이다. 그래서 그것은 언제나 다시 성공적으로 대중의 최면이 되게 하는 유혹이다.

현대의 대중의 영향력은 – 부분적으로는 철저히 의식적인데 – 참여자들의 상호 투사들로 이루어진 오랜 집단성을 신비적 참여로서 다시 내세워보려 할 것이다. 이는 정서적인 사로잡힘이라는 전형적 징후로서 드러난다. 이런 대중의 영향력은 – 국가주의에서 특별히 연구해야 하는 – 원형들과 상징을 넘어서서 생겨난 징후가 된다. 근본적인 혼란, 또한 그로 인한 재집단화의 경향이라는 위험에 있음을 우리는 이미 여러 번 지적한 바 있다. 사로잡힐 수밖에 없는 개인들은 – 특별히 거대 도시들 속에서 – 미립자화된 존재이고, 나아가서는 무의식과 분리된 현대적 개인이다. 이 현대적 개인은 퇴행적이어서, 자아와 의식의 포기 상태에 있으며, 이런 무의식적 상태를 그냥 넘어가는 데 급급할 수 있다. 그러나 이 상태의 의식은 주관적인 도취 상태로서, 가장 위험스러운 파괴적 요소가 그 자체 감추어져 있다.

근대적으로 자연과학적으로 교육되고, 모든 초개인적인 것을 반대하고 축소하도록 길러진 일꾼들이자 시민들은, 대중적 사건을 통해 재집단화되고, 그것으로 다시 축소된 개인들이다. 그에 반하여 원시인들 혹은 고대의 인간은, 집단사건에서 혹은 입문제의 및 비밀제의 등에서 아직 발달이 안 된 의식과 자아 체제를 갖고 있으므로, 원형들과 상징의 경험이 오히려 의식의 진보와 의식의 확장을 경험하게 한다. 그래서 그는 그런 경험들을 통해 인격이 더 개화되지 축소되지는 않는다. 이런 집단 현상의 경향은 보다 더 높아진 인간과, ≪보다 더 높아진≫ 형제애를 배열시키는 것이므로, 대중의 인간을 – 부분들의 결합으로 이루어진 집합을 – 나타내는 것은 아니다. 이에 대해 융은 다음과 같이 말했다: ≪대중은 눈먼 짐승들이다.≫[124] 이런 표현의 강조는 눈먼 데 있는 것이지, 짐승에 있는 것이 아니다. 집단의 사로잡힘은 결코 파괴적이지 않으나, 대중의 활동은 미립자화되어 심적으로 서로 연결되지 않았던 상태에서 순간적으로 서로 연결된 개인들이 형성하고 발휘할 것을 의미한다. 집단은 지배적인 규범의 형상 뿐 아니라, 개별자의 ≪상호작용적으로 알기≫를 통해서도 그 자체 조절하는 기능을 갖고 있다. 대중 속에서는 개별자의 익명성이 그림자 측면의 영향력을 강화한다. 국가주의에서 가학적 강제집행을 실시하기 위하여 개인을 집단에서 끌어내었는데, 그것은 국가주의의 선결조건이었다. ≪너희≫ 유대인을 죽이는 것은 마을 집단을 처리하는 처사였다. 만약 그것이 유대인들에게 가능하지 않았다면, 집단적으로 훨씬 더 어렵게 되었을 것이다. 근본적 현상으로 간주되는 집단의 인간성 때문이 아니라, 집단의 눈앞에서 행위를 하고 있는 개인성이 살아있기 때문이다. 자신의 집단에서 벗어나서 테러에 내맡겨지는 개별자는 집단에 속한 자보다 훨씬 능력이 있는 존재가 된다.

그러나 대중의 상황에서 개별자의 특성은 아주 중요하다. 대중의 구성은 그것의 행위로 이루어진다. 이탈리아 사회심리학자인 *지그헬레(Sighele)*[124]는 집단의 구성원들이 피를 볼 수도 있는 범죄자이거나 동반자라는 직업을 가지고 있어서, 대중에 폭력적 행위를 하거나 평화를 완수하는데 결정적이다라고 믿고 있지만, 심층심리학은 그 상황을 다르게 보고 있다. 대중의 인간은 내적으로 대중의 그림자이다. 이런 대중의 상황을 규정하고 있는 것은 의식이나 의식의 지남력이 아니다. 개별자의 특성에는 규준이 제시되어 있지만, 그것은 의식의 특성에 의해서가 아니라, 전체 인격의 특성을 통해서 형성된 것이다. 이런 이유로 이 전체 인격의 특성은 새로운 윤리의 심층심리학적 기초여야만 한다. 집단 혹은 나이든 남성들의 가치설정에 적응됨으로써 초자아가 생성된 것, 즉 양심은, 문화의 규범이 붕괴와 더불어 집단적 심급의 초개인적 기초가 상실되는 지점에 이르면 갑자기 기능을 발휘하지 못하게 된다. 이런 의미에서 양심은 유대인적, 자본주의적 혹은 사회주의적인 ≪고안≫이 되어버린다. 이에 반하여 ≪음성≫은 자기의 언어, 내면의 계시로서 개인 인격의 지남력이 된다. 그러나 이것은 현대의 분열된 인격에서, 붕괴된 의식에서, 파편화된 정신체제에서는 결코 등장하지 않는다.

---

[124] P. Reiwald, Vom Geist der Massen

인명색인

Adler, A. (1870-1937) 오스트리아의 정신분석학자
Albright, W.F. (1891-1971) 고고학자
Anaximander (B.C. 610-546) 천문학자, 철학자
Apulejus (124-180경) 아프리카 태생의 로마 작가
Aristoteles (B.C. 384-322) 고대 그리스 철학자
Avicenna (980-1037) 이슬람의 철학자, 의사

Bachofen, J.J (1815-1887) 스위스의 법률가, 인류학자
Barlach, E. (1870-1938) 독일의 조각가, 화가, 극작가, 시인
Blackman, A.M. (1883-1956) 영국의 이집트학자
Breasted, J.H. (?-1935) 고고학자
Briffault, R. (1876-1948) 사회학자, 인류학자, 소설가
Budge, E.A.W. (1883-1956) 이집트학자, 동양학자, 언어학자, 고고학자

Cassirer, E. (1874-1945) 독일의 철학자

Darwin, Ch. (1809-1882) 영국의 생물학자

Deußen, P. (1845-1919) 독일의 동양학자, 범어학자

Drews, A. (1865-1935) 독일의 철학자

Dürckheim, K.v. (1896-1988) 독일의 심리치료사, 선(禪)사


Erman, A. (1854-1937) 독일의 이집트학자, 사전편찬자

Euripides (B.C. 484-406) 고대 그리스의 비극시인


Flinders Petrie, W.M. (1853-1942) 영국의 고고학자

Frazer, J.G. (1854-1941) 영국의 민속학자

Freud, S. (1856-1939) 오스트리아의 정신과 의사, 철학자, 정신분석학자

Frobenius, L. (1873-1938) 독일의 민속학자


Giotto (1266-1337) 이탈리아의 화가, 건축가

Goethe, J.W.v. (1749-1832) 독일의 시인, 극작가, 소설가, 철학자

Goya, F. (1746-1828) 스페인의 화가, 판화가


Herodot (B.C. 484-425) 고대 그리스의 철학자


Jeremias, A. (1864-1935) 독일의 아시리아 학자

Jesajah (B.C. 8세기경) 이스라엘의 예언자

Jung, C.G. (1875-1961) 스위스의 정신과 의사, 분석심리학자


Kees, H. (1886-1964) 독일의 이집트학자

Kerényi, K. (1897-1973) 헝가리의 신화학자, 비교 종교학자

Koppers, W. (1886-1961) 가톨릭 사제, 문화 인류학자

Kubin, A. (1877-1959) 오스트리아의 표현주의자, 화가, 작가

Laotse  중국 고대 철학자, 도가의 창시자

Lawrence, D.H.  (1885-1930) 영국의 소설가, 시인

Leonardo da Vinci  (1452-1519) 이탈리아의 예술가, 과학자

Lévi-Bruhl, C.  (1857-1939) 프랑스의 철학자

Lukian  (220-312) 시인


Malinowski, B.  (1884-1942) 영국의 인류학자

Moret, A.  (1868-1938) 프랑스의 이집트학자


Nathan von Gaza  (1644-1680) 사바타이 츠비의 신봉자

Nietzsche, F.  (1844-1900) 독일의 시인, 철학자


Otto, R.  (1869-1937) 독일의 프로테스탄트 신학자


Plato  (B.C. 427-347) 고대 그리스의 철학자

Plutarch  (46?-120?) 고대 그리스의 철학자, 저술가

Portmann, A.  (1897-1982) 스위스의 동물학자

Preuß, K.Th.  (1869-1938) 독일의 민족학자

Pythagoras  (B.C. 6세기경) 고대 그리스의 종교가, 철학자, 수학자


Rank, O.  (1884-1939) 독일의 정신분석학자, 프로이트의 제자

Rilke, R.M.  (1875-1926) 오스트리아의 시인

Rousseau, J.J.  (1712-1778) 프랑스의 사상가, 문학가


Sabbatai Zwi  (1626-1676) 랍비, 신비주의자

Schliemann, H.  (1822-1890) 독일의 고고학자

Shakespeare, W.  (1564-1616) 영국의 극작가, 시인

Smith, G.E. (1871-1937) 영국의 인류학자, 해부학자

Sophokles (B.C. 496-406) 고대 그리스의 비극 시인

Steinen, Karl v.d. (1855-1929) 독일의 의사

Stevenson, R.L. (1850-1894) 스코틀랜드의 소설가, 수필가, 시인

Strabo (B.C. 63/64-A.D. 24) 고대 그리스의 지리학자, 역사가, 철학자


Xenophanes (B.C. 560-478) 고대 그리스의 시인, 철학자


Weininger, O. (1880-1903) 오스트리아의 철학자

Winckler, H. (1877-1945) 독일의 식물학자

Wundt, W. (1832-1920) 독일의 생리학자, 심리학자

●●● 의식의 기원사

**Ursprungsgeschichte des Bewusstseins**

von Erich Neumann

Druck und Bindung: Clausen & Bosse, Leck, 2004

# 의식의 기원사

1판 1쇄  인쇄 2010년  5월  26일
1판 1쇄  발행 2010년  6월  12일


**지은이** | 에리히 노이만
**옮긴이** | 이 유 경
**펴낸이** | 이 유 경
**펴낸 곳** | 분석심리학연구소
**주소** | 150-040 서울시 영등포구 당산동 121-59
**전화** | (02) 2634-7599  **팩스** – (02) 2634-7598
**홈페이지** | http://www.jungclub.org


**출판등록** | 2005년 7월 6일  제 318-2005-000116 호
**한국어판권** | 분석심리학연구소 2007

ISBN 978-89-960833-3-7 93180